《中国中西部地区开发年鉴》

编　委　会

编辑部地址：北京市海淀区阜成路甲28号新知大厦702室

邮编：100036

电话：010－88190702　88190747

传真：010－88190749　88190756

网址：http://www.cfeph.com.cn

E－mail：nianjian912@sina.com
wuzq@cfeph.cn

序言

2003年，是我国区域经济走向纵深发展的关键之年，也是我国中西部地区关系全局的重大工程加快建设之年，特别是中西部地区省域经济按照科学发展观和“五个统筹”的要求加快发展的起始之年。这对于我国全面建设小康社会、走新型工业化道路和不断增强综合国力、提高人民生活水平、推进经济社会持续快速协调健康发展，都具有战略意义。中、西部地区的经济社会发展，要认真贯彻落实党中央、国务院提出的各项方针、目标和任务，增强解决经济运行中主要矛盾和突出问题的能力，为全面建设小康社会、实现中华民族的伟大复兴做出重要贡献。

在党中央、国务院的正确领导下，我国区域经济协调发展的建设进程全面加快。2003年我国积极推进改革开放和现代化建设，国民经济呈现出增长比较快、效益比较快、活力比较强的良好态势，经济和社会发展的目标和任务顺利实现，区域经济协调发展进程加快。一些关系发展全局的重点工程得到了顺利实施，青藏铁路、西气东输、西电东送、水利枢纽、公路干线和生态环保等重大工程顺利实施。三峡水库蓄水成功、永久船闸通航、首批发电机组投产，南水北调东、中线工程相继开工。特别是西部大开发迈出了新步伐，东北地区等老工业基地振兴战略开始启动，东部地区和中部地区继续加快发展，新的经济增长点不断生成，优势产业、特色产业得到了扶持和培育，东、中、西部地区之间的经济合作进一步加强，促进了优势互补和共同发展，逐步形成了我国区域经济协调发展的强劲态势。

按照科学发展观的要求，我国中、西部地区各省区市结合本地的实际情况提出了发展新思路。山西省要以结构调整为主线，建设新世纪的新山西；内蒙古自治区要在服务全国大局中，加快自身发展；吉林省要在“改制、项目、拓商、环境和创业”五个方面，重点振兴老工业基地；黑龙江省要抓住振兴机遇，加快全省创新发展；安徽省要利用长三角腹地的区位优势，以工业化为核心，求真务实谋发展；江西省要融入“长珠闽”三个经济圈，统筹城乡全面发展；河南省要在中央“促进中部地区崛起”的指导方针下，实现中原崛起的目标；湖北省要加速武汉城市圈的建设，力争在中西部地区率先发展；湖南省要在建设农业强省的同时，重点打造长珠潭核心增长极，推进中部地区崛起；广西自治区要在中国—东盟自由贸易区、泛珠三角和南（宁）贵（阳）昆（明）经济带的建设中重新定位，加快经济发展；重庆市要培育成西部经济增长极，在西南地区、长江上游地区的经济、社会发展中走在前列；四川省要推进土地资本、民间资本和人才资本的发展，努力实现全省发展的新跨越；贵州省要把资源优势转化为产业优势，做大做强具有比较优势的特色产业；云南省要以突出科学发展观、经济发展主题、“三农”问题和扩大开放，协调城乡发展；西藏自治区要强化重点项目的建设和管理，推进对口支援向经济多元化合作方向发展，促进西藏城乡和经济社会协调发展；陕西省要坚持求真务实，以建设成为西部强省为目标，重点建设好关中、陕西、陕南和渭北四大特色基地；甘肃省要以全面建设小康社会和西部大开发统揽全局，实现国民经济持续快速协调健康发展和社会全面进步；青海省要打造具有资源优势和竞争优势的特色产业链，增强造血功能，积聚后发优势，实现富民强省；宁夏自治区要走可持续发展的路子，推进工业化、城市化和农业产业化进程，实现民族地区的发展；新疆自治区要创造良好的法制环境，实施以市场为导向的优势资源转换战略，不断壮大新疆生产建设兵团屯垦戍边的实力，坚定不移地实现国民经济持续协调健康发展和社会全面进步。

各省区市的发展思路，我认为都贯彻落实了中央提出的科学发展观，并坚持了从实际出发、因地制宜的精神和改革开放的要求。这些新思路在本卷《中国中西部地区开发年鉴》中已有了充分的阐述。

《中国中西部地区开发年鉴》已经在宣传中央区域政策、反映中西部地区开发建设的成就经验，为有关部门和企业提供决策依据等方面做出了很大努力，得到了社会各界的广泛重视，取得了较好的社会经济效果。今后还应进一步努力，使《中国中西部地区开发年鉴》真正成为我国的一部具有强大生命力的区域性年鉴、具有鲜明特色的经济类年鉴、具有较大影响力的精品年鉴。

刘江

2004年10月

目录

文献法规篇

综合篇

中部地区篇

西部地区篇

省会城市篇

民族自治州篇

专题研究篇

统计资料篇

文献法规篇

政府工作报告

——2003年3月5日在第十届全国人民代表大会第一次会议上

国务院总理　朱镕基

各位代表：

本届政府1998年3月就职，任期即将结束。现在，我代表国务院，向第十届全国人民代表大会第一次会议报告过去五年的工作，对今年的工作提出建议，请予审议，并请全国政协各位委员提出意见。

一、过去五年政府工作的回顾

第九届全国人民代表大会第一次会议以来的五年，是很不平凡的五年。本届政府初期，亚洲金融危机冲击，世界经济增长放慢；国内产业结构矛盾十分突出，国有企业职工大量下岗；1998、1999年连续遭受特大洪涝灾害。全国各族人民在中国共产党领导下，团结奋进，顽强拼搏，战胜种种困难，改革开放和经济社会发展取得举世公认的伟大成就。我们胜利实现了现代化建设第二步战略目标，开始向第三步战略目标迈进。

五年来，国民经济保持良好发展势头，经济结构战略性调整迈出重要步伐。

——经济持续较快增长。国内生产总值从1997年的7.4万亿元增加到2002年的10.2万亿元，按可比价格计算，平均每年增长7.7%。产业结构调整成效明显。粮食等主要农产品供给实现了由长期短缺到总量平衡、丰年有余的历史性转变。以信息产业为代表的高新技术产业迅速崛起。传统工业改造步伐加快。现代服务业快速发展。经济增长质量和效益不断提高。国家税收连年大幅度增长。全国财政收入从1997年的8651亿元增加到2002年的18914亿元，平均每年增加2053亿元；国家外汇储备从1399亿美元增加到2864亿美元。五年全社会固定资产投资累计完成17.2万亿元，特别是发行6600亿元长期建设国债，带动银行贷款和其他社会资金形成3.28万亿元的投资规模，办成不少多年想办而没有力量办的大事。社会生产力跃上新台阶，国家的经济实力、抗风险能力和国际竞争力明显增强。

——基础设施建设成就显著。我们集中力量建成了一批关系全局的重大基础设施项目。进行了新中国成立以来规模最大的水利建设。五年全国水利建设投资3562亿元，扣除价格变动因素，相当于1950年到1997年全国水利建设投资的总和。一批重大水利设施项目相继开工和竣工。江河堤防加固工程开工3.5万公里，完成了长达3500多公里的长江干堤和近千公里的黄河堤防加固工程，防洪能力大大增强。举世瞩目的长江三峡水利枢纽二期工程即将完成，黄河小浪底等水利枢纽工程投入运行，南水北调工程开工建设。交通建设空前发展，现代综合运输体系初步形成。五年全国公路建设投资12343亿元，扣除价格变动因素，是1950年到1997年全国公路建设投资总和的1.7倍。公路通车里程由1997年的123万公里增加到2002年的176万公里，其中高速公路由4771公里增加到2.52万公里，从居世界第三十九位跃升到第二位。铁路营运里程由65969公里增加到71500公里；五年建成新线

5944公里，复线4603公里，电气化线路5704公里。新建、改扩建机场50个。港口万吨级码头泊位新增吞吐能力1.44亿吨。邮电通信建设突飞猛进。长途光缆线路长度由1997年的15万公里增加到2002年的47万公里；固定电话和移动电话用户由8354万户增加到4.21亿户，居世界首位。能源建设继续加强。发电装机容量由1997年的2.54亿千瓦增加到2002年的3.53亿千瓦。城市规划和公用设施建设明显加强，许多城市面貌有很大改观。基础设施的显著改善，大大增强了我国经济发展的后劲。

——西部大开发开局良好。实施西部大开发战略三年来，国家通过加大建设投入、增加财政转移支付、实施优惠财税政策等措施，有力地促进了西部地区发展。新开工建设36项重点工程，投资总规模6000多亿元。青藏铁路、西气东输、西电东送、水利枢纽、干线公路等重大项目建设进展顺利。“油路到县”、“送电到乡”、“广播电视到村”等工程加快实施。生态环境保护和建设力度加大。农村公路、中小型水利、人畜饮水和科技、教育设施建设加快。东部与中西部地区经济技术合作进一步加强。

——可持续发展能力增强。五年全国环境保护和生态建设投入5800亿元，是1950年到1997年投入总和的1.7倍。退耕还林、天然林保护、京津风沙源治理等六大林业生态工程建设全面实施。五年内，全国造林面积2787万公顷，封山育林3153万公顷，退耕还林382万公顷；治理水土流失面积26.6万平方公里，治理沙化土地570万公顷。环境污染加剧的趋势总体上得到控制。主要污染物排放总量持续降低，重点城市和地区的环境质量有所改善。资源保护取得新进展。地质调查成果丰硕。防灾减灾成效明显。人口自然增长率降到6.45‰，进入了稳定低生育水平的时期。

五年来，改革开放取得突破性进展，社会主义市场经济体制初步建立。

——所有制结构进一步调整和完善。公有制经济在调整和改革中发展壮大，探索公有制多种实现形式取得成效。国有经济结构调整步伐加快，控制力和竞争力明显增强。国有企业三年改革与脱困目标基本实现。大多数国有大中型骨干企业初步建立现代企业制度，涌现出一批有实力、有活力和有竞争力的优势企业。国有中小企业进一步放开搞活。垄断行业管理体制改革迈出实质性步伐。城乡集体经济得到新的发展。股份制经济不断扩大。个体、私营等非公有制经济较快发展，在发展经济、增加就业、活跃市场、扩大出口方面发挥了重要作用。

——现代市场体系建设全面展开。国民经济市场化程度进一步提高，市场在资源配置中的基础性作用明显增强。公用服务和能源、交通领域价格改革不断深化。资本、产权、土地、技术和劳动力市场加快发展。现代流通和营销方式不断拓展。整顿和规范市场经济秩序取得阶段性成果。在全国先后开展了声势浩大的打击走私、骗税骗汇、制售假冒伪劣商品的专项行动，对文化、旅游、建筑、集贸等市场和安全生产秩序进行专项整治。依法查处了一大批经济违法案件，惩治了严重破坏市场秩序的犯罪分子。市场环境和消费环境逐步改善。

——金融、财税、投融资体制改革继续深化。与社会主义市场经济发展相适应的金融体系初步形成。逐步完善金融调控方式。改革了中国人民银行管理体制，建立了全国集中统一的证券、保险监管体制。国有独资商业银行和政策性银行改革不断推进，中小商业银行组织结构得到优化。整顿和规范非银行金融机构取得重要进展。坚持“法制、监管、自律、规范”的方针，证券业在逐步规范中发展。保险业改革不断深化。清理和撤销了农村合作基金会。依法取缔社会乱办金融等违法活动。金融监管逐步加强，防范和化解金融风险取得成效，银行不良资产比例逐步降低。适应社会主义市场经济要求的公共财政框架初步建立。财政体制在分税制改革的基础上，实行了所得税分享改革。中央和省两级实行部门预算制度，

"收支两条线"管理和国库集中收付制度改革试点稳步推进。税制改革和税收征管改革成效显著。投融资体制改革逐步深化，投融资渠道进一步拓宽，投融资方式实现多样化，初步建立了项目法人责任制、招标投标制、合同制、工程监理制。城镇住房制度改革取得明显成效。

——社会保障体系框架基本确立。城镇基本养老保险制度和基本医疗保险制度建设迈出重大步伐。建立了国有企业下岗职工基本生活保障制度、失业保险制度、城市居民最低生活保障制度。社会保障覆盖面不断扩大，全国城镇参加基本养老保险、基本医疗保险和失业保险的人数大幅度增加，符合条件的城市困难居民已逐步纳入最低生活保障范围，基本做到应保尽保。建立了全国社会保障基金，已积累资金1242亿元。城镇职工基本医疗保险制度、医疗卫生体制、药品生产流通体制改革取得重要进展。农村新型合作医疗制度开始试点。社会保障体系的加快建设，为维护社会稳定、深化改革、调整结构和促进发展，提供了有力保障。

——对外开放向广度和深度扩展。对外贸易连续跨上几个台阶。外贸进出口总额由1997年的3252亿美元增加到2002年的6208亿美元，世界排名由第十位上升到第五位；出口总额由1828亿美元增加到3256亿美元，出口商品结构不断优化。服务贸易稳步发展，入境旅游人数和外汇收入大幅度增加。利用外资水平明显提高。五年累计实际利用外商直接投资2261亿美元，超过1979年到1997年的总和。高新技术产业、基础设施和服务业吸收外资明显增加。实施"走出去"战略，对外投资、工程承包和劳务合作不断扩大。经过15年的艰苦努力，我国于2001年12月正式加入世界贸易组织，标志着对外开放进入新阶段。加入世贸组织后，我们信守承诺，履行义务，行使权利，赢得较好声誉，促进了对外合作。

五年来，科技创新能力明显增强，教育事业蓬勃发展。

——基础研究、高技术研究和应用技术研究取得重要进展。国家创新体系建设积极推进。信息技术、生命科学、航空航天技术等领域成就突出。水稻基因组精细图完成、10兆瓦高温气冷核反应堆实验工程建成、超大规模并行处理计算机研制成功、"神舟"系列飞船试验成功等，标志着我国在相关领域跨入世界先进行列。建成一批国家重点实验室，实施一批重大科学工程，建设一批国家工程技术研究中心。科技成果市场化、产业化明显加快。五年获得国家登记的科技成果14万多项，授予专利权52万件。哲学社会科学研究取得一批可喜成果。知识产权保护进一步加强。

——教育事业迅速发展。全国实现基本普及九年义务教育、基本扫除青壮年文盲的人口地区覆盖率，由1997年的65%提高到2002年的91%。高中阶段教育得到加强。高等学校从1999年起连续扩大招生规模，高考录取率从36%提高到59%；2002年高等学校在校生1600万人，是1997年的2.3倍；五年内全国本专科毕业生1300万人，毕业研究生31万人。高校后勤社会化改革取得重要进展。新建和改建学生公寓4800万平方米，超过1950年到1997年的建设总规模。基本建成结构比较完整、专业门类齐全的职业和成人教育体系。特殊教育、早期教育得到重视。民办教育迅速发展。素质教育不断加强，促进了学生德智体美全面发展。

五年来，社会主义民主政治和精神文明建设成效显著。

——民主政治建设不断加强。各级政府自觉接受同级人民代表大会及其常委会的监督，主动加强与人民政协的联系，认真听取民主党派、工商联、无党派人士和人民团体的意见。基层民主进一步扩大，村民自治、城市居民自治和村务公开、厂务公开、政务公开逐步推行。城市社区建设继续发展。贯彻依法治国基本方略，坚持依法行政，政府法制建设进程加快。五年间，国务院提出法律议案50件，颁布行政法规150件；适应发展社会主义市场经济和加入世贸组织的要求，对2000年底以前发布的756件行政法规进行全面清理，废止71件，宣布失效80件。国务院各部门共清理涉外规章和有关政策规定2300件，废止830件，修订325件。普法宣传教育深入进行，公民的法制观念增强。社会法制化管理水平不断提高。强化行政监察、审计和经济监督，在推进依法行政、反腐倡廉和查处大案要案等方面发挥了重要作用。陆地行政区的界线勘定任务全面完成，海域勘界工作全面铺开。社团管理工作得到加强。坚决取缔邪教组织。社会治安综合治理的各项措施进一步落实，社会治安状况好转，人民群众安全感增强。

——精神文明建设取得新成果。学习宣传邓小平理论和“三个代表”重要思想活动深入开展。坚持依法治国和以德治国相结合。以讲文明、树新风为主要内容的精神文明创建活动蓬勃展开。思想道德建设继续加强。科学知识进一步普及，科学精神得到弘扬。文学艺术、新闻出版、广播影视等事业全面发展，优秀作品不断涌现。广播电视覆盖能力和质量明显提高。文化、卫生、体育领域改革和发展加快。文化设施建设和各类专项经费投入力度加大，新建和改扩建了一批图书馆、博物馆、科技馆、档案馆、文化馆等。文物保护和档案工作取得新成绩。“扫黄”、“打非”斗争不断深入。对外文化交流空前活跃。城乡卫生工作得到加强，重大疾病预防控制取得成效。加强灾后防病防疫工作，实现了特大洪涝灾害之后无大疫。颁布并实施中国妇女、儿童发展纲要。青少年的教育和保护工作得到加强。老龄工作进一步开展。残疾人事业有了很大发展。群众性体育活动蓬勃展开，竞技体育屡创佳绩。五年间，在重大国际比赛中共获得485个世界冠军，创造世界纪录193次。北京申办2008年奥运会获得成功，上海赢得2010年世界博览会举办权，激发了全国各族人民的爱国热情，增强了民族自豪感和凝聚力。

——民族、宗教、侨务工作得到加强。平等、团结、互助的社会主义民族关系进一步发展。民族区域自治制度不断完善。少数民族平等权利和民族自治地方的自治权利得到保障。国家对民族地区的支持力度加大，民族地区经济社会发展加快。宗教信仰自由政策进一步贯彻落实，宗教事务管理逐步走上规范化、法制化轨道。侨务政策继续落实，侨务工作不断加强。

五年来，人民生活显著改善，总体达到小康水平。

——城乡居民收入持续增加。城镇居民家庭人均可支配收入，由1997年的5160元增加到2002年的7703元，平均每年实际增长8.6%。农村居民家庭人均纯收入由2090元增加到2476元，平均每年实际增长3.8%。城乡居民人民币储蓄存款余额由4.6万亿元增加到8.7万亿元。居民拥有的股票、债券等其他金融资产也有较多增加。农村贫困人口由4960万人减少到2820万人。这五年，在经济较快增长、物价水平较低的情况下，人民群众得到了更多实惠。

——消费水平明显提高。城乡市场繁荣，全社会消费品零售总额从1997年的2.73万亿元增加到2002年的4.1万亿元，平均每年实际增长10.5%。城镇居民人均住房建筑面积由17.8平方米增加到近22平方米，农村居民人均居住面积由22.5平方米增加到26.5平方米。电视机、洗衣机、电冰箱等家用电器进一步普及，电脑、轿车越来越多地进入居民家庭。公共服务设施、人均绿地面积不断扩大。法定节日假期增加，外出旅游人数大幅度增长。体育健身和文化娱乐消费明显增多。医疗保健条件不断改善，人民群众健康水平进一步提高。人均期望寿命2002年达71.8岁，接近中等发达国家水平。

在我们这样一个近13亿人口的国家，人民生活总体上达到小康水平，这是社会主义制度的伟大胜利，是中华民族发展史上一个新的里程碑。

五年来，国防和军队建设迈出新步伐。人民军队贯彻新时期军事战略方针，实施科技强军战略。军队革命化、现代化、正规化建设继续加强，国防实力和军队防卫作战能力提高。如期完成裁减员额 50 万的任务。思想政治建设扎实有效。后勤保障体制改革不断深化。武器装备现代化水平显著提高。人民解放军、武装警察部队、预备役部队和民兵在维护国家主权、安全，支持经济建设和抗灾抢险中，作出了重大贡献。国防科研得到加强，国防科技工业有了新发展。国防动员工作不断进步。拥军优属、拥政爱民活动深入开展，军政军民团结进一步加强。

五年来，祖国统一大业取得新进展。

继香港回归祖国之后，1999 年 12 月我国政府恢复对澳门行使主权。坚持“一国两制”方针，香港特别行政区基本法和澳门特别行政区基本法得到贯彻执行。中央政府全力支持香港、澳门两个特别行政区行政长官和政府依法施政。香港、澳门社会经济稳定。我们坚持“和平统一、一国两制”的基本方针和江泽民主席关于解决台湾问题的八项主张，同“台独”分裂势力进行了坚决斗争。推动两岸交流与往来，推进两岸“三通”，为促进祖国和平统一进程做了大量工作。

五年来，外交工作开创新局面。

面对国际局势的复杂变化，我国坚持独立自主的和平外交政策，广泛开展双边和多边外交活动，积极参与国际交流和合作，国际地位显著提高。我国同周边国家的睦邻友好合作关系进一步发展，同发展中国家的团结合作不断加强，同发达国家的关系得到改善和发展。上海合作组织的建立，促进了地区稳定和经济合作。中国—东盟自由贸易区进程启动，与东盟在诸多领域的合作加强。我国在联合国和其他国际及区域性组织中，发挥了积极作用。我们坚决维护国家主权、领土完整和民族尊严，挫败了外部势力干涉我国内政的图谋，赢得国际社会的广泛支持。我国积极参与国际反恐合作并发挥了建设性作用。

各位代表！

过去五年，“九五”计划胜利完成，“十五”计划开局良好。这五年，是全国各族人民在党的十五大、十六大精神指引下，沿着中国特色社会主义道路阔步前进的五年；是国家面貌日新月异、各项事业蒸蒸日上、人民生活显著改善的五年；是我国社会稳定、民族团结、国际影响日益扩大的五年。本届政府认真履行职责，为促进国家繁荣、增进人民福祉，作出了应有贡献。

在过去五年的政府工作中，我们始终坚持以邓小平理论为指导，认真贯彻“三个代表”重要思想，解放思想、实事求是，全面执行党的基本路线和基本纲领，牢牢把握经济建设这个中心，大力推进改革开放，正确处理改革发展稳定的关系，积极促进物质文明和精神文明协调发展。在丰富生动的实践中，积累了不少有益的经验。

五年来，我们的主要工作体会有以下几个方面。

（一）坚持正确把握宏观调控的方向和力度，实施积极的财政政策和稳健的货币政策

发展社会主义市场经济，必须加强和改善宏观调控。宏观调控要着眼于保持经济稳定较快增长，敏锐把握国际国内经济形势变化，增强预见性、针对性和有效性。这几年，面对国际经济环境严峻和国内有效需求不足的困难局面，我们采取的最重要举措，就是果断地把宏观调控的重点，从实行适度从紧的财政政策和货币政策，治理通货膨胀，转为实行扩大内需的方针，实施积极的财政政策和稳健的货币政策，抑制通货紧缩趋势，并在实践中适时完善政策措施，把握调控力度，确保取得成效。

坚持财政收支平衡和量入为出，是经济工作应当遵循的重要原则。这几年实施积极的财政政策，发行长期建设国债，是在特定情况下实行的特殊政策。我们始终坚持经常性预算不打赤字，建设性预算赤字不突破年初确定的规模。在银行存款增加较多、物资供给充裕、物价持续负增长、利率水平较低的条件下，发行国债搞建设既可以利用闲置生产能力，拉动经济增长，又可以减轻银行利息负担，也不会引

发通货膨胀，一举多得。在长期建设国债资金使用中，重点支持基础设施建设，并同推进产业结构调整、企业技术改造、科技教育发展和生态环境建设结合起来，注意向中西部地区倾斜。加强国债项目管理，防止重复建设和过度超前建设，提高资金使用效益。在扩大投资需求的同时，重视培育和扩大消费需求。主要是努力增加城乡中低收入居民的收入。1999 年以来，三次提高机关事业单位职工基本工资标准和离退休人员离退休金，实施年终一次性奖金制度，建立艰苦边远地区津贴制度。提高国有企业离退休人员的待遇。较大幅度地提高各类社会保障对象补助标准。采取多种措施增加农民收入。实施鼓励消费的政策，努力形成投资需求和消费需求对经济增长的双拉动。

这几年宏观调控的成功，还在于高度重视做好金融工作，坚持实行稳健的货币政策。既保持金融对经济发展的必要支持，又防止盲目放松银行信贷。银行优先为国债项目提供配套贷款，支持有市场、有效益、有信用企业的流动资金和技术改造贷款需要。根据资金供求变化和经济发展需要，1998 年以来五次降低银行存贷款利率。发展居民住房、助学等消费信贷，2002 年末消费贷款余额达 1.07 万亿元。这些措施，对增加企业投资、扩大居民消费起到了重要作用。

坚持实施积极的财政政策和稳健的货币政策，有力地促进了经济较快增长，培植和扩大了财源。同时，由于不断完善财税体制，加强税收征管，中央财政实力显著增强，对地方转移支付力度不断加大。除税收返还和体制性补助外，中央对地方转移支付总额由 1997 年的 664 亿元增加到 2002 年的 4025 亿元，五年共计 12319 亿元，其中用于地方“两个确保”和“低保”的资金 1777 亿元，用于地方增加机关事业单位职工工资 1755 亿元。这对于扩大内需、推动地区协调发展、维护社会稳定，发挥了重要作用。

（二）坚持以经济结构调整为主线，着力提高经济增长质量和效益

发展是硬道理，是解决我国所有问题的关键，必须使国民经济保持较快的发展速度。发展必须有新思路，有市场、有效益的速度，才是真正的、健康的发展。在我国经济发展出现阶段性变化的新情况下，必须坚决进行经济结构战略性调整。我们注意把各方面主要精力引导到调整结构、提高经济增长质量和效益上来，努力实现速度与结构、质量、效益相统一。

我们坚持全面调整产业结构、地区结构和城乡结构，着力抓好调整产业结构这个关键。一是加强基础设施建设。这是在加工工业生产能力过剩的情况下调整结构的必然选择，既可以消除基础设施的“瓶颈”制约，又可以带动装备制造业等相关行业的发展。在基础设施建设中，坚持统筹规划、突出重点、合理布局、质量第一。严格控制新上加工工业项目，防止低水平重复建设。二是大力发展高新技术产业特别是信息产业，积极推进国民经济和社会信息化。组织实施了 1000 多项高新技术产业化示范工程，使一批具有自主知识产权的重大科技成果在短期内实现了产业化。充分发挥高新技术产业开发区和工业园区的作用，积极发展高新技术产业化服务体系。通过推进改革开放和加大投入，使我国信息产业实现了跨越式发展。三是积极改造和提升传统工业。采取国债贴息、改进技改项目审批等办法，支持重点行业、重点企业、重点产品进行大规模的技术改造和结构调整。五年全国共完成技术改造投资 2.66 万亿元，比前五年增长 67%。一批大型企业走出了依靠自身力量提升技术水平、增强竞争能力的新路子。同时，综合运用经济、法律和必要的行政手段，以纺织行业为突破口，逐步扩大到煤炭、冶金、建材、石化、制糖等行业，关闭了一大批产品质量低劣、浪费资源、污染严重和不具备安全生产条件的企业，淘汰了一大批落后设备、技术和工艺，压缩了部分过剩生产能力。四是努力发展服务业。放宽市场准入，改善发展环境，推行现代经营方式和技术，使传统服务业得到进一步发展。同

时，采取多种措施，积极支持和鼓励现代服务业加快发展。

提高产品质量是兴国之道，也是提高经济效益和竞争力的根本之策。我们通过采用国际标准，推广先进技术，加强认证认可工作，强化质量管理，使各行各业产品和服务质量不断提高。

（三）坚持把解决“三农”问题放在突出位置，巩固和加强农业基础地位

农业、农村、农民问题，关系我国改革开放和现代化建设全局，任何时候都不能忽视和放松。近几年，农业综合生产能力上了一个大台阶，有力地支持了国民经济发展和社会稳定。同时，也出现了农产品供过于求、价格下跌、农民收入增长缓慢等问题。如果不改变这种状况，就会严重挫伤农民积极性，动摇农业的基础地位，甚至危及国民经济全局。我们坚持把加强农业、发展农村经济、增加农民收入，作为经济工作的重中之重，下了很大功夫。

一是推进农业结构调整。通过政策支持、加强信息服务和技术服务，引导农民按照市场需求调整种植结构、品种结构，发展畜牧业和水产养殖业，推进农业生产区域布局调整。大力推广“公司加农户”、“订单农业”等方式，发展农业产业化经营，带动千家万户农民进入市场。同时，抓住粮食供给充足的有利时机，实施退耕还林，既促进了农业结构调整，又直接增加了农民收入。在农业结构调整中，坚持因地制宜，不搞行政命令，尊重农民意愿。

二是深化粮棉流通体制改革。购销市场化是粮棉流通体制改革的根本方向，但在改革步骤上，我们坚持从实际出发，着眼于保护农民利益和农业生产力，积极稳步地推进。1997年实行按保护价敞开收购农民余粮等政策。1998年进一步提出“三项政策、一项改革”，即按保护价敞开收购农民余粮、国有粮食购销企业顺价销售、粮食收购资金实行封闭运行，加快国有粮食企业改革。2001年，在粮食主产区继续按保护价敞开收购农民余粮的同时，放开主销区粮食收购市场和价格，收到明显效果。国家为支持粮食流通体制改革，投入了很大数量的资金。棉花购销市场化改革也不断深化，取得了突破性进展。

三是进行农村税费改革试点。为解决农民负担过重问题，我们采取了一系列政策措施。从2000年起，在安徽等地开展农村税费改革试点，2002年试点扩大到20个省、自治区、直辖区，试点地区农民负担平均减轻30%。今年中央财政预算用于支持这项改革的资金将达305亿元。同时，进行了乡镇机构、农村教育和县乡财政体制等配套改革。农村中小学教师工资改由县财政统一管理，以保证教师工资按时足额发放，减轻农民负担。农村税费改革，是我国农村继实行家庭承包经营之后的又一场伟大变革，对保障农民减负增收、促进农业发展、维护农村稳定，已经并将继续发挥重大作用，得到亿万农民的衷心拥护。

四是增加对农业和农村的投入。这是解决“三农”问题，促进城乡协调发展的重大举措。五年来，国家财政支持农村生产支出和各项农业事业费达4077亿元，比前五年累计增加1852亿元。我们还将部分国债资金用于农业和农村基础设施的投入，重点支持了大江大河大湖治理、农村电网改造、国家储备粮库等方面建设，还支持了农业和农村小型基础设施建设。这些措施，对改善农民生产生活条件起到了重要作用。

五是加强农村扶贫开发。认真落实并基本完成“八七”扶贫攻坚计划，制定和实施新世纪头十年农村扶贫开发纲要。坚持开发式扶贫方针，加大扶贫投入力度。五年间，国家财政扶贫资金和以工代赈资金达480亿元，通过贴息方式安排扶贫贷款770亿元，都比以前明显增加。坚持开展东部和西部地区协作扶贫。经过多年探索，走出了一条符合中国国情的扶贫开发道路。

六是引导农村劳动力合理有序流动。农村富余劳动力向非农产业和城镇转移，是工业化和现代化的必然趋势。我们坚持实施城镇化战

略，积极稳妥地发展小城镇。支持农民进城务工就业，清理和纠正对农民工的歧视性政策和乱收费，保护他们的合法权益，同时加强引导和管理。以城市繁荣带动农村发展，促进城乡协调发展，是新形势下解决“三农”问题的重要途径。

实践证明，中央关于新阶段农业和农村工作的决策和部署是正确的。本届政府为解决“三农”问题倾注了极大精力，取得了积极成效。根本解决“三农”问题，是一项长期而艰巨的任务，需要坚持不懈的努力。

（四）坚持推进国有企业改革，切实加强再就业工作和社会保障体系建设

国有企业改革是整个经济体制改革的中心环节。不坚决推进改革，国有企业就没有出路。五年来，我们坚持社会主义市场经济的改革方向，知难而进，敢于碰硬，加大工作力度，打了一场深化国有企业改革的攻坚战。

一是加快现代企业制度建设。按照“产权清晰、权责明确、政企分开、管理科学”的要求，积极推行规范的公司制和股份制改革，完善法人治理结构，深化企业内部分配、人事、劳动制度改革，建立激励和约束机制。同时，鼓励符合条件的国有大型企业改制上市。五年来，国有及国有控股企业在境内外新增上市公司442家，累计筹资7436亿元，包括境外筹资352亿美元。二是建立企业优胜劣汰的机制。从战略上调整国有经济布局和改组国有企业，支持具有优势的大公司大企业集团进一步做强做大，使他们成为国民经济的重要支柱和参与国际竞争的主要力量。同时，国家制定了妥善安置职工、对企业与职工解除劳动关系给予经济补偿、经国务院批准核销企业银行呆坏账等政策规定，使一批长期亏损、资不抵债、扭亏无望的企业和资源枯竭矿山，平稳地实施破产关闭，形成了劣势企业退出市场的机制。三是减轻企业负担和历史包袱。结合国有商业银行集中处理不良资产的改革，成立四家金融资产管理公司，确定对符合条件的580户国有大中型企业实施债权转股权。实施债转股的企业，降低了资产负债率，多数已扭亏为盈。采取有效措施，努力解决企业冗员过多、企业办社会等问题。四是积极推进企业管理创新。大力推进企业信息化，加强成本管理、资金管理和质量管理，全面提高企业现代化管理水平。五是大力加强企业外部监管。国务院先后向192个重点国有企业以及一批国有金融机构派出了监事会，对国有企业和金融机构领导人实行了经济责任审计。这些对促进企业改善经营管理，防止国有资产流失，发挥了重要作用。

国有企业改革之所以取得重大进展，至关重要的是，坚持实行鼓励兼并、规范破产、下岗分流、减员增效和实施再就业工程的方针，切实搞好再就业工作和社会保障体系建设。这几年，党中央、国务院两次召开全国再就业工作会议，相继制定和实行一系列政策措施。对下岗分流人员，通过建立再就业服务中心，保障他们的基本生活，并代缴社会保险，促进实现再就业。对关闭破产企业，首先要妥善安置职工。1998年以来，国有企业下岗职工达2700多万人，90%以上进入再就业服务中心，先后有1800多万人通过多种渠道和方式实现了再就业。同时，逐步完善“三条保障线”。各级政府逐年增加社会保障和再就业方面的资金投入，2002年中央财政用于“两个确保”和“低保”的资金达594亿元，是1998年的6.2倍。从2001年起，在辽宁全省进行完善城镇社会保障体系的试点，取得明显成效，为在全国逐步推广积累了经验。

实践表明，中央关于国有企业改革和促进再就业、加强社会保障体系建设的一系列方针政策是正确的，是相互配套的完整体系。只有全面贯彻执行，才能保证国有企业改革目标的实现。

（五）坚持全面提高对外开放水平，积极参与国际经济技术合作和竞争

在经济全球化深入发展、国际竞争日趋激烈的情况下，只有顺应世界发展潮流，坚持扩大对外开放，才能更好地利用国内外两个市场、两种资源，加快发展壮大自己。面对严峻

的国际经济环境，我们积极应对，趋利避害，变挑战为机遇，开创了对外开放的新局面。

这几年，在坚持扩大内需方针的同时，丝毫没有放松扩大出口的努力。1998年下半年，受亚洲金融危机的影响，我国外贸出口一度出现负增长。在这种情况下，我们坚持人民币不贬值，果断采取一系列鼓励出口的政策措施。坚持实施市场多元化战略和以质取胜战略，大力开拓新兴市场，着力改善出口商品结构，提高质量和档次。深化外经贸体制改革，推进外贸经营主体多元化，提高口岸管理水平和通关能力。由于措施得力，克服了种种困难，实现出口大幅度增长。与此同时，进口了大量国内急需的设备、技术和短缺原材料，促进了经济发展和技术进步。实践证明，稳定人民币汇率、千方百计扩大出口的决策和措施是正确的。

我们鼓励有条件的各类所有制企业走出去，开拓国际市场，到境外投资办企业，带动设备、零部件出口和劳务输出。根据不同国家的情况，分别采取不同的投资、合作方式。对发展中国家特别是周边国家提供经济技术援助，开展带资承包，投资经营，提供无息、低息贷款。这样，既有利于巩固传统友谊，又有利于互惠互利、共同发展，意义重大。

根据国际资本流动的新特点，我们抓住机遇，积极扩大利用外资，着力提高利用外资质量，把吸收外资同国内产业结构调整、国有企业改组改造、西部大开发结合起来。这几年大力改善投资环境，交通、通信设施等硬环境大为改观；努力完善法制，提高政策透明度，提供优质服务，软环境也有很大改进。这是增强对外资吸引力的根本有效之举。

（六）坚持实施科教兴国战略，提高科技创新能力和国民素质

发展科技、教育，是实现经济振兴和国家现代化的根本大计。这几年，我们始终把实施科教兴国战略作为极其重要的任务，主要从增加投入、深化改革、完善政策等方面采取了一系列措施。

较大幅度地增加科技、教育投入。五年来，国家财政用于科技的投入累计2500亿元，比前五年增长一倍多。全国研究与试验开发经费，从1997年的509亿元增加到2002年的1161亿元，占国内生产总值的比重从0.64%提高到1.13%。中央财政较多地增加了国家高技术研究发展计划、国家自然科学基金、国家创新体系建设等专项投入。科研条件的明显改善，促进了科技创新。2002年，全国财政性教育经费投入3366亿元，是1997年的1.8倍，占国内生产总值的比重从2.5%提高到3.3%。从1998年起，中央财政支出中教育经费所占比例每年提高一个百分点，仅此一项五年增加489亿元。中央财政还安排了大量资金解决中小学教师工资拖欠、中小学危房改造等问题。同时，建立以“奖、贷、助、补、减、免”为主要内容的助学政策体系，努力使家庭生活困难学生不失学。

全面深化科技、教育体制改革，积极推进科技教育与经济社会发展紧密结合。1999年以来，先后对国务院部门所属和省级所属应用型科研机构进行企业化转制的改革，对有条件的公益类科研机制也进行了多种形式面向市场的改革，初步建立起科技成果转化和产业化的有效机制。实行企业化转制的科研机构正在成为我国高新技术产业的生力军。通过改革，企业正逐步成为技术创新的主体，国家科研机构、大学和地方的科技力量不断增强。采取“共建、调整、合作、合并”等形式，对高校管理体制进行了重大改革，形成了中央和省两级政府管理、以省为主的新体制，开始改变长期以来条块分割、学校规模过小、专业设置过窄的局面，使教育资源得到优化配置。积极推进课程和考试评价制度改革。对农村义务教育实行在国务院领导下，由地方政府负责、分级管理、以县为主的新体制，有力地推动了农村教育改革和发展。

完善国家科技评价体系和奖励制度，制定技术和管理参与分配的政策，奖励有突出贡献的科技人员和经营管理人员。在科研机构内部

积极推行聘用制。奖励高校优秀青年教师。国家多次提高教师工资标准，改善教师工作和生活条件。鼓励拔尖创新人才成长。这些措施有效激发了广大科技人员和教师的积极性。

实施人才强国战略，把培养、吸引和用好人才作为一项重大任务。制定和实施全国人才队伍建设规划纲要和西部地区人才开发十年规划，加强公务员、企业经营管理人才和专业技术人才队伍建设，完善培养、引进和使用人才的制度与措施，努力营造人尽其才、人才辈出的良好环境。深化干部人事制度改革，推行公务员考试录用、竞争上岗、轮岗交流与培训制度。完善政府特殊津贴专家选拔制度。坚持实行“支持留学、鼓励回国、来去自由”的政策，建立留学人员创业园，资助科研与创业，吸引了大批海外留学人员回国。

几年来，我们坚持“两手抓、两手都要硬”的方针，大力加强社会主义精神文明建设，不断提高全民族的思想道德和科学文化素质，为现代化建设提供强有力的精神动力和智力支持，也有力地促进了经济和社会协调发展。

（七）坚持走可持续发展道路，促进经济发展与人口、资源、环境相协调

实行计划生育、保护环境和保护资源，是我们的基本国策。绝不能以牺牲环境和浪费资源为代价求得一时的经济发展。我们始终把实施可持续发展战略放在十分突出的位置，大幅度增加投入，从源头抓起，坚持标本兼治。

一是加大生态环境保护和建设力度。1998年发生特大洪水后，总结实施了“封山植树，退耕还林；退耕还湖，平垸行洪；以工代赈，移民建镇；加固干堤，疏浚江河”的基本措施。在重点林区和长江、黄河上中游开展了天然林保护工程，在生态脆弱地区有步骤地开展了大规模退耕还林还草。采取“退耕还林、封山绿化、以粮代赈、个体承包”的办法，并总结推广“林权是核心、给粮是关键、种苗要先行、干部是保证”的经验。国家向农户无偿提供粮食、种苗和生活补助金，极大地调动了农民退耕还林还草的积极性。这对改善生态环境、加快贫困地区农民脱贫致富，发挥了重要作用。在长江流域实行平垸行洪、退田还湖、移民建镇等政策，恢复水面 2900 平方公里，增加蓄洪容积 130 亿立方米，其中鄱阳湖、洞庭湖还湖面积分别达到 880 平方公里和 600 平方公里，实现了千百年来从围湖造田、与湖争地到大规模退田还湖的历史性转变。

二是加强资源保护和合理利用。强化对土地、矿产、淡水、海洋和生物等资源的管理。制定并实施了土地利用总体规划，实行严格的土地用途管理制度，切实保护耕地。坚决整顿和规范矿产资源管理秩序，制止乱采滥挖。海域使用管理开始步入法制化轨道。从 1999 年起，对重点江河全流域实行水资源统一调度。启动了塔里木河、黑河流域综合治理。实施“引黄济津”等应急调水工程，基本保证了城市供水。

三是强化环境污染防治。集中力量对重点流域、区域、海域、城市的污染进行治理。加强环境基础设施建设，提高城市污水和垃圾集中处理率。健全环境法制和环境标准，加大执法力度，开展清洁生产和环境管理体系认证。支持发展环保产业和循环经济。加强自然保护区、风景名胜区和旅游景区的资源与环境保护。开展环境警示教育，增强了全民参与环境保护的自觉性。

四是加强计划生育工作。坚持控制人口数量，提高人口素质。稳定现行计划生育政策，保持低生育水平。重点做好农村特别是中西部地区农村的计划生育工作，加强对流动人口的计划生育管理。建立和完善人口与计划生育目标管理责任制，使计划生育的基本国策落到实处。

（八）坚持全力维护社会稳定，为改革和发展创造良好环境

我们坚持贯彻稳定压倒一切的方针，十分注意处理好改革发展稳定的关系，在改革取得重大进展、经济加快发展的同时，有力地维护了社会稳定。一是坚持把改革的力度、发展的

速度与社会可承受的程度统一起来。每项重要改革方案的制定和实施，都充分考虑国家财政、企业和群众的承受能力，把握出台的时机、节奏和力度，并根据实施过程中出现的新情况、新问题，及时加以调整和完善。重大改革措施坚持先行试点，取得经验后再逐步推开。努力保持经济稳定较快增长，避免出现大的波动。二是始终关心人民群众的切身利益，特别是努力解决困难群众生产生活中的实际问题。在积极做好社会保障、再就业和农村扶贫工作的同时，用很大力气解决拖欠职工工资、农民负担过重的问题。在化解金融风险隐患过程中，国家拿出相当大的财力，解决与群众个人利益相关的遗留债务问题。三是正确处理新形势下的人民内部矛盾。妥善处理突发性、群体性事件，努力把矛盾和纠纷解决在基层，消除在萌芽状态。四是加强社会治安综合治理。依法严厉打击各种严重刑事犯罪和经济犯罪活动，重点整治了一些地方治安混乱的突出问题。深入开展基层安全创建活动。积极预防和减少违法犯罪。重视和加强安全生产，健全安全生产责任制。五是切实维护国家安全。严密防范和依法打击境内外敌对势力的渗透、颠覆和破坏活动，依法坚决打击民族分裂势力、暴力恐怖势力和宗教极端势力。六是逐步完善政法经验保障机制，努力为政法系统开展工作提供必要条件。

（九）坚持转变政府职能，努力建设廉洁勤政务实高效政府

建立和完善社会主义市场经济体制，必须实行政企分开，转变政府职能，转变工作方式和工作作风。这几年，我们在加强政府自身建设方面取得很大进展。首先对政府机构进行重大改革，主要是进一步把综合经济部门改组为宏观调控部门，调整和减少专业经济部门，加强执法监管部门。1998 年，国务院组成部门由 40 个减少到 29 个，内设机构精简四分之一，人员总数减少一半。2001 年，又撤销了 9 个国家行业主管局，进一步提升市场执法监管部门的职能和地位。地方各级政府机构也进行了相应改革。全国精减行政编制共计 115 万人。这次改革，进一步改变了长期以来在计划经济体制下形成的政府机构框架。尽管难度很大，但由于措施得当，工作细致，改革进展顺利。与此同时，机关后勤服务社会化程度明显提高。政企分开迈出重大步伐。中央、地方党政机关与所办经济实体和管理的直属企业脱钩，军队、武警部队和政法机关不再经商办企业。这些多年积累、群众反映强烈的问题得到解决，具有重大和深远的意义。

在社会主义市场经济条件下，政府职能主要是经济调节、市场监管、社会管理和公共服务。政府该管的事一定要管好，不该管的事坚决不管。要协调好决策、执行和监督的职能。转变政府职能，必须改革行政审批制度。我们对原有审批项目进行了清理，国务院已取消 1195 个行政审批事项，各级地方政府也取消了一批行政审批事项。履行政府职责，必须依法行政，维护法律尊严，保护群众利益。国务院各部门和各级地方政府不断提高依法行政水平，带头严格执法。推进行政执法体制改革，开展了相对集中行政处罚权试点工作。加强执法监督，认真做好行政复议。增强政府工作透明度，支持人民群众和新闻媒体对政府工作进行监督。高度重视做好信访工作。电子政务建设不断推进。积极倡导诚实守信的职业道德，努力建立社会信用体系。这些对提高执法水平和工作效能，发挥了重要作用。

本届政府十分重视队伍和作风建设。从一开始就对政府工作人员提出“廉洁、勤政、务实、高效”的要求。强调牢记自己是人民公仆，全心全意为人民服务；恪尽职守，敢说真话；从严治政，不怕得罪人；清政廉洁、惩治腐败；勤奋学习，刻苦工作。这有力地促进了廉政建设，提高了政务效率，密切了政府与人民群众的联系。我们加强对公务员和国有企业领导人的教育与培训，围绕党和国家的中心任务和重点工作，举办了一系列专题研究班和培训班。坚持不懈地开展反腐败斗争，大力纠正部门和行业不正之风，依法惩处了一批违法违

纪的腐败分子。我们深切体会到，只有不断加强政府自身建设，才能更好地适应改革开放和现代化建设的新形势，使各级政府成为人民群众真心拥护和满意的政府。

各位代表！

五年来，我国各方面的成就确实来之不易。这些成就，是以江泽民同志为核心的第三代中央领导集体正确领导和决策的结果，是全国各族人民齐心协力、艰苦奋斗的结果，也是与海外侨胞、国际友人的支持和帮助分不开的。这里，我代表国务院，向全国工人、农民、知识分子、干部、解放军指战员、武警部队官兵和公安干警，表示崇高的敬意！向全国各族人民，向各民主党派、各人民团体和其他各界人士，对政府的信任和支持，表示衷心的感谢！向关心与支持祖国建设和统一的香港特别行政区同胞、澳门特别行政区同胞和台湾同胞以及广大侨胞，向一切关心和支持中国现代化建设的各国朋友，表示诚挚的谢意！

我们也清醒地看到，目前我国经济和社会生活中还存在一些突出的困难和问题。主要是，国内有效需求不足和供给结构不适应市场需求的变化；农民和部分城镇居民收入增长缓慢；失业人员增多，有些群众的生活还很困难；收入分配关系尚未理顺；国有企业改革任务还相当繁重；市场经济秩序有待继续整顿和规范；重大安全生产事故时有发生；有些地方社会治安状况不好；部分地区生态环境恶化；一些政府工作人员脱离群众，形式主义、官僚主义作风和弄虚作假、奢侈浪费行为相当严重，有些腐败现象仍然突出。这些问题，有的是长期积累下来的，有的是体制转轨和结构调整过程中难以完全避免的，有的是由于工作中的缺点和不足造成的。今后要继续采取措施，认真加以解决。

二、对今年政府工作的建议

中国共产党第十六次全国代表大会，提出了本世纪头二十年我国全面建设小康社会的奋斗目标，为开创中国特色社会主义事业新局面指明了方向。2003 年是全面贯彻落实党的十六大精神的第一年，做好今年政府工作，意义重大。

中共中央对今年工作的总体要求是：以邓小平理论和“三个代表”重要思想为指导，认真贯彻党的十六大精神，坚持把发展作为党执政兴国的第一要务，积极应对国内外环境变化带来的困难和挑战，坚持扩大内需的方针，继续实施积极的财政政策和稳健的货币政策，进一步深化改革，全面提高对外开放水平，加快经济结构的战略性调整，促进国民经济持续快速健康发展，实现速度和结构、质量、效益相统一。正确处理改革发展稳定的关系，切实加强民主法制建设、精神文明建设和党的建设，促进社会主义物质文明、政治文明和精神文明协调发展。极据这个总体要求，考虑到十届全国人大一次会议将要进行政府换届，国务院经过认真研究，对今年的政府工作提出以下建议。

（一）继续扩大国内需求，实现经济稳定较快增长

保持经济发展的良好势头，是做好各项工作的基础。综合分析国内外各种情况，今年经济增长预期目标为 7%左右，这是必要的，经过努力也是可以实现的。关键要注重调整和优化结构，着力提高经济增长质量和效益。要坚持扩大内需的方针，继续实施积极的财政政策和稳健的货币政策，保持消费需求和投资需求对经济增长的双拉动。

首先要努力扩大消费需求。在目前情况下，这比增加投资需求更重要。要继续增加城乡居民特别是低收入者的收入，努力提高人民群众生活水平。千方百计增加农民收入，减轻农民负担。切实解决好困难群众的生产生活问题。原定去年下半年增加机关事业单位职工工资及离退休人员离退休金，考虑到要优先解决城镇低收入者的生活困难问题，协调各方面利益关系，这一措施推迟到今年出台。继续改善消费环境，完善消费政策，拓宽消费领域。

保持投资较快增长。综合考虑各方面因

素，今年拟发行1400亿元长期建设国债。调整国债资金使用方向，首先用于续建项目和收尾项目，还要安排一些必要的新开工项目。加大对西部开发、改善农村生产生活条件、企业技术改造、生态环境建设和科教文卫事业等方面的支持力度。拓宽社会投资和企业融资渠道，引导社会资金投入国家鼓励的产业和建设项目。坚决防止低水平重复建设。对一些地方房地产投资增长过猛、高档房地产开发过多的现象，应引起高度警惕，避免盲目开发带来的风险和损失。

在继续防范和化解金融风险的同时，加大金融对经济发展的支持力度。银行要优先为国债项目提供配套贷款，增加对有市场、有效益、有信誉企业的贷款，加大对农业和农村经济、中小企业和服务业的信贷支持，规范发展消费信贷。改善金融服务，加强金融监管。规范发展证券、保险、货币市场。

认真做好财税工作。继续大力增收节支。依法强化税收征管，严厉打击各种偷逃骗税行为，做到应收尽收。各级财政要切实调整支出结构，保证重点支出。首先要确保工资按时足额发放，继续增加社会保障支出，加大对农业、农村义务教育和农村卫生的投入，加大对中西部地区和困难地区的转移支付。

（二）促进农业和农村经济全面发展

继续把发展农业和农村经济、增加农民收入，作为经济工作的重中之重。要统筹城乡经济社会发展，切实做好“三农”工作。

加快农业和农村经济结构调整。继续推进农业区域布局调整。大力发展畜牧业、水产养殖业和农产品加工业。积极发展农业产业化经营，提高农民进入市场的组织化程度和农业综合效益。努力扩大农产品出口。加大退耕还林还草力度。抓紧实施全国草原生态保护建设规划。加强农产品质量安全体系和农业社会化服务体系建设。坚持和完善农村土地承包政策，搞好非农用地的管理和调控，严禁滥占乱征耕地。继续深化农村各项改革。农村税费改革试点在总结经验、完善政策的基础上，在全国范围内推开。认真落实减轻农民负担的各项政策措施。进一步深化粮棉流通体制改革，切实保护农民利益。

增加对农业基础设施建设和农业科技的投入。加快节水灌溉、人畜饮水、县乡公路、农村能源、农村教育和医疗卫生设施等建设。加大对粮食主产区的扶持。搞好扶贫开发工作。增强集体经济实力。推动县域经济发展。加快城镇化进程。发展小城镇要科学规划，合理布局。加强对农村富余劳动力转移的协调和指导，维护农民进城务工就业的合法权益。

（三）积极推进产业结构调整和西部大开发

按照走新型工业化道路的要求，加快产业结构调整。积极发展对经济增长有重大带动作用的高新技术产业。大力推进信息化，用信息化带动工业化，加快工业化进程。广泛采用先进适用技术改造传统产业，努力振兴装备制造业。搞好钢铁、汽车、建材等行业发展的规划和调整，防止盲目发展和无序竞争。进一步淘汰落后生产能力。积极发展现代服务业和旅游业。高度重视发展社区服务业。

扎扎实实推进西部大开发。要突出重点，注重实效，打好基础。继续加强生态环境建设和基础设施建设。切实搞好退耕还林、天然林保护和防沙治沙。实施天然草原退牧还草工程，加强相关法制建设。着力抓好重大项目建设，确保建设进度和工程质量。积极发展特色经济和优势产业。加快科技、教育发展。加强东、中、西部地区的经济交流与合作，促进优势互补和共同发展。防止已淘汰的落后工业设备、污染企业向西部地区转移。采取有力措施，支持东北地区等老工业基地加快调整和改造，支持以资源开采为主的城市和地区发展接续产业，支持革命老区和少数民族地区加快发展。

（四）深化经济体制改革和扩大对外开放

坚持和完善以公有制为主体、多种所有制经济共同发展的基本经济制度，毫不动摇地巩固和发展公有制经济，毫不动摇地鼓励、支持和引导个体、私营等非公有制经济发展。按照建立现代企业制度的要求，继续推进国有企业规范的公司制改革和股份制改造，完善监督机制。积极支持符合条件的大企业到境外上市。加快形成主业突出、拥有自主知识产权和知名品牌、国际竞争力强的大公司大企业集团。进一步做好军工等困难行业的企业调整、重组和脱困工作。继续完成电力、电信、民航等行业改革。自上而下有序进行国有资产管理体制改革。放宽国内民间资本的市场准入领域，创造各类市场主体公平竞争的环境。支持各类所有制中小企业特别是科技型和劳动密集型企业的发展。稳步实施金融体制改革。继续推进财税、投融资体制改革。深化收入分配制度改革，逐步理顺分配关系。

整顿和规范市场经济秩序是一项长期而艰巨的任务，必须坚持不懈地进行。要标本兼治，重在治本。继续抓好专项整治，突出重点，依法打击制假售假等违法犯罪行为。加强制度和法制建设，严格执法，逐步把市场管理纳入法制化、规范化轨道。抓紧查处严重破坏市场经济秩序的大案要案。加快建立社会信用体系。高度重视安全生产，切实加强监督管理，保护人民生命财产安全。通过改革和整顿，加快建立社会主义市场经济新秩序。

坚持“引进来”与“走出去”相结合，全面提高对外开放水平。继续做好加入世贸组织过渡期的各项应对工作，认真行使权利，履行承诺义务。稳定鼓励出口的各项政策措施，实施市场多元化战略，坚持以质取胜，扩大商品和服务贸易。培育和支持国内优势品牌，提高国际竞争力。优化进口结构。深化外贸体制改革。继续积极、有效地利用外资，着重引进先进技术、现代管理经验和专门人才，支持国内企业与跨国公司进行多种形式的合作。努力改善投资环境，规范招商引资活动。鼓励和支持有比较优势的各类所有制企业，采取合资、独资、联营等形式开展跨国经营，带动国内商品特别是资本货物出口。积极推进多边双边和区域经济合作。

（五）进一步做好扩大就业和社会保障工作

各级政府要把改善就业环境、增加就业岗位作为重要职责。坚持“劳动者自主择业、市场调节就业、政府促进就业”的方针，千方百计促进就业和再就业。国有企业改革要坚持减员增效与促进再就业相结合。认真落实促进下岗失业人员再就业的各项政策措施。广辟就业门路，积极发展劳动密集型产业，充分发挥第三产业、中小企业和个体私营经济在扩大就业方面的重要作用。规范发展劳动力市场。鼓励自谋职业和自主创业，积极提倡和推广灵活多样的就业方式。大力发展职业培训和就业服务。加强对高等学校和职业学校毕业生就业创业的指导与服务工作。

继续加强“两个确保”和城市“低保”工作，搞好“三条保障线”的衔接。完善城镇企业职工基本养老、医疗保险制度，继续扩大各项社会保险覆盖面。稳步推进国有企业下岗职工基本生活保障向失业保险并轨。合理确定“低保”标准和保障对象补助水平，切实做到应保尽保。妥善解决国有困难企业和关闭破产企业职工的基本生活问题。多渠道筹集和管好社会保障基金。建立和完善对低收入者的救助制度，重视解决城市特殊困难家庭在住房、子女就学、医疗和取暖等方面遇到的问题。搞好农村新型合作医疗制度试点工作。发展社会福利、社会救济、优抚安置和社会互助等社会保障事业。维护妇女、儿童合法权益。进一步做好老龄工作。支持残疾人事业发展。

（六）认真实施科教兴国战略和可持续发展战略

继续加大对科技、教育的投入。抓紧制定与实施国家中长期科学和技术发展规划。推进国家创新体系建设。切实加强基础研究、高技术研究，增强科技创新能力和竞争力。抓紧实施“国家高技术研究发展计划”和“国家重点基础研究发展计划”，以及重大科技专项。努力在关键领域和若干科技发展前沿掌握核心技术和拥有一批自主知识产权。加强科技基础条件建设。继续深化科技体制改革，完善科技服务体系，加强知识产权保护，鼓励发明创造，加快科技成果向现实生产力转化。坚持社会科学与自然科学并重，发展繁荣哲学社会科学。深化教育体制改革，坚持教育创新，全面推进素质教育。加快发展各级各类教育，提高教育质量。完善农村义务教育以县为主的管理体制。继续做好助学贷款和设立国家奖学金工作。加强职业教育和培训。依法规范和积极支持民办教育发展。继续实施人才强国战略，培养和吸引各类人才特别是高层次急需人才，为他们充分发挥聪明才智和干成事业创造良好条件。

继续做好人口与计划生育工作，稳定低生育水平。加强城乡规划工作。切实保护、合理开发和节约使用各种自然资源。实施海洋开发。加强生态环境保护和建设，大力发展环保产业。加强重点流域、区域、海域污染防治和城市环境综合整治。做好防灾减灾工作。

（七）加强社会主义民主法制和精神文明建设

发展社会主义民主政治，建设社会主义政治文明。加强基层政权建设和城乡基层民主政治建设。实行依法治国和以德治国相结合。加强社会主义法制建设，完善行政法规，提高行政执法水平，增强全民法律素质。牢牢把握先进文化的前进方向，大力加强社会主义精神文明建设。认真贯彻公民道德建设实施纲要，加强爱国主义教育，弘扬和培育民族精神。广泛开展群众性精神文明创建活动。进一步繁荣文学艺术、新闻出版、广播影视等各项事业，着力推出一批优秀作品。深化文化体制改革，积极发展文化事业和文化产业。加强文物和文化遗产保护。加强国际文化交流。普及科学知识，反对迷信，倡导文明健康的生活方式。坚持不懈地开展“扫黄”、“打非”斗争。加强互联网站的建设和管理。积极推进卫生、体育事业的改革和发展。大力开展群众健身活动，不断提高竞技体育水平。认真做好 2008 年北京奥运会和 2010 年上海世界博览会的前期准备工作。全力维护社会稳定。坚持“严打”方针，打防结合、预防为主，全面落实社会治安综合治理的各项措施。依法严厉打击各种违法犯罪行为。防范和惩治邪教组织的犯罪活动。

（八）切实加强政府自身建设

在大力推进改革开放和现代化建设的新情况下，进一步加强政府自身建设特别是政风建设，十分重要。

深化行政管理体制改革。坚持政企分开，按照精简、统一、效能的原则，进一步转变政府职能，调整政府机构设置，理顺部门职能分工，减少行政审批，提高政府管理水平，努力形成行为规范、运转协调、公正透明、廉洁高效的行政管理体制。国务院根据党的十六届二中全会审议通过的《关于深化行政管理体制和机构改革的意见》形成的《国务院机构改革方案》，将提交本次大会审议。

坚持依法行政，从严治政。完善公务员制度，建设高素质公务员队伍。加快电子政务建设。继续深入开展反腐败斗争，大力纠正部门和行业不正之风，严肃查处各类违法违纪案件。加强制度建设，强化行政监督和审计监督，努力从源头上治理腐败。做好信访工作，加强舆论监督和社会监督。切实转变工作作风，反对形式主义和官僚主义，不搞劳民伤财、沽名钓誉的“形象工程”，纠正虚报浮夸、强迫命令的恶劣作风，反对奢侈浪费。各级政府工作人员要深入基层，深入群众，倾听群众呼声，关心群众疾苦，及时解决群众反映强烈和不满意的问题。在新的形势下，要增强忧患意识，居安思危，务必继续保持谦虚谨慎、不骄不躁的作风，务必继续保持艰苦奋斗的作风。

各位代表！

加强民族团结、维护祖国统一和社会稳定，是全国各族人民的共同愿望。要全面贯彻党的民族政策，坚持和完善民族区域自治制度。大力培养少数民族干部。继续推进兴边富民行动，加大对人口较少的民族扶持力度，促进各民族共同繁荣进步。坚决反对分裂祖国和破坏民族团结的行为。全面贯彻党的宗教信仰自由政策，依法管理宗教事务，积极引导宗教与社会主义社会相适应，坚持独立自主自办的原则。认真贯彻落实侨务政策，进一步做好侨务工作。

加强国防和军队建设，是国家安全和现代化建设的可靠保证。按照政治合格、军事过硬、作风优良、纪律严明、保障有力的总要求，努力把军队革命化、现代化、正规化建设提高到一个新水平。贯彻新时期积极防御军事战略方针，加强军事斗争准备。坚持国防建设与经济建设协调发展。重视国防科研和武器装备建设，增强军队在高技术条件下的整体防卫作战能力。加强后勤建设。积极推进国防科技工业调整、改革和发展。各级政府要大力支持国防和军队建设，增强全民国防意识。不断加强国防后备力量建设，切实抓好国防动员工作的落实。深入开展拥军优属、拥政爱民活动，巩固军政、军民团结。

维护香港、澳门的繁荣、稳定和发展，是我们坚定不移的目标。要继续贯彻“一国两制”的方针，严格按照香港基本法和澳门基本法办事。全力支持两个特别行政区行政长官和政府依法施政。积极促进内地与香港、澳门在经贸、教育、科技、文化等领域的交流与合作。

全面贯彻“和平统一、一国两制”的基本方针和解决台湾问题的八项主张，争取在一个中国原则基础上尽早恢复两岸对话与谈判，坚决反对任何旨在制造“台湾独立”、“两个中国”、“一中一台”的言行。进一步扩大两岸人员往来和经济、文化等领域的交流与合作，积极推进两岸直接“三通”。加强与台湾各党派和各界人士就发展两岸关系、推进和平统一交换意见。继续支持海外侨胞开展的“反台独、促统一”活动。我们相信，经过全体中华儿女不懈奋斗，祖国的完全统一就一定能够早日实现。

和平与发展仍是当今时代的主题。世界多极化和经济全球化趋势在曲折中发展。我国面临的国际环境依然是机遇大于挑战，但国际形势中的不确定因素有所增加。我们将始终不渝地奉行独立自主的和平外交政策。继续巩固和加强与发展中国家的团结和合作，支持发展中国家维护自身的正当权益。继续深化睦邻友好，加强区域合作，把同周边国家的交流和合作推向新水平。继续改善和发展同发达国家的关系，在和平共处五项原则的基础上，扩大共同利益，妥善解决分歧。继续积极参与多边外交活动，提倡国际关系民主化和发展模式多样化。反对各种形式的霸权主义和强权政治，反对一切形式的恐怖主义。中国人民愿同各国人民一道，共同推进世界和平与发展的崇高事业。

各位代表！

党的十六大制定了我国在新世纪新阶段全面建设小康社会的宏伟蓝图和行动纲领。我们伟大的祖国已站在更高的历史起点，迈上新的辉煌征程。任何艰难险阻都挡不住中国人民胜利前进的步伐。展望祖国未来，前景无限美好。我们坚信，全国各族人民在以胡锦涛同志为总书记的党中央领导下，高举邓小平理论伟大旗帜，全面贯彻“三个代表”重要思想，同心同德，奋发图强，一定能够把中国特色社会主义事业不断推向前进，从胜利走向更大的胜利！

中共中央　国务院
关于加快林业发展的决定

2003年6月25日　中发［2003］9号

加强生态建设，维护生态安全，是二十一世纪人类面临的共同主题，也是我国经济社会可持续发展的重要基础。全面建设小康社会，加快推进社会主义现代化，必须走生产发展、生活富裕、生态良好的文明发展道路，实现经济发展与人口、资源、环境的协调，实现人与自然的和谐相处。森林是陆地生态系统的主体，林业是一项重要的公益事业和基础产业，承担着生态建设和林产品供给的重要任务，做好林业工作意义十分重大。为加快林业发展，实现山川秀美的宏伟目标，促进国民经济和社会发展，现作出如下决定。

一、加强林业建设是经济社会可持续发展的迫切要求

1.我国林业建设取得了巨大成就。建国以来，特别是改革开放以来，党中央、国务院对林业工作十分重视，采取了一系列政策措施，有力地促进了林业发展。全民义务植树运动深入开展，全社会办林业、全民搞绿化的局面正在形成。“三北”防护林等生态工程建设成效明显，近几年实施的天然林保护、退耕还林、防沙治沙等重点工程进展顺利，部分地区的生态状况明显改善。森林、湿地和野生动植物资源保护得到加强。林业产业结构调整取得进展，各类商品林基地建设方兴未艾，林产工业得到加强，经济林、竹藤花卉产业和生态旅游快速发展，山区综合开发向纵深推进。森林资源的培育、管护和利用逐渐形成较为完整的组织、法制和工作体系。建国以来，林业累计提供木材50多亿立方米，目前全国森林覆盖率已达到16.55%，人工林面积居世界第一位。林业为国家经济建设和生态状况改善作出了重要贡献，对促进新阶段农业和农村经济的发展，扩大城乡就业，增加农民收入，发挥着越来越重要的作用。

2.经济社会可持续发展迫切要求我国林业有一个大转变。随着经济发展、社会进步和人民生活水平的提高，社会对加快林业发展、改善生态状况的要求越来越迫切，林业在经济社会发展中的地位和作用越来越突出。林业不仅要满足社会对木材等林产品的多样化需求，更要满足改善生态状况、保障国土生态安全的需要，生态需求已成为社会对林业的第一需求。我国林业正处在一个重要的变革和转折时期，正经历着由以木材生产为主向以生态建设为主的历史性转变。

3.加快林业发展面临的形势依然严峻。目前我国生态状况局部改善、整体恶化的趋势尚未根本扭转，土地沙化、湿地减少、生物多样性遭破坏等仍呈加剧趋势。乱砍滥伐林木、乱垦滥占林地、乱捕滥猎野生动物、乱采滥挖野生植物等现象屡禁不止，森林火灾和病虫害对林业的威胁仍很严重。林业管理和经营体制还不适应形势发展的需要。林业产业规模小、科技含量低、结构不合理，木材供需矛盾突出，林业职工和林区群众的收入增长缓慢，社会事业发展滞后。从整体上讲，我国仍然是一个林业资源缺乏的国家，森林资源总量严重不足，森林生态系统的整体功能还非常脆弱，与社会需求之间的矛盾日益尖锐，林业改革和发

展的任务比以往任何时候都更加繁重。

4.必须把林业建设放在更加突出的位置。在全面建设小康社会、加快推进社会主义现代化的进程中，必须高度重视和加强林业工作，努力使我国林业有一个大的发展。在贯彻可持续发展战略中，要赋予林业以重要地位；在生态建设中，要赋予林业以首要地位；在西部大开发中，要赋予林业以基础地位。

二、加快林业发展的指导思想、基本方针和主要任务

5.指导思想。以邓小平理论和“三个代表”重要思想为指导，深入贯彻十六大精神，确立以生态建设为主的林业可持续发展道路，建立以森林植被为主体、林草结合的国土生态安全体系，建设山川秀美的生态文明社会，大力保护、培育和合理利用森林资源，实现林业跨越式发展，使林业更好地为国民经济和社会发展服务。

6.基本方针。

——坚持全国动员，全民动手，全社会办林业。

——坚持生态效益、经济效益和社会效益相统一，生态效益优先。

——坚持严格保护、积极发展、科学经营、持续利用森林资源。

——坚持政府主导和市场调节相结合，实行林业分类经营和管理。

——坚持尊重自然和经济规律，因地制宜，乔灌草合理配置，城乡林业协调发展。

——坚持科教兴林。

——坚持依法治林。

7.主要任务。通过管好现有林，扩大新造林，抓好退耕还林，优化林业结构，增加森林资源，增强森林生态系统的整体功能，增加林产品有效供给，增加林业职工和农民收入。力争到2010年，使我国森林覆盖率达到19%以上，大江大河流域的水土流失和主要风沙区的沙漠化有所缓解，全国生态状况整体恶化的趋势得到初步遏制，林业产业结构趋于合理；到2020年，使森林覆盖率达到23%以上，重点地区的生态问题基本解决，全国的生态状况明显改善，林业产业实力显著增强；到2050年，使森林覆盖率达到并稳定在26%以上，基本实现山川秀美，生态状况步入良性循环，林产品供需矛盾得到缓解，建成比较完备的森林生态体系和比较发达的林业产业体系。

实现上述目标，必须努力保护好天然林、野生动植物资源、湿地和古树名木；努力营造好主要流域、沙地边缘、沿海地带的水源涵养林、水土保持林、防风固沙林和堤岸防护林；努力绿化好宜林荒山、地埂田头、城乡周围和道渠两旁；努力建设好用材林、经济林、薪炭林和花卉等商品林基地；努力发展好森林公园、城市森林和其他游憩性森林。同时，要加快林业结构调整步伐，提高林业经济效益；加快林业管理体制和经营机制创新，调动社会各方面发展林业的积极性。

三、抓好重点工程，推动生态建设

8.坚持不懈地搞好林业重点工程建设。要加大力度实施天然林保护工程，严格天然林采伐管理，进一步保护、恢复和发展长江上游、黄河上中游地区和东北、内蒙古等地区的天然林资源。认真抓好退耕还林（草）工程，切实落实对退耕农民的有关补偿政策，鼓励结合农业结构调整和特色产业开发，发展有市场、有潜力的后续产业，解决好退耕农民的长远生计问题。继续推进“三北”、长江等重点地区的防护林体系工程建设，因地制宜、因害设防，营造各种防护林体系，集中治理好这些地区不同类型的生态灾害。切实搞好京津风沙源治理等防沙治沙工程，通过划定封禁保护区、种树种草、小流域治理、舍饲圈养、生态移民、合理利用水资源等综合措施，保护和增加林草植被，尽快使首都及主要风沙区的风沙危害得到有效遏制。高度重视野生动植物保护及自然保护区工程建设，抓紧抢救濒危珍稀物种，修复典型生态系统，扩大自然保护面积，提高保护水平，切实保护好我国的野生动植物资源、湿地资源和生物多样性。加快建设以速生丰产用材林为主的林业产业基地工程，在条

件具备的适宜地区，发展集约林业，加快建设各种用材林和其他商品林基地，增加木材等林产品的有效供给，减轻生态建设压力。

9. 深入开展全民义务植树运动，采取多种形式发展社会造林。不断丰富和完善义务植树的形式，提高适龄公民履行义务的覆盖面，提高义务植树的实际成效。义务植树要实行属地管理，农村以乡镇为单位、城市以街道为单位，建立健全义务植树登记制度和考核制度。进一步明确部门和单位绿化的责任范围，落实分工负责制，并加强监督检查。绿色通道工程要与道路建设和河渠整治统筹规划，合理布局，加快建设。城市绿化要把美化环境与增强生态功能结合起来，逐步提高建设水平。鼓励军队、社会团体、外商造林和群众造林，形成多主体、多层次、多形式的造林绿化格局。

四、优化林业结构，促进产业发展

10. 加快推进林业产业结构升级。适应生态建设和市场需求的变化，推动产业重组，优化资源配置，加快形成以森林资源培育为基础、以精深加工为带动、以科技进步为支撑的林业产业发展新格局。鼓励以集约经营方式，发展原料林、用材林基地。积极发展木材加工业尤其是精深加工业，延长产业链，实现多次增值，提高木材综合利用率。突出发展名特优新经济林、生态旅游、竹藤花卉、森林食品、珍贵树种和药材培植以及野生动物驯养繁殖等新兴产品产业，培育新的林业经济增长点。充分发挥我国地域辽阔、生物资源和劳动力丰富的优势，大力发展特色出口林产品。

11. 加强对林业产业发展的引导和调控。根据市场需要、资源条件和产业基础，抓紧编制林业产业发展规划，制定产业政策，引导产业健康发展，避免低水平重复建设。鼓励培育名牌产品和龙头企业，推广公司带基地、基地连农户的经营形式，加快林业产业发展。扶持发展各种专业合作组织，完善社会化服务体系，培育、规范林产品和林业生产要素市场，对农民生产的木材允许产销直接见面，拓宽农民进入市场的渠道，增强林业产业发展活力。

12. 进一步扩大林业对外开放。充分利用国内外两个市场、两种资源，加快林业发展。针对我国林业基础薄弱、建设任务繁重的情况，要加大引进力度，着力引进资金、资源、良种、技术和管理经验。努力扩大林业利用外资规模，鼓励外商投资造林和发展林产品加工业。制定有利于扩大林产品出口的政策，完善林产品出口促进机制，提高我国林产品的国际竞争力。坚持实施“走出去”战略，加强海外林业开发。积极开展森林认证工作，尽快与国际接轨。采取有效措施，加强对我国种质资源的保护和输出管理，防止境外有害生物传入。认真履行有关国际公约，加强生态保护领域的国际交流与合作。

五、深化林业体制改革，增强林业发展活力

13. 进一步完善林业产权制度。这是调动社会各方面造林积极性，促进林业更好更快发展的重要基础。要依法严格保护林权所有者的财产权，维护其合法权益。对权属明确并已核发林权证的，要切实维护林权证的法律效力；对权属明确尚未核发林权证的，要尽快核发；对权属不清或有争议的，要抓紧明晰或调处，并尽快核发权属证明。退耕土地还林后，要依法及时办理相关手续。

已经划定的自留山，由农户长期无偿使用，不得强行收回。自留山上的林木，一律归农户所有。对目前仍未造林绿化的，要采取措施限期绿化。

分包到户的责任山，要保持承包关系稳定。上一轮承包到期后，原承包做法基本合理的，可直接续包；原承包做法经依法认定明显不合理的，可在完善有关做法的基础上继续承包。新一轮的承包，都要签定书面承包合同，承包期限按有关法律规定执行。对已经续签承包合同，但不到法定承包期限的，经履行有关手续，可延长至法定期限。农户不愿意继续承包的，可交回集体经济组织另行处置。

对目前仍由集体统一经营管理的山林，要区别对待，分类指导，积极探索有效的经营形式。凡群众比较满意、经营状况良好的股份合作林场、联办林场等，要继续保持经营形式的稳定，并不断完善。对其他集中连片的有林地，可采取“分股不分山、分利不分林”的形式，将产权逐步明晰到个人。对零星分散的有林地，可将林木所有权和林地使用权合理作价后，转让给个人经营。对宜林荒山荒地，可直接采取分包到户、招标、拍卖等形式确定经营主体，也可以由集体统一组织开发后，再以适当方式确定经营主体；对造林难度大的宜林荒山荒地，可通过公开招标的方式，将一定期限的使用权无偿转让给有能力的单位或个人开发经营，但必须限期绿化。不管采取哪种形式，都要经过本集体经济组织成员的民主决策，集体经济组织内部的成员享有优先经营权。

14. 加快推进森林、林木和林地使用权的合理流转。在明确权属的基础上，国家鼓励森林、林木和林地使用权的合理流转，各种社会主体都可通过承包、租赁、转让、拍卖、协商、划拨等形式参与流转。当前要重点推动国家和集体所有的宜林荒山荒地荒沙使用权的流转。对尚未确定经营者或其经营者一时无力造林的国有宜林荒山荒地荒沙，也可按国家有关规定，提供给附近的部队、生产建设兵团或其他单位进行植树造林，所造林木归造林者所有。森林、林木和林地使用权可依法继承、抵押、担保、入股和作为合资、合作的出资或条件。积极培育活立木市场，发展森林资源资产评估机构，促进林木合理流转，调动经营者投资开发的积极性。

要规范流转程序，加强流转管理。认真做好流转的各项服务工作，及时办理权属变更登记手续，保护当事人的合法权益。在流转过程中，要坚决防止出现乱砍滥伐、改变林地用途、改变公益林性质和公有资产流失等现象。要切实加强对流转后应当用于林业建设资金的监督管理。国务院林业主管部门要会同有关部门抓紧制定森林、林木和林地使用权流转的具体办法，报国务院批准后实施。

15. 放手发展非公有制林业。国家鼓励各种社会主体跨所有制、跨行业、跨地区投资发展林业。凡有能力的农户、城镇居民、科技人员、私营企业主、外国投资者、企事业单位和机关团体的干部职工等，都可单独或合伙参与林业开发，从事林业建设。要进一步明确非公有制林业的法律地位，切实落实“谁造谁有、合造共有”的政策。统一税费政策、资源利用政策和投融资政策，为各种林业经营主体创造公平竞争的环境。

16. 深化重点国有林区和国有林场、苗圃管理体制改革。建立权责利相统一，管资产和管人、管事相结合的森林资源管理体制。按照政企分开的原则，把森林资源管理职能从森工企业中剥离出来，由国有林管理机构代表国家行使，并履行出资人职责，享有所有者权益；把目前由企业承担的社会管理职能逐步分离出来，转由政府承担，使企业真正成为独立的经营主体，参与市场竞争。国有森工企业要按照专业化协作的原则，进行企业重组，妥善分流安置企业富余职工。国务院林业主管部门要会同有关省、自治区、直辖市人民政府和国务院有关部门研究制定具体改革方案，报国务院批准后实施。

深化国有林场改革，逐步将其分别界定为生态公益型林场和商品经营型林场，对其内部结构和运营机制作出相应调整。生态公益型林场要以保护和培育森林资源为主要任务，按从事公益事业单位管理，所需资金按行政隶属关系由同级政府承担。商品经营型林场和国有苗圃要全面推行企业化管理，按市场机制运作，自主经营，自负盈亏，在保护和培育森林资源、发挥生态和社会效益的同时，实行灵活多样的经营形式，积极发展多种经营，最大限度地挖掘生产经营潜力，增强发展活力。切实关心和解决贫困国有林场、苗圃职工生产生活中的困难和问题。加快公有制林业管理体制改革，鼓励打破行政区域界限，按照自愿互利原则，采取联合、兼并、股份制等形式组建跨地区的林场和苗圃联合体，实现规模经营，降低经营成本，提高经济效益。

17. 实行林业分类经营管理体制。在充分发挥森林多方面功能的前提下，按照主要用途的不同，将全国林业区分为公益林业和商品林业两大类，分别采取不同的管理体制、经营机制和政策措施。改革和完善林木限额采伐制度，对公益林业和商品林业采取不同的资源管理办法。公益林业要按照公益事业进行管理，以政府投资为主，吸引社会力量共同建设；商品林业要按照基础产业进行管理，主要由市场配置资源，政府给予必要扶持。凡纳入公益林管理的森林资源，政府将以多种方式对投资者给予合理补偿。要逐步改变现行的造林投入和管理方式，在进一步完善招投标制、报账制的同时，安排部分造林投资，探索直接收购各种社会主体营造的非国有公益林。公益林建设投资和森林生态效益补偿基金，按照事权划分，分别由中央政府和各级地方政府承担。加快建立公益林业认证体系。

六、加强政策扶持，保障林业长期稳定发展

18. 加大政府对林业建设的投入。要把公益林业建设、管理和重大林业基础设施建设的投资纳入各级政府的财政预算，并予以优先安排。对关系国计民生的重点生态工程建设，国家财政要重点保证；地方规划的区域性生态工程建设投资，要纳入地方财政预算；部门规划的配套生态工程建设投资，要纳入相关工程的总体预算。森林生态效益补偿基金分别纳入中央和地方财政预算，并逐步增加资金规模。以工代赈、农业综合开发等财政支农资金，也要适当增加对林业建设的投入。对重点地区速生丰产用材林基地建设和珍贵树种用材林建设中的森林防火、病虫害防治和优良种苗的开发推广等社会性、公益性建设，由国家安排部分投资。逐步规范各项生态工程建设的造林补助标准。随着重点国有林区改革的逐步深入，有关地方政府要承担起原来由森工企业承担的社会事业投入，国家给予必要支持。

19. 加强对林业发展的金融支持。国家继续对林业实行长期限、低利息的信贷扶持政策，具体贷款期限可根据林木的生长周期由银行和企业协商确定，并视情况给予一定的财政贴息。有关金融机构对个人造林育林，要适当放宽贷款条件，扩大面向农户和林业职工的小额信贷和联保贷款。林业经营者可依法以林木抵押申请银行贷款。鼓励林业企业上市融资。

20. 减轻林业税费负担。继续执行国家已经出台的各项林业税收优惠政策，并予以规范。按照农村税费改革的总体要求，逐步取消原木、原竹的农业特产税。取消对林农和其他林业生产经营者的各种不合理收费。改革育林基金征收、管理和使用办法，征收的育林基金要逐步全部返还给林业生产经营者，基层林业管理单位因此出现的经费缺口由财政解决。

七、强化科教兴林，坚持依法治林

21. 加强林业科技教育工作。要重视林业科学基础研究、应用研究和高新技术开发，提高林业的科技创新能力。重点研发林木良种选育、条件恶劣地区造林、重大森林病虫害防治、防沙治沙、森林资源与生态监测、种质资源保存与利用、林农复合经营、林火管理与控制及主要经济林产品加工转化等关键性技术。抓好林业重点实验室、野外重点观测台站、林业科学数据库和林业信息网络建设。林业重点工程建设与林业技术推广要同步设计、同步实施、同步验收。深化林业科技体制改革，国家在扶持基础性、公益性林业科学研究的同时，积极推动非公益性科学研究和技术推广走向市场。鼓励林业科研单位、大专院校和科技人员，通过创办科技型企业、建立科技示范点、开展科技承包和技术咨询服务等形式，加快科技成果转化。要加强林业技术推广服务体系建设，稳定科技工作队伍。对林业科学研究、新技术推广和新产品开发等方面有突出贡献的单位和个人，要给予重奖。完善相关政策，推动林科教、技工贸相结合。积极推进林业标准化工作，建立健全林业质量标准和检验检测体系。不断加强林业科技领域的国际合作。根据林业建设特点，建立各类林业人才教育和培育体系。切实加大对林业职工的培训力度，提高林业建设者的整体素质。

22. 加强林业法制建设。加快林业立法工作，抓紧制定天然林保护、湿地保护、国有森林资源经营管理、森林林木和林地使用权流转、林业建设资金使用管理、林业工程质量监管、林业重点工程建设等方面的法律法规，并根据新情况对现有法律法规进行修订。加大林业执法力度，严格森林和野生动植物资源保护管理，严厉打击乱砍滥伐林木、乱垦滥占林地、乱捕滥猎野生动物等违法犯罪行为，严禁随意采挖野生植物。加强林业执法监管体系，充实执法监督力量，改善执法监督条件，提高执法监督队伍素质。加强林业法制教育和生态道德教育，为执法人员依法办事创造良好的社会氛围和执法环境。

八、切实加强对林业工作的领导

23. 各级党委和政府要高度重视林业工作。要充分认识加强林业建设对实施可持续发展战略、全面建设小康社会的重要性和紧迫性，将其纳入国民经济和社会发展规划，做到认识到位，责任到位，政策到位，工作到位。各有关部门要认真履行职责，密切配合，支持林业发展。根据加快林业发展的需要，强化林业行政管理体系，加强各级政府的林业行政机构建设。建立完善的林业动态监测体系，整合现有监测资源，对我国的森林资源、土地荒漠化及其他生态变化实行动态监测，定期向社会公布。健全林业推广和服务体系，乡镇林业工作站是对林业生产经营实施组织管理的最基层机构，要充分发挥政策宣传、资源管护、林政执法、生产组织、科技推广和社会化服务等职能和作用。林业行业要继续发扬艰苦奋斗、无私奉献的精神，为促进林业发展再立新功。

24. 坚持并完善林业建设任期目标管理责任制。要合理划分中央和地方政府在林业建设方面的事权。中央政府领导全国林业工作，主要负责制定林业法规、政策和国家林业发展规划，指导和协调解决全国性或跨省、自治区、直辖市的重大林业和生态问题，帮助地方加快林业发展。各级地方政府对本地区林业工作全面负责，政府主要负责同志是林业建设的第一责任人，分管负责同志是林业建设的主要责任人。对林业建设的主要指标，实行任期目标管理，严格考核、严格奖惩，并由同级人民代表大会监督执行。各级地方党委组织部门和纪检监察机关，要把责任制的落实情况作为干部政绩考核、选拔任用和奖惩的重要依据。国家林业重点工程建设，要坚持规划落实到省、任务分解到省、资金分配到省、责任明确到省的管理制度。工程建设的进展情况，要定期检查，定期通报。建立重大毁林案件、违规使用资金案件和工程质量事故责任追究制度，对违反规定的，要严格追究有关领导人的责任。

25. 动员全社会力量关心和支持林业工作。各级工会、妇联、共青团和民兵、青年、学生组织及其他社会团体，要发挥各自作用，动员社会各界力量，投身国土绿化事业。人民解放军和武警部队为保护森林、绿化祖国作出了重要贡献，要继续发扬优良传统，积极承担造林绿化任务。要大力加强林业宣传教育工作，不断提高全民族的生态安全意识。中小学教育要强化相关内容，普及林业和生态知识。新闻媒体要将林业宣传纳入公益性宣传范围。

各地区各部门要紧密团结在以胡锦涛同志为总书记的党中央周围，高举邓小平理论伟大旗帜，认真贯彻“三个代表”重要思想，动员和组织全国人民，积极投身林业建设的伟大事业，为把我国建设成为山川秀美、生态和谐、可持续发展的社会主义现代化国家而努力奋斗！

中共中央　国务院
关于促进农民增加收入若干政策的意见

2003 年 12 月 31 日　中发［2004］1 号

在党的十六大精神指引下，2003 年各地区各部门按照中央的要求，加大了解决“三农”问题的力度，抵御住了突如其来非典疫情的严重冲击，克服了多种自然灾害频繁发生的严重影响，实现了农业结构稳步调整，农村经济稳步发展，农村改革稳步推进，农民收入稳步增加，农村社会继续保持稳定。

同时，应当清醒地看到，当前农业和农村发展中还存在着许多矛盾和问题，突出的是农民增收困难。全国农民人均纯收入连续多年增长缓慢，粮食主产区农民收入增长幅度低于全国平均水平，许多纯农户的收入持续徘徊甚至下降，城乡居民收入差距仍在不断扩大。农民收入长期上不去，不仅影响农民生活水平提高，而且影响粮食生产和农产品供给；不仅制约农村经济发展，而且制约整个国民经济增长；不仅关系农村社会进步，而且关系全面建设小康社会目标的实现；不仅是重大的经济问题，而且是重大的政治问题。全党必须从贯彻“三个代表”重要思想，实现好、维护好、发展好广大农民群众根本利益的高度，进一步增强做好农民增收工作的紧迫感和主动性。

现阶段农民增收困难，是农业和农村内外部环境发生深刻变化的现实反映，也是城乡二元结构长期积累的各种深层次矛盾的集中反映。在农产品市场约束日益增强、农民收入来源日趋多元化的背景下，促进农民增收必须有新思路，采取综合性措施，在发展战略、经济体制、政策措施和工作机制上有一个大的转变。

当前和今后一个时期做好农民增收工作的总体要求是：各级党委和政府要认真贯彻十六大和十六届三中全会精神，牢固树立科学发展观，按照统筹城乡经济社会发展的要求，坚持“多予、少取、放活”的方针，调整农业结构，扩大农民就业，加快科技进步，深化农村改革，增加农业投入，强化对农业支持保护，力争实现农民收入较快增长，尽快扭转城乡居民收入差距不断扩大的趋势。

一、集中力量支持粮食主产区发展粮食产业，促进种粮农民增加收入

（一）加强主产区粮食生产能力建设。当前种粮效益低、主产区农民增收困难的问题尤为突出，必须采取切实有力的措施，尽快加以解决。抓住了种粮农民的增收问题，就抓住了农民增收的重点；调动了农民的种粮积极性，就抓住了粮食生产的根本；保护和提高了主产区的粮食生产能力，就稳住了全国粮食的大局。从 2004 年起，国家将实施优质粮食产业工程，选择一部分有基础、有潜力的粮食大县和国有农场，集中力量建设一批国家优质专用粮食基地。要着力支持主产区特别是中部粮食产区重点建设旱涝保收、稳产高产基本农田。扩大沃土工程实施规模，不断提高耕地质量。加强大宗粮食作物良种繁育、病虫害防治工程建设，强化技术集成能力，优先支持主产区推广一批有重大影响的优良品种和先进适用技术。围绕农田基本建设，加快中小型水利设施建设，扩大农田有效灌溉面积，提高排涝和抗旱能力。提高农业机构化水平，对农民个人、

农场职工、农机专业户和直接从事农业生产的农机服务组织购置和更新大型农机具给予一定补贴。

（二）支持主产区进行粮食转化和加工。主产区要立足粮食优势促进农民增加收入、发展区域经济，并按照市场需求，把粮食产业做大做强。充分利用主产区丰富的饲料资源，积极发展农区畜牧业，通过小额贷款、贴息补助、提供保险服务等形式，支持农民和企业购买优良畜禽、繁育良种，通过发展养殖业带动粮食增值。按照国家产业政策要求，引导农产品加工业合理布局，扶持主产区发展以粮食为主要原料的农产品加工业，重点是发展精深加工。国家通过技改贷款贴息、投资参股、税收政策等措施，支持主产区建立和改造一批大型农产品加工、种子营销和农业科技型企业。

（三）增加对粮食主产区的投入。现有农业固定资产投资、农业综合开发资金、土地复垦基金等要相对集中使用，向主产区倾斜。继续增加农业综合开发资金，新增部分主要用于主产区。为切实支持粮食主产区振兴经济、促进农民增收，要开辟新的资金来源渠道。从2004年起，确定一定比例的国有土地出让金，用于支持农业土地开发，建设高标准基本农田，提高粮食综合生产能力。主销区和产销平衡区也要加强粮食生产能力建设。进一步密切产销区的关系。粮食销区的经营主体到产区建立粮食生产基地、仓储设施和加工企业，应享受国家对主产区的有关扶持政策。产区粮食企业到销区建立仓储、加工等设施，开拓粮食市场，销区政府应予以支持并实行必要的优惠政策。

二、继续推进农业结构调整，挖掘农业内部增收潜力

（四）全面提高农产品质量安全水平。近几年，农业结构调整迈出较大步伐，方向正确，成效明显，要坚定不移地继续推进。要在保护和提高粮食综合生产能力的前提下，按照高产、优质、高效、生态、安全的要求，走精细化、集约化、产业化的道路，向农业发展的广度和深度进军，不断开拓农业增效增收的空间。要加快实施优势农产品区域布局规划，充分发挥各地的比较优势，继续调整农业区域布局。农产品市场和加工布局、技术推广和质量安全检验等服务体系的建设，都要着眼和有利于促进优势产业带的形成。2004年要增加资金规模，在小麦、大豆等粮食优势产区扩大良种补贴范围。进一步加强农业标准化工作，深入开展农业标准化示范区建设。要进一步完善农产品的检验检测、安全监测及质量认证体系，推行农产品原产地标记制度，开展农业投入品强制性产品认证试点，扩大无公害食品、绿色食品、有机食品等优质农产品的生产和供应。加强动物防疫体系建设，实施重点区域动物疫病应急防治工程，鼓励乡村建立畜禽养殖小区，2004年要启动兽医管理体制改革试点。加快实行法定检验和商业检验分开的制度，对法定检验要减少项目并给予财政补贴，对商业检验要控制收费标准并加强监管。

（五）加快发展农业产业化经营。各级财政要安排支持农业产业化发展的专项资金，较大幅度地增加对龙头企业的投入。对符合条件的龙头企业的技改贷款，可给予财政贴息。对龙头企业为农户提供培训、营销服务，以及研发引进新品种新技术、开展基地建设和污染治理等，可给予财政补助。创造条件，完善农产品加工的增值税政策。对新办的中小型农副产品加工企业，要加强创业扶持和服务。不管哪种所有制和经营形式的龙头企业，只要能带动农户，与农民建立起合理的利益联结机制，给农民带来实惠，都要在财政、税收、金融等方面一视同仁地给予支持。

（六）加强农业科研和技术推广。要围绕增强我国农业科技的创新能力、储备能力和转化能力，改革农业科技体制，较大幅度地增加预算内农业科研投入。继续安排引进国外先进农业科技成果的资金。增加农业科技成果转化资金。支持已有科研成果的中试和大面积示范推广。引导和推动企业成为农业技术创新主体，允许各类农业企业和民营农业科技组织申

请使用国家有关农业科技的研发、引进和推广等资金。深化农业科技推广体制改革，加快形成国家推广机构和其他所有制推广组织共同发展、优势互补的农业技术推广体系。积极发挥农业科技示范场、科技园区、龙头企业和农民专业合作组织在农业科技推广中的作用。建立与农业产业带相适应的跨区域、专业性的新型农业科技推广服务组织。支持农业大中专院校参与农业技术的研究、推广。

三、发展农村二、三产业，拓宽农民增收渠道

（七）推进乡镇企业改革和调整。发展乡镇企业是充分利用农村各种资源和生产要素，全面发展农村经济、拓展农村内部就业空间的重要途径。要适应市场需求变化、产业结构升级和增长方式转变的要求，调整乡镇企业发展战略和发展模式，加快技术进步，加快体制和机制创新，重点发展农产品加工业、服务业和劳动密集型企业。加大对规模以上乡镇企业技术改造的支持力度，促进产品更新换代和产业优化升级。引导农村集体企业改制成股份制和股份合作制等混合所有制企业，鼓励有条件的乡镇企业建立现代企业制度。农村中小企业对增加农民就业作用明显，只要符合安全生产标准和环境保护要求，有利于资源的合理利用，都应当允许其存在和发展。有关部门要根据乡镇企业发展的新形势新情况，加强调查研究，尽快制定促进乡镇企业改革和发展的指导性意见。

（八）大力发展农村个体私营等非公有制经济。法律法规未禁入的基础设施、公用事业及其他行业和领域，农村个体工商户和私营企业都可以进入。要在税收、投融资、资源使用、人才政策等方面，对农村个体工商户和私营企业给予支持。对合法经营的农村流动性小商小贩，除国家另有规定外，免于工商登记和收取有关税费。

（九）繁荣小城镇经济。小城镇建设要同壮大县域经济、发展乡镇企业、推进农业产业化经营、移民搬迁结合起来，引导更多的农民进入小城镇，逐步形成产业发展、人口聚集、市场扩大的良性互动机制，增强小城镇吸纳农村人口、带动农村发展的能力。国家固定资产投资要继续支持小城镇建设，引导金融机构按市场经济规律支持小城镇发展。重点渔区渔港、林区和垦区场部建设要与小城镇发展结合起来。有条件的地方，要加快推进村庄建设与环境整治。

四、改善农民进城就业环境，增加外出务工收入

（十）保障进城就业农民的合法权益。进一步清理和取消针对农民进城就业的歧视性规定和不合理收费，简化农民跨地区就业和进城务工的各种手续，防止变换手法向进城就业农民及用工单位乱收费。进城就业的农民工已经成为产业工人的重要组成部分，为城市创造了财富、提供了税收。城市政府要切实把对进城农民工的职业培训、子女教育、劳动保障及其他服务和管理经费，纳入正常的财政预算，已经落实的要完善政策，没有落实的要加快落实。对及时兑现进城就业农民工资、改善劳动条件、解决子女入学等问题，国家已有明确政策，各地区和有关部门要采取更得力的措施，明确牵头部门，落实管理责任，加强督促检查。健全有关法律法规，依法保障进城就业农民的各项权益。推进大中城市户籍制度改革，放宽农民进城就业和定居的条件。

（十一）加强对农村劳动力的职业技能培训。这是提高农民就业能力、增强我国产业竞争力的一项重要的基础性工作，各地区和有关部门要作为一件大事抓紧抓好。要根据市场和企业的需求，按照不同行业、不同工种对从业人员基本技能的要求，安排培训内容，实行定向培训，提高培训的针对性和适用性。要调动社会各方面参与农民职业技能培训的积极性，鼓励各类教育培训机构、用人单位开展对农民的职业技能培训。各级财政都要安排专门用于农民职业技能培训的资金。为提高培训资金的使用效率和培训效果，应由农民自主选择培训机构、培训内容和培训时间，政府对接受培训

的农民给予一定的补贴和资助。要防止和纠正各种强制农民参加有偿培训和职业资格鉴定的错误做法。

五、发挥市场机制作用，搞活农产品流通

（十二）培育农产品营销主体。鼓励发展各类农产品专业合作组织、购销大户和农民经纪人。积极推进有关农民专业合作组织的立法工作。从2004年起，中央和地方要安排专门资金，支持农民专业合作组织开展信息、技术、培训、质量标准与认证、市场营销等服务。有关金融机构支持农民专业合作组织建设标准化生产基地、兴办仓储设施和加工企业、购置农产品运销设备，财政可适当给予贴息。深化供销社改革，发挥其带动农民进入市场的作用。加快发展农产品连锁、超市、配送经营，鼓励有条件的地方将城市农贸市场改建成超市，支持农业龙头企业到城市开办农产品超市，逐步把网络延伸到城市社区。进一步加强产地和销地批发市场建设，创造条件发展现代物流业。加强农业生产资料市场管理，有关部门要保证货源充足、价格基本稳定，严厉打击制售假冒伪劣农资等坑农伤农行为。支持鲜活农产品运销，在全国建立高效率的绿色通道，各地要从实际出发进一步改善农产品的流通环境。

（十三）扩大优势农产品出口。要进一步完善促进我国优势农产品出口的政策措施。外贸发展基金要向促进农产品出口倾斜，主要用于支持企业研发新产品新技术、开拓国际市场、参与国际认证等，扶持出口生产基地。鼓励和引导农产品出口加工企业进入出口加工贸易区。抓紧启动园艺产品非疫区建设。完善农产品出口政策性信用保险制度。有关部门要密切跟踪监测和及时通报国内外市场供需、政策法规和疫病疫情、检验检疫标准等动态，为农产品出口企业提供信息服务。加强对外谈判交涉，签订我国与重点市场国家和地区的双边检验检疫和优惠贸易协定，为我国农产品出口创造有利环境。适应农产品国际贸易的新形势，加快建立健全禽肉、蔬菜、水果等重点出口农产品的行业和商品协会。

六、加强农村基础设施建设，为农民增收创造条件

（十四）继续增加财政对农业和农村发展的投入。加强农业基础建设、解决“三农”问题，必须进一步调整国民收入分配结构和财政支出结构。各级政府要依法安排并落实对农业和农村的预算支出，严格执行预算，建立健全财政支农资金的稳定增长机制。按照统一规划、明确分工、统筹安排的要求，整合现有各项支农投资，集中财力，突出重点，提高资金使用效率。积极运用税收、贴息、补助等多种经济杠杆，鼓励和引导各种社会资本投向农业和农村。各地区和有关部门要切实把发展农村社会事业作为工作重点，落实好新增教育、卫生、文化等事业经费主要用于农村的政策规定，今后每年要对执行情况进行专项检查。

（十五）进一步加强农业和农村基础设施建设。国家固定资产投资用于农业和农村的比例要保持稳定，并逐步提高。适当调整对农业和农村的投资结构，增加支持农业结构调整和农村中小型基础设施建设的投入。节水灌溉、人畜饮水、乡村道路、农村沼气、农村水电、草场围栏等“六小工程”，对改善农民生产生活条件、带动农民就业、增加农民收入发挥着积极作用，要进一步增加投资规模，充实建设内容，扩大建设范围。各地要从实际出发，因地制宜地开展雨水集蓄、河渠整治、牧区水利、小流域治理、改水改厕和秸秆气化等各种小型设施建设。创新和完善农村基础设施建设的管理体制和运营机制。继续搞好生态建设，对天然林保护、退耕还林还草和湿地保护等生态工程，要统筹安排，因地制宜，巩固成果，注重实效。

七、深化农村改革，为农民增收减负提供体制保障

（十六）加快土地征用制度改革。各级政府要切实落实最严格的耕地保护制度，按照保障农民权益、控制征地规模的原则，严格遵守对非农占地的审批权限和审批程序，严格执行

土地利用总体规划。要严格区分公益性用地和经营性用地，明确界定政府土地征用权和征用范围。完善土地征用程序和补偿机制，提高补偿标准，改进分配办法，妥善安置失地农民，并为他们提供社会保障。积极探索集体非农建设用地进入市场的途径和办法。

（十七）深化粮食流通体制改革。从 2004 年开始，国家将全面放开粮食收购和销售市场，实行购销多渠道经营。有关部门要抓紧清理和修改不利于粮食自由流通的政策法规。加快国有粮食购销企业改革步伐，转变企业经营机制，完善粮食现货和期货市场，严禁地区封锁，搞好产销区协作，优化储备布局，加强粮食市场管理和宏观调控。当前，粮食主产区要注意发挥国有及国有控股粮食购销企业的主渠道作用。为保护种粮农民利益，要建立对农民的直接补贴制度。2004 年，国家从粮食风险基金中拿出部分资金，用于主产区种粮农民的直接补贴。其他地区也要对本省（区、市）粮食主产县（市）的种粮农民实行直接补贴。要本着调动农民种粮积极性的原则，制定便于操作和监督的实施办法，确保补贴资金真正落实到农民手中。

（十八）继续推进农村税费改革。要巩固和发展税费改革的成果，进一步减轻农民的税费负担，为最终实现城乡税制的统一创造条件。逐步降低农业税税率，2004 年农业税税率总体上降低 1 个百分点，同时取消除烟叶外的农业特产税。降低税率后减少的地方财政收入，沿海发达地区原则上由自己消化，粮食主产区和中西部地区由中央财政通过转移支付解决。有条件的地方，可以进一步降低农业税税率或免征农业税。各地要严格按照减税比例调减到户，真正让农民得到实惠；确保各级转移支付资金专款专用，及时足额下拨到位。要据实核减合法征占耕地而减少的计税面积。要加快推进配套改革，继续加强农民负担监督管理，防止农民负担反弹，巩固农村税费改革成果。进一步精简乡镇机构和财政供养人员，积极稳妥地调整乡镇建制，有条件的可实行并村，提倡干部交叉任职。优化农村学校布局和教师队伍。进一步清理和规范涉农行政事业性收费。巩固治理利用职权发行报刊的成果。积极探索化解乡村债务的有效途径。尽快制定农业税的征管办法。

（十九）改革和创新农村金融体制。要从农村实际和农民需要出发，按照有利于增加农户和企业贷款，有利于改善农村金融服务的要求，加快改革和创新农村金融体制。建立金融机构对农村社区服务的机制，明确县域区各金融机构为“三农”服务的义务。扩大农村贷款利率浮动幅度。进一步完善邮政储蓄的有关政策，加大农村信用社改革的力度，缓解农村资金外流。农业银行等商业银行要创新金融产品和服务方式，拓宽信贷资金支农渠道。农业发展银行等政策性银行要调整职能，合理分工，扩大对农业、农村的服务范围。要总结农村信用社改革试点经验，创造条件，在全国逐步推开。继续扩大农户小额信用贷款和农户联保贷款。鼓励有条件的地方，在严格监管、有效防范金融风险的前提下，通过吸引社会资本和外资，积极兴办直接为“三农”服务的多种所有制的金融组织。有关部门要针对农户和农村中小企业的实际情况，研究提出多种担保办法，探索实行动产抵押、仓单质押、权益质押等担保形式。鼓励政府出资的各类信用担保机构积极拓展符合农村特点的担保业务，有条件的地方可设立农业担保机构，鼓励现有商业性担保机构开展农村担保业务。加快建立政策性农业保险制度，选择部分产品和部分地区率先试点，有条件的地方可对参加种养业保险的农户给予一定的保费补贴。

八、继续做好扶贫开发工作，解决农村贫困人口和受灾群众的生产生活困难

（二十）完善扶贫开发机制。各级党委和政府要进一步加大扶贫开发力度，强化扶贫工作责任制，提高扶贫成效。2004 年国家继续增加扶贫资金投入。要在认真总结经验、切实摸清底数的基础上，对尚未解决温饱的贫困人口，进一步采取更有针对性的扶贫措施，切实

做到扶贫到村到户。对丧失劳动能力的特困人口，要实行社会救济，适当提高救济标准。对缺乏基本生存条件地区的贫困人口，要积极稳妥地进行生态移民和易地扶贫。对低收入贫困人口，要着力帮助改善生产生活条件，发展特色产业，开辟增收渠道，减少和防止返贫。健全扶贫投入机制，加强资金管理，提高使用效益，所有扶贫资金的使用都要实行公示、公告和报账制度，严格监督和审计，确保资金及时足额到位，真正使贫困户受益。

（二十一）认真安排好灾区和困难农户的生产生活。2003年不少地方遭受了严重的自然灾害，一些农民生产生活遇到严重困难。各级党委和政府要切实负起责任，组织干部深入灾区和贫困地区，摸底排查，核实灾情，及时把救济款物发放到户，按规定减免有关税费，组织和引导灾区群众开展生产自救。有条件的地方要探索建立农民最低生活保障制度。落实好农垦企业参加企业职工基本养老保险的政策。

九、加强党对促进农民增收工作的领导，确保各项增收政策落到实处

（二十二）要把解决好农业、农村、农民问题作为全党工作的重中之重。全党同志特别是各级领导干部要始终重视农业的基础地位，始终重视严格保护耕地和保护、提高粮食综合生产能力，始终重视维护粮食主产区和种粮农民的利益，始终重视增加农民特别是种粮农民的收入。对“三农”问题，不仅分管领导要直接抓，而且党政一把手要亲自抓，地、县两级领导要把主要精力放在农业和农村工作上。要树立科学发展观和正确的政绩观，把增加农民收入作为事关全局的大事，放在更加突出的位置。要切实转变工作作风，深入基层，深入群众，落实各项增收措施，为农民增收出主意、想办法、办实事、多服务，力戒浮夸和做表面文章，把增加农民收入作为衡量工作成效的一个重要标准。要加强对农村基层干部的培训，增强宗旨意识和法制、政策观念，增进与农民群众的感情，提高他们带领农民增收致富的自觉性和本领。各行各业都要树立全局观念，为农民增收贡献力量，在全社会形成有利于农民增收的良好氛围。要激发广大农民群众艰苦创业的积极性，发扬自强不息的精神，通过辛勤劳动走上富裕之路。同时，要按照中央的部署和要求，加强农村基层组织建设、精神文明建设和民主法制建设，做好农村其他各项工作，为农民增收提供有力的组织保障、智力支持和安定的社会环境。

做好新阶段的农业和农村工作，努力增加农民收入，意义重大，任重道远。我们要紧密团结在以胡锦涛同志为总书记的党中央周围，高举邓小平理论伟大旗帜，认真实践“三个代表”重要思想，坚定信心，奋力开拓，扎实工作，为全面建设小康社会作出新的贡献。

中华人民共和国国务院令

（第376号）

《突发公共卫生事件应急条例》已经2003年5月7日国务院第7次常务会议通过，现予公布，自公布之日起施行。

总　理　温家宝

2003年5月9日

附件：

突发公共卫生事件应急条例

第一章 总 则

第一条 为了有效预防、及时控制和消除突发公共卫生事件的危害，保障公众身体健康与生命安全，维护正常的社会秩序，制定本条例。

第二条 本条例所称突发公共卫生事件（以下简称突发事件），是指突然发生，造成或者可能造成社会公众健康严重损害的重大传染病疫情、群体性不明原因疾病、重大食物和职业中毒以及其他严重影响公众健康的事件。

第三条 突发事件发生后，国务院设立全国突发事件应急处理指挥部，由国务院有关部门和军队有关部门组成，国务院主管领导人担任总指挥，负责对全国突发事件应急处理的统一领导、统一指挥。

国务院卫生行政主管部门和其他有关部门，在各自的职责范围内做好突发事件应急处理的有关工作。

第四条 突发事件发生后，省、自治区、直辖市人民政府成立地方突发事件应急处理指挥部，省、自治区、直辖市人民政府主要领导人担任总指挥，负责领导、指挥本行政区域内突发事件应急处理工作。

县级以上地方人民政府卫生行政主管部门，具体负责组织突发事件的调查、控制和医疗救治工作。

县级以上地方人民政府有关部门，在各自的职责范围内做好突发事件应急处理的有关工作。

第五条 突发事件应急工作，应当遵循预防为主、常备不懈的方针，贯彻统一领导、分级负责、反应及时、措施果断、依靠科学、加强合作的原则。

第六条 县级以上各级人民政府应当组织开展防治突发事件相关科学研究，建立突发事件应急流行病学调查、传染源隔离、医疗救护、现场处置、监督检查、监督检验、卫生防护等有关物资、设备、设施、技术与人才资源储备，所需经费列入本级政府财政预算。

国家对边远贫困地区突发事件应急工作给予财政支持。

第七条 国家鼓励、支持开展突发事件监测、预警、反应处理有关技术的国际交流与合作。

第八条 国务院有关部门和县级以上地方人民政府及其有关部门，应当建立严格的突发事件防范和应急处理责任制，切实履行各自的职责，保证突发事件应急处理工作的正常进行。

第九条 县级以上各级人民政府及其卫生行政主管部门，应当对参加突发事件应急处理的医疗卫生人员，给予适当补助和保健津贴；对参加突发事件应急处理作出贡献的人员，给予表彰和奖励；对因参与应急处理工作致病、致残、死亡的人员，按照国家有关规定，给予相应的补助和抚恤。

第二章 预防与应急准备

第十条 国务院卫生行政主管部门按照分类指导、快速反应的要求，制定全国突发事件应急预案，报请国务院批准。

省、自治区、直辖市人民政府根据全国突发事件应急预案，结合本地实际情况，制定本行政区域的突发事件应急预案。

第十一条 全国突发事件应急预案应当包括以下主要内容：

（一）突发事件应急处理指挥部的组成和

相关部门的职责；

（二）突发事件的监测与预警；

（三）突发事件信息的收集、分析、报告、通报制度；

（四）突发事件应急处理技术和监测机构及其任务；

（五）突发事件的分级和应急处理工作方案；

（六）突发事件预防、现场控制，应急设施、设备、救治药品和医疗器械以及其他物资和技术的储备与调度；

（七）突发事件应急处理专业队伍的建设和培训。

第十二条　突发事件应急预案应当根据突发事件的变化和实施中发现的问题及时进行修订、补充。

第十三条　地方各级人民政府应当依照法律、行政法规的规定，做好传染病预防和其他公共卫生工作，防范突发事件的发生。

县级以上各级人民政府卫生行政主管部门和其他有关部门，应当对公众开展突发事件应急知识的专门教育，增强全社会对突发事件的防范意识和应对能力。

第十四条　国家建立统一的突发事件预防控制体系。

县级以上地方人民政府应当建立和完善突发事件监测与预警系统。

县级以上各级人民政府卫生行政主管部门，应当指定机构负责开展突发事件的日常监测，并确保监测与预警系统的正常运行。

第十五条　监测与预警工作应当根据突发事件的类别，制定监测计划，科学分析、综合评价监测数据。对早期发现的潜在隐患以及可能发生的突发事件，应当依照本条例规定的报告程序和时限及时报告。

第十六条　国务院有关部门和县级以上地方人民政府及其有关部门，应当根据突发事件应急预案的要求，保证应急设施、设备、救治药品和医疗器械等物资储备。

第十七条　县级以上各级人民政府应当加强急救医疗服务网络的建设，配备相应的医疗救治药物、技术、设备和人员，提高医疗卫生机构应对各类突发事件的救治能力。

设区的市级以上地方人民政府应当设置与传染病防治工作需要相适应的传染病专科医院，或者指定具备传染病防治条件和能力的医疗机构承担传染病防治任务。

第十八条　县级以上地方人民政府卫生行政主管部门，应当定期对医疗卫生机构和人员开展突发事件应急处理相关知识、技能的培训，定期组织医疗卫生机构进行突发事件应急演练，推广最新知识和先进技术。

第三章　报告与信息发布

第十九条　国家建立突发事件应急报告制度。

国务院卫生行政主管部门制定突发事件应急报告规范，建立重大、紧急疫情信息报告系统。

有下列情形之一的，省、自治区、直辖市人民政府应当在接到报告1小时内，向国务院卫生行政主管部门报告：

（一）发生或者可能发生传染病暴发、流行的；

（二）发生或者发现不明原因的群体性疾病的；

（三）发生传染病菌种、毒种丢失的；

（四）发生或者可能发生重大食物和职业中毒事件的。

国务院卫生行政主管部门对可能造成重大社会影响的突发事件，应当立即向国务院报告。

第二十条　突发事件监测机构、医疗卫生机构和有关单位发现有本条例第十九条规定情形之一的，应当在2小时内向所在地县级人民政府卫生行政主管部门报告；接到报告的卫生行政主管部门应当在2小时内向本级人民政府报告，并同时向上级人民政府卫生行政主管部门和国务院卫生行政主管部门报告。

县级人民政府应当在接到报告后2小时内

向设区的市级人民政府或者上一级人民政府报告；设区的市级人民政府应当在接到报告后2小时内向省、自治区、直辖市人民政府报告。

第二十一条 任何单位和个人对突发事件，不得隐瞒、缓报、谎报或者授意他人隐瞒、缓报、谎报。

第二十二条 接到报告的地方人民政府、卫生行政主管部门依照本条例规定报告的同时，应当立即组织力量对报告事项调查核实、确证，采取必要的控制措施，并及时报告调查情况。

第二十三条 国务院卫生行政主管部门应当根据发生突发事件的情况，及时向国务院有关部门和各省、自治区、直辖市人民政府卫生行政主管部门以及军队有关部门通报。

突发事件发生地的省、自治区、直辖市人民政府卫生行政主管部门，应当及时向毗邻省、自治区、直辖市人民政府卫生行政主管部门通报。

接到通报的省、自治区、直辖市人民政府卫生行政主管部门，必要时应当及时通知本行政区域内的医疗卫生机构。

县级以上地方人民政府有关部门，已经发生或者发现可能引起突发事件的情形时，应当及时向同级人民政府卫生行政主管部门通报。

第二十四条 国家建立突发事件举报制度，公布统一的突发事件报告、举报电话。

任何单位和个人有权向人民政府及其有关部门报告突发事件隐患，有权向上级人民政府及其有关部门举报地方人民政府及其有关部门不履行突发事件应急处理职责，或者不按照规定履行职责的情况。接到报告、举报的有关人民政府及其有关部门，应当立即组织对突发事件隐患、不履行或者不按照规定履行突发事件应急处理职责的情况进行调查处理。

对举报突发事件有功的单位和个人，县级以上各级人民政府及其有关部门应当予以奖励。

第二十五条 国家建立突发事件的信息发布制度。

国务院卫生行政主管部门负责向社会发布突发事件的信息。必要时，可以授权省、自治区、直辖市人民政府卫生行政主管部门向社会发布本行政区域内突发事件的信息。

信息发布应当及时、准确、全面。

第四章 应急处理

第二十六条 突发事件发生后，卫生行政主管部门应当组织专家对突发事件进行综合评估，初步判断突发事件的类型，提出是否启动突发事件应急预案的建议。

第二十七条 在全国范围内或者跨省、自治区、直辖市范围内启动全国突发事件应急预案，由国务院卫生行政主管部门报国务院批准后实施。省、自治区、直辖市启动突发事件应急预案，由省、自治区、直辖市人民政府决定，并向国务院报告。

第二十八条 全国突发事件应急处理指挥部对突发事件应急处理工作进行督察和指导，地方各级人民政府及其有关部门应当予以配合。

省、自治区、直辖市突发事件应急处理指挥部对本行政区域内突发事件应急处理工作进行督察和指导。

第二十九条 县级以上人民政府卫生行政主管部门或者其他有关部门指定的突发事件应急处理专业技术机构，负责突发事件的技术调查、确证、处置、控制和评价工作。

第三十条 国务院卫生行政主管部门对新发现的突发传染病，根据危害程度、流行强度，依照《中华人民共和国传染病防治法》的规定及时宣布为法定传染病；宣布为甲类传染病的，由国务院决定。

第三十一条 应急预案启动前，县级以上各级人民政府有关部门应当根据突发事件的实际情况，做好应急处理准备，采取必要的应急措施。

应急预案启动后，突发事件发生地的人民政府有关部门，应当根据预案规定的职责要求，服从突发事件应急处理指挥部的统一指挥，立即到达规定岗位，采取有关的控制措施。

医疗卫生机构、监测机构和科学研究机构，应当服从突发事件应急处理指挥部的统一指挥，相互配合、协作，集中力量开展相关的科学研究工作。

第三十二条　突发事件发生后，国务院有关部门和县级以上地方人民政府及其有关部门，应当保证突发事件应急处理所需的医疗救护设备、救治药品、医疗器械等物资的生产、供应；铁路、交通、民用航空行政主管部门应当保证及时运送。

第三十三条　根据突发事件应急处理的需要，突发事件应急处理指挥部有权紧急调集人员、储备的物资、交通工具以及相关设施、设备；必要时，对人员进行疏散或者隔离，并可以依法对传染病疫区实行封锁。

第三十四条　突发事件应急处理指挥部根据突发事件应急处理的需要，可以对食物和水源采取控制措施。

县级以上地方人民政府卫生行政主管部门应当对突发事件现场等采取控制措施，宣传突发事件防治知识，及时对易受感染的人群和其他易受损害的人群采取应急接种、预防性投药、群体防护等措施。

第三十五条　参加突发事件应急处理的工作人员，应当按照预案的规定，采取卫生防护措施，并在专业人员的指导下进行工作。

第三十六条　国务院卫生行政主管部门或者其他有关部门指定的专业技术机构，有权进入突发事件现场进行调查、采样、技术分析和检验，对地方突发事件的应急处理工作进行技术指导，有关单位和个人应当予以配合；任何单位和个人不得以任何理由予以拒绝。

第三十七条　对新发现的突发传染病、不明原因的群体性疾病、重大食物和职业中毒事件，国务院卫生行政主管部门应当尽快组织力量制定相关的技术标准、规范和控制措施。

第三十八条　交通工具上发现根据国务院卫生行政主管部门的规定需要采取应急控制措施的传染病病人、疑似传染病病人，其负责人应当以最快的方式通知前方停靠点，并向交通工具的营运单位报告。交通工具的前方停靠点和营运单位应当立即向交通工具营运单位行政主管部门和县级以上地方人民政府卫生行政主管部门报告。卫生行政主管部门接到报告后，应当立即组织有关人员采取相应的医学处置措施。

交通工具上的传染病病人密切接触者，由交通工具停靠点的县级以上各级人民政府卫生行政主管部门或者铁路、交通、民用航空行政主管部门，根据各自的职责，依照传染病防治法律、行政法规的规定，采取控制措施。

涉及国境口岸和入出境的人员、交通工具、货物、集装箱、行李、邮包等需要采取传染病应急控制措施的，依照国境卫生检疫法律、行政法规的规定办理。

第三十九条　医疗卫生机构应当对因突发事件致病的人员提供医疗救护和现场救援，对就诊病人必须接诊治疗，并书写详细、完整的病历记录；对需要转送的病人，应当按照规定将病人及其病历记录的复印件转送至接诊的或者指定的医疗机构。

医疗卫生机构内应当采取卫生防护措施，防止交叉感染和污染。

医疗卫生机构应当对传染病病人密切接触者采取医学观察措施，传染病病人密切接触者应当予以配合。

医疗机构收治传染病病人、疑似传染病病人，应当依法报告所在地的疾病预防控制机构。接到报告的疾病预防控制机构应当立即对可能受到危害的人员进行调查，根据需要采取必要的控制措施。

第四十条　传染病暴发、流行时，街道、乡镇以及居民委员会、村民委员会应当组织力量，团结协作，群防群治，协助卫生行政主管部门和其他有关部门、医疗卫生机构做好疫情信息的收集和报告、人员的分散隔离、公共卫生措施的落实工作，向居民、村民宣传传染病防治的相关知识。

第四十一条 对传染病暴发、流行区域内流动人口，突发事件发生地的县级以上地方人民政府应当做好预防工作，落实有关卫生控制措施；对传染病病人和疑似传染病病人，应当采取就地隔离、就地观察、就地治疗的措施。对需要治疗和转诊的，应当依照本条例第三十九条第一款的规定执行。

第四十二条 有关部门、医疗卫生机构应当对传染病做到早发现、早报告、早隔离、早治疗，切断传播途径，防止扩散。

第四十三条 县级以上各级人民政府应当提供必要资金，保障因突发事件致病、致残的人员得到及时、有效的救治。具体办法由国务院财政部门、卫生行政主管部门和劳动保障行政主管部门制定。

第四十四条 在突发事件中需要接受隔离治疗、医学观察措施的病人、疑似病人和传染病病人密切接触者在卫生行政主管部门或者有关机构采取医学措施时应当予以配合；拒绝配合的，由公安机关依法协助强制执行。

第五章 法律责任

第四十五条 县级以上地方人民政府及其卫生行政主管部门未依照本条例的规定履行报告职责，对突发事件隐瞒、缓报、谎报或者授意他人隐瞒、缓报、谎报的，对政府主要领导人及其卫生行政主管部门主要负责人，依法给予降级或者撤职的行政处分；造成传染病传播、流行或者对社会公众健康造成其他严重危害后果的，依法给予开除的行政处分；构成犯罪的，依法追究刑事责任。

第四十六条 国务院有关部门、县级以上地方人民政府及其有关部门未依照本条例的规定，完成突发事件应急处理所需要的设施、设备、药品和医疗器械等物资的生产、供应、运输和储备的，对政府主要领导人和政府部门主要负责人依法给予降级或者撤职的行政处分；造成传染病传播、流行或者对社会公众健康造成其他严重危害后果的，依法给予开除的行政处分；构成犯罪的，依法追究刑事责任。

第四十七条 突发事件发生后，县级以上地方人民政府及其有关部门对上级人民政府有关部门的调查不予配合，或者采取其他方式阻碍、干涉调查的，对政府主要领导人和政府部门主要负责人依法给予降级或者撤职的行政处分；构成犯罪的，依法追究刑事责任。

第四十八条 县级以上各级人民政府卫生行政主管部门和其他有关部门在突发事件调查、控制、医疗救治工作中玩忽职守、失职、渎职的，由本级人民政府或者上级人民政府有关部门责令改正、通报批评、给予警告；对主要负责人、负有责任的主管人员和其他责任人员依法给予降级、撤职的行政处分；造成传染病传播、流行或者对社会公众健康造成其他严重危害后果的，依法给予开除的行政处分；构成犯罪的，依法追究刑事责任。

第四十九条 县级以上各级人民政府有关部门拒不履行应急处理职责的，由同级人民政府或者上级人民政府有关部门责令改正、通报批评、给予警告；对主要负责人、负有责任的主管人员和其他责任人员依法给予降级、撤职的行政处分；造成传染病传播、流行或者对社会公众健康造成其他严重危害后果的，依法给予开除的行政处分；构成犯罪的，依法追究刑事责任。

第五十条 医疗卫生机构有下列行为之一的，由卫生行政主管部门责令改正、通报批评、给予警告；情节严重的，吊销《医疗机构执业许可证》；对主要负责人、负有责任的主管人员和其他直接责任人员依法给予降级或者撤职的纪律处分；造成传染病传播、流行或者对社会公众健康造成其他严重危害后果，构成犯罪的，依法追究刑事责任：

（一）未依照本条例的规定履行报告职责，隐瞒、缓报或者谎报的；

（二）未依照本条例的规定及时采取控制措施的；

（三）未依照本条例的规定履行突发事件监测职责的；

（四）拒绝接诊病人的；

（五）拒不服从突发事件应急处理指挥部调度的。

第五十一条 在突发事件应急处理工作中，有关单位和个人未依照本条例的规定履行报告职责，隐瞒、缓报或者谎报，阻碍突发事件应急处理工作人员执行职务，拒绝国务院卫生行政主管部门或者其他有关部门指定的专业技术机构进入突发事件现场，或者不配合调查、采样、技术分析和检验的，对有关责任人员依法给予行政处分或者纪律处分；触犯《中华人民共和国治安管理处罚条例》，构成违反治安管理行为的，由公安机关依法予以处罚；构成犯罪的，依法追究刑事责任。

第五十二条 在突发事件发生期间，散布谣言、哄抬物价、欺骗消费者，扰乱社会秩序、市场秩序的，由公安机关或者工商行政管理部门依法给予行政处罚；构成犯罪的，依法追究刑事责任。

第六章 附 则

第五十三条 中国人民解放军、武装警察部队医疗卫生机构参与突发事件应急处理的，依照本条例的规定和军队的相关规定执行。

第五十四条 本条例自公布之日起施行。

中华人民共和国国务院令

（第394号）

《地质灾害防治条例》已经2003年11月19日国务院第29次常务会议通过，现予公布，自2004年3月1日起施行。

总 理 温家宝

2003年11月24日

附件：

地质灾害防治条例

第一章 总 则

第一条 为了防治地质灾害，避免和减轻地质灾害造成的损失，维护人民生命和财产安全，促进经济和社会的可持续发展，制定本条例。

第二条 本条例所称地质灾害，包括自然因素或者人为活动引发的危害人民生命和财产安全的山体崩塌、滑坡、泥石流、地面塌陷、地裂缝、地面沉降等与地质作用有关的灾害。

第三条 地质灾害防治工作，应当坚持预防为主、避让与治理相结合和全面规划、突出重点的原则。

第四条 地质灾害按照人员伤亡、经济损失的大小，分为四个等级：

（一）特大型：因灾死亡30人以上或者直接经济损失1000万元以上的；

（二）大型：因灾死亡10人以上30人以

下或者直接经济损失 500 万元以上 1000 万元以下的；

（三）中型：因灾死亡 3 人以上 10 人以下或者直接经济损失 100 万元以上 500 万元以下的；

（四）小型：因灾死亡 3 人以下或者直接经济损失 100 万元以下的。

第五条 地质灾害防治工作，应当纳入国民经济和社会发展计划。

因自然因素造成的地质灾害的防治经费，在划分中央和地方事权和财权的基础上，分别列入中央和地方有关人民政府的财政预算。具体办法由国务院财政部门会同国务院国土资源主管部门制定。

因工程建设等人为活动引发的地质灾害的治理费用，按照谁引发、谁治理的原则由责任单位承担。

第六条 县级以上人民政府应当加强对地质灾害防治工作的领导，组织有关部门采取措施，做好地质灾害防治工作。

县级以上人民政府应当组织有关部门开展地质灾害防治知识的宣传教育，增强公众的地质灾害防治意识和自救、互救能力。

第七条 国务院国土资源主管部门负责全国地质灾害防治的组织、协调、指导和监督工作。国务院其他有关部门按照各自的职责负责有关的地质灾害防治工作。

县级以上地方人民政府国土资源主管部门负责本行政区域内地质灾害防治的组织、协调、指导和监督工作。县级以上地方人民政府其他有关部门按照各自的职责负责有关的地质灾害防治工作。

第八条 国家鼓励和支持地质灾害防治科学技术研究，推广先进的地质灾害防治技术，普及地质灾害防治的科学知识。

第九条 任何单位和个人对地质灾害防治工作中的违法行为都有权检举和控告。

在地质灾害防治工作中做出突出贡献的单位和个人，由人民政府给予奖励。

第二章 地质灾害防治规划

第十条 国家实行地质灾害调查制度。

国务院国土资源主管部门会同国务院建设、水利、铁路、交通等部门结合地质环境状况组织开展全国的地质灾害调查。

县级以上地方人民政府国土资源主管部门会同同级建设、水利、交通等部门结合地质环境状况组织开展本行政区域的地质灾害调查。

第十一条 国务院国土资源主管部门会同国务院建设、水利、铁路、交通等部门，依据全国地质灾害调查结果，编制全国地质灾害防治规划，经专家论证后报国务院批准公布。

县级以上地方人民政府国土资源主管部门会同同级建设、水利、交通等部门，依据本行政区域的地质灾害调查结果和上一级地质灾害防治规划，编制本行政区域的地质灾害防治规划，经专家论证后报本级人民政府批准公布，并报上一级人民政府国土资源主管部门备案。

修改地质灾害防治规划，应当报经原批准机关批准。

第十二条 地质灾害防治规划包括以下内容：

（一）地质灾害现状和发展趋势预测；

（二）地质灾害的防治原则和目标；

（三）地质灾害易发区、重点防治区；

（四）地质灾害防治项目；

（五）地质灾害防治措施等。

县级以上人民政府应当将城镇、人口集中居住区、风景名胜区、大中型工矿企业所在地和交通干线、重点水利电力工程等基础设施作为地质灾害重点防治区中的防护重点。

第十三条 编制和实施土地利用总体规划、矿产资源规划以及水利、铁路、交通、能源等重大建设工程项目规划，应当充分考虑地质灾害防治要求，避免和减轻地质灾害造成的损失。

编制城市总体规划、村庄和集镇规划，应当将地质灾害防治规划作为其组成部分。

第三章　地质灾害预防

第十四条　国家建立地质灾害监测网络和预警信息系统。

县级以上人民政府国土资源主管部门应当会同建设、水利、交通等部门加强对地质灾害险情的动态监测。

因工程建设可能引发地质灾害的，建设单位应当加强地质灾害监测。

第十五条　地质灾害易发区的县、乡、村应当加强地质灾害的群测群防工作。在地质灾害重点防范期内，乡镇人民政府、基层群众自治组织应当加强地质灾害险情的巡回检查，发现险情及时处理和报告。

国家鼓励单位和个人提供地质灾害前兆信息。

第十六条　国家保护地质灾害监测设施。任何单位和个人不得侵占、损毁、损坏地质灾害监测设施。

第十七条　国家实行地质灾害预报制度。预报内容主要包括地质灾害可能发生的时间、地点、成灾范围和影响程度等。

地质灾害预报由县级以上人民政府国土资源主管部门会同气象主管机构发布。

任何单位和个人不得擅自向社会发布地质灾害预报。

第十八条　县级以上地方人民政府国土资源主管部门会同同级建设、水利、交通等部门依据地质灾害防治规划，拟订年度地质灾害防治方案，报本级人民政府批准后公布。

年度地质灾害防治方案包括下列内容：

（一）主要灾害点的分布；

（二）地质灾害的威胁对象、范围；

（三）重点防范期；

（四）地质灾害防治措施；

（五）地质灾害的监测、预防责任人。

第十九条　对出现地质灾害前兆、可能造成人员伤亡或者重大财产损失的区域和地段，县级人民政府应当及时划定为地质灾害危险区，予以公告，并在地质灾害危险区的边界设置明显警示标志。

在地质灾害危险区内，禁止爆破、削坡、进行工程建设以及从事其他可能引发地质灾害的活动。

县级以上人民政府应当组织有关部门及时采取工程治理或者搬迁避让措施，保证地质灾害危险区内居民的生命和财产安全。

第二十条　地质灾害险情已经消除或者得到有效控制的，县级以民政府应当及时撤销原划定的地质灾害危险区，并予以公告。

第二十一条　在地质灾害易发区内进行工程建设应当在可行性研究阶段进行地质灾害危险性评估，并将评估结果作为可行性研究报告的组成部分；可行性研究报告未包含地质灾害危险性评估结果的，不得批准其可行性研究报告。

编制地质灾害易发区内的城市总体规划、村庄和集镇规划时，应当对规划区进行地质灾害危险性评估。

第二十二条　国家对从事地质灾害危险性评估的单位实行资质管理制度。地质灾害危险性评估单位应当具备下列条件，经省级以上人民政府国土资源主管部门资质审查合格，取得国土资源主管部门颁发的相应等级的资质证书后，方可在资质等级许可的范围内从事地质灾害危险性评估业务：

（一）有独立的法人资格；

（二）有一定数量的工程地质、环境地质和岩土工程等相应专业的技术人员；

（三）有相应的技术装备。

地质灾害危险性评估单位进行评估时，应当对建设工程遭受地质灾害危害的可能性和该工程建设中、建成后引发地质灾害的可能性做出评价，提出具体的预防治理措施，并对评估结果负责。

第二十三条　禁止地质灾害危险性评估单位超越其资质等级许可的范围或者以其他地质灾害危险性评估单位的名义承揽地质灾害危险性评估业务。

禁止地质灾害危险性评估单位允许其他单

位以本单位的名义承揽地质灾害危险性评估业务。

禁止任何单位和个人伪造、变造、买卖地质灾害危险性评估资质证书。

第二十四条 对经评估认为可能引发地质灾害或者可能遭受地质灾害危害的建设工程，应当配套建设地质灾害治理工程。地质灾害治理工程的设计、施工和验收应当与主体工程的设计、施工、验收同时进行。

配套的地质灾害治理工程未经验收或者经验收不合格的，主体工程不得投入生产或者使用。

第四章 地质灾害应急

第二十五条 国务院国土资源主管部门会同国务院建设、水利、铁路、交通等部门拟订全国突发性地质灾害应急预案，报国务院批准后公布。

县级以上地方人民政府国土资源主管部门会同同级建设、水利、交通等部门拟订本行政区域的突发性地质灾害应急预案，报本级人民政府批准后公布。

第二十六条 突发性地质灾害应急预案包括下列内容：

（一）应急机构和有关部门的职责分工；

（二）抢险救援人员的组织和应急、救助装备、资金、物资的准备；

（三）地质灾害的等级与影响分析准备；

（四）地质灾害调查、报告和处理程序；

（五）发生地质灾害时的预警信号、应急通信保障；

（六）人员财产撤离、转移路线、医疗救治、疾病控制等应急行动方案。

第二十七条 发生特大型或者大型地质灾害时，有关省、自治区、直辖市人民政府应当成立地质灾害抢险救灾指挥机构。必要时，国务院可以成立地质灾害抢险救灾指挥机构。

发生其他地质灾害或者出现地质灾害险情时，有关市、县人民政府可以根据地质灾害抢险救灾工作的需要，成立地质灾害抢险救灾指挥机构。

地质灾害抢险救灾指挥机构由政府领导负责、有关部门组成，在本级人民政府的领导下，统一指挥和组织地质灾害的抢险救灾工作。

第二十八条 发现地质灾害险情或者灾情的单位和个人，应当立即向当地人民政府或者国土资源主管部门报告。其他部门或者基层群众自治组织接到报告的，应当立即转报当地人民政府。

当地人民政府或者县级人民政府国土资源主管部门接到报告后，应当立即派人赶赴现场，进行现场调查，采取有效措施，防止灾害发生或者灾情扩大，并按照国务院国土资源主管部门关于地质灾害灾情分级报告的规定，向上级人民政府和国土资源主管部门报告。

第二十九条 接到地质灾害险情报告的当地人民政府、基层群众自治组织应当根据实际情况，及时动员受到地质灾害威胁的居民以及其他人员转移到安全地带；情况紧急时，可以强行组织避灾疏散。

第三十条 地质灾害发生后，县级以上人民政府应当启动并组织实施相应的突发性地质灾害应急预案。有关地方人民政府应当及时将灾情及其发展趋势等信息报告上级人民政府。

禁止隐瞒、谎报或者授意他人隐瞒、谎报地质灾害灾情。

第三十一条 县级以上人民政府有关部门应当按照突发性地质灾害应急预案的分工，做好相应的应急工作。

国土资源主管部门应当会同同级建设、水利、交通等部门尽快查明地质灾害发生原因、影响范围等情况，提出应急治理措施，减轻和控制地质灾害灾情。

民政、卫生、食品药品监督管理、商务、公安部门，应当及时设置避难场所和救济物资供应点，妥善安排灾民生活，做好医疗救护、卫生防疫、药品供应、社会治安工作；气象主管机构应当做好气象服务保障工作；通信、航空、铁路、交通部门应当保证地质灾害应急的通信畅通和救灾物资、设备；药物、食品的运送。

第三十二条 根据地质灾害应急处理的需要，县级以上人民政府应当紧急调集人员，调用物资、交通工具和相关的设施、设备；必要时，可以根据需要在抢险救灾区域范围内采取交通管制等措施。

因救灾需要，临时调用单位和个人的物资、设施、设备或者占用其房屋、土地的，事后应当及时归还；无法归还或者造成损失的，应当给予相应的补偿。

第三十三条 县级以上地方人民政府应当根据地质灾害灾情和地质灾害防治需要，统筹规划、安排受灾地区的重建工作。

第五章 地质灾害治理

第三十四条 因自然因素造成的特大型地质灾害，确需治理的，由国务院国土资源主管部门会同灾害发生地的省、自治区、直辖市人民政府组织治理。

因自然因素造成的其他地质灾害，确需治理的，在县级以上地方人民政府的领导下，由本级人民政府国土资源主管部门组织治理。

因自然因素造成的跨行政区域的地质灾害，确需治理的，由所跨行政区域的地方人民政府国土资源主管部门共同组织治理。

第三十五条 因工程建设等人为活动引发的地质灾害，由责任单位承担治理责任。

责任单位由地质灾害发生地的县级以上人民政府国土资源主管部门负责组织专家对地质灾害的成因进行分析论证后认定。

对地质灾害的治理责任认定结果有异议的，可以依法申请行政复议或者提起行政诉讼。

第三十六条 地质灾害治理工程的确定，应当与地质灾害形成的原因、规模以及对人民生命和财产安全的危害程度相适应。

承担专项地质灾害治理工程勘查、设计、施工和监理的单位，应当具备下列条件，经省级以上人民政府国土资源主管部门资质审查合格，取得国土资源主管部门颁发的相应等级的资质证书后，方可在资质等级许可的范围内从事地质灾害治理工程的勘查、设计、施工和监理活动，并承担相应的责任：

（一）有独立的法人资格；

（二）有一定数量的水文地质、环境地质、工程地质等相应专业的技术人员；

（三）有相应的技术装备；

（四）有完善的工程质量管理制度。

地质灾害治理工程的勘查、设计、施工和监理应当符合国家有关标准和技术规范。

第三十七条 禁止地质灾害治理工程勘查、设计、施工和监理单位超越其资质等级许可的范围或者以其他地质灾害治理工程勘查、设计、施工和监理单位的名义承揽地质灾害治理工程勘查、设计、施工和监理业务。

禁止地质灾害治理工程勘查、设计、施工和监理单位允许其他单位以本单位的名义承揽地质灾害治理工程勘查、设计、施工和监理业务。

禁止任何单位和个人伪造、变造、买卖地质灾害治理工程勘查、设计、施工和监理资质证书。

第三十八条 政府投资的地质灾害治理工程竣工后，由县级以上人民政府国土资源主管部门组织竣工验收。其他地质灾害治理工程竣工后，由责任单位组织竣工验收；竣工验收时，应当有国土资源主管部门参加。

第三十九条 政府投资的地质灾害治理工程经竣工验收合格后，由县级以上人民政府国土资源主管部门指定的单位负责管理和维护；其他地质灾害治理工程经竣工验收合格后，由负责治理的责任单位负责管理和维护。

任何单位和个人不得侵占、损毁、损坏地质灾害治理工程设施。

第六章 法律责任

第四十条 违反本条例规定，有关县级以上地方人民政府、国土资源主管部门和其他有关部门有下列行为之一的，对直接负责的主管人员和其他直接责任人员，依法给予降级或者撤职的行政处分；造成地质灾害导致人员伤亡和重大财产损失的，依法给予开除的行政处分；构成犯罪的，依法追究刑事责任：

（一）未按照规定编制突发性地质灾害应急预案，或者未按照突发性地质灾害应急预案的要求采取有关措施、履行有关义务的；

（二）在编制地质灾害易发区内的城市总体规划、村庄和集镇规划时，未按照规定对规划区进行地质灾害危险性评估的；

（三）批准未包含地质灾害危险性评估结果的可行性研究报告的；

（四）隐瞒、谎报或者授意他人隐瞒、谎报地质灾害灾情，或者擅自发布地质灾害预报的；

（五）给不符合条件的单位颁发地质灾害危险性评估资质证书或者地质灾害治理工程勘查、设计、施工、监理资质证书的；

（六）在地质灾害防治工作中有其他渎职行为的。

第四十一条 违反本条例规定，建设单位有下列行为之一的，由县级以上地方人民政府国土资源主管部门责令限期改正；逾期不改正的，责令停止生产、施工或者使用，处10万元以上50万元以下的罚款；构成犯罪的，依法追究刑事责任：

（一）未按照规定对地质灾害易发区内的建设工程进行地质灾害危险性评估的；

（二）配套的地质灾害治理工程未经验收或者经验收不合格，主体工程即投入生产或者使用的。

第四十二条 违反本条例规定，对工程建设等人为活动引发的地质灾害不予治理的，由县级以上人民政府国土资源主管部门责令限期治理；逾期不治理或者治理不符合要求的，由责令限期治理的国土资源主管部门组织治理，所需费用由责任单位承担，处10万元以上50万元以下的罚款；给他人造成损失的，依法承担赔偿责任。

第四十三条 违反本条例规定，在地质灾害危险区内爆破、削坡、进行工程建设以及从事其他可能引发地质灾害活动的，由县级以上地方人民政府国土资源主管部门责令停止违法行为，对单位处5万元以上20万元以下的罚款；对个人处1万元以上5万元以下的罚款；构成犯罪的，依法追究刑事责任；给他人造成损失的，依法承担赔偿责任。

第四十四条 违反本条例规定，有下列行为之一的，由县级以上人民政府国土资源主管部门或者其他部门依据职责责令停止违法行为，对地质灾害危险性评估单位、地质灾害治理工程勘查、设计或者监理单位处合同约定的评估费、勘查费、设计费或者监理酬金1倍以上2倍以下的罚款，对地质灾害治理工程施工单位处工程价款2%以上4%以下的罚款，并可以责令停业整顿，降低资质等级；有违法所得的，没收违法所得；情节严重的，吊销其资质证书；构成犯罪的，依法追究刑事责任；给他人造成损失的，依法承担赔偿责任：

（一）在地质灾害危险性评估中弄虚作假或者故意隐瞒地质灾害真实情况的；

（二）在地质灾害治理工程勘查、设计、施工以及监理活动中弄虚作假、降低工程质量的；

（三）无资质证书或者超越其资质等级许可的范围承揽地质灾害危险性评估、地质灾害治理工程勘查、设计、施工及监理业务的；

（四）以其他单位的名义或者允许其他单位以本单位的名义承揽地质灾害危险性评估、地质灾害治理工程勘查、设计、施工和监理业务的。

第四十五条 违反本条例规定，伪造、变造、买卖地质灾害危险性评估资质证书、地质灾害治理工程勘查、设计、施工和监理资质证书的，由省级以上人民政府国土资源主管部门收缴或者吊销其资质证书，没收违法所得，并处5万元以上10万元以下的罚款；构成犯罪的，依法追究刑事责任。

第四十六条 违反本条例规定，侵占、损毁、损坏地质灾害监测设施或者地质灾害治理工程设施的，由县级以上地方人民政府国土资源主管部门责令停止违法行为，限期恢复原状或者采取补救措施，可以处5万元以下的罚款；构成犯罪的，依法追究刑事责任。

第七章 附 则

第四十七条 在地质灾害防治工作中形成的地质资料，应当按照《地质资料管理条例》的规定汇交。

第四十八条 地震灾害的防御和减轻依照防震减灾的法律、行政法规的规定执行。

防洪法律、行政法规对洪水引发的崩塌、滑坡、泥石流的防治有规定的，从其规定。

第四十九条 本条例自2004年3月1日起施行。

国务院关于印发中国21世纪初可持续发展行动纲要的通知

2003年1月14日 国发［2003］3号

各省、自治区、直辖市人民政府，国务院各部委、各直属机构：

现将国家计委会同有关部门制订的《中国21世纪初可持续发展行动纲要》印发给你们，请结合本地区、本部门实际，认真贯彻执行。

《中国21世纪初可持续发展行动纲要》（以下简称《纲要》）提出了我国可持续发展的目标、重点领域和保障措施，是进一步推进我国可持续发展的重要政策文件。各地区、各部门都应在《纲要》的指导下，认真组织制定可持续发展相关领域的行动规划和计划，并按照综合规划、突出重点，相互协调、充分参与的原则加以实施。要进一步加大宣传力度，增强可持续发展意识，动员社会各方面力量，推进可持续发展。各地区在开展各种类型的可持续发展试点工作过程中，要及时总结经验，逐步推广。国务院有关部门要以高度的责任感和使命感，认真做好综合协调、督促指导、政策研究和信息交流工作，按照与时俱进的要求，积极推进《纲要》的实施。

附件：

中国21世纪初可持续发展行动纲要

1992年联合国环境与发展大会后，我国政府率先组织制定了《中国21世纪议程—中国21世纪人口、环境与发展白皮书》，作为指导我国国民经济和社会发展的纲领性文件，开始了我国可持续发展的进程。为了全面推动可持续发展战略的实施，明确21世纪初我国实施可持续发展战略的目标、基本原则、重点领域及保障措施，保证我国国民经济和社会发展第三步战略目标的顺利实现，在总结以往成就和经验的基础上，根据新的形势和可持续发展的新要求，特制定《中国21世纪初可持续发展行动纲要》（以下简称《纲要》）。

第一部分　成就与问题

经过10年的努力，我国实施可持续发展取得了举世瞩目的成就。

——经济发展方面。国民经济持续、快速、健康发展，综合国力明显增强，国内生产总值已超过10万亿元，成为发展中国家中吸引外国直接投资最多的国家和世界第6大贸易国，人民物质生活水平和生活质量有了较大幅度的提高，经济增长模式正在由粗放型向集约型转变，经济结构逐步优化。

——社会发展方面。人口增长过快的势头得到遏制，科技教育事业取得积极进展，社会保障体系建设、消除贫困、防灾减灾、医疗卫生、缩小地区发展差距等方面都取得了显著成效。

——生态建设、环境保护和资源合理开发利用方面。国家用于生态建设、环境治理的投入明显增加，能源消费结构逐步优化，重点江河水域的水污染综合治理得到加强，大气污染防治有所突破，资源综合利用水平明显提高，通过开展退耕还林、还湖、还草工作，生态环境的恢复与重建取得成效。

——可持续发展能力建设方面。各地区、各部门已将可持续发展战略纳入了各级各类规划和计划之中，全民可持续发展意识有了明显提高，与可持续发展相关的法律法规相继出台并正在得到不断完善和落实。

但是，我国在实施可持续发展战略方面仍面临着许多矛盾和问题。

——制约我国可持续发展的突出矛盾主要是：经济快速增长与资源大量消耗、生态破坏之间的矛盾，经济发展水平的提高与社会发展相对滞后之间的矛盾，区域之间经济社会发展不平衡的矛盾，人口众多与资源相对短缺的矛盾，一些现行政策和法规与实施可持续发展战略的实际需求之间的矛盾等。

——亟待解决的问题主要有：人口综合素质不高，人口老龄化加快，社会保障体系不健全，城乡就业压力大，经济结构不尽合理，市场经济运行机制不完善，能源结构中清洁能源比重仍然很低，基础设施建设滞后，国民经济信息化程度依然很低，自然资源开发利用中的浪费现象突出，环境污染仍较严重，生态环境恶化的趋势没有得到有效控制，资源管理和环境保护立法与实施还存在不足。

随着经济全球化的不断发展，国际社会对可持续发展与共同发展的认识不断深化，行动步伐有所加快。我国应以加入世贸组织为契机，充分发挥社会主义市场经济体制的优越性，进一步发挥政府在组织、协调可持续发展战略中的作用，正确处理好经济全球化与可持续发展的关系，抓住2002年联合国可持续发展世界首脑会议成功召开的契机，进一步积极参与国际合作，维护国家的根本利益，保障我国的国家经济安全和生态环境安全，促进我国可持续发展战略的顺利实施。

第二部分　指导思想、目标与原则

一、指导思想

我国实施可持续发展战略的指导思想是：坚持以人为本，以人与自然和谐为主线，以经济发展为核心，以提高人民群众生活质量为根本出发点，以科技和体制创新为突破口，坚持不懈地全面推进经济社会与人口、资源和生态环境的协调，不断提高我国的综合国力和竞争力，为实现第三步战略目标奠定坚实的基础。

二、发展目标

我国21世纪初可持续发展的总体目标是：可持续发展能力不断增强，经济结构调整取得显著成效，人口总量得到有效控制，生态环境明显改善，资源利用率显著提高，促进人与自然的和谐，推动整个社会走上生产发展、生活富裕、生态良好的文明发展道路。

——通过国民经济结构战略性调整，完成从“高消耗、高污染、低效益”向“低消耗、低污染、高效益”转变。促进产业结构优化升级，减轻资源环境压力，改变区域发展不平衡，缩小城乡差别。

——继续大力推进扶贫开发，进一步改善

贫困地区的基本生产、生活条件，加强基础设施建设，改善生态环境，逐步改变贫困地区经济、社会、文化的落后状况，提高贫困人口的生活质量和综合素质，巩固扶贫成果，尽快使尚未脱贫的农村人口解决温饱问题，并逐步过上小康生活。

——严格控制人口增长，全面提高人口素质，建立完善的优生优育体系和社会保障体系，基本实现人人享有社会保障的目标；社会就业比较充分；公共服务水平大幅度提高；防灾减灾能力全面提高，灾害损失明显降低。加强职业技能培训，提高劳动者素质，建立健全国家职业资格证书制度。到 2010 年，全国人口数量控制在 14 亿以内，年平均自然增长率控制在 9‰以内。全国普及九年义务教育的人口覆盖率进一步提高，初中阶段毛入学率超过 95%，高等教育毛入学率达到 20%左右，青壮年非文盲率保持在 95%以上。

——合理开发和集约高效利用资源，不断提高资源承载能力，建成资源可持续利用的保障体系和重要资源战略储备安全体系。

——全国大部分地区环境质量明显改善，基本遏制生态恶化的趋势，重点地区的生态功能和生物多样性得到基本恢复，农田污染状况得到根本改善。到 2010 年，森林覆盖率达到 20.3%，治理“三化”（退化、沙化、碱化）草地 3300 万公顷，新增治理水土流失面积 5000 万公顷，二氧化硫、工业固体废物等主要污染物排放总量比前 5 年下降 10%，设市城市污水处理率达到 60%以上。

——形成健全的可持续发展法律、法规体系；完善可持续发展的信息共享和决策咨询服务体系；全面提高政府的科学决策和综合协调能力；大幅度提高社会公众参与可持续发展的程度；参与国际社会可持续发展领域合作的能力明显提高。

三、基本原则

——持续发展，重视协调的原则。以经济建设为中心，在推进经济发展的过程中，促进人与自然的和谐，重视解决人口、资源和环境问题，坚持经济、社会与生态环境的持续协调发展。

——科教兴国，不断创新的原则。充分发挥科技作为第一生产力和教育的先导性、全局性和基础性作用，加快科技创新步伐，大力发展各类教育，促进可持续发展战略与科教兴国战略的紧密结合。

——政府调控，市场调节的原则。充分发挥政府、企业、社会组织和公众四方面的积极性，政府要加大投入，强化监管，发挥主导作用，提供良好的政策环境和公共服务，充分运用市场机制，调动企业、社会组织和公众参与可持续发展。

——积极参与，广泛合作的原则。加强对外开放与国际合作，参与经济全球化，利用国际、国内两个市场和两种资源，在更大空间范围内推进可持续发展。

——重点突破，全面推进的原则。统筹规划，突出重点，分步实施；集中人力、物力和财力，选择重点领域和重点区域，进行突破，在此基础上，全面推进可持续发展战略的实施。

第三部分　重点领域

一、经济发展

按照“在发展中调整，在调整中发展”的动态调整原则，通过调整产业结构、区域结构和城乡结构，积极参与全球经济一体化，全方位逐步推进国民经济的战略性调整，初步形成资源消耗低、环境污染少的可持续发展国民经济体系。

——产业结构调整。对农业和农村经济结构进行战略性调整，提高土地和水资源的利用率，减少对环境的污染和对生态环境的破坏；调整种植业、养殖业内部结构，优化农业生产区域布局，大力推进农业产业化经营，推进乡镇企业技术进步和体制创新。对工业进行改组改造和结构优化升级，减少产业发展对资源环境造成的压力，用高新技术和先进适用技术改造提升传统产业，有重点地改造一批骨干企业和发展一批高技术工程。大力发展服务业，提高供给能力和服务水平，满足人民生活质量日益增长的需要，发展以住宅为重点的房地产业，加强旅游基础设施和配套设施建设，优化配置和充实社区服务设施，壮大社区服务业，改造提升传统流通业、运输业和邮政服务业；发展信息产业，实施信息化战略，推进政务、金融、外贸、广播电视、教育、科技、医疗卫生、社会保障和公用事业等重点领域信息化进程。加强基础设施建设，加强以大江大河治理为重点的防洪工程建设，加快南水北调等水资源宏观配置工程，加快重点公路国道主干网建设，建设改造主要铁路通道。

——区域发展与消除贫困。调整区域结构，减缓区域发展不平衡，通过扶贫和推进西部大开发战略，加快西部地区的水利、交通、能源、通信、广播电视和城市基础设施建设，加快发展特色经济，提高资源利用效率，减少污染物排放；逐步消除绝对贫困和减少相对贫困，继续实行开发式扶贫，实行政府主导，社会各界参与扶贫开发，采取社会、经济、生态环境综合配套的扶贫措施，改善贫困地区生产、生活、医疗卫生等基本条件；积极稳妥地开展生态移民，减轻生态恶化地区的压力，促进生态保护和恢复。

——城镇化与小城镇建设。加强城镇体系规划，积极发展中小城市，完善区域性中心城市的功能，发挥大城市的辐射带动作用，有重点地发展小城镇。适时、科学、稳妥地调整城镇行政区划设置，构建适应我国城镇可持续发展的体制框架、政策框架和规划体系，积极稳妥地推进城镇化进程，完善城镇社会经济综合发展规划，分类指导不同类型的城镇发展。发展城乡一体化的劳动力、资金等要素市场，加快农村人口向城镇转移的步伐。把引导农村中小企业合理集聚、完善农村市场体系、发展农业产业化经营和社会化服务等与小城镇建设结合起来，通过繁荣小城镇经济，提高小城镇对农村人口的吸纳能力。加强城镇基础设施建设，提高城镇的就业容量，健全城镇居住、公共服务和社会服务等功能；加强城市社区管理，建设有序、文明、祥和的新型社区，创造良好的人居环境，加强城镇综合治理，改善城镇环境，形成各具特色的城镇风格，全面提高城镇管理水平。

——积极应对经济全球化。优化出口商品结构，完善进口商品管理，扩大机电产品和高新技术产品的出口，限制和禁止影响人类健康、安全、破坏环境的商品和技术进出口；逐步提高进出口商品的环境质量标准，建立健全保护人类健康、动植物健康和环境的管理体制；大力发展国际经贸，吸引外资投向我国鼓励发展的领域和地区，鼓励有实力的国内企业向海外发展；提高产业国际竞争力，将传统的资源密集型产业调整为劳动密集型、技术密集型和资本密集型相结合的产业；积极参与多边贸易、环境等规则制定，与国际社会共同努力，反对利用环境、人权等问题制造新的贸易壁垒，切实保障可持续发展战略的顺利实施。

二、社会发展

建立完善的人口综合管理与优生优育体系，稳定低生育水平，控制人口总量，提高人口素质。建立与经济发展水平相适应的医疗卫生体系、劳动就业体系和社会保障体系。大幅度提高公共服务水平。建立健全灾害监测预报、应急救助体系，全面提高防灾减灾能力。

——加强人口综合管理。坚持计划生育基本国策，稳定现行生育政策，加快我国有关人口方面的法律法规体系建设；切实加强计划生育基层基础工作，农村抓村组，城市抓社区，落实企事业单位计划生育法人责任制，加强计划生育技术服务网络建设，提高干部队伍管理和服务水平；加强社会主义新型生育观念和生育文化宣传教育，加强计划生育利益导向机制建设，加强与计划生育相关的社会保障制度建设；采取多种综合措施，鼓励家庭实行计划生育，加强计划生育人群权益保护；加强对流动人口的综合管理；高质量、高水平地普及九年义务教育，搞好学前教育，在城市和发达地区普及高中阶段教育，加强高等教育，发展继续教育，提高人口素质。

——完善社会保障体系。建立独立于企业事业单位之外，资金来源多元化、保障制度规范化、管理服务社会化的社会保障体系。调整和完善城镇职工基本养老保险制度；稳步推动国有企业下岗职工基本生活保障向失业保险并轨，健全失业保险制度；努力扩大基本医疗保险覆盖面，稳步推进工伤保险和生育保险；加强和完善以城市居民最低生活保障制度为基础的社会救济制度，加快社会福利特别是社区老年福利事业的发展；在有条件的地区探索建立农村养老、医疗保险和最低生活保障制度；实现社会保障管理和服务的社会化；加强社会保障资金的筹集和管理；加快社会保障立法步伐；加快社会保障信息系统建设；实行积极的就业政策，千方百计扩大就业，广开就业门路，发展劳动密集型产业；引导全社会转变就业观念，推行灵活多样的就业形式，鼓励自谋职业和自主创业；完善就业服务体系，加强职业技能培训，提高劳动者素质。

——发展卫生事业。建立健全卫生法律法规体系、监督执法体系。继续深化医疗卫生管理体制改革，完善政府调控下的各项医疗卫生管理政策；优化卫生资源配置，合理布局，逐步形成以社区卫生服务为基础、分工合理、方便、快捷的新型城镇卫生服务体系；加强农村卫生事业建设，建立适应农村社会经济发展要求，具有预防保健和基本医疗功能的农村卫生服务体系，基本实现农民人人享有初级卫生保健目标；提高对突发事件、紧急疫情的迅速反应和处理能力，加强对重大疾病的预防与有效控制；切实加强妇女儿童的预防保健工作，提高儿童全程免疫接种率，全面提高妇女儿童的保健水平；加强社会养老保险建设，完善老年医疗、康复服务以及医院、社区卫生服务与家庭护理服务体系；加强职业病的防治，保护从业人员健康；全面普及卫生知识，提倡健康的生活习惯与生活方式。

——加强灾害综合管理。进一步完善灾害管理法律法规，增强全民防灾减灾意识；制定防灾减灾规划和应急方案；建立和完善主要自然灾害以及重大事故的监测、预报预警系统，全面提升和整合信息处理能力，提高预报的时效性和准确性；加强部门协作与配合，建立完善的灾害处理应急指挥系统和减灾救灾综合协调机制，加强防灾减灾工程建设、救援物资和设备储备，形成一支快速反应的救灾力量，提高紧急救援能力，减少灾害造成的人员伤亡和经济损失；推进经常性社会捐助工作网络建设和制度建设，逐步形成良好的社会化灾害救助机制。

三、资源优化配置、合理利用与保护

合理使用、节约和保护资源，提高资源利用率和综合利用水平。建立重要资源安全供应体系和战略资源储备制度，最大限度地保证国民经济建设对资源的需要。

——水资源优化配置、合理利用、有效保护与安全供给。健全水资源开发、管理与保护的法律法规体系，实施更严格的水资源管理政策；实施水资源流域管理与行政区域管理相结合的管理体制；明确水权，实施流域与区域水资源总量的分配制度，合理调配生活、生产和生态用水；实施国民经济和社会发展规划、城市总体规划、重大建设项目水资源论证制度，促进水资源利用与人口、环境、经济社会协调发展；建立合理的价格机制和激励机制，实施计划用水与定额用水相结合的综合管理措施，推行用水审计，促进水资源的合理利用；鼓励发展节水农业、节水工业，建设节水型城市和节水型社会，全面节约用水，提高水的利用率；实施水功能区划管理制度，有效保护水资源；实施南水北调工程，改善水资源的宏观布局；大力提倡污水再生利用等非传统水资源的开发利用；在沿海地区积极开发利用海水资源，推广应用海水淡化技术，补充陆地淡水不足。

——土地合理利用。贯彻执行十分珍惜、合理利用土地和切实保护耕地的基本国策，坚持实行世界上最严格的土地管理制度；加强土地资源调查、评价和监测，科学编制和严格实施土地利用总体规划；加强耕地保护和基本农田建设，防止耕地质量退化，确保国家粮食安全；加强林地保护和森林资源建设，确保国土生态安全；合理调整土地利用结构与布局，提高土地利用效率；加强建设用地管理，控制建设用地规模，促进农民居住向城镇集中、工业向工业园区集中，保障经济建设必需的土地；积极开展土地管理和复垦，适度开发土地后备资源；加强土地资产管理，深化土地使用制度改革，大力推进土地使用权市场建设，完善地价管理制度和土地税费体系，引导集约高效利用土地资源；完善土地产权制度，保障农户承包经营权；改革征地制度；深入开展土地科技的研究与应用，扩大土地遥感监测，逐步完善土地利用管理信息系统；加强土地法制建设，完善土地管理法律法规，健全土地执法体制，加大土地执法力度。

——改善能源结构，提高能源效率。大力发展天然气、水电、可再生能源、新能源等清洁能源，发展清洁燃料公共汽车和电动公共汽车，积极利用国外油气资源，努力降低煤炭在一次能源消费中的比重；大力发展清洁利用煤炭和热电联产集中供热技术，强化能源节约，提高能源利用效率，减少环境污染；在适宜地区大力发展沼气、节能灶、太阳能、风能等，改善农村能源结构；实施“西气东输”、“西电东送”等重大工程，改善能源布局。

——森林资源的可持续利用。加大森林资源保护、管理、监督和执法力度，制止乱砍滥伐林木、毁林开垦等行为，提高全民保护森林资源的意识；积极落实森林资源管护经营责任制，明确“责、权、利”关系，理顺森林资源管理体制；深化林业的分类经营改革；调整和完善不适应的林业政策，切实减轻林业税费负担；提高科技含量，以高新技术改造传统产业和淘汰落后生产方式，加快发展速生丰产用材林基地和林业产业；加大生态环境建设力度，全面实施天然林资源保护等林业重点工程建设。

——草地资源的可持续利用。加强草原管理机构建设，强化管理职能，加大执法力度；积极落实草原承包制，明确草原使用的“责、权、利”关系；提高科技含量，改变草原资源利用方式，变传统的粗放数量型为质量效益型；加大以人工种草、飞播种草、围栏封育、草场改良、划区轮牧和草地鼠虫害防治等为主要内容的天然草原保护建设实施力度，防止超载过牧，强化“三化”草地治理，恢复天然草场植被。

——矿产资源的可持续利用。进一步健全矿产资源法律法规体系；科学编制和严格实施矿产资源规划，加强对矿产资源开发利用的宏观调控，促进矿产资源勘查和开发利用的合理布局。进一步加强矿产资源调查评价和勘查工作，提高矿产资源保证程度；对战略性矿产资源实行保护性开采。健全矿产资源有偿使用制度，依靠科技进步和科学管理，促进矿产资源利用结构的调整和优化，提高资源利用效率。充分利用国内外资金、资源和市场，建立大型矿产资源基地和海外矿产资源基地。加强矿山生态环境恢复治理和保护。

——海洋资源的可持续利用。制定合理利用和保护海洋的发展规划；严格执行海洋功能区划，强化海域使用管理，加强海域使用审批，全面推行海域有偿使用制度；加强海洋监测、执法管理系统建设；开展全国性海洋生态环境调查与研究；大力发展海洋高新技术，积极开发利用深海和大洋资源。

——气候资源的可持续利用。进一步增强全民的气候资源意识；建立和健全气候资源开发利用与保护的法律法规体系；制定气候资源合理开发利用与保护规划；及时修订、更新气候资源区划；采用先进的计算机信息处理技术和遥感技术，加强对气候资源的监测与评估；建立气候资源合理开发利用的试验示范基地。重点做好农业气候资源、风能、太阳能的监测、区划、规划和试验示范工作。

——矿产资源战略储备。建立战略矿产资源储备制度，完善相关经济政策和管理体制；建立战略矿产资源安全供应的预警系统，在大城市实行多水源供给的水资源战略储备制度；采用国家储备与社会储备相结合的方式，实施石油等重要矿产资源战略储备。

四、生态保护和建设

建立科学、完善的生态环境监测、管理体系，形成类型齐全、分布合理、面积适宜的自然保护区，建立沙漠化防治体系，强化重点水土流失区的治理，改善农业生态环境，加强城市绿地建设，逐步改善生态环境质量。

——生态环境监测及安全评价。建立完善的生态环境监测与安全评估技术和标准体系，形成国家级、区域级、保护区等多层次的生态环境监测体系；采用遥感和地面监测等现代技术手段对森林、草地、湿地、农田、自然保护区、沙漠、水土保持、农业生态环境、生物多样性、大型生态建设工程、重点资源开发区及土地利用变化等进行有效监测与管理，对严重突发污染事故和海上赤潮、石油污染、沙尘暴等灾害进行应急跟踪监测；建立生态环境安全评价及预警预报系统。

——建设林业重点生态工程。重点保护长江上游、黄河中上游和东北国有林区天然林资源，治理水土流失，减少风沙危害，加强生物多样性保护，建立速生丰产林基地，逐步满足人们对生态环境和林副产品的需求。加快实施天然林保护，退耕还林，京津风沙源治理，“三北”和长江中下游地区等重点防护林建设、野生动植物及自然保护区建设、重点地区速生丰产用材林基地建设六大林业生态工程。

——建立自然保护区。加强现有森林生态系统、珍稀野生动物、荒漠生态系统、内陆湿地和水域生态系统等类型自然保护区建设，强化现有草原与草甸生态系统、海洋和海岸生态系统、野生植物、地质遗迹、古生物遗迹等类型自然保护区的建设；在长江、黄河等大江大河源头区域及青藏高原的重要天然湿地，西南、东北以及西北荒漠地区等生物多样性丰富、原生生态系统保存较好且生态敏感区域以及珍稀濒危物种的栖息地，有计划地建立一批质量高、有实效的自然保护区。合理空间布局，加强生物走廊带建设。

——建立生态功能保护区。加强现有生态功能保护区的建设和管理；在江河源区，长江、黄河和松花江等流域重要湿地（湖泊），塔里木河、黑河等内陆河流域，南方红壤丘陵区、黄土高原、北方土石山区，农牧交错区、干旱草原地区，近海重要渔业水域建立生态功能保护区；调整生态功能保护区内的产业结构，发展生态“友好型”的产业，最大限度地减轻人为活动对生态系统的影响；坚持“封育为主”，宜治则治，宜荒则荒”的原则，尽快恢复与重建生态功能。

——防治土地沙化。制定适合土地沙化地区经济发展的经营机制和政策，研究、推广防治土地沙化的适应耕作制度；形成防、治、用有机结合的土地沙化防治体系；干旱沙漠边缘及绿洲类型区以保护现有植被为主，在绿洲外围建立综合防护体系；半干旱沙地类型区主要是保护和恢复林草植被；高原高寒沙化土地类型区主要是在做好现有植被保护的前提下，对人类经济活动集中地区的沙化土地进行治理；黄淮海平原半湿润、湿润沙地类型区应全面治理沙化土地并适度开发利用，南方湿润沙地类型区应对沙化土地进行综合治理和开发。对不具备治理条件和不宜开发利用的连片沙化土地，采取措施，严禁开发。

——加强水土保持。完善水土保持政策，落实国家对退耕还林、还草的各项政策，加强基本农田和草原水利建设；坚持水资源保护与开发相结合，水土流失治理与群众脱贫致富、发展地方经济相结合的原则，实施以大流域为骨干、以小流域为单元的综合治理，防止大规模开发建设过程中造成新的人为水土流失；建立工程措施、生物措施和耕作措施相结合的综合防治体系；研究、开发和推广水土保持实用技术，加强国际合作与交流，引进和推广先进技术、优良品种、管理方法和手段。

——发展生态农业。加大对农业野生生物资源保护的监督管理力度，抢救性收集重点地区农业野生生物资源，建立农业野生生物原生地保护示范区或保护点；大力开展保护性耕作，继续开展旱作农业示范县和生态农业示范县建设；制订有效的政策及管理机制，研究、推广生态农业关键技术和模式，鼓励农民采用清洁生产技术，合理使用化肥、农药，开展农业废弃物综合利用，建立可持续发展的农业生态系统；健全无公害农产品法律法规、标准、检测体系，完善农业生态环境检测、评价及预警系统；强化农产品生产基地及产品安全管理，创建各类特色的无公害农产品生产示范基地及品牌。

——加强风景名胜区保护。按照“严格保护、统一管理、合理开发、永续利用”的原则，编制风景名胜区规划，并严格实施。风景名胜区规划中要划定核心保护区（包括生态保护区、自然景观区和史迹保护区）保护范围，制定专项保护规划，确定保护重点和保护措施。核心保护区禁止与资源保护无关的工程建设。风景名胜区规划要与当地土地利用总体规划协调一致。

——重视城市生态环境建设。合理规划城市建设用地，建立并严格实施城市“绿线”管制制度。按现代化城市的标准，确保一定比例的公共绿地和较大面积的城市周边生态保护区域。加大城市绿化建设力度，提高城市大气环境质量。大力推动园林城市创建活动，减轻“城市热岛效应”。加强城市建设项目环境保护及市容环境管理，减少扬尘和噪音。

五、环境保护和污染防治

实施污染物排放总量控制，开展流域水质污染防治，强化重点城市大气污染防治工作，加强重点海域的环境综合整治。加强环境保护法规建设和监督执法，修改完善环境保护技术标准，大力推进清洁生产和环保产业发展。积极参与区域和全球环境合作，在改善我国环境质量的同时，为保护全球环境作出贡献。

——流域水污染防治。加大重点河流和湖泊水污染防治力度，加强饮用水源地保护、富营养化湖泊治理、面源污染控制；推行清洁生产，进一步减少污染物排放量；实行流域污染物排放总量控制，提高污水处理率，在一些行业推行污水零排放；继续加大城市污水和垃圾处理设施的建设力度；优化产业、产品结构，发展环保高技术，加快研发和推广适合国情的重污染行业污染治理技术工艺，提升我国整体产业水平和水污染治理水平。

——海洋污染防治。完善全国海洋环境监测网络，强化海洋污染及生态环境监测；逐步减少陆源污染物向海排放和各种海洋生产、开发活动对海洋造成的污染，实施污染物入海总量控制制度；开展重点海域的环境综合整治，加大海岸带生态环境保护与建设力度。

——大气污染防治。控制致酸物质、有毒有害工业气体排放，防治酸雨、可吸入颗粒物、光化学烟雾和室内空气污染。

——城市交通管理。整合城市交通结构，优先发展公共交通，特大城市要注重发展轨道交通，建立公共交通优先的路网系统，控制城市机动车尾气污染和噪声污染。

——固体废物污染防治。逐步实行垃圾分类收集，实现垃圾的无害化、减量化、资源化，提高垃圾无害化处理率和综合利用率；进一步提高固体废弃物中可利用物质的综合利用率，加强矿山环境保护和生态恢复治理；加强危险废物的安全处置。

——环保产业发展。规范环保产业市场，优化环保产业结构，通过推进污染治理市场化、企业化、产业化，构筑面向市场的环保技术服务体系和良好的市场运行机制；制定引导环保产业发展的配套政策，加强环境保护关键技术和工艺设备的研究开发，提高高效实用环保设备的生产能力，促进重大环保设备的成套化、系列化和标准化；通过环境标准、技术政策、示范工程和重点实用技术等引导环保产业发展；实施 ISO14000 环境管理体系、环境标志产品认证制度，大力加强环保中介、环保技术和工程服务。

六、能力建设

建立完善人口、资源和环境的法律制度，加强执法力度，充分利用各种宣传教育媒体，全面提高全民可持续发展意识，建立可持续发展指标体系与监测评价系统，建立面向政府咨询、社会大众、科学研究的信息共享体系。

——可持续发展的立法与实施。加强可持续发展立法，完善有关法律制度；以可持续发展为原则，制定和完善人口、资源、生态环境、自然灾害防治以及信息资源共享和利用等方面的法规；根据市场经济运行规律和世贸组织的规则，修订相应的法规。建立健全可持续发展的法律实施保障体系，严格依法行政，加强执法监督，切实保证可持续发展的各项法律制度得以实施。

——可持续发展指标体系与监测评价。逐步建立符合我国国情、多层次的可持续发展指标体系和监测评价系统，开展国家和地区的可持续发展水平监测评价，定期发布监测评价报告。

——可持续发展的信息共享。建立公共基础数据、人口、社会经济、资源、生态、环境和灾害等信息库，实现基于高速网络基础上的、面向社会各界的、具有数据分析与处理能力的信息共享和信息服务体系；建立适应于政府决策的信息共享网络。

第四部分　保障措施

面对新世纪的国际国内环境，为了实现本《纲要》中提出的各项目标，必须采取行政、经济、科技、法律等手段，从加强部门协调、拓宽融资渠道、依靠科教支撑、健全法规制度等方面采取切实有效的保障措施。按照“三个代表”重要思想的要求，以高度的责任感和使命感，切实推进可持续发展战略的顺利实施。

一、运用行政手段，提高可持续发展的综合决策水平

——加强领导，抓好管理。各级政府都要认真贯彻可持续发展战略，将《纲要》所确定的有关人口资源环境等方面的任务纳入日常工作议程。继续坚持和认真落实人口资源环境工作党政一把手亲自抓、负总责的制度，逐级建立和完善严格的责任制。由政府负责，协调部门制定政策、明确任务，落实责任、督促检查，做到责任、措施和投入“三到位”。不断提高政府统筹规划和政策协调以及规范管理的能力和水平。

——强化监督，狠抓落实。结合完善规范、科学的公务员政绩考核和奖惩制度，使各级政府主要领导关心和重视人口、资源和环境的可持续发展。各级政府应当确保将可持续发展工作纳入相关的战略、规划和计划，并且贯穿到计划实施的全过程。逐步将领导干部实施可持续发展战略的评估结果和最后验收结果作为定量考核和评估其工作实绩的主要依据。

——统一协调，综合决策。建立和完善人口资源环境与经济社会的统一协调机制与综合决策激励机制；制定有利于综合考核地区和企业可持续发展水平的指标体系，试行将资源环境成本纳入国民经济核算体系；试行重大项目和重大决策的可持续发展影响评价制度，建立公众参与综合决策的渠道，提高政府推进可持续发展的公共服务水平。

二、运用经济手段，建立有利于可持续发展的投入机制

——建立有利于可持续发展的相对稳定的资金投入筹措机制。逐步加大各级政府在可持续发展方面的必要投入，引导非国有资金甚至国外资金投入可持续发展领域，大幅度提高实施可持续发展战略的资金保障程度和稳定性，提高对投入可持续发展资金使用的管理水平和投入资金的经济效益。

——建立有利于引导各类利益主体参与可持续发展的价格调节机制。通过价格调节，引导各类相关利益主体的法人强化节约资源，严格保护城乡生态环境，真正发挥价格机制在资源的市场供求和可持续利用等方面的调节功能。

三、运用科教手段，为推进可持续发展提供强有力的支撑

——深化科技体制改革，建设国家创新体系。通过机制创新和管理创新，逐步形成既顺应市场经济要求，又符合科技发展自身规律的

科技体制。优化科技资源配置，进一步加强与可持续发展相关的科学研究体系、技术开发体系、科技服务体系建设，调动科技人员从事可持续发展领域研究和产业化的积极性、创造性，促进实现人口资源环境的可持续发展。

——依靠科技，大力开发、推广和应用先进适用的生态“友好型”实用技术。集中力量研究开发一批对可持续发展有重大影响的关键技术，提高可持续发展技术水平和能力；在加快企业结构调整的过程中，推行清洁生产，并与企业技术进步、节能降耗、资源综合利用和加强企业管理结合起来，加快各类企业环境污染由末端治理向全过程控制的根本转变。加快建立和完善以开展清洁生产为重点的工业污染综合防治模式，鼓励和支持企业采用高新技术，使用新型能源，走低能耗、物耗、少排污的清洁生产发展道路；选择具备条件的地区或企业，扶持建立若干生态和环保研发中心，组织开展技术和装备攻关，提高环保设备成套化、系列化水平。

——积极发展各级各类教育，提高全民可持续发展意识。强化人力资源开发，提高公众参与可持续发展的科学文化素质。在基础教育以及高等教育教材中增加关于可持续发展的内容，在中小学开设“科学”课程，在部分高等学校建立一批可持续发展的示范园（区）。政府有关部门要在经费投入和工作安排上加大面向全社会宣传、普及、推广、应用等软环境建设的力度。科研机构定期向社会开放。利用大众传媒和网络广泛开展国民素质教育和科学普及。加快培育一大批熟悉优生优育、生态环境保护、资源节约、绿色消费等方面基本知识和技能的科研人员、公务员和志愿者。积极鼓励与支持社会组织和民间团体参与促进可持续发展的各项活动。

四、运用法律手段，提高实施可持续发展战略的法制化水平

——继续加强可持续发展方面的立法工作。研究、制定一些新的法律法规，加快修改完善现有法律法规，形成基本完善的可持续发展法律制度。各地区要按照国家法律法规，根据当地实际情况，制定实施一些地方性法规，以促进发展各具特色的区域性可持续发展模式和道路。

——做好相应的配套制度建设和标准制定工作。建立健全有关可持续发展的各项管理制度，包括现行的各项环境管理制度、自然资源权属管理制度、有偿使用制度和使用权（产权）流转制度、流动人口综合管理制度等，逐步形成具有中国特色社会主义的人口资源环境工作管理制度体系。

——大力提高全社会的公共监督和法制化管理水平。加强执法队伍建设，加大执法力度，注意发挥新闻单位、社会中介组织的监督作用，切实保障各级政府和执法部门依法行使管理职能；注重人口资源环境有关法律法规知识的宣传、普及和教育，尽快提高社会大众的可持续发展法律意识和法制观念。

五、运用示范手段，做好重点区域和领域的试点示范工作

加强可持续发展的试点示范工作，总结经验，逐步推进可持续发展战略的实施。通过开展试点示范工作，建立一批可持续发展基地，形成集技术、管理、政策、机制于一体的综合示范；围绕可持续发展领域的重大问题，开展政策、战略和关键技术研究。通过典型区域和领域的试点示范，解决地方普遍遇到的资源利用、生态环境保护、结构调整和经济增长方式转变等方面的问题，形成不同类型的可持续发展模式，并向周围其他地区辐射推广。

六、加强国际合作，为可持续发展创造良好的国际环境

积极参与全球环境合作，就参与各类环境条约问题制定对策，认真履行参加的各类国际条约，贯彻落实可持续发展世界首脑会议等相关国际会议达成的决议和决定；重视并积极推动双边和多边国际合作，利用各种渠道促进国内环境保护，维护我国利益，为可持续发展创造良好的国际环境；适应经济全球化和我国加入世贸组织的新形势，逐步建立和完善以绿色

产品、技术、服务为主导的投资贸易政策体系，充分利用国际国内两种资源和两个市场，促进我国可持续发展战略的顺利实施。

国务院关于全面推进农村税费改革试点工作的意见

2003年3月27日　国发［2003］12号

各省、自治区、直辖市人民政府，国务院各部委、各直属机构：

按照国务院统一部署，2002年全国有20个省（自治区、直辖市，下同）以省为单位进行了农村税费改革试点，其他省继续在部分县（市）进行试点。地方各级党委、政府高度重视并精心组织试点工作，中央各有关部门注意加强配合和指导，及时处理改革中遇到的矛盾和问题，试点工作进展顺利，取得了明显成效，为全面推进改革积累了经验。实践证明，农村税费改革是现阶段减轻农民负担的治本之策，不仅有力地促进了农民收入恢复性增长，得到了广大农民群众的衷心拥护，而且带动了农村各项改革，推进了农村经济的持续发展和农村社会的全面进步，是农村工作实践“三个代表”重要思想的具体体现。但也要看到，各地区还不同程度地存在基础工作不扎实，政策宣传不深入，执行政策不到位，配套改革力度不平衡等问题，切实做到“三个确保”和巩固改革成果的任务仍相当艰巨。按照党的十六大以及中央经济工作会议和中央农村工作会议精神，国务院决定，2003年在进一步总结经验、完善政策的基础上，全面推进农村税费改革试点工作。现就有关问题提出以下意见：

一、全面推进农村税费改革试点工作

2003年农村税费改革试点工作的总体要求是：总结经验，完善政策；全面推进，分类指导；巩固改革成果，防止负担反弹。已先行试点的地方，要进一步落实好各项改革政策，加快推进各项配套改革，建立健全确保农村基层组织正常运转和农村义务教育必要经费投入的保障制度，完善改革后农民负担监督管理约束机制，防止农民负担反弹。目前尚未以省为单位实施改革试点的省，今年是否进行全省范围的改革试点，由各省根据本地实际情况自主决定；准备进行试点的省，要按照中央有关文件要求，抓紧做好试点的各项基础工作，认真制定本省试点方案，并于2003年4月15日前报国务院审批。中央财政继续安排一定资金支持地方试点工作，试点地区省级财政和有条件的市、县财政，都要加大对改革试点的支持力度，千方百计安排足够资金支持农村税费改革，实行专款专用，确保顺利推进试点工作。

二、切实做到“三个确保”

确保改革后农民负担明显减轻、不反弹，确保乡镇机构和村级组织正常运转，确保农村义务教育经费正常需要，是衡量农村税费改革是否成功的重要标志，也是顺利推进试点工作，巩固改革成果的必然要求。

在试点地区，无论是一个省、一个县，还是一个乡、一个村，从总体上计算，改革后的农民负担要比改革前有较大幅度的减轻，做到村村减负，户户受益。对承包土地较多、改革后负担有所增加的农户，要通过减免等办法，把负担减下来。要建立有效的农民负担监督管理约束机制，确保农民负担减轻后保持长期稳定、不反弹。

乡镇机构和村级组织要通过精简机构，转变职能，减少财政供养人员，大力压缩开支，确保正常运转。应调整和完善县乡财政体制，乡镇财政首先要保运转，本级财力不足的，上级财政要加大转移支付力度。对财政收入规模较小的乡，可由上一级财政统筹安排其必要的开支。应加强村级组织建设，完善村民自治制度，大力压缩村级开支。在此基础上，村级三项费用不足部分，财政要给予适当补助。不得把经费缺口留在基层。

改革后农村义务教育的投入，要确保不低于改革前乡统筹费中的农村教育附加、经国家批准的农村教育集资以及正常财政投入的总体水平，并逐步有所增长，实现“保工资、保运转、保安全”的基本目标。要将农村中小学教师工资发放工作上收到县，设立教师工资专户，按国家规定标准及时足额发放，不准发生新的拖欠；学校收取的杂费要全部用作学校正常的办公经费，不得用于发放工资或福利。农村中小学正常运转所需公用经费的不足部分，由县级财政给予补助；建立健全农村中小学正常的危房改造资金保障渠道，省级财政应根据本地实际情况，从农村税费改革专项转移支付资金中，每年安排一定资金用于学校危房改造，确保师生安全。要加快推进农村义务教育管理体制改革，精简教师队伍，调整教育布局，提高教学质量。

三、进一步调整完善有关农业税收政策

试点地区应进一步完善和落实二轮土地承包制度，稳定党在农村的基本政策。农业税征收机关在核定农业税计税面积时，对因自然灾害、合法征占减少的耕地，应据实核减。对未经合法审批，因长期建设占地、农村兴办公益事业占地等因素减少的计税土地，应先据实核减，并由占地单位按规定补办审批手续和补缴税款；确有困难的，应先登记造册，暂不纳入计税面积，另行处理，不得将这部分面积计算的农业税负担平摊到农民头上。新增试点地区核定常年产量，可依据改革前连续5年实际平均产量，并充分考虑当地实际情况，征求农民意见，得到农民认可。村与村之间自然条件有明显差异的，核定的常年产量应有所区别，防止搞“一刀切”。农业税计税价格由各省级人民政府综合考虑本地区粮食市场价、保护价和农民承受能力等因素合理确定，并注意与毗邻地区衔接。计税价格明显偏高的地方，应实事求是地进行调减。除国家政策调整外，一经正式确定的农业税负担要保持长期稳定。

各地区应结合实际，逐步缩小农业特产税征收范围，降低税率，为最终取消这一税种创造条件。

四、加强和规范农业税及其附加征收工作

试点地区要实行农业税征收机关负责征税、聘请协税员协税的农业税收征管制度。乡镇政府和村级组织应积极协助征收机关做好农业税及其附加征管工作，但不得代行执法权。非农业税征收人员不得直接收取税款。农业税征收机关要坚持依法征收，规范农业税收征管程序，建立健全纳税登记、纳税申报、纳税通知制度，逐步实现农业税收征收方式由上门征收向定点常年征收转变。要加强税收宣传工作，引导农民积极依法纳税，履行应尽义务。农业税附加、农业特产税附加由农业税征收机关与正税同步征收，实行乡管村用，由乡镇经营管理部门监督管理，只能用于村级组织正常运转需要，任何单位和个人不得截留、平调。要加强农业税征管机构队伍建设，配备必要的征管人员。必需聘请的协税员，应通过岗前培训，持证上岗。加快农业税收征管计算机信息系统建设，努力提高工作质量和服务水平。

五、健全和完善农业税减免制度

农业税（包括农业税附加）灾歉减免应坚持“轻灾少减，重灾多减，特重全免”的原则。认真落实农村各项社会减免政策，加大对革命老区、贫困地区、少数民族地区，以及革命烈士家属、在乡革命残废军人的农业税减免力度。改进农业税减免方式。灾歉减免应尽量做到先减免后征收，社会减免必须实行先减免后征收，确保减免政策及时兑现到户。要适应农村税费改革后的新情况，建立稳定的农业税减免资金渠道。中央和省级财政每年应在预算中安排一定资金用于农业税减免，省级以下各级财政应从农业税征收总额中预留一定的减免机动资金，或在预算中安排相当数量的资金用于农业税减免，实行滚动使用。

六、妥善处理农民公平负担问题

农村税费改革后，由于农业税及其附加按照土地面积和粮食产量计税，客观上会造成一部分种地多的农民负担增加。因此，各地区在试点过程中，要结合本地实际，制定减免税等优惠政策，把因种地多出现农业税收负担高于改革前的负担部分切实减下来，以调动粮食主产区种粮农民的积极性。应注意解决好毗邻地区同等耕种条件土地的农业税负担相差过于悬殊的问题，促进农业税负担公平合理。中央和省两级财政安排的农村税费改革专项转移支付资金，要重点向农业主产区特别是粮食主产区倾斜。结合深化粮食流通体制改革和农村税费改革试点工作，借鉴国际通行做法，进行调整政府对农业和农民的补贴方式试点，逐步建立和完善直接补贴农民的办法。

七、严格执行村内“一事一议”筹资投劳政策

村内“一事一议”筹资投劳制度是农村基层民主政治建设的重要内容，必须长期坚持。各地区要适应新形势，转变观念，统筹安排农村集体公益事业发展，坚持走群众路线，及时制定和完善“一事一议”的议事程序、议事范围和上限标准。村内事业发展要坚持量力而行的原则，充分考虑农民的经济承受能力，有多少钱办多少事；充分尊重农民的民主权利，多数农民同意的事就办，不同意的就不办；决不能把“一事一议”筹资投劳变成农民负担的固定项目。

农业综合开发中农民筹资投劳，应纳入村内“一事一议”范畴，实行专项管理。其范围只限于受益村改善农业生产条件的建设项目，并与农民商议，由农民签字认可，实行民主决策、数量控制、以村为单位统一组织，不准搞强迫命令。确需农民投劳进行农业综合开发的项目，农民只出工，不得要求农民以资代劳，不得跨村筹劳；确需跨村使用劳动力的，应采取借工、换工或有偿用工等形式，不能平调使用农村劳动力。要逐步降低农民筹资投劳在农业综合开发中的比例。

暂停执行对不承包土地并从事工商业活动的农村居民收取资金用于村内公益事业的政策。已经收取的地方，要做好善后工作。

八、切实加强涉农收费管理

这是深化农村税费改革、从根本上减轻农民负担的一项重要内容。各地区和有关部门要进一步清理整顿涉农收费项目，加强对农村中小学生就学、计划生育指标审批、农村结婚登记、农民建房、农民外出务工等方面乱收费的专项治理。按照国家规定权限批准保留的行政事业性收费项目，必须在规定环节、范围和标准内收费，不得超范围、超标准收费或搭车收费。农村经营服务性收费，应按照自愿、有偿原则向农民收取，并实行公示制度；不准强制服务、强行收费，或只收费不服务。其中，向农民收取水费、电费等跨区域共同生产费用，要严格执行“受益缴费，计量收费”的原则，因大面积抗旱、排涝难以做到计量收费的，应按直接受益原则据实分摊，不得提前预收。今后，任何地方和部门一律不得出台涉及农民负担的行政事业性收费和政府性基金、集资项目。有关部门要切实加强农村税费改革后对农民负担的监督管理工作。

九、积极探索化解乡村债务的措施和办法

各地区要通过加快发展农村经济、深化农村改革，积极探索通过债权债务抵冲、依法削减高利贷、加强内部控制、节约开支、盘活集体存量资产等有效办法逐步化解乡村债务。乡镇机构的债务，要靠发展经济，完善财政体制等办法妥善解决；村级组织的债务，要在防止发生新债的基础上，摸清底数，分清责任，结合实际制订办法，逐步化解。

各地区要暂停向农民收缴农村税费改革前的税费尾欠。对改革前农民的税费尾欠，要进

行核实、登记、归类；对不符合有关政策规定的，要予以核销，不得再向农民追缴；对符合减免规定的税费尾欠，要给予减免；对农民历年形成的农业税收及符合政策规定的乡统筹和村提留费尾欠，采取先挂账的办法，待农村经济进一步发展、农民承受能力明显增强后再作处理。

十、加强督促检查，严肃改革纪律

各地区要建立健全督查制度，改进督查方式，采取日常检查与重点督查、定期检查与随机抽查、明查与暗访相结合的方式，加大督促检查力度。对执行政策中出现的偏差，应及时纠正；对农民反映的问题，要认真对待，及时处理。地方各级人民政府都要建立健全税费改革群众信访查处反馈制度，向社会公开政策咨询和群众举报电话，定期通报有关情况，自觉接受社会监督。要建立健全税费改革工作责任追究制度，对违反农村税费改革政策特别是顶风违纪行为，必须依法严肃处理，重大案（事）件要公开曝光。要认真落实涉及农民负担案（事）件责任追究制。今后，凡是发现违反有关规定乱收费，或者歪曲中央改革政策加重农民负担的，不仅要追究县、乡党政主要领导的责任，而且中央财政要相应扣减给该地区的转移支付资金。

各地区和有关部门要注意研究农村税费改革试点中出现的新矛盾和新问题，加强专题调查，及时提出切实可行的解决办法。通过不断调整和完善收入分配政策，逐步实行城乡统一的税费制度，进一步解放和发展农村生产力；同时，加大对农村社会事业发展的财政支持力度，促进城乡经济和社会协调发展，加快全面建设小康社会的步伐。

以前农村税费改革有关政策规定与本意见不一致的，以本意见为准。

国务院关于进一步加强农村教育工作的决定

2003年9月17日　国发［2003］19号

各省、自治区、直辖市人民政府，国务院各部委、各直属机构：

为认真贯彻落实党的十六大精神，加快农村教育发展，深化农村教育改革，促进农村经济社会和城乡协调发展，现就进一步加强农村教育工作特作如下决定。

一、明确农村教育在全面建设小康社会中的重要地位，把农村教育作为教育工作的重中之重

1. 农村教育在全面建设小康社会中具有基础性、先导性、全局性的重要作用。发展农村教育，办好农村学校，是直接关系8亿多农民切身利益，满足广大农村人口学习需求的一件大事；是提高劳动者素质，促进传统农业向现代农业转变，从根本上解决农业、农村和农民问题的关键所在；是转移农村富余劳动力，推进工业化和城镇化，将人口压力转化为人力资源优势的重要途径；是加强农村精神文明建设，提高农民思想道德水平，促进农村经济社会协调发展的重大举措。必须从实践“三个代表”重要思想和全面建设小康社会的战略高度，优先发展农村教育。

2. 农村教育在构建具有中国特色的现代国民教育体系和建设学习型社会中具有十分重要的地位。农村教育面广量大，教育水平的高低关系到各级各类人才的培养和整个教育事业的发展，关系到全民族素质的提高。农村学校作为遍布乡村的基层公共服务机构，在培养学

生的同时，还承担着面向广大农民传播先进文化和科学技术，提高农民劳动技能和创业能力的重要任务。发展农村教育，使广大农民群众及其子女享有接受良好教育的机会，是实现教育公平和体现社会公正的一个重要方面，是社会主义教育的本质要求。

3. 我国在人口众多、生产力发展水平不高的条件下，实现了基本普及九年义务教育和基本扫除青壮年文盲（以下简称“两基”）的历史性任务，农村义务教育管理体制改革取得了突破性进展，农村职业教育和成人教育得到了很大发展，为国家经济社会发展提供了大量较高素质的劳动者和丰富的人才资源。但是，我国农村教育整体薄弱的状况还没有得到根本扭转，城乡教育差距还有扩大的趋势，教育为农村经济社会发展服务的能力亟待加强。在新的形势下，要增强责任感和紧迫感，将农村教育作为教育工作的重中之重，一手抓发展，一手抓改革，促进农村各级各类教育协调发展，更好地适应全面建设小康社会的需要。

二、加快推进“两基”攻坚，巩固提高普及义务教育的成果和质量

4. 力争用五年时间完成西部地区“两基”攻坚任务。目前，西部地区仍有372个县没有实现“两基”目标。这些县主要分布在“老、少、边、穷”地区，“两基”攻坚任务十分艰巨。到2007年，西部地区普及九年义务教育（以下简称“普九”）人口覆盖率要达到85%以上，青壮年文盲率降到5%以下。完成这项任务，对于推进扶贫开发、促进民族团结、维护边疆稳定和实现国家长治久安，具有极其重要的意义。要将“两基”攻坚作为西部大开发的一项重要任务，摆在与基础设施建设和生态环境建设同等重要的位置。国务院有关部门和西部各省（自治区、直辖市）人民政府要制定工作规划，设立专项经费，精心组织实施，并每年督促检查一次，确保目标实现。要以加强中小学校舍和初中寄宿制学校建设、扩大初中学校招生规模、提高教师队伍素质、推进现代远程教育、扶助家庭经济困难学生为重点，周密部署，狠抓落实。中央继续安排专项经费实施贫困地区义务教育工程，安排中央资金对“两基”攻坚进行重点支持。中央和地方新增扶贫资金要支持贫困乡村发展教育事业。中部地区没有实现“两基”目标的县也要集中力量打好攻坚战。大力提高女童和残疾儿童少年的义务教育普及水平。

5. 已经实现“两基”目标的地区特别是中部和西部地区，要巩固成果、提高质量。各级政府要切实做好“两基”巩固提高的规划和部署。继续推进中小学布局结构调整，努力改善办学条件，重点加强农村初中和边远山区、少数民族地区寄宿制学校建设，改善学校卫生设施和学生食宿条件，提高实验仪器设备和图书的装备水平。深化教育教学改革，根据农村实际加快课程改革步伐。提高教师和校长队伍素质，全面提高学校管理水平。努力降低农村初中辍学率，提高办学水平和教育质量，形成农村义务教育持续、健康发展的机制。经济发达的农村地区要实现高水平、高质量“普九”目标。经过不懈努力，力争2010年在全国实现全面普及九年义务教育和全面提高义务教育质量和目标。

6. 发展农村高中阶段教育和幼儿教育。今后五年，经济发达地区的农村要努力普及高中阶段教育，其他地区的农村要加快发展高中阶段教育。要积极开展各种形式的初中后教育。国家继续安排资金，重点支持中西部地区一批基础较好的普通高中和职业学校改善办学条件，提高教育质量，扩大优质教育资源。地方各级政府要重视并扶持农村幼儿教育的发展，充分利用农村中小学布局调整后富余的教育资源发展幼儿教育。鼓励发展民办高中阶段教育和幼儿教育。

7. 建立和完善教育对口支援制度。继续实施“东部地区学校对口支援西部贫困地区学校工程”和“大中城市学校对口支援本省（自治区、直辖市）贫困地区学校工程”，建立东部地区经济比较发达的县（市、区）对口支援西部地区贫困县、大中城市对口支援本省（自

治区、直辖市）贫困县的制度。进一步加大中央对民族自治地区农村教育的扶持力度，继续办好内地西藏中学（班）和新疆班。

三、坚持为“三农”服务的方向，大力发展职业教育和成人教育，深化农村教育改革

8. 农村教育教学改革的指导思想是：必须全面贯彻党的教育方针，坚持为“三农”服务的方向，增强办学的针对性和实用性，满足农民群众多样化的学习需求；必须全面推进素质教育，紧密联系农村实际，注重受教育者思想品德、实践能力和就业能力的培养；必须实行基础教育、职业教育和成人教育的“三教统筹”，有效整合教育资源，充分发挥农村学校的综合功能，提高办学效益。

9. 积极推进农村中小学课程和教学改革。农村中小学教育内容的选择、教科书的编写和教学活动的开展，在实现国家规定基础教育基本要求时，要紧密联系农村实际，突出农村特色。在农村初、高中适当增加职业教育的内容，继续开展“绿色证书”教育，并积极创造条件或利用职业学校的资源，开设以实用技术为主的课程，鼓励学生在获得毕业证书的同时获得职业资格证书。

10. 以就业为导向，大力发展农村职业教育。要实行多样、灵活、开放的办学模式，把教育教学与生产实践、社会服务、技术推广结合起来，加强实践教学和就业能力的培养。在开展学历教育的同时，大力开展多种形式的职业培训，适应农村产业结构调整，推动农村劳动力向二、三产业转移。实行灵活的教学和学籍管理制度，方便学生工学交替、半工半读、城乡分段和职前职后分段完成学业。在整合现有资源的基础上，重点建设好地（市）、县级骨干示范职业学校和培训机构。要积极鼓励社会力量和吸引外资举办职业教育，促进职业教育办学主体和投资多元化。

11. 以农民培训为重点开展农村成人教育，促进农业增效、农民增收。普遍开展农村实用技术培训，每年培训农民超过1亿人次。积极实施农村劳动力转移培训，每年培训2000万人次以上，使他们初步掌握在城镇和非农产业就业必需的技能，并获得相应的职业资格或培训证书。要坚持培训与市场挂钩，鼓励和支持“定单”培养，先培训后输出。逐步形成政府扶持、用人单位出资、培训机构减免经费、农民适当分担的投入机制。继续发挥乡镇成人文化技术学校、农业广播电视学校和各种农业技术推广、培训机构的重要作用。农村中小学可一校挂两牌，日校办夜校，积极开展农民文化技术教育和培训，成为乡村基层开展文化、科技和教育活动的重要基地。

12. 加强农村学校劳动实践场所建设。农村学校劳动实践场所是贯彻教育与生产劳动相结合，实行“农科教结合”和“三教统筹”的有效载体。地方政府要根据农村学校课程改革的需要，充分利用现有农业示范场所、科技推广基地等多种资源，鼓励有丰富实践经验的专业技术人员担任专兼职指导教师，指导和支持农村学校积极开展各种劳动实践和勤工俭学活动。政府有关部门和乡、村要根据实际情况和有关规定，提供少量土地作为学校劳动实践和勤工俭学场所，具有实施办法由教育部会同农业部、国土资源部等部门制定。

13. 高等学校、科研机构要充分发挥在推进“农科教结合”中的重要作用。通过建立定点联系县、参与组建科研生产联合体和农业产业化龙头产业、转让技术成果等方式，积极开发和推广农业实用技术和科研成果；支持乡镇企业的技术改造和产品更新换代；帮助农村职业学校和中小学培养师资。

14. 加大城市对农村教育的支持和服务，促进城市和农村教育协调发展。城市各级政府要坚持以流入地政府管理为主、以公办中小学为主，保障进城务工就业农民子女接受义务教育。城市职业学校要扩大面向农村的招生规模，到2007年争取年招年规模达到350万人。城市各类职业学校和培训机构要积极开展进城务工就业农民的职业技能培训。要积极推进城市与农村、东部与西部职业学校多种形式的合作办学，不断扩大对口招生规模。城市和东部

地区要对农村家庭经济困难的学生适当减免学费并为学生就业提供帮助，促进农村新增劳动力转移。各大中城市要充分发挥教育资源的优势，加大对农村教育的帮助和服务。

四、落实农村义务教育“以县为主”管理体制的要求，加大投入，完善经费保障机制

15. 明确各级政府保障农村义务教育投入的责任。农村税费改革以后，中央加大转移支付力度，有力保障了农村义务教育管理体制的调整。当前，关键是各级政府要进一步加大投入，共同保障农村义务教育的基本需求。落实“在国务院领导下，由地方政府负责、分级管理、以县为主”（简称“以县为主”）的农村义务教育管理体制，县级政府要切实担负起对本地教育发展规划、经费安排使用、校长和教师人事等方面进行统筹管理的责任。中央、省和地（市）级政府要通过增加转移支付，增强财政困难县义务教育经费的保障能力。特别是省级政府要切实均衡本行政区域内各县财力，逐县核定并加大对财政困难县的转移支付力度；县级政府要增加对义务教育的投入，将农村义务教育经费全额纳入预算，依法向同级人民代表大会或其常委会专题报告，并接受其监督和检查。乡镇政府要积极筹措资金，改善农村中小学办学条件。

各级政府要认真落实中央关于新增教育经费主要用于农村的要求。在税费改革中，确保改革后农村义务教育的投入不低于改革前的水平并力争有所提高。在确保农村义务教育投入的同时，也要增加对职业教育、农民培训和扫盲教育的经费投入。

16. 建立和完善农村中小学教职工工资保障机制。根据农村中小学教职工编制和国家有关工资标准的规定，省级人民政府要统筹安排，确保农村中小学教职工工资按时足额发放，进一步落实省长（主席、市长）负责制。安排使用中央下达的工资性转移支付资金，省、地（市）不得留用，全部补助到县，主要补助经过努力仍有困难的县用于工资发放，在年初将资金指标下达到县。各地要抓紧清理补发历年拖欠的农村中小学教职工工资。本《决定》发布后，国务院办公厅将对发生新欠农村中小学教职工工资的情况按省（自治区、直辖市）予以通报。

17. 建立健全农村中小学校舍维护、改造和建设保障机制。要认真组织实施农村中小学危房改造工程，消除现存危房。建立完善校舍定期勘察、鉴定工作制度。地方政府要将维护、改造和建设农村中小学校舍纳入社会事业发展和基础设施建设规划，把所需经费纳入政府预算。要认真落实《国务院关于全面推进农村税费改革试点工作的意见》（国发［2003］12号）中关于“省级财政应根据本地实际情况，从农村税费改革专项转移支付资金中，每年安排一定资金用于学校危房改造，确保师生安全”的规定。中央继续对中西部困难地区中小学校舍改造给予支持。农村“普九”欠债问题，要在化解乡村债务时，通盘考虑解决。债权单位和个人不得因追索债务影响学校正常教学秩序。

18. 确保农村中小学校公用经费。省级政府要本着实事求是的原则，根据本地区经济社会发展水平和维持学校正常运转的基本支出需要，年内完成农村中小学生均公用经费基本标准、杂费标准以及预算内生均公用经费拨款标准的制定和修订工作，并报财政部和教育部备案。杂费收入要全部用于学校公用经费开支。县级政府要按照省级政府制定的标准拨付公用经费，对实行“一费制”的国家扶贫开发工作重点县和财力确有困难的县，省、地（市）政府对其公用经费缺口要予以补足。公用经费基本标准要根据农村义务教育发展的需要和财政能力逐步提高。同时，要加大治理教育乱收费力度，对违反规定乱收费和挪用挤占中小学经费的行为要严肃查处。

五、建立健全资助家庭经济困难学生就学制度，保障农村适龄少年儿童接受义务教育的权利

19. 目前，我国农村家庭经济困难的适龄少年儿童接受义务教育迫切需要得到关心和资

助。要在已有助学办法的基础上，建立和健全扶持农村家庭经济困难学生接受义务教育的助学制度。到 2007 年，争取全国农村义务教育阶段家庭经济困难学生都能享受到“两免一补”（免杂费、免书本费、补助寄宿生生活费），努力做到不让学生因家庭经济困难而失学。

20. 中央财政继续设立中小学助学金，重点扶持中西部农村地区家庭经济困难学生就学，逐步扩大免费发放教科书的范围。各级政府设立专项资金，逐步帮助学校免除家庭经济困难学生杂费，对家庭经济困难的寄宿学生提供必要的生活补助。

21. 要广泛动员和鼓励机关、团体、企事业单位和公民捐资助学。进一步落实对捐资助学单位和个人的税收优惠政策，对纳税人通过非营利的社会团体和国家机关向农村义务教育的捐赠，在应纳税所得额中全额扣除。充分发挥社会团体在捐资助学中的作用。鼓励“希望工程”、“春蕾计划”等继续做好资助家庭经济困难学生就学工作。中央和地方各级人民政府对捐资助学贡献突出的单位和个人，给予表彰和奖励。

六、加快推进农村中小学人事制度改革，大力提高教师队伍素质

22. 加强农村中小学编制管理。要严格执行国家颁布的中小学教职工编制标准，抓紧落实编制核定工作。在核定编制时，应充分考虑农村中小学区域广、生源分散、教学点较多等特点，保证这些地区教学编制的基本需求。所有地区都必须坚决清理并归还被占用的教职工编制，对各类在编不在岗的人员要限期与学校脱离关系。建立年度编制报告制度和定期调整制度。有关部门要抓紧制定和实施职业学校和成人学校的教职工编制标准。

23. 依法执行教师资格制度，全面推行教师聘任制。严格掌握教师资格认定条件，严禁聘用不具备教师资格的人员担任教师。拓宽教师来源渠道，逐步提高新聘教师的学历层次。教师聘任实行按需设岗、公开招聘、平等竞争、择优聘任、科学考核、合同管理。各省（自治区、直辖市）要制定切实可行的实施办法，指导做好农村中小学教职工定岗、定员和分流工作。积极探索建立教师资格定期考核考试制度。要将师德修养和教育教学工作实绩作为选聘教师和确定教师专业技术职务的主要依据。坚持依法从严治教，加强教师队伍管理，对严重违反教师职业道德、严重失职的人员，坚决清除出教师队伍。

24. 严格掌握校长任职条件，积极推行校长聘任制。农村中小学校长必须具备良好的思想政治道德素质、较强的组织管理能力和较高的业务水平。校长应具有中级以上教师职务，一般有 5 年以上教育教学工作经历。坚持把公开选拔、平等竞争、择优聘任作为选拔任用校长的主要方式。切实扩大民主，保障教职工对校长选拔任用工作的参与和监督，并努力提高社区和学生家长的参与程度。校长实行任期制，对考核不合格或严重失职、渎职者，应及时予以解聘或撤职。

25. 积极引导鼓励教师和其他具备教师资格的人员到乡村中小学任教。各地要落实国家规定的对农村地区、边远地区、贫困地区中小学教师津贴、补贴。建立城镇中小学教师到乡村任教服务期制度。城镇中小学教师晋升高级教师职务，应有在乡村中小学任教一年以上的经历。适当提高乡村中小学中、高级教师职务岗位比例。地（市）、县教育行政部门要建立区域内城乡“校对校”教师定期交流制度。增加选派东部地区教师到西部地区任教、西部地区教师到东部地区接受培训的数量。国家继续组织实施大学毕业生支援农村教育志愿者计划。

26. 加强农村教师和校长的教育培训工作。构建农村教师终身教育体系，实施“农村教师素质提高工程”，开展以新课程、新知识、新技术、新方法为重点的新一轮教师全员培训和继续教育。坚持农村中小学校长任职资格培训和定期提高培训制度。切实保障教师和校长培训经费投入。

七、实施农村中小学现代远程教育工程，促进城乡优质教育资源共享，提高农村教育质量和效益

27. 实施农村中小学现代远程教育工程要按照“总体规划、先行试点、重点突破、分步实施”的原则推进。在2003年继续试点工作的基础上，争取用五年左右时间，使农村初中基本具备计算机教室，农村小学基本具备卫星教学收视点，农村小学教学点具备教学光盘播放设备和成套教学光盘。工程投入要以地方为主，多渠道筹集经费，中央对中西部地区给予适当扶持。

28. 实施农村中小学现代远程教育工程，要着力于教育质量和效益的提高。要与农村各类教育发展规划和中小学布局调整相结合；与课程改革、加强学校管理、教师继续教育相结合；与“农科教结合”、“三教统筹”、农村党员干部教育相结合。

29. 加快开发农村现代远程教育资源。制定农村教育教学资源建设规划，加快开发和制作符合课程改革精神，适应不同地区、不同要求的农村教育教学资源和课程资源。国家重点支持开发制作针对中西部农村地区需要的同步课堂、教学资源光盘和卫星数据广播资源。建立农村现代远程教育资源征集、遴选、认证制度。

八、切实加强领导，动员全社会力量关心和支持农村教育事业

30. 地方各级人民政府要建立健全农村教育工作领导责任制，把农村教育的发展和改革列入重要议事日程抓紧抓好。要在深入调查研究的基础上，制定本地农村教育发展和改革的规划，精心组织实施；加强统筹协调，及时研究解决突出问题，尤其要保障农村教育经费的投入；倾听广大教师和农民群众的呼声，主动为农村教育办实事；坚持依法行政，认真执行教育法律法规，维护师生的合法权益，狠抓农村教育各项政策的落实。

31. 推进农村教育改革试验，努力探索农村教育改革新路子。各地要在总结改革经验的基础上，进一步解放思想、实事求是、与时俱进，大胆破除束缚农村教育发展的思想观念和体制障碍，在农村办学体制、运行机制、教育结构和教学内容与方法等方面进行改革探索。各省（自治区、直辖市）人民政府都要选择若干个县作为改革试验区；各地（市）、县都要选择1—2个乡镇和若干所学校作为改革试验点。要通过改革试验，推出一批有效服务“三农”的办学新典型；创造同社会主义市场经济体制相适应、符合教育规律、具有农村特色的教育新经验。

32. 农业、科技、教育等部门要充分发挥各自优势，密切配合，共同推进“农科教结合”。为形成政府统筹、分工协作、齐抓共管的有效工作机制，各地可根据实际需要，建立“农科教结合”工作联席会议制度。

33. 加强对农村教育的督查工作。要重点督查“以县为主”的农村义务教育管理体制和“保工资、保安全、保运转”目标的落实情况，以及“两基”攻坚和巩固提高工作的进展情况。建立对县级人民政府教育工作的督导评估机制，并将督导评估的结果作为考核领导干部政绩的重要内容和进行表彰奖励或责任追究的重要依据。

34. 广泛动员国家机关、部队、企事业单位、社会团体和人民群众通过各种方式支持农村教育的发展。发挥新闻媒体的舆论导向作用，大力宣传农村优秀教师的先进模范事迹。数百万农村教师辛勤耕耘在农村教育工作第一线，为我国教育事业发展和农村现代化建设作出了卓越贡献。特别是长期工作在“老、少、边、穷”地区的乡村教师，克服困难，爱岗敬业，艰苦奋斗，无私奉献，应该得到全社会的尊重。中央和地方各级人民政府要定期对做出突出贡献的优秀农村教师和教育工作者予以表彰奖励，在全社会形成尊师重教、关心支持农村教育的良好氛围。

国务院办公厅转发卫生部等部门关于建立新型农村合作医疗制度意见的通知

2003 年 1 月 16 日　国办发［2003］3 号

各省、自治区、直辖市人民政府，国务院各部委、各直属机构：

卫生部、财政部、农业部《关于建立新型农村合作医疗制度的意见》已经国务院同意，现转发给你们，请认真贯彻执行。

附件：

卫生部　财政部　农业部关于建立新型农村合作医疗制度的意见

2003 年 1 月 10 日

建立新型农村合作医疗制度是新时期农村卫生工作的重要内容，是实践“三个代表”重要思想的具体体现，对提高农民健康水平，促进农村经济发展，维护社会稳定具有重大意义。根据《中共中央、国务院关于进一步加强农村卫生工作的决定》（中发［2002］13 号），提出以下意见。

一、目标和原则

新型农村合作医疗制度是由政府组织、引导、支持，农民自愿参加，个人、集体和政府多方筹资，以大病统筹为主的农民医疗互助共济制度。从 2003 年起，各省、自治区、直辖市至少要选择 2—3 个县（市）先行试点，取得经验后逐步推开。到 2010 年，实现在全国建立基本覆盖农村居民的新型农村合作医疗制度的目标，减轻农民因疾病带来的经济负担，提高农民健康水平。

建立新型农村合作医疗制度要遵循以下原则：

（一）自愿参加，多方筹资。农民以家庭为单位自愿参加新型农村合作医疗，遵守有关规章制度，按时足额缴纳合作医疗经费；乡（镇）、村集体要给予资金扶持；中央和地方各级财政每年要安排一定专项资金予以支持。

（二）以收定支，保障适度。新型农村合作医疗制度要坚持以收定支，收支平衡的原则，既保证这项制度持续有效运行，又使农民能够享有最基本的医疗服务。

（三）先行试点，逐步推广。建立新型农村合作医疗制度必须从实际出发，通过试点总结经验，不断完善，稳步发展。要随着农村社会经济的发展和农民收入的增加，逐步提高新型农村合作医疗制度的社会化程度和抗风险能力。

二、组织管理

（一）新型农村合作医疗制度一般采取以县（市）为单位进行统筹。条件不具备的地方，在起步阶段也可采取以乡（镇）为单位进行统筹，逐步向县（市）统筹过渡。

（二）要按照精简、效能的原则，建立新型农村合作医疗制度管理体制。省、地级人民政府成立由卫生、财政、农业、民政、审计、扶贫等部门组成的农村合作医疗协调小组。各级卫生行政部门内部应设立专门的农村合作医疗管理机构，原则上不增加编制。

县级人民政府成立由有关部门和参加合作医疗的农民代表组成的农村合作医疗管理委员会，负责有关组织、协调、管理和指导工作。委员会下设经办机构，负责具体业务工作，人员由县级人民政府调剂解决。根据需要在乡（镇）可设立派出机构（人员）或委托有关机构管理。经办机构的人员和工作经费列入同级财政预算，不得从农村合作医疗基金中提取。

三、筹资标准

新型农村合作医疗制度实行个人缴费、集体扶持和政府资助相结合的筹资机制。

（一）农民个人每年的缴费标准不应低于10元，经济条件好的地区可相应提高缴费标准。乡镇企业职工（不含以农民家庭为单位参加新型农村合作医疗的人员）是否参加新型农村合作医疗由县级人民政府确定。

（二）有条件的乡村集体经济组织应对本地新型农村合作医疗制度给予适当扶持。扶持新型农村合作医疗的乡村集体经济组织类型、出资标准由县级人民政府确定，但集体出资部分不得向农民摊派。鼓励社会团体和个人资助新型农村合作医疗制定。

（三）地方财政每年对参加新型农村合作医疗农民的资助不低于人均10元，具体补助标准和分级负担比例由省级人民政府确定。经济较发达的东部地区，地方各级财政可适当增加投入。从2003年起，中央财政每年通过专项转移支付对中西部地区除市区以外的参加新型农村合作医疗的农民按人均10元安排补助资金。

四、资金管理

农村合作医疗基金是由农民自愿缴纳、集体扶持、政府资助的民办公助社会性资金，要按照以收定支、收支平衡和公开、公平、公正的原则进行管理，必须专款专用，专户储存，不得挤占挪用。

（一）农村合作医疗基金由农村合作医疗管理委员会及其经办机构进行管理。农村合作医疗经办机构应在管理委员会认定的国有商业银行设立农村合作医疗基金专用账户，确保基金的安全和完整，并建立健全农村合作医疗基金管理的规章制度，按照规定合理筹集、及时审核支付农村合作医疗基金。

（二）农村合作医疗基金中农民个人缴费及乡村集体经济组织的扶持资金，原则上按年由农村合作医疗经办机构在乡（镇）设立的派出机构（人员）或委托有关机构收缴，存入农村合作医疗基金专用账户；地方财政支持资金，由地方各级财政部门根据参加新型农村合作医疗的实际人数，划拨到农村合作医疗基金专用账户；中央财政补助中西部地区新型农村合作医疗的专项资金，由财政部根据各地区参加新型农村合作医疗的实际人数和资金到位等情况核定，向省级财政划拨。中央和地方各级财政要确保补助资金及时、全额拨付到农村合作医疗基金专用账户，并通过新型农村合作医疗试点逐步完善补助资金的划拨办法，尽可能简化程序，易于操作。要结合财政国库管理制度改革和完善情况，逐步实现财政直接支付。关于新型农村合作医疗资金具体补助办法，由财政部商有关部门研究制定。

（三）农村合作医疗基金主要补助参加新型农村合作医疗农民的大额医疗费用或住院医疗费用。有条件的地方，可实行大额医疗费用补助与小额医疗费用补助结合的办法，既提高抗风险能力又兼顾农民受益面。对参加新型农村合作医疗的农民，年内没有动用农村合作医疗基金的，要安排进行一次常规性体检。各省、自治区、直辖市要制订农村合作医疗报销基本药物目录。各县（市）要根据筹资总额，结合当地实际，科学合理地确定农村合作医疗基金的支付范围、支付标准和额度，确定常规性体检的具体检查项目和方式，防止农村合作医疗基金超支或过多结余。

（四）加强对农村合作医疗基金的监管。农村合作医疗经办机构要定期向农村合作医疗管理委员会汇报农村合作医疗基金的收支、使用情况；要采取张榜公布等措施，定期向社会公布农村合作医疗基金的具体收支、使用情况，保证参加合作医疗农民的参与、知情和监督的权利。县级人民政府可根据本地实际，成立由相关政府部门和参加合作医疗的农民代表共同组成的农村合作医疗监督委员会，定期检查、监督农村合作医疗基金使用和管理情况。农村合作医疗管理委员会要定期向监督委员会和同级人民代表大会汇报工作，主动接受监督。审计部门要定期对农村合作医疗基金收支和管理情况进行审计。

五、医疗服务管理

加强农村卫生服务网络建设，强化对农村医疗卫生机构的行业管理，积极推进农村医疗卫生体制改革，不断提高医疗卫生服务能力和水平，使农民得到较好的医疗服务。各地区要根据情况，在农村卫生机构中择优选择农村合作医疗的服务机构，并加强监管力度，实行动态管理。要完善并落实各种诊疗规范和管理制度，保证服务质量，提高服务效率，控制医疗费用。

六、组织实施

（一）省级人民政府要制订新型农村合作医疗制度的管理办法，本着农民参保积极性较高，财政承受能力较强，管理基础较好的原则选择试点县（市），积极、稳妥地开展新型农村合作医疗试点工作。试点工作的重点是探索新型农村合作医疗管理体制、筹资机制和运行机制。县级人民政府要制定具体方案，各级相关部门在同级人民政府统一领导下组织实施。

（二）要切实加强对新型农村合作医疗的宣传教育，采取多种形式向农民宣传新型农村合作医疗的重要意义和当地的具体做法，引导农民不断增强自我保健和互助共济意识，动员广大农民自愿、积极参加新型农村合作医疗。农民参加合作医疗所履行的缴费义务，不能视为增加农民负担。

建立新型农村合作医疗制度是帮助农民抵御重大疾病风险的有效途径，是推进农村卫生改革与发展的重要举措，政策性强，任务艰巨。各地区、各有关部门要高度重视，加强领导，落实政策措施，抓好试点，总结经验，积极稳妥地做好这项工作。

国务院办公厅关于加快推进再就业工作的通知

2003 年 5 月 12 日　国办发［2003］40 号

各省、自治区、直辖市人民政府，国务院各部委、各直属机构：

党中央、国务院对就业和再就业工作高度重视。最近，中共中央政治局常委会和国务院常务会议专门听取了再就业工作情况汇报，并决定在适当时候召开全国再就业工作座谈会，进一步推动再就业工作。去年 9 月党中央、国务院召开全国再就业工作会议以来，各地区、各部门认真贯彻落实会议精神和《中共中央、国务院关于进一步做好下岗失业人员再就业工作的通知》（中发［2002］12 号，以下简称《通知》），加强了对再就业工作的组织领导，陆续出台了配套实施办法，逐步建立了目标责任体系，并在加大再就业资金投入和帮助困难对象再就业等方面做了大量工作。但是，目前地区间工作进展不平衡，一些地区存在着工作进展缓慢、责任不够明确、政策措施不够得力、工作尚未取得明显实效等问题。当前，我国就业的压力很大，就业的结构性矛盾相当突出，困难群体再就业问题还未缓解，就业形势依然严峻。特别是非典型肺炎疫情的突发，使我国经济发展环境的不确定因素增加，给就业工作带来了新的困难和不利影响，实现今年工作目标的任务相当艰巨。为进一步做好就业和再就业工作，千方百计实现今年净增就业800万人以上、下岗失业人员再就业400万人以上（其中“4050”人员100万人）、城镇登记失业率控制在4.5%左右的工作目标，经国务院同意，现就有关问题通知如下：

一、加强领导，落实责任

（一）各地要处理好非典型肺炎防治工作与经济工作的关系，一手抓防治非典型肺炎这件大事，一手抓经济建设这个中心不动摇。各级政府要从实现国家长治久安的高度，把促进就业和再就业作为维护改革发展稳定大局的一件大事来抓，继续巩固和强化再就业工作“一把手”责任制，切实把这项工作摆上重要议事日程。要把净增就业岗位、落实再就业政策、强化再就业服务、加大再就业资金投入和帮助困难群体就业五项具体工作目标，作为考核各级政府和有关部门工作是否落实的重要内容，层层分解，从措施办法、资金投入和督促检查等方面给予保证，除了非典型肺炎疫情暂时比较严重的地区外，其他地区均要按月、按季落实再就业工作目标的完成进度，落实部门责任制。

（二）加强对就业和再就业工作的组织协调。国务院决定建立再就业工作部际联席会议制度，由劳动保障部、国务院办公厅、发展改革委、教育部、监察部、民政部、财政部、建设部、国资委、人民银行、税务总局、工商总局、中央编办和全国总工会组成，在国务院直接领导下，加强部门统一协调，及时通报各部门工作落实情况，分析工作中出现的新问题，研究解决政策难点，督促检查各地区、各部门任务完成情况，更有力地指导和推动再就业工作开展。地方各级政府也要相应建立再就业工作领导机构，形成统一领导、分工协作的工作机制。各有关部门要从上到下建立落实再就业政策的推动机制，按季调度工作进展情况，建立基层单位基础台账和本系统的统计制度。部门之间要加强协调，密切配合，真正形成齐抓共管、共同推动政策落实的合力。要充分发挥工会、妇联、共青团组织的积极性和主动性，动员全社会共同参与，齐心协力做好就业和再就业工作。

二、加大工作力度，全面落实政策

（三）各级政府和各有关部门要全面贯彻《通知》精神，加快落实税费减免、社保补贴、岗位补贴、小额贷款、就业服务、工商登记、场地安排等各项再就业扶持政策。地级城市所有配套政策的实施办法应在6月底前制订出台，并在街道、社区建立劳动保障工作平台，切实做到机构、人员、经费、场地、制度和工作到位，确保7月底前全面进入政策实施阶段。各地劳动保障部门要根据本地实际，进一步完善再就业优惠证发放办法，加强规范管理，加快再就业优惠证的审核、发放，保证符合条件的下岗失业人员及时领到优惠证，并定期向税务、工商等部门通报有关情况。在各项扶持政策的具体实施中，各地及各有关部门要从有利于解决实际问题和积极促进再就业出发，切实保证已经出台的各项再就业政策不折不扣地得到落实，努力为就业和再就业创造更为宽松的环境。各地还要按照属地管理的原则，将中央企业下岗失业人员再就业纳入当地的再就业工作规划，统筹安排落实。

（四）各级政府要根据再就业工作的实际需要，调整财政支出结构，落实再就业资金，并按时足额拨付到位。2003年度中央财政补助地方国有企业下岗职工基本生活保障和再就业专项转移支付资金已下达，并与地方资金实际投入情况和工作成效挂钩。各地应根据当年净增就业岗位、强化再就业服务、帮助困难群体再就业等目标任务的需要，加大再就业资金投入，并与下岗职工基本生活保障资金统筹安排使用，做到及时拨付，加强管理，提高效益。

（五）各地区、各有关部门要结合实际，及时研究解决政策落实中的难点问题。财政部、人民银行负责组织各商业银行抓紧制定下岗失业人员小额担保贷款实施细则，并督促各经办银行按要求加大贷款发放力度，简化贷款手续，提高经办效率。各级政府要积极采取措施，在6月底前将担保基金落实到位，使小额贷款担保业务尽快开展起来。各级税务、工商等部门要将扶持下岗失业人员再就业的工作成效作为部门考核的重要内容，严格按规定执行有关税费减免政策，不得以完成税费征收任务为由对落实税费减免的有关政策打折扣。对按政策减免的税费，可以相应抵减基层单位税费收缴的任务。财政部、税务总局、国资委等部门要进一步明确享受再就业扶持政策的商贸企业的标准，细化国有企业主辅分离的操作程序，简化审批手段，使地方和企业准确执行政策。

三、大力开发就业岗位，多渠道拓宽就业门路

（六）各地要努力实现国民经济持续快速健康发展和促进充分就业双重目标，并结合本地实际，提出发展经济与增加就业岗位有机结合、扩大内需与扩大就业良性互动的具体措施。要大力发展第三产业以及有比较优势和市场需求的劳动密集型产业，鼓励发展就业容量大的个体、私营、外商投资、股份合作等多种所有制经济，积极发展有市场需求的中小企业，继续发展劳动就业服务企业，促进跨地区的劳务协作和对外劳务输出，千方百计为下岗失业人员再就业创造岗位和机会。要积极推进城市社区建设，大力开发社会化服务岗位，引导更多的下岗失业人员在社区服务领域实现再就业。当前，要特别注意把防治非典型肺炎与开发社区环境卫生、清洁消毒等公益性就业岗位结合起来，帮助就业困难对象实现再就业。

（七）各级政府和有关部门要积极运用各项再就业扶持政策，鼓励服务型企业多吸纳下岗失业人员；鼓励下岗失业人员自谋职业、自主创业以及通过非全日制、临时性、季节性、弹性工作等灵活多样的方式实现再就业；鼓励有条件的国有大中型企业通过重组改制、主辅分离分流安置企业富余人员。

四、强化就业服务，建立再就业援助制度

（八）各级政府要建立完善公共就业服务制度，全面落实免费再就业培训和免费职业介绍政策。要加强劳动力市场信息网络建设。要广泛推行上门服务、即时服务和承诺服务，普遍推广在同一场所开展各项就业服务和社会保险业务的“一站式”服务。要努力提高再就业培训的针对性、实用性和有效性，完善免费职业培训和职业介绍制度，动员社会各方面力量开展再就业培训和中介服务。各级劳动保障部门要对社会办的职业培训机构和职业介绍机构进行资质认定，并根据培训和再就业效果给予补贴。要大力开展创业培训，结合项目开发、开业指导、小额贷款、税费减免、跟踪扶持，以创业促就业。要加快研究制订鼓励灵活就业的政策措施，做好下岗失业人员社会保险关系接续服务工作。

（九）建立健全再就业援助制度，千方百计帮助大龄就业困难人员实现再就业。这项工作要从政府、部门一直落实到基层。各级政府要抓紧建立公益性岗位空岗报告制度，凡是由政府投资形成的公益性岗位，要优先安排“4050”人员。街道劳动保障工作机构和社区工作人员要摸清“4050”人员底数，并逐一建立台账，为其提供专门的帮助和便捷的服务，切实帮扶一批大龄就业困难人员实现再就业。

五、巩固“两个确保”的成果，做好三条保障线衔接

（十）各级政府要继续落实资金，进一步巩固“两个确保”，不得发生新的拖欠。要进一步加强三条保障线的衔接，积极稳妥地解决下岗职工基本生活保障制度向失业保险制度并轨中出现的问题。对企业新裁减人员和出中心的下岗职工，要做好社会保险接续工作，按规定为其提供失业保险。对符合城市居民最低生活保障条件的，要及时将其纳入最低生活保障。协议期满的下岗职工，原则上应按规定出中心，并与企业解除劳动关系。对协议期满暂

时无法解除劳动关系的下岗职工，各级政府和企业要继续运用现有各类资金渠道筹措的资金保障其基本生活。

（十一）做好城市居民最低生活保障工作。将符合条件的城市贫困居民及时纳入保障范围，做到“应保尽保”。要处理好最低生活保障与促进就业的关系，有劳动能力和就业愿望但尚未就业的城市居民，在享受城市居民最低生活保障待遇期间，应当参加社区组织的公益性劳动和就业培训活动。

六、加强督促检查，加大宣传力度

（十二）各级政府和各有关部门要抓紧建立政府和部门自上而下的监督检查制度，建立社会和群众自下而上的监督举报机制，对再就业工作进行督办、督促和检查评估。5月底前，各地级以上城市和各有关部门要普遍建立再就业政策监督举报制度，向社会公布监督举报电话，接受社会和群众的监督。从6月份开始，劳动保障部要按月汇总各地再就业专项工作进展情况，按季汇总主要目标的完成情况，对地方政府进行通报（对非典型肺炎疫情仍较重的地区可适当推迟）。各级政府也要建立再就业工作通报制度，了解工作进展，推动工作落实。国务院将在今年第三季度组织专项督查，采取地方自查与国务院有关部门督办相结合的方式，促使再就业政策切实得到贯彻落实。

（十三）加强劳动力市场管理，保障劳动者合法权益。各地要结合再就业扶持政策的贯彻落实，加大劳动监察力度，组织开展企业用工情况大检查，对各类用人单位招聘人员不签订劳动合同、滥用试用期、拖欠和克扣工资、拒缴社会保险费等违法行为，要依法查处。要加强对各类中介机构的监管，严厉打击非法职业中介和各类欺诈行为。要进一步做好劳动者的劳动保护和职业安全卫生工作。

（十四）各地区、各有关部门和新闻单位要继续通过多种形式把促进再就业的各项政策宣传到群众、企业和基层单位，并大力宣传党和政府对下岗失业人员的关心和对再就业工作的支持，继续引导下岗失业人员转变就业观念，树立和宣传一批下岗失业人员再就业和企业吸纳下岗失业人员就业的典型，营造全社会支持和帮助再就业的良好氛围。

国务院办公厅转发农业部等部门关于2003年减轻农民负担工作意见的通知

2003年5月29日　国办发［2003］50号

各省、自治区、直辖市人民政府，国务院各部委、各直属机构：

农业部、纠风办、财政部、发展改革委、法制办、教育部《关于2003年减轻农民负担工作的意见》已经国务院同意，现转发给你们，请认真贯彻执行。

附件：

农业部、纠风办、财政部、发展改革委、法制办、教育部关于2003年减轻农民负担工作的意见

（2003年5月15日）

2002年以来，各地区、各部门按照中央的部署，在扩大农村税费改革试点工作、落实农民负担“一定三年不变”政策、开展专项治理等方面做了大量工作，基本实现了农民负担明显减轻的目标。但是，农民负担重的问题还未从根本上解决，农民负担反弹的隐患依然存在。针对当前存在的问题，今年减轻农民负担工作的总体要求是：以“三个代表”重要思想为指导，围绕全面推进农村税费改革试点工作，坚持综合治理、标本兼治，狠抓中央政策落实，强化农民负担监督管理，努力使农民负担进一步减轻，涉及农民负担的突出问题进一步减少，防止农民负担反弹的监督管理机制进一步完善。2003年要重点做好六个方面的工作：

一、确保农村税费改革政策落实到位

2003年开始全面试点的地区，要按照中央的政策着眼于减负做好改革方案的制订和实施工作。已经开展全面试点的地区，应严格按照《国务院关于全面推进农村税费改革试点工作的意见》（国发［2003］12号），对减负的实际效果开展检查，切实解决试点中存在的突出问题。各有关部门要加强督查指导，健全督查机制，改进督查方式，确保农村税费改革政策落到实处。

二、认真清理涉及农民负担的收费项目

按照统一政策、分级负责的原则，在全国范围内开展对涉及农民负担行政事业性收费项目的重新审核工作，取消不合理、过时的收费项目，降低过高的收费标准。财政部、发展改革委负责对现行的全国性及中央部门涉及农民负担的收费项目和标准进行清理并提出处理意见，对取消和降低收费标准的项目予以公告施行。省级人民政府负责组织清理审核本行政区域内涉及农民负担的收费项目，并将结果报国务院减轻农民负担联席会议办公室（农业部）备案，农业部要加强对这项工作的督促指导。所有清理工作，应在2003年9月30日前完成。

清理收费项目要做到“四个一律取消”，即：没有法律、法规依据或未经中央和省两级人民政府及其财政、价格主管部门会同农民负担监督管理部门批准的，涉及农民负担的行政事业性收费项目一律取消；没有法律、法规依据或未经国务院及其财政部门会同农民负担监督管理部门批准的，涉及农民负担的政府性基金项目一律取消；除国家法律和法规规定之外，1997年以来出台的专门面向农民的行政事业性收费项目和政府性基金项目一律取消；农村的各种集资、摊派以及要农民出钱出物出工的达标升级项目一律取消。清理后应予保留的行政事业性收费项目，由同级价格主管部门会同有关部门重新核定收费标准。

三、深入开展农民负担专项治理工作

继续把农业生产性费用中的不合理收费和搭车收费、农民建房乱收费、农村义务教育乱收费和农民进城务工乱收费等，作为今年专项治理的重点，务求取得明显成效。

（一）对农业生产性费用中不合理收费和搭车收费的专项治理。治理重点是农业供水、供电、农机管理和服务中的不合理收费和搭车收费。一是农业供水要严格执行“受益缴费，计量收费”的原则，因大面积抗旱、排涝难以做到计量收费的，应按直接受益原则据实分摊。二是农村用电收费要抄表到户，计量收取，坚决纠正乱加价和搭车收费行为。坚决落实城乡用电同网同价政策，尚未实现城乡统一电价的地方要严格执行省级价格主管部门批准的农村到户电价标准。三是要减少农机行政事业性收费项目，降低收费标准，规范收费行为。农机经营服务性收费要尊重农民意愿，合理确定标准，不准借服务之名强行收费，不准超标准收费。

（二）对农民建房乱收费的专项治理。任何地方、部门均不得自立农民建房收费项目、扩大收费范围、提高收费标准。要全面对农民建房收费进行清理，已经清理的地方要查找死角。今后农民自建住房，除依法发证可按规定收取工本费外，一律不得再向农民收取其他行政事业性收费。

（三）对农村义务教育乱收费的专项治理。除国家统一规定的杂费、借读费、代收课本费外，学校不得再向学生收取其他费用，也不得提高收费标准。农村义务教育收费实行校长负责制和收费卡制度，凡是出现乱收费行为的，要按照规定追究校长和有关当事人的责任。

（四）对农民进城务工乱收费的专项治理。除按规定收取有关农民工证书工本费外，其他行政事业性收费项目一律取消。为农民工提供经营性服务，必须坚持自愿原则，不得强行服务、强制收费。对经营性服务收费应进行公示，没有纳入公示范围的，不得收取。

四、全面落实减轻农民负担“四项制度”

（一）进一步提高“公示制”的质量和水平。凡是向农民收取的农业税收、涉及农民负担的行政事业性收费、重要商品及服务价格，都要通过多种形式向社会公示。今年下半年，由财政部、发展改革委、农业部对农业生产性收费、农民建房收费、农村中小学收费、农民进城务工收费进行重点公示，公示内容包括文件依据、项目名称、收取标准和对象范围等。各地区应对本行政区域涉及农民负担收费项目清理审核结果向社会公示。县、乡要及时公示调整后的相关内容。各级人民政府及有关部门要在公示前对税收、价格和收费项目进行严格审核，规范公示的各项内容。凡是将违规的税收、价格和收费项目及标准列入公示范围的，要追究有关人员的责任。凡是按规定应该公示而没有公示的，农民有权拒绝缴纳。

（二）严格执行农村义务教育收费“一费制”。国家扶贫开发工作重点县的农村小学和初中实行“一费制”，任何学校不得以任何借口推迟或拒不执行。有条件的地方应扩大“一费制”的实施范围，让更多的农民受益，有关部门要抓紧制定具体办法。

（三）把农村订阅报刊费用“限额制”落到实处。要采取有力措施，整顿面向农村的报刊发行秩序。有关部门要对本系统的报刊杂志进行清理，压缩报刊种类，内部刊物一律不得公开发行。任何单位和个人不得以任何形式和名义向乡村基层组织、学校或向农民、学生摊派报刊征订。乡村基层组织、学校也不得替农民、学生代订报刊，不得代扣代缴订阅费用。严禁将农村订阅报刊费用转嫁给农民或学生。

（四）严格执行违反农民负担政策责任追究制。各地区要按照中共中央办公厅、国务院办公厅《关于印发〈关于对涉及农民负担案（事）件实行责任追究的暂行办法〉的通知》（中办发［2002］19号）规定，结合本地实际，尽快制定实施细则，加大对涉及农民负担案（事）件的责任追究力度。

五、进一步强化农民负担监督检查

各地区要做好年中和年底的减轻农民负担工作检查。国务院减轻农民负担联席会议和国务院农村税费改革工作小组将在年底联合开展减轻农民负担工作检查。要改进检查方式，把明察与暗访结合起来，把检查与处理结合起来。

各级人民政府及有关部门要高度重视和认真受理农民负担问题的来信来访。对属本部门职责范围内的问题，应查清事实，认真处理。对属其他部门职责的问题，要及时转办。对上级部门责成查处的，要按时限要求报告结果。对群众反映的问题能解决而长期不解决并造成损失的，应追究有关部门负责人的责任。

六、建立健全农民负担监督管理机制

要适应农村税费改革新形势，抓紧建立健全农民负担监测、信访举报、检查监督、案件查处等制度，推动管理工作制度化，监督机制进一步完善。地方各级党政一把手要亲自抓、负总责。农业部门要切实发挥牵头和监督管理作用，监察（纠风）部门要严肃查处涉及农民负担的案（事）件，财政部门要积极指导农村税费改革试点工作、严格管理涉及农民负担的收费项目，价格主管部门要强化农村价格管理，政府法制机构要加强涉及农民负担法规的健全完善工作，教育部门要做好农村中小学收费管理工作。

减轻农民负担工作是一项长期、艰巨的任务。各地区、有关部门应注意分析农村税费改革后农民负担的新情况、新问题，加强调查研究，认真总结经验，积极探索减轻农民负担的治本措施。要统筹城乡经济社会发展，转变政府职能，精简机构人员，转变干部工作作风，为彻底减轻农民负担而努力。

国务院办公厅关于实施食品药品放心工程的通知

2003年7月16日　国办发［2003］65号

各省、自治区、直辖市人民政府，国务院各部委、各直属机构：

近年来，各地区和有关部门组织实施“无公害食品行动计划”、“三绿工程”（指：提倡绿色消费、培育绿色市场、开辟绿色通道），实行食品卫生监督量化分级管理制度和食品质量安全市场准入制度，积极开展食品药品市场秩序专项整治，取得了一定成效。但由于各方面原因，当前我国食品药品生产经营秩序仍比较混乱，制售假冒伪劣食品药品现象屡禁不止，特别是严重的食物中毒事件时有发生，不仅严重损害了消费者的合法权益，而且影响食品药品行业的健康发展和社会安定，有的还引起国际贸易纠纷，损害了我国的国际形象。为保障广大人民群众身体健康和生命安全，促进我国对外贸易发展，国务院决定，从现在起，在全国范围内实施食品药品放心工程。经国务院同意，现就有关问题通知如下：

一、突出重点，明确目标

实施食品药品放心工程的指导思想是：以党的十六大精神和“三个代表”重要思想为指导，按照“标本兼治，着力治本”的工作方针，把整治与建设、当前与长远、专项整治与日常监管有机结合起来，推进农产品、中药材标准化生产，发展现代流通方式，开展质量认证，建立健全食品药品安全法规、标准和认证体系，完善食品药品监管体制，确保人民群众食品药品的消费安全。近期，要着力抓好食品药品专项整治，并以此推动食品药品放心工程的全面实施。

食品药品专项整治的重点是以质量卫生安全为主题，抓好食品源头污染治理和市场准入两个环节，严厉打击制售假冒伪劣粮、肉、蔬菜、水果、奶制品、豆制品、水产品等“菜篮子”产品和药品、医疗器械的违法犯罪活动，捣毁制售这类假冒伪劣产品的窝点，对无证食品、药品、医疗器械的生产、经营和使用进行整治。通过整治，使生产经营假冒伪劣食品药品的违法犯罪活动得到有效遏制，大案要案得到及时查处，食品药品安全状况得到改善，市场秩序明显好转，人民群众对食品药品的安全感普遍增强。

二、主要内容和措施

（一）狠抓生产加工环节整治，加强源头管理。以农产品生产过程控制和产地环境监管为重点，全面实施“无公害食品行动计划”，加强农产品和农药、兽药等农业投入品的监管；严格质量标准，规范农业生产行为，全面实施农产品安全监测制度。以解决蔬菜有机磷的农药残留问题为突破口，进行植物产品农药残留超标整治；以严查“瘦肉精”污染为主线，进行畜产品使用违禁药物和兽药残留超标整治；以氯霉素污染为切入点，进行水产品药物残留超标整治。加强对食品加工环节的监管，采取卫生许可、生产许可、出厂强制检验等措施，强化食品生产企业的质量管理。依法全面实施药品生产质量管理规范（GMP），加快实施中药材生产质量管理规范（GAP），提高药品生产和中药材种植养殖的管理水平。

（二）严格市场准入，规范经营行为。加强市场质量抽查、强制检验和计量监督，严把市场准入关。建立进货检验制度，推广统一的认证和标准化包装标识，推行购销索证索票及重要市场销售备案和质量追究制度。继续实施“三绿工程”，加强对食品加工、流通业的行业指导和管理。全面监督实施药品经营质量管理规范（GSP），严格执行药品批发零售企业设置标准，严厉查处买卖、出租、出借或变相出租、出借《药品经营许可证》以及挂靠经营等违法违规行为；全面清查已注册医疗器械产品，严厉查处生产、经营、使用无证医疗器械的行为。

（三）推广现代流通方式，提高市场组织化程度。积极推进食品药品流通体制改革，大力发展农业产业化和连锁经营、物流配送等现代营销方式，鼓励食品药品连锁门店进社区、进农村。要在大中城市建立示范市场，具备条件的，要推广农贸市场改超市，鼓励实行商店与农副产品生产者、生产企业、生产基地直接挂钩等新型购销方式。打破地方保护和市场分割，坚决革除一切影响现代流通方式发展的体制性障碍。

（四）完善法规，加大执法力度。加快研究制度食品质量卫生安全、农产品质量安全等法规和标准，建立健全食品药品法律法规、标准和认证体系。要加大执法力度，完善执法责任制和责任追究制，彻查大案要案，重点对大中城市城乡结合部的食品加工点进行检查和清理，取缔非法生产经营行为和制售假冒伪劣食品窝点。凡不具备食品卫生和质量安全基本条件的企业不准开业、生产，已经开业的要立即停业整顿；凡未经检验或检验不合格的食品不准出厂销售。对全国中药材专业市场进行一次全面的清理整顿，对达不到要求的限期整改，整改后仍达不到要求的，坚决予以关闭。在查办制售假冒伪劣食品药品违法犯罪案件工作中，行政执法机关要加强与司法机关的联系和配合，及时通报案件查处情况，努力建立行政执法与刑事执法相衔接的工作机制。对涉嫌犯罪的，要及时移送司法机关，不得以罚代刑。

（五）建立应急处理机制。为了有效预防、及时控制和消除食品药品安全突发性事件的危害，维护正常的社会秩序，各地区、各有关部门要根据国务院公布的《突发公共卫生事件应急条例》，结合我国食品药品安全特点，研究提出相应的应急措施和法律责任，制定预防与应急处置及信息报告与发布等制度。各级教育、卫生行政部门要全面落实学校卫生防疫与食品卫生安全工作责任制。

（六）加强法制宣传教育，加快信用体系建设。加强对《食品卫生法》、《产品质量法》、《标准化法》和《药品管理法》等法律法规的宣传教育，开展行业诚信教育和职业道德教育。要根据食品药品行业特点，研究制定信用体系建设规划。统一制定食品药品行业信用标准，实现信用信息的互通互联、资源共享。建立健全失信惩戒机制，对企业违法违规行为通过记录在案，公示社会，起到警示和惩戒作用。

（七）发挥社会监督作用。要充分发挥消费者协会和质量监督、食品药品行业协会等中介组织的作用，加强食品药品的行业自律。设立举报投拆电话，发动广大群众积极参与。要重视新闻媒体的舆论监督，大张旗鼓地宣传报道食品药品生产经营和质量卫生安全监管中的好典型，对影响恶劣的违法违规案件要公开曝光。

食品药品放心工程是一项复杂的系统工程，需要各方面协同配合，特别是要科学制订规划、适当增加投入，着力建设农产品和中药材标准化生产基地、食品和农产品标准体系、食品药品检验检测体系，加强食品质量卫生安全的科学研究，扶持发展现代流通方式。发展改革委、财政部要会同农业部、商务部、卫生部、质检总局、食品药品监管局等部门研究具体落实意见。

三、加强领导，落实责任

（一）地方负责，落实责任。实施食品药品放心工程涉及面广，影响大，要坚持“全国统一领导，地方政府负责，部门指导协调，各方联合行动”的方针。地方各级人民政府要切实负起责任，加强领导和协调，结合本地区的实际，因地制宜地确定工作重点，明确工作任务和目标，落实责任制，把任务和责任逐级分解到有关单位和人员，并尽快制定工作方案，于 2003 年 7 月 30 日前将方案报食品药品监管局。

（二）分工协作，综合治理。实施食品药品放心工程由食品药品监管局牵头，发展改革委、教育部、公安部、农业部、商务部、卫生部、工商总局、质检总局、环保总局等部门配合，同心协力，齐抓共管。在切实按照《国务院关于加强新阶段“菜篮子”工作的通知》（国发［2002］15 号）要求落实对“菜篮子”产品质量卫生安全的职责分工和责任的同时，食品药品监督部门要切实履行对药品研制、生产、经营、使用全过程的监管，确保人民用药安全有效；农业部门要组织建设农产品标准化生产基地，实施农产品质量安全例行监测制度；商务（经贸）部门要加强食品流通的行业指导和管理，推进流通体制改革，建立健全食品安全检测体系；卫生部门要积极推行食品卫生监督量化分级管理制度，加强食品卫生日常监管和卫生许可证发放的监督管理，强化对学校食堂和餐饮业的卫生监督，进一步完善食物污染物监测网络；工商行政管理部门要认真做好食品生产经营企业及个体工商户的登记注册工作，取缔无照生产经营行为，加强上市食品质量监督检查，严肃查处虚假食品药品广告、商标侵权的违法行为；质检部门要加强对食品生产企业的监督管理，组织专项监督抽查，推行食品认证，全面实施加工食品质量安全市场准入制度，查处生产假冒伪劣食品和无证生产的违法行为。各级整规办要加强督促、协调和重点检查。

（三）督促检查，狠抓落实。国务院责成食品药品监管局会同有关部门组成检查组，在 2003 年内组织两次对各地专项整治工作的督促检查，重要情况应报告全国整顿和规范市场经济秩序领导小组。各省、自治区、直辖市人民政府要对本地区整治工作抓紧部署，组织力量加强督查，并将贯彻落实情况及时报送食品药品监管局，由食品药品监管局汇总后报国务院。

国务院办公厅关于清理整顿各类开发区加强建设用地管理的通知

2003年7月30日　国办发［2003］70号

各省、自治区、直辖市人民政府，国务院各部委、各直属机构：

改革开放以来，依照国务院规定批准兴办的开发区在改善投资环境、引进外资、促进产业结构调整和发展经济等方面起到了积极的辐射、示范和带动作用。但近一个时期以来，一些地方和部门擅自批准设立名目繁多的各类开发区（包括园区、度假区，下同），随意圈占大量耕地和违法出让、转让土地，越权出台优惠政策，导致开发区过多过滥，明显超出了实际需要，严重损害了农民利益和国家利益，对此，必须进行全面清理整顿。经国务院同意，现就清理整顿各类开发区，加强建设用地管理有关问题通知如下：

一、清理整顿开发区要以“三个代表”重要思想为指导，深入贯彻党的十六大精神，依据国家有关法律法规、土地利用总体规划和城市总体规划，纠正越权审批、违规圈占土地、低价出让土地等行为，促进各类开发区健康发展和土地资源的可持续利用。

二、要对各级人民政府及其有关部门批准设立的各类开发区进行全面清查。清查的重点是省及省级以下人民政府和国务院有关部门批准设立的各类开发区，以及未经批准而扩建的国家级开发区。清查的内容包括：开发区的名称、数量、批准机关、批准时间和批准规划面积；当前规划面积、征地面积、出让面积、收取出让金总额和已建成面积；选址和建设用地是否符合土地利用总体规划和城镇体系规划、城市总体规划，农用地转用、土地征用和土地供应是否符合法定程序；各类开发区招商引资项目和规模、国内生产总值、现有优惠政策（包括税收）等。

三、要在检查清理的基础上进行整顿规范。对未经国务院和省级人民政府批准擅自设立的各类开发区，以及虽经省级人民政府批准，但未按规定报国务院备案的各类开发区，先整改，对缺乏建设条件，项目、资金不落实的，要坚决停办，所占用的土地要依法坚决收回，能够恢复耕种的，要由当地人民政府组织复垦后还耕于农，严禁弃耕撂荒；对整改后确需保留的，由省级人民政府严格审核后，按有关规定报国务院审批。对经国务院批准或省级人民政府批准并已报国务院备案的开发区，要按照土地利用总体规划和城市总体规划对照检查，对超过规划建设用地规模和范围的开发土地，要依法处理；对确需扩建的，要严格核定规划面积，按法定程序办理审批手续。

四、加强对开发区建设用地的集中统一管理。开发区建设用地必须符合土地利用总体规划并纳入土地利用年度计划，选址必须纳入城市统一规划管理。凡是违法下放农用地转用、土地征用和供地审批权，违法下放规划管理权的，必须立即纠正，废止有关文件。要严格按照法定程序征用土地，并按法定标准给予农民合理补偿和妥善安置，严禁拖欠、截留和挪用被征地农民的补偿费用。严禁低价协议出让土地，协议供地必须提前公布供地方案。协议出让的土地改变为经营性用地的，必须先经城市规划部门同意，由国土资源行政主管部门统一招标拍卖挂牌出让。禁止将以征用方式取得的农民集体所有土地用于农业园区开发。各省、自治区、直辖市人民政府要对种植、养殖等农业园区的建设用地标准（或比例）做出规定，防止将农用地转为建设用地，变相搞房地产。

五、今后要更严格控制设立以成片土地开发为条件的开发区。鼓励工业项目向依法设立的国家级和省级开发区集中。市、县根据经济社会发展需要，进行工业、教育、科技和商贸等项目建设的，选址和建设用地必须符合土地利用总体规划和城镇体系规划、城市总体规划，未经批准不得使用开发区的名称。现有各类开发区扩区、改变区位、升级的审批，都要由地方人民政府提出申请，开发区主管部门提出意见，经国土资源和建设行政主管部门审核后，按批准权限报国务院或省级人民政府批准。

六、加强对开发区清理整顿工作的组织领导。清理整顿工作采取以省为主、部门配合，自下而上逐级进行的方法。各省、自治区、直辖市人民政府要组织力量对辖区内各类开发区以及建设用地管理情况进行全面的清查，对发现的问题，要依法主动纠正和处理。清理整顿工作要在2003年年底前完成，并向国务院报告清理整顿工作情况。国务院责成发展改革委、财政部、国土资源部、建设部、商务部会同监察部、审计署等有关部门组织联合工作组，制定清理整顿的具体标准和政策界限，组织检查验收，并在此基础上，提出进一步加强宏观调控、规范开发区发展的政策建议。对经验收合格的省、自治区、直辖市，要在2004年3月底前由联合工作组将名单报国务院。

国务院办公厅关于转发发展改革委卫生部突发公共卫生事件医疗救治体系建设规划的通知

2003年9月29日　国办发［2003］82号

各省、自治区、直辖市人民政府，国务院各部委、各直属机构：

发展改革委、卫生部编制的《突发公共卫生事件医疗救治体系建设规划》已经国务院同意，现转发给你们，请抓紧组织实施。

各地要高度重视突发公共卫生事件医疗救治体系建设。要按照“中央指导、地方负责、因地制宜、分步实施”的原则，从实际出发，落实项目和资金，严格坚持建设标准和规范，切实抓好规划的实施工作。要充分利用现有卫生资源，并充分发挥非典时期已建成设施的作用，避免重复建设。要认真总结突发公共卫生事件医疗救治工作经验，建立和完善医疗救治体系运行机制，完善管理和运营措施，做到统筹兼顾，“平战结合”，保证正常运营。力争用三年左右的时间，经过中央和地方的共同努力，提高医疗救治机构应对突发疫情的能力，建成有效应对突发公共卫生事件的医疗救治体系。

附件：

发展改革委　卫生部
突发公共卫生事件医疗救治体系建设规划

2003年9月9日

加强和完善突发公共卫生事件医疗救治体系，提高救治能力和水平，是加快公共卫生事业发展，保护人民身体健康和生命安全，促进经济和社会协调发展，实现社会长治久安的战略性举措。根据《传染病防治法》和《突发公共卫生事件应急条例》，按照国务院的部署，借鉴国外的有益经验，现制定突发公共卫生事件医疗救治体系（以下简称医疗救治体系）建设规划。

第一章　现状分析

第一节　成　　就

中华人民共和国建国50多年来，在党中央、国务院的正确领导和全国人民的共同努力下，公共卫生事业取得长足发展，常见传染病得到了较好控制，总体上处于低发水平。全国26种甲、乙两类法定报告传染病发病率由20世纪六七十年代的6000/10万~7000/10万下降到2002年的180.4/10万，消灭了天花、脊髓灰质炎，有效控制了丝虫病、疟疾等，传染病的病死率和死亡率不断下降，传染病控制达到发展中国家的先进水平。目前，我国已初步形成传染病专科医院、综合医院传染病区(科)、专科防治机构、院前急救机构和职业中毒与核辐射救治机构相结合的医疗救治体系，救治水平逐步提高。到2002年底，全国传染病床位数达到7.8万张（其中传染病专科医院病床为2.5万张，综合医院传染病病床为5.3万张）；有153个地市以上城市建有急救中心(站)。

第二节　问　　题

现行医疗救治体系存在的主要问题是：1.救治机构基础设施条件相对落后，装备水平不高，技术力量薄弱，人才短缺，应急反应和救治能力不强；2.救治机构布局不合理，东西部之间、城乡之间差距较大，大多数医疗救治资源集中在中、东部地区城市；3.医疗救治管理体制不顺，条块分割，管理事权划分不清，力量分散，难以形成区域内资源优势互补的合力，整体运行效率不高；4.医疗救治体系和疾病预防控制体系各自独立运行，缺少信息沟通与工作协调，不能及时预测、预警和进行有效处置。上述问题在这次抗击传染性非典型肺炎过程中暴露比较明显。

第三节　挑　　战

我国医疗救治体系面临新的挑战：一些已基本控制的传染病有重新抬头趋势，在广大农村地区，还存在常见传染病的威胁；全球新发30余种传染病已有半数在我国发现；含有有毒有害物质的食品引起的群体性非传染性急性、亚急性疾病，以及因有毒化学品泄露造成的职业中毒事件屡有发生；核辐射源分布广，应用数量增多和强度不断增大，存在着核辐射和核恐怖的威胁；频发的地震、火灾、水灾等自然灾害增加了疫情发生的风险。因此，我国应对突发公共卫生事件的医疗救治任务仍十分艰巨。抓紧制定和实施医疗救治体系建设规划，切实提高应对突发公共卫生事件的医疗救治能力，十分重要而迫切。

第二章 建设目标和建设原则

第一节 指导思想

规划的编制以“三个代表”重要思想和党的十六大精神为指导，贯彻为社会主义现代化建设服务、为人民健康服务的卫生工作方针，按照《传染病防治法》和《突发公共卫生事件应急条例》的规定，坚持把人民群众的身体健康和生命安全放在首位的宗旨，坚持从国情出发、充分利用现有资源、合理布局的原则，坚持以加强医疗救治机构能力为目标，坚持基础设施建设与完善运行机制相结合，通过中央和地方政府的共同努力，有计划、有重点、分步骤地实现建设目标。

第二节 建设目标

用三年左右的时间，通过加强基础设施建设、提高装备水平、深化管理体制和运行机制改革、提升专业人才技术能力等措施，基本建成符合国情、覆盖城乡、功能完善、反应灵敏、运转协调、持续发展的医疗救治体系，加强应对重大传染病、新发突发群体性不明原因疾病、重大食物和职业中毒等突发公共卫生事件的能力建设，有效提高治愈率、降低病死率，构筑起保护人民群众健康和生命安全的屏障。

第三节 建设原则

一、依法办事，科学决策。

严格遵循有关法律法规，认真汲取医疗救治工作的历史经验，特别是防治传染性非典型肺炎的经验教训，广泛听取专家、学者及社会各方面的意见和建议，保证医疗救治体系建设决策的法制化、科学化、民主化。

二、合理布局，整合资源。

通过结构调整，合理规划传染病病床总量，适度调减城市传染病病床数量，增加面向农村服务的县级救治机构传染病病床数量，实现传染病医疗资源的合理布局。传染病医院（病区）或后备医院、紧急救援中心、职业中毒和核辐射救治基地等医疗救治机构的建设，要充分利用现有资源，不增加医院数量和城市病床总量，坚决防止重复建设。

三、中央指导，地方负责。

医疗救治体系建设实行中央宏观指导、地方具体负责。中央规划指导，制定政策、原则和标准，控制床位总量规模，审核项目建设方案，下达补助投资。地方按照中央的指导意见，承担建设的责任，根据本地区经济社会发展水平、人口数量及稠密分布、距离城市远近及交通条件、突发公共卫生事件发生的种类和特点、现有卫生资源等实际情况，研究提出建设布局、建设方式、建设项目和投资安排的实施方案，经中央有关部门审核后组织实施。

四、统筹兼顾，平战结合。

医疗救治体系的建设要统筹考虑平时和突发重大疫情时的双重需要。规划建设的医疗救治机构，平时要努力提高医疗服务水平，增加服务供给，保持正常运营，发挥投资效益。同时做好救治设施、专业技术队伍和物资的储备，定期组织突发公共卫生事件应急演练和技术培训。在突发公共卫生事件发生时，必须保证应急需要。

五、坚持标准，规范建设。

医疗救治机构要按照现代医疗服务模式的要求，以人为本，科学设计，进行标准化建设和装备。传染病医院（病区）或后备医院建设必须符合控制医院内感染的工作要求，按照国家有关规定建设医疗废物和污水处置设施，并根据机构功能和任务要求配置医疗设备。

六、整体规划，分步实施。

突发公共卫生事件医疗救治体系建设是一项长期任务。规划方案不仅要应对非典型肺炎等传染性疾病，而且要应对中毒等其他突发公共卫生事件；不仅面向城市，而且要面向农村；不仅要加强基础设施建设，而且要改革管理体制和完善运行机制，构建起一个具有全面应对能力的框架体系，有计划、分步骤组织实施。

第三章　医疗救治体系框架

突发公共卫生事件医疗救治体系框架由医疗救治机构、医疗救治信息网络和医疗救治专业技术队伍组成。

第一节　医疗救治机构

医疗救治机构包括急救、传染病和职业中毒、核辐射救治及后备医院等机构。

1. 急救机构。包括紧急救援中心和医院急诊科，构成纵横衔接的急救网络。

- 紧急救援中心

直辖市、省会城市和地级市建立紧急救援中心，原则上独立设置，也可依托综合实力较强的医疗机构。紧急救援中心接受本级卫生行政部门委托，指挥、调度本行政区域内医院的急救资源，开展伤病员的现场急救、转运和重症病人途中监护。直辖市和省会城市紧急救援中心，在紧急状态下，经授权具有指挥、协调全省（直辖市）医疗急救资源的职能。必要时，紧急救援中心（120）可以与公安（110）、消防（119）等应急系统联合行动，实施重大突发公共卫生事件的紧急救援。

县级紧急救援机构一般依托综合力量较强的医疗机构建立，负责服务区域内伤病员的现场急救、转运和医院内医疗救治，向上级医院转诊重症病人，必要时接受所在市紧急救援中心指挥。边远中心乡（镇）卫生院负责服务区域内伤病员的转运。

- 医院急诊科

在直辖市、省会城市和地级市，根据需要选择若干综合医院急诊科纳入急救网络，负责接收急诊病人和紧急救援中心转运的伤病员，提供急诊医疗救治，并向相应专科病房或其他医院转送；突发公共卫生事件发生时，接受所在市紧急救援中心指挥、调度，承担伤病员的现场急救和转运。

2. 传染病救治机构。包括传染病医院、医疗机构传染病病区和传染病门诊（含隔离留观室）或后备医院。

在几个经济发达的特大城市建设集临床、科研、教学于一体的突发公共卫生事件医疗救治中心；其他直辖市、省会城市、人口较多的地级市原则上建立传染病医院或后备医院；人口较少的地级市和县（市）原则上指定具备传染病防治条件和能力的医疗机构建立传染病病区。市（地）级传染病医院（病区）承担防治任务，负责传染病疑似病人、确诊病人的集中收治和危重传染病病人的重症监护。直辖市和部分省会城市、中心城市传染病医院还要具有传染病救治领域的科研、专业技术人员培训和区域内技术指导职能；县级传染病病区，要具备收治一定数量常见传染病人的条件，并具备对烈性传染病隔离观察的能力，对重症患者及时转诊。

中心乡（镇）卫生院设立传染病门诊和隔离留观室，对传染病可疑病人实施隔离观察和转诊。

3. 职业中毒、核辐射救治基地。

建立完善职业中毒医疗救治和核辐射应急救治基地，承担职业中毒、化学中毒、核辐射等突发公共卫生事件的集中定点收治任务。

第二节　医疗救治信息网络

医疗救治信息网络包括数据交换平台、数据中心和应用系统。通过统一的公共卫生信息资源网络，实现医疗卫生机构与疾病预防控制机构和卫生行政部门之间的信息共享。

第三节　医疗救治专业技术队伍

省、市（地）两级政府应从当地医疗机构抽调高水平的医疗技术人员，建立应对突发公共卫生事件的医疗救治专业技术队伍。其组成人员平时在原医疗机构从事日常诊疗工作，定期进行突发公共卫生事件应急培训、演练，突发公共卫生事件发生时，接受政府卫生部门统一调度，深入现场，承担紧急医疗救援任务。

卫生部统一制定医疗救治专业技术培训计划和教材，并按区域指定具备条件的紧急救援中心和传染病医院作为医疗救治培训中心，负责医疗救治专业技术队伍的培训工作，力争2—3年完成全员培训，并使培训工作制度化、规范化。

第四章 2003至2004年的建设任务

综合考虑需要与可能，2003—2004年的建设任务主要是：

一、紧急救援中心。

直辖市、省会城市和地级市，在现有资源基础上，根据服务人口和医疗救治需求，分别建立或改扩建1个规模不同的紧急救援中心，建筑面积800—5000平方米，拥有救护转运车4—50辆（其中负压车1—5辆）。经济发达的特大城市紧急救援中心宜装备卫星定位系统。

二、传染病医院（病区）。

在直辖市和省会城市选择1所现有医疗机构进行改扩建，建立不同规模的传染病医院或后备医院；地级市根据服务人口，改扩建1所病床规模不等的传染病医院（病区）或后备医院；在现有县级医院内通过改扩建设置不同规模的传染病科和相对隔离的传染病病区。传染病医院（后备医院）病床规模60～600张不等，建筑面积3000～48000平方米，按病床数的4%～6%设置重症监护病床；在直辖市、省会城市的传染病医院设置4～20间负压病房；县级传染病病区设置病床8～40张，建筑面积320～1800平方米。在上述传染病医院（病区）按照不同规模配置必要医疗设备，并配套建设污水处置设施。

三、医疗救治信息网络及职业中毒、核辐射应急救治基地

在充分利用疾病预防控制机构和医疗机构现有资源的基础上建设医疗救治信息网络，增配必要的设备，开发软件，实现医疗救治机构与疾病预防控制和卫生行政部门信息网络的连接。在全国建设若干职业中毒应急救治基地，在有核电站、核设施、大型核辐射装置的重点省份建设核辐射应急救治基地，上述基地以依托实力较强的综合医院建立相应病区为主。

信息网络及救治基地的具体建设方案，经论证后于2004年启动建设。

第五章 资金安排

2003—2004年建设任务所需资金，由中央预算内专项资金、地方财政资金、国内外优惠贷款等多渠道筹措安排。

1. 中央专项资金主要支持西部和中部地区，对东部地区少数省份的困难市、县（市）给予少量资金补助。2003年先行启动市（地）级传染病医院（病区）或后备医院和部分紧急救援中心建设，2004年建设所余任务。

2. 地方资金原则上由省、地级市财政为主安排，国家扶贫开发工作重点县所需建设资金全部由中央和省、地安排。地方资金要设立财政分账账户予以落实和管理。

3. 积极开辟利用外资渠道。2003年已商定安排日本国际协力银行贷款1亿美元用作中部地区传染病医院（病区）建设和人员培训中地方政府应承担的部分资金；2004年拟继续申请日本国际协力银行贷款或其他国家政府优惠贷款，重点用作西部地区政府所承担的部分资金。贷款由中央统借，地方政府承贷并偿还。

4. 利用国内银行贷款。由地方政府根据实际需要考虑承贷并偿还。

第六章 配套政策

第一节 建立起管理属地化、指挥一体化的应急救治指挥管理机制

突发公共卫生事件发生时，以直辖市、省会城市、地级市的行政区域为范围，建立起高效、统一、分级分工负责的属地化医疗救治指挥管理机制，由上述地方政府负责管理、调配本行政区域内所有的卫生资源，创造传染病医院（病区）、紧急救援中心等医疗救治机构正常运行的环境，保证具体医疗救治任务的实施，满足区域内群众的救治需求。同时，要积极推进医疗卫生体制改革，在合理划分中央与地方各级管理事权和职责的基础上，打破现有

条块分割的管理格局，通过行政、法律、经济等手段，确立直辖市、省会城市、地级市政府管理和调配本行政区域所有卫生资源的职能、责任和权威，逐步建立和完善管理属地化、指挥一体化的医疗救治管理体制。

第二节 调整运行机构，创造必要的条件，保证医疗救治机构的正常运营

调整运行机制。一要在国家给予一定补助的前提下，积极探索建立面向市场的运行机制。医疗救治机构要通过多样化、多层次服务，强化管理，降低成本，提高竞争力，保证正常运营。二要实行传染病人就地归口管理、集中收治。除传染病医院（病区）外，其他综合医院一般不宜再收治传染病人，以调节和控制传染病病人的流向。三要进一步完善防治结合机制。做到医疗机构、紧急救援机构和疾病预防控制机构之间的信息沟通与共享，发挥好医疗机构在日常医疗服务中对控制传染病的预警和哨点作用，及早控制可能造成疫情扩散的传染源。

发挥公共财政的职能。集中有限财力，重点支持紧急救援机构、传染病医院（病区）等公共卫生机构。各级政府要保证医疗救治机构的正常运营和可持续发展，支持医疗救治机构、救治信息网络、救治指挥中心建设，合理安排基本支出和项目支出预算；对在突发公共卫生事件期间因承担救治任务被紧急征用的医疗机构给予合理补助；对患有甲类传染病和传染性非典型肺炎等严重传染病的农民和城镇困难患者给予救治费用补贴；中央财政对中西部困难地区承担应对突发公共卫生事件的医疗救治机构酌情给予专项转移支付支持。

具体财政补助政策，由财政部商卫生部研究制定。

第三节 加强管理，优化服务，提高效率

依法加强对医疗救治体系的机构、人员、技术等服务要素的准入管理，制定诊疗指南和技术操作规范，加强执业行为管理，加大执法监督力度。要建立和完善医疗救治机构激励机制。以社会效益为主要目标，工作绩效与补偿水平相结合，健全考核制度，促进医疗救治机构强化管理，加强培训、提高医疗质量，降低成本、完善服务、提高效率。

第四节 提高专业技术人员素质，加强医疗救治专业技术队伍建设

制定专业技术人员资格标准，严格准入制度；加强医疗救治专业技术队伍的教育和培训；推进医疗救治机构人事分配制度改革，优化人员结构，减少冗员，确保医疗救治专业技术队伍的合理工资水平和其他待遇，稳定人才队伍；适当确定略为富余的人员编制，超出部分可用于安排医护人员轮换到实力较强的综合医院工作，使传染病医院医护人员保持较高的技术水平。

第七章 建设成效

通过三年左右的努力，计划取得以下成效：

体系更加完善。直辖市、省会城市和地级市紧急救援中心覆盖率由46%提高至100%；建立起服务城乡、以传染病救治为主体的医疗救治网络，市（地）建立1所传染病医院（病区）或后备医院，医疗救治需求量大的县建传染病病区；建立起一批职业中毒医疗救治和核辐射应急救治基地。基本建立和完善我国应对突发公共卫生事件的医疗救治体系。

水平明显提高。整体上改变医疗救治条件落后的面貌，较好地适应现代医疗服务的要求。在几个经济发达的特大城市建立起国内领先、与国际水平接轨的一流医疗救治基地，在临床、科研、教学工作中发挥中心指导作用。市（地）级医疗救治机构基础设施均符合应对烈性、重大传染病的标准，并较大程度提高医疗设备的现代化装备水平。通过重症患者监护病房和负压病房的设立、急救网络的完善、信息系统的应用等，提高医疗救治体系的应急反应能力，为有效提高治愈率、降低病死率提供

保障。

布局趋于合理。市（地）级救治机构拥有符合应对突发公共卫生事件标准的传染病病床3.2万张，与所辖人口传染病医治需求相适应；县级救治机构传染病病床从过去的2.9万张增加到5.1万张，扩大农村医疗服务的覆盖面，基本改变原来传染病医疗救治资源主要集中在东、中部城市的格局。

附：项目建设的指导原则和基本标准

附：

项目建设的指导原则和基本标准

根据《突发公共卫生事件医疗救治体系建设规划》，本着中央制定政策、原则和标准，地方确定具体建设项目、建设内容、建设布局和建设方式，并按一定标准组织实施的要求。现提出以下项目建设指导原则和基本标准：

一、项目建设指导原则

（一）紧急救援中心。

在全国市（地）级以上城市，依据城市的人口和救治需求等因素，设立相应规模的紧急救援中心。对已有急救中心的城市，要在现有急救中心基础上，按照紧急救援中心的功能、标准，填平补齐，加强和完善基础设施条件，提高救援能力；对没有急救中心的城市，要按照紧急救援中心的功能、标准设置，利用现有医疗机构改扩建，一般不新建。紧急救援中心原则上独立运行，也可依托于实力较强的综合医院。

50万人口（城区人口，下同）以下的城市，建筑面积800平方米，配置救护转运车4辆，其中负压车1辆；50万—100万人口的城市，建筑面积1200平方米，配置救护转运车8辆，其中负压车1辆；100万—200万人口的城市，建筑面积1800平方米，配置救护转运车15辆，其中负压车2辆；200万—400万人口的城市，建筑面积3000平方米，配置救护转运车30辆，其中负压车3辆；大于400万人口的城市，建筑面积5000平方米，配置救护转运车50辆，其中负压车5辆。经济发达的特大城市紧急救援中心装备卫星定位系统。

（二）传染病医院（病区）。

1.直辖市、省会城市、地级市传染病医院（病区）。50万人口（市区人口，下同）以下城市，设置病床60张，建筑面积3000平方米；50万—100万人口城市，设置病床60—100张，建筑面积3000—7000平方米；100万—200万人口城市，设置病床100—200张，建筑面积7000—14000平方米；200万—400万人口城市，设置病床200—400张，建筑面积14000—21000平方米；400万人口以上城市，设置病床600张，建筑面积48000平方米。上述传染病医院（病区）按照不同规模和功能配置必要常规医疗设备。

在直辖市、省会城市、地级市的传染病医院（病区）设置重症监护病床。100万人口以下的城市按病床数的4%设置；100万—400万人口的按5%设置；400万人口以上的按6%设置。

在直辖市、省会城市的传染病医院设置负压病房（每间病房1张病床），150万人口以下城市设4间病房，150万—250万人口的设8间病房，250万—350万人口的设12间病房，350万人口以上的设20间病房。

在几个经济发达的特大城市建设集临床、科研、教学于一体的医疗救治中心，达到国际先进、国内一流的水平，起示范、指导作用。

2.县级救治机构传染病病区。10万人口

（全县人口，下同）以下的县，设置病床8张，建筑面积320平方米；10万—20万人口的县，设置病床12张，建筑面积480平方米；20万—30万人口的县，设置病床15张，建筑面积600平方米；30万—50万人口的县，设置病床20张，建筑面积800平方米；50万—100万人口的县，设置病床30张，建筑面积1200平方米；100万人口以上的县，设置病床40张，建筑面积1800平方米。以上传染病病区按照不同规模配置必要常规医疗设备。

各地参照建设指导原则和基本标准，根据实际情况，因地制宜、多种方式确定具体建设项目。已达到传染病医疗救治条件的地区，不再建设；已有传染病医院（病区）但不能满足救治条件和环保要求的地区，在现有基础上改建或置换迁建；没有传染病医院（病区）的地区，可选择一所医疗机构改建为传染病医院（病区），或改建为符合传染病救治条件的后备医院；县级传染病病区可分县建设，也可几个县集中建设一个，还可与地级市传染病医院（病区）合并建设。

全国建设传染病医院（病区）病床8.32万张，其中负压病床304张、重症监护病床1360张。

二、项目建设的基本标准

（一）紧急救援中心。

1. 紧急救援中心的建设内容主要包括：办公管理用房、急救指挥用房（包括120急救电信接收台、医疗救治信息网络、无线电指挥系统和足够的中继线）、工作人员值班用房、急救车车棚或车库、急救教育培训用房等。

2. 急救网络应合理布局，急救半径应控制在8km以内，保证接到报警后，救护车15分钟内到达患者驻地，并保证回车率小于3%。

3. 为应对公共卫生突发事件，应在紧急救援中心的院区出入口附近设置急救车冲洗消毒站。

（二）传染病医院（病区）。

1. 传染病医院病床应按呼吸道传染病40%、消化道传染病40%，其他类型传染病20%分区设置。

2. 建筑面积指标。

（1）传染病医院（病区）中急诊部、门诊部、住院部、医技科室、后勤保障系统、行政管理和院内生活用房等子项设施的床均建筑面积指标，应符合下表的规定。

传染病医院（病区）建筑面积指标（平方米/床）

建设规模（床位数）	8—30床	40床	60床	100—500床	600床
建筑面积指标	40	45	50	70	80

（2）传染病医院各组成部分用房在总建筑面积中所占的比例应为：门急诊部14%、住院部42%、医技科室19%、保障系统10%、行政管理7%、院内生活8%。

3. 传染病医院应设置手术室，手术室间数按每100张病床设置1间。

4. 传染病医院选址和建设用地。新建传染病医院的院址应离人口密集居民区和公共场所一定距离，且交通比较方便、有比较完善的市政公用系统。新建传染病医院的建筑密度宜为25%～30%，绿地率不宜低于35%。

5. 建筑要求。（1）传染病医院（病区）应以多层建筑为主。在规模小、用地允许情况下，也可考虑采用单层建筑。（2）功能分区合理，洁污路线清楚，避免交叉感染。根据需要分设清洁区、半污染区及污染区。（3）传染病医院及综合医院传染病病区应建设污水处理设施。建设标准为：县级传染病区，技术工艺路线采取简易生化处理（加消毒）方式；市（地）级传染病医院（病区），技术工艺路线采取二级处理（加消毒）方式。污水的排放应遵守国家有关环境保护的规定。

国务院办公厅关于进一步加强农村税费改革试点工作的通知

2003年9月30日　国办发［2003］85号

各省、自治区、直辖市人民政府，国务院各部委、各直属机构：

按照国务院统一部署，今年新增全面推进农村税费改革试点的省（自治区、直辖市）做了大量工作，试点工作陆续展开，总体进展较为顺利，并取得了阶段性成效。但是，目前各地区农村税费改革进程还不平衡，存在一些亟待解决的问题，主要是：部分省份试点工作进展缓慢，基础工作还不够扎实细致；执行政策不到位，顶风违纪收费现象时有发生；基层领导力量薄弱，工作机构不健全；宣传工作不深入，基层干部和群众对改革政策缺乏必要的了解。上述问题，如果不及时解决，就会妨碍改革政策的落实，影响改革的预期效果，甚至可能造成农民负担反弹，损害农民切身利益，引发农村矛盾，影响农村社会稳定。各地区、各部门要认真贯彻《国务院关于全面推进农村税费改革试点工作的意见》（国发［2003］12号）等文件精神，切实采取有效措施，妥善处理各种矛盾，高质量、高标准地推进改革试点工作，确保试点工作健康有序进行。经国务院同意，现将有关问题通知如下：

一、坚持条件，实事求是，积极稳妥地全面推进农村税费改革试点工作

为了确保改革的顺利推进，现在重申并强调，对目前基础工作还不够扎实，全面试点的条件还不成熟，完成今年改革各项任务确有难度的省份，不强求一律在年内全面推进，可以继续进行局部试点，绝不能不顾条件仓促地全面实施。开展全面试点的省份，必须充分考虑以下几个条件：一是计税数据测算、试点方案制订、改革政策宣传、各级干部培训、配套改革文件制定等基础工作扎实；二是经过局部地区试点，已经取得一定经验；三是对改革过程中可能出现的一些难点和重点问题，有行之有效的对策措施和解决办法；四是有支持改革试点的必要财力；五是领导得力，部门分工明确，有专门的工作机构，能够做到“三个确保”。

具备以上试点条件，并已经决定全面推开的省份，要适当加快工作进度，突出抓紧做好以下工作：一是扎实做好各项基础工作，据实核定农业税计税土地面积和常年产量等计税要素。切实履行充分征求农民意见、农民签字认可、张榜公布的程序。不准虚增计税土地面积和常年产量，严禁“暗箱操作”，防止搞“一刀切”。二是抓紧审批省级以下试点方案，及时指导县（市）制订和完善试点方案，尽快将改革后的农业税核定到村、落实到户。不得在改革政策落实到户之前向农民收取屠宰税、村提留和乡统筹费等税费；已预收的地方，要无条件地如数退还给农民。三是进一步加大宣传培训力度，真正把改革政策交给基层干部和农民。要采取多种形式，抓紧培训各级干部，特别是让基层干部全面了解情况，注意工作方法，改进工作作风，严格执行改革政策。应采取群众喜闻乐见的各种形式，广泛、深入地宣传改革政策，重点加强“进村到户”的政策宣

传工作，使每个农户有政策“明白人”、有负担“监督卡”、有税费“明白账”，让广大干部和群众正确理解改革，真心拥护改革，积极参与改革。

二、对照检查，纠正偏差，不折不扣地把中央政策落到实处

先行全面试点的地区，要对照中央有关政策加强对基层改革试点工作的监督检查。坚决落实“三个不准”，即农业税及其附加不准超过国家规定的税率上限，不准超范围、超标准进行“一事一议”筹资筹劳，不准在农业税及其附加和“一事一议”之外进行任何形式的摊派和收费。要重点督促村内“一事一议”筹资筹劳严格按规定程序和要求进行，不准将村内“一事一议”筹资筹劳变成农民的固定负担项目，不准强行以资代劳。

各地区要坚决落实减轻农民负担的“四项制度”，即涉农税收价格收费“公示制”、贫困地区农村义务教育收费“一费制”、农村订阅报刊费用“限额制”、违反减轻农民负担政策“责任追究制”。突出加强农村税费改革后经营服务性收费的监督管理。农村灌溉用水、用电收费，应充分考虑当地农业生产实际情况和农民承受能力，严格按照自愿和受益原则，合理定价，据实计量收费，不准按田亩或人口摊派，不准与农业税等税费混收。

各地区应在不增加农民负担的前提下开展乡村道路、农田水利等农村基础设施和农村社会事业建设。要按照量力而行的原则，将有关投资项目列入各级人民政府年度投资计划；在安排资金时打足预算，不留缺口，不得另搞配套要求农民出资投劳。要坚决制止不顾实际盲目上项目、铺摊子的错误做法，严防形成新的不良乡村债务。

三、加大力度，整体推进，积极搞好各项配套改革

要大力推进乡镇机构改革，保证乡村组织的正常运转。继续转变基层政府职能，按要求精简乡镇机构，采取有效措施压缩财政供养人员、清退各类临时人员。要继续调整和完善县、乡财政体制，在合理划分事权的基础上，按照“财力下移、缺口上移”的要求，加大对基层改革转移支付力度，建立健全乡镇机构和村级组织正常运转经费的保障机制。

加快推进农村义务教育体制改革，保证农村义务教育经费的正常需要。要认真实行“在国务院领导下，由地方政府负责、分级管理、以县为主”的农村义务教育管理体制，贯彻落实《国务院关于进一步加强农村教育工作的决定》（国发［2003］19号），明确各级人民政府保障农村义务教育投入的责任。建立和完善农村中小学教职工工资保障机制，保证农村中小学校公用经费。

要规范农村税费改革后的农业税征收管理。认真落实农业税征收机关征税、协税员协税的农业税征收管理制度，推行以定时、定点征收为主的农业税征管方式。规范完税凭证的使用管理，做到一户一票，不准“打白条”或使用其他非法票据。不准非专职征收人员直接收取农业税税款，严禁动用警力或组织“小分队”强制收取农业税费。

四、规范分配，严格监督，确保农村税费改革专项转移支付资金专款专用

中央财政对地方农村税费改革专项转移支付资金已下达到各省（自治区、直辖市），省级财政和有条件的市、县都要安排一定资金支持改革试点。今年如不具备条件、没有进行全面试点的地区，按规定不能享受上级转移支付资金补助；已下拨补助的，上级财政在年终结算时要相应扣回。地方各级人民政府要制订农村税费改革转移支付资金使用管理办法，规范分配，严格监督，专项使用，严禁截留挪用。财政、审计部门要安排专门力量对中央财政转移支付资金使用情况进行专项检查。

五、加强领导，严明纪律，确保改革试点工作顺利推进

全面推进农村税费改革是当前和今后一个时期农村工作的一项重要任务。地方各级主要领导要亲自抓、负总责，切实做到靠前指挥，

加强领导和协调。要坚持一级抓一级，一级对一级负责。省、市两级要重点做好改革方案的完善，解决本地区试点中带有根本性、全局性的重大问题。县、乡两级要切实做好改革的具体组织和执行工作，保证改革政策的落实。

建立健全农村税费改革信访制度，向社会公开政策咨询和举报电话，保证信访渠道畅通。对群众反映的问题，符合政策并具备条件的，要及时解决；一时解决不了的，要诚恳客观地向农民作出解释，做到事事有着落、件件有回音。对上级批转的信访案（事）件，要认真查处并按期反馈结果，不得敷衍搪塞。

在明确责任和部门分工的前提下，要完善工作机制，充分发挥农村税费改革办事机构的指导和督促作用。国务院农村税费改革工作小组要加强对全国试点工作的指导和检查。对群众信访比较集中、反映问题比较突出的地方，要随时派出工作组进行抽查；对违反改革政策的典型案件，要进行通报。地方各级农村税费改革办事机构要落实工作责任，密切跟踪改革动态；加强对基层落实改革政策的明查暗访，及时查错纠偏。

在全面推进农村税费改革试点过程中，对歪曲中央改革政策，加重农民负担的，有关部门和地方要对相关责任人进行严肃处理。对违反改革政策，领导和协调不力，造成严重后果的案（事）件，不但要追究县、乡主要领导的责任，还要视情追究上一级政府主要领导的责任。对情节严重、影响恶劣的案（事）件，要公开曝光；触犯法律的，要依法追究相关责任人员的法律责任。

国务院办公厅关于进一步做好农业标准化工作的通知

2003 年 12 月 8 日　国办发［2003］97 号

各省、自治区、直辖市人民政府，国务院各部委、各直属机构：

农业标准化是促进农业结构调整和产业化发展的重要技术基础，是规范农业生产、保障消费安全、促进农业经济发展的有效措施，是现代化农业的重要标志。长期以来，我国农业标准化工作比较薄弱，缺乏统一的标准体系和建设规划，标准水平低，与国际标准存在较大差距。为了进一步做好农业标准化工作，适应我国农业和农村经济面临的新形势，促进实现农业现代化，不断增加农民收入，经国务院批准，现就有关问题通知如下：

一、农业标准化工作的指导思想、工作方针和主要目标

农业标准化工作的指导思想是：以邓小平理论和“三个代表”重要思想为指导，深入贯彻党的十六大精神，以市场为导向，围绕农业结构战略性调整和产业化发展，以提高我国农产品质量和市场竞争力为重点，建立健全统一权威的农业标准体系，加强农业标准化工作，促进农业增效、农民增收和农村经济全面发展。

农业标准化的工作方针是：政府大力推动、市场正确引导、龙头企业带动、农民积极实施。

近三年内农业标准化工作的主要目标是：

（一）建立结构合理的农业标准体系。制（修）订农业标准10000项，其中国家标准、行业标准2880项，采标率（采用国际标准和国外先进标准的比例）达到50%。

（二）加强农业标准化示范区建设。农业标准化示范区累计达到6000个，其中国家级示范区累计达到2000个。

（三）强化流通领域标准化管理。培育2000个实行标准化、规范化管理的农产品批发市场，销售的农产品的质量安全达标率达到95%以上。

（四）推进优势农产品区域化种值（养殖）的标准化生产。优势农产品标准化生产覆盖率达到80%。

（五）培养一支具备专业技术和标准化知识的农业标准推广队伍（80000人），建立农业标准化信息服务体系。

二、农业标准化工作的主要任务

（一）加快制订和清理农业标准。要按照党中央、国务院关系建立健全统一权威的农业标准体系的要求，根据《全国农业标准2003—2005年发展计划》，加快农业标准制订进度，加大农业标准清理力度，抓紧与国际标准接轨，尽快解决农业标准水平低、标龄过长，国家标准、行业标准重复交叉，以及农产品质量安全标准与国际标准差距大等突出问题。要创新农业标准制（修）订工作机制，建立国家标准、行业标准、地方标准从立项、起草、审查、批准到发布都公开透明的管理模式。

（二）强化重点领域标准的实施与监督。围绕治理农产品污染，确保消费者健康和安全，建立产地农产品质量监测体系，抓好产地环境质量标准、生产操作规范的实施；强化对农药、兽药残留限量等农产品质量安全标准的实施；严格按标准对农业投入品和农产品进行检验；严格加工全过程质量安全标准与实施监控；健全农产品质量安全例行监测制度，切实加强农产品市场准入标准的实施。加大优势农产品、优质专用农产品等相关标准的实施，抓好与退耕还林还草、改善生态环境、水利设施建设等措施配套标准的实施，促进农业优质高效和可持续发展。

（三）全面推行标准化管理。各地在农业产业化发展规划中要明确提出农业标准化工作的要求，充分发挥多元化、多层次组织的作用，积极探索标准化为农业产业化生产、经营服务的途径，把农业生产的全过程纳入标准化管理的轨道，以标准化促进产业化，推动农产品生产上规模、质量上档次、管理上水平，带动区域经济的发展。

（四）积极采用国际标准和国外先进标准。要结合我国实际，按照“借鉴、结合、创新、发展”的原则，运用风险评估理论，加快农产品安全卫生限量指标、检验方法及动植物防疫措施等标准的采标。同时，要建立并完善疫病疫情和农产品、食品安全预警通报机制，对进出口农产品实施严格检验检疫。农产品出口基地（企业）要率先采用国际标准和国外先进标准，实行全过程标准化管理，满足产品出口要求。

（五）加强农产品流通领域的标准化工作。要进一步完善农产品流通领域的标准体系和监测体系，实行收购、储存、加工、运输、销售等全过程质量安全控制，大力推进农产品质量安全、质量等级、计量、包装标识等标准的实施，满足新形势下农产品流通领域的需要。要积极探索开展农产品批发市场的标准化工作，用标准化规范农产品批发市场、培育和发展农产品零售市场。

（六）有效防范外来有害生物入侵。各级质检、农业、林业和环保等部门要进一步研究如何通过制（修）订相关标准和技术规程提高检验检疫水平，严把入境关口，加强对我国境内有害生物的检疫、监测、防治和封控工作，最大程度地减少外来有害生物入侵，有效控制有害生物的扩散蔓延，保障我国农业生产和生态安全。

三、采取有效措施，全面推进农业标准化工作

（一）加强对农业标准化工作的领导。地

方各级人民政府和有关部门要把农业标准化工作摆到重要议事日程，进一步统一思想，做到认识到位、领导到位、经费到位、措施到位、制订规划，组织实施，督促检查，狠抓落实。要建立有效的激励机制，对在开展农业标准化工作中取得显著成绩的单位和个人给予表彰奖励，引导企业和农民自觉应用农业标准。

（二）加强统一管理和综合协调工作。推进农业标准化是一项系统工程，要建立国家标准委统一管理、部门分工负责的工作机制。国家标准委要按照国家标准“统一计划、统一审查、统一编号、统一批准和发布”的要求，加强对农业标准化工作的统一协调管理；农业部要发挥农业标准化工作的主力军作用，加大工作力度；各有关部门要按照国家有关法律法规规定，认真履行职责，通力协作，各司其职，共同推进农业标准化。各地要依据国家标准、行业标准的发展计划，制订本地区农业标准化的发展规划；但在严格标准要求的同时，要防止借机搞农产品地方保护，阻碍农产品的自由流动和充分竞争。

（三）增加农业标准化经费投入。各地和有关部门要大力支持农业标准化工作，切实解决农业标准化工作经费不足的问题。坚持政府推动与市场运作相结合，逐步建立政府投入为导向、企业投入为主体、社会投入为补充的多元化投入机制和多渠道投资的格局。

（四）加强农业标准化技术推广队伍建设。采取集中与分散相结合的方法，分层次对基层技术推广人员、标准化技术和管理人员开展标准化教育培训。提高技术推广人员的工作水平，尽快培养一批既有标准化知识，又懂专业技术的推广队伍。特别要从农民中培养农业标准化工作的积极分子和带头人，普及标准化知识，以适应农业发展的需求。

（五）夯实农业标准化工作的基础。要重视农业标准信息资源的收集、整理、加工和整合，建立统一权威的农业标准数据库，增强信息的准确性和时效性，构建及时、准确、高效、权威、便捷的农业标准化信息平台。要加快国家农业技术标准体系研究和农业标准发展战略研究，尽快提出我国农业标准体系如何符合国际通行做法，如何应对国外技术性贸易壁垒的措施。要加大农业标准的前期研究，尤其是组织开展对农业标准化示范理论和技术途径的研究，不断提高农业标准化工作水平。

（六）广泛开展农业标准化宣传与培训。要充分利用各种新闻媒介，大力宣传农业标准化工作的重要意义，普及标准化知识，增强生产者、经营者、管理者和消费者的标准化意识。利用质量技术监督、农业等科研院所的技术力量组织标准化培训，开展重要标准的宣传贯彻，提高企业、农户的标准化水平。培育和发展农业标准化中介服务机构，引导各级各类标准化组织积极开展农业标准化咨询服务，扩大服务咨询覆盖面。

（七）加强农业标准化示范工作。广泛开展农业标准化示范区建设，积极推广“选好一个项目，建立一个体系（标准体系），形成一个龙头，创立一个品牌，带动一个产业，致富一方百姓”的做法和经验。各地要在做好示范区验收工作的基础上，逐步开展农业标准化示范区项目评价，提高名牌意识，探索培育“标准化农产品”品牌的途径。要推广以标准规范的“公司+农户+基地”等生产经营模式，充分发挥龙头企业在农业标准化工作中的带头作用和辐射效应。农业技术推广部门要把实施标准化列入技术推广工作计划，发动基层技术人员积极参与标准化推广实施工作，拓宽示范领域，建立形式多样、富有实效的农业标准化示范推广体系。

国务院办公厅转发发展改革委等部门关于制止钢铁电解铝水泥行业盲目投资若干意见的通知

2003年12月23日　国办发［2003］103号

各省、自治区、直辖市人民政府，国务院各部委、各直属机构：

发展改革委等部门《关于制止钢铁行业盲目投资的若干意见》、《关于制止电解铝行业违规建设盲目投资的若干意见》和《关于防止水泥行业盲目投资加快结构调整的若干意见》已经国务院同意，现转发给你们，请认真贯彻执行。

钢铁、电解铝、水泥是国民经济建设中的重要原材料。经过多年的建设，我国钢铁、电解铝、水泥行业取得了长足的发展，一大批具有一定国际竞争力的大型企业集团正在崛起，产品已基本满足国民经济和社会发展需要，为国民经济持续快速健康发展做出了重要贡献。近年来，受市场需求的拉动，钢铁、电解铝、水泥等行业投资增速加快，产量大幅度上升。在这过程中，一些地区和企业受利益驱动，不顾市场、资源等外部条件，违反规定大规模新建和扩建钢铁、电解铝、水泥项目，出现了盲目投资、低水平重复建设和违法生产现象。目前，3个行业的在建项目生产能力大大超过了预期需求，必将导致生产能力过剩、市场无序竞争、浪费资源和污染环境，甚至造成金融风险和经济社会其他方面的隐患。对此，各地区、各部门必须引起高度重视，保持清醒的认识，坚持以市场为导向，依照产业政策和发展规划，运用经济、法律、行政手段，采取有力措施，迅速遏制盲目投资、低水平重复建设的势头，促进这些行业健康发展。

各地区、各部门要根据本通知精神，尽快组织力量，对各地钢铁、电解铝、水泥等投资建设项目进行认真清理，并将清理结果于2004年2月底前报国务院。国务院将派出检查组，督促检查各地贯彻落实本通知精神的情况。

附件 1:

发展改革委 国土资源部 商务部 环保总局 银监会 关于制止钢铁行业盲目投资的若干意见

2003 年 11 月 19 日

钢铁工业是国民经济的重要基础产业。改革开放以来，我国钢铁工业取得了长足发展，已成为世界上最大的钢铁生产和消费国，为国民经济持续、稳定、健康发展做出了重要贡献。但是，近几年来，我国钢铁工业出现了盲目投资、低水平扩张的现象。一些地方不顾市场及外部条件，以各种名义大规模新建炼钢炼铁项目，并低价出让、未征先用土地，给企业各种不合理的优惠政策和减免税收，还有一些地方以外商投资鼓励类名义，违规审批炼钢、炼铁项目，造成钢铁工业出现生产能力过剩，铁矿资源不足，布局不合理，结构性矛盾突出等问题。到 2003 年底，我国钢铁生产能力将达到 2.5 亿吨，目前在建能力约 0.8 亿吨，预计到 2005 年底将形成 3.3 亿吨钢铁生产能力，已大大超过 2005 年市场预期需求。此外，据不完全统计，各地拟建能力还约有 0.7 亿吨。钢铁工业是资金、资源和能源密集型产业，吞吐量大，污染重，耗水多。从资源、能源、环境和可持续发展等各方面条件看，我国钢铁工业低水平扩张、粗放经营的状况已难以为继。对于当前出现的盲目发展现象，如不加以引导和调控，将导致一些品种产量严重过剩和市场过度竞争，造成社会资源极大浪费，并易引发有关经济和社会问题。为迅速遏制钢铁工业盲目发展的势头，促进钢铁工业健康发展，现提出以下意见：

一、加强产业政策和规划导向

面对国际产业结构加速调整的形势和更加开放的市场环境，根据走新型工业化道路的原则，国务院有关部门要抓紧修订钢铁工业产业政策和发展规划，引导产业结构调整和升级，及时调整战略布局，推进企业联合重组，利用好国内外两种资源。要鼓励增加板管等高附加值短缺钢材的供给能力，限制发展能力已经过剩、质量低劣、污染严重的长线材等品种，降低资源消耗，实现清洁化生产，提高我国钢铁工业在国内外市场的整体竞争力。加强对国内外钢铁工业发展形势的研究和分析，建立和完善市场信息发布制度，及时发布钢铁产品、铁矿石、焦煤等重要原燃料市场供需状况、生产能力及价格变化等方面的信息，引导地方和企业的投资方向。

二、严格市场准入管理

为保证技术的先进性和满足环境保护的要求，实现钢铁工业可持续发展，必须严格市场准入条件。钢铁投资建设项目的最低条件暂定为：

（一）烧结机使用面积达到 180㎡及以上、焦炉炭化室高度达到 4.3m 及以上，高炉容积达到 1000m^3 及以上、转炉容积达到 100 吨及以上、电炉达到 60 吨及以上。

（二）高炉必须同步配套建设煤粉喷吹装置、炉前粉尘捕集装置，大型高炉要配套建设余压发电装置；焦炉必须同步配套建设干熄焦、装煤、推焦除尘装置；转炉必须同步配套建设转炉煤气回收装置；电炉必须配套烟尘回收装置。

（三）新建钢铁联合企业，吨钢综合能耗低于 0.7 吨标煤，吨钢耗新水低于 6 吨，符合清洁生产要求，污染物排放指标达到环保标准要求。

（四）矿石、焦炭、供水、交通运输等外部条件要具备并落实。

对达不到上述条件的，一律不得批准建设。对按规定程序批准并已开工建设的项目，要按照上述条件积极进行调整。现有生产企业要通过技术进步、提高装备水平逐步达到上述条件。

当前钢铁生产能力过剩的矛盾日益突出，国家和各地原则上不再批准新建钢铁联合企业和独立炼铁厂、炼钢厂项目，确有必要的，必须经过国家投资主管部门按照规定的准入条件充分论证和综合平衡后报国务院审批。严禁地方各级人民政府将项目化整为零、越权、违规审批钢铁项目，对违反规定的，依法追究有关领导的责任。对生产“地条钢”的，要依法严厉打击。要加强对外商投资方向的指导和引导。

三、强化环境监督和执法

根据《中华人民共和国环境保护法》和《中华人民共和国环境影响评价法》的有关规定，加强对现有钢铁生产企业执行环保标准情况的监督检查。环保总局要定期发布环保不达标钢铁生产企业名单。对达不到排放标准或超过排污总量指标的钢铁生产企业实行限期治理，在限期治理期间，按照达标排放和环境保护行政主管部门下达的污染物排放总量控制的要求限产限排，限期治理不合格的要给予停产处理。对未按法定程序向环境保护行政主管部门报批环境影响报告书擅自开工建设的项目，在建的一律停建，投产的一律停产，并依照有关法律法规进行处理。

四、加强用地管理

各级国土资源行政主管部门要认真履行职责，切实加强对钢铁企业用地管理。新建、扩建（改建）钢铁企业用地必须符合土地利用总体规划，纳入土地利用年度计划，用地规模必须符合国家颁布的《工程项目建设用地指标》的规定；涉及占用农用地和征用农民集体土地的，必须严格按照法定程序和权限，履行农用地转用和土地征用审批手续。省级国土资源行政主管部门要根据本地实际情况，按照国务院关于进一步治理整顿土地市场秩序的统一部署和要求，会同发展改革委（计委）、经贸委（经委）、监察部门，对2000年以来新建、扩建（改建）钢铁企业的用地情况进行一次检查。对未经依法批准擅自占地开工建设的，要停止建设，并依法收回土地，不能收回的，要依法进行处罚；对违背土地利用总体规划以及违法用地、低价出让土地的，要依法严肃处理，情节严重的，要追究有关责任人的法律责任。

五、加强和改进信贷管理

人民银行要按照国家产业政策加强“窗口”指导；银监会要加强监管，督促金融机构控制信贷风险；金融机构要增强风险意识，强化信贷审核。对于符合产业政策和各项市场准入条件的钢铁企业和建设项目，要继续给予积极支持；对于盲目投资、低水平扩张、不符合产业政策和市场准入条件，以及未按规定程序审批的项目，一律不得贷款，已发生贷款的要采取适当方式予以纠正。

六、认真做好项目的清理工作

各地特别是近几年钢产量增长较快的地区，要在近期内对已建、在建、拟建钢铁项目进行一次认真的清理。凡不符合国家产业政策，未经审批或违规审批的项目，以及违法生产“地条钢”的，各级国土资源行政主管部门不得受理用地（含各类开发区已征用土地）申请，环境保护行政主管部门不得审批其环境影响报告书和核发排污许可证，工商行政管理部门不予登记，质检部门不得发放生产许可证，证监会不得核准含有此类项目公司的首次公开发行和再融资申请，海关对未经审批的项目引起设备一律不予免税，经有关部门检查认定为违规或越权审批的项目，应通知海关对其已免税的进口设备补征相应税款。

附件 2：

发展改革委 财政部 国土资源部 商务部 人民银行 环保总局 工商总局 关于制止电解铝行业违规建设盲目投资的若干意见

2003 年 11 月 25 日

电解铝工业既是重要的基础原材料行业，也是高投入、高能耗、环保影响大、资源依赖性强的行业。近几年来，由于受国内市场需求增长的拉动，以及国际市场氧化铝价格一度暴跌、电解铝价格上涨等因素影响，部分地区和企业受经济利益驱动，未经规定程序批准，违规建设、盲目投资电解铝项目。到 2002 年底，全国电解铝生产能力 546 万吨，当年产量 435 万吨，我国已成为世界最大的电解铝生产国和氧化铝消耗国。目前，全国仍有不少在建电解铝项目，预计 2003 年底，全国电解铝生产能力将超过 700 万吨。按目前发展态势，2005 年底电解铝产能将超过 900 万吨，远远超过 2005 年全国电解铝预计消费量 600 万吨水平。届时将出现总量严重过剩和市场过度竞争，加剧铝土矿和煤炭资源的消耗，严重污染环境，甚至引发一系列经济和社会问题。为迅速遏制目前电解铝违规建设、盲目投资的势头，现提出以下意见：

一、加强规划引导，严格项目管理

根据可持续发展战略和基本国情，按照走新型工业化道路的要求，重新修订铝工业发展规划和产业政策，明确我国铝工业的发展方向和区域布局，严格行业准入制度，引导行业有序发展。所有电解铝建设项目，一律按现行审批程序，报国家投资主管部门批准。鼓励电解铝企业与氧化铝企业联合重组，提高产业集中度，合理利用资源，实现优势互补。鼓励民营资本和外资参与国有电解铝企业的改革、改组和改造，支持做大做强，提高国际竞争力。

国家和地方政府有关部门要严格履行职责，依法加强监管。凡不符合产业政策和发展规划的电解铝、氧化铝项目，国家投资主管部门不得批准，国土资源行政主管部门不得办理建设用地和采矿许可手续，环境保护行政主管部门不得办理审批手续、不准核发排污许可证，金融机构不得提供贷款，证监会不得核准含有此类项目公司的首次公开发行和再融资申请，工商行政管理部门不予颁发营业执照。外商投资项目也按此规定办理。同时，商务主管部门要加强氧化铝进口监控。有关部门要加强市场供求信息的发布，充分发挥协会等中介组织的作用，正确引导地方和企业投资行为。

二、调整经济政策，控制新建项目

为逐步改变电解铝工业以环保为代价换取经济效益的局面，从 2004 年 1 月 1 日开始，将电解铝出口退税率由 15%下调至 8%，今后视情况再作进一步调整。从严掌握进口电解铝生产设备适用的免税政策，对违规建设项目，不得出具《国家鼓励发展的内外资项目确认书》。坚决取消地方违反价格管理权限自行确定的优惠电价等政策。

根据产业政策和环保标准，结合环境治理，限定在 2004 年底前淘汰尚存的自焙槽生产能力。暂定在 2005 年底以前，除淘汰自焙槽生产能力置换项目和环保改造项目外，原则上不再审批扩大电解铝生产能力的建设项目。

三、整顿开采秩序，合理利用资源

为保护好有限的铝土矿资源，要加强对铝土矿开采铁序的治理整顿，依法关闭破坏资源、污染环境、布局不合理和不符合安全生产条件的矿点。矿产资源开采登记管理部门必须严格依法审批和颁发采矿许可证，从严审批铝土矿勘查许可证，严格控制新建铝土矿矿山。今后新建氧化铝企业，必须按照有关法律法规规定，申请铝土矿采矿权，按照批准的开发利用方案配套建设矿山，依法开采铝土矿资源。任何未按国家规定审批和没有落实合法铝土矿来源的氧化铝建设项目，一律不得自行开工建设。氧化铝生产企业不得收购无证开采的铝土矿，正在进行收购的必须立即停止。有关部门要采取切实有效措施，鼓励使用国外铝土矿资源。

四、加强监督检查，规范建设行为

环保总局要会同有关地方人民政府根据《中华人民共和国环境保护法》和《中华人民共和国大气污染防治法》有关规定，对现有电解铝生产企业执行环保标准情况进行监督检查，定期发布环保不达标电解铝生产企业名单，对达不到排放标准或超过排污总量者由地方人民政府限期治理。在限期治理期间，按照达标排放和环境保护行政主管部门下达的污染物排放总量控制的要求限产限排，限期治理后仍不合格的，予以停产或关闭处理。

国家投资主管部门要会同有关地方人民政府，对《国务院办公厅转发国家计委国家经贸委关于制止电解铝行业重复建设势头意见的通知》（国办发［2002］29号）下发后开工的建设项目进行认真检查，凡属违规建设的，要进行严肃处理，并追究有关人员的责任；情节严重的，吊销营业执照。对于未按规定程序向有批准权限的环境保护行政主管部门报批环境影响报告书擅自开工建设的项目，在建的一律停建，投产的一律停产，并依照有关法律法规进行处理。电解铝项目建设用地不符合土地利用总体规划和年度计划的，一律停止建设。依照《中华人民共和国节约能源法》及有关规定，对为电解铝生产提供电力的小发电机组予以关闭。根据《国务院办公厅关于严格禁止违规建设13.5万千瓦及以下火电机组的通知》（国办发明电［2002］6号）精神，今后发电设备制造单位承接单机容量13.5万千瓦及以下发电机组订单，必须由订货方提供符合国家建设程序审批的项目建议书或可行性研究报告批准文件后方可制造，违反规定的，依法进行处理。

附件3：

发展改革委　财政部　国土资源部　建设部　环保总局　质检总局　关于防止水泥行业盲目投资加快结构调整的若干意见

2003年11月21日

水泥是国民经济建设的重要原材料。近年来，受固定资产投资、第二产业、建筑业及房地产业投资高速增长的拉动，我国水泥工业市场需求旺盛，生产能力快速扩张，结构调整加快，效益显著提高。特别是新型干法水泥快速发展，大型水泥企业实力明显增强。但是，目前我国水泥工业发展中存在几个突出问题：一是水泥总量中有75%以上是立窑等落后工艺生产的，少数地区又出现新建落后立窑，扩径改造及已淘汰的小水泥“死灰复燃”等现象。二是局部地区新上项目过于集中，生产能力增长过快，市场出现恶性竞争。三是大量立窑水泥企业石灰石矿资源利用率只有40%，严重浪费资源、污染环境。针对上述问题，为防止水泥工业盲目投资和低水平重复建设，促进水泥工业健康发展，提出以下意见：

一、完善产业政策

根据水泥工业发展新形势，尽快修订水泥工业产业政策，进一步明确国家支持、限制和淘汰的水泥工艺、技术和产品。支持加快发展新型干法水泥，重点支持在有资源的地方建设日产4000吨及以上规模新型干法熟料基地项目，鼓励地方和企业以淘汰落后生产能力的方式，发展新型干法水泥。各地要根据水泥工业发展的实际情况，制定加快淘汰现有立窑及其他落后工艺水泥的目标和进度，并严格禁止新建和扩建机立窑、干法中空窑、立波尔窑、湿法窑水泥项目。行业协会等中介组织要建立和完善市场信息发布制度，正确引导投资方向。

二、科学规划布局

各地在发展水泥工业中应遵循“控制总量、调整结构、提高质量、保护环境”原则，统筹考虑本地资源、能源、市场需求等情况，认真做好水泥工业规划和布局。各地区要有针对性地采取措施，切实制止低水平重复建设。

三、严格市场准入

各级国土资源行政主管部门要严格新建、扩建水泥项目建设用地管理。建设行政主管部门要推广高性能混凝土的应用，限制立窑水泥、制止不符合标准的水泥进入重点建设工程和建筑物结构工程，保证工程质量。质检部门要严格生产许可证管理，对违反产业政策，违规新建立窑企业，不得发放生产许可证，对无证生产企业坚决依法予以取缔。对国家产业政策明令限制、淘汰的落后水泥建设项目，金融机构不得提供贷款，证监会不得核准含有此类项目公司的首次公开发行和再融资申请。财税部门要进一步研究完善现行的资源综合利用中有关水泥的税收政策。

四、强化环境监督

环境保护行政主管部门对新、改、扩建水泥生产项目要严格执行环境影响评价、“三同时”（同时设计、同时施工、同时投产使用）和污染物排放总量控制制度。对现有水泥生产企业要严格执行污染物排放许可证制度，没有排污许可证的一律不准排污。逐步安装在线监控装置，提高监控能力。对超过国家或地方规定污染物排放标准，以及污染物排放总量控制指标的水泥生产企业，各级地方人民政府按照管理权限对超标企业实行限期治理，限期治理期间要实行限产达标排放，限期治理到期后仍然达不到要求的，必须停产整治，直至关闭或取缔。要抓紧修订《水泥工业污染物排放控制标准》，改变现行水泥生产污染物排放按建厂时间划分的不合理做法，统一水泥企业的污染排放标准。

五、加强资源管理

加强石灰石矿产资源管理，在保护生态环境的前提下，确保石灰石及配料采矿权布局合理，合理开发利用石灰石资源。制定和完善在石灰石矿山开发中的环境保护、土地复垦和生态恢复，以及水泥生产过程中的清洁生产、资源节约和综合利用等方面的政策和措施。

国土资源部关于印发全国土地开发整理规划的通知

2003年3月7日　国土资发［2003］69号

各省、自治区、直辖市国土资源厅（国土环境资源厅、国土资源和房屋管理局、房屋土地资源管理局、规划与国土资源局），计划单列市国土资源行政主管部门，解放军土地管理局，新疆生产建设兵团国土资源局：

《全国土地开发整理规划》（以下简称《规划》）已经部长办公会审查通过，现印发给你们，请认真贯彻实施。

土地开发整理规划是土地利用总体规划的补充，是科学指导土地开发整理活动的重要依据，对规范土地开发整理活动，保护和改善生态环境，确保耕地占补平衡，实现耕地保护目标具有重要意义。各地要提高对《规划》实施和土地开发整理规划工作的认识，采取有效措施，全面贯彻实施《规划》，发挥规划对土地开发整理活动的宏观调控和引导作用，促进土地开发整理活动健康、有序开展。

各省、自治区、直辖市国土资源管理部门要以《规划》为依据，尽快组织完成省级土地开发整理规划的编制工作。同时，要加强对基层各级土地开发整理规划编制的督促和指导，尽快完成规划编制。

土地开发整理规划一经批准，必须严格执行。土地开发、整理和复垦活动都必须符合土地利用总体规划和土地开发整理规划。土地开发整理项目的立项审查、规划设计、项目实施和检查验收，都必须依据土地开发整理规划。凡没有土地开发整理规划的土地开发整理项目，一律不得安排。

要加强土地开发整理规划实施的监督检查工作。逐步建立健全土地开发整理规划实施的监督管理制度，将规划实施情况作为土地执法巡查的重要内容，定期对土地开发整理规划实施情况进行监督检查。对违反规划的行为，要依法严肃查处，保证规划的有效实施。

附件：

全国土地开发整理规划

土地资源是经济社会可持续发展的重要基础。为贯彻“十分珍惜、合理利用土地和切实保护耕地”的基本国策，实施可持续发展战略，落实《全国土地利用总体规划纲要》（以下简称《纲要》），实现保护耕地的目标，依据《土地管理法》及国家有关土地开发整理的方针、政策，制定《全国土地开发整理规划》（以下简称《规划》）。

《规划》的主要任务是：围绕全面建设小康社会的奋斗目标，按照搞好国土资源综合整治、提高粮食综合生产能力、保护生态环境的总体要求，依据《纲要》，明确全国土地开发整理目标、任务和基本方针，确定重点区域，安排重大工程，制定实施规划的保障措施。编制《规划》的原则是：以提高土地资源尤其是耕地资源可持续利用能力为根本出发点，坚持“在保护中开发，在开发中保护”，实现土地开发整理与生态建设相结合，改善生态环境；坚持内涵挖潜，突出土地整理和复垦，推进土地利用方式由粗放向集约转变；坚持耕地占补平衡，补充耕地数量，提高耕地质量。

《规划》包含土地整理、土地复垦和土地开发三项内容。土地整理是指采用工程、生物等措施，对田、水、路、林、村进行综合整治，增加有效耕地面积，提高土地质量和利用效率，改善生产、生活条件和生态环境的活动；土地复垦是指采用工程、生物等措施，对在生产建设过程中因挖损、塌陷、压占造成破坏、废弃的土地和自然灾害造成破坏、废弃的土地进行整治，恢复利用的活动；土地开发是指在保护和改善生态环境、防止水土流失和土地荒漠化的前提下，采用工程、生物等措施，将未利用土地资源开发利用的活动。

《规划》以2000年为基期，规划期至2010年。《规划》的范围未包括香港特别行政区、澳门特别行政区和台湾省。

一、土地开发整理的基本状况与面临的形势

（一）基本状况

土地开发整理是补充耕地、实现耕地占补平衡，改善生产条件和生态环境，提高土地生产能力的重要途径。为积极稳妥地推进土地开发整理工作，国家加强了土地开发整理的宏观调控，制定并实施了土地整理新增耕地指标折抵等配套政策；逐步建立了土地开发整理项目管理制度，有效组织实施了国家投资土地开发整理项目；初步形成了土地开发整理的投入机制，探索推进了土地开发整理产业化；开展了资源调查评价和技术标准体系建设工作，建立了专门机构和专业队伍。通过积极探索和实践，全国土地开发整理工作取得了明显成效：

——补充了耕地数量，基本实现了“占补平衡”。1997—2000年，通过土地开发整理，全国累计补充耕地84.93万公顷（1274万亩），平均每年21.23万公顷（318万亩）。其中整理复垦补充耕地28.27万公顷（424万亩），开发补充耕地56.67万公顷（850万亩）。2000年全国基本实现了建设占用与补充耕地平衡。

——提高了耕地质量，增强了耕地生产能力。结合基本农田建设，通过广泛实施以田、水、路、林、村综合整治为主要内容的土地整理，完善农田基础设施，改善生产条件，稳步提高了土地质量，增强了粮食综合生产能力。

——优化了利用结构，促进了土地集约利用。通过大力推广以“农田向规模经营集中、农村居民点向中心村和小城镇集中、工业向园区集中”为重点的土地整理，不断优化土地利用结构，土地的集约化程度和利用效益明显提高。

——改善了生态环境，取得了经济社会效益。通过土地开发整理和复垦，促进了生态环境建设和重点矿区生态环境恢复治理，生态环境得到逐步改善；降低了农业生产成本，增加了农民收入，促进了资源枯竭型城市经济转型，经济效益明显；扩大了就业空间，改善了农村居住环境，推动了农村精神文明建设，有力地维护了社会稳定。

目前，我国有组织的土地开发整理工作还处于起步阶段，一些地方还存在着“重开发、轻整理和复垦”、“重数量、轻质量和生态”的问题；土地利用规划对土地开发整理活动的宏观调控和引导作用尚未得到充分发挥；缺少土地开发整理专项法规，规范化管理还不够到位；资金投入不足，促进土地开发整理的利益分配机制尚未形成，土地开发整理的社会化产业化有待进一步推进。

（二）土地开发整理潜力

据调查测算，全国土地开发整理补充耕地的总潜力为1340万公顷（20100万亩）。其中：

1. 土地整理潜力：全国土地整理补充耕

地潜力约600万公顷（9000万亩），占补充耕地总潜力的45%。

我国现有农田中普遍存在着田块分割细碎、田坎过多、道路沟渠不整、农田基础设施不完善、零星未利用地和废弃地多的现象；农村居民点用地利用率低，北方农村居民点“空心村”多，南方农村居民点布局零散。这种土地利用状况难以适应全面建设小康社会的需要。通过合理规划，整治道路沟渠，平整归并零散地块，充分利用零星土地，可以增加有效耕地面积约313.33万公顷（4700万亩）。通过对现有农村居民点逐步实施迁村并点、治理“空心村”、退宅还田等整理措施，可以增加有效耕地约286.67万公顷（4300万亩）。

2. 宜农土地后备资源开发潜力：全国有宜农土地后备资源4424万公顷（66360万亩），其中宜耕土地后备资源约988万公顷（14820万亩）。可开发补充耕地约586.67万公顷（8800万亩），占补充耕地总潜力的44%。

宜耕土地后备资源60%以上分布在西北部地区，水资源相对短缺，生态环境比较脆弱，开发利用制约因素多。

3. 土地复垦潜力：全国因工矿生产建设挖损、塌陷和压占废弃的土地约400万公顷（6000万亩），复垦可补充耕地的潜力约153.33万公顷（2300万亩），占补充耕地总潜力的11%，其中集中连片的约40.67万公顷（610万亩）。

工矿废弃地集中分布在大型矿山和资源型城市周边，主要是几十年来开发建设中形成的历史旧账。

（三）推进土地开发整理的有利条件和不利因素

今后10年，全面推进土地开发整理工作具备了许多有利条件，也存在一些不利因素。

有利条件：党中央、国务院高度重视土地开发整理工作，提出“加强耕地特别是基本农田保护，积极推进土地整理和复垦”，明确了土地开发整理的方向和基本方针。实施可持续发展战略，保护和建设生态环境，对转变土地开发整理的观念和方式，走内涵挖潜、集约利用的道路将产生巨大的推动作用。加入世界贸易组织后，对农业基础设施建设和农业结构调整的迫切需求，为土地开发整理提供了广阔的发展空间。依法征收的新增建设用地土地有偿使用费、耕地开垦费等专项资金，为全面实施土地开发整理提供了有力的支撑。国家投资土地开发整理项目的实施，各地在实践中创造和积累的丰富经验，对整体推动全国工作具有重要的示范指导作用。各级国土资源管理部门逐步健全专门机构和专业队伍，为全面开展土地开发整理工作提供了组织和技术保障。

不利因素：人口持续增长，国民经济快速发展对耕地的需求增加，补充耕地的压力进一步加大；土地粗放利用的观念在短期内还难以完全扭转，引导土地开发整理向内涵挖潜、集约利用转变还需要做出艰苦的努力；易开发整理的土地后备资源逐步减少，补充耕地的成本提高，难度逐步加大；优质耕地集中地区占用耕地量大，后备资源集中地区水、热条件差，补充优质耕地、保护和提高粮食综合生产能力的任务更加繁重。

二、土地开发整理目标与基本方针

（一）目标

依据《纲要》的总体要求，适应国民经济快速发展和生态环境建设的需要，按照占补平衡的基本原则，在充分考虑补充耕地的资源潜力、投入和区域协调的前提下，通过大力推进土地开发整理，补充耕地数量和质量不低于同期建设占用、灾害损毁和农业结构调整损失的耕地，林地、牧草地等其他农用地得到有效增加，土地利用效率明显提高，土地生态环境得到改善，土地资源尤其是耕地资源可持续利用能力进一步增强。具体目标是：

到2010年，全国土地开发整理补充耕地274万公顷（4110万亩），平均每年补充耕地27.4万公顷（411万亩）。其中：

——土地整理全面展开。到2010年，通过农田和农村居民点整理补充耕地165.87万公顷（2488 万亩），平均每年 16.59 万公顷（248.8 万亩）。

——新增工矿废弃地得到全面复垦，历史欠账逐步消化。到 2010 年，通过消化历史欠账复垦工矿废弃地补充耕地 35.05 万公顷（526 万亩），平均每年 3.51 万公顷（52.6 万亩）。

——在保护和改善生态环境的前提下，宜耕土地后备资源得到适度开发。到 2010 年，通过开发宜耕土地后备资源补充耕地 73.04 万公顷（1096 万亩），平均每年 7.3 万公顷（109.6 万亩）。

（二）基本方针

为了实现上述目标，必须贯彻以下基本方针：

1. 坚持耕地占补平衡。始终把增加有效耕地面积、提高粮食综合生产能力和改善生态环境作为土地开发整理的重要任务，确保建设占用耕地占补平衡，在不计生态退耕的情况下，基本实现耕地总量动态平衡。

2. 坚持集约挖潜，突出土地整理和复垦。充分挖掘已利用土地和废弃土地的潜力，大力开展“田、水、路、林、村”综合整理和对工矿生产建设中塌陷、挖损、压占废弃土地的复垦，全面提高土地的利用率和产出率。

3. 坚持数量、质量和生态并重。在增加有效耕地面积的同时注重耕地质量的提高。正确处理土地开发整理与生态环境保护和建设的关系。土地开发要做好调查评价、论证，充分考虑水资源条件和灌溉条件，在确保不破坏并有利于改善生态环境的前提下进行，禁止毁林开荒、陡坡开垦、乱垦草场和破坏天然湿地。

4. 坚持土地整理与基本农田建设相结合。要优先开展基本农田整理，完善基础设施，以建设促保护；按照现代农业发展要求，全面提升基本农田尤其是粮食主产区基本农田的生产能力。

（三）区域土地开发整理方向

按照《纲要》确定的土地利用分区，针对区域土地利用问题，结合资源潜力状况，明确各区域土地开发整理方向。

——东南沿海区：包括上海市、江苏省、浙江省、福建省、广东省、海南省。区内人均耕地少，建设占用耕地数量较大，土地后备资源相对匮乏。本区要以农田整理、农村居民点整理和土地复垦为重点。突出内涵挖潜、集约利用，以增加有效耕地、提高土地质量为目标。结合基本农田建设、小城镇建设和农业结构调整，大力推进农田向规模经营集中、农村居民点向中心村和小城镇集中、工业向园区集中。在保护海洋生态环境的前提下，适度开发利用沿海滩涂资源。

——环渤海区：包括北京市、天津市、河北省、山东省、辽宁省。区内人均耕地低于全国平均水平，土地后备资源相对不足，土地利用比较粗放，“空心村”量大面广，工矿废弃地多。本区要以提高土地集约利用为目标，重点实施“田、水、路、林、村”综合整理，加大对重点工矿区和砖瓦窑厂的塌陷、挖损和压占等废弃土地的复垦力度，因地制宜适度开发宜耕土地后备资源。

——东北区：包括黑龙江省、吉林省和内蒙古自治区东部的呼伦贝尔盟、兴安盟、通辽市和赤峰市。区内农用地资源丰富，利用粗放，水土流失比较严重。本区重点是结合粮食主产区建设，加大农田尤其是基本农田整理力度，改善生产条件，增加有效耕地面积，提高耕地质量；归并农村居民点、治理“空心村”，提高土地利用率；加快重点矿区土地复垦，逐步恢复矿区生态环境。在保护好森林、草地、天然湿地的前提下，适度开发宜耕土地后备资源。

——中部区：包括河南省、湖北省、湖南省、安徽省、江西省。区内土地利用程度较高，人均耕地少，宜农土地后备资源不足。本区重点是结合退田还湖、平垸行洪和移民建镇，加快农田和农村居民点整理。以建设促保护，通过土地整理建设适应现代农业发展要求的高标准基本农田。加强重点矿区土地复垦，逐步恢复矿区生态环境。

——西南区：包括四川省、贵州省、云南省、重庆市、广西壮族自治区。区内山地多，人均耕地少，宜农土地后备资源不足，水土流失比较严重。本区重点是结合退耕还林、治理水土流失，加大基本农田建设力度，对平坝区实施“田、水、路、林、村”综合整理，对具备修建水平梯田条件的缓坡耕地进行“坡改梯”改造。改善生态环境，提高土地质量，增加有效耕地面积。结合国家重点水利建设项目的实施，做好移民安置中的土地开发整理工作。

——黄土高原区：包括山西省、陕西省、宁夏回族自治区和甘肃省陇东南9个地市州。区内土地利用比较粗放，坡耕地多，生态环境脆弱，水资源缺乏，水土流失和土地荒漠化严重，工矿废弃地数量大。本区重点是结合退耕还林和小流域治理，兴建水平梯田和淤坝地，改善生态环境。对基本农田实施综合整理，提高耕地的质量和集约化利用程度，增加有效耕地面积。加快以山西煤炭基地为重点的工矿废弃地的复垦。结合水利建设和水资源的综合利用，因地制宜适度开发宜农土地后备资源。

——西北区：包括新疆维吾尔自治区、内蒙古自治区中西部和甘肃省陇西5个地市。区内宜农土地后备资源丰富，土地利用粗放，生态环境脆弱，水资源总量不足，风蚀沙化等土地退化问题严重。本区以绿洲农田整理为重点，努力增加防护林体系完善、节水设施配套的基本农田面积。坚持“以水定地”，结合水利设施建设，在保持水土平衡，完善生态环境保护措施的条件下，因地制宜适度开发宜耕土地后备资源，提高耕地质量。

——青藏高原区：包括青海省、西藏自治区。区内人口稀少，土地利用粗放，自然条件恶劣，土地资源开发利用限制因素多、难度大。本区重点是农田综合整理，加强农田水利和防护林网设施建设，增强耕地抵御自然灾害的能力。

三、土地开发整理重点区域

在调查评价的基础上，结合区域土地开发整理方向和生态环境建设要求，将土地开发整理潜力较大、分布集中的区域，确定为土地开发整理的重点区域。全国土地开发整理重点区域补充耕地的总潜力约778.67万公顷（11680万亩）。

（一）土地整理重点区域

全国确定10个土地整理重点区域，涉及1180个县市区，土地整理补充耕地的总潜力约500万公顷（7500万亩）。

重点区域包括：华北平原区，东北平原区，长江中下游平原区，浙闽丘陵平原区，华南丘陵平原区，四川盆地及秦巴山地区，云贵高原区，黄土高原区，内蒙古高原区，新疆天山山麓绿洲区。

（二）土地复垦重点区域

全国确定11个土地复垦重点区域和27个土地复垦重点县市区，涉及325个县市区，土地复垦补充耕地的总潜力约45.33万公顷（680万亩）。

重点区域包括：冀东煤炭钢铁基地，黑吉辽煤炭钢铁有色金属基地，冀南晋南豫北煤炭钢铁基地，晋陕蒙煤炭化工基地，苏鲁皖煤炭钢铁有色金属基地，豫中煤炭基地，鄂赣闽有色金属钢铁煤炭基地，湘粤化工煤炭基地，广西有色金属建材煤炭基地，川滇黔渝有色金属钢铁化工基地。

（三）土地开发重点区域

全国确定6个土地开发重点区域，涉及115个县市区，土地开发补充耕地的总潜力约233.33万公顷（3500万亩）。

重点区域包括：东部沿海滩涂区，河套银川平原区，滇中地区，甘肃疏勒河流域和沿黄灌区，新疆伊犁河谷地—南北疆山麓绿洲区，川西南地区。

四、土地开发整理重大工程

为保障《规划》总目标的实现，解决土地利用中的重大问题，在规划期内依托土地开发整理重点区域，重点组织实施七项重大工程。通过实施重大工程，补充耕地不少于97.33万公顷（1460万亩），占规划总目标的36%。

（一）东中部粮食主产区基本农田整理工程

该工程以基本农田整理为主。主要实施区域包括东北平原区（三江平原、松嫩平原、辽河平原），华北平原区（冀中南平原、河北太行山山麓平原、山东黄淮平原及胶东丘陵区、豫北黄淮海平原），长江中下游平原区（江西鄱阳湖平原，湖北江汉平原，湖南洞庭湖平原，安徽淮河平原及皖中南山圩地区、苏沪地区、江苏黄淮海平原、杭嘉湖平原、浙江萧绍宁地区），涉及461个县市区。

工程主要任务和措施：按照“农田向规模经营集中、农村居民点向中心村和小城镇集中、工业向园区集中”的要求，结合基本农田建设、退田还湖、平垸行洪、移民建镇和水利设施建设等，大力实施“田、水、路、林、村”综合整理，完善农田基础设施，增强防洪、排涝等抵御自然灾害的能力，全面提高农田质量和土地集约利用水平。通过实施该工程，增加有效耕地面积约88万公顷（1320万亩）。

（二）重点煤炭基地土地复垦工程

该工程以重点煤炭基地工矿废弃地复垦为主。主要实施区域包括徐（州）兖（州）煤炭基地、晋陕蒙煤炭化工基地、黑吉辽煤炭化工基地、冀东煤炭钢铁基地、豫中煤炭化工基地，涉及79个县市区。

工程主要任务和措施：结合矿山生态环境的恢复治理，通过采取工程、生物等措施，对采煤塌陷、挖损和矸石、粉煤灰等压占土地进行复垦，实现生态环境改善，促进资源枯竭型城市经济转型，增加就业空间。通过实施该工程，补充耕地约4.67万公顷（70万亩）。

（三）三峡库区移民安置土地开发整理工程

该工程以三峡库区移民安置的土地整理和开发为主。主要实施区域涉及湖北省、重庆市的20个县区。

工程主要任务和措施：配合三峡水利工程建设，通过土地平整、坡耕地改造等土地整理措施提高现有耕地（园地）质量，增加高产稳产田面积；在后备资源调查和适宜性评价基础上，合理开发利用宜农土地后备资源，妥善安置库区移民，解决移民安置的生产和生活用地问题，为库区长远的经济发展和移民生活水平的提高创造条件。通过实施该工程，建成高产稳产耕地（园地）不少于1.47万公顷（22万亩），开发补充耕地（园地）不少于0.67万公顷（10万亩）。

（四）西部生态建设地区农田整治工程

该工程结合西部生态建设，以农田综合整理为主。主要实施区域包括广西桂中南地区、四川川中地区、重庆渝中南丘陵地区、贵州黔中地区、云南滇中地区和滇西南中低山地区、陕西关中渭北地区、山西汾河谷地地区、宁夏银川平原地区和山西雁北地区，涉及343个县市区。

工程主要任务和措施：围绕小流域治理和生态退耕，完善平坝区农田基础设施，提高粮食综合生产能力；采取改土与治水相结合、治坡与治沟相结合、工程与生物相结合的措施，实施山、水、田、林、路的综合整治，修筑水平梯田，增加耕地的蓄水、保土、保肥和抵御自然灾害的能力，改善生态环境。通过实施该工程，使农田灌溉保证率在以旱作为主地区达到50%以上，在以水稻为主地区达到70%以上。

（五）新疆伊犁河谷地土地开发工程

该工程以开发宜农土地后备资源为主。主要实施区域包括新疆伊犁河谷地的7个县。

工程主要任务和措施：在保护和改善生态环境、保持水土平衡、防治土地荒漠化的前提下，结合水利工程建设和水资源的综合开发利用，按照“以水定地”的原则，通过农田防护林网和配套设施建设、改进灌溉方式、推广采用先进节水技术等措施，对分布集中、具备开发条件的宜耕土地后备资源进行适度开发，补充耕地面积，提高新增耕地质量。通过实施该工程，增加耕地面积约4万公顷（60万亩）。

（六）“五纵七横”公路沿线土地复垦整理

工程

该工程主要围绕“五纵七横”公路交通干线建设，在沿线地区开展土地复垦和整理。

工程主要任务和措施：重点解决因交通干线建设引发的沿线耕地挖损、压占、分割，农田水利设施破坏，拆迁安置等土地利用问题。通过“田、水、路、林、村”综合整理，对建设过程中造成的废弃地及时复垦，恢复利用；对沿线农田进行整理，归并零散地块，恢复并完善农田水利配套设施，改善生产条件，提高耕地质量。

（七）“南水北调”水利工程沿线土地整理工程

该工程主要围绕“南水北调”中线和东线建设进行土地整理。主要实施区域包括沿线市县。

工程主要任务和措施：结合水利项目建设，解决因输水主干线和水利枢纽工程建设引发的耕地挖损、压占、分割等土地利用问题。利用中、东线供水区域内水资源条件的改善，对输水沿线地区的农田进行整理，归并零散地块，完善节水和灌溉设施，补充耕地面积，提高耕地质量。

五、投资测算与筹资分析

（一）投资测算

按照各省（区、市）分类型土地开发整理平均投入成本测算，实现补充耕地274万公顷（4110万亩）的规划目标，共需要投入约3330亿元，其中土地整理需要投入2610亿元，占总投入的78%；土地复垦需要投入430亿元，占总投入的13%；土地开发需要投入290亿元，占总投入的9%。

不同地区、不同类型土地开发整理补充耕地的投入成本差异较大。全国土地开发整理补充耕地平均成本约121500元/公顷（8100元/亩），其中土地整理约157500元/公顷（10500元/亩），土地复垦约122700元/公顷（8180元/亩），土地开发约39750元/公顷（2650元/亩）。

（二）筹资分析

土地开发整理的资金投入渠道主要有：

1. 占用耕地的建设单位履行补充耕地义务对土地开发整理的投入或缴纳的开垦费。按照“占一补一”的要求，建设单位应对建设占用耕地进行补充，根据《纲要》确定的占地规模和各省（区、市）开垦费标准测算，到2010年可投入资金约1540亿元。

2. 新增建设用地土地有偿使用费。《土地管理法》规定，新增建设用地土地有偿使用费专项用于耕地开发。依据现行《新增建设用地土地有偿使用费征收标准》，预计到2010年可以累计征收约700亿元。

3. 其他投入。包括中央、地方对矿山生态环境恢复治理和土地复垦的投入；农业综合开发对土地治理的投入；按照“谁投入，谁受益”的原则，吸引的社会投入和其他资金等。

综合上述分析，在严格执行“占补平衡”制度，稳定新增建设用地土地有偿使用费、开垦费的资金渠道，加大土地复垦投入，建立合理的利益分配机制，进一步拓宽投入渠道，吸引更多的社会资金的情况下，能基本满足实现规划目标的投入需求。

六、规划实施的保障措施

为保障《规划》的实施，必须进一步提高认识，强化规划管理，完善配套法规政策，加大制度创新力度，保障投入，建立完善土地开发整理的经济运行机制。

（一）加强宣传，提高全社会对土地开发整理重要性的认识

深入开展土地基本国情和国策教育，加强土地开发整理法规和政策宣传，提高全社会对土地开发整理在全面建设小康社会，实施可持续发展战略，保护和建设生态环境中重要作用的认识。树立依法、按规划进行土地开发整理的观念，增强公众参与和监督意识。

（二）健全规划体系，强化土地开发整理的规划管理

各地应在本级土地利用总体规划和上级土地开发整理规划的指导下，编制、完善土地开发整理规划。严格依据土地利用总体规划和土地开发整理规划进行项目规划设计，形成总体

规划、专项规划、规划设计相衔接的规划体系，切实发挥规划对土地开发整理活动的宏观控制和引导作用。

加强规划管理，严格执行规划评审和备案、规划公告、规划审查、规划实施监督和评价制度。

土地开发整理活动必须符合规划。土地开发整理项目的立项、规划设计、项目实施和检查验收，必须以土地利用总体规划和土地开发整理规划为依据。要严格依据规划审批土地后备资源开发，审查农用地转用中的补充耕地方案。新的土地开发重大工程应进行环境影响评价，切实保护好生态环境。

（三）稳定和拓宽投入渠道，探索完善土地开发整理经济运行机制

按照“谁占用、谁补充，谁破坏、谁复垦”的原则，严格新增建设用地土地有偿使用费和耕地开垦费的收缴使用管理，做到收缴到位，专款专用；加大国家对矿山生态环境恢复治理和土地复垦投入的力度。努力提高资金使用效率，降低成本，优先保障土地开发整理重大工程的投入。

建立多种投资渠道。按照“谁投入、谁受益”的原则，完善适应市场经济要求的利益分配机制，吸引社会更多资金投入土地开发整理，推进土地开发整理的产业化。

（四）完善配套法规，加强对土地开发整理的监督和指导

健全土地开发整理法律法规，制定《土地整理条例》，修订《土地复垦规定》；健全完善权属管理法规和土地置换、土地整理新增耕地指标折抵等配套政策。逐步形成适应市场经济体制要求的专项法律法规体系。

加大监督和指导力度。各级土地行政主管部门应将土地开发整理纳入土地执法巡查的范围，严格禁止违反规划的土地开发整理活动。按照国家有关标准和规范，加强对土地开发整理实施过程的监督指导，强化工程质量、资金使用等的监管，确保土地开发整理活动规范、有序地开展。

加强土地开发整理权属管理，按照依法、自愿、公平的原则调整土地权属，防止发生新的土地权属争议。开发整理前，要明确土地权属和土地利用现状；开发整理后，要及时进行土地变更调查和土地变更登记。

（五）完善制度，规范土地开发整理项目管理

加强和完善土地开发整理年度计划管理，落实建设占用耕地计划、土地开发整理补充耕地计划和土地开发整理项目计划挂钩制度。严格按照规划编报项目计划，合理引导国家投资土地开发整理项目的实施。国家投资项目原则上安排在《规划》确定的重点区域内，并优先保障重大工程的实施。开发整理新增耕地要依法实行承包经营并纳入基本农田进行保护。

探索建立省域内土地开发整理补充耕地的易地平衡制度，加强对易地补充耕地的调控和引导。跨省域耕地易地补充的土地开发整理项目必须由国家按《规划》统一组织实施。逐步建立易地补充耕地的储备制度。

完善土地开发整理项目管理制度，各级国土资源部门要切实加强和规范项目管理。积极推行项目立项审查会审制，进一步完善项目法人制，全面实行项目招投标制，严格执行项目监理制。形成土地开发整理按规划确定项目，按项目进行管理，按设计组织施工，按进度安排资金，按效益考核验收的项目管理规范体系。

（六）加强基础建设，提高土地开发整理的整体水平

充分运用现代科技手段，加强土地开发整理的资源调查、评价和监测；开展土地开发整理领域的基础研究，完善土地开发整理标准体系；加快土地开发整理规划管理的信息系统建设，实现管理的计算机化和网络化；加强土地开发整理实用技术的开发和推广，增加土地开发整理的科技含量。

广泛开展国际交流与合作，学习借鉴国外的先进技术和经验。健全专门机构，加强人才培养，全面提高土地开发整理专业队伍的整体素质。

国务院西部开发办　国家计委 农业部　财政部　国家粮食局 关于下达2003年退牧还草任务的通知

2003年3月18日　国西办农［2003］8号

内蒙古、甘肃、宁夏、青海、云南、四川、新疆等省（自治区）及新疆生产建设兵团西部开发办、计委、农（牧）业厅、财政厅、粮食局：

国务院西部地区开发领导小组第三次全体会议决定启动退牧还草工程。国务院西部开发办、国家计委、农业部、财政部、国家粮食局《关于启动退牧还草工程建设的请示》（国西办农［2002］48号），业经国务院批准同意。1月10日，国务院西部开发办、农业部联合召开了退牧还草工作电视电话会议，对退牧还草工作进行了全面部署。现将2003年退牧还草任务下达给你们，并就做好退牧还草工作通知如下：

一、要深刻领会党中央、国务院做出实施退牧还草决策的重大意义

长期以来，由于自然原因和超载过牧等人为因素的影响，我国有90%的可利用天然草原不同程度地退化沙化，导致荒漠化不断加剧，引起江河断流，湖泊干涸，沙尘暴等自然灾害频繁发生。这不仅极大地制约着草原畜牧业发展，影响农牧民收入增加和地区经济发展，而且还直接威胁到全国的生态安全，影响整个经济、社会的可持续发展。迫切需要采取有效措施，加强草原保护和治理。

实施退牧还草，加快草原保护与建设，是党中央、国务院从我国经济社会发展全局考虑做出的重要决策，是实现可持续发展战略的紧迫任务，是实践"三个代表"重要思想的必然要求，是促进人与自然的和谐，推动整个社会走上生产发展、生活富裕、生态良好的全面小康发展道路的重大举措。各地要把思想统一到党中央、国务院的战略决策上来，充分认识退牧还草的重大意义，把退牧还草做为加强生态环境建设的重要内容，摆到更加突出的位置。

二、退牧还草的总体思路、建设目标和实施范围

实施退牧还草的总体思路：进一步完善草原家庭承包责任制，把草场生产经营、保护与建设的责任落实到户。实行以草定蓄，严格控制载畜量。实行草场围栏封育，禁牧、休牧、划区轮牧，适当建设人工草地和饲草料基地，大力推行舍饲圈养。利用国家库存陈化粮较多的时机，以中央投入带动地方、个人投入。推行休牧与轮牧相结合、放牧与舍饲相结合的生产方式。优化畜草产业结构，恢复草原植被，实现畜牧业的可持续发展，确保农牧民的长远生计。

退牧还草必须遵循的原则：统筹规划，分步实施，突出重点，稳步推进；因地制宜，分类指导，宜禁则禁，宜休则休，宜轮则轮，休牧与轮牧相结合；以保护封育、改良恢复为主，实行保护和建设相结合；以国家投入带动地方、个人投入，坚持国家、集体、个人投资

相结合；以政策为导向，以科技为依托，充分发挥农牧民的积极性；坚持综合治理，实行退牧还草与产业开发、农牧民脱贫致富、区域经济发展相结合。

退牧还草的建设目标和重点实施范围：从今年起，计划用5年时间，在蒙甘宁西部荒漠草原，内蒙古东部退化草原，新疆北部退化草原和青藏高原东部江河源草原，先期集中治理10亿亩，约占西部地区严重退化草原的40%，力争5年使工程区内退化的草原得到基本恢复，天然草场得到休养生息，达到草畜平衡，实现草原资源的永续利用，建立起与畜牧业可持续发展相适应的草原生态系统。

三、2003年实施退牧还草的主要政策措施

为了确保退牧还草工程顺利实施，充分调动各方面的积极性，要贯彻以下政策要点，并在试点中不断总结完善。

（一）进一步完善草原家庭承包责任制。草原承包责任制是党在草原牧区的一项基本政策。要落实草原使用权，把草场划分承包到户，核发草原使用权证，明确农牧民的权利与义务，保护农牧民合法权益，保持承包关系长期稳定。

（二）实行以草定畜，严格控制载畜量。要根据草场资源状况和草场承载量，定期核定项目建设户草原载畜量，控制休牧和划区轮牧草原区内的牧畜放养数量，防止超载过牧，实现草畜平衡。

（三）退牧还草的投入机制，实行国家、地方和农牧户相结合的方式，以中央投入带动地方和个人投入，多渠道保证投入。国家对退牧还草给予必要的草原围栏建设资金补助和饲料粮补助。轮牧不享受饲料粮补助政策。草原围栏建设资金和饲料粮补助数量，根据草原类型和区域范围来确定。蒙甘宁西部荒漠草原、内蒙古东部退化草原、新疆北部退化草原按全年禁牧每亩每年中央补助饲料粮11斤，季节性休牧按休牧3个月计算，每亩每年中央补助饲料粮2.75斤，草原围栏建设按每亩16.5元计算，中央补助70%，地方和个人承担30%；青藏高原东部江河源草原按全年禁牧每亩每年中央补助饲料粮5.5斤，季节性休牧按休牧3个月计算，每亩每年中央补助饲料粮1.38斤，草原围栏建设按每亩20元计算，中央补助70%，地方和个人承担30%。饲料粮补助资金实行挂账信息，中央按每斤0.45元对省级政府包干，饲料粮调运费用由地方财政负担，纳入地方财政预算。饲料粮连续补助5年。在国家补助总量范围内，允许省级政府根据实际情况进行合理调整。

（四）退牧还草实行“目标、任务、资金、粮食、责任”五到省，由省级政府对工程负总责。国家将工程建设的目标分解到省，任务下达到省，资金拨付到省，粮食分配到省，责任明确到省。各省、自治区要将目标、任务、责任分别落实到市、县、乡各级人民政府，建立地方各级政府责任制。

（五）做好统筹规划，加强综合治理。要把退牧还草与扶贫开发、农业综合开发、水土保持、畜牧业基础建设等不同渠道的资金，实行统筹规划，综合治理。要把退牧还草与农牧区产业结构调整、农村能源建设、生态移民结合起来，切实抓好生态建设的后续产业开发。要把退牧还草与推进农牧业产业化经营结合起来，增加农牧民收入，巩固退牧还草成果。

四、关于2003年退牧还草任务

今明两年退牧还草先行试点。2003年安排退牧还草任务1亿亩，其中：内蒙古自治区3048万亩、甘肃省1180万亩、宁夏自治区460万亩、青海省1540万亩、云南省160万亩、四川省1440万亩、新疆自治区2060万亩、新疆生产建设兵团112万亩（详见附表一）。部分投资计划已先期下达（计投资［2002］2857号），对内蒙古和宁夏增加的978万亩任务投资计划另行下达。同时，为保证各地按照退牧还草工作总体思路，实施退牧还草工程，并达到预期效果，我们确定了2003年退牧还草工程实施范围（详见附表二）。请有关省区按此将任务及时分解到有关县（旗）

场，并将分解计划抄报国务院有关部门备案。

五、精心组织、加强管理，认真做好2003年退牧还草工作

（一）切实加强领导，落实工作责任。退牧还草工作涉及千家万户，需要协调多个部门，是一项复杂的、艰巨的系统工程。今年是大范围试点的第一年，时间紧，任务重。各级政府要抓紧组织落实，不误农时。今年下达的退牧还草年度计划，要在做好前期工作的基础上组织实施。计划指标允许跨年度使用。有关省区政府要确定一位省级领导负责退牧还草工作，协调有关部门，认真组织好、实施好退牧还草工作。地、县、乡各级政府也要指定专人负责。要层层落实工程建设的目标和责任，层层签订责任状。认真检查和考核，要一级抓一级，一级对一级负责。各级政府要把退牧还草工作列入重要议事日程，及时研究解决工程实施中的重大问题。

（二）抓好政策兑现，保障工程实施。国家根据退牧还草工程总体建设目标，按照退牧还草的分年任务和确定的标准，核定各省的补助饲料粮和围栏封育资金补助总量，包干使用，年度考核。各级政府要把退牧还草政策落实好，以农牧户为对象，统一验收，兑现政策，取信于民，调动好、保护好、发挥好广大农牧民的积极性。

粮源的组织由省级政府负责，原则上以国有粮食购销企业的商品周转粮中的陈化粮为主。供应的粮食必须达到规定的标准，不合格的粮食不得供应给农牧户。由当地粮食主管部门统一组织补助饲料粮的供应，就近调运，组织到乡、到村，兑付到户。饲料粮调运费用由地方政府承担，纳入地方财政预算，不得转嫁到供应粮食的企业和退牧还草的农牧户。承担供应粮食任务的国有粮食购销企业，对退牧还草的农牧户只能供应饲料粮实物，不得以任何形式将补助饲料粮折算成现金或代金券发放，不得回购饲料粮。要加强监管，严防陈化粮流入市场。饲料粮供应的具体政策及办法由有关部门另行制定。

（三）加强管理监督，确保工程质量。各有关省区要按照本年度退牧还草总体要求，结合各地实际，突出重点，集中连片，落实到县，一次到位，提高资金使用效益和退牧还草效果。

县级政府要组织编制退牧还草工程实施方案，做好乡镇作业设计，把工程任务落实到村、户，落实到草场。县级政府委托草原行政主管部门与农牧户签订退牧还草合同书，明确农牧户的责任、权利与义务。以农牧户草原承包经营权证为依据，核定禁牧休牧轮牧面积。要以村为基本单元，实行统一禁牧、休牧。

地方各级政府要严格资金管理，确保工程质量。要设立围栏建设资金的财政专户，专款专用，单独核算管理，任何单位不得挤占、截留、挪用和层层克扣。围栏建设要有统一的标准，规范设计。要组织好原材料的供应，采取招投标等办法，确保材料质量，严防质次价高原材料坑害农牧民。草种生产、供应、销售，要严格执行《种子法》的规定，保证种子质量。

（四）明确职责分工，共同做好工作。要按照国发［2002］19号文件和国办函［2003］15号文件的要求，明确各部门的职能分工，各司其职，各负其责，相互配合，发挥各自优势，齐心协力做好工作，确保退牧还草顺利实施。

附表：

一、2003年退牧还草工程任务表（略）

二、2003年退牧还草工程实施范围表（略）

三、2003年退牧还草工程饲料粮补助测算表（略）

国土资源部关于严禁非农业建设违法占用基本农田的通知

2003年8月21日 国土资发［2003］336号

各省、自治区、直辖市国土资源厅（国土环境资源厅、国土资源和房屋管理局、房屋土地资源管理局、规划和国土资源局）、计划单列市国土资源行政管理部门，解放军土地管理局，新疆生产建设兵团国土资源局：

党中央、国务院始终高度重视耕地保护工作，特别强调要把保护基本农田作为“一条不可逾越的红线”。最近国务院领导同志又指出，土地是民生之本，保护土地是一项基本国策，要实行最严格的土地管理制度，珍惜和保护每一寸土地。为贯彻落实国务院领导同志重要批示精神和国务院办公厅《关于清理整顿各类开发区加强建设用地管理的通知》（国办发［2003］70号）要求，结合基本农田保护中出现的新情况、新问题，进一步加强基本农田保护工作，坚决遏止各类非农业建设违法占用基本农田，现就有关问题通知如下：

一、充分认识加强基本农田保护工作的重要性

基本农田是耕地保护工作的重中之重，直接关系国家粮食安全、人民生活，尤其是广大农民的切身利益。在当前我国人口持续增加，经济建设不可避免要占用部分耕地，粮食生产不容乐观的形势下，保护耕地特别是保护基本农田尤为重要，决不能有丝毫的松懈。保护好基本农田对于促进农业发展、农民增收、农村稳定，实现党的十六大提出的全面建设小康社会奋斗目标，具有十分重要的意义。

各地要以“三个代表”重要思想为指导，认真贯彻国务院领导重要批示精神，从实施土地保护基本国策，促进经济社会可持续发展的高度，从真正维护最广大人民群众根本利益出发，充分认识基本农田保护的极端重要性，切实做好基本农田保护工作。按照《土地管理法》和《基本农田保护条例》的有关规定，严格执行基本农田目标责任制、用途管制、建设占用审批和补划、监督检查等各项基本农田保护和管理制度，确保土地利用总体规划确定的基本农田面积不减少。

二、严禁擅自调整土地利用总体规划占用基本农田

依据土地利用总体规划划定的基本农田保护区，任何单位和个人都不得随意调整。各类非农业建设用地要严格控制在土地利用总体规划确定的建设用地范围内。严禁通过调整县、乡（镇）级土地利用总体规划，擅自改变基本农田的数量与布局，规避报批占用基本农田。严禁通过修改或调整城镇土地利用总体规划，降低基本农田保护的质量要求，把城镇周边和交通沿线大面积的基本农田调整到其他地区。严禁突破规划，降低基本农田保护率，擅自减少本地区基本农田保护任务，增加建设用地总规模。有土地利用总体规划批准权的一级政府国土资源部门，要对土地利用总体规划的修改或调整进行严格控制。对不符合法律规定占用基本农田的条件，要求修改或调整土地利用总体规划的申请一律不予受理。

加强对农业园区用地的管理，严禁以建设现代农业园区的名义占用基本农田，变相搞房地产开发；不得以进行农业结构调整，搞现代

农业或设施农业为名，在基本农田内建设永久性建筑或进行严重破坏耕作层的生产活动。

三、严格执行非农业建设占用基本农田审批制度

严格执行《土地管理法》和《基本农田保护条例》的有关规定，除国家能源、交通、水利和军事设施等重点建设项目以外，其他非农业建设一律不得占用基本农田。确需占用基本农田并符合法律规定，涉及农用地转用和征用土地的，必须按法定程序报国务院批准。

严格执行非农业建设占用基本农田的审批制度。地方各级国土资源部门在建设用地审查过程中，对涉及基本农田的建设项目要严格把关，重点审查项目性质是否符合法律规定、土地利用现状图上土地的实际用途、土地利用总体规划修改方案和基本农田补划方案是否可行等内容。对超出法律规定的建设项目，不符合土地利用总体规划占用基本农田的各类非农业建设，不予受理用地申请或报批。建设用地审查中发现对基本农田保护区进行过规划调整的，要对规划调整的程序、批准文件、建设用地性质等内容进行严格审查，对违反法律规定进行规划调整占用基本农田的各类非农业建设不得报批用地。

四、加大基本农田保护的监督检查力度

各地要强化基本农田保护的管理和监督措施，进一步落实基本农田保护公示制度，抓紧建立基本农田统计核查制度，坚持开展土地巡回检查制度，开展应用卫星遥感技术试点，准确掌握基本农田变化情况，及时发现和纠正占用基本农田违法行为。

按照国土资源部、农业部《关于认真贯彻执行〈基本农田保护条例〉进一步做好基本农田保护工作的通知》（国土资发［1999］122号）要求，认真执行基本农田保护工作检查制度。各地每年要对基本农田保护工作进行专项检查，重点检查各项管理制度执行情况、基本农田利用状况、建设占用基本农田的审批补划情况，检查结果要报告上一级国土资源部门和农业行政主管部门。省级国土资源部门每年年底前要写出专题报告报国土资源部。国土资源部将对各地基本农田保护工作进行抽查，并对抽查情况进行通报。

国土资源部关于进一步采取措施落实严格保护耕地制度的通知

2003年11月17日　国土资发［2003］388号

各省、自治区、直辖市国土资源厅（国土环境资源厅、国土资源和房屋管理局、房屋土地资源管理局、规划和国土资源管理局），计划单列市国土资源行政主管部门，国家海洋局，国家测绘局，解放军土地管理局，新疆生产建设兵团国土资源局，部在京各直属单位，部机关各司局：

为切实贯彻党的十六届三中全会、国务院家业和粮食工作会议精神，落实《国务院关于加大工作力度进一步治理整顿土地市场秩序的紧急通知》（国发明电［2003］7号）的要求，保护和提高粮食生产能力，必须进一步落实严格保护耕地的措施。现将有关要求通知如下：

一、认清形势、提高认识，进一步增强紧迫感和责任感

党中央、国务院始终把农业问题放在基础和战略地位高度重视，从保护良好发展局面、推进全面建设小康社会的高度，对农业和粮食工作作出了一系列重大决策。针对当前一些地方盲目设立开发区、乱批滥占耕地等严重问题，国务院农业和粮食工作会议对保护耕地、保护和提高粮食生产能力、保护农民权益作出了明确部署，提出了更高要求，进一步强调要实行最严格的耕地保护制度，尤其是要重点保护基本农田。各级国土资源部门一定要认真学习贯彻。实行最严格的耕地保护制度，这是由我国人多地少的基本国情决定的，是由农业的基础地位决定的，更是由土地对于维护社会长治久安的重要性决定的。我们必须进一步提高保护耕地对维护国家粮食安全和社会稳定的极端重要性的认识，提高对当前耕地连年减少的严峻形势的认识，提高对国土资源部门面临的重大责任和紧迫任务的认识，真正把思想和行动统一到党中央、国务院的要求上来，认清形势，抓住机遇，化压力为动力，进一步增强紧迫感和责任感，采取切实有力的措施，着力解决当前存在的突出问题，全面落实最严格的耕地保护制度，保护和提高粮食生产能力。

二、细化措施、坚决从严，进一步加强耕地特别是基本农田保护

（一）加大治理整顿工作力度，坚决刹住乱占滥用耕地的歪风

从严从快查处土地违法案件。坚决制止盲目圈占土地特别是圈占破坏优质良田的行为。要从土地市场秩序治理整顿工作中发现线索，抓紧选择典型土地违法案件，与监察、审计等部门通力协作，从严从快查处，公开曝光。坚持既查处事，又查处人，坚决追究违法违纪者的责任，切实起到震慑警示、刹风整纪的作用。国土资发［2003］365号文件只适用主动自查发现问题的纠正处理，对于不主动自查自纠的，执法犯法、影响恶劣的，特别是在这次治理整顿中边整边犯、顶风违法的要依法严肃处理，公开调查、公开处理、公开追究责任并公开曝光。要进一步建立健全土地执法监察工作机制。在从严查处大案要案的基础上，认真分析典型案例发生原因，结合当地实际，采取有针对性的综合治理、源头防范措施，加大警示教育的力度，严肃耕地保护的法纪。要重视从群众信访、举报、媒体报道和动态巡查等多种渠道中，及时发现案件线索，建立土地违法违纪案件的快速发现机制和分级查处机制。要进一步落实执法监察责任制度。把对违法责任人依法提出处理建议和移送情况，列入各级国土资源部门查处案件的考核内容，进行逐级考核和年度考核。各级国土资源部门行政主要领导是执法监察第一责任人。要进一步发挥各有关部门协同查处案件的整体合力，发挥舆论监督、社会监督和群众监督的作用。要继续深入探索"预防为主、事前防范和事后查处相结合"的执法监察新路子。

抓紧清理各类开发区的违规用地。各级国土资源部门要切实配合有关部门做好开发区清理工作。要将各类开发区违反土地利用总体规划用地的行为，作为治理整顿和执法监察的重点。各地要在进行认真整改的基础上，对被撤销停办的开发区（园区），坚决依法收回并及时处置其所占用的土地；对应该核减面积的开发区，要坚决核减面积；对整改后确需要保留的开发区（园区）用地，要严格审核，从严控制用地规模。对开发区（园区）违反土地利用总体规划圈占、圈而未用的土地，要限期复耕或者恢复原用途；对已经开发建设而不能复耕或恢复原用途的，从所在区域土地利用总体规划剩余建设用地指标中核减违反土地利用总体规划占用的建设用地指标。对经国务院批准或省级人民政府批准并报国务院备案的开发区，各地要按照土地利用总体规划等进行认真对照检查，对其超过规划建设用地规模和范围的开发用地，依法进行处理。对开发区（园区）已

经依法批准但由于建设条件、项目资金不落实等尚未开发建设的，要抓紧依法收回土地。

从严搞好治理整顿的验收检查工作。部已建立土地市场秩序治理整顿工作进展情况周报制度。各省区市国土资源部门要继续加强对地方治理整顿的实地督查指导，并组织好检查验收工作。要加强对当地土地市场治理整顿情况及时通报公布工作，将各地开发区（园区）及其清理撤并、土地复耕、当地领导重视与加强管理、验收检查等情况，列入通报公布的内容。各省区市对各市（地）、各市（地）对各县（市）要逐一做好整顿检查验收工作。对不能按照验收标准完成治理整顿各项任务的要限期整改。整改期间，暂停受理当地建设用地报批，暂停下达建设用地指标。对整改后仍未达标的，坚决予以通报，追究有关领导责任。

（二）严格实施土地规划计划，从严控制用地规模

严格实施土地利用总体规划。对耕地保有量、基本农田面积和建设用地规模进行总量控制。依据批准的土地利用总体规划，严把土地利用年度计划编制、建设项目用地预审和土地审批关，加强建设项目用地预审，在建设项目可行性研究阶段，国土资源部门要主动介入，加强与计划、规划和建设部门的沟通，从规划用途、用地规模、计划指标等方面严格把关。坚持“三个不报批、一个从严”：凡是不在土地利用总体规划确定的建设用地范围内的各类开发区（园区）和城市建设用地，一律不报批；凡是没有土地利用年度计划指标的，一律不报批；凡是没有通过建设项目用地预审的，一律不报批。要从严审查城市总体规划修编确定的建设用地总规模，超过土地利用总体规划确定的建设用地总规模的，不予通过审查。

从严控制规划修改和调整。除国务院和省级人民政府确定的重点基础设施项目外，各地不得擅自调整规划，减少基本农田保护面积，改变基本农田区位，占用基本农田。严禁擅自修改和调整规划；严禁违规扩大城镇建设用地规模；严禁擅自设立各类开发区（园区）和扩大开发区（园区）建设用地规模。

加强对规划计划实施的检查和监督。全面实行规划定期评估制度和计划、预审年度检查制度。各地要把规划计划执行和建设项目用地预审管理情况，纳入土地执法监察的重要事项，严肃查处违规行为。

（三）切实加强耕地保护，坚决守住基本农田这条红线

严格执行基本农田保护制度。一是不准除法律规定的国家重点建设项目之外的非农建设占用基本农田；二是不准以退耕还林为名，将平原（平坝）地区耕作条件良好的基本农田纳入退耕范围，违反土地利用总体规划随意减少基本农田面积；三是不准占用基本农田进行植树造林，发展林果业；四是不准以农业结构调整为名，在基本农田内挖塘养鱼和进行畜禽养殖，以及其他严重破坏耕作层的生产经营活动；五是不准占用基本农田进行绿色通道和绿化隔离带建设。

开展基本农田保护工作检查。部将与农业部联合组织开展全国基本农田保护工作检查。按照规划，重点检查以上“五不准”的执行情况，特别是检查各地基本农田的数量和区位落实情况、实际利用状况和质量状况、基本农田保护制度建立与执行情况。各地要认真做好准备。对检查发现的各类问题，要及时坚决予以纠正。

强化基本农田保护监督制度。必须依据土地利用总体规划，将基本农田落实到图上，落实到村组，落实到地块，落实到农户，通过签定保护责任书，落实基本农田保护责任。各地要建立基本农田统计核查制度，坚持定期检查报告制度，认真开展以基本农田为重点的巡回检查。要加强土地变更调查和卫星遥感监测，建立基本农田保护监测系统，准确掌握基本农田变化情况，及时发现和制止违法行为。对严重破坏基本农田、造成基本农田大量减少的，要依法追究责任。

加大土地整理复垦补充耕地的力度。稳定耕地特别是基本农田的面积，提高耕地质量。

加大对《全国土地开发整理规划》确定的重点区域及重点工程、粮食生产区和基本农田保护区的土地整理的投入。积极支持生态脆弱地区基本农田整理，确保当地保有足够数量的基本口粮田。要严格按照“谁破坏、谁复垦”的原则，加大对工矿废弃土地的复垦力度。要全面落实建设占用耕地补充制度，严格执行按建设项目考核耕地占补平衡制度，确保土地开发整理补充耕地的数量和质量不低于同期建设占用的耕地。

（四）严把用地审批关，加强批后实施监管

严把建设用地审查关。各省级国土资源部门要督促各市（地）坚决收回各地违规下放的土地审批权。对土地市场秩序治理整顿工作验收不合格的，未按规定执行建设用地备案制度的，一律停止建设用地审批。对城市规模已经达到或突破土地利用总体规划确定的建设用地规模的，年度计划指标已用完的，未依法及时缴纳新增建设用地土地有偿使用费的，已批准的城市建设用地仍有闲置的，一律不受理新增建设用地申请。对未按国家有关规定进行建设用地预审的，未按预审要求完善相关内容的建设项目，一律不受理建设用地申请。申报城市建设用地必须说明具体建设项目或详细规划用途。对不符合国家产业政策的项目、不切实际的“形象工程”、“政绩工程”项目、别墅项目、高尔夫项目，一律不得报批用地。要坚持建设用地会审制度。省级国土资源部门要对报批用地面积较大的城市、安置人口较多的建设用地项目组织现场调查，对其中报国务院审批的用地项目，部将组织检查或抽查。

强化建设用地批后实施的监督管理。要全面落实建设用地备案和批后核查制度，建立土地利用信用评价机制。对国务院批准的城市分批次建设用地的供地情况，应按规定及时报部备案；对省级人民政府批准的城市建设用地的供地情况，省级国土资源部门也要建立备案制度并及时汇总供地情况，定期报部备案。认真执行新增建设用地批后核查制度，对国务院和省级人民政府批准用地的征地补偿安置、耕地占补平衡以及土地利用等情况，要组织不定期的检查，发现问题，及时纠正。建立土地利用信用档案，制定评价指标并建立评价制度，加强用地审批管理。各省区市要对1999年《土地管理法》修订实施以来批准的城市建设用地使用和供应情况进行一次全面调查，部将对国务院批准的城市分批次建设用地的供应情况进行全面检查。

（五）从严把好征地关，切实维护农民合法权益

严格征地管理。要严格控制征地规模；严格依法按规划计划、按程序征地；严格征地审核和征地补偿安置监督。要认真督促落实法定的征地补偿和安置措施，解决征地安置补偿费用拖欠、挪用、截留问题，抓好征地补偿费的清欠工作。要检查落实征地公告制度。为充分尊重农民意愿，今后凡没有征求被征地农民集体组织和农户意见的征地方案，国土资源部门不予审核报批。

改革完善现行的征地制度。要按照保障农民权益、控制征地规模的原则，严格界定公益性、经营性建设用地，区分土地征收与征用，积极推进征地制度的改革试点。要进一步完善征地程序，着力解决征地范围过宽、规模过大、补偿安置不到位、产权不清以及同农民协商不够等突出问题。要增加征地批前协商环节，建立补偿标准听证制度。要加快完成集体土地所有权登记发证工作，依法明确农民土地财产权，建立农民保护耕地的有效机制。同时，抓紧进行农民集体建设用地使用权流转管理的实践探索。

（六）完善供地政策和标准，提高土地集约利用水平

依法提高政府供地的市场化程度。要充分发挥市场竞争对促进土地集约利用、减少占用耕地的有效作用。要坚决执行经营性用地招标拍卖挂牌出让制度，从严查处违规出让行为。要进一步规范协议出让土地使用权的行为。对具有竞争性的工业用地，引入竞争和公开机

制。要落实协议出让最低价制度，防止各地竞相低价出让土地和企业因用地成本低而“多占少用”、“宽打宽用”、“低效利用”的粗放用地行为。要严把土地登记关口，对经营性用地没有进行招标拍卖挂牌的，不予登记；对出让地价明显低于出让底价的，不予登记；对未全部缴纳土地出让金的，不予登记；对违反规划改变土地用途的，不予登记。

建立完善集约用地新机制。要完善建设用地定额指标和土地集约利用评价指标体系，进一步细化各业用地标准，明确包括推行单位土地面积的投资程度、土地利用强度、投入产出率等指标的供地标准，严格按标准供地。

强化土地市场动态监测分析。要建立土地市场动态监测分析制度，及时发布土地供应信息，把握土地市场走势，适时调控土地供应量。汇总城镇地籍调查数据，掌握城镇土地利用现状及变化情况。抓紧开通运行土地市场监测分析系统和城市地价动态监测系统，继续加强对重点地区、主要城市地价动态变化的监测，提高地价信息的社会共享程度，发挥地价对土地资源配置的“杠杆”作用。

三、集中力量狠抓落实，务求尽快取得实效

各级国土资源部门一定要把全面落实最严格的耕地保护制度、切实保护和提高粮食生产能力，作为国土资源管理的重中之重，摆在当前各项工作的首要位置，切实加强组织领导。要进一步集中力量，迅速行动，结合实际，采取坚决果断措施，狠抓落实，务求尽快取得明显成效。要继续加强调研，认真研究新情况、新问题，从法制、机制、体制等方面入手，探索严格保护耕地的治本之策。通过标本兼治，把最严格的耕地保护措施全面落到实处。

民政部　卫生部　财政部
关于实施农村医疗救助的意见

2003年11月18日　民发［2003］158号

各省、自治区、直辖市民政厅（局）、卫生厅（局）、财政厅（局）：

为贯彻落实《中共中央、国务院关于进一步加强农村卫生工作的决定》（中发［2002］13号）的精神，对建立和实施农村医疗救助制度，提出以下意见。

一、目标和原则

农村医疗救助制度是政府拨款和社会各界自愿捐助等多渠道筹资，对患大病农村五保户和贫困农民家庭实行医疗救助的制度。各省、自治区、直辖市在全面推行农村医疗救助制度的同时，可选择2—3个县（市）作为示范点，通过示范指导推进农村医疗救助工作的开展。力争到2005年，在全国基本建立起规范、完善的农村医疗救助制度。

建立农村医疗救助制度，要从当地实际出发，医疗救助水平要与当地经济社会发展水平和财政支付能力相适应，确保这项制度平稳运行。农村医疗救助从贫困农民中最困难的人员和最急需的医疗支出中开始实施，并随着经济的发展逐步完善农村医疗救助制度。

二、救助对象

（一）农村五保户，农村贫困户家庭成员。

（二）地方政府规定的其他符合条件的农村贫困农民。

救助对象的具体条件由地方民政部门会同财政、卫生部门制定，报同级人民政府批准。

三、救助办法

（一）开展新型农村合作医疗的地区，资助医疗救助对象缴纳个人应负担的全部或部分资金，参加当地合作医疗，享受合作医疗待遇。因患大病经合作医疗补助后个人负担医疗费用过高，影响家庭基本生活的，再给予适当的医疗救助。

（二）尚未开展新型农村合作医疗的地区，对因患大病个人负担费用难以承担，影响家庭基本生产的，给予适当医疗救助。

（三）国家规定的特种传染病救治费用，按有关规定给予补助。

医疗救助对象全年个人累计享受医疗救助金额原则上不超过当地规定的医疗救助标准。对于特殊困难人员，可适当提高医疗救助水平。

四、申请、审批程序

（一）医疗救助实行属地化管理原则，申请人（户主）向村民委员会提出书面申请，填写申请表，如实提供医疗诊断书、医疗费用收据、必要的病史材料、已参加合作医疗按规定领取的合作医疗补助凭证、社会互助帮困情况证明等，经村民代表会议评议同意后报乡镇人民政府审核。

（二）乡镇人民政府对上报的申请表和有关材料进行逐项审核，对符合医疗救助条件的上报县（市、区）民政局审批。

乡镇人民政府根据需要，可以采取入户调查、邻里访问以及信函索证等方式对申请人的医疗支出和家庭经济状况等有关材料进行调查核实。

（三）县级人民政府民政部门对乡镇上报的有关材料进行复审核实，并及时签署审批意见。对符合医疗救助条件的家庭核准其享受医疗救助金额，对不符合享受医疗救助条件的，应当书面通知申请人，并说明理由。

（四）医疗救助金由乡镇人民政府发放，也可以采取社会化发放或其他发放办法。

五、医疗救助服务

（一）已开展新型农村合作医疗的地区，由农村合作医疗定点卫生医疗机构提供医疗救助服务；未开展新型农村合作医疗的地区，由救助对象户口所在地乡（镇）卫生院和县级医院等提供医疗救助服务。

（二）提供医疗救助服务的医疗卫生机构等应在规定范围内，按照本地合作医疗或医疗保险用药目录、诊疗项目目录及医疗服务设施目录，为医疗救助对象提供医疗服务。

（三）遇到疑难重症需转到非指定医疗卫生机构就诊时，要按当地医疗救助的有关规定办理转院手续。

（四）承担医疗救助的医疗卫生机构要完善并落实各种诊疗规范和管理制度，保证服务质量，控制医疗费用。

六、基金的筹集和管理

各地要建立医疗救助基金，基金主要通过各级财政拨款和社会各界自愿捐助等多渠道筹集。

（一）地方各级财政每年年初根据实际需要和财力情况安排医疗救助资金，列入当年财政预算。

（二）中央财政通过专项转移支付对中西部贫困地区农民贫困家庭医疗救助给予适当支持。

（三）社会捐赠及其他资金。

中央具体补助金额由财政部、民政部根据各地医疗救助人数和财政状况以及工作成效等因素确定。

医疗救助资金纳入社会保障基金财政专户。各级财政、民政部门对医疗救助资金实行专项管理，专款专用。

七、组织与实施

地方人民政府要制订农村医疗救助管理办法，医疗救助在当地人民政府领导下由民政部门管理，并组织实施，有关部门要各负其责，积极配合，共同抓好落实。

（一）各级民政部门要认真调查研究，掌握情况，建章立制，完善程序，并做好综合协调工作。要按照公开、公平、公正的原则，实行医疗救助公示制度，接受社会和群众监督。

（二）财政部门应会同民政部门，制定医疗救助基金管理办法。县（市、区）财政部门根据审核确定的用款计划及时将医疗救助资金拨付到位。

（三）卫生部门应加强对提供医疗救助服务的医疗卫生机构等的监督管理，规范医疗服务行为，提高服务质量和效率。

（四）财政、审计部门应对医疗救助资金实施财务监管和审计，确保医疗救助资金按时拨付和合理使用，杜绝挤占挪用等现象的发生。

（五）有关单位、组织和个人应当如实提供所需情况，配合有关医疗救助工作的调查。

综　合　篇

2003年中西部地区经济与社会发展综述

【经济增长】 2003年，国家继续实施积极的财政政策和稳健的货币政策，采取有效措施抵御了“非典”疫情的冲击，国民经济继续保持持续快速健康发展的态势。中西部地区按照中央的统一部署，根据自身客观条件，采取有力措施加快发展，经济增长速度普遍快于2002年，并在经济结构、地区结构、城乡结构调整方面取得新成效。

2003年中西部地区GDP增长速度再创新高，西部地区增长快于中部地区，西部与东部地区差距继续扩大。东、中、西部地区GDP总额分别达到81471.78亿元、35352.11亿元和17834.08亿元，按可比价计算，三大地带分别增长了12.7%、10.6%和10.8%，同比分别提高了1.5、0.9和1.1个百分点，经济增长速度再创1998年以来的新高，经济增速从东向西逐级递减的格局被打破，西部地区增长速度快于中部地区0.2个百分点。西部大开发战略实施以来，西部地区的基础设施与基础产业加快发展，生态环境不断改善，特色经济加快培育，经济增长速度明显提高。东部地区经济实力继续增强，占各地区GDP合计的比重加大，提高到60.5%；东部与西部地区增速差距有所扩大，由上年相差1.5个百分点扩大到相差1.9个百分点。

中西部绝大多数省份的GDP增长速度快于2002年，不少省份经济增长创近年来最好水平。2003年，中西部地区全部省份的GDP增速均超过8.6%，其中14个省份的GDP增速超过10%（中部地区6个、西部地区8个）。内蒙古以16.3%的增速高居全国各省市榜首，排在其后的依次是山西13.2%、江西13%、宁夏12.2%和青海12.1%，四川、甘肃等省的GDP增长创近年来的最好水平。湖南、湖北、安徽和云南4省GDP增长速度低于10%，分别为9.6%、9.3%、9.1%和8.6%，但同比增长幅度分别提高了0.4、0.2、0.2和0.6个百分点。与上年同期相比，中西部地区除广西和青海2省区（增幅回落0.3个百分点）外，其他省区的经济增长速度均有不同程度的提升，提高幅度最大的是内蒙古4.2个百分点，新疆、江西和宁夏3省区增幅在2~2.7个百分点之间，江西、云南2省增幅在1.5~1.8个百分点之间。

【产业结构调整】 2003年，我国国民经济产业结构不断调整与优化。全年GDP跃上11万亿元新台阶，达到116694亿元。按可比价格计算，第一产业增加值17247亿元，增长2.5%；第二产业增加值61778亿元，增长12.5%；第三产业增加值37669亿元，增长6.7%。三次产业比重为14.78:52.94:32.28，与上年相比，第一产业上升了0.25个百分点，第二产业提高了1.2个百分点，第三产业下降了1.44个百分点。

中西部地区第一产业比重继续下降，西部地区第一产业产值增长速度最快，农业结构调整初见成效。2003年，东、中、西部地区第一产业比重同比分别下降了0.92、1.32和0.64个百分点。中西部地区除了黑龙江、湖北和新疆3省区第一产业比重分别提高0.06、0.48和1.89个百分点外，其他省份的第一产业比重均不断降低，下降幅度在1个百分点以上的有9个省份，分别是：中部地区的山西、内蒙古、安徽、江西和河南5省区分别降低1.28、1.45、2.79、2.08、3.28个百分点；西部地区的贵州、陕西、青海和宁夏4省区分别降低 1.79、1.58、1.12 和 1.63 个百分点。安徽、内蒙古、贵州 3 省区连续三年第一产业比重下降在 1 个百分点以上。

中西部地区第一产业产值增长变化大，西部地区增幅较大并明显快于中部地区。2003 年，东、中、西三大地带第一产业产值分别增长了 3.7%、1.6%和 5.4%。增幅排在前列的中西部省份包括：新疆 8.2%、山西 12%、吉林 6.1%、甘肃 6%、四川 5.5% 和陕西 5.1%。农业结构调整步伐加快。种植业结构继续优化，主要农产品向优势区域集中步伐加快，农产品优质化水平提高。优质专用小麦占小麦总面积的 38%，比上年提高 7 个百分点；优质水稻、优质专用玉米和“双低”油菜籽分别占 55.6%、28%和 70%，均提高 4 个百分点。东北三省优质专用玉米、优质大豆面积已分别占全国的 48%和 64%，比上年分别提高 7 个和 1 个百分点。河北、山东、河南三省优质专用小麦面积占全国的 52%，比上年提高 2 个百分点。农产品精深加工、贮藏保鲜、订单农业发展加快，产业化经营水平不断提高，预计全年各类订单农业面积达 3.69 亿亩，增长 12.8%。国家加大对西部地区农业生态环境的投资力度，加快发展特色农业和效益农业，退耕还林、天然林保护、京津风沙源治理等生态工程向纵深推进。特别是退耕还林工程，2003 年全面启动，截至 11 月底，全国共完成退耕还林面积超过 6000 万亩，促进畜牧业长足的发展。与上年同期相比，西部地区第一产业产值增幅很大，提高 1.04 个百分点，总量比重也提高了 0.53 个百分点；中部地区农业和农村经济受到“非典”疫情冲击和多种自然灾害频繁发生的严重影响，第一产业产值增长速度明显减缓，增幅降低了 2.98 个百分点，总量比重下降 0.4 个百分点。

中西部地区第二产业比重明显提高，各地区第二产业产值提升并创近年新高。2003 年，东、中、西部地区第二产业比重同比分别上升了 1.98、1.44 和 1.53 个百分点。中西部地区除湖北、湖南 2 个省第二产业比重下降外，其他省份的第二产业比重均有不同程度的提高，其中上升幅度超过 2 个百分点的包括江西（4.52）、宁夏（3.9）、山西（3.53）、内蒙古（3.3）、河南（2.69）、贵州（2.49）、青海（2.08）7 个省区，江西连续三年第二产业比重升幅超过 1 个百分点。

中西部地区第二产业增加值增长速度明显加快，均在 14% 以上，增速均达到新高。2003 年，全国第二产业投资同比提高 39.4%，工业企业出口交货值同比增长 30.7%，增幅分别提高 16.5 和 7.3 个百分点。在投资和进出口“双高”增长的拉动下，我国五大支柱行业（电子通信设备制造业、交通运输设备制造业、电气机械及器材制造业、冶金和化学工业）加快发展，三大地带第二产业产值分别增长了 16.1%、15%和 14.4%，增幅同比提高 3.2、3.1 和 2 个百分点。中西部地区第二产业产值增速超过 10%的省份包括：内蒙古 26.9%、江西 24.4%、宁夏 18.7%、山西 18.4%和河南 17%。

2003 年，中西部地区工业生产明显加快，增长速度均创造历史纪录。三大地带工业增加值增长速度分别为 21.7%、18.82% 和 15.88%，同比分别上升了 6.02、4.09 和 2.95 个百分点。面对“非典”冲击，各地区工业生产高速增长的势头没有改变，工业生产增长逐季攀高。中西部地区有 10 个省份工业增加值增长速度快于全国 17% 的发展速度（中部 7 个、西部 3 个）。内蒙古工业生产增速逐季加快，以 31.5% 的高速位居全国第一，其后依次是山西 24.2%、重庆 21.1%、江西和四川 21%、湖南 20.7%。

2003 年，三大地带工业产品销售率分别为 97.97%、98.41%和 98.16%，中部地区产销率继续领先，并创历史最高水平。中部地区工业产品销售率同比提高了 0.21 个百分点，西部地区下降了 0.03 个百分点。中西部地区有 9 个省份的工业品产销率高于全国 98.06% 的产销水平（中部地区 6 个、西部地区 3 个）。湖南以 100.07% 产销水平高居榜首，还有云南99.1%、内蒙古和四川98.74%、安徽98.66%、新疆98.57%和河南98.52%；西藏产销率最低，为92.62%。

中西部地区第三产业占比重明显下降，第三产业产值增速有所下降。2003年上半年，受"非典"疫情影响，旅游、餐饮和交通运输等一些行业受到较大冲击，增长速度明显放慢。下半年随着"非典"疫情的有效控制，第三产业增长速度有所回升，但全年东、中、西部地区第三产业比重同比仍分别回落了1.06、0.13和0.89个百分点。中西部地区除安徽、河南、湖北和湖南4个省份第三产业比重提高(分别提高了1.47、0.58、0.86和1.71个百分点）外，其余省份均有所下降。降幅较大的省份依次是新疆（2.85%）、山西（2.45%）、江西（2.43%）、宁夏（2.27%）和内蒙古(1.85%)。

2003年，东、中、西部地区第三产业产值分别提高了10.8%、9.4%和9.5%，与上年同期相比，三大地带增幅均出现了回落，分别下降了0.35、0.43和0.15个百分点。中西部地区第三产业产值增长速度超过10%的省份包括内蒙古11%、新疆10.3%、安徽10.2%，黑龙江、四川和贵州10.1%。与上年同期相比，全国30个省份中仅有11个省份的增幅有所提高或持平，多数省份增幅均有回落。2003年三大地带三次产业结构变动和增长速度情况见表1。

表1 2002～2003年三大地带产业结构变动情况（%）

对比指标	第一产业占GDP			第二产业占GDP			第三产业占GDP		
	2003年	2002年	增减	2003年	2002年	增减	2003年	2002年	增减
东部	9.75	10.66	-0.92	50.41	48.44	1.98	39.84	40.90	1.06
中部	16.58	17.90	-1.32	47.96	46.51	1.44	35.46	35.59	0.13
西部	18.59	19.17	-0.64	43.70	42.18	1.53	37.70	38.60	0.89

【固定资产投资】2003年，全国全社会固定资产投资完成55118亿元，首次突破5万亿元，同比增长26.7%，增幅比上年提高10.6个百分点。各地区固定资产投资增长强劲，保持了2002年东、西部地区"基建投资增长快于技改投资"，中部地区"技改投资增长快于基建投资增长"的总体态势。在固定资产投资和基本建设投资领域，东部地区增幅跃居领先；在更新改造投资领域，中部地区保持三大地带之首的总体态势未变。

中部地区固定资产投资增长保持在30%以上的高速度。2003年，三大地带固定资产投资分别增长了33.6%、33.1%和26.4%。中部地区前三季度投资增速保持第一的格局被东部地区取代。与上年同期相比，三大地带投资增速明显加快，增幅分别提高17.4、13.1和5.8个百分点。东、中部地区固定资产投资增长均创造了同期最高水平（见表2)。中西部地区有8个省份的固定资产投资（不含城乡集体和个人投资）增速高于28.4%的全国增长速度（中部地区5个、西部地区3个)。内蒙古以70.2%的超高速度保持两年全国第一，其后依次是江西59.5%、宁夏42%、河南39.2%、安徽38.1%、山西37.8%、陕西34.2%和重庆31.8%；投资增长最低的是青海9.7%。

中西部地区基本建设投资增长快速，中部地区基本建设投资增速创同期历史新高。2003年，三大地带基本建设投资分别增长41.1%、31%和24.9%，东部地区基建投资增速分别比中、西部地区快10.1和16.2个百分点。与前几年（1999～2001年）投资增速不足10%的状况形成鲜明对比，中部地区在前三季度创造基本建设投资增速36.5%的最高水平，全年也创造同期历史新高。与上年同期相比，三大地带基本建设投资增幅显著，分别上升了17.4、13.1和5.8个百分点（见表3)。中西部地区有7个省区基建投资增速高于28.7%的全国增长速度（中部4个、西部3个)，内蒙古以83.4%的高速名列榜首，其后依次是江西62.9%、重庆40.5%、河南36.5%、陕西34.9%、山西32.7%和宁夏30.3%。与上年同期相比，中西部地区除湖北、重庆、贵州、西藏和青海5个省区外的其他省区基建投资增幅均有提高。

中西部地区更新改造投资高速增长，中部地区创同期历史新高，中部地区更新改造投资增速领先态势不变。2003 年，三大地带更新改造投资分别增长 27%、33.7%和 23.9%，中部地区更新改造投资增速比东、西部地区快 6.7 和 9.8 个百分点，全年更新改造投资增速领先不变。前三季度更新改造投资增长强劲，进入四季度三大地带增速有所回落，但 2003 年东、中部地区仍创造同期历史新高。与上年同期相比，三大地带更新改造投资增幅分别提高 19.3、14.6 和 9 个百分点（见表 3）。更新改造投资增长速度排在前列的省区包括：宁夏 73.7%、内蒙古 61.4%、河南 56.1%、青海 49.1%、江西 45.4%、四川 44% 和安徽 43.8%。2003 年三大地带累计固定资产投资分类增长情况见表 2。

表 2　2002～2003 年三大地带累计固定资产投资分类增长情况（%）

地带名称	固定资产投资		基本建设投资		更新改造投资	
	2002 年	2003 年	2002 年	2003 年	2002 年	2003 年
东部地区	16.2	33.6	15.5	41.1	7.7	27.0
中部地区	20.0	33.1	17.1	31.0	19.1	33.7
西部地区	20.6	26.4	22.6	24.9	14.9	23.9

【市场与消费】2003 年，全国全社会消费品零售总额达到 45842 亿元，比上年增长 9.1%。扣除物价因素，实际增长 9.2%。全年社会消费品零售总额增长呈现出两头高中间低的“V”型波动。在经历了“非典”疫情冲击所带来的消费限制之后，消费需求稳步回升，消费结构升级的发展态势不断加速。三大地带社会消费品增长加快，增长速度重新呈现两位数的水平，东部地区消费增长快于中、西部地区的态势没有改变。

中西部地区社会消费品零售总额增长不断加快，增速创近年来新高，但中、西部地区增速仍低于东部地区。2003 年，三大地带社会消费品零售总额分别增长 12.21%、10.98%和 10.95%，东部地区消费增长分别比中、西部地区快 1.23 和 1.26 个百分点，大部分地区在经历了“非典”疫情冲击后，从第三季度开始（上半年国家统计局没有公布地区数据），三大地带社会消费品增长逐季加快，全年三大地带社会消费品零售总额增长比前三季度分别加速 0.46、0.81 和 1.39 个百分点，创造了自 1998 年以来消费增长最快的水平。西部地区社会消费品零售总额增长速度，由 2000 年以来一直稳定在 9%左右的增长水平上升到 10%以上的新平台，增长幅度显著。

2003 年，中西部地区有 14 个省区的社会消费品零售总额增长速度超过 10%（中部地区 8 个、西部地区 6 个）。消费增长在 11%以上的中西部省区包括：内蒙古 14.3%、山西 13.7%、四川 13%、江西 11.7%、青海 11.5%、新疆 11.2%和宁夏 11.1%，河南、湖北、湖南、贵州、吉林、黑龙江和云南几个省消费增长在 10%～10.9%之间，中西部所有省份的消费增长均高于全国 9.1%的消费增长水平。

【对外贸易】2003 年，全国实现进出口总额 8512 亿美元，同比增长 37.1%。其中，出口 4383.71 亿美元，增长 34.6%；进口 4128.36 亿美元，增长 39.9%。各地区进出口贸易全年保持“大进大出”快速发展的增长势头，西部地区进出口增长全国领先。中部地区表现出进口贸易增长速度快于出口增长速度，西部地区出口贸易增长速度快于进口增长速度的发展态势，西部地区出口比重有所提高。

西部地区出口增速保持 30%以上的发展水平，西部地区增速创历史新高。2003 年，东、中、西三大地带出口贸易增长速度分别为 35.58%、32.86%和 43.76%，西部地区出口增长快于东、中部地区 8.17 和 10.89 个百分点，保持上年同期的增长格局，并连续两年保持 30%以上的超高速度发展。与上年同期相比，东、中部地区出口贸易增幅较大，三大地带出口增幅分别提高 12.71、17.66 和 3.5 个百分点。中西部地区有 11 个省区出口增长快于全国 34.6%的发展速度（西部地区 6 个、中部地区 5 个），第一至第四名被西部地区包揽，依次是新疆 94.3%、青海 81.4%、甘肃

59.9%、宁夏56%，其后依次是西藏49.8%、重庆45.3%、黑龙江44.7%、内蒙古43.3%、江西43.1%和河南40.6%。与上年同期相比，中西部地区除新疆和四川3省区增幅下降外其他省区增幅均有所提高，青海、西藏、宁夏、重庆、甘肃和江西6个省区上升幅度在41～80个百分点之间。

西部地区出口比重提高，西部地区高新技术产品出口规模与增速均快于中部地区。2003年，西部地区出口总额131.26亿美元，占全国比重2.99%，同比提高0.08个百分点，中部地区比重下降0.08个百分点。2003年全国实现机电产品出口贸易2274.6亿美元，同比增长44.8%，所占出口比重51.89%，同比提高了3.64个百分点。其中，高新技术产品贸易首次突破千亿美元大关（1101.64亿美元），同比增长62.7%，所占出口比重25.13%，上升4.34个百分点，比2000年提高了10.34个百分点。2003年西部地区高新技术产品出口总量比中部地区多6.17亿美元，占全国出口比重为1.2%，比中部地区高0.56个百分点，增长速度比中部快3个百分点以上。

【基础设施建设与投资环境】经过近5年的大规模开发与建设，西部地区已经有了不小的改变，基础设施建设迈出实质性步伐，其中农村基础设施建设明显改观，农民生产和生活条件逐步改善。2003年中国西部地区开发基础设施累计开工76个重点单项工程，总投资3635亿元，到年底累计完成投资2008亿元，占总投资的55.2%。开发基础设施重点工程完成单项工程8个。另外，2003年青藏铁路工程完成投资65亿元，到年底累计完成投资129.8亿元，占总投资的49.5%。累计完成正线铺轨317公里，站线铺轨18公里。2003年西气东输管道工程完成投资116.5亿元，到年底累计完成投资216亿元，占总投资的49.7%；东段靖边至长江三角洲已建成通气，西段新疆塔里木至靖边主体工程基本完成。

水利：四川紫坪铺、宁夏沙坡头、广西百色、内蒙古尼尔基、黑河综合治理等水利在建单项工程5个，总投资186.9亿元，到2003年底累计完成投资91.6亿元，占总投资的49%。

公路：重庆万州至梁平、兰海高速公路等在建单项工程11个，总投资517亿元，到2003年底累计完成投资238.7亿元，占总投资的46.2%。

铁路：青藏线、宁西线、渝怀线、兰武复线等在建单项工程4个，总投资754亿元，到2003年底累计完成投资483.2亿元，占总投资的64.1%。

机场：四川攀枝花、达州河市、重庆江北和拉萨贡嘎等机场在建单项工程4个，总投资28.8亿元，到2003年底累计完成投资26亿元，占总投资的90.3%。

西气东输：新疆塔里木至长江三角洲管道、涩北气田开发和忠县—武汉输气管道等在建重点工程3个，总投资513.7亿元，到2003年底累计完成投资239.2亿元，占总投资的46.6%。

西电东送：广西龙滩水电站、云南小湾水电站、贵州纳雍电厂等在建单项工程18个，总投资1085亿元，到2003年底累计完成投资431.7亿元，占总投资的39.8%。

城市基础设施：重庆市高架轻轨交通、三峡库区水环境项目一期在建工程2个，总投资68.3亿元，到2003年底累计完成投资42.5亿元，占总投资的62.2%。

农村基础设施：西部大开发实施4年多来，油路到县工程已基本完成总里程2.6万公里的建设；改造和新建300多个贫困县的出口公路1.7万公里；县际公路工程总里程4.6万公里，累计开工3万公里，完成路面工程4400公里。送电到乡工程解决了969个无电乡的通电问题。广播电视到村工程的实施使西部行政村通广播电视的比例达到97%以上。农村人畜饮水工程基本解决了西部地区2600万人的饮水问题。2001年开始在云南、贵州、内蒙古、宁夏进行试点的生态移民工程，已使70万生活在生态环境恶劣、不具备人类基本生存条件地区困难群众得到易地安置。

【生态环境保护与建设】经过2年多的试点，从2002年起，退耕还林工程在以中西部地区为重点的25个省、自治区、直辖市全面启动。到2003年底，累计完成退耕还林任务2.28亿亩，其中完成退耕还林1.08亿亩，荒山荒地造林1.2亿亩，造林成活率基本达到要求。4年来，退耕还林工程直接增加中西部地区农民粮食、种苗和先进补助收入492亿元，促进了生态改善和农民增收。退牧还草工程开始试点，安排治理严重退化草原1亿亩。天然林资源保护工程全面展开，京津风沙源治理工程进入实施阶段。江河上游和西部中心城市污染治理的力度加大。

【科技教育与社会发展】国务院有关部门在西部安排了西部开发科技计划、高技术产业化、企业技术创新、贫困地区义务教育、中小学危房改造、贫困地区职业教育、高校基础设施、教育信息化、“西新工程”、基层文化设施、血站和血液中心、农村卫生设施、贫困县医院、计划生育流动服务车等科技、教育和社会事业建设项目。中央办公厅、国务院办公厅印发了《西部地区人才开发十年规划》。中央国家机关和东部省市与西部地区的干部交流、培训力度加大。

近年来，国家在西部地区累计安排科技开发项目2100多个，建设科研基地18个，支持高技术产业化示范项目230个，安排了7000多所中小学危房改造，支持240多所县级职业教育中心、中专和技校建设，重点建设25所高校基础设施和152所大学的计算机校园网、500多所县级优质普通高中以及中小学现代远程教育示范试点等工程。支持西部地区建设260所贫困县医院、800多个疾病控制机构、290多个血站和血液中心，配备1190多辆计划生育流动服务车、770多辆巡回医疗车，6万多个广播电视接收装置和一批基层文化设施。国家计划加大了对西部地区干部的培训，与西部地区交流干部人数明显增加。2003年，省部级干部交流17人，220名局级干部到西部挂职；454名西部、少数民族干部到中央国家机关和东部地区挂职锻炼。中央组织部、团中央、教育部等组织实施了博士服务团、大学生志愿服务西部等活动。

【对外开放】近年来，西部地区改革开放的力度明显加强。社会主义市场机制加快建立与完善，政府职能转变加快，各级政府的办事效率和依法行政水平有所提高，国有企业、军工企业改革、改组、改造力度加大，非公有制经济加快发展，个体、私营经济快速发展。西部地区对外开放程度和对外贸易规模明显加大，世界500强企业已有近百家到西部地区投资或设立办事机构。4年累计利用外商投资75亿美元。东西部经济合作和对口支援力度加大，仅江苏、浙江、上海等省市投向西部地区的资金就达1000多亿元。同时，西部地区的一些企业也开始“走出去”到国外投资办厂。2003年，西部地区合同利用外商直接投资同比增长38.7%，但实际利用外商直接投资仅为17.23亿美元，同比下降14.1%。其中，重庆全年实际利用外商直接投资2.61亿美元，同比增长33.2%，增速居全国第三位；广西、四川、陕西三个利用外资较多的省区，除广西保持正增长（0.3%）外，其余两省均为负增长，甘肃、内蒙古、青海实际利用外商直接投资降幅超过40%。

2003年，广东省创造性地提出了“泛珠三角经济圈”（即包括广东、福建、江西、广西、海南、湖南、四川、云南、贵州以及香港、澳门的所谓“9+2”）的战略构想，并达成共识，“9+2”的合作，将以珠江三角洲为龙头，优势互补，带动中西部相关省份加快发展，并有利于增强国际竞争力。

【政策措施】2003年，根据温家宝总理的指示，国务院西部开发办会同有关部门着手研究本届政府关于实施西部大开发的具体工作以及落实这些工作所要采取的政策措施。经国务院西部地区开发领导小组第一次全体会议的审议，并充分征求有关部门及专家学者的意见，西部开发办向国务院正式提交了《关于进一步推进西部大开发的若干意见》（以下简称《意见》，该意见已于 2004 年 3 月 11 日以国务院文件印发）。

《意见》总结回顾 4 年来西部开发工作，提出了进一步推进西部大开发的指导思想、十项重点工作及相关政策措施。在生态建设方面，总结了前一段生态建设的经验，强调了“五结合”的做法。提出了建立生态建设补偿机制、对水电的实际税赋进行调整、建立电信普遍服务基金和邮政普遍服务补偿机制等政策。在农村和农业基础设施建设方面，提出了具体任务以及加强扶贫贴息贷款管理、增加对西部地区信贷投入、推进产业化经营的措施；针对贫困农村面临的问题，提出进行集中连片开发的措施。

《意见》中把加快发展西部地区特色经济和优势产业，增强西部地区的造血功能和自我发展能力，摆到了突出位置。明确提出：合理调整全国产业分工格局，支持西部地区依托优势资源发展特色经济和优势产业。由国家投资或需要国家批准的重点项目，只要西部地区有资源、有市场，要优先安排在西部地区。为提高资源开发的可持续性，提出了加强西部地区矿产资源勘探，增加公益性调查评价的资金投入政策。加快培育重点经济区域，支持重点地带优势产业和企业加快发展，对国家级经济技术开发区和国家级高新技术开发区园区内基础设施建设贷款要继续给予贴息支持。

针对西部地区教育、卫生、科技、文化等社会事业严重滞后的状况，强调要把优先发展教育作为基础性、战略性任务来抓，摆在与基础设施、生态环境建设同等重要的位置，将西部地区“普九”任务以及“两基”攻坚具体目标写入《意见》中。提出加大中央财政和省级财政对农村义务教育的支持，新增财政收入用于支持农村教育发展的部分向西部地区农村倾斜，支持中小学校建设的中央财政专项资金继续向西部地区倾斜，支持西部地区卫生疾病预防控制体系和医疗救治体系建设；采取经济措施鼓励贫困地区农民家庭“少生快富”。

《意见》提出了要加快深化西部经济体制改革，着力改善投资环境，充分发挥市场机制作用，加快转变政府职能，健全市场体系，建立社会诚信体系，加强公务员队伍建设，提高办事效率和依法执政水平，吸引国内外市场的资金、技术、人才，加强东中西部经济合作。《意见》提出，要建立以企业为主体的招商引资新机制，逐步放宽保险、旅游、运输等领域的外资准入限制条件等政策措施。

《意见》提出，要继续保持长期建设国债等中央建设性资金支持西部开发的投资力度，进一步加大中央财政对西部地区的转移支付力度，采取多种方式筹集西部开发专项资金，拓宽西部开发直接和间接融资渠道等资金保障措施。提出逐步完善艰苦边远地区津贴制度，制定人才政策、加强培训等人才保障措施。提出制定西部开发促进法、加强执法和法制环境建设等法制保障措施。

（国家发展和改革委员会地区经济司）

2003 年西部开发进展情况与 2004 年西部开发工作的主要任务和政策措施

【2003 年西部开发进展情况】2003 年，按照党中央、国务院关于西部大开发工作的总体部署，根据国务院年度西部开发工作的具体要求，各地区、各部门特别是西部地区广大干部

群众共同努力，西部大开发取得积极进展，西部地区经济社会发展进一步加快。2003 年西部地区（12 省区市）实现 GDP22955 亿元，同比增长 11.3%，增长速度比 2002 年提高 1.3 个百分点。特别是第一产业增加值同比增长 5.3%，是五年来东中西三大地带中增长速度最快的时期。全社会固定资产投资完成 10844 亿元，占全国的 19.9%，同比增长 27.3%，其中国家预算内基本建设投资 813 亿元，占全国的 42.8%。地方财政收入完成 1650 亿元，同比增长 15.3%，接近全国 15.7%的平均增长水平。进出口总额完成 279 亿元，同比增长 35.5%。实际利用外商直接投资 17 亿美元，同比下降 13.3%。

生态建设和环境保护稳步推进。退耕还林工程年内完成退耕地还林 337 万公顷，荒山荒地造林 377 万公顷。到 2003 年底，退耕还林工程累计完成退耕还林任务 1520 万公顷，其中退耕地还林 720 万公顷亿亩，荒山荒地造林 800 万公顷，造林成活率基本可达到要求，先期开展退耕还林的地区，林草植被增加，水土流失明显减轻。四年来，退耕还林工程直接增加中西部地区农民粮食、种苗和现金补助收入 492 亿元，促进了生态改善和农民增收。退牧还草试点工程在内蒙古、新疆、青海、甘肃、宁夏、四川和云南等七省区及新疆生产建设兵团启动，当年下达退牧还草试点任务 667 万公顷，其中禁牧 358 万公顷、休牧 268 万公顷、轮牧 40 万公顷。天然林资源保护、京津风沙源治理等生态建设工程进展顺利，江河上游水污染治理和西部中心城市环保设施建设等得到加强。

重点工程建设进展顺利。2003 年，国家在西部地区新开工建设了万宜铁路、内蒙古包头至磴口公路、甘肃九甸峡水利枢纽及引洮供水一期工程、四川大渡河瀑布沟水电站神华煤炭直接液化工程等 14 项重点工程，四年来国家已在西部地区累计开工 50 项重点工程，投资总规模 7700 多亿元。2003 年西部地区新增公路通车里程约 2 万公里，其中，新增高速公路通车里程 1400 公里左右，国道主干线西部路段 1670 公里，西部开发 8 条省际干线公路 840 公里。水利建设完成了 210 多座病险水库除险加固任务，新增建设和改造大型水库 13 座。西气东输工程东段（靖边—上海段）管道已正式建成投产运营，西段（轮南—靖边）主体管道全线焊接已基本完工，2004 年实现全线供气。西电东送工程新开工装机容量 800 万千瓦，完工投产 980 万千瓦，新开工建设 500 千伏输变电线路 1500 公里。青藏铁路唐古拉山以北路段线下主体工程基本完成，累计完成新线铺轨 317 公里，占总长度的 27.8%。

农村基础设施建设得到加强。2002 年确定的“油路到县”、“送电到乡”、“广播电视到村”三项重点任务，到 2003 年年底基本完成。油路到县工程当年建成 6000 公里，基本完成总里程 2.6 万公里的规划目标。送电到乡工程，两年内完成了近千个无电乡通电工程建设。广播电视到村工程的使西部行政村通广播电视的比例达到 97%以上。同时，县际公路工程，2003 年新开工 2 万公里，新增里程 4200 公里。农村公路通达工程建成 134 个乡、2680 个行政村的通乡通村公路。安排了西部地区 93 个灌区的续建配套工程，79 个节水灌溉示范项目，恢复、新增灌溉面积 100 万亩，改善灌溉面积 480 万亩，新增粮食生产能力 5.9 亿公斤，年节水近 7.6 亿立方米。农村人畜饮水工程当年解决了 860 万人的饮水困难问题。在云南、贵州、内蒙古、宁夏开展了生态移民试点工程，安排专项资金解决 32 万生活在生态环境恶劣、不具备人类基本生存条件地区的困难群众易地安置问题。

科技和教育、卫生等社会事业发展加快。2003 年，国家在西部地区建设科研基地 18 个，其中，2 个以产业创新为主的研发基地、11 个以科研成果产业化为主的工程化基地、5 个以鼓励创业和培育中小企业为主的孵化器，在特色资源转化、生态环境重建、水资源合理利用等领域取得一些技术突破。2003 年国家把发展西部地区基础教育列入西部开发重要议程，明确提出到2007年实现西部地区基本普及九年义务教育和基本扫除青壮年文盲的目标。国务院有关部门继续安排资金实施贫困地区义务教育二期工程、农村中小学危房改造工程，支持高校、优质高中、职业教育、师范、特殊教育校舍建设，开展农村中小学现代远程教育工程试点等。在卫生事业方面，在2002年建设西部地区疾病预防控制体系的基础上，国家进一步支持了西部地区570多个疾病控制机构和550多个紧急救援中心、传染病医院、负压病房建设，在139个县进行了新型农村合作医疗试点，安排59所贫困县县医院、170所乡镇卫生院基础设施建设。在文化事业方面，2002年～2003年中央补助2.2亿元，支持了467个县图书馆、文化馆建设。“百县千乡宣传文化工程”，定点资助建设了201个县级宣传文化中心，1525个乡镇宣传文化站，100个村宣传文化室建设。2003年国家还安排了西部地区文物保护项目139个。

人才开发工作力度加大。中央成立了西部地区人才开发协调小组。中央国家机关加大了对西部地区干部的培训力度，年内培训各级各类干部1万多人次，有关部门培训农业、科技基层干部和技术人员3万多人次。中央国家机关和东部地区与西部地区之间干部交流、科技教育人才对口支援人数增多，2003年省部级干部交流17人，220名局级干部到西部挂职，454名西部特别是少数民族干部到中央国家机关和东部地区挂职锻炼，有近万名教师派往西部地区任教，西部地区有数千名教师到东部地区学校任教培训。中央组织部、团中央、教育部等部门组织实施了博士服务团、大学生志愿服务西部等活动。西部地区人才环境有所改善。

【2004年西部开发工作的主要任务和政策措施】进一步推进西部大开发还面临许多困难和问题，西部地区交通、水利、能源、通信等基础设施落后仍然是制约经济社会发展的薄弱环节，生态环境局部有所改善、总体恶化的趋势尚未得到有效控制，水资源短缺矛盾突出，教育、卫生等社会事业发展还十分落后，人才不足并且流失严重，西部地区投资环境亟待改善，自我发展能力明显不足。解决这些困难和问题，还需要进行长期不懈的努力。2004年是西部大开发的第五年，西部开发工作要坚持以邓小平理论和“三个代表”重要思想为指导，认真贯彻党的十六大、十六届三中全会精神，树立和落实科学发展观，按照国务院西部开发工作会议的部署和要求，继续加强生态环境和城乡基础设施建设，全力推进西部教育“两基”攻坚，加强农村医疗卫生体系建设，积极发展特色优势产业，加快改革开放步伐，努力改善投资环境，以更大的决心、更得力的措施、更扎实的工作，努力开创西部大开发的新局面。

坚持“五结合”，进一步加强生态环境保护和建设。继续抓好退耕还林、退牧还草、天然林保护、京津风沙源治理等生态建设工程。退耕还林工作重点是巩固成果，切实把退耕还林等生态建设工程与基本农田建设、农村能源建设、生态移民、后续产业发展、封山禁牧舍饲结合起来。2004年安排退耕地还林66.7万公顷，荒山荒地造林333万公顷。退耕还林安排重点是西部地区，优先安排生态位置重要，对改善全国生态环境具有重要影响的北方干旱半干旱沙化区、黄土高原水土流失区、南方岩溶石漠化地区、长江中上游地区、青藏高寒江河源区和京津风沙源区等六大区域中25度以上陡坡耕地和严重沙化耕地，特别是江河两岸、湖泊水库周围的陡坡耕地。

退牧还草工程要总结试点经验，完善补助政策。2004年安排退牧还草600万公顷。继续集中治理蒙甘宁西部荒漠草原、内蒙古东部退化草原、新疆北部退化草原和青藏高原东部江河源草原。进一步落实草原家庭承包责任制，控制草原载畜量。推行休牧与轮牧相结合，放牧与舍饲相结合，恢复草原植被。加强牧区水利建设、棚圈建设和鼠虫害防治，逐步转变牧民生产生活方式。

实施退耕还林、退牧还草工程，要解决好

农民吃饭、烧柴、增收等长远生计问题。高度重视基本农田保护和建设，确保西南地区人均1亩以上、西北地区人均2亩以上高产稳产田，保护和提高粮食综合生产能力。加大农村能源建设力度，在退耕还林工程地区，积极发展沼气、节柴灶、薪炭林、太阳能等多种能源形式，开展小水电代燃料试点。扩大生态移民试点范围，在总结试点经验的基础上，统筹规划，优先安排生态位置重要、生态环境脆弱、已丧失基本生存条件地区的贫困人口易地安置。发展生态建设后续产业，包括畜牧业、中药材产业、林竹业、草产业等，通过安排小额贷款、贴息补助等，重点扶持农产品基地建设、加工转化、市场建设和一批立足当地资源优势、市场开拓能力强、科技含量高的龙头企业发展。

进一步加强环境保护。坚持预防为主、保护优先，落实重要生态功能区的保护任务，加强重大建设项目的环境影响评价和生态环境监管，加快江河上游水污染治理、工业污染防治、矿山环境恢复治理等环境保护工程建设，完善西部地区中心城市环保设施。

坚持“抓两头”，继续加快基础设施建设。抓好关系西部长远发展的重大工程和与群众当前利益密切相关的中小项目。继续集中力量建设好青藏铁路、西气东输、西电东送、水利枢纽、交通干线等重大项目，保证建设资金，严格项目管理，确保工程质量。在抓紧续建工程的同时，根据规划要求和项目前期工作进展情况，2004年在西部地区安排开工建设西部干线公路、洛湛铁路南段和大理至丽江铁路、西部支线机场建设工程、陕京二线输气管道工程、西电东送工程、西部重点煤矿工程、西部地区农村基础设施建设、西部特色产业发展项目、西部地区“两基”攻坚、西部地区农村卫生设施建设等10项工程，投资总规模769亿元。同时，进一步加强邮政基础设施建设和电信、邮政普遍服务能力建设。支持城镇道路、供水、城市污染治理等基础设施建设，增强城镇的吸纳功能，着力改善城镇环境。对国家级经济技术开发区和高新技术开发区基础设施建设继续给予支持。

加强西部地区农村基础设施建设，改善农民生产生活条件。节水灌溉、人畜饮水、乡村道路、农村沼气、农村水电、草场围栏等农村“六小”工程建设要进一步增加投资规模，扩大建设范围。县际公路改造工程，在2003年建设3万公里的基础上，再安排开工建设1.6万公里。人畜饮水工程，继续安排资金解决剩余的440万人饮水困难问题。继续实施县城电网改造工程，完善部分地区农网改造，支持少数民族地区缺电县电力设施建设。继续加强广播电视覆盖，支持西部地区已通电自然村（20户以上）通广播电视建设。加强农村市场体系建设。对一些经济发展明显落后、少数民族人口较多、国防或生态位置重要的贫困地区，集中力量，进行连片建设，力求在短期内明显改变落后面貌。

推进“两基”攻坚和公共卫生事业建设，促进经济社会协调发展。统筹西部地区经济和社会发展，在加快西部地区经济发展的同时，大力发展科技和教育、卫生、文化等社会事业。加强西部地区科技能力建设，积极推广农业科技，运用先进适用技术改造传统产业，继续支持西部地区高技术产业化发展。加快发展西部地区农村基础教育。把“两基”攻坚作为西部大开发的一项重要任务，摆在与基础设施和生态环境建设同等重要的位置，认真落实《国务院关于进一步加强农村教育工作的决定》，进一步加强地方政府的责任，落实好“以县为主”的管理体制。继续实施农村中小学危房改造工程和农村中小学现代远程教育试点工程，集中力量支持西部未“普九”县的中小学校舍和初中寄宿制学校建设。逐步对农村义务教育阶段家庭经济贫困学生免除杂费、书本费，对寄宿生补助生活费。继续支持西部地区提高高中招生能力，加快中等职业技术教育发展，改善高校办学条件。

加大对西部地区卫生事业的支持力度，提高公共服务水平。进一步加大对农村公共卫生和基本医疗服务设施的支持力度。完善农村卫生服务网络，加强贫困县级医院和乡镇卫生院建设，重点支持以乡镇卫生院为主体的农村医疗设施建设，加强重大传染病和地方病的防治。加快农村医疗卫生体制改革，积极推进农村新型合作医疗制度试点工作。加强基层计划生育服务网络建设，扩大“少生快富”工程试点。继续支持西部县级文化馆、图书馆及乡镇文化站建设。

加快发展特色优势产业，增强西部地区自我发展能力。经过四年基础设施和生态环境建设，西部地区投资硬环境已经有了改善，基本具备了调整结构、发展优势产业的条件。因此，在继续加快基础设施和生态环境建设的同时，必须抓紧推进产业结构调整，把加快发展西部地区特色优势产业，增强西部地区自我发展能力提到重要议事日程上来。

根据西部地区的资源优势和产业比较优势，要着力培育能源、矿产、旅游和特色农业等优势产业。充分利用西部地区水电和煤炭资源，进一步推进西气东输、西电东送工程建设，开发、推广能源节约和综合利用技术，把西部地区建设成为全国重要的能源基地。合理开发和综合利用丰富的优势矿产资源，加强重要矿产资源集中区的调查评价和勘查工作，支持西部地区资源型城市和老工业基地加快改造和振兴，把西部地区建设成为全国重要的原材料基地。围绕长江三峡、丝绸之路、香格里拉、贵滇黔川以及高原、草原等主要旅游线路，突出重点景区，构筑精品线路，加强旅游基础设施建设，搞好旅游资源的开发与保护，确立西部旅游业在全国的重要地位。促进特色农产品增值转化，继续抓好棉花、水果、花卉、中药材、肉类、奶类生产基地建设，积极兴办各类农副产品加工、保鲜、储藏、运销企业。

依托西部各地优势资源发展特色产业，要以企业为主体，以市场为导向，以先进适用技术为支撑，走市场配置资源的新路子。由国家投资或需国家批准的重点项目，只要西部地区基本具备条件，有市场，有竞争力，应当优先在西部地区布局。加强规划指导，研究制定促进西部地区优势产业发展的政策措施。为支持西部地区产业发展，国家在安排国债资金时，对西部各省、区、市发展特色优势产业给予倾斜支持。

大力改善西部地区发展环境，扩大东中西部地区经济合作。西部地区要进一步解放思想、更新观念，深化改革、扩大开放，完善社会主义市场经济体制，更大程度地发挥市场在资源配置中的基础性作用。大力改善投资环境，清理和精简行政审批事项，依法规范行政行为和执法行为，加快政府职能转变，树立诚信政府形象，强化服务意识，提高行政效率。加强市场体系建设，消除地区壁垒，加快培育资本、土地、劳动力、技术等生产要素市场，完善社会信用制度。积极推进公有制的多种有效实现形式，加快调整国有经济布局和结构，加快国有企业改革步伐。大力发展个体、私营等非公有制经济，支持中小企业发展，增强企业活力和竞争力。

加强东中部地区与西部地区之间的经济交流与合作。把东中部地区的资金、技术和人才优势与西部地区的资源、市场和劳动力优势结合起来，建立市场化的地区之间企业协作机制，实现优势互补、互惠互利，共同发展。探索建立和完善以企业为主体的招商引资新模式，提高招商引资实效，依托优势产业、重点工程、重点地带，吸引外来投资。提高对外开放水平，形成稳定透明的涉外经济管理体制，创造公平的法制环境，确保各类企业在经济贸易活动中的自主权和平等地位。鼓励民间资本和外资参与基础设施、生态环境建设、优势产业发展，参与国有企业改造、重组。逐步放宽西部地区金融、保险、旅游、运输等领域外资和民间资本准入条件。

加快法制建设步伐，加强人才队伍建设。认真研究、借鉴国际上成功的经验，结合西部大开发的实践，加强对带有全局性和制度性的重大法律问题的调查研究。以推动西部地区法制环境改善为中心，加大法制建设工作力度，为西部大开发创造良好的法制环境。尽快完成《西部开发促进法》和《西部开发生态环境监督条例》的起草工作。抓紧对制定生态移民、人才开发等单项法规立法可行性的论证工作。

贯彻全国人才工作会议精神，落实《西部地区人才开发十年规划》，进一步做好西部特别是民族地区人才开发工作。在发挥政府主导作用的同时，调动一切积极因素，为实施西部大开发战略提供人才和智力保障。制定灵活的用人政策，创造良好的用人机制和环境，稳定和用好现有人才，积极引进急需人才。改革收入分配制度，逐步提高西部地区各类人才的收入水平，制定鼓励人才到西部地区工作特别是长期工作的优惠政策。进一步完善中央国家机关和东中部地区与西部地区干部交流机制，加大县处级以上党政主要领导干部的交流力度。建立大中城市专业人员到西部地区基层服务制度，为广大农村提供急需人才。加大培养和培训力度，建立西部地区远程培训网络，加强创业培训和农民技能培训。积极开展人才开发的国际交流与合作。

（国务院西部地区开发领导小组办公室 杜平）

2003 年扶贫开发概况

【加强领导　加大投入力度】2003 年是全面贯彻落实党的十六大精神的第一年，也是新一届政府任期的第一年。全国各地按照中央关于兴起学习贯彻“三个代表”重要思想新高潮的要求，求真务实，不断创新，大力推进《中国农村扶贫开发纲要（2001～2010 年）》的实施，各项工作取得了新的进展。

2003 年新一届扶贫开发领导小组第一次全体会议召开后，各省区市根据会议精神，结合当地的实际，进一步明确奋斗目标，制定政策措施，落实工作责任，加强了对扶贫开发工作的领导和加大了投入的力度。河北、贵州等省相继出台了关于进一步加大对扶贫开发支持力度的决定或意见；黑龙江、海南等省还根据扶贫工作需要，充实和加强了扶贫机构。据不完全统计，2003 年国家财政共拨出 122 亿元财政资金投入扶贫开发，比上年增加了 8 亿元。在中央不断增加扶贫资金的同时，地方各级政府也积极筹措扶贫资金，加大对扶贫开发的投入力度，安排资金总量超过 30 亿元。

【整村推进实施贫困村扶贫规划】进入新阶段，我国贫困人口的分布状况发生了变化，呈现出“大分散、小集中”的特点，贫困人口日益向贫困村集体。据统计，全国确定 14.8 万个贫困村，覆盖了全国贫困人口的 80%，是新阶段扶贫工作的主战场。2003 年全国多数贫困村实施了扶贫开发规划，首批启动实施的达到 5.3 万个。这些贫困村共新增基本农田 176 万亩，新增改扩建道路 18.6 万公里，新增及改良人工草场面积 499.9 万亩，解决 643.1 万人、593.9 万头牲畜饮水困难，完成扶贫移民 42 万人。扶贫规划的实施，改善了当地的基本生产生活条件，为农民增加收入奠定了坚实的物质基础。

【大规模组织扶贫培训】根据全国贫困地区党政干部培训规划的安排，2003 年培训紧密结合当前扶贫工作的实际，既突出重点县党政干部培训这个特点，又根据贫困地区干部的需求，选择了不同的专题，强调了针对性和有效性。全年共举办党政干部培训班 5 期，592 个国家扶贫开发工作重点县和东部部分省定重点县的主管县长或书记、扶贫办主任，以及各省、区、市扶贫办有关负责同志，共1562人参加了培训，是近年来规模最大、人数最多、学员分布最广的一次培训。党政干部培训班紧紧围绕学习十六届三中全会精神，研讨全国扶贫开发形势、政策措施、重点工作等专题，并交流各自扶贫开发工作的做法、体会和成功经验。此外，还举办了5期专题培训班，包括人口较少民族扶贫开发培训班、新阶段贫困统计监测培训班、定点帮扶工作研讨培训班、西部地区妇女干部培训班、西部扶贫开发战略研讨培训班。参加培训的人员达到1000人次。这些不同专题，多种层次的培训，开阔了视野，增长了见识，启迪了思维，更新了观念。

各省区市也围绕规划项目的实施，认真组织了贫困地区干部培训工作，各地分别采取了专家授课、经验交流、现场观摩等多种形式，直接组织培训的干部群众达5万多人次，重点县组织的农民和乡村技术人员培训达到1500万人次。通过开展有针对性的培训，提高了基层干部的政策水平和组织扶贫开发的实战能力，增强了贫困农户掌握先进实用技术、实现增产增收的本领。

【开展定点扶贫和东西扶贫协作工作】参加定点扶贫的国家各级党政机关和对口帮扶的东部沿海发达省、市的主要领导讲政治、顾大局，以帮助和支持贫困地区的发展为己任，认真组织开展定点联系、对口帮扶和干部培训、人才交流工作，帮扶的领域不断拓宽，援助规模进一步扩大。据统计，2003年中央单位为定点扶贫县派出487名挂职干部，调研4741人次，投入7亿多元，引进资金超过31亿元，引进技术282项，资助贫困学生4.1万人，举办培训班1780期，培训18.8万人次。东西扶贫协作双方干部相互交流考察4654人次，东部提供财政支持3.4亿多元，签订企业合作项目640个，实际投资35.4亿元。组织劳务输出16万人，举办行政专业干部培训班70期，培训6672人次，举办农民专业技术培训班720期，培训16万人次。在中央国家机关的示范带动下，各省区市党政机关的结对帮扶工作和社会各界的扶贫济困活动蓬勃开展，为贫困地区办了大量好事、实事，为贫困群众解决了许多生产生活中的实际困难。

【加强与国际组织进行扶贫开发合作】在中国扶贫开发过程中，有许多国际组织先后以各种形式与中国的扶贫开发进行了合作。2003年世界银行与中国合作的西南、秦巴和西部三期扶贫项目进展顺利。与世界银行合作的第四期扶贫项目正在积极地进行着前期准备工作。亚行“扶贫开发面临的挑战与对策”、UNDP“爱滋病防治与村级规划实施试点项目”、亚太经合“东西部地区知识、信息传播与减贫”等一批国际合作项目已经开始启动。这些国际合作，对中国的扶贫开发起到了积极的促进作用。

【扶贫开发工作成效显著】在党中央、国务院的正确领导下，在社会各界的大力支持下，经过贫困地区广大干部群众的艰苦奋斗，2003年扶贫开发工作取得了显著成效。主要表现在：一是贫困地区经济有了较快增长，2003年，国家扶贫开发工作重点县的各项经济指标，比上年有了较大幅度的增长：全国扶贫开发工作重点县GDP达到7493亿元，同比增长761亿元，增幅为11.3%；重点县农民人均纯收入从1305元增长到1406元，增长率为7.8%，扣除物价因素，实际增长6%，高于全国农村平均1.7个百分点；2003年，重点县农民生活消费支出为1220元，比上年同期增加85.6元，扣除价格因素的影响，实际增长5.7%。二是科技、教育、文化、卫生等社会事业得到较快发展，贫困地区人口增长过快的势头得到初步控制，人口自然增长率有所下降；95%以上的行政村能够看到广播电视节目；义务教学办学条件明显改善，90%的行政村有了小学，7～12岁儿童辍学率下降到4.8%。与此同时，农村医疗卫生条件也有了很大发展，缺医少药状况得到明显缓解；推广了一大批农业实用技术，农民科学种田的水平明显提高；群众的文化生活得到改善，精神面貌发生了很大变化。

在遭受“非典”影响和严重自然灾害的情况下，取得这样成绩来之不易。但是，2003年未解决温饱的贫困人口不但没有减少，反而增加了80万。这充分说明新阶段扶贫工作的艰巨性和复杂性，必须在今后的扶贫工作中，进一步加大扶贫投入，完善扶贫机制，提高扶贫成效，确保“纲要”提出的奋斗目标如期实现。

（国务院扶贫领导小组办公室　谢鸿浔）

2003年扶贫开发工作与2004年扶贫开发的主要任务及政策措施

【2003年扶贫开发工作】2003年，扶贫开发工作按照党的十六大精神和十六届三中全会提出的“完善扶贫开发机制”的要求，在全面、协调、可持续的发展观指导下，明确目标，完善机制，取得了新的进展。

按照进一步加强规划编制工作和规范建设项目审批管理，强化规划的指导作用的要求，有关省区在编制和修改完善以工代赈规划的过程中，进一步明确目标，突出重点，提高了规划的科学性和可操作性，并努力做到与其他农村经济发展专项规划有机衔接，使以工代赈建设更好地服务于当地经济发展、结构调整和农民增收。

2003年，中央专项扶贫资金共计安排288.6亿元，比上年增加8亿元。其中，财政扶贫资金63.6亿元，以工代赈40亿元，扶贫贷款185亿元。在此基础上，还安排了25亿元国债资金专项用于以工代赈。对改善贫困地区的生产生活条件，促进贫困农民收入的提高发挥了重要的作用。与此同时，中央对贫困地区的其他资金和政策支持力度也进一步加大，国债资金重点安排加强乡村道路、人畜饮水、农村水电等农村“六小”工程和退耕还林、退牧还草工程等方面的建设，为提升贫困地区基础设施水平，改善生产生活条件和生态环境，促进贫困地区的全面发展打下了良好的基础。

2003年国家继续加强社会事业基础设施投入，有力促进了贫困地区社会事业的发展。主要包括五个方面：一是安排21.2亿元，加上地方配套资金共94亿元，投资建设全国2443个疾病预防控制项目，提高了包括贫困地区在内的农村地区应对“非典”、艾滋病、血吸虫病以及其他危害人民身体健康的重大疾病的防治能力。二是安排国债资金2亿元，配置农村巡回医疗车1004辆，覆盖所有国家扶贫开发工作重点县。三是安排国债资金20亿元，改造6440所存在严重危房的农村学校，新建校舍670万平方米，使200余万农村学生告别危险校舍。四是继续安排国债10亿元，支持了558个优质普通高中扩招项目，建筑面积333万平方米，可增加在校生54万人，贫困地区也将因此受益。五是安排国债资金7亿元，继续开展农村中小学现代远程教育工程试点。建设农村学校教学光盘收视点、卫星教学收视点和计算机教室。

2003年，国家继续在内蒙古、贵州、云南、宁夏四省区开展易地扶贫搬迁试点，安排国债资金15亿元，比上年增加5亿元，共计搬迁32万人。此外，国家还安排少量资金在广西、四川、陕西和甘肃等省区进行小规模的同步试点。有关省区在组织实施试点过程中，在进一步与退耕还林、退牧还草、天然林保护等生态工程相结合的基础上，把促进搬迁群众的长远发展作为开展试点的着力点，妥善处理生产条件改善与生活设施建设的关系，明确了有关标准，提高了工作的规范性。

在国务院扶贫开发领导小组的统一部署下，中央、国家机关以及有关团体272家单位定点帮扶485个国家扶贫开发工作重点县。2003年中央、国家机关等有关单位，克服了“非典”造成的不利影响，及时派出了中青年干部，到定点帮扶的国家扶贫开发工作重点县挂职扶贫。挂职干部把全面了解贫困地区的农业和农村经济，进一步加强对基本国情的了解，提高解决实际问题的能力等作为工作的重点，发挥自身的优势，帮助定点帮扶县做好工作，有力地促进了当地经济社会各项事业的发展。同时，挂职干部本身也在基层工作中受到教育和锻炼，提高了政治素质和工作能力。

2003年，利用外资扶贫取得进展。一是利用日本协力银行贷款在武陵山区分期实施的扶贫项目进展顺利。其中湖南项目区的建议书和外资利用方案已经批复，利用外资贷款规模6350万美元，重点进行农村教育、医疗卫生、供水及农贸市场等建设。涉及湖南省湘西自治州和张家界市的10个国家和省级扶贫开发工作重点县，项目已于2004年1月开工。此外，贵州项目区的项目建议书也将于近期进入审批程序。二是利用世行贷款和英国政府赠款在四川、云南和广西三省区实施的“世行—DFID混合贷款扶贫项目”前期工作全面展开。计划贷款总规模1亿美元，第一阶段的前期工作目前已基本完成，三省区所编制项目建议书已分别完成审批程序，下一阶段的工作将全面展开。

2003年自然灾害频繁发生，淮河、黄河流域分别发生了较大洪涝灾害，长江以南的地区出现大面积持续性的干旱少雨，给受灾的贫困地区基础设施造成了严重的破坏，农作物大幅减产，农民收入下降，返贫人口大幅增加。一些受灾严重的省份的脱贫人口出现了负增长，对全国的扶贫产生了很大影响。

【2004年扶贫开发的主要任务及政策措施】根据国务院关于进一步集中使用扶贫资金的精神，2004年，国家扶贫专项资金要全部用于国家扶贫开发工作重点县。同时，针对近年来因灾返贫比较突出的情况，要把扶贫资金的投放重点放在提高贫困地区抵御自然灾害的能力上，切实做好受灾严重地区的恢复建设工作。安排好扶贫贷款，适当集中支持产业发展和规模经营，进一步提高贷款质量，并继续执行统一优惠利率，由中央财政贴息。在各类项目的建设中，要发挥资金的整体效益。地方政府也要千方百计筹措资金，不断增加扶贫投入。加强扶贫资金的管理，提高使用效益。进一步加强资金的审计和监督检查，严肃查处挤占、挪用和贪污扶贫资金等行为。

继续加强贫困地区的基础设施和生产建设，帮助贫困地区加快调整农业生产结构。进一步统筹处理好开发与生态环境的保护、恢复和改善的关系。在安排退耕还林、天然林保护、以工代赈、乡村公路及农村“六小”工程时，要进一步向贫困地区倾斜，做到适当集中。要集中建设对经济发展带动作用强，与农民增收关系密切的中低产田改造、小型水利、乡村公路等工程，并专门安排一定资金，用于跨省区项目的示范建设。

通过加快农业的发展促进贫困地区脱贫致富。贫困地区农业发展的关键是结合当地农业特点调整产业结构，培育优势产业。一是要因地制宜发展种养业。二是要抓好农业结构调整，发展地方特色农业。三是要大力发展农业产业化经营，增加农产品附加值，形成有特色的区域性主导产业。

进一步完善扶贫开发机制，安排好国家专项资金，在国家宏观经济政策的指导下，进一步促进贫困地区经济和社会的全面发展。贫困地区要切实树立科学的发展观，努力做到统筹城乡发展、统筹经济社会发展、统筹人与自然和谐发展。落实《中国农村扶贫开发纲要》提出的“坚持综合开发、全面发展，把扶贫开发纳入国民经济和社会发展计划”。要把扶贫开发与农村经济和县域经济的发展进一步协调起来，促进贫困地区经济社会全面发展。

要以“三个代表”重要思想为指导，把以工代赈扎实深入地开展下去。一要切实贯彻落实中央经济工作会议精神，扩大以工代赈规模。二要以中西部革命老区、少数民族地区、边境地区和自然资源贫乏、自然条件恶劣地区等贫困人口相对集中的区域为主战场，确保贫困地区群众切实受益。三要进一步动员和组织广大贫困群众参加以工代赈工程建设。安排建设项目要在促进贫困地区长期发展的同时，有效增加贫困人口的报酬收入。四要进一步规范管理，及时出台《以工代赈资金和项目管理办法》。五要针对边远地区的难点和重点困难，加强省际断头路、灌区配套和小流域治理建设。

积极推动贫困地区社会事业的发展。坚持以人为本，进一步提高贫困农民综合素质，从根本上巩固扶贫成果。提高科技、教育、文化、卫生事业在贫困乡村的覆盖面。加快发展贫困地区基础教育和职业教育，增加教育投入，特别是中小学教育的投入，确保适龄儿童都能接受九年义务教育。通过开展职业教育和技能培训，进一步提高贫困农民的就业能力，拓展就业渠道。进一步改变贫困地区信息闭塞、文化落后的状况，扶持贫困地区实现通邮、通电话、通广播电视。充分利用一些贫困地区拥有的独特的旅游资源，搞好旅游开发，带动当地群众致富。改善贫困地区的卫生、医疗条件，积极防治地方病，增强贫困人口的体质，减少因病返贫人口。

稳步推进易地扶贫搬迁（生态移民）试点工作。要在认真总结经验的基础上，稳步推进试点工作的深入开展。2004 年要在以往试点工作的基础上，继续安排试点资金，组织作好易地扶贫搬迁工作。一是从总体上掌握各地用于安置搬迁群众的土地、水利等资源情况。二是进一步明确易地扶贫的目标和对象，兼顾群众脱贫和生态保护。三是把受地质灾害严重影响的贫困群众的搬迁作为工作的一个重点，纳入规划，统筹安排。四是积极推行整体搬迁。五是进一步把重点放在改善农田、水利、公路等基本的生产条件上。六是按照“搬得出、稳得住、快发展、早致富”的要求，进一步拓宽搬迁群众的增收渠道，明确发展思路。七是要积极与其他有关规划和工程相衔接。

加强少数民族地区的扶贫开发。进一步提高对少数民族扶贫开发工作的认识，加大扶持力度，积极发展各项社会事业，支持少数民族地区的全面发展。特别是对聚居在边疆地区、深山区和其他偏远地区人口较少的少数民族，要在政策和资金等方面给予更为优惠的倾斜和照顾，切实帮助这部分群众走上致富之路。同时，还要积极吸收国际社会在这方面的成功经验，在开发的同时，把少数民族特有的传统保护好，开发利用好，使之成为少数民族发展的宝贵资源。

推进利用外资扶贫工作。推动贫困地区的对外开放，改善投资环境，争取更多国际援助，积极利用国际组织和外国政府贷款用于扶贫。要综合运用多种方式，努力降低利用外资的成本，减轻贫困地区利用外资的负担。有关省区要尽快完成利用世界银行与英国政府混合贷款项目的前期工作，力争早日开工；抓紧组织实施利用日本协力银行贷款武陵山区扶贫项目，争取早日见效，并积极推动其他项目省区相关工作的开展。

（国家发展和改革委员会地区经济司
吴树林）

2003年民族地区经济运行情况

【国民经济】2003年，民族地区（指5个自治区和云南、贵州、青海3个多民族省，下同）认真贯彻“三个代表”重要思想和党的十六大精神，克服“非典”疫情、自然灾害影响以及经济发展中重重困难，保持了国民经济持续上升的势头。总的来看，民族地区全年国民经济运行质量良好，经济增长率逐季攀升，整体经济增势强劲。2003年民族地区完成GDP 11524亿元，同比增长11.1%，成为“九五”以来的最高速度。国民经济快速增长，但与沿海发达地区发展差距扩大的趋势尚未扭转，继续扩大。

经济运行总体上呈现如下特点：一是地区生产总值跃上新台阶。2002年民族地区GDP首次突破万亿元大关，2003年又突破11000亿元，这也是“九五”以来民族地区年GDP增量首次突破1000亿元。继2003年内蒙古GDP跃过2000亿元后，民族地区各地区经济总量形成三个方阵，内蒙古、广西、云南三个省区排在第一方阵，GDP在2000亿元以上；贵州、新疆形成第二方阵，GDP在1000亿元以上；西藏、青海、宁夏列第三方阵，GDP均不足500亿元。二是大多省区呈现快速增长的势头。内蒙古、广西、贵州、西藏、青海、宁夏和新疆7个省区的增速均超过10%，其中内蒙古增速达16.8%，居全国第1位，西藏、青海、宁夏增速排在全国前10位。三是超过一半省区经济增长快于上年。只有广西、西藏和青海全年的经济增长速度低于上年。四是经济总量仍很低，与沿海发达地区发展差距扩大的趋势尚未扭转，继续拉大。2003年民族地区GDP增速比东部地区低1.6个百分点，比上年扩大1.2个百分点；GDP占东部地区的比重仅为14.1%。民族地区全面小康实现程度与全国的差距很大。2003年全国农村全面小康实现程度为16.9%，比上年提升4.4个百分点，其中，东部地区为35.6%，比上年提升了4.8个百分点；而以民族地区为主的西部地区则为-9.7%，虽比上年提升4.4个百分点，但距总体小康还差1/10的路程，全面小康建设任重道远。从全国各省、自治区和直辖市农村全面小康实现程度来看，民族地区除内蒙古自治区排在全国第20位，其他省区均排在全国后8位。

【固定资产投资】固定资产投资保持较快增长，投资仍是拉动经济快速增长的主要方式。2003年，民族地区全社会固定资产投资完成5584亿元，比上年增长30.7%。

民族地区投资有以下几个方面特点：一是增长速度快，贡献大。全社会固定资产投资增幅比上年提高12.4个百分点，增幅比全国高4个百分点。内蒙古、广西、云南、西藏、青海和宁夏的全社会固定资产投资增速位于全国前10位，均超过22%。内蒙古高达65.9%，列全国第1位。内蒙古投资增速是改革开放以来的最高水平，广西投资对经济增长的贡献率超过50%，西藏今年的投资是近五年来投资最大、建设项目最多的一年，宁夏因全国少数民族传统体育运动会场馆和高速公路建设等工程的带动，投资高速增长。二是增量大，三个省区突破1000亿元。2003年民族地区固定资产投资比上年净增加近1312亿元，这也是民族地区固定资产投资增量首次突破亿元大关，创历史最高纪录。内蒙古和云南的投资均首次突破1000亿元。三是自筹资金和民间投资比例和增速显著提高，投资主体多元化格局正在形成。内蒙古自筹资金所占比重由 1999 年的 46%提高到 56%左右；云南和贵州自筹资金增速分别为 38%和 26%左右，均高于国家预算内资金和其他资金的增幅；宁夏自筹资金增长 90.6%，所占比重提高 8.9 个百分点；青海民间投资增速为 26%，占固定资产投资的 36.8%，增速高于国有投资增长速度。四是房地产投资仍以较高速度增长。西藏、宁夏和青海的房地产投资增长速度均超过 34%，排在全国前 10 位；西藏增速超过 60%，居全国第 2 位。

民族地区固定资产投资的加快主要得益于国家实施的西部大开发战略，2003 年国家在西部地区新开工 14 项重点工程，总投资 1300 多亿元。

【进出口贸易】进出口贸易大幅增长，但面临新的压力。2003 年民族地区进出口保持快速增长，进出口总额达到 156 亿美元，同比增长 38.6%，为“九五”以来的最高纪录，增幅比上年提高 14.7 个百分点，比全国高 1.6 个百分点。其中，出口 91 亿美元，增长 51%，进口 65 亿美元，增长 24.3%。

民族地区进出口贸易有如下特点：一是增长速度加快，增量大。新疆、青海、宁夏、贵州的进出口增速均超过 40%，新疆、青海分别达到 77.3%和 72.9%，居全国第 1、2 位；新疆、青海、宁夏、西藏、内蒙古的出口增速超过 40%，新疆高达 94.3%，位于全国第 1，青海高达 81.5%，位居全国第 2；新疆、贵州、青海的进口增速均超过 40%。2003 年民族地区进出口贸易总额增量超过 40 亿美元，创历史最高。二是总量小，占全国的比重呈现下降趋势。虽然民族地区进出口总额快速增长，但由于总量小，因而对民族地区经济的拉动作用仍然有限。2003 年民族地区进出口总额占全国的比重只有 1.8%。民族地区进出口总额占全国的比重在“八五”、“九五”和“十五”三个阶段一直呈现逐步下降趋势。“八五”期间占全国的比重约为 3%，“九五”期间 2%以上，到“十五”期间不到 2%。西藏和青海的进出口总额均不足 4 亿美元，西藏只有 1.6 亿美元，不到广东的 0.06%，进出口总额最大的省区是新疆，虽达到 47.7 亿美元，但不到广东的 1.7%。三是出口产品结构单一，资源性产品突出。民族地区出口产品结构单一，多是资源性初级产品和科技含量较低的产品，竞争优势也不明显。另外，2003 年国家调整了出口退税政策，取消或降低部分资源性产品的出口退税，无疑对出口产品结构单一的民族地区外向型企业来说会产生很大影响。2004 年国家将建立中央和地方财政共同负担出口退税的新机制，由中央与地方按 75:25 的比例分别负担。这对于财力很有限的民族地区政府来说，是一个不小的负担。

【消费品市场】社会消费品零售总额稳步增长，新型消费呈现较快增长势头。消费品市场稳定增长。2003 年民族地区实现社会消费品零售总额 3529 亿元，同比增长 10.1%，为“九五”以来的最高增速。按当年价格计算，青海增长 1.7%，西藏增长 9.6%，其他五个省区的增速均达到两位数，其中内蒙古达到 19.9%。从总量看，广西社会消费品零售总额居民族地区第 1 位，达到 857.7 亿左右，约占民族地区的 24.3%。民族地区与全国各地区相比，消费需求差异不大。特别是随着城市居民收入的逐步提高，以汽车、住房、电子通讯、家政服务、非义务教育消费等为代表的新型消费在民族地区开始呈现较快增长势头，成为带动民族地区消费增长的主要动力。

【工业生产】工业生产快速增长，效益提高，但企业核心竞争力不强。工业生产快速增长。2003 年民族地区规模以上工业企业完成增加值 2673 亿元，同比增长 15.7%，增幅提高 4.2 个百分点，其中内蒙古的增速达到 31.5%，居全国第 1 位。工业企业生产效益大幅度提高。规模以上工业企业盈亏相抵后累计实现利润 421 亿元，同比增长 61.2%，比全国平均增幅高 18.5 个百分点，其中贵州、内蒙古和广西的增速分别达到 89.3%、81.3%和 74.4%，均居全国前 6 位。亏损企业亏损额为117亿元，比上年下降3.2个百分点，下降幅度比全国高1.3个百分点，其中广西、贵州和宁夏的降幅均超过10%以上，广西达到21.3%。

民族地区工业发展呈现如下特点：一是资源性产品生产是推动民族地区工业生产增长和效益提高的主要力量。如煤炭采选业、电力热力生产供应业、食品制造业、烟草加工业、制糖工业、化学原料及化学制品制造业、医药制造业、有色金属和黑色金属冶炼及压延业、石油和天然气开采业、石油加工及炼焦业等。二是加大企业技术进步力度，增强了工业发展的内在力量。广西2003年完成工业技改投资113.1亿元，比上年增长67.6%，占技改总投资比重由上年的64%提高到79.2%。贵州工业行业完成更新改造投资106亿元，同比增长25.9%，增幅比全省更新改造投资高6个百分点。宁夏前11个月新开工技术改造项目222个，投资总规模58.14亿元。2003年国债对宁夏技改项目的支持力度明显大于往年，已有12个项目得到1.1亿元国债贴息资金。三是民族地区工业企业大多规模小，新增长点少，产品适应居民消费结构升级的品种不多，产业链较短，核心竞争力不强。

【农业生产】农业生产稳步增长，结构调整力度加大，但农民增收的基础仍很薄弱。2003年，民族地区成功抵御了严重自然灾害等不利因素的冲击，保持了农业生产稳定增长。农业生产总产值达到3891亿元，同比增长5.6%，比全国平均增幅高1.7个百分点。农业GDP占全国的比重达到13.1%，为1993年以来的最高。农业种植结构进一步调整，粮食、糖料播种面积减少，棉花、麻类、药材和蔬菜等经济作物种植面积扩大。粮食产量6630万吨，比上年下降0.7%，但占全国的比重达到15.4%，比上年提高0.8个百分点；棉花产量161万吨，比上年增长8.4%，占全国的比重达到33.1%；糖料产量7114万吨，占全国的比重达到73.8%，比上年提高5.8个百分点。但民族地区农牧业基础地位仍不稳固，农村经济发展和农牧民增收困难依然较多。一是农业基础脆弱。由于民族地区特殊的条件，农业生产和农民生活受自然灾害频繁发生的影响较大。如今年以来，各种自然灾害频繁发生，严重程度是历年少见的。二是农业和农村经济的组织化程度低。三是农民增收渠道少。农村劳动力转移还面临种种障碍等原因，来自非农产业收入占农民人均纯收入的比重明显低于全国。

【存在的问题与困难】虽然民族地区经济快速发展，取得了可喜的成绩。但还存在着不少困难和问题。

贫困状况仍很严重。在国家扶贫开发工作重点县592个县中，民族自治地方县有267个，占45.1%。西藏73个县级单位全部被纳入国家扶贫开发重点范围。据内蒙古农调队2003年最新调查结果，在内蒙古的33个牧业旗（市）中，“极端贫困牧户”约占总牧户数的18.7%。根据国家民委调研，民族地区还有相当一部分群众生活处在极端贫困状态。在22个人口较少的少数民族中，有1/4左右人口尚未解决温饱问题，一些民族呈整体贫困状态。部分偏远地区贫困群众常年遭受结核病、高氟病、大骨节病困扰，因病致贫现象突出。

结构调整任务大。产业结构仍不合理。2003年民族地区一二三产业增加值占生产总值之比为20.8:42:37.2，全国为14.6:52.3:33.1，与全国相比，民族地区第一产业比重偏大，第二产业比重偏低，工业化进程缓慢。

自然灾害频繁，损失严重。到2003年10月底，我国大陆地区共发生5级以上的地震20多次，全在民族地区。其中内蒙古1次，西藏1次，新疆12次，青海海西州1次，四川凉山州1次，云南楚雄州2次，青藏交界地区5次。这些地震有9次造成人员伤亡和财产损失，累计造成294人死亡，约230多万人受灾，直接经济损失超过30多亿元人民币。广西、贵州的洪涝灾害，内蒙古局部地区的旱灾比较严重，一些地区的虫灾、雹灾等也造成一定损失。

吸引外资难逐渐显露。近几年来，民族地区吸引外资不仅没有呈现上升趋势，反而出现下滑局面。1997年民族地区外商直接投资12.1亿美元，到2003年下降到6.9亿元，下降了42.6%，全国上升18.2%。另外，民族地区占全国份额极小，并呈现下降趋势，从1997年的2.7%下降到2003年的1.3%。

财政收支矛盾突出，自我发展能力弱。民族地区财政收入占全国地方财政收入的比重逐步下降，“八五”期间为11%，“九五”期间为10%，“十五”期间不到10%，2003年仅为全国地方财政收入的9%。财政收支不平衡，并且呈现逐步扩大的态势，收支差额从1996年的467亿元上升到2003年的1666亿元。财政支援经济建设、调控经济运行的力度明显不够。

（国家民族事务委员会经济发展司　冯常海）

中部地区篇

【经济与社会发展】2003年，山西省进一步推动经济结构调整，保持了经济快速健康增长的良好势头。全年GDP达到2445.6亿元，同比增长13.2%，创1985年以来最高。完成财政总收入379.5亿元，增长29.8%。城镇居民人均可支配收入7005元，农民人均纯收入2299.4元。

结构调整全面深化，经济效益日益显现。粮食生产在种植面积减少5.9%的情况下喜获丰收，总产量达95.9亿公斤，比上年增长3.6%，为历史上第5个高产年。龙头企业已发展到90个，全年实现销售收入85亿元，增长25%。其中，有9个进入全国重点龙头企业行列，销售收入过亿元的龙头企业达到14个。粟海集团、屯玉种业跃居全国同行业10强。在龙头企业带动下，全省特色农业产值比重达到45%，比上年提高了2个百分点；全省累计312个有绿色食品通过国家认证，排全国第三位。

全年规模以上工业企业实现增加值882.2亿元，同比增长24.2%。年销售收入10亿元以上的企业达到26家，比上年增加4家，有2家企业年销售收入超过百亿。尤其是太钢集团通过不锈钢技术改造，核心竞争力显著提高，集团销售收入达到207亿元，增长52%；实现利税26亿元，增长63%，对全省工业经济增长的贡献率达18%。30个重大工业潜力产品项目已有80%以上建成投产，投产项目覆盖煤炭、冶金、化工、机械、医药、烟草等领域。项目企业全年实现销售收入650亿元，增长42%。

100个高新技术产业化项目已有98个列入实施计划，其中60个建成或部分建成投产，实现销售收入68亿元，同比增长79%；实现税收7.6亿元，增长92%。实施的项目中，处于国际领先水平的14项，国际先进的26项，国内领先的50项，国内先进的8项。得到国家支持的高新技术产业化项目30个，其中2003年增加了8个。在高新技术产业化项目推动下，全省科技综合实力在全国的排位由第21位上升至第18位。

传统行业内部结构进一步优化，资源环境效益明显提高。煤炭行业全年共关闭381个小矿井，淘汰落后生产能力1100万吨，产业集中度明显提高，规模超亿元企业产值占全行业比重76%，煤炭矿井资源平均回收率达到

44%，煤炭洗选率37%，分别比上年提高4、6、4个百分点。由于产业集中度的提高和安全生产工作力度的加大，煤炭生产百万吨死亡率降至1.1人，为全国的四分之一，比上年下降了11.3%。焦炭行业全年共取缔、关闭土焦、改良焦企业2200多个，削减焦炭生产能力3000余万吨。冶金行业冶炼高炉从平均100立方米提高到500立方米，转炉平均从15吨提高到50吨左右。电解铝生产全面使用预焙槽先进工艺，能耗大幅降低，集中度显著提高，三大企业铝产量占到全省的65%。

投资需求继续旺盛，消费需求明显回升。全年完成全社会固定资产投资1116.3亿元，同比增长33.2%。技术改造投资占固定资产投资的比重达22.7%。民间投资更趋活跃，非国有投资增长57.7%，占固定资产投资的比重56.2%。全年完成社会消费品零售总额729.3亿元，增长13.7%。

非公经济快速发展，融资取得新的突破。非公经济增加值达到1025亿元，同比增长22%，占GDP的比例达到42%。资产总值超亿元的民营企业达到85户，其中7户进入了全国百强行列。省外在山西投资197亿元，增长81%。投资山西省的大型跨国公司从上年的24个增加到32个。又有太工天成等三家公司成功上市，资本市场融资额达到19.9亿元，增长1.7倍。

10大旅游景区建设力度继续加大。面对"非典"疫情对旅游业的冲击，在游客数量下降的情况下，各旅游景区景点加大了基础设施和环境整治力度，为非典之后旅游业迅速恢复奠定了扎实的基础。在此带动下，全省旅游增长继续快于全国平均水平。

中小学危房改造、高校基础设施和科研院所重点实验室建设进度加快，两院院士实现了零的突破。实现"普九"的县（市、区）达到110个，人口覆盖率93.7%。新增博士点19个、硕士点101个。省、市、县三级疾病预防控制和医疗救治体系建设进展顺利。劳动和社会保障继续加强。全省城镇新增就业人员30.8万人，下岗失业人员再就业14.7万人。企业在职职工养老保险参保人数增加1.2万人；失业保险参保人数增加1.3万人，参保率达到96%；医疗保险参保人数增加28万人；离退休人员基本养老金全部按时足额发放；符合低保条件的城市居民全部纳入最低生活保障范围，做到了应保尽保。

【投资环境与利用外资】2003年，山西省大力推进投资体制改革，努力改善投资软环境。在充分发挥市场对资源配置基础作用同时，加强和改善宏观调控，扩大企业投资自主权，进一步明确审批范围，精简审批内容，简化审批程序，提高审批效率，促进了全省投资环境的改善。全年外资实际到位6.36亿美元，同比增长6.67%；外商直接投资实际到位2.2亿美元，增长4.1%。

招商引资方式进一步创新，开拓了国际区域性合作的新渠道。充分利用各种交流和宣传平台，加大招商引资力度。全年共成交国际经济合作项目84个（含地市成交），增长7.7%；合同利用外资2.24亿美元，增长6%；协议外资4.34亿美元，增长2%。同时，顺应国际、国内区域性经济合作加强的趋势，开拓了与德国北威州全面合作的新局面，为山西省招商引资搭建了新的平台，也为进一步加强与其他区域性经济合作奠定了良好基础。

与国际机构成功合作，国外贷款项目进展顺利。为保持借用国外贷款规模稳步增长，结合各项国外贷款特点，把争取和利用贷款的重点放在了重要基础设施、具有战略带动作用的重大新产业、新技术以及改造和提升传统产业等对经济和社会发展具有战略意义的重大项目上。策划了煤层气战略性资源开发项目、太原城市基础设施项目、大同城市综合整治等项目。与美国国家环保局及其所属未来资源研究所联合，完成了受到国际社会关注和国家大力支持的亚洲开发银行支援山西省大气环境质量改善—太原二氧化硫排污试点项目。亚洲开发银行贷款1.23亿美元的山西煤层气开发项目已完成可行性研究报告上报和亚洲开发银行的实地考察，拟于2004年上半年签订贷款协议；大同城市综合整治项目已由国家初步同意，列入2004年日元贷款备选计划。日元贷款1.85亿美元的西龙池抽水蓄能电站、1.1亿美元的太钢清洁生产项目已陆续开工建设，进展顺利；亚洲开发银行贷款1.24亿美元的侯禹高速公路已全面开工建设；日元贷款4000万美元的山西高校建设项目和2000万美元的公共卫生基础设施建设项目已顺利通过日方评估。

境外投资取得新突破。为适应经济全球化的新形势，积极实施境外投资战略，积极探索适合企业开展境外投资的新路子。结合国家的有关政策，鼓励企业“走出去”，参与开发和利用国外资源，获取国家所需的长期、战略性资源，同时提出了太钢和山西对外贸易投资公司联合在古巴投资建设的年产1.6万吨通用镍项目，这是山西省最大的境外投资项目。它的实施对缓解国内镍资源紧张状况，增强我国不锈钢生产战略安全具有重要意义。

【重点项目介绍】2003年，山西省重点工程进展顺利。水利方面，总投资16亿元的张峰水库已正式启动。交通方面，大秦铁路线2亿吨扩能改造工程已经启动；南同蒲复线侯马至运城段改造前期工作即将完成。长治机场正式通航；大同机场、运城机场的主体建设大部完成。电力方面，大同二电厂、神头二电厂、漳泽电厂三期等工程设备安装全面展开。能源方面，关铝20万吨电解铝工程、太钢40万吨不锈钢冷轧改造等项目基本建成，山西焦化30万吨焦油项目开工建设。

大运高速公路：是二连浩特至河口国道主干线和临汾至三亚重点公路的重要组成部分，也是山西省“三纵八横”公路最重要的中轴快速通道。全长666公里，总投资约200亿元，已全线通车。

万家寨引黄工程：由枢纽和引黄工程的总干线、南干线、联接段、北干线等组成。输水工程线路全长452.23公里，总装机42万千瓦；调节水库4座，总库容2.87亿立方米。水库年供水量14亿立方米，枢纽的主要任务是供水并结合发电调峰，同时兼有防洪、防凌作用。一期工程已全线通水，成功实现向太原供水。

西龙池抽水蓄能电站：静态投资46.8亿元，动态投资52亿元。建成后在山西电网负担调峰、调相、调频和事故备用等。

【经济技术协作】2003年，山西省依托区位和能源优势，合理规划，突出重点，不断加强与各省区的合作力度。以黄河晋陕峡谷区域整治开发为切入点，加强与沿黄省区的合作，共同治理黄河流域的生态环境。以贸易洽谈会为平台，在甘肃省兰州市召开的“黄河经济协作区省区负责人第十六次会议”与协作区各省区共签订项目6个，总投资3.42亿元。

作为第八届中国东西部合作与投资贸易洽谈会执行主席单位，山西省向大会推介招商引资项目853个，签订合同协议109个，完成项目金额339.34亿元。其中，引进省外资金303.8亿元；2003年9月，举办了2003年全国东西合作（山西太原）经贸洽谈暨产品展销会，签约176项，投资项目143个，投资总额506.3亿元，引进资金296.8亿元。依托资源优势，加强与各省区的协作，青海省盐湖集团与山西文通集团联合组建“山西文通盐桥复合肥有限公司”，由青海投资6亿元建设复合肥项目，已开工建设。

【经济与社会发展】2003年，吉林省经济实现了持续快速健康发展，全年GDP达到2521.8亿元，同比增长10.2%。其中，第一产业增加值488.8亿元，增长6.1%，对经济增长的贡献率32.6%。产业结构进一步得到优化，三次产业结构为19.4∶45.2∶35.4。全年完成全社会固定资产投资965.64亿元，增长19.5%。

优质高效农业保持良好发展势头，促进了农业经济的不断发展。全省粮食作物播种面积6020.7万亩，比上年下降0.6%；经济作物845.7万亩，下降13.3%。优质玉米、小麦、水稻、大豆面积2445.8万亩，增长9%，占全年粮食作物的40.6%。全年粮食产量2259.6万吨，增长2%；油料57.13万吨，增长23.9%；糖料7.02万吨，烤烟1.94万吨，水果59.38万吨。全年实现农业总产值763.9亿元，同比增长4.4%。畜牧业稳步发展，全年实现产值286亿元，增长5.5%。肉类总产量185.04万吨，增长5.6%；禽蛋90.01万吨，增长7.1%；牛奶22.68万吨，增长26%。全年水产品产量10.9万吨，增长3.8%。林业稳步发展。全年实现总产值29.4亿元，增长3.6%。完成造林面积27.3万公顷，增长92.1%。

工业生产快速增长，产销衔接进一步改善。全年规模以上工业企业完成增加值806.7亿元，同比增长17.9%；产品销售率97.6%。工业产品结构调整取得新进展，主要产品产量快速增长。全年工业新产品产值比上年增长38.7%；工业品出口交货值增长19.1%。工业企业效益水平创最高记录，规模以上工业企业盈亏相抵后实现利润157.17亿元，增长58.2%。工业综合效益指数达142.4%。工业结构进一步优化，支柱及优势产业对工业经济带动作用不断增强。建筑业快速发展。全年完成增加值214.82亿元，增长12.2%，四级及以上资质建筑企业实现利税11.7亿元，增长33.3%。全年施工工程19081个。其中，投标承包工程12431个，占总数的65.1%。施工面积3818.6万平方米，增长15%；竣工面积1731.9万平方米，增长6.7%。

在积极实施扩大出口政策的作用下，外贸进出口实现较快增长。全年完成出口总额61.72亿美元，同比增长66.7%。其中，出口21.62亿美元，增长22.2%；进口40.1亿美元，增长107.3%。旅游业受"非典"影响。全年接待海内外游客2352.33万人次，比上年下降5.3%。其中，接待入境游客21.17万人次，下降28%；国内游客2331.16万人次，下降5%。旅游业总收入141.73亿元人民币，增长22.8%。其中，外汇收入6638.75万美元，下降23.7%；国内旅游收入136.22亿元人民币，增长25.9%。

财政收入较快增长。全年一般预算全口径财政收入289.2亿元，同比增长18.1%；财政支出409.2亿元，增长12.9%。金融运行平稳，对经济的支撑作用明显增强。年末金融机构本外币各项存款余额3446.9亿元，比年初增加414.7亿元；贷款余额3422.4亿元，增加211.9亿元。保险事业进一步发展。全年保费收入67.4亿元，增长32.3%；保险赔付金额17.1亿元。

交通运输业继续发展，全年完成增加值151.87亿元，同比增长11.5%。各类运输工具完成货物周转量619.91亿吨公里，增长4.2%；完成货运量34804.2万吨，增长1.7%。旅客周转量216.49亿人公里，下降3%。客运量24513.81万人。

全年完成邮电业务总量158.29亿元，同比增长35.3%。其中，邮政业务总量11.29亿元，增长12.6%；电信业务总量146.55亿元，增长37.4%。长途光缆总长度16044皮长公里，比上年增长14.8%。局用交换机总容量661万门，增长7.3%。有固定电话用户599万户，增长25.3%；移动电话用户633万户，增长37.6%；互联网拨号用户140万户，增长29.6%；电话机普及率45.5部/百人。

市场销售平衡增长，消费结构升级对扩大消费需求的带动作用进一步增强。全年实现社会消费品零售额1110.3亿元，同比增长10.1%。市场价格水平有所回升。全年居民消费价格总水平比上年上涨1.2%。

科技综合实力增强。全省拥有各种专业技术人员69.8万人。其中，中国科学院和中国工程院院士36人，具有高级职称人员5.2万人，中级职称23.4万人。全年从事科研活动人员6.5万人，科技经费支出61.41亿元，同比增长5.2%。全年共取得省部级以上科技成果538项，安排国家科技攻关计划项目12项，"863"计划项目8项，国家科技型中小企业技术创新基金项目7项，国家重点新产品计划项目41项，重大技术装备研制及鉴定验收2项。全年共签订各类技术合同4436项，技术合同成交额8.73亿元。知识产权保护工作继续加强。全年共受理国内外专利申请4267件，授权专利1690件，分别比上年增长25%和12.14%。

教育事业有了很大发展，教育综合实力得到增强。全省有各类高校63所，在校生31.95万人。研究生培养单位16个，招生1万人，在校生2.36万人。有各类中等职业教育学校416所，在校生13.58万人。有普通高中297所，招生14.61万人，在校生38.13万人。有初中1435所，招生42.92万人，在校生123.78万人。普通小学8163所，招生25万人，在校生183.31万人。小学学龄儿童入学率99.09%。幼儿园2404所，招收幼儿19.83万人，在园幼儿25.91万人。

文化事业发展健康有序。全省有艺术表演团体65个、文化馆62个、公共图书馆62个、博物馆22个、档案馆97个。有广播电台10座、中短波广播发射台和转播台31座、调频发射台币转播台59座，广播人口覆盖率96%；有电视台10座、电视发射台和转播台216座，电视人口覆盖率97%；有线电视用户219.13万户，增长3.6%；另有县级广播电视台41座。出版全国性和省级报纸70种、66757.15万份；出版期刊234种、3285.28万册；出版图书3826种、13851.29万册。出版音像制品420种、210万盒；电子出版物110种、66万张。

劳动就业取得新进展。全省有从业人员1202.5万，比上年增长1.3%。全年开发城镇就业岗位41.95万个。城镇新增就业31.9万人，下岗人员实现再就业24.03万人。城镇登记失业人数 28.43 万人，登记失业率为 4.3%。

城镇医疗卫生体制改革稳步推进，药品集中招标采购全面展开。全省县及县以上非盈利性医疗机构全部参加药品集中招标采购，让利 1.89 亿元。城市社区卫生服务积极推进。中心城市已建立社区卫生服务中心 42 个，社区卫生服务站 497 个，初步建立了布局合理、结构适用、功能健全的城市基层卫生服务网络。农村卫生改革取得明显进展。开展新型农村合作医疗试点工作，帮助农民抵御重大疾病带来的风险。试点工作运行状况良好，6 个试点县（市）参加新型农村合作医疗的农民 214.5 万人，累计筹集基金 6709.9 万元，受益 21.1 万人，报销医疗费用 495.5 万元。进一步落实了农村贫困家庭医疗救助制度。初步建立了突发公共卫生事件应急机制。

体育事业有了新的发展。全民健身活动进一步开展，群众体育丰富多彩。有 937 万人经常参加体育锻炼，占全省总人口的 34.72%。竞技体育取得较好的成绩。本省运动员在国内外重大比赛中共获得 30 枚金牌、27 枚银牌、19 枚铜牌。

【投资环境与利用外资】2003 年，吉林省努力构建"重法制、讲信誉、高效率、优服务"的投资环境。相继修订出台了《吉林省处理外商投诉暂行管理办法》、《关于鼓励外商投资的若干规定》、《吉林省改善外商投资环境的若干规定》。全面开展了行政审批制度改革，成立了由省领导挂帅、各主要厅局和新闻媒体等 34 个单位负责人组成的省整治外商和港澳台商投资环境领导小组。下发了《关于政府部门和行业管理部门做好政风、行风建设承诺工作的通知》推出了政府部门和行业管理部门政风、行风建设向社会公开承诺制度，并向社会公布，接受社会监督。

随着投资环境整治的进行，利用外资工作有了较好的进展。支柱产业和优势产业利用外资规模和水平有所提高。全年外商在汽车行业投资增长迅速，成为全省利用外资的龙头。外商投资企业资金到位情况良好，新批项目合同外资金额大幅增长。全省新批合同外资 500 万美元以上的外商投资项目 23 个，外商投资企业增减幅度较大。共有 76 个企业进行了增加和减少注册资本的变更，增减总额 1125 万美元。由于"非典"的影响，全年实际利用外资 5 亿多美元，比上年下降 8%。

【重点项目介绍】在建项目。长春龙家堡机场：建设规模为 4D 级的机场，总投资 16.2 亿元。靖宇至辉南地方铁路：总投资 5.65 亿元，已完成路基桥涵工程 70%，隧道工程 60%。一汽集团公司百万辆轿车项目：建设年生产 100 万辆轿车的生产线，总投资 241 亿元。辽源得亨股份有限公司 5000 吨差别化氨纶纤维的生产线：总投资 2 亿元，2003 年开始建设。通化东宝药业股份公司人胰岛素产业化工程：规模为年产 1 吨冻干粉人胰岛素，注射剂 660 万支，总投资 1.99 亿元；2003 年开工。长影世纪城：建造一座用于拍摄电影、电视等节目的模拟城，占地 28.5 公顷，总建筑面积 52422 平方米，总投资 5.74 亿元。

已竣工项目。吉林 60 万吨燃料乙醇项目：建设年产燃料乙醇 60 万吨的生产线，同时生产高蛋白饲料 66 万吨，总投资 30 亿元。还有四平纳爱斯 15 万吨洗涤剂等项目。

拟新开工项目有长春皓月肉牛加工、长春富奥汽车零部件等。预备项目有桦甸油页岩综合开发、哈达山水利枢纽工程等。

【经济技术协作与对口支援】2003 年，吉林省共签订合资合作项目 1001 项，实际到位域外资金 140.08 亿元。国内经济技术合作、招商引资工作取得突出成绩。参加了第十一届兰州投资贸易洽谈会，本省有 249 家企业的 4 大类 587 种产品参展。在"兰洽会"上，本省代表团签约了 66 个项目，其中，合作项目 62 项，总投资 72.93 亿元，拟引进域外资金 65.72 亿元；贸易合同 4 项，贸易额 2.16 亿元。参加了"青洽会"，在与青海合作开采煤炭项目、推进承揽青海甘肃两省交通建设工程、为青海培训勘探人才等三方面取得了实质性进展。组织省内企业参加了"西洽会"、"天交会"、"沈博会"、第五届上海国际工业博览会、天津中日韩东北亚经济合作发展论坛等经济贸易洽谈活动。

在开展国内经济技术交流与合作的同时，积极参与国际经济技术合作与交流，开展了一些具有开拓性的活动。在长春举行了"吉林省与俄联邦圣彼得堡市经济技术合作洽谈会"，签订了《中华人民共和国吉林省人民政府、俄联邦圣彼得堡市政府友好合作协议》；俄方17家企业与吉林省40户企业达成了16项合作协议。2003年10月，新西兰Mahon投资基金管理公司来吉林省考察投资项目，与本省20多家企业进行了洽谈；12月份，省政府组队赴南非、荷兰、英国进行考察和项目合作洽谈。

吉林省对口支援三峡工作已经10年，共支援大小项目20余个，其中梅花鹿养殖已经发展到近600头的规模。2003年，吉林省根据全国三峡对口支援工作会议精神和支援地巫溪县的经济发展实际，及时调整思路，采取投资入股、现场跟踪管理的合作方式参与支援项目建设，实现了由单纯"输血"向共同"造血"的转变，三峡对口支援工作走出了新路子。

【经济与社会发展】2003 年，黑龙江省 GDP 达到 4433 亿元，同比增长 10.3%。其中，第一产业增加值 513 亿元，增长 2.5%；第二产业增加值 2532 亿元，增长 11.9%；第三产业增加值 1388 亿元，增 10.1%。三次产业结构为 11.6∶57.1∶31.3。人均 GDP 达到 11623 元，增长 10.2%。

农业坚持以市场为导向，实施种植业与畜牧业主辅换位战略，推进农村经济结构调整，面对罕见的干旱、洪涝、低温等多种自然灾害，动员和组织群众抗灾自救。农业和农村经济保持增长势头。种植业结构得到优化。粮、经、饲种植比重调整为 72.7∶24.1∶3.2。优质作物面积占总播种面积的 85%。尽管粮食产量因灾减产，但生产能力仍在 2500 万吨以上。植树造林步伐加快。全年完成造林 34.7 万公顷，增长 41.4%。畜牧业发展势头强劲。全年完成产值 294 亿元，增长 15.3%，占农林牧渔业产值比重 35.2%。年末奶牛存栏 117.6 万头，增长 26.1%。肉、蛋、奶产量分别增长 14.3%、6.7%和 26.8%。乡镇企业继续稳步发展。全年实现增加值 420 亿元，增长 10.8%；实缴税金 18.5 亿元，增长 5.3%；净利润 72 亿元，增长 7.5%。

绿色食品产业继续较快增长。全省绿色食品认证个数达 610 个，比上年增加 140 个，增长 29.8%，绿色食品认证数量仍居全国第一位；全省绿色食品监控面积 1813 万亩，增长 24.9%，占全部农作物面积的 12.8%；绿色食品产业拉动农户 104.6 万户，增长 13.4%；绿色食品加工企业实现利税 16.5 亿元，增长 42.2%。

工业通过体制、机制和技术创新，产业结构优化升级，生产保持了高速增长态势。全年实现增加值 2249 亿元，同比增长 12.2%。支柱产业成为工业经济增长的重要支撑，规模以上工业企业中，石化、机械、食品等三大支柱产业完成工业总产值 2138.9 亿元，增长 14.9%，拉动全省工业生产增长 10 个百分点。新产品产值继续保持高增长，全年实现新产品产值 172.8 亿元，增长 54.4%。市场适销产品、优势产品产量增长较快，少数产品产量下降。企业盈利水平创历史新高。规模以上工业企业实现利税 877.3 亿元，增长 23.4%。建筑业继续保持稳定发展。全年完成增加值 283.9 亿元，增长 9.2%。资质等级四级及以上的建筑企业实现利税18.8亿元，增长20.7%。

“非典”对交通运输业形成较大冲击，货运由于及时调整运输方式，保持了平稳发展；客运有所下降。全年各种运输方式完成货物周转量1006.2亿吨公里，增长3.1%。完成旅客周转量367.4亿人公里，下降8.2%。

邮电通信业继续快速增长。全年完成邮电业务总量233.3亿元，增长25.2%。拥有长途光缆线路总长度33979.5公里，增长14.5%。局用交换机总容量849万门，增长6.6%；固定电话用户880.2万户，增长32.2%；移动电话用户841.8万户，增长27.9%；电话普及率45.2%，比上年提高10.4个百分点。国际互联网络用户165.6万户，增长40.5%。

对外贸易逐步走出“非典”阴影，加之私营企业出口规模扩大，出口增速在上年高位的基础上持续走高。全年实现进出口总值53.3亿美元，同比增长22.5%。其中，出口28.7亿美元，增长44.6%；进口24.6亿美元，增长4%。旅游业保持增长。全年实现总收入222.3亿元，增长9%。共接待国内游客3590万人次，增长7.2%；国内旅游收入202.1亿元，增长12.8%。

财政收入增长较快。全年实现地方财政收入293.4亿元，同比增长14.8%；支出606.2亿元，增长9.3%。金融形势稳定。年末金融机构各项存款余额4810亿元，比年初增加573.4亿元。保险事业快速发展。全年保费收入118.7亿元，增长38.6%。

科技研究开发及产业化取得新进展。全年科技经费支出52亿元，同比增长13%，共取得重大科技成果986项。受理专利申请4972件，授权专利2794件。科技成果转化成效明显，全年共签订技术合同2918份，增长14.5%；成交金额12.1亿元，增长0.9%。教育事业进一步发展。全省共有普通高校55所，招生12.5万人，比上年增招9000人；研究生培养单位有22所，招生1万人，增长42.9%。中等专业技术教育学校51所，招生3.6万人，在校生11.2万人；普通中学2719所，招生61.9万人，在校生247.4万人；成人中等专业学校在校生3.3万人。全年扫除文盲1万人。

体育事业取得新成绩。全年本省运动员共获11项世界冠军、9项亚洲冠军、149项全国冠军。全民健身运动广泛开展。举办运动赛会575次，参加人数达31万人次；全省共有554.3万人达到《国家体育锻炼标准》。

环境保护工作不断加强，环境质量进一步改善。全省共有各级环境监测站105个，环境监测人员1466人。有自然保护区151个，比上年增加7个。其中，国家级自然保护区14个，比上年增加2个。自然保护区面积385.2万公顷，比上年增加15.5万公顷。

全年居民消费价格上涨0.9%，就业规模扩大。年末全省从业人员1620.1万人，增长1.1%。人民生活质量进一步提高。全年城镇居民人均可支配收入6679元，同比增长9.5%；恩格尔系数为35.6%，比上年高0.1个百分点。农民人均纯收入2525元，增长5%；恩格尔系数为40.7%，下降0.9个百分点。城镇人均住房建筑面积19.7平方米，增加0.9平方米；农村人均住房面积19.6平方米，增加0.3平方米。人口继续低速增长。年末全省总人口3815万人。出生率7.48‰，死亡率5.45‰，人口自然增长率2.03‰。

社会保障体系继续得到加强。全省参加基本养老保险职工714.1万人；有479万名职工参加失业保险；有435.2万职工参加基本医疗保险。“两个确保”得以巩固，确保了企业离退休人员基本养老金和国有企业下岗职工基本生活费按时足额发放。全省得到最低生活保障救济人数156.2万人。

【投资环境与利用外资】2003年，黑龙江省进一步改善投融资环境，加大招商引资力度，推进大项目战略，固定资产投资总量保持较快增长。全年完成全社会固定资产投资1241亿元，同比增长12%。全年计划总投资1亿元以上的基本建设项目222个，比上年增加42个；完成投资361.8亿元，占基本建设投资比重为63.1%。投资结构继续改善。

利用外资继续增加。全省全年实际利用外资12.9亿美元，同比增长4.1%。其中，外商投资10.3亿美元，增长8.9%。

【重点项目介绍】2003年，黑龙江省新开工28个县城供水项目，12个污水、垃圾处理产业化项目，13个城市供水管网改造和应急供水项目，5个西部环保项目，5个缺水县城供水项目，8个口岸和边境基础设施建设项目。

重大前期项目：120万吨燃料甲醇联产、哈尔滨九洲电气股份有限公司高压大功率变频调速成套装置系统、哈尔滨华崴集团电控机械式汽车自动变速器产业化、哈尔滨赛德技术发展有限公司全自动无菌液体包装机产业化生产、齐重数控装备股份有限公司重大数控装备产业化、哈尔滨儿童制药厂儿童系列用药产业化、牡丹江市50万吨纸浆、煤矿接续产能、采煤沉陷区综合治理二期工程、五大连池风景名胜区等40余项。共投入9750万元前期资金，带动企业和地市资金6.7亿元，总投资341亿元。

推进重大项目前期工作开展。哈尔滨磨盘山水库供水工程、松花江大顶子山航电枢纽工程、哈尔滨轻轨交通一期工程、哈尔滨市道里区集中供热项目、中俄合资建设黑河—布拉格维森斯克黑龙江公路大桥等项目前期工作取得实质进展。大庆市田丰生物工程有限公司家畜良种性别控制繁育基地项目提前完成中试，进入试生产阶段，年末进行产业化生产。

【经济技术协作】2003年，黑龙江省共执行各类重点经济技术合作项目1967项，总投资238.15亿元。引进省外到位资金106亿元，同比增长26.6%，项目履约率85%，增长19.5%；资金到位率57%，增长4%。

围绕资源优势，坚持“走特色路、打绿色牌”，加快农业生态省建设步伐。富裕县与上海光明乳业公司联合新建光明乳业二厂，总投资2.5亿元。青岗县与山东诸城兴贸玉米开发有限公司合作生产玉米淀粉二期工程，年产量50万吨，总投资4.2亿元。

围绕省委、省政府中心工作，吸纳东南沿海和经济发达地区民营资本，参与老工业基地调整改造。9月份通过国家发展和改革委员会和全国工商联邀请国内40户知名民营企业召开了“民营资本参与黑龙江省老工业基地改造项目洽谈会”，达成意向性协议16项。牡丹江市东安区政府与江苏省张家港市民营企业家苏林芳联合生产子午轮胎丝年产2.5万吨，总投资1.07亿元。

围绕地缘优势，加大南联北开力度，联合建立对俄贸易加工基地。东宁吉信工贸（集团）与温州达芙妮鞋厂合作在俄沿海边区乌苏里斯克市投资2985万元建设旅游鞋厂，成为典型的“中中外”项目。绥芬河市华诚国际公司与俄合作进口木材，在绥芬河市加工后销往内地，也取得好的效益。

围绕发展旅游业，加快基础设施建设，推进城市建设环境。哈尔滨大众交通有限责任公司与上海大众交通集团股份有限公司联合建设哈尔滨南岗大众新城，总投资29亿元。哈尔滨市道里区政府与上海世纪联华超市发展有限公司联合开发建设上海街，总投资27亿元。

围绕西部大开发战略，拓展经济发展空间。实施西部大开发战略以来，黑龙江省组团参加西部的多项经贸活动，达成合作协议120余项，总成交额28亿元。北大荒集团有限公司与兰州新兰面粉厂联合建设大米加工厂，总投资2.25亿元；双鸭山锅炉总厂与西安交大热能工程教研室，签订共建锅炉研究所协议，为双鸭山市提供新产品研制、开发及产品更新换代服务。

会展活动活跃，促进了招商引资。组织参加的主要活动有：在西安举办的“2003年中国东西部合作与投资贸易洽谈会”；在西宁举办的“第四届中国东部企业参与西部结构调整投资贸易洽谈会”；在上海举办的“上海国际工业博览会”。

南联领域不断拓宽，各地经贸洽谈活动丰

富多彩，哈尔滨的“冰雪节”；齐齐哈尔的“第三届中国绿色食品博览会暨齐齐哈尔第十届观鹤节”；黑河的“大黑河岛经贸洽谈会”；伊春的“伊春森林旅游节”；绥芬河市的“灯节”等，也都签约了一批高质量的经济技术合作项目，带动了地方经济发展。

积极联系、邀请发达省市来黑龙江洽谈合作。先后邀请江苏省民营企业代表团、深圳市民营企业考察团来洽谈合作。与浙江省共签订合作项目95项，总签约额98.27亿元，并达成意向协议54项，把“两江”合作推向新的发展阶段。

安徽省

【**经济与社会发展**】2003 年，安徽省 GDP 达到 3973.2 亿元，同比增长 9.2%。其中，第一产业因受灾有所下降，全年实现增加值 749.1 亿元，下降 3%；第二产业增加值 1780.6 亿元，增长 14%；第三产业增加值 1443.5 亿元，增长 10.2%。三次产业比例为 18.9:44.8:36.3。人均 GDP 为 6457 元，比上年增加 640 元。全省全社会劳动生产率 11278 元/人，增长 7.8%。

2003 年，淮河、滁河流域发生的特大洪涝灾害和部分地区持续高温干旱，使种植业生产遭受严重影响，主要农产品减产。全年粮食总产量 2214.8 万吨，减产 550.2 万吨，下降 19.9%。经济作物除个别品种外，多数减产。全年油料产量 231.5 万吨，下降 18%；棉花 29.5 万吨，下降 16.4%；茶叶 5.1 万吨，增长 5%；水果 609.1 万吨，下降 25.7%；烤烟 2.1 万吨，下降 32.6%；蔬菜 1513.5 万吨，下降 6.5%。林业生产取得新进展。全年完成造林 36.47 万公顷，幼林抚育作业 96 万公顷次。养殖业平稳发展。全年肉类总产量 358.2 万吨，增长 4.8%；水产品产量 163.4 万吨，与上年基本持平。稻、麦、油三大农作物综合优质率达 46.2%。

全年实现工业增加值 1445.6 亿元，同比增长 12.2%。其中，规模以上工业企业实现增加值 834.7 亿元，增长 19.8%，增幅比上年提高 4.5 个百分点。规模以上工业企业实现新产品产值 355.7 亿元，增长 22.7%。支柱行业带动作用更加明显，电气机械及器材制造业增长 50.9%，交通运输设备制造业增长 35.2%，化学原料及化学制品制造业增长 21.6%，三大行业对全省工业增长的贡献率达 49.3%。化学纤维制造业、橡胶制品业继续保持较快增长，增速分别为 37.6% 和 19.1%。规模以上工业企业经济效益综合指数为 127.9，比上年提高 16.3 个百分点。工业产品销售率为 98.7%，比上年提高 0.2 个百分点；实现销售收入 2638.6 亿元，增长 25.5%；实现利税 323.8 亿元，增长 30.6%。其中，利润 135.6 亿元，增长 59.4%。

全年完成全社会固定资产投资 1477.6 亿元，同比增长 30.4%。其中，国有及其他单位投资 1178.5 亿元，增长 42.7%；城乡集体和居民个人投资 299.1 亿元，下降 0.8%。基本建设投资 552.8 亿元，增长 30.3%；更新改造投资355.2亿元，增长53.4%；房地产开发投资240.7亿元，增长64.3%。投资结构继续改善。全年第一产业投资11.1亿元，同比增长1.654倍；第二产业投资476.5亿元，增长52.7%，其中制造业投资增长79.5%；第三产业投资690.9亿元，增长35.5%。交通运输业投资继续保持快速增长，全年完成投资128.2亿元，增长29.6%；教育投入加大，完成投资41.8亿元，增长44.8%。

消费品市场运行情况良好，消费结构升级加快，消费热点比较突出。全年实现社会消费品零售总额1331.2亿元，同比增长9.8%。其中，城市消费品零售额666.6亿元，增长12.8%；县及县以下消费品零售额664.6亿元，增长7%。城乡集市贸易平稳发展，全年商品成交额1042亿元，增长3%。限额以上批发零售贸易企业经济效益持续好转，实现商品销售收入净额753.2亿元，增长23%；实现利润16.7亿元，增长36.5%。

全年实现进出口总额59.4亿美元，同比增长42.1%。其中，出口30.6亿美元，增长24.9%；进口28.8亿美元，增长66.6%。外商投资企业完成进出口额15.3亿美元，增长35.8%。

旅游经济受“非典”影响下降。全年完成旅游总收入196.5亿元，同比下降9.1%。其中，旅游外汇收入1.1亿美元，下降29.7%；国内旅游收入187.1亿元，下降7.8%。接待海外游客28.1万人次，下降38.8%；接待国内游客3337.8万人次，下降14.1%。

【投资环境与利用外资】安徽多年来一直坚持适度超前发展基础设施，多渠道增加投入，不断加大建设力度，已取得显著成效。2003年，安徽省共完成交通基础设施建设投资140亿元，已竣工高速公路和在建高速公路里程均超过1000公里，通车里程达到1070公里，在建高速公路1090公里。

“十五”以来，安徽省公路建设有了快速发展，二级以上公路总里程已达9805公里，占国道、省道总里程的76.2%，并全部建成了高级或次高级的黑色化路面，预计到“十五”末期，二级以上公路将达到12000公里，其中国省道全部为二级以上公路。以省会合肥为中心，在500公里范围内有上海、南京、苏州、常州、无锡、徐州、连云港、杭州、九江、南昌、武汉、郑州、济南等大中城市，乘汽车均可在5小时左右到达，快速交通网初具规模。铁路，京沪、京九、陇海、宁西（建设中）等铁路干线穿越省境，是华东地区铁路密度最大、通车里程最长的省份。航空，拥有合肥、黄山、阜阳等6个机场，与北京、上海、广州、深圳、香港等30多个大中城市直接通航。水运，有长江、淮河、新安江三大水系，内河航运前景广阔，在400公里的长江黄金水道，沿岸自西向东座落着安庆、铜陵、芜湖、马鞍山等4个一类口岸，其中芜湖朱家桥外贸码头可停靠万吨级巨轮。邮电通信，已形成程控电话网、长途传输数字网、移动通信网等相结合的现代化主体通讯网。

经过多年建设，安徽已建立起门类比较齐全、项目配套能力较强的工业体系，煤炭、电力、冶金、石化、建材、家电、汽车等行业在全国占有重要位置，煤炭、生铁、钢、钢材、水泥、电冰箱、洗衣机等产品的产量居全国前列。两淮煤田（淮南、淮北）是中国南方最大的煤炭生产基地，马钢是我国重要的钢铁生产基地，铜陵是我国重要的铜冶炼和加工基地。

2003年，安徽省各地不断优化投资环境，拓宽引资渠道，发挥开发区的聚集和示范带动作用，引进外资取得新成绩。全年实际利用外资达10.95亿美元，同比增长47.8%。其中，实际利用外商直接投资3.91亿美元，增长4.1%。全年新批外商投资企业431家，比上年增加93家。

【重点项目介绍】2003年，安徽省安排的69项省重点建设项目，总投资973亿元，当年完成投资211亿元。其中，重点基本建设项目当年完成投资147亿元；技术改造项目完成投资64亿元。

重点基建项目中，已有芜宣高速公路、合肥软件产业基地、海螺集团池州水泥厂、马鞍山星马、合徐高速公路北段、合肥生物医药产业园、宿州大型小麦生产基地、海螺集团枞阳水泥厂、海螺集团怀宁水泥厂、海螺集团铜陵水泥厂、巢东国风塑业股份公司金属矿深加工等 11 个项目竣工。已有宁国中鼎汽车零部件基地、合肥至西安高速公路（合叶段）、宣杭铁路复线工程（安徽段）、合铜黄高速公路铜陵至汤口段、沿江高速公路芜湖至大渡口段、安徽出版编辑大厦 22 个项目开工建设。

重点技改项目中，已有海螺集团铜陵日产万吨新型干法水泥熟料项目和海螺集团枞阳日产 7200 万吨新型干法水泥熟料 2 个项目竣工。

【经济技术协作与对口支援】2003 年是三峡移民集中安置的一年。鉴于当年外迁的移民多是居住在县城和集镇中的农民，移民要求高、选点难度大、安置任务重的特点，安徽省省有关方面多次组织有安置任务的市县赴开县和巫山县进行实地考察，并就移民安置有关事项与迁出地政府进行反复协商。严格按要求对移民资格进行复核，保证了迁入安徽省的三峡移民质量。共有 753 户、3129 名三峡移民与各安置地政府签订了安置协议和住房建设、土地调整等协议。实现了移民考察对接一次性成功的目标。

2003 年是国务院安排安徽省对口支援重庆市渝北区 11 年来，工作有较大起色的一年。4 月和 8 月，重庆市渝北区党政代表团和重庆市党政代表团就对口支援工作分别访问安徽省。渝北区与安徽省外经贸厅、亳州、阜阳、合肥、淮南、马鞍山、铜陵等市政府签订了对口支援协议书，共落实无偿对口支援资金 178 万元。已向渝北区提供资金 128 万元，实施了 8 个对口支援项目。安徽省安凯汽车股份有限公司在渝北区空港经济开发区新建凯斯鲍尔客车生产基地项目，总投资 2.4 亿元，项目占地 400 亩，设计年生产能力 2000 辆。

继续重视和加强皖浙经济技术合作工作，到 2003 年底，浙江省企业在皖投资类项目已达 287 个。其中，2003 年新增 90 多家，实际到位资金近 100 亿元，已有 85 个项目建成投产。

积极推动与南京经济区、闽浙赣皖经济区的区域联合与经济合作。参加了 4 月份在西安举办的第七届中国东西部合作与投资贸易洽谈会。

【经济与社会发展】2003年，江西省GDP达到2830亿元，同比增长13%。其中，第一产业增长2.7%，第二产业增长24.4%，第三产业增长7.4%。

农村税费八项配套改革进展顺利，乡镇行政编制精简23%，农民负担进一步减轻。继续加大粮食流通体制改革，在赣州、上饶、抚州三市实行中晚稻退出保护价、对农民直接补贴的改革试点。农村基础设施建设得到进一步改善。全省农业机械总动力达1220.5万千瓦，比上年增长9.8%。其中，农用排灌动力机械294.9万千瓦，增长11.7%；农村用电量39.7亿千瓦小时，增长9.6%；农田有效灌溉面积达187.32万公顷，新增1.38万公顷。全年造林合格面积351万亩，治理水土流失面积280万亩。农业产业化和农村经济非农化取得较大进展。国家和省重点扶持的109个产业化龙头企业进一步发展壮大，其中销售收入超亿元的增至31个。煌禽烤卤、广昌白莲、万载百合、婺源绿茶、南丰蜜桔、赣南脐橙、兴国灰鹅等一批特色农产品深加工加速推进。

国有企业改革迈出新步伐。省属国有企业改革扎实推进，萍钢、天狮药业集团改制顺利完成。组织实施了东乡铜矿、银山铅锌矿、九江钢铁公司等17户企业的政策性破产。工业经济结构明显优化，支柱产业正在做强做大。冶金、建材、家电、纺织、化工等行业受国家扩大内需的政策影响，产品产量均有大幅增长。全年六大支柱产业完成工业增加值296.2亿元，同比增长19.5%。涌现出江西铜业、江铃集团、新钢、萍钢、南昌卷烟厂等销售收入上20亿元、利润超亿元的大型企业。企业效益大幅度上升，企业盈亏相抵后实现利润52.1亿元，增长1.2倍。全省37个行业中，有32个盈利，比上年增加6个。工业经济效益综合指数为107.5%，提高13.4个百分点。工业领域非国有比重进一步上升，规模以上非国有工业创造增加值256.6亿元，所占比重达到58.3%，提高5.2个百分点。

全省各地积极发挥政府投资的引导和带动作用，着力启动民间投资，扩大招商引资，全年完成全社会固定资产投资1380亿元，同比增长49.3%，投资对经济增长的贡献率在70%以上。民间投资明显扩大。全年非国有投资789亿元，占全社会固定资产投资比重为57.2%，比上年提高3.9个百分点。

全省109个工业园区建设取得新成绩，供水、供电、道路等基础设施建设加快，各项配套服务进一步完善。工业园区实际投产企业达4492个，比年初新增1756个；完成工业增加值211.8亿元，增长72.2%。工业园区利用外资集聚效应进一步显现。全年各工业园区新批外商投资企业346家、合同利用外资12.7亿美元，实际利用外资9.5亿美元，分别占全省总额的45.6%、54.5%和58.5%。

经济运行质量和效益大幅度提高，全年实现财政总收入284.9亿元，同比增长21.5%。其中，地方财政收入167.4亿元，增长19.1%。财政总收入占GDP比重由上年的9.6%提高到10.1%。年末金融机构贷款余额2595.8亿元，当年增加420.9亿元。

全年完成外贸进出口总额25.3亿美元。其中，进口10.2亿美元，增长59%；出口15.1亿美元，增长43.1%。外贸进出口总额、进口额出口额均创历史新高，结束了多年徘徊在10亿美元的局面。全年新增自营出口企业226家，外资企业和民营企业保持了快速增长，分别增长53.5%和143.3%。旅游业在“非典”疫情后迅速回升，全年旅游总收入197亿元，增长3.1%。

交通运输业发展加快，运输能力明显增强。全年完成货物周转量875亿吨公里，增长9.1%。邮电通信业持续快速发展，新型通讯业务量增长明显。全省完成邮电业务总量142亿元，同比增长18.3%。新增局用交换机10.8万门，总容量达到548.3万门。新增移动电话96万户。计算机互联网用户达到135.1万户，增加17.8万户。全省电话普及率达27.6部/百人。

消费需求持续升温。全年社会消费品零售总额923.2亿元，同比增长11.7%，是1998年以来第一次两位数增长。城乡经济协调发展，城市化进程进一步加快。城市化率达到34%，提高1.8个百分点，全年有87.7万农村人口转移到城镇。南昌、赣州、九江等中心城市进一步发挥辐射带动作用，占全省GDP比重达到49%以上。全年城镇居民人均可支配收入6901元，增长9%；农民人均纯收入2458元，增长5.3%。

劳动就业和社会保障力度加大。就业规模明显扩大。全年新增城镇就业35万人，实现下岗职工再就业16万人，城镇登记失业率控制在3.8%。农民工就业服务体系逐步建立，吉安、上饶、宜春等地农村剩余劳动力就业培训和用工信息服务系统加快建设。全年跨省劳务输出455万人，比上年增加50万人。社会保障水平进一步提高。城镇职工基本养老保险、基本医疗保险制度不断完善。参加基本养老保险的城镇职工261万人，增加4万人。加大了弱势群体保障力度，适当提高城市低保标准，对全省101万低保对象实行最低生活保障。

扶贫工作取得新成效，加大了对农村特困群众和库区、边远山区贫困群众的扶贫救助力度。全年使用以工代赈资金2.3亿元，修建扶贫公路2000多公里，解决了40万贫困地区人口的饮水困难。有2.7万贫困人口解决温饱问题，对1.2万库区、深山区和地质灾害频发区贫困人口实行易地扶贫搬迁，贫困地区农民人均纯收入增收150元左右。

大力实施“科技兴赣”战略，科研机构和企业研发力度加大。全年申请专利2400件，比上年增加363件。科研成果加速向现实生产力转换，成功举办了江西省首届科研成果与企业见面推介会，组建了国家日用及建筑陶瓷工程技术研究中心。教育在结构调整中健康发展。义务教育成果得到巩固，基本实现了九年义务教育和扫除青壮年文盲的目标。高中阶段教育快速发展，初中毕业生升学率达到64.7%，高中阶段毛入学率44.4%，高中在校生111.4万人。高等教育迈入大众化阶段，普通本专科在校学生35.9万人，高等教育毛入学率提高到17.1%。职业教育，民办教育得到较快发展，全省有高等职业教育学校31所，民办高校53所。加快教育基础设施建设，基层办学条件进一步改善，全年实施中小学危房改造项目853个。南昌大学“211工程”已顺利进入二期建设。南昌大学、江西师范大学等高校新区实现秋季招生，两大新校区一期建设全面完成，入驻新生4.5万人；职业教育投入加大，一批技工学校、职业中学教学楼、实验楼启动建设。

加快文化、体育、广播等事业建设。新建一批基层文化、广电和体育设施，全省有各类文化机构2505个。广电“村村通”工程取得新进展，广播、电视人口覆盖率分别达到92.2%和94.4%。《山里山外》、《乡里法官》等6个优秀文化作品获国家“五个一”工程奖。卫生事业取得新成绩。公共卫生服务体系得到加强，全省疾病预防控制体系已启动建设，省、市、县三级共103个疾病预防控制中心正在抓紧实施，突发性公共卫生事件医疗救治体系和疾病信息网络体系建设前期工作进展顺利。加大公共卫生服务体系和突发公共卫生事项、医疗救治体系建设投入，完善了三级公共卫生服务网络。全省共有卫生机构2339个，有医院病床7.5万张，有各类卫生技术人员9.7万人。人口增长得到有效控制，人口自然增长率下降到8.1‰，年末总人口4254万人。

第五届农民运动会场馆建设和各项准备工作进展较快，全省体育健儿在国际国内重要比赛中获得105枚奖牌。全省每年有一千余万人参加群众性体育活动，竞技运动水平也有新的突破。

【投资环境与利用外资】2003年，江西省为进一步加快开放型经济的发展，出台了《关于加快发展开放型经济的若干意见》。明确提出要在理清思路，明确目标的基础上，把握招商引资重点，进一步拓宽利用内资和外资的领域，扩大利用内资和外资的规模，提高招商引资的水平，注重招商引资的实效；把握招商引资方式，突出“以特招商，以大招商，以商招商，以优招商”，选择海内外招商引资的最佳区域，进行重点招商，切实增强招商引资的针对性和实效性。

为做强做优承接沿海发达地区转移产业的平台，出台了《关于进一步加快工业园区发展提高工业园区水平的若干意见》，提出要贯彻“政府引导、市场运作、多元投入、上下联动”的方针，坚持“总体规划、分步实施、滚动发展、良性循环”原则，加快和规范工业园区的建设和发展。重点是进一步优化布局，强化产业导向，鼓励多种投资主体投资基础设施建设，完善基础设施；进一步创新管理机制、运作模式，创新服务内容和招商方式，提高招商引资实效；进一步培植特色，以具有比较优势的骨干企业、骨干产品为龙头，加快形成集中度高、关联度大、竞争力强的园区支柱产业群。

利用外资虽然受到“非典”影响，但由于应对措施得力，仍保持了高速增长。全年实际利用外资16.6亿美元。其中，借用国外贷款5000万美元，外商直接投资实际进资16.1亿美元，增长48.3%。新批外商投资企业759家，增长28.4%；外商直接投资合同外资23.3亿美元，增长52%。又有美国科勒、美国耶兹、台湾东元电机、台湾成功控股、香港利祥国际等一批知名企业落户江西，进入江西的全球500强企业已达18家。

【重点项目介绍】2003年，全年共安排重点建设项目69项，计划投资170亿元。其中，建成投产项目10项，续建项目28项，新开工项目7项。全年共完成投资171.4亿元，同比增长44%。

建成投产项目全年完成投资21亿元。分别是：省政务信息网纵向网工程、中国联通江西分公司CDMA二期工程、丰城矿区曲江工程、九江电厂三期2号机组、青山湖、顺外变电站工程、赣粤高速公路昌泰段、江西铜业公司15万吨/年铜杆线工程、江西省心理康复中心、南昌第二长途电信枢纽工程、中粮（江西）米业蒸谷米深加工及副产品综合利用项目白米生产线。

续建项目进展良好，部分项目提前建成。中国联通江西分公司通信枢纽楼工程、格林科尔科技工业园一期工程、赣粤高速公路泰赣段和赣定高速公路南康至龙南段提前建成；京福高速公路温家圳至沙塘隘段、沪瑞高速公路昌傅至金鱼石段、南昌至万年（峡岭）二级公路、206国道洪源至杨家岭一级公路等项目进度快、质量好；赣龙铁路江西段、抱子石电站、廖坊水利枢纽、鄱阳湖二期防洪工程、赣抚大堤加固、井冈山机场扩建、青山湖污水处理厂三期、南昌卷烟厂“十五”易地改造、昌河重点型号改造、省人民医院二部二区病房楼、省儿童医院住院部综合楼、南昌青云水厂三期、景德镇第四水厂、赣州市第三水厂、南康市第二水厂等项目进展顺利；三峡输变电工程江西“二站三线”项目已建成昌东至乐平线，并投入运行。

新开工项目按计划全面开工。景德镇电厂改造、省人防0791工程、南昌国际集装箱码头、武九铁路提速扩建、江西晨鸣纸业、泰和至井冈山高速公路、江西移动通信枢纽楼、萍乡矿业集团低辐射玻璃生产线、LCOS数字显示芯片封装及光学引擎产业化项目、宜春霍曼内特有限公司中密度纤维板生产线、新钢3500毫米中厚板、江铜6000吨/年高档电解铜箔工程、中国井冈山干部学院教学楼、江西医学院综合病房楼、昌河15万台K系列发动力机项目、九江昌河汽车有限公司年产10万辆汽车项目、浙赣复线电气化工程（江西段）、江西移动红谷滩通信枢纽楼等工程先后开工。

列入预备项目的京福高速公路乐化至温家圳段已于年底开工，列入第二批省重点建设项目的萍钢白源新区工程，桃苑、万溪、京东变电站工程，江西万基药物研究院科研综合楼及GLP、GMP中心开工建设，贵溪电厂二期工程于年底举行工程奠基。

【经济技术协作与对口支援】2003年，江西省共签订经济技术合作项目5031项，实施经济技术合作合同项目5003项，合同引进省外资金1389.9亿元，同比增长38.3%；实际引进省外资金700亿元，增长64.3%。经济合作项目规模不断扩大。有21家国内200强企业来江西投资。

工业园区招商引资大幅攀升。签约的经协合同项目中，进入工业园区的内联企业1182家，实引资金338.1亿元，增长188.3%，占实际引进省外资金总额的55.4%。形成了南昌高新、昌河汽车、萍乡汽配、袁州医药、星火化工、鹰潭眼镜等一大批特色工业园区。

2003年国务院三峡建委下达江西省接收安置三峡工程重庆库区三期农村外迁移民3500人的任务，在全国负责安置三峡库区移民的10省市中人数最多。省委、省政府高度重视，坚持以农为本，以土为本的安置原则，择优选点。在经济发展水平较高、土地资源较多、基础设施条件较好的浮梁县、宜丰县、崇仁县、永修县、奉新县、靖安县六个县中已初步签订移民安置协议3740名，占安置计划的106.7%。

首次援建的西藏经贸培训中心大楼于2003年7月在西藏自治区拉萨市隆重举行项目竣工典礼。

河南省

【经济与社会发展】 2003年，河南省国民经济持续快速协调发展，全年GDP达到7025.93亿元，同比增长10.5%。其中，第一产业增加值1237亿元，下降2.5%；第二产业增加值3550.47亿元，增长17%；第三产业增加值2238.46亿元，增长9.1%。三次产业结构由上年的20.9∶47.8∶31.3变为17.6∶50.5∶31.9。

农村经济结构调整取得新成效。“两个基地”建设积极推进，优质专用小麦占小麦种植面积和总产量的比重为32%和38%。夏粮获得较好收成，但由于遭受罕见的洪涝灾害，秋季作物大幅度减产。全年粮食总产量3569.47万吨，减产15.2%。其中，夏粮产量2336.4万吨，增长2.1%；秋粮产量1233.07万吨，减产35.8%。油料产量309.91万吨，减产26.3%；棉花产量37.67万吨，减产50.8%。特色农业发展较快，定单农业、标准化农业、农产品精深加工和产业化经营全面推进，传统农业加快向现代农业转变。畜牧养殖业持续快速发展。全年肉类总产量603.6万吨，增长5.9%；禽蛋产量326.2万吨，增长8%；牛奶产量49.6万吨，增长37.8%；水产品产量39.1万吨，增长8%。畜禽优质产品率进一步提高，奶业持续保持快速发展，肉类精深加工能力居全国前列。林业、水利建设取得新成效。全年完成造林面积32万公顷，比上年增长19.9%。退耕还林工作全面实施，退耕还林面积25.33万公顷，增长58.3%。新增有效灌溉面积11.39万公顷、节水灌溉面积10.48万公顷。农村基础设施和生产条件进一步改善。

工业生产持续快速增长。全部工业实现增加值3034.14亿元，同比增长17.1%。规模以上工业企业增加值1754.08亿元，增长19.9%。工业结构调整成效显著。小麦深加工、畜产品深加工和铝工业三大产业链继续发展。工业产品结构继续改善，全年新产品产值率达5.63%，比上年提高0.32个百分点。工业经济增长质量显著提高。全年规模以上工业企业综合经济效益指数120.6%，比上年提高11.3个百分点。产品销售收入5223.94亿元，增长25.7%；实现利润总额251.53亿元，增长44.2%。工业品产销衔接良好，全年工业产品销售率98.5%。建筑业持续增长。全年全社会建筑业实现增加值516.33亿元，增长

16.4%。具有资质等级的建筑企业实现利润8.3亿元，增长10.2%；实现税金22亿元，增长29.9%。

市场物价稳中有升。全年居民消费价格总水平比上年上升1.6%。消费品市场稳步发展。全年社会消费品零售总额2426.41亿元，同比增长10.8%。各类集贸市场成交活跃，各类商品销售量增长显著。限额以上批发零售贸易企业经济效益不断提高，实现商品销售收入净额1188.3亿元，增长12%，实现利润总额7.76亿元。

交通运输业稳定发展。全年各种运输方式完成货物周转量1833.3亿吨公里，比上年增长7.1%。完成旅客周转量783.83亿人公里，下降6.2%。邮电通信业快速增长。全年完成邮电业务总量299.88亿元，增长32.1%。年末局用电话交换机容量1148.9万门，增长3.5%；有固定电话用户1364.6万户，移动电话用户1072.6万户；电话普及率24.11部/百人，比上年增加3.68部/百人；计算机互联网络用户194.9万户，增长22.4%。

对外贸易大幅增长。全年进出口总额47.16亿美元，同比增长47.2%。其中，出口29.8亿美元，增长40.6%；进口17.36亿美元，增长60%。旅游产业规模迅速扩大。各种旅游配套设施不断完善，全省有旅行社592家，星级宾馆350个，获得经营许可证的旅游景区（点）224家。受“非典”影响，全年接待外国及港澳台游客18.85万人次，比上年下降54%，旅游外汇收入6300万美元，下降56.6%；接待国内游客5052.44万人次，下降19.4%，国内旅游收入341.78亿元，下降16.5%。

金融机构存贷款规模继续扩大。年末金融机构各项存款余额7618.03亿元，同比增长18.1%；各项贷款余额6422.66亿元，增长15.6%。农村信用社贷款余额1009.24亿元，增长19.3%。企业上市工作稳步推进。全省有上市公司33家，上市股票34只，其中A股31只，H股3只；全年新上市公司3家。全年通过股票市场发行、配股共募集资金28.87亿元，年末上市公司A股流通股市价总值330亿元。保险业务继续扩大。全年保费收入166.74亿元，增长32.1%；赔付28亿元。

固定资产投资增势强劲，对经济发展的拉动力明显增强。全年完成全社会固定资产投资2310.54亿元，同比增长26.9%。全年新增固定资产982.87亿元，固定资产交付使用率62.2%。建成投产项目3687个，建成投产率53.4%。竣工房屋建筑面积2749.71万平方米，竣工率36.6%。

教育事业发展较快。高等教育规模进一步扩大，全省共有研究生培养单位22处，招收研究生3818人，比上年增加1111人，在学研究生8465人，增加2152人。有普通高校71所，招生19万人，增加2.4万人，在校学生55.7万人，增加8.9万人。有独立设置的成人高校24所，招生12万人，在校学生30.6万人。全年高中阶段教育招生95.4万人，在校生247.2万人。其中，普通高中888所，招生53.8万人，增加2.8万人，在校生146.4万人，增加20.9万人；中等职业技术教育招生41.7万人，在校生100.7万人。普通初中在校生604.9万人，小学在校生1058.6万人，小学学龄儿童入学率99.7%。全年成人技术培训学校共培训结业538.1万人次。扫除青壮年文盲14.6万人。

科技事业稳步发展。全省拥有科学研究与技术开发机构1161个，从事科技活动人员14.65万人。全年用于科技活动的经费支出73亿元，共取得省级以上科技成果奖励352项。全年申请专利5261件，授权专利2961件。全年技术市场共签订技术合同3668份，成交金额19.27亿元。综合技术服务进一步改善。全省共有产品质量监督检验机构199个，产品质量、体系认证机构2个，计量技术机构220个。

文化事业健康发展。全省共有艺术表演团体201个，文化馆187个，公共图书馆136个，博物馆75个。有广播电台19座，中、短波广播发射台和转播台20座，广播人口覆盖率95.5%。有电视台18座，电视综合人口覆盖率95%，有线电视用户344.2万户。全年生产故事影片2部，出版报纸15.7亿份、杂志1.2亿册、图书3.4亿册。有国家综合档案馆175个，已开放各类档案96.41万卷（件）。文化市场监管力度进一步加大。文化遗产保护工作进一步加强。

卫生事业稳步发展。全省有卫生机构1.33万个，床位19.93万张，卫生技术人员26.98万人；有卫生防疫、防治机构221个，卫生技术人员1.49万人；妇幼保健院、所、站164个，卫生技术人员1.06万人。农村乡（镇）共有卫生院2000个，床位4.92万张，卫生技术人员6.44万人，扩建传染病病床4866张，购置紧急救援车辆118台，公共卫生体系建设得到加强。

体育事业蓬勃发展。在国内外的各项比赛中，本省运动员共获得世界冠军9个、亚洲冠军3个、全国冠军40个；农村体育、社区体育逐步展开，少数民族体育和残疾人体育得到较好发展。

城乡居民生活继续改善。全年城市居民人均可支配收入6926.12元，扣除价格因素，实际增长9%；人均消费支出4941.6元，实际增长7.9%。农村居民人均现金收入2228.33元，增长5.1%；人均纯收入2235.68元，增加19.9元，增长0.9%，扣除价格因素，实际增长-0.4%；人均生活消费支出1508.67元，实际增长2.6%。居民居住条件继续改善。全年城镇竣工住宅面积2453.03万平方米，农村竣工住宅面积8560万平方米。人口控制工作取得新成效。人口自然增长率5.64‰，年末全省总人口9667万人。

社会保障事业全面发展。全省参加失业保险职工680万人，月平均领取失业保险金人数17.7万人。580.05万职工和171.01万离退休人员参加了基本养老保险，440.92万职工和125.93万退休人员参加基本医疗保险。全年共发放城镇居民最低生活保障金7.62亿元，享受最低生活保障126万人。劳动就业工作力度加大。全年城镇累计新增就业人员76.8万人，下岗失业人员实现再就业37万人，城镇登记失业率3.1%。社会福利事业取得新的成效。全省各类收养性社会福利院床位达5.9万张，收养4.28万人。建立起各种城镇社区服务设施2903处，其中社区服务中心285个。筹集社会福利资金2.45亿元；接受社会捐赠4299万元。

【投资环境与利用外资】2003年，河南省投资环境不断改善。大力完善投资兴业的硬环境，加大区域性的交通、能源建设，创造良好的投资条件。全面普及和推进以法行政，营造规范、透明的法律和政策环境，大力推进《行政许可法》的实施，规范行政行为。加快行政审批制度改革，取消不必要的行政审批和收费项目，全省行政机关统一设立了行政服务大厅，公开办事程序，提高工作效率。进一步支持和加快民营经济的发展，为民营经济的发展逐步消除体制上障碍。

全省城市空气质量进一步提高。18个省辖市建成区中，有5个城市空气质量达到二级标准，占监测城市的27.8%；有6个城市达到三级标准，占33.3%。建成环境噪声达标区155个，增长2.7%；达标面积982.1平方公里，增长8.7%。建成烟尘控制区160个，增长3.9%；面积1397.2平方公里，增长13.3%。生态环境保护取得新的进展。全省已批准国家级生态示范区18个，自然保护区26个，自然保护区总面积49.11万公顷，占全省总面积的2.94%。地表水质有所改善。省辖海河、黄河流域水污染防治和南水北调中线工程水源地水质保护得到进一步加强。

利用外资增长势头良好。全年新批准外商投资企业324个，比上年增长11.7%；合同外资金额18.26亿美元，增长79%；实际利用外商直接投资5.61亿美元，增长24.3%。对外承包工程和劳务合作继续增长。全年承包工程、劳务合作和设计咨询业务新签合同额3.49亿美元，增长8.5%；完成营业额1.93

亿美元，增长25.9%。

【重点项目介绍】2003年，河南省重点项目建设进展顺利。135个重点项目完成投资263.6亿元，增长1.66倍。驻马店至信阳、郑州至少林寺高速公路建成通车；新乡化纤万吨粘胶长丝、安彩华林年产10万吨聚乙烯管材管件等一批项目相继投产；淮干陈族湾、大港口圩区等项目竣工；西气东输主干线工程全线贯通；安阳、新乡、驻马店、信阳、濮阳等市的污水处理工程和平顶山市垃圾处理工程陆续建成；郑州大学、河南大学、河南科技大学新校区建设进展顺利，河南中医学院一附院病房楼等项目投入使用；商丘至周口等高速公路、安阳信益年产600万套彩色纯平玻壳、河南艺术中心等项目已经开工。

全年新增主要生产能力：原煤开采420万吨，原油开采88万吨，天然气开采2亿立方米；新、改建等级公路2090公里，其中高速公路187公里；新建铁路投产里程587公里，电气化铁路投产里程74公里；发电机组容量173万千瓦，22万伏及以上变电设备能力204万千伏安，22万伏及以上输电线路长度369公里；高等院校学生席位49705个；医院病床6000张。

【经济技术协作与对口支援】根据我国经济由东向西梯次发展的宏观趋势，河南省大力实施“东引西进战略”。这是根据经济发展梯度推进规律，发挥承东启西、纵贯南北的区位和综合资源优势，加快结构调整和产业优化升级做出的一项跨世纪战略决策。“东引”就是充分发挥河南省区位、市场、劳动力资源丰富等优势，吸引东部发达地区资金、技术、人才和管理经验，推动河南省产业改组、改造和升级。“西进”就是积极开拓中西部市场，扩大适应中西部市场需求产品的生产和销售，提高河南省产品在中西部地区市场占有份额。鼓励有实力的企业通过兼并、联合、租赁、参股等形式，参与中西部地区的产业结构调整。

进一步巩固豫粤、豫沪间地区合作成果，扩展新的合作领域。积极落实豫粤合作有关项目；推动豫沪基础设施建设与管理合作协议的进行，筹备开展新一轮豫沪合作工作，争取实现年底前高层领导互访；探索开展与珠三角、长三角、环渤海合作。

参加了黄河经济协作区高层会议，筹备参加中南协作区高层会议，以黄河经济协作区、中南经济协作区为纽带，加强东西部地区的经济协作，积极实施东引西进。参加了第七届“西洽会”，成交金额1.5亿元，签订经济技术合作项目4项。

积极推动企业间合作实施“走出去、引进来”方针。河南省宇通客车与兰州客车厂合资成立兰州宇通客车有限公司；双汇集团在山东德州建设的年销售6.5亿元的生产线、郑州电缆集团与兰州众邦电线电缆公司在兰州合资建设的高压交联电缆生产线等项目正在建设中；河南省三门峡湖滨果汁厂在山西临猗投资建设年产2.5万吨浓缩苹果汁生产线。

省院合作取得进一步成果。河南省焦作钢铁股份有限公司采取厂校联合、产学研结合的模式，在甘肃工业大学成立了“焦钢工程技术研究中心”，致力于高新技术的研制开发，双方还在焦作共同成立了“焦作市森格高新材料有限公司”，承担双方科研成果的产业化任务。

加大了对口支援力度，对口支援效果明显：2003年4月，新疆阿克苏政府代表团来河南省访问，河南省向阿克苏地区捐赠价值1100万元的资金及物资，并签订了人员培训、经济技术交流等协议，有力地支援了边疆地区建设。

【经济与社会发展】2003年，湖北省国民经济保持较快增长，全年GDP达到5395.91亿元，同比增长9.3%，增幅高于全国平均水平0.2个百分点。其中，第一产业增加值792.55亿元，增长5%；第二产业增加值2580.58亿元，增长10.2%；第三产业增加值2022.78亿元，增长9.7%。三次产业结构为14.7∶47.8∶37.5，第三产业比重进一步提高。全年完成全社会固定资产投资1883.59亿元，增长11.1%。

农业发展步伐进一步加快。全年农林牧渔业总产值1342.09亿元，同比增长5.3%。受种植面积调减和自然灾害的影响，全年粮食产量1921.02万吨，减产125.98万吨；棉花32.5万吨，增产2400吨；油料272.72万吨，增产27.43万吨。蔬菜3131.56万吨，增产82.57万吨。林业呈现快速增长。全年造林31.89万公顷，增长26.9%；育苗1.6万公顷，增长37%；退耕还林还草9.88万公顷，增长56.1%。畜牧、水产保持稳步增长。全年肉类总产量308.53万吨，增长4.4%。水产品产量286.76万吨，增长5.4%。

工业生产保持较快增长。全年规模以上工业企业完成增加值1356.15亿元，同比增长12.5%。工业产品结构继续改善。全年工业新产品产值418.09亿元，增长9%。工业产销衔接较好，产品销售率稳步回升。全年工业完成销售额3993.46亿元，增长17.3%。产品销售率98.35%，比上年提高0.59个百分点。工业经济效益继续提高。工业经济效益综合指数为126.2，比上年提高5.6个百分点。全年工业企业实现利润178.42亿元，增长17.1%。其中，国有及国有控股企业实现利润117亿元，增长15%。建筑业发展步伐加快。全年建筑企业完成增加值160.75亿元，增长12.9%；实现利润15.7亿元，增长29.3%；完成税金38.08亿元，增长24.8%。建筑业改革进一步推进，招投标制度逐步完善。全年建筑单位施工工程3.5万个，其中招投标承包工程2万个，招投标面为57.1%。建筑企业劳动生产率为7.92万元/人，增长14.1%；房屋建筑施工面积7401.4万平方米，比上年增加185.6万平方米；房屋竣工面积4331.6万平方米，增加185.1万平方米。

交通运输业稳步发展。全年完成货物周转量1241.9亿吨公里，比上年增长4.8%，旅客周转量611亿人公里，增长3.1%。邮电通信业完成业务量182.8亿元，同比增长25.3%。

全年实现进出口总额51.11亿美元，同比增长29.2%。其中，出口26.56亿美元，增长26.5%；进口24.55亿美元，增长32.3%。受“非典”影响，全年接待国内游客5684.17万人次，比上年下降14.8%；国内旅游收入331.6亿元，下降13.7%；接待入境游客40.52万人次，比上年下降60.4%。旅游外汇收入1.36亿美元，下降52%。全年实现社会消费品零售总额2358.69亿元，增长10.8%。市场价格总水平出现回升，全年居民消费价格总指数为102.2。

全年完成地方一般预算收入259.57亿元，同比增长10%；财政支出538.34亿元，增长4.2%。年末全省金融机构各项存款余额5986.36亿元，比年初增加965.21亿元；各项贷款余额4999.55亿元，增加685.91亿元。全年保费收入106.26亿元，增长16.3%；支付各类赔款及给付29.5亿元。

科学研究和技术开发取得新的成果。全年共取得省级重大科技成果673项。获省级科学技术奖284项；专利申请6635件，授权专利2871件。技术市场更加活跃。全年共签订技术合同9124份；技术合同成交金额41.25亿元，同比增长18.2%。教育事业稳步发展，高等教育改革逐步深化，九年义务教育得到巩固、提高。年末全省有普通高校76所，招生25万人，比上年增招4.3万人，在校生72.2万人；研究生培养单位42个，招生2.2万人，在校生5.2万人；成人高校22所，招生13.4万人，在校生35.4万人；高等教育毛入学率达20.9%。有各类中等职业学校在校生36.4万人（不含技工学校学生）；普通高中626所，在校生107.3万人。普通初中在校生334.2万人，小学毕业生升学率达99.3%；小学在校生528.1万人，小学学龄儿童入学率达99.7%。全年共扫除文盲2.5万人。

文化事业健康发展。全省有文化馆134个、公共图书馆103个、博物馆98个，有艺术表演团体98个、电影放映管理机构93个。全年出版全国性和省级报纸15.9亿份、各类杂志1.67亿册、图书2.89亿册。卫生事业不断进步。全省有卫生机构1.23万个，卫生技术人员21.49万人，病床床位14.67万张。体育事业蓬勃发展。在国内外的比赛中，湖北省运动员共获得23枚金牌，27枚银牌，34枚铜牌。全民健身活动进一步开展。

就业规模继续扩大。全省从业人员3476万人，比上年增加33万人。在岗职工485.1万人，增加1.7万人。私营个体从业人员353.97万人，增加22.54万人。多渠道扩大就业，促进下岗失业人员实现再就业。年末全省有下岗职工32.18万人，比上年减少14.52万人。全年通过多种途径使23.2万下岗职工实现了再就业，年末城镇登记失业率为4.3%。

城乡居民收入增加，生活质量继续提高。城镇居民人均可支配收入7322元，同比增长7.9%；农民人均纯收入2567元，增长5%。人口出生继续稳定在较低水平。年末全省总人口6001.7万人，人口出生率8.26‰，死亡率5.94‰，自然增长率2.32‰。

社会福利事业不断发展。全省有市、区、街三级社区服务中心538个，各类社会福利院床位10.5万张，收养9.2万人。全省城镇居民最低生活保障162.4万人，全年支出9.8亿元。全年销售社会福利彩票7.88亿元，民政部门接收社会捐赠4194万元。

【投资环境与利用外资】2003年，湖北省环保事业加快发展。全省有各级环境监测站105个，环境监测人员2172人。自然保护工作取得了新的成就。全省有生态示范区建设试点单位13个，自然保护区43个，其中国家级自然保护区7个。环境法制建设取得新进展。全年完成环境污染限期治理项目206个，总投资2亿元；污染物总量控制计划与跨世纪绿色工程规划的实施工作有序进行。

到2003年底，全省长途光缆线路总长度达到17485公里；新增局用交换机36万门，达到855万门；新增固定电话用户154万户，达到 890 万户；新增移动电话用户 258 万户，达到 874 万户；全省电话普及率 29.5 部/百人。数据通信用户达到 2.2 万户，计算机互联网用户达到 180 万户。

全年新批外商投资企业 532 个，比上年增加 46 个，其中总投资在 1000 万美元以上的项目 59 个。全年利用外资总额 25.29 亿美元，同比增长 11.6%。其中，外商实际直接投资 15.57 亿美元，增长 11.1%；间接利用外资 5.66 亿美元，增长 11.9%；外商其他投资 4.07 亿美元，增长 13.3%。全年对外承包劳务业务完成营业额 2.03 亿美元，增长 28.2%；新签合同额 2.99 亿美元，增长 1.4%；完成营业额首次突破 2 亿美元。外派劳务 3153 人次，下降 5.6%；年末在外人数 4923 人，下降 30.7%。到 2003 年底，全省有经商务部批准仍在运营或即将开业的境外非贸易型企业 49 家，总投资 5073.41 万美元，其中中方投资 3712.82 万美元，占 73.2%。

2003 年，湖北省吸收外商投资主要呈现以下特点：一是新批项目数和实际到资额增长放缓，合同外资额高速增长。新批外商直接投资企业 532 个，同比增长 9.47%；实际到资 155702 万美元，增长 11.1%；合同外资 254523 万美元，增长 1.54 倍。二是重大外资项目外资到位情况较好。实际使用外资超过 1000 万美元以上的项目有 32 家，主要包括蒲圻电厂、东风日产、东风康明斯发动机、西塞山电厂、百威啤酒、神龙汽车、武汉亚东水泥等项目。三是大中型外资项目前期工作进展比较顺利。新批外商投资项目投资额超过 1000 万美元的有 36 个，主要包括东风日产、东风本田、武汉市天然气、东风伟世通汽车饰件、坦萨凯乐土工合成材料、武汉光迅科技、宜昌城市燃气、黄石华钢精工冷轧薄板等项目。新增英国坦萨集团、美国麦克维尔、英国翠峰集团—百安居公司、日本日产、日本本田 5 家世界 500 强企业落户湖北。

【重点项目介绍】2003 年，湖北省重点建设进展顺利，对全省的投资增长起到了一定的支撑作用。全年共实施重点建设项目 43 个。其中，国家重点项目 4 个，省重点项目 39 个，总投资 1589.25 亿元。全年 43 个重点建设项目完成投资 269.65 亿元，占全省基本建设投资额的 31.9%。

年内建成投产的重点项目主要有：武钢二热轧、汉十高速公路襄樊至武当山段、汉十高速公路与襄荆高速公路连接线、巴东长江大桥、仙桃汉江大桥、武汉关山热电厂二期工程、农网改造二期工程、孝感市优质稻米生产基地等。新增的主要生产能力：热轧钢材 492 万吨/年、原煤开采 18 万吨/年、发电机组容量 432 万千瓦、炼钢 7 万吨/年、新建高速公路 130.5 公里。

【经济技术协作】2003 年，湖北省经济协作取得了较好成绩。全年共执行经济协作项目 490 多项。引进新技术、新产品 20 多项，引进外省市企事业单位在湖北省设立办事机构 120 多家，新组织 80 多家企业参加了企业联合，组织各类经济协作项目洽谈和商品展销活动 30 多次，接待兄弟省市来湖北考察、洽谈协作人员 5000 多人次。筛选了 120 多个项目，编印成册，配上湖北省情及优惠政策，印发全国各省市及有关企业、单位。同时，将 100 多个协作项目在互联网招商网上发布，取得了好效果。全年先后有 100 多家企业和投资商，就这些项目和湖北省联系和洽谈。

按照湖北省推进新型工业化的要求，积极组织企业联合，通过引进新产品与本省企业"嫁接"，引导大企业集团兼并本省弱势企业，依托企业联合引进资金、技术、开发新产品等方式，使企业联合取得了良好成效。邀请上海、广东 20 多家企业与湖北省企业洽谈，达成了 5 个企业联合项目。组织了武汉市 120 多家企业与广东、福建洽谈，达成企业联合项目 49 个，其中联合投资亿元以上的有 12 个。如福建东百集团与武汉慈惠农场合资建生态农业园、厦门惠尔康公司与武汉牛奶公司合资 2.5 亿元建饮料厂、佛山南海机械厂与武汉万宝机械厂合资 1 亿元生产新型床垫机械等。

湖南省

【经济与社会发展】2003 年，湖南省 GDP 达到 4633.73 亿元，同比增长 9.6%。其中，第一产业增加值 885.87 亿元，增长 3.6%；第二产业增加值 1793.71 亿元，增长 12.6%；第三产业增加值 1954.15 亿元，增长 9.6%。人均 GDP 为 7247 元，比上年增加 682 元。三次产业结构为 19.1:38.7:42.2。

农业生产稳定增长，农业结构调整稳步推进。全年粮食总产量 2442.73 万吨，减少 2.3%；粮食作物播种面积 452.98 万公顷，减少 2.6%；粮食作物占农作物总播种面积的 58.6%。畜牧业稳定发展，畜牧业增加值增长 3.7%，占第一产业增加值的 29.4%，农、林、牧、渔比例为 55.7:7.9:29.4:7。新增农田有效灌溉面积 6200 公顷，新增节水灌溉面积 1.01 万公顷。完成造林 40.96 万公顷，年末有林面积 986.11 万公顷，增长 1.5%；森林覆盖率 53.67%，比上年高 0.54 个百分点。乡镇企业实现增加值 1593.3 亿元，增长 10.7%。农业产业化进程稳步推进，60 家国家和省级龙头企业完成销售收入 203 亿元，增长 12.8%；实现利税 12.4 亿元，增长 6%；共连接基地 86.67 万公顷，辐射农户 400 多万户，初步形成以“公司 + 基地 + 农户”为纽带的产业链条。

工业生产快速增长。全年全部工业实现增加值 1455.27 亿元，同比增长 12.6%。其中，规模以上工业企业实现增加值 886.52 亿元，增长 20.7%，比上年提高 4.6 个百分点。重点行业增长加快，交通运输设备制造业等 10 大行业拉动全省规模工业增长 14 个百分点。全部工业完成投资 376.5 亿元，增长 36.9%。规模以上工业企业实现销售产额 2639.41 亿元，增长 23.4%，产品销售率为 100.07%，比上年高 0.34 个百分点。高新技术产业发展步伐加快，全年高新技术产品产值 956 亿元，增长 28.5%。

固定资产投资增速加快。完成全社会固定资产投资 1556.94 亿元，同比增长 14.8%。新开工项目 5653 个，全部投产项目 4473 个。计划总投资亿元以上的基本建设项目 392 个，完成投资 332.9 亿元。新增生产能力：发电机组 194.45 万千瓦，11 万伏及以上变电设备能力 308.75 万千伏安；长途光缆 173 公里，程控交换机 50 万线，移动通信基站设备 428 个；新建铁路正式交付运营里程 101.3 公里；新建公路 834.69 公里，其中高速公路 216.12 公里；城市道路扩建长度 540.56 公里，城市自来水日供水量 41.9 万吨，城市污水日处理量 1 万吨。

消费品市场日益活跃。全年实现社会消费品零售总额 1816.3 亿元，同比增长 10.8%。居民消费价格总指数为 102.4%，商品零售价格总指数 100.6%，农产品生产者价格指数 106.8%，原材料、燃料、动力购进价格指数 106.7%，工业品出厂价格指数 102.6%，固定资产投资价格指数 102.8%，房地产价格指数 101.4%。年末金融机构各项存款余额 4774.8 亿元，新增 747.4 亿元，同比多增 141.2 亿元，各项贷款余额 3900.6 亿元，新增 589.2 亿元，同比多增 164.5 亿元。

对外贸易取得新成绩。全年完成进出口总额 37.36 亿美元，同比增长 29.9%。其中，出口 21.46 亿美元，增长 19.5%；进口 15.9 亿美元，增长 47.1%。成功举办了以“展现绿色潇湘，体验健康之旅”为主题的中国湖南旅游节等系列活动，促进和推动了旅游业的发展。全年接待国内外游客 5970.39 万人次，增长 3.7%；实现旅游总收入 294.1 亿元，增长 19.7%。

科技成果不断涌现，全年共取得各类科技成果 836 项。其中“复杂体系成分分析及波谱结构解析的化学计量学研究”获国家自然科学二等奖，“异源四倍体鱼和三倍体鲫（鲤）研究”等 10 个项目获国家科技进步二等奖。电动汽车的研发和产业化工作有了创造性突破；逐步形成以人类胚胎干细胞为核心、以成体干细胞为辅的研究开发人类干细胞治疗疾病的产业链；血防研究取得重要进展。

教育事业稳步发展，全省有普通高等学校 73 所，招生 19.38 万人，比上年增长 23.5%，在校生 53.72 万人，增长 28.1%，毕业生 9 万人，增长 45%；研究生培养单位 15 个，共招收研究生 8597 人，增长 47.4%，在校生 19421 人，增长 37.3%。有中等专业学校 81 所，招生 9.22 万人，增长 11.5%，在校生 22.65 万人，增长 1.3%。有普通中学 4689 所，在校生 488.77 万人，增长 4.7%，入学率 96.26%。有普通小学 24673 所，减少 2570 所，在校生 468.69 万人。小学适龄儿童入学率为 98.56%，比上年高 0.92 个百分点，小学在校学生辍学率 0.15%，下降 0.01 个百分点。

人民生活水平不断提高。城镇居民人均可支配收入 7674.2 元，同比增长 10.3%，考虑价格因素，实际增长 8.8%。人均消费性支出 6082.6 元，增长 9.1%，考虑价格因素，实际增长 7.6%；城镇居民恩格尔系数为 35.8%。农村居民人均纯收入 2532.9 元，增长 5.6%，考虑价格因素，实际增长 4.7%；人均生活消费支出 2139 元，增长 3.4%。年末全省总人口 6662.8 万人，人口出生率 11.82‰，死亡率为 6.87‰；自然增长率为 4.95‰。城市化水平为 33.5%，比上年高 1.5 个百分点。

年末全省参加基本养老保险 634.23 万人，比上年增长 2.9%。其中，参加基本养老保险的离退休人员 167.06 万人，增长 5.9%；参加失业保险 347.5 万人，增长 6.4%；参加基本医疗保险 423.5 万人，增长 6.4%；领取城市最低生活保障费 1774 万人次。全年新增城镇就业 50 万人，下岗职工再就业 41 万人，城镇登记失业人员 31.4 万人，登记失业率为 4.5%。

继续加强环境治理力度，环境质量进一步改善。全省共有环保监测站 130 个，环境监测人员 1935 人，完成环境污染限期治理项目 342 个，投资 9230.5 万元。工业污染源基本实现达标排放。列入国家考核的 396 家重点企业中，达标 385 家，达标率 97.2%；在国家控制的 12 种污染物中，有 11 种控制在国家规定的指标以内。全省建有自然环境保护区 82 个。其中，国家级 8 个，省级 35 个，保护区面积 99.49 万公顷，增长 20.6%。

【投资环境与利用外资】2003 年，湖南省投资环境得到了很大的改善，对外开放和利用外资取得了很大的发展。围绕“工业化、城镇化、农业产业化”的全面推进，下大力气优化经济环境，继续加大基础设施建设力度，营造公平竞争的市场环境、体制和科技的创新环境、优越的人才环境，以及完善的法制环境。使全省投资环境大为改善。落实扶持非国有经济发展的政策措施，加大投资调控力度，投资结构优化调整，三次产业快速增长。

非国有投资增速加快，利用外资突飞猛涨，对外经济技术合作保持了持续增长。全年新批利用外资项目 558 个，同比增长 34.8%；合同利用外资 20.7 亿美元，增长 58.2%；实际到位外资 14.89 亿美元，增长 44.4%。对外劳务工程承包新签合同额 3.9 亿美元，增长 25.3%；完成营业额 3.86 亿美元，同比增长 30.3%。执行国外经济援助项目 18 个，受援金额 1300 万美元，增长 64%；执行的援外项目 21 个，年内执行金额 5000 万美元，增长 1.4 倍。

【重点项目介绍】2003 年，湖南省重点工程进展顺利。在建重点工程 50 个，完成投资 327.29 亿元，同比增长 12.7%。鲤鱼江电厂扩建、韶山毛泽东诞辰 110 周年建设工程、五城会场馆建设工程、株洲电厂二期和长潭高速公路路面改造工程等项目竣工投产。工业技改投资 239.8 亿元，增长 44%。华菱集团技改工程、长丰猎豹技改项目、县乡公路改造等项目进展顺利。

潭邵高速公路：是国家重点建设的“五纵七横”国道主干线网中上海至云南瑞丽高速公路中的一段，是连接华东、中南及西南地区的重要运输通道，主线全长 218 公里，总投资 60.99 亿元，已竣工通车。

衡枣高速公路：国家重点规划建设的“五纵七横”国道主干线网中衡阳至昆明高速公路的在湖南的一段，主线全长 186 公里，总投资 51 亿余元。已竣工通车。

洛湛铁路邵永段：是国家八纵八横骨干铁路网之一，是中西部地区至华南地区及沿海地区深水港口的重要出海通道，全长 118 公里，总投资 22 亿人民币，已胜利竣工。

【经济技术协作与对口支援】2003 年，湖南省引进内资项目 3538 个，引进内资突破 310 亿元，又创历史新高。为克服“非典”给经济带来的负面影响，提出了“外资不足内资补”的方针，加大了内联引资的力度。加强项目跟踪调度，建立了招商引资项目库、重点客商库、外省客商档案库。积极参与招商引资活动，先后组织和参与了“西洽会”、“深洽会”、“湘—浙招商会”、“广交会”、“广西洽谈会”等一系列招商活动。在“西洽会”上签约项目 76 个，引进资金 40.07 亿元，在“深洽会”上发布项目 4000 多个，合同引进资金 119 亿元。

全省对口支援工作稳步推进，对口支援三峡库区项目资金 2913 万元，实施项目 60 个，成功对接新增三峡外迁移民 2341 人次。

【长株潭一体化建设】2003 年，长株潭一体化工作取得新的进展。以把长株潭建设成湖南省对外开放的窗口、招商引资的洼地、高新技术的孵化地、产业发展的聚集地、经济环境的最优地和经济效益的高地为目标，深入开展各项工作。形成了以《五个网络规划》、《长株潭产业一体化规划》、《湘江生态经济带开发建设总体规划》、《长株潭城市群区域规划》为主体的长株潭经济一体化规划体系框架。

加强了交通网络、电力网络、信息网络、金融网络、环保网络等五个网络建设，基础设施环境更加优化。长沙天心生态新城、株洲高新区栗雨园一期工程、湘潭河东新区等十大重点建设项目进展顺利。长沙、株洲、湘潭三市产业发展步伐加快，核心增长极的作用进一步显现。全年三市 GDP 达到 1585.3 亿元，同比增长 12.8%，占全省 GDP 的 34.2%。其中二、三产业增加值分别为 697.9 亿元和 717.9 亿元，各占全省的 38.9% 和 36.7%；完成工业增加值 512.13 亿元，规模以上工业增加值 292.95 亿元，分别占全省的 35.2% 和 33%；实现消费品零售额 682.3 亿元，占全省的 37.6%；进出口总额 27.3 亿美元，占全省的 74.8%。

【扶贫开发】2003 年，湖南省扶贫开发取得新成绩。全年共争取国家安排以工代赈和退耕还林资金18.7亿元，比上年增加4.2亿元，增长28%；共投入专项扶贫资金11.6亿元，有20万人解决温饱和越过低收入线。

全年新改建等级公路1700公里、乡村公路1296公里，桥梁3600延米/68座；改造低产田3200亩，新修灌溉水渠11万米，修复水毁工程350处，河堤2.8万米，新建和改善灌溉面积4万亩；新建人畜饮水工程80处，解决了20万人、7万头大牲畜饮水困难；小流域治理面积80平方公里，改造草场2.7万亩；建设茶叶、药材、林果、大豆、楠竹等农业产业化基地15万亩。洞庭湖排涝设施建设共安排了890台套电排机电设备的更新改造和续建配套，改造电排装机33.5万千瓦，改善排涝面积31.4万亩。国家安排退耕还林240万亩，荒山造林240万亩，工程惠及全省99个县市区。

西部地区篇

内蒙古自治区

【经济与社会发展】2003 年，内蒙古自治区国民经济继续保持快速增长，全年 GDP 达到 2092.86 亿元，同比增长 16.3%。其中，第一产业增加值 421.86 亿元，增长 5%；第二产业增加值 947.89 亿元，增长 26.9%；第三产业增加值 723.11 亿元，增长 11%；三次产业比例为 20.2∶45.3∶34.5。全年实现财政总收入 257.57 亿元，增长 28.1%。城镇居民人均可支配收入 7012.94 元，增长 15.9%。农牧民人均纯收入 2267.66 元，增长 8.7%。

结构调整成效显著，经济效益明显提高。基地建设进一步加强，优质、专用农畜产品产量持续增加，牛奶产量达到 275 万吨，比上年增长 63%；肉类总产量 151.6 万吨，增长 4%；羊绒产量 4806 吨，增长 6%。畜牧业发展迅速，占农业总产值的比重 40%。种植业在局部地区遭受自然灾害的情况下，粮食产量仍达 1360 万吨，玉米、青饲料、牧草等作物进一步增加。农牧业产业化取得积极进展。龙头企业进一步发展壮大，销售收入亿元以上的龙头企业达 38 户，其中 10 亿元以上的 5 户。龙头企业辐射带动作用进一步增强，全区有 140 万农牧户与龙头企业建立产销关系，比上年增加 20 万户。企业与农户的利益关系进一步密切，农牧业生产、流通、科技等服务体系得到完善。

工业化进程明显加快。工业总量得到扩大，全年完成工业增加值 707.19 亿元，同比增长 20.8%，占 GDP 的比重达到 33.8%。经济效益明显提高。规模以上工业企业经济效益综合指数 125.56，比上年提高 18.7 点。特色优势产业发展加快。煤炭、电力、冶金、建材等行业增加值占规模以上工业增加值的比重达到 60% 以上。多种所有制经济共同发展。股份制及股份合作企业增加值占规模以上工业增加值的比重达到 69%，比上年提高 4.4 个百分点。重点企业的带动作用进一步增强，60 户重点企业增加值占规模以上工业增加值的比重达到 50% 以上。

服务业在“非典”疫情过后迅速恢复。商贸流通、邮政仓储等传统服务业稳步增长，通信、旅游、物流等现代服务业得到较快发展，全年实现社会消费品零售总额 726.76 亿元，同比增长 12.6%。

城镇化步伐进一步加快。呼和浩特市、包头等大中城市和各盟（市）所在地的城市基础设施建设得到加强，城镇经济和社会发展明显加快。各类工业园区建设稳步推进，县域经济进一步发展，小城镇面貌逐步改善。自治区确定的50个重点市旗县区和20个重点开发区对工业经济增长的贡献进一步提高。城市人口规模进一步扩大，全年共转移农牧业人口30万人左右，城镇化率达到45%以上，比上年提高1个多百分点。

固定资产投资高速增长，对经济拉动作用显著增强。全年完成全社会固定资产投资1207.94亿元，同比增长68.9%。招商引资、民间投资、银行贷款等各类社会投资成为投资增长的主要力量，非国有投资占全部投资的比重达到48%左右。投资重点进一步向生态、工业、交通和城市基础设施建设等方面集中。

对外贸易规模进一步扩大，口岸经济得到长足发展。全年外贸出口总额14.41亿美元，同比增长43.2%。扣除中央企业煤炭出口，按进出口商品经营单位所在地统计的海关出口总额11.6亿美元，增长43.3%。海关统计的进口总额16.73亿美元，增长2.4%。

生态建设取得明显成效。全年共完成退耕面积457万亩，宜林荒山荒地造林541万亩，完成退牧还草5618万亩，治理荒漠化土地面积9657万亩。水利重点工程建设加快，尼尔基、绰勒等大型水利枢纽进展顺利，黄河、辽河、嫩江等大江大河治理工程继续加强，河套等大型灌区节水改造进度加快，牧区水利和农田水利基本建设成效显著，新增有效灌溉面积261万亩，节水灌溉面积478万亩。

科技教育得到加强，社会事业稳步发展。科技创新和推广体系进一步完善，科技推广和科技成果转化明显加快，科技对经济发展的带动作用明显增强，全年共组织实施各类科技项目75项，高新技术产业产值超过300亿元。基础教育办学条件明显改善，改造中小学危房35万平方米。优质高中扩招工程继续推进，24所重点高中和民族中学列入建设计划。高等教育发展加快，全年普通高校招生6万人，增长32.3%。内蒙古大学“十五”“211”工程、高校后勤园区和内蒙古师范大学新校区等项目相继启动。

文化产业发展较快。24个旗（县）图书馆、文化馆列入国家专项建设计划。广播电视、体育、民政、新闻出版、环境保护等社会事业稳步推进。卫生事业加快发展，实施了68个疾病预防控制项目，加强了自治区、盟（市）、旗（县）三级疾病预防控制网络建设。人口和计划生育工作进一步加强，人口自然增长率控制在3.07‰。

就业和再就业工作取得新进展，全年城镇新增就业和再就业22万人，城镇登记失业率控制在4.5%左右。“两个确保”和“三条保障线”政策得到有效落实，参加基本养老保险的有228.3万人，参加基本医疗保险的有235万人，参加失业保险的有221.58万人，有70.46万城镇贫困人口被纳入低保范围，基本实现应保尽保。

各项改革继续推进，市场经济体制逐步完善。粮食流通领域取消了粮食收购保护价和粮食准运制度，对东部4盟（市）的玉米直接给予农民保护性生产补贴。垄断行业改革加快完成了民航机场移交地方的工作，组建了内蒙古自治区民航机场集团有限责任公司；电力厂网分开的体制改革方案已开始实施；铁路、公路等国有股权的转让和退出迈出实质性步伐。深化了价格改革，推行了重大价格决策听证制度，废止了51个价格管理文件，取消了130种商品和服务价格审批事项，公布实施了《内蒙古自治区价格管理目录》和《内蒙古自治区行政事业性收费项目标准目录》，呼和浩特、海拉尔、赤峰、通辽、临河等城市实行了阶梯式水价。加快了教育和医疗改革收费公示力度，全区1149个乡（镇、苏木）完成公示工作，1万多所学校建立了公示制度，一、二、三级医院基本实行了公示。

【投资环境与利用外资】2003年，内蒙古自治区交通和城市基础设施建设力度加大。110线高速公路包头至磴口段、巴拉贡经新地至麻黄沟段开工建设，国家西部干线阿荣旗至集宁—

级公路新开工463公里，县际公路新开工1751公里，全年新增二级以上公路500公里。桑蓝铁路和呼准铁路开工建设，东乌铁路、桑张铁路已上报国家。乌海机场投入运营，满洲里机场开工建设。城市基础设施建设方面，开工建设了58个城市的污水、垃圾处理及供水、供气国债项目，城市供水、供热能力得到提高，城市环境明显改善。

通过深入开展“大力解放思想、优化开放环境”的教育活动，清理行政审批事项，转变职能，提高办事效率，强化政府为市场主体服务的功能。整顿和规范市场经济秩序，健全信用制度，严厉打击制假售假、商业欺诈、操纵物价等扰乱市场的违法犯罪行为，加快以企业为重点的信用体系建设，营造良好的信用环境。

利用外资规模进一步扩大。全年新批准外商投资合同项目148个，同比增长70.1%，合同外资额4.34亿美元；实际利用外资3.68亿美元，增长61.4%。年末全区有在工商部门注册的外商投资企业923户，比上年增加118户。对外承包工程、劳务合作取得新进展。全年新签对外承包工程和劳务合作合同金额7510万美元，增长0.9%；完成营业额2742万美元，增长4.6%。

【重点项目介绍】从1998年开始，国家开展实施的八大生态建设工程均涉及到内蒙古，6年来国家投资121.8亿元，2003年国家投资35.4亿元，下达自治区生态建设与保护任务1.67亿亩，到年底共完成建设与保护面积2亿亩。

退耕还林工程：从2000年启动退耕还林试点工程，国家共安排退耕还林建设任务2308万亩，总投资27亿元。京津风沙源治理工程：2000年5月启动，国家共投资23.78亿元，下达治理任务2614万亩。天然林资源保护工程：1998年启动，国家累计投资52亿元，计划营造公益林2186万亩。生态环境综合治理工程：1998年启动，国家累计投资4.64亿元，计划治理荒漠化面积560.2万亩。水土保持工程：1998年启动，国家共投资1.8亿元，计划治理水土保持面积419.3万亩。天然草原保护与建设工程：2000年启动，共落实国债资金2.43亿元，计划建设与保护草原面积572万亩。退牧还草（禁牧舍饲）试点工程：2003年国家安排7593万亩，国家投资6.48亿元。

自治区确定的150个工业重点项目中，续建的75个已建成40个，计划新开工的75个已开工建设69个。能源工业方面，开工建设了正蓝、岱海等一批电源点项目，新开工电力装机容量800万千瓦以上。长庆气田至呼和浩特天然气输气管道工程建成投产。扎赉诺尔和大雁煤矿沉陷区治理方案已经得到国家批复，即将实施。高技术产业方面，实施了沙棘开发、12—羟基硬脂酸锂等高技术产业化示范项目22个，新批复蒙药扫日劳—7胶囊、妥舒沙星等6个项目。

尼尔基水利枢纽：是国家十五计划批准修建的大型水利工程，也是国家实施西部大开发战略的标志性工程之一。水库总库容86.11亿立方米，总装机为25万千瓦，多年平均发电量6.144亿千瓦时。工期5年，准备工程于2001年6月开始进行，第一台机组将于2005年5月发电。总投资54.49亿元，到2003年底累计完成投资28.53亿元。

呼和浩特至准格尔铁路：总里程116公里。按地方铁路I级建设，总工期3年。总投资13.4亿元。

公路建设项目：全年重点建设项目31个，在建规模2432公里，其中高速路731公里、一级公路1354公里、一级一幅321公里、二级公路26公里。总投资59.94亿元。

【经济技术协作与对口支援】2003年，内蒙古利用各种时机，积极扩大宣传，开展对外交流合作，加大招商引资力度。组织参加了第七届西安投资贸易洽谈会、第六届北京科技博览会等大型招商活动，共实施招商引资项目4000个，引进区外资金到位402亿元，同比增长49.4%。

北京市和内蒙古是长期稳定的对口帮扶和经济技术合作的友好市区。双方本着优势互补、互惠互利、共同发展的原则，在更宽领域、更深层次上开展了更有成效的经济技术交流与合作，取得了丰硕成果。一是对口帮扶工作成绩显著。北京市与内蒙古对口旗县区之间的"结对子"帮扶和协作关系进一步发展，帮扶工作的辐射面不断扩大，北京市18个区县中的326个部门和单位与内蒙古18个贫困旗县中的600个部门和单位结为帮扶对子。二是经济技术交流与合作取得新进展。在协作方面，双方签订的67个协作项目中已实施55个；在科技合作方面；内蒙古已与北京市十几所高校、科研院所建立起稳定的交流合作渠道，涉及农牧业科技、生物技术、新材料、孵化器建设等多个领域；在劳务输出方面，北京市帮助内蒙古输出劳务5.8万人，在京务工人员达10万人。三是干部交流与考察互访工作不断深入。学习了北京的先进管理经验和专业技术，增长了才干，密切了交往。

广西壮族自治区

【经济与社会发展】 2003 年，广西壮族自治区（以下简称广西）努力克服“非典”疫情和长期干旱等自然灾害带来的不利影响，国民经济实现快速增长。全年 GDP 达到 2733.21 亿元，同比增长 10.2%。其中，第一产业增加值 628.18 亿元，增长 4%，对经济增长的贡献率为 9.5%；第二产业增加值 1005.92 亿元，增长 14.5%，贡献率为 52.2%；第三产业增加值 1099.11 亿元，增长 10%；贡献率为 38.3%。人均 GDP 达到 5964 元，增长 9.4%。全年财政收入 341.42 亿元，增长 11.8%。其中，一般预算收入 203.66 亿元，增长 12.2%。财政收入占 GDP 的比重 12.5%。

农业生产平稳增长。全年农林牧渔业总产值 965.58 亿元，同比增长 4%。其中，牧业产值 334.22 亿元，增长 8.8%；林业产值 41.82 亿元，增长 3.4%；渔业产值 108.68 亿元，增长 3.8%；种植业产值 480.86 亿元，增长 1.7%。受结构调整影响，粮食、甘蔗种植面积减少。主要农产品产量：粮食 1484.82 万吨，减产 4.2%；甘蔗 4861.84 万吨，减产 9.3%；油料 55.7 万吨，下降 0.5%；蔬菜 1863.9 万吨，增长 4.6%；水果 462.24 万吨，增长 1.4%；生猪出栏 3324.99 万头，增长 6.5%；家禽出栏 52014.61 万只，增长 12.9%；肉类 353.52 万吨，增长 7.2%；牛奶 3.82 万吨，增长 23.1%；蚕茧 8.74 万吨，增长 17.7%；水产品 264.61 万吨，增长 3.7%。

在电力、汽车、机械、有色金属、制糖、食品等重点行业和优势产业的强力拉动下，工业生产保持快速增长势头。全部工业实现增加值 811.48 亿元，同比增长 14.7%。其中，规模以上工业企业增加值 436.92 亿元，增长 17.6%。铝工业、林浆纸一体化等优势产业的培育发展取得实质性进展，电力、汽车、机械、有色金属、制糖、食品等重点行业成为工业增长的主要力量。全年电力热力生产供应业实现增加值 66.27 亿元，同比增长 16.2%；黑色金属行业增加值 27.35 亿元，增长 11%；有色金属行业增加值 34.17 亿元，增长 29.6%；通用设备制造业增加值 12.16 亿元，增长 21.3%；运输设备制造业增加值 48.9 亿元，增长 30.5%；制糖业增加值 41.59 亿元，增长 19.5%。工业企业实现利润创历史最好水平。全年规模以上工业企业经济效益综合指数121.6%，比上年提高15.6个百分点；实现销售收入1388.74亿元，增长20.9%；工业企业盈亏相抵后实现利润总额63.68亿元，增长74.4%。全年完成建筑业增加值194.44亿元，增长14%。

消费市场活跃，消费热点持续见旺。全年实现社会消费品零售总额1124.15亿元，同比增长9.6%。汽车、通讯器材、文化办公用品、建筑及装潢材料等商品继续旺销。市场物价总水平小幅上升，全年居民消费价格总水平上涨1.1%。城乡居民收入继续增加。全年城镇居民人均可支配收入达7785元，增长6.4%；其中农民人均纯收入2095元，增长4.1%。

金融机构存贷款稳步增长。年末金融机构人民币各项存款余额3175.34亿元，比年初增长14.1%；各项贷款余额2320.66亿元，增长19.5%。其中，短期贷款1087.88亿元，比年初增长8.2%；中长期贷款1072.43亿元，比年初增长33.3%；个人消费贷款255.80亿元，增长62.3%。

外贸进出口继续保持强劲的增长势头。全年实现进出口总额31.92亿美元，同比增长31.4%。其中，出口总额19.7亿美元，增长30.7%；进口总额12.22亿美元，增长32.3%。边境贸易持续大幅增长。全年实现边境贸易进出口总额7亿美元，同比增长34.6%。其中，出口4.18亿美元，增长27.4%；进口2.83亿美元，增长46.9%。对外承包工程和劳务合作取得新成绩。全年新签对外承包工程和劳务合作合同29项，总金额3872万美元，同比增长48.9%。对外承包工程和劳务合作完成营业额2196万美元，增长22.3%；年末在外劳务人员434人。

交通运输、邮电通信业保持稳定发展。全年交通运输和邮电通讯业实现增加值243.03亿元，同比增长10.5%。各种运输方式完成货物周转量936.77亿吨公里，增长8.8%。完成货运量3.29亿吨，增长1.7%。完成旅客周转量478.83亿人公里，下降4.7%。完成客运量4.36亿人，下降5%。邮电通讯业高速增长。全年完成邮电业务总量172.5亿元，增长39.1%。其中，电信业务总量162.2亿元，增长41.5%；邮政业务总量10.3亿元，增长10%。

旅游业克服“非典”疫情影响得到逐步恢复。全年接待国内旅游人数4540.35万人次，下降7.1%；接待外国及港澳台旅游人数64.53万人次，下降50.5%。实现国内旅游收入193.36亿元，下降5.3%；国际旅游收入10.97亿元，下降49.7%。全年出境人数54.99万次，增长173.8%，其中因私出境53.85万人次，增长195.8%。

教育事业稳步发展。全区共有普通高等院校45所，招生8.25万人，在校生22.73万人，分别增长20.5%和22%。研究生培养单位9个，招收研究生2600人，增长50.5%；在校研究生5800人，增长43.6%。中等职业技术教育学校424所，招生12.82万人，在校生32.41万人，分别增长4.9%和1%。普通高中519所，招生21.68万人，在校生58.51万人，分别增长5.3%和13.4%。初中2471所，招生87.63万人，在校生244.99万人。普通小学16102所，招生77.08万人，在校生491.85万人。小学学龄儿童入学率达98.93%。特殊教育学校招生2900人，在校生1.59万人。幼儿园在园幼儿84.33万人。

文化、卫生事业继续推进。文化基础设施得到改善，文化活动健康活跃。全区有各种艺术表演团体118个，公共图书馆96个（不含乡镇部分），文化馆100个，博物馆41个，档案馆126个。全年报纸出版3.4亿份，各类杂志出版6200万册，图书出版2.43亿册（张）。全区有电视台15座，广播电台11座，中短波广播发射台和转播台21座，电视、广播人口覆盖率分别达91.5%和86.7%。全区共有卫生机构27130个，床位81267张；卫生技术人员104081人。有疾病预防控制中心（防疫站）105个，卫生技术人员4542人。卫生监督执法力度加大，食品卫生、化妆品、公共场所等卫生监督合格率稳中有升。全区有卫生监督检验机构 11 个，卫生技术人员 443 人。

就业和再就业增加，职工收入水平继续提高。全区有就业人员 2601 万人，增长 0.45%。其中，城镇就业人员（含农村进城从业人员）656 万人。城镇单位就业人员年平均劳动报酬 11611 元，同比增长 10.7%，城镇单位在岗职工年平均工资 11953 元，增长 10.9%。全年城镇新增就业人数 17.5 万人，其中下岗失业人员实现再就业 7.02 万人。年末城镇登记失业率为 3.6%。

【投资环境与利用外资】2003 年，广西局用交换机总容量达 829 万门，增长 25%；固定电话用户达 638.7 万户，增长 23.5%，电话普及率 26.4 部/百人，增长 7 部/百人。移动电话用户达 639 万户，增长 48%，新增 207.3 万户。计算机互联网用户达 150.1 万户，增长 37.2%。

全区国有企事业单位共有各类专业技术人员 77.01 万人，科学研究与技术开发成果显著。全年共组织实施创新计划项目 1784 项，取得重大科技成果 306 项。其中应用技术成果 287 项，软科学成果 13 项。专利申请量 2250 件，授权专利 1331 件。共签订各类技术合同 748 项，合同成交金额 4.18 亿元。全区高新技术企业已发展到 373 家。桂林、南宁、柳州、北海四个高新技术开发区高新技术产品产值 166 亿元，分别增长 30.8%、48.3%、32.5%和 29.2%。

利用外资在上年增长较快的基础上进一步保持良好发展。全年实际利用外资 6.9 亿美元，同比增长 11.6%。共批准外商直接投资项目 340 个，增长 21.9%。其中，合资企业 114 个，合作企业 33 个，独资企业 192 个，股份制企业 1 个。合同外资金额 6.72 亿美元，同比增长 36.5%；外商直接投资额 4.56 亿美元，增长 9.3%。

【重点项目介绍】2003 年，广西共实施重点项目 128 项。其中，新开工 27 项，投产或部分投产 15 项，在建 40 项，重点前期工作 46 项。全年重点项目累计完成投资 221 亿元，同比增长 33.9%。

南宁国际会展中心一期工程：是广西“十五”期间重点建设项目之一。总投资 65555 万元，占地面积 850 亩，建筑面积 99122 平方米，由会议（主建筑）、展览两部分组成，于 2003 年 10 月竣工。

平果氧化铝二期工程：是国家“十五”重点建设项目，是中国铝业在平果一期的基础上扩建的一条 40 万吨/年氧化铝生产线。投资 18.86 亿元，于 2003 年 10 月全线竣工投产。

钦州港二期工程：钦州港是广西沿海的主要工业港。是钦州港第一个正式列入国家计划，争取外国政府贷款成功项目。建设规模为 2 个 5 万吨级通用泊位，设计年吞吐能力 200 万吨，总投资 3.08 亿元。于 2003 年 12 月竣工。

贵糖年产 5 万吨生活用纸工程：贵糖（集团）股份有限公司利用广西丰富的甘蔗渣资源和拥有自主知识产权的甘蔗渣制浆造纸及环保等核心技术，总投资 3 亿元多人民币建成生活用纸工厂（即贵糖第三造纸厂），2003 年 8 月竣工。由于实现了高速生产，贵糖 5 万吨纸工程的人均年产值将超过百万元。

平班水电站：是红水河及南县江干流规划建设的第三个梯级水电站，是广西实施“西电东送”方案的重点工程。装机容量 405 万千瓦，多年平均发电量 16.03 亿千瓦时。总投资 19.49 亿元。

恶滩水电站扩建：是红水河规划的第八个梯级电站，也是广西实施“西电东送”战略的重要电源建设项目。装机容量 4×15 万千瓦，多年平均发电量 34.95 亿千瓦时。工期从 2001 至 2006 年，总投资 39.7 亿元。

龙滩水电站：是红水河梯级开发的龙头电站，也是红水河水电资源开发中调节性能最好、综合效益最大、工程经济指标最优越的战略性骨干工程，是国家实施西部大开发的标志性工程，也是“西电东送”和实施全国联网的战略性工程。总装机容量 9×60 万千瓦，年平均发电量 187 亿千瓦时。总投资 243 亿元，2003 年 11 月顺利实现截流。

百色水利枢纽：是珠江流域综合利用规划中治理和开发郁江的大型骨干水利工程。它以防洪为主，兼顾发电、灌溉、航运、洪水等综合利用效益的大型水利枢纽。总库容 56.6 亿立方米，总装机容量 54 万千瓦。工期从 2001 至 2006 年，总投资 47.13 亿元。

【经济技术协作与对口支援】2003 年，广西以推进西部大开发和构建中国—东盟自由贸易区为契机，深入实施开放带动战略，进一步加强与东西部地区的经贸合作，全年签订国内经济技术合作项目 2007 项，合同引进区外资金 522.12 亿元；实施合作项目 1782 项，区外资金到位 109.25 亿元。

全年广西与东部各省市签订经贸合作项目 795 项，合同投资总额 438.28 亿元，实施项目 689 项，外省市资金到位 73.69 亿元。重点推进了与广东、浙江、上海、福建等省市的经贸合作，合作的内容主要是基础设施建设、优势资源开发、承接产业转移、国有企业并购重组等方面。全年与广东省签订经贸合作项目 466 项，总投资 192.67 亿元，实施项目 410 项，广东方到位资金 33.02 亿元。浙江省企业在广西投资 1000 万元以上的合作项目共 24 项，投资总额 24.2 亿元，实际到位资金 6.84 亿元。

全年与西南各省区市实施经济技术合作项目 64 项，总投资 12.75 亿元，合同引进外省市资金 12.66 亿元。发挥西南地区出海出境大通道的作用越来越明显，全年云、贵、川、渝三省一市经广西各口岸进出口总值 70357 亿美元，同比增长 55.4%。

开展引进外省市民营企业“百企入桂”活动取得新的进展，自治区邀请了 250 多位外省市民营企业家到广西考察投资和洽谈合作。全年外省市民营企业与广西签订投资额在 1000 万元以上的合作项目 127 项，总投资 180.33 亿元。北京汇源集团、恒基伟业集团、帝恒集团，浙江万向集团、惠明集团，黑龙江完达山乳业有限公司、深圳成博数码公司等国内一批知名民营企业投资的合作项目先后开工建设，对加快民营经济发展起到了重要的推动作用。

2003 年，广西担任六省（区、市）七方经济协调会第十八次会议主席方，认真协调西南各方共同落实会议各个专题协议。在联手推动区域生态环境保护建设与生态旅游资源开发，完善交通与通信网络建设，加快“南（宁）、贵（阳）、昆（明）经济区”构建，对西南出海出境大通道和滇、黔、桂三省区三大磷肥项目开展专项调研等方面取得了积极进展。

广西对口支援三峡库区重庆市长寿区移民工作，2003 年双方达成对口支援和经济合作项目 11 个。其中，无偿援助项目 10 个，资金 555 万元，主要资助库区受淹没的乡镇迁建学校、修建移民新区道路和水利设施、发展农业种养等移民直接受益的项目；经济合作项目 1 个，投资 443.8 万元。南宁市、柳州市、桂林市还分别与长寿区凤城镇、晏家镇、江南镇签订了对口支援框架协议。

重庆市

【经济与社会发展】2003年，重庆市GDP达到2250.11亿元，同比增长11.4%。其中，第一产业增加值343.07亿元，增长4.2%；第二产业增加值975.95亿元，增长15.9%；第三产业增加值931.09亿元，增长9.4%。人均GDP达到8075元，增加1041元。三次产业比例为15.2∶43.4∶41.4。年末全市户籍人口3130万人，比上年增加17万人，常住人口2777.47万人，常住人口城镇化率达到41.9%。

农业结构调整加快，产业化经营稳步推进。种植业结构有所调整，粮经结构调整到73∶27。主要农产品产量：粮食1087.2万吨，增长0.5%；油料38.27万吨，增长9.2%；蔬菜840.17万吨，增长3.9%；水果128.59万吨，增长13.4%；肉类159.51万吨，增长4.7%；水产品22.49万吨，增长6.3%。农业产业化工程向纵深推进，全年筹集建设资金12亿元，新发展国家级重点龙头企业6家、市级龙头企业45家，新确定重点依托龙头企业50家。建设农产品基地面积660万亩，带动农户240万户，转移农村劳动力5万人。乡镇企业快速发展，全年完成增加值414.37亿元，同比增长27.2%；实现利润59.98亿元，增长31.6%。

工业经济发展速度加快，质量和效益明显改善。全年实现工业增加值768.36亿元，同比增长16.4%。以汽车、摩托车为主的交通运输设备制造业总产值635.86亿元，增长30.9%。新产品产值410.94亿元，增长32%。规模以上工业企业实现工业增加值477.85亿元，增长21.1%；实现利润85.97亿元，增长89.5%；亏损数减少4.6%，亏损面为19.6%，下降2.8%。工业经济效益综合指数达到129.7，比上年提高18.7个百分点。建筑业快速发展，全年完成建筑业增加值207.59亿元，增长13.9%；实现利润11.5亿元，增长15.4%。

服务业结构加速改善，内需动力进一步增强。物价稳中略升，居民消费价格指数上涨0.6%。消费品市场稳步增长，全年实现社会消费品零售总额835.53亿元，增长9.5%。交通运输业稳步发展，综合运输能力进一步增强。全年实现增加值136.55亿元，增长8.1%；全市公路通车里程达31407公里，增长1.1%。邮电通信业保持较快增长，全年实现邮电业务总量125.14亿元，增长44.2%；全市共有固定电话533.3万户，移动电话用户619.4万户，互联网用户99.2万户。旅游业受“非典”疫情影响，全年共接待国内旅游者4262.8万人次，下降7.7%；国内旅游收入194.52亿元，下降3.5%；接待海外游客23.45万人次，下降49.2%；旅游外汇收入1.13亿美元，下降48.1%。

固定资产投资快速增长，结构进一步改善。全年完成全社会固定资产投资1269.35亿元，同比增长27.5%。三大经济区投资稳步加快。都市发达经济圈投资577.84亿元，增长33.3%；渝西经济走廊投资275.5亿元，增长29.4%；三峡库区生态经济区投资416.01亿元，增长19.1%。非国有投资快速增长，全年完成投资717.63亿元，增长34.1%；占全社会投资总量的比重为56.5%，提高2.8%。

财政收支状况进一步改善，金融运行基本平稳。全年地方预算内财政收入206.93亿元，同比增长31.1%；支出391.69亿元，增长17%。金融机构存贷款持续增长。金融机构各项人民币存款余额3438.61亿元，增长21.9%；贷款余额2774.81亿元，增长23.4%。全市共有上市公司29家，股票流通市值164.14亿元，总市值564.3亿元。保险业持续发展，全年保费收入57.94亿元，增长25.5%；赔付保险金14.53亿元，增长2.3%。

高新技术产业发展加快，教育事业全面发展。全年新认定高新技术产品237个、高新技术企业92家，完成高新技术产品产值420亿元，同比增长40%。全年新上国家级科技计划项目322项、市级科技计划项目860项，共签订技术合同1925项，增长75.3%，合同总金额55.5亿元，增长35.6%。实现“两基”的区县达37个，累计人口覆盖率95.3%，比上年提高6个百分点。全市共有普通高校33所，中等职业技术教育学校295所，普通中学1564所，小学10966所。学龄儿童入学率99.9%，普通初中毛入学率105%，普通高校录取率为82.6%。

文化精品战略稳步推进，卫生体育事业快速发展。全年获全国性奖励56项，川剧《金子》入选国家舞台艺术精品工程十大精品剧目，首届“世界大河歌会”成功举办，16个人文社科重点研究基地启动建设。全市广播人口覆盖率达92.3%，电视人口覆盖率达95.7%。全市有卫生机构2610个，专业卫生技术人员7.74万人。“非典”疫情防治工作实现“非典”病人零死亡、医务人员零感染、继发感染零病例的目标。市疾控中心项目完成设计方案，33个区县疾控中心开工建设，60个乡镇医院全部建成。6个新型农村合作医疗试点区县市筹集合作医疗资金1890万元，参加农民108.95万人。新建全民健身工程44个，全市体育人口达1215万人，青少年体育达标率达92.7%。重庆运动员参加国际、国内比赛获世界冠军1人次、国内冠军23人次；全年共举办或承办全国以上单项比赛10次。全年销售体育彩票1.95亿元，同比增长6%。

生态建设取得新进展，环境保护工作力度加大。完成退耕还林33.33万公顷，落实天然林资源保护任务245.13万公顷，完成成片造林35.41万公顷，全市森林资源总量超过1亿立方米，森林覆盖率为27.1%。治理水土流失面积3000平方公里。129处崩滑体、52段库岸、1252处高切坡等地质灾害治理项目完工。三峡库区19座污水处理厂和13座垃圾处理场、沿江12个重点小城镇污水和垃圾处理项目基本建成。全年关闭采石场245家，关、迁、改、调大气污染企业4家。主城区累计建成CNG加气站30座，改造CNG车6075辆。对23台10蒸吨以上的燃煤锅炉全部实施洁净煤工程。全年主要污染物排放削减量超过3.6%，主城区空气质量达到二级及以上标准的天数占全年的65.2%，垃圾无害化处理率提高到60%。

移民和扶贫工作顺利推进。二期移民搬迁安置和库底清理全面通过国家验收，三期移民正式启动。全年完成动态移民投资 28.44 亿元，移民搬迁安置 11.34 万人，复建各类房屋 230.96 万平方米，完成库区淹没工矿企业结构调整 120 户。全年下达中央及市级财政性专项扶贫资金 4.79 亿元，同比增长 11.8%，启动特困村建设项目 750 个，续建 1280 个，完成高山移民迁建和贫困户住房改造 2025 户，又有 13.5 万绝对贫困人口解决温饱问题。

城乡居民生活水平继续提高。全年城市居民人均可支配收入 8094 元，同比增长 11.8%，人均消费性支出 7118 元，增长 11.9%，恩格尔系数 38%。农村居民人均纯收入 2215 元，增长 5.6%，人均生活消费支出 1583 元，增长 5.7%，恩格尔系数为 52.5%。

社会保障制度进一步完善。全年共筹集再就业资金 12.71 亿元，地方国有企业下岗职工基本生活保障已与失业保险并轨，失业保险参保职工 199.47 万人，全年收入失业保险基金 2.65 亿元。城市居民最低生活保障稳步推进，全年共发放低保金 6.28 亿元，年末享受最低生活保障的城镇居民 34.22 万户、70.21 万人。城镇廉租住房保障试点启动，年内有 632 户“双困家庭”已迁入廉租房。全市参加养老保险人数 225.46 万人，全年基本养老保险基金收入 57.04 亿元，支出 53.36 亿元。医改参保人数 124 万人，增长 1.02 倍，收入基本医疗保险基金 5.01 亿元，增长 69.2%。

【投资环境与利用外资】为进一步扩大对外开放，营造良好发展环境，重庆市以基础设施建设和体制改革为重点，努力改善投资软、硬环境。基础设施建设全面提速，综合交通运输网络已初具规模，通达程度有很大提高。

体制环境逐步改善。市级政府机构改革基本完成，服务型政府建设加快推进。发展环境整治工作深入推进，设立一站式审批服务中心，简化和规范审批程序，年内取消行政审批项目 233 项，减少收费项目 9 项。西部大开发优惠政策措施进一步得到落实。信息网络建设力度增强，项目库逐渐完善。

利用外资成效显著。全年签订利用外资合同项目 210 个，合同外资金额 5.57 亿美元，分别比上年增长 9.6%和 10.2%；实际利用外资 5.67 亿美元，增长 25.8%。外商投资大项目明显增多，菲律宾新联商业银行、美国利宝互助保险公司进驻重庆，长安福特扩产 15 万辆和长安铃木扩产 20 万辆轿车项目正式启动，香港瑞安集团，菲律宾世纪金源投资集团参与旧城片区改造进展顺利。

【重点项目介绍】2003 年，重庆市重点建设项目共 105 项，总投资 1925 亿元。年内完工 25 项，计划总投资 251 亿元。包括：“8 小时重庆”区县重点公路、长梁路、梁万路、江口水电站、重庆电信网络扩容、世行贷款长生桥垃圾卫生填埋场、重医附一院外科住院大楼、重庆工商大学主校区建设、南方翻译学院二期、红岩革命纪念馆二期、重庆畜牧科技城交易市场二期、乙炔化工扩建、农业产业化百万工程、中药新药高新技术产业化示范工程、国家二类新药卡维地洛产业化示范工程、龙湖·北城天街、移动 GMS900 七期网络扩容工程。

27 项新开工项目总投资 505.7 亿元。包括：县际公路、国道 212 线武胜至合川高速公路、遂渝高速公路、县城电网改造、寸滩集装箱码头一期、富金坝水电枢纽、渝怀铁路（重庆段）电气化供电、重庆电厂东厂改扩建、华岩至巴福公路改建、第二批中型水库（重庆“泽渝”工程）、三峡库区水环境保护二期、黑石子垃圾处理场、广阳岛旅游休闲度假村一期、醋酸扩建、葛根深加工、金源时代购物广场、长寿化工园基础设施一期、100 万台/年通用小汽油机、重庆大学城项目等共 27 项。

100 项重大前期工作项目进展较快，其中重庆大学城、湖广会馆等已提前开工建设；全年上报国家审批的重大项目 65 个，有 21 个项目完成了国家阶段性审查批复，有 13 个项目通过了国家有关部门评审，有 31 个项目得到国家有关部门认可，进入了国家审查程序。

【经济技术协作与对口支援】2003 年，重庆市对外经济合作进一步增强。全年实际利用市外资金57.28亿元，同比增长11.2%。100万元以上国内经济合作项目541个，合同金额263.3亿元，实际到位资金48.7亿元，吸纳本市从业人员3万人。项目主要集中在制造业、房地产业、贸易餐饮业和电力生产供应等行业。其中，制造业实际利用内资19.6亿元，占40.2%；房地产业实际利用内资12.2亿元，占25.1%；批发零售贸易业实际利用内资5.7亿元，占11.7%。

积极组织参加东部沿海发达地区项目推介会、展销会，召开了重庆—四川经济合作座谈会；赴11个对口支援省市学习先进经验，组织参加中国中西部经济合作协调活动、区域经济合作组织工作经验交流会等国内经济合作活动。加强与国内知名企业及政府相关部门沟通，与国内知名媒体合作，广泛宣传重庆发展环境，重点推介招商项目，取得良好收效。

区域组织经济合作工作有序开展。围绕六省区市七方经济协调会确定的“建设西南大通道”专题，提出了重庆在西南大通道建设中需中央支持和有关方共同合作予以解决的意见。根据长江沿岸中心城市第十一次经济协调会议提出共建“中国·长江”网站的要求，委托专业部门负责“中国·长江”网站重庆栏目的信息加载和网页维护。发挥西南经济区市长联席会平台作用，就加强长江上游经济带和南贵昆经济区的“一区一带”合作，共同策划重大项目联动，提高各城市间经济融合度等方面形成共识，并积极探讨了在大西南经济区共同形成城市开放意识，改善投资环境，消除地方贸易保护壁垒，为企业间开展合作营造良好的投资环境以及在实施西部大开发和加入WTO的新形势下，实现优势互补，促进分工协作的合作发展新思路。

【经济与社会发展】2003年，四川省经济社会发展取得了可喜的成绩，初步实现了速度、结构、质量、效益四统一。全年GDP达到5456.3亿元，同比增长11.8%。实现地方财政一般预算收入336.3亿元，增长18.6%。

农村经济稳步发展。农业实现增加值1128.6亿元，同比增长5.5%。农业结构进一步优化，畜牧业产值比重由上年的45%提高到45.7%，优质农产品和无公害农产品种植面积继续扩大。农业产业化步伐加快，涌现出一批带动作用强的龙头企业。全年转移和输出农村劳动力1370万人，增加63万人，实现劳务收入474亿元，增加44亿元。

结构调整取得新进展，经济增长质量稳步提高。工业实现速度和效益同步增长。全部工业实现增加值1771.4亿元，同比增长16.1%，规模以上工业企业增加值和净利润分别增长21%和43.6%。

服务业较快增长。全年实现增加值2061.6亿元，同比增长10.1%。旅游产业扭转一度受到“非典”重创的局面，实现旅游总收入420.8亿元，增长10.7%。居民消费价格总水平上升1.7%，增幅控制在合理的区间。实现社会消费品零售总额2091.1亿元，增长10.8%，金融机构存贷款余额分别增长19.1%和14.6%。

实施经营城市、加快民营经济发展和人才强省战略，坚持“土地资源向土地资本的转变，民间资金向民间资本的转变，人才资源向人才资本的转变”。出台了一系列政策措施，市场配置资源的基础性作用增强，进一步解放和发展了生产力。清理整顿土地市场，政府土地收益141亿元，市政公用事业改革面达到35%，公用设施经营收入30亿元。城镇化率达到30.1%。民营经济发展不断加快，民营经济增加值占GDP的比重达到36.9%，提高2.7个百分点。民营企业户数达到11万户，增长30.7%，民间投资达到1261.8亿元，增长28.4%。确立人才工作新思路，创新人才资源向人才资本转变的体制和机制，充分调动人才的积极性和创造性，创业环境明显改善。

投资增长势头强劲，发展基础不断夯实。全年完成全社会固定资产投资2158.2亿元，同比增长19.6%，投资率达到39.6%，固定资产投资对经济增长的贡献率达到54.1%。全年共争取到国债资金和中央财政预算内投资

101亿元，用于农林水利、交通、社会事业、城市环保等方面的750多个项目建设。重大基础设施项目进展顺利。全年基本建设和更新改造施工项目8742个，建成投产项目3938个，建成投产率45%。新增固定资产743.7亿元，固定资产交付使用率达到55.1%。

各项改革有序推进，开放水平全面提高。国有企业改革力度加大，产权制度改革成效明显。停征农业特产税，开通鲜活农产品绿色通道，停收个体工商户管理费。积极探索土地承包经营权流转新机制，努力巩固农村税费改革成果，切实减轻农民负担。全面启动民用机场改革，积极推进对内对外开放。

城乡居民收入继续增加，就业和社保工作进一步加强。切实把提高城乡居民生活水平，维护人民群众的利益作为工作的出发点和落脚点。城镇居民人均可支配收入增长6.5%，农民人均纯收入增加122.2元，居民消费水平和生活质量继续提高。全年城镇新增就业41.4万人，为27.5万名国企下岗职工发放基本生活费4.4亿元，为187.6万名企业离退休人员发放养老金119.8亿元，城镇低保对象实现应保尽保。追发拖欠民工工资3.8亿元。实施五大扶贫工程，解决了36.4万人的温饱问题和70万人的饮水困难。

教育事业加快发展。基础教育不断巩固提高，“普九”人口覆盖率达到95%。加快了四川大学、西南科技大学等一批高校的扩建和新校区建设。高校招生录取率达到71%。完成中小学危房改造项目830个。积极实施《民族地区教育发展十年行动计划》，寄宿制学生增加到17.7万人。科技对经济发展的促进作用进一步增强。重点加快了电子信息、生物医药、新材料等三大领域的高技术产业化。高新技术产值完成750亿元，增长10.3%。重视卫生、文化、体育等社会事业的发展。重点加大了省、市（州）、县三级公共卫生预防控制体系建设，实现了市（州）县疾病预防控制项目100%覆盖的目标。可持续发展能力不断提高。人口自然增长率3.1‰，继续保持低生育水平。

【投资环境与利用外资】四川省具有良好的投资环境和发展前景。2003年，制定了省政府规章9件，提请省人大常委会审议地方性法规草案7件。党的民族政策和宗教信仰自由政策得到认真落实。政务公开大力推行，基层民主建设进一步加强。切实转变政府职能，加快行政审批制度改革，新取消行政审批事项432项，政务服务中心受到群众欢迎。结合省直机关保持共产党员先进性教育活动，开展了作风集中教育整顿，公务员队伍建设得到加强。廉政建设和反腐败斗争深入开展，严肃查处了一批违法违纪案件。大力实施社会治安综合治理整体联动防范工程，组织开展“严打”整治斗争，社会治安秩序进一步好转。

大力加强基础设施建设，能源、交通、通信等基础产业发展较快，投资环境进一步改善。以公路、铁路、港口、机场等为载体的四通八达的综合交通运输体系已初具规模。全省公路通车里程已达11.2万公里，其中一、二级公路10326公里，高速公路通车里程达到1500公里，位居全国第六，西部第一。建成8个支线机场，以双流国际机场为中心的航空网络基本形成。铁路建设得到加强，通车里程达2240公里。邮电通信业持续快速发展。通信容量和普及水平成倍增长，新增光缆3000皮长公里，新增长途业务电路1.2万路，新增本地电话网程控交换机容量137.7万门，全省电话普及率达到28.1%。其中固定电话普及率达到13.3%。广播电视网基本覆盖全川。

加大对外开放力度，加强对外交流与合作，全方位开放格局正在形成。全年海关进出口总额56.4亿美元，同比增长26.2%。其中，出口32.1亿美元，增长18.5%。全年实际利用外资9.3亿美元，增长1.1%。其中，外商直接投资5.8亿美元，增长13.5%。英特尔、汇维仕、安盟等国际知名公司相继落户四川。

【重点项目介绍】2003年，四川省纳入目标考核的108个竣工投产和加快建设项目，累计完成投资357亿元，累计到位资金358亿元，分别比上年同期增长13.6和13.2个百分点。竣工投产项目中，省道106线洪雅至仁寿段、九寨黄龙机场、攀枝花民用机场、南充50万伏送出工程、成都第二长途电信枢纽工程和自贡鸿鹤甲烷氯化物生产线等23个重点建设项目已建成投入使用并发挥投资效益。

在省政府确定的重点建设项目中，攀西世行贷款安宁河流域农业资源开发项目、国道210线达州至万源铁匠垭段和攀钢技改工程等12个项目，已经提前建成投入使用。南充至广安高速公路、福堂水电站和成都沙河综合整治工程等一批在建重大骨干项目进展顺利，均已完成规定的全年各项目标任务。

在确定的争取开工重点建设项目中，遂渝铁路、双流机场北指廊工程、瀑布沟水电站和自贡汇维仕涤纶短纤项目等37个争取开工重点建设项目，已先后实现了开工建设的工作目标，有力地拉动了全省国民经济和固定资产投资的持续快速增长。

在确定的加快前期工作重点建设项目中，亭子口水利枢纽工程、邻水至垫江高速公路、锦屏一级水电站和四川天华1.4－丁二醇系列等重点建设项目的前期工作已得到全面加强，并为尽快开工奠定了良好的工作基础。

【经济技术协作】2003年，四川省经济协作工作向纵深发展，省际间招商引资实现了新突破。省党政主要领导率团赴沿海五省市考察学习发展非公有制经济和开展招商引资活动，先后在广州、深圳、福州、上海、杭州、南京等地组织大型投资说明会和其他经济协作活动。“西博会”期间，四川省组织了一系列活动，开展投资说明、项目签约、企业对口交流等活动。还参加了西安“第七届中国东西部投资与贸易洽谈会”、“第八届重庆投资贸易洽谈会暨三峡国际旅游节”，主办了“重庆—四川经济合作座谈会”。通过一系列活动，与兄弟省市的省际间合作继续扩大。

随着产业的梯度转移和产品链的延伸，川浙协作工作进一步深化；与北京、广东、江苏、上海、山东和福建等省市的合作日益加强，东西合作开始向建立新型战略伙伴关系迈进。西南六省区市七方经济合作在联合打造环境优势、资源优势和市场优势上取得一定效果，联合建立“中国香格里拉生态旅游区”的有关工作进展顺利，“川渝合作”更加务实。四川在西部大开发中作为“战略高地”、“引资洼地”的地位和作用更加突出。

全年共签订国内合作项目9391个，履约项目9016个。其中，省外履约项目3791个，增长26.7%；协议引进国内资金227.9亿元，实际到位国内资金达到664.9亿元，同比增长56%。其中，引进到位省外资金首次突破300亿元大关，达到305亿元，同比增长63.9%。

【生态建设与环境保护】2003年，四川省生态建设取得新成效，天然林资源和野生动植物资源得到有效保护。全年完成植树造林71.1万公顷，退耕还林23.7万公顷，累计退耕还林77.56万公顷；封山育林10.7万公顷，退牧还草96万公顷，森林覆盖率达到26.6%。治理水土流失面积470万公顷。到年末，全省森林和野生动植物及湿地类型自然保护区已达108个。其中，国家级13个，省级45个，保护区面积721.1万公顷，占全省土地面积的14.9%。

环境保护力度加大，环境质量改善。全年完成环境污染限期治理项目728个，完成投资7.7亿元。岷江、沱江、嘉陵江水污染治理初见成效，出川水质达到Ⅲ类。国土、矿产资源保护利用工作进一步加强，城市环境综合整治和地质灾害防治取得进展。

【民族地区经济与社会发展】2003年，四川省民族自治地区经济持续快速发展，民族团结和睦，人民生活继续改善。三个民族自治州和三个民族自治县年末人口639.8万人，占全省总人口7.4%；辖区面积30.5万平方公里，占全省土地面积62.9%。全年民族自治地区GDP达到308亿元，同比增长12.4%。三次产业结构由上年的32.1:33:34.9调整为30:35:35。

民族地区农业稳步发展，畜牧业较快增长。全年粮食总产量222.2万吨，增长0.6%。猪牛羊肉产量56.9万吨，增长10.1%。年末大牲畜存栏703.3万头，增长1.9%；生猪存栏511.9万头，增长2.8%；羊存栏799.5万只，增长2.9%。

民族地区工业较快增长。全部工业实现增加值70.6亿元，增长18.9%，工业对经济增长的贡献率为34.7%。其中，规模以上工业企业增加值47亿元，增长23.4%。

民族地区投资规模继续扩大，邮电通讯和旅游业平稳增长。年末公路通车里程3.4万公里，新增115公里。完成全社会固定资产投资165.9亿元，增长33.9%；实现邮电业务收入9.3亿元，增长12.6%；全年新增移动电话用户8.9万户，达到51.3万户，增长21%；接待游客546.1万人次，增长2.6%；旅游总收入32亿元，增长2.1%。

民族地区消费品零售市场稳中有升，人民生活继续改善。全年社会消费品零售总额90.9亿元，增长15%；城乡居民储蓄存款余额176亿元，增长16.8%；在岗职工平均工资13646元，增长8.5%；农牧民人均纯收入1639元，增加141元，增长9.4%。

【经济与社会发展】2003年，贵州省经济保持了持续快速健康发展的良好势头。全年GDP达到1344.31亿元，同比增长10.1%，是1988年以来增长最快的一年。其中，第一产业增加值294.53亿元，增长4.6%；第二产业增加值571.91亿元，增长13.2%；第三产业增加值477.87亿元，增长10.1%。人均GDP达到3601元，增长10.8%。完成财政总收入236.77亿元，增长16.6%。其中地方财政收入124.56亿元，增长15%。

全年粮食总产量1104.31万吨，是历史上第三个高产年。烤烟质量提高，油菜籽产量持平，畜牧业在农业的比重稳步提高，肉类总产量为156.33万吨，增长7.8%；水产品产量8万吨，增长7.2%。种植业结构进一步调整，蔬菜、水果、茶叶、药材等特色农作物种植面积扩大。其中，蔬菜种植面积41.19万公顷，增长6.3%；脱毒马铃薯种植面积12.6万公顷，增长12.6%；药材种植面积1.83万公顷，增长25.9%。

全年工业实现增加值450.53亿元，同比增长13.3%。其中，规模以上工业企业增加值331.9亿元，增长13.5%；实现利润31.96亿元，增长89.3%。工业经济效益综合指数为107.5，比上年提高14.2个百分点，经济效益继续提高。原煤、发电量、水泥、铝、铁合金等产品增长势头强劲，增幅均在16%以上。建筑业稳步发展，全年建筑业实现增加值121.38亿元，增长12.7%。

全年完成全社会消费品零售总额458.76亿元，同比增长10.2%。价格总水平回升，居民消费价格指数上涨1.2个百分点。电信业继续迅猛发展，全年完成电信业务量101.6亿元，增长45.6%。邮政业务量进一步增加，完成邮政业务量5.5亿元，增长9.9%。金融业运行平稳，年末金融机构本外币各项存款余额为1917.38亿元，贷款余额1726.95亿元。

固定资产投资强度持续保持，投资总量再上新台阶。全年完成全社会固定资产投资754.13亿元，同比增长19.2%，成为拉动经济增长的主要力量。从投资管理渠道看，基本建设投资384.81亿元，增长23.1%；更新改造投资140.54亿元，增长16.4%；房地产开发投资104.95亿元，增长26.4%；其他投资123.83亿元，增长6.7%。

经济体制改革有序推进，对内对外开放继

续扩大。国有企业改革继续深化，行政审批制度改革迈出新的步伐，农村税费改革试点工作逐步完善，农村信用社改革试点工作顺利推进。进出口快速增长，高附加值产品出口比重提高，贸易方式和结构出现积极变化，全年进出口总额9.84亿美元，同比增长42.4%。其中，进口3.96亿美元，增长58.8%；出口5.88亿美元，增长33.2%。对外承包工程和劳务完成营业额6400万元，增长2.3倍。

经济与社会协调发展，各项社会事业全面进步。开工建设省及24个地、县疾病防治中心，对6所贫困县医院、59所乡镇医院和12所县级妇幼保健院进行了改扩建。“国家第二期义务教育工程”和“中小学危房改造工程”顺利推进，新建、改造中小学211所，又有15个县实现“普九”。高等教育和高中阶段教育发展加快，研究生、普通高校和普通高中继续扩招；博士点和硕士点新增3个和41个，分别增加到5个和155个。重点科研基地建设和科研成果推广应用取得新的进展。城镇养老、失业、医疗、城市最低生活保障等社会保障制度逐步建立和完善，城镇居民登记失业率控制在4.5%以内。农村基层计划生育网络不断完善，人口自然增长率控制在9‰。

人民生活水平继续改善，扶贫工作迈出新步伐。农民人均纯收入1560元，实际增长4.7%；城镇居民人均可支配收入6580元，实际增长9.7%。通过对100个一类贫困乡镇重点帮扶，全省又有20多万农村贫困人口越过温饱线，3万人实现易地扶贫搬迁。高度重视解决灾区困难群众的生产生活问题，全年共安排救灾经费1.65亿元。

【投资环境与利用外资】贵州是大西南地区陆路交通枢纽和南下出海通道，资源优势突出，区位优势突出。全省公路通车总里程达44655公里，其中等级公路34910公里，高级、次高级路面12890公里；全省内河通航里程3401公里，其中等级航道增加418公里。运输能力持续提高，铁路、公路、水运完成货物周转量518.29亿吨公里，比上年增长11.7%，民航货邮吞吐量3.29万吨，增长7.5%。新增发电机装机266万千瓦，累计电网统调装机达到870.9万千瓦，向广东送电180万千瓦；全省有固定电话用户332.6万户，移动电话用户331.1万户，互联网用户63.6万户。

为营造良好的法制政策环境，改善投资软环境。继续推进行政审批制度改革工作，简化审批程序，强化审批服务，健全审批监督制度和审批责任制度，制订并颁布实施了《关于贯彻落实国务院西部大开发若干政策措施的实施意见》、《贵州省关于进一步放宽政策改善投资环境的若干规定》、《贵州省外来投资者投诉处理暂行规定》，制定了《贵州省危害经济发展环境行为党纪政纪处分暂行规定》，积极推动《贵州省外来投资者权益保障条例》进入立法程序。

为加大外商服务体系建设，全省九个地、州、市和有条件的县（市、区）都基本建立了外商投诉工作机构，外商“投诉无门”的问题基本得到解决。贵阳市、六盘水市、遵义市、黔南州、黔西南州等地州市和开发区均建立了招商引资目标考核办法、投资者投诉管理规定、损害经济发展环境责任追究办法，明确窗口部门工作时限及奖惩责任制等。加强了招商引资环境执法监察工作力度，完善了招商引资服务工作机制，使投资、服务、投诉各环节密切衔接，规范有序。

2003年，贵州省招商引资取得重大进展。全年实际利用外资13191万美元，同比增长40.6%；直接利用外资5626万美元，增长52.1%。

【重点项目介绍】2003年，全省共安排重点建设项目119个（不含预备项目），总投资11059220万元。到年底，已累计到位资金3777419万元，完成投资4054914万元，占全部总投资的36.7%。

渝怀铁路（贵州段）：总投资194269万元，贵州段建设里程96公里，2000年开工，主体工程已基本完工。兴义机场：总投资36384万元，2001年开工。黎平机场：总投资

22537万元，2001年开工。荔波机场：总投资36336万元，2001年开工。遵义至崇溪河公路：全长117.62公里，总投资676146万元，2000年开工建设。清镇至镇宁公路：全长89.38公里，总投资312489万元，2001年开工。三穗至凯里公路：全长88公里，总投资426385万元，2003年开工。剑河至展架公路：全长25.16公里，总投资4700万元，2002年开工。其他还有安顺机场、三穗至玉屏公路、黄果树至胜境关、赤水河（岔角—合江）航运工程、金阳新区城市主干道路网工程等52个项目，总投资2398895万元。

洪家渡水电站：是乌江梯级开发中惟一具有调节性能的龙头水库，装机容量54万千瓦，总投资49.27亿元，2000年开工。引子渡水电站：装机容量36万千瓦，总投资159342万元，2000年开工。乌江渡水电站扩建工程：装机容量50万千瓦，总投资8.33亿元，已建成投产。安顺电厂二期：装机容量60万千瓦，总投资25.67亿元，已建成投产。纳雍电厂：装机容量120万千瓦，总投资454262万元，2001年开工，1号、2号机组已投产，3号、4号机组正在安装。黔北电厂：装机容量120万千瓦，总投资444297万元，2001年开工，1号、2号机组投产，3号、4号机组正在进行土建和安装施工。贵阳电厂烟尘治理工程：装机容量20万千瓦机组，总投资11.2亿元，预计2004年4月投产。“黔电送粤”500千伏输变电工程：500千伏输电线路1793公里，总投资1126182万元，2001年开工。500千伏贵广送电通道青（岩）河（池）二回线已完工投运。新开工在建的索风营水电站、构皮滩水电站、盘南电厂一期、纳雍二厂等12项目，总投资2888379万元。

兴中灌区二期工程、兴义防洪一期已完工，铜仁市城区防洪一期工程、仁怀盐津桥水库基本完工；镇宁王二河水库大坝枢纽、遵义灌区一期工程水泊渡水库、贞丰水车田水库等工程正在进行；黔西南州优质玉米基地、贞丰水车田水库、息烽鱼筒河水库等12项目在建，总投资157626万元。

贵阳市二桥污水处理厂、贵阳市金阳污水处理厂、六盘水市城市生活垃圾填埋场、铜仁市锦江河污水综合治理工程、威宁草海湿地保护污水治理工程、都匀市生活垃圾处理工程、铜仁市、兴义市垃圾无害化处理工程、毕节市城市垃圾填埋场顺利进行；遵义市垃圾无害化处理工程土建工程基本完成；贵阳市小河污水处理厂污水管网配套工程、都匀市城市供水配套（管网）工程等23个项目在建，总投资168218万元。

贵州省疾病预防控制中心工程平基土石方完成；贵州民族文化宫、贵医附院外科大楼、贵州省人才市场主体结构完成；贵州图书馆、贵州电视台业务用房正在进行室内外装修；在建的黄果树风景名胜区旅游基础设施建设等7个项目，总投资65917万元。

南方汇通公司1英寸微硬盘项目、贵州科技馆主体结构完成；海绵钛现代生产技术及装备项目、毕节市能源开发有限公司日产3.5万立方米低压耐硫甲烷煤气示范工程等4个项目基本完工，总投资46591万元。

黔北20万吨/年竹浆林纸一体化工程、贵州金阳水泥有限公司日产2000吨熟料新型干法窑外分解水泥生产线工程等7个项目，总投资417970万元。

大洞口煤矿建设规模为90万吨/年，总投资49708万元；黔西青龙煤矿建设规模为120万吨/年，总投资27888万元。两个项目均已开工建设。

【经济技术协作与对口支援】2003年，贵州省引进省外资金104亿元人民币，同比增长81.5%，省内协作资金达62亿元人民币，增长12.2%。

与东部发达地区的合作进一步加强。在贵州、浙江两省政府的指导下，成立了“贵州省浙江企业联合会”、“贵州省温州商会”，直接推动了两省的全面经济技术合作。温州商会成立不久，就促成温州企业投资15亿元开发建设清水江梯级电站，投资8000万元新建瑞邦硅业有限公司。组团参加了厦门第七届中国投资贸易洽谈会、深圳“高交会”、云南“昆交会”，收到了较好的效果。贵阳、遵义、铜仁、毕节、黔东南等市（州、地）先后组队到“长三角”、“珠三角”、“环渤海”地区开展招商活动。仅贵阳市与浙江企业就签订投资合作项目6项，总投资21.4亿元，项目涉及机械制造、水电开发、市场建设等众多领域。铜仁地区组队到青岛、广州等地招商，引进了农业产业化龙头企业，促进了铜仁地区农业结构调整和农村经济的发展。省内各地举办了一系列具有地方特色的投资贸易洽谈活动。仅龙里“苗药博览会”就吸引了省内外110多家中医药企业客商5000多人，既推介了贵州省独具特色的中医药和民族医药资源，又签订了一大批经济技术合作项目，推动了一批潜在投资项目的顺利实施。

六省区市七方区域经济合作成效显著。西南4省市及广西、西藏和成都6省区市7方经济协调会第十八次会议以来，贵州省与其他5省区市合力推进区域经济的协调发展。到2003年底，与广西柳州铁路局合作投资4500万元建设南昆铁路最大的电煤配送中心已投入使用；与广西方就合作建设兴义电厂、新上年产10万吨电解铝项目达成协议；按照6省区市7方区域产业结构调整要求，制定了《贵州省材料领域中长期规划》，确定了新型复合材料及应用等三大材料作为发展重点，已形成涉及材料领域7个特色产业化基地、7家上市公司、13家重点大企业、52家主要生产企业；与云南、广西就共同开发“滇、黔、桂中国喀斯特生态文化旅游区”形成共识，达成了“滇、黔、桂中国喀斯特生态文化旅游区建设合作意见”；与四川、重庆召开“川黔渝三省市旅游局长联席会议”，共同商议建立“金三角”区域旅游；促成黔西南州与广西百色市、云南文山州、红河州、曲靖市建立了长期的经济协调合作关系，商定了滇、桂、黔三省五地州市经济协调会每2年召开一次联席会的协调机制；完成了《南贵昆经济圈研究（贵阳篇）》课题；与其他5省区市6方共同开展了西南出海大通道及国家投资3省区重点磷肥项目存在问题的专题调研，进一步明晰了区域经济合作的重点。

青岛、大连、宁波、深圳对口帮扶工作稳步推进。继引进“海尔”、“海信”、“红星发展”等优强企业之后，全省各地各有关部门依托与4城市对口帮扶建立的“工作平台”，拓宽工作领域和合作空间，仅黔南州就从4城市引进项目13个，引进资金5458万元。铜仁、安顺、黔东南州和黔西南州等地都分别与4城市加强了经济合作。

云南省

【经济与社会发展】2003年，云南省国民经济实现较快增长。全年GDP达到2458.8亿元，同比增长8.6%。其中，第一产业增长5%，第二产业增长10.4%，第三产业增长8.6%。

农村经济加速发展。加大了农业结构调整力度，经济作物种植面积增加190万亩。全年完成农业增加值499亿元，增幅高于全国平均水平。粮食获得好收成，产量增长3.2%，是全国少数几个增产省区之一。建立了一批特色农业、商品林和农产品加工基地。畜牧产业成为农村经济发展的新亮点。乡镇企业继续保持增长势头。以水利为重点的农业基础设施建设取得新进展。

工业保持较快增长。全年完成工业增加值866亿元，同比增长9.6%。工业经济的质量和效益明显提高，经济效益综合指数继续在全国保持领先。烟草产业利税达到381亿元。

固定资产投资大幅增长。全年完成全社会固定资产投资1023.6亿元，同比增长23.5%，是近几年增幅最大的一年。其中，技术改造投资完成146亿元。41项新开工重大项目取得突破性进展。累计电力装机容量达到1040万千瓦。

人民生活进一步改善。城镇居民人均可支配收入7643.6元，增长5.6%；农民人均纯收入1697元，实际增长5%。社会消费品零售总额增长10%。40万左右绝对贫困人口解决温饱，50万左右的低收入人群巩固了温饱，10万特困农户住进了安居房。

各项改革取得较大进展以产权制度为核心的国有企业改革全面推进。省地两级列入考核的国有和国有控股企业改制面达到74%。制定了10大重点行业整合方案，其中化工、煤炭、建材、电子、制糖、橡胶等行业进入实施阶段。45个列入国家政策性破产计划的项目已有11个破产终结，核销银行呆坏账25亿元。全面启动了农村税费改革试点，15个地州市的税改工作进展良好。投资、财政和粮食等领域的改革也取得了新进展。科技、教育、文化和卫生体制改革迈出新步伐，以县为主的义务教育管理体制基本确立，文化体制改革开始启动，公共卫生体系建设进展顺利。

所有制结构调整取得新突破，出台了促进非公有制经济发展的40条政策措施和26个配套文件，非公有制经济增加值占全省生产总值的比重上升到31.6%，比上年提高4.7个百分点。

实施城镇化战略取得新突破。现代新昆明建设进展良好。玉溪、曲靖、大理、蒙自等区域中心城市和地州市府所在城市以及县城、边境口岸城镇、小城镇建设迈出新步伐。历史文化名城保护得到加强。市政公用设施市场化运作开始启动。

建筑业和房地产业快速发展，建筑业增加值达到 201.4 亿元，增长 14.1%；完成房地产投资 112 亿元，增长 16%。旅游业克服“非典”影响实现稳步增长，全年共接待海外游客 100 万人次，国内游客 5200 万人次，实现总收入 306 亿元。

社会保障和就业再就业工作有了新成效。社会保险费地税统征试点进展顺利。全省参加基本养老保险 255.6 万人、医疗保险 281.5 万人，失业保险 183 万人。安排城市居民最低生活保障资金 4.9 亿元，使 63 万人受益，实现了应保尽保。投入再就业资金 1.1 亿元、下岗失业人员小额贷款担保金 1.2 亿元，新开发就业岗位 20.2 万个，城镇登记失业率 4.1%。下拨救灾资金 4.2 亿元，保障了灾区群众基本生活。

各项社会事业取得新成绩科技创新能力不断增强。全年争取到国家科技项目 130 项，成为西部地区第 2 个主持承担国家“973”重大科技项目的省份。全年专利申请量 1864 件，鉴定科技成果 135 项，评出省科技进步奖 210 项、社会科学优秀成果奖 154 项。新增院士 2 人。

各级各类教育发展加快。全面实施了《云南省基础教育振兴行动计划》，又有 4 个县实现“两基”目标，“普九”覆盖面达到 79%，扫除青壮年文盲 24 万人。普通高中在校生增长 15.1%，高等教育毛入学率达到 11%，在校生增长 22%，提前完成并超过“十五”计划目标。新增了一批博士、硕士学位授予点，在校研究生增长 39.2%。

各项社会事业都有新进展。又启动了一批“千里边疆文化长廊”和贫困县“两馆一站”建设工程。涌现出歌舞剧《云南映象》、《小河淌水》等一批艺术精品。广电、新闻出版、档案、文物等事业健康发展，文化产业正在兴起。

【投资环境与利用外资】2003 年，云南省投资环境进一步改善，全省高速公路通车里程达到 1063 公里，近 60% 的乡镇公路达到了硬化路面标准。

对外经济技术合作保持全国十强。积极参与大湄公河次区域合作和中印缅孟地区经济合作，成功举办了中国国际旅游交易会、东亚城市市长论坛等重要会议。大力推进国际大通道建设，基本完成了上湄公河航道整治。对外开放取得明显成效。全年完成进出口总额 26.7 亿美元，同比增长 19.8%。其中，民营企业进出口增长 50.5%，高新技术产品出口增长 16.4%，实际利用外资增长 46%。

【重点项目介绍】2003 年，云南省共安排重点建设项目 38 项。其中，建成投产项目 10 项，续建项目 17 项，新开工项目 11 项。行业结构为：交通项目 14 项（其中，公路 10 项，铁路 3 项，机场 1 项）；电力 11 项；水利 5 项；技改 2 项；文教卫生 2 项；城市供水 1 项；工业 1 项；通信 2 项。重点建设项目安排体现了云南省加强基础产业、基础设施，大力培育以水电为主的电力支柱产业，加大企业更新改造，调整产业结构的思路。

全年 38 个重点项目资金到位 134.55 亿元，共完成投资 153.68 亿元，投资完成率 105%，超额完成总投资 146 亿元的目标。

【经济技术协作】2003 年，云南省大力开展省内外经济协作，加强了滇沪、滇粤、滇浙和西南 6 省区市 7 方经济合作，推进了与“长三角”、“珠三角”和京津地区的合作，全年引进省外资金到位 80 亿元。

华能、华电、大唐、国电、鲁能、华睿等国内强大的电力集团（公司）都积极参与投资云南建设。推进了与其他省区市的合作与交流，进一步拓展了国内经济合作。

西藏自治区

【经济与社会发展】2003年，西藏自治区国民经济呈现良好的发展势头，经济和社会发展主要预期目标顺利实现。全年GDP达到184.59亿元，同比增长12.1%，连续三年保持了12%以上的增长速度。人均GDP达到6874元，在西部地区位居第5位。产业结构发生重大变化，三次产业比重为22.2∶26.1∶51.7，第二产业首次超过第一产业，形成了“三二一”的产业格局。

农牧业结构调整取得新成效。全年实现农牧业总产值58.3亿元，同比增长4.3%。在保护和提高粮食综合生产能力的基础上，继续调整种植结构，扩大高附加值的农作物种植面积。全年粮食产量96.6万吨，比上年减少1.8%，油菜籽4.94万吨，增长9.3%，蔬菜25.79万吨，增长10.8%。畜牧业生产稳步发展。全年肉类产量19万吨，增长10.4%；奶类产量19.6万吨。家禽和水产品养殖发展迅速，产品供应市场数量不断增加。

农牧区改革继续推进。坚持稳定和完善“两个长期不变”的基本政策，逐步推进草场承包责任制。继续深化粮食购销体制改革。实行了合同订购和按保护价敞开收购农民余粮的政策，放开了粮食零售市场。

农牧区基础设施建设加强，农牧民增收明显。全年共投入24亿元资金，改造低产田3.5万亩，恢复改造农田灌溉面积46万亩，建成青稞高产稳产田4.8万亩，完成牧民定居3266户，培训农牧民12.5万人次，完成草场建设43.73万亩，新修乡村公路2056公里。解决了18万人、215万头（只、匹）牲畜饮水困难和28万人的用电问题。

通过组织引导、能人带动、技术培训等综合措施，积极安排农牧民参与涉农项目和青藏铁路等工程建设。劳务输出已成为西藏农牧民增加现金收入的重要途径。全年农牧民劳务输出40多万人次，收入达5亿多元。同时，重点清理整顿了涉农（牧）价格和收费，实行了涉农（牧）价格收费公示制度，切实减轻了农牧民负担。认真落实主产区粮食收购保护价和优质优价政策，维护了农牧民的切身利益。全年农牧民人均纯收入达到1690元，同比增长11.1%。城乡居民收入差距有所缩小，由上年的5.1∶1下降为4.8∶1。

进一步加大了扶贫工作力度，加强了定点扶贫和信贷扶贫。全年投入扶贫资金3.26亿元，又有7.36万人越过了人均纯收入不足1300元的扶持线。自治区又组织了82个单位，选派优秀干部到34个重点扶贫县开展定点扶贫工作。通过一年的扶贫点建设，搬迁贫困群众3420户。

国企改革进展顺利。以产权制度改革为核心，全面推进建立现代企业制度工作，加快了国有经济战略性结构调整步伐。工业生产快速增长，经济效益不断提高。全年工业企业实现增加值13.07亿元，同比增长10.1%。乡及乡以上工业企业实现产值22.9亿元，增长9.9%。国有及国有控股企业实现产值17.66亿元，增长12.4%。独立核算工业企业中，盈利企业实现利润3.32亿元，增长12.9%，亏损企业亏损3500万元，下降62%，经济效益不断提高。

固定资产投资大幅增长。全年完成全社会固定资产投资138.62亿元，同比增长27.2%。其中，基本建设投资119.51亿元，更新改造投资9.36亿元，房地产开发投资2亿元，其他投资7.75亿元。全年共争取国家投资111亿元，增长22%，带动民间投资11.29亿元，增长1.1倍。紧紧围绕"工程质量管理年"活动，加强了工程建设管理工作。相继出台了《西藏自治区重大建设项目稽察办法（试行）》、《加强自治区稳定项目管理的意见》、《全区县级公检法系统房建标准》等一系列工程建设管理、监督办法，使工程建设管理工作有章可循。始终坚持重点项目建设月调度会制度，加大重点项目的稽察和管理，提高了工程质量，保证了建设项目的顺利实施。全年共派出5个稽察组，对36个重点项目进行了稽察。

对外贸易快速增长。全年实现进出口贸易总额1.61亿美元，同比增长23.64%。其中，出口1.22亿美元，增长49.99%；进口3948万美元，下降19.79%。旅游业在受到"非典"影响的情况下，仍然取得了较好成绩。全年共接待国内外旅游人数92.86万人次，比上年增长7.1%。其中，国内游客87.75万人次，入境旅游者5.11万人次，实现旅游收入10.37亿元。

财税体制改革稳步推进。通过不断完善财政转移支付制度，增强了各级财政的调控能力，形成了以流转税、所得税为主，个人所得税、资源税、城市维护建设税为辅的税收制度。全年实现地方财政一般预算收入8.15亿元，增长19.5%，实现税收11.24亿元，增长14%。年末金融机构各项存款余额322.23亿元，贷款余额145.04亿元。

采取积极措施，引导消费合理增长。一是扶持农房建设，大力推动集市贸易，引导农牧民转变消费观念，改善饮食结构和居住条件。二是启动和扩大文化娱乐消费，开拓农牧区市场，提高消费层次和水平。三是加大乡村公路、能源、通讯等基础设施建设力度，为促进农牧区消费创造了较好的硬环境。四是进一步规范和整顿市场经济秩序，积极稳妥地推进行政审批制度改革，加大了价格监督检查力度，改善了消费软环境。全年实现社会消费品零售总额58.3亿元，同比增长9.2%。

进一步扩大城镇就业，继续完善社会保障体系。出台了职业培训补贴、职业介绍补贴、小额贷款、减免税费等12个方面配套政策，安排7200万元专项用于中等职业教育学校建设，为下岗失业人员就业再就业创造条件。全年实现就业再就业16371个，城镇登记失业率已由上年的5%下降到4.4%。就业方式发生变化，运用市场机制解决就业问题的渠道不断拓宽，通过市场实现就业的占72.7%。社会保障体系进一步完善。改革了基本养老保险金的计发办法，保证了企业离退休人员基本养老金的按时足额发放。提高了城市居民最低生活保障标准，基本做到了应保尽保。

教育事业有较快发展。启动了"两基"攻坚计划。加大了中小学危房改造力度，改扩建320所中小学，新建各类校舍11万平方米，改造危房9万平方米。各类学校年末在校生总数45.33万人，适龄儿童入学率达到91.8%，比上年提高3.5个百分点。又有9个县通过

"普九"验收，累计有17个县通过"普九"验收。

卫生事业稳步推进。加强了疾病预防控制、医疗救治、信息网络和卫生执法监督等体系的建设。全区三级疾病预防控制中心建设项目进展顺利。完成了24个县卫生服务中心和67个乡镇卫生院的改扩建。

文化、广播电视等各项社会事业明显进展。"三大文物"保护维修工程进展顺利。新建县级精神文明文化活动中心18个、乡村文化室194个，极大地改善了基层农牧民群众的文化生活。新建村级广播电视接转台2000座，全区广播、电视覆盖率分别达到83.1%和84.4%。

【投资环境与利用外资】2003年，西藏自治区不断改善投资环境，招商引资工作有了新起色。为了促进非公有制经济快速发展，颁布实施了《西藏自治区非政府固定资产投资项目登记备案管理办法（试行）》，有效地改善了投资软环境。到年底全区个体私营企业从业人员已达10.9万人，比上年增长12%；注册资金42亿元，增长16%。

通过创建"西藏招商网"，出版《西藏投资概况》，利用珠峰文化节、雅砻文化节、杜鹃花节、赛马节、雪顿节、康巴艺术节等开展招商引资活动，进一步扩大了对内对外交流与合作。全年共达成合作项目33个，协议资金20多亿元，实际到位资金4亿元。

利用外资稳步发展。全年新批外商投资项目11个，合同利用外资868.49万美元，同比增长87%，实际利用外资466.77万美元，增长59%。外商投资主要领域包括食品加工、旅游服务、餐饮娱乐、纺织和运输等行业。

外经合作健康发展。对外承包工程和劳务合作取得了新进展，接受国际多双边无偿援助成绩突出，全年共落实项目3个，受援金额1191.97万美元，同比增长74%。

【重点项目介绍】2003年，西藏自治区重点工程项目涉及农牧林水、交通、能源、社会发展、城市基础设施和生态环境等方面。其中，续建项目83个，新开工项目20个，完成投资109亿元，占全社会固定资产投资的79%。

青藏铁路西藏境内全年完成投资38亿元，累计完成47.27亿元。线下主体工程完成50%以上，柳梧隧道和羊八井隧道群贯通。拉萨火车站、直孔电站、江雄水库、拉萨水泥厂等一批重大项目相继开工。

全年共新增公路通车里程2227公里，发电量突破10亿千瓦时。中央确定的70个对口援藏项目建成69个，完成投资11亿元，其中2003年完成30个，投资3.7亿元。

【经济技术协作与对口支援】2003年，西藏自治区在贸易促进政策的支持下，通过促进资金、中小型企业到国际市场开拓市场、出口退税、贷款贴息、自产产品奖励等贸易促进政策的作用，贸易促进体系正在形成。全年签订贸易合同2873万美元，合资合作项目10个，协议金额660万美元。

出口商品基地和边贸市场建设取得新进展。全年安排外贸发展促进资金3472.2万元，已建成油菜籽出口基地2个，林下产品出口基地1个，"两绒一毛"畜产品出口基地3个，其他出口基地2个，边贸市场3个，还有2个边贸市场已开工建设，1个林下产品出口基地准备建设。边民互市贸易共成交1.52亿元，自产产品出口为农牧民转换现金1.53亿元。通过自产产品出口、边贸市场建设及调整农牧业和种养结构，全年为农牧民增加收入5500万元。

中央第四次西藏工作座谈会，从战略的高度，确定了新时期西藏工作的指导方针，援藏工作向纵深发展，18个对口援藏省市、15户中管国有重要骨干企业和中央国家机关有关部委，在援藏项目规划和资金投向上，逐步向农牧区倾斜，促进了农牧民群众收入的增加，使农牧民群众得到了更多实惠。第三批援藏省市、中央国家机关和企业还投入援藏资金20.52亿元，建设项目1018个，已完成投资的85%。

陕西省

【经济与社会发展】 2003 年，陕西省国民经济快速发展，全年 GDP 达到 2398.58 亿元，同比增长 10.9%。其中，第一产业增加值 320.03 亿元，增长 5.1%；第二产业增加值 1133.56 亿元，增长 14.8%；第三产业增加值 944.99 亿元，增长 8.5%。人均 GDP 达到 6480 元，增长 10.4%。

农业在大灾之年保持稳步发展。全年实现农林牧渔业总产值 540.1 亿元，同比增长 5.1%。实现农业增加值 320 亿元，同比增长 5.1%。全年粮食总产量 968.4 万吨，比上年略减。经济作物增幅较大，棉花、药材种植面积分别增长 52%和 2 倍，油料、蔬菜产量分别增长 0.6%和 7.3%。水果总产量 534.4 万吨，优果率由 45%提高到 50%；果汁产量 15 万吨，增长 50%；果品增加值达到 45.7 亿元，增长 8%。畜牧业发展势头强劲，肉类产量增长 7.7%，奶类产量增长 28.9%，禽蛋产量增长 5.8%，乳制品产量 31 万吨，增长 24%，畜牧业产值达到 145.6 亿元，增长 11.2%。

工业生产和固定资产投资保持快速增长。全省规模以上工业企业完成增加值 664.69 亿元，同比增长 16.8%；实现利润 147.7 亿元，增长 57.7%；实现税金 136.44 亿元，增长 19.2%。一批重大技改项目顺利实施，技术水平不断提高。高技术产业、重大装备制造、能源化工等特色产业增势强劲。全年完成全社会固定资产投资 1249.67 亿元，同比增长 28.2%。102 个重点项目进展顺利，基础设施进一步改善。

国内需求进一步扩大。消费品市场先抑后扬，全年完成社会消费品零售总额 795.22 亿元，同比增长 9.2%，扣除零售价格因素，实际增长 8.7%。物价水平稳步回升，居民消费价格水平比上年上升 1.7%。旅游业遭受“非典”冲击，境内外旅游人数明显下降。全年共接待入境游客 46.58 万人次，比上年下降 45.2%，旅游外汇收入 1.98 亿美元，下降 43.3%。接待国内游客 3299.5 万人次，下降 11.6%；国内旅游收入 143.6 亿元，下降 10%。

财政金融运行平稳。全年实现地方财政收入 175 亿元，加上上划中央税收共 322 亿元，同比增长 18%。年末金融机构各项存款余额 4593.1 亿元，比上年末增长 21.1%；贷款余额 3549.6 亿元，增长 20.3%。证券市场进一步发展。全省有各类证券公司 4 家，证券营业部65家。保险事业快速发展，各类保险公司全年保险业务收入74.9亿元，增长21.2%。

人民生活水平稳步提高，各项社会事业全面进步。全省城镇居民人均可支配收入6806元，同比增长7.5%；农村居民人均纯收入1676元，增长5%。“普九”人口覆盖率达到90%。中小学危房改造面积累计完成341万平方米，完成投资14.1亿元。高校教学基础设施和后勤服务设施建设进一步加快，完成投资25亿元。突发公共卫生事件医疗救治应急体系建设全面起步。人口自然增长率控制在4.29‰。广播人口覆盖率91.95%，电视人口覆盖率93.18%。

【投资环境与利用外资】2003年，陕西省下大力气改善投资环境。一方面不断完善和加强招商引资规章制度建设，强化服务意识，简化办事程序，努力提高工作效率，保证外商、外资的合法权益，为外商营造一个良好的投资软环境。另一方面加快道路、电力、能源和城市基础设施及生态环境建设，着力改善投资硬环境。使陕西省交通更加便利，西安市等中心城市的基础设施更加完善，服务功能提升，投资硬环境得到改善，有力地促进改革开放和经济社会发展。

继续加大改革开放力度，实施“请进来，走出去”战略，吸引更多的外商来陕西投资。通过西洽会、珠三角招商、长三角招商，使利用外资工作继续保持了较好的发展势头，吸引外商直接投资继续保持较快增长。全年新批准外商投资项目229个，比上年增长12.8%；实际利用外资4.66亿美元，同比增长13.48%。到2003年底，全省累计批准外商直接投资项目3840个，合同引进外资82.67亿美元，实际使用外资42.52亿美元。

【重点项目介绍】2003年，陕西省确定重点项目102个，其中完工项目30个，续建项目38个，新开工项目34个。完成投资256.7亿元。

西延铁路扩能改造：全长332公里。预算总投资18.89亿元。工期从2003至2005年。

秦岭终南山公路隧道：陕西省“米”字形公路网主骨架的重点控制工程。全长18公里，总投资24亿元，工期从2001年至2005年。

洋县至勉县高速公路：国道主干线（GZ40二连浩特至河口）在陕西省的一段，也是陕西省“米”字形公路网主骨架的重要组成部分。全长112公里，估算总投资36.1亿元。工期从2003年至2005年。

靖边至安塞高速公路：国家规划的西部开发干线公路阿荣旗至北海陕西境的一段，也是陕西“米”字形公路主骨架南北纵向轴线重要组成部分。全长103.9公里，估算总投资44.79亿元，工期从2003年至2006年。

子洲至王圈梁高速公路：国道主干线（GZ35青岛至银川）的重要路段，全长252公里，估算投资60亿元。工期从2003年至2006年。

西安至柞水高速公路：西部开发省际公路通道阿荣旗至北海线西安至安康高速公路的一段，也是陕西省“米”字形公路主骨架的组成部分。全长45公里（不含秦岭终南山隧道工程），估算总投资19.4亿元，工期从2003年至2006年。

西安城北集中供热工程：总投资5000万元，对一期二台5万千瓦机组进行改造，最大供热能力161兆瓦。2003年11月开始对外供热，2005年竣工。

惠大丝束二期工程：建设规模为年产醋酸纤维用丝束1.6万吨，总投资6392.5万美元（折合人民币5.29亿元）。工期从2003年至2004年。

神木20万吨煤制甲醇项目：利用当地丰富的煤炭资源，生产煤化工产品。年产甲醇20万吨，总投资7.58亿元，工期从2003年至2005年。

陕西秦岭植物园一期工程：总面积458平方公里。一期工程修建园区道路310.5公里，建设热带、亚热带温室，植被重建绿化苗圃工程，总投资5.3亿元，工期从2003年至2007年。

秦始皇陵遗址公园：统征秦始皇陵外城以内文物保护性用地2902.5亩，实施对秦始皇陵的整体保护。采用退耕还林政策将文物遗址区及周边地区3.2平方公里进行绿化。建设石铠甲坑（含百戏俑坑）博物馆，建筑面积1.95万平方米；建设文吏俑博物馆，建筑面积1800平方米。总投资5.53亿元，工期从2003年至2005年。

【经济技术协作与对口支援】2003年，陕西省积极扩大和加强与东中部地区及西部兄弟省区市的交流，不断拓展合作空间，促进共同发展。全年外省区市在陕投资的各类重大项目274个，比上年增长14.2%；到位资金186.3亿元，增长56.8%。2003年4月，承办了第七届中国东西部合作与投资贸易洽谈会，全国23个省市区和新疆生产建设兵团组团参加，有20多个国家和地区的500多家企业参会。

2003年，苏陕两省携手把解决巩固贫困人口温饱、增加贫困地区群众收入作为对口扶贫的基本目标和工作重点，开展综合开发式扶贫和多种形式的经济合作，在扶贫帮困、捐资助学、干部交流、人事培训、劳务输出、经贸合作等方面取得较为明显的成效。全年共实施协作项目100个，完成投资2714万元。两省达成各类经济合作项目41项，协议资金8.5亿元。江苏省各级政府拨款2757万元，社会各界捐资1367万元，捐赠衣被等物资折价1367万元。双方互派交流挂职干部81人次，为陕西省培训各类人员2653人次，援助各类技术14项，援建学校37所，新修公路38公里。双方互派考察访问团组共1573人次。

陕西省对口支援西藏阿里地区。2003年援助阿里地区项目总投资1050万元，主要投资建设阿里地区制氧站、普兰县科加寺文物保护一期工程、噶尔县幼儿园、阿里地区质检站监测中心、阿里地区人民医院制剂室、普兰及噶尔县中心乡卫生院等6个项目。陕西省选派援藏干部24人，其中技术干部6人。以宏观决策、管理、教育、卫生、文秘写作、电力技术、工程技术、矿产勘探、质量监督和医疗技术等为重点内容，为阿里地区培养了近百名县、乡基层干部，培训医务、水利、城建设计人员35人次。

【生态环境保护与建设】2003年，陕西省环境污染治理和生态建设取得实质性进展，整体环境质量较前有所改善。城市天然气气化工程迅速推进，集中供热稳步实施，拆除改造燃煤锅炉519台，治理餐饮业油烟和煤改气5536家；建成烟尘控制区87个、高污染燃料禁烧区11个，总面积649.3平方公里，城市气化率达到80%，煤烟型污染得到有效控制，大气中总悬浮颗粒物较上年下降19.5%，空气质量明显好转。

城市环保基础设施建设取得显著成效，建成了铜川、延安两市污水处理厂，在建的西安第3、第4污水处理厂，安康江南，宝鸡、咸阳、渭南、汉中污水处理厂和西安、宝鸡、咸阳、杨凌垃圾处理场等一批城市环境治理项目正在加紧建设；开展了清理整顿不法排污企业，保障群众健康环保专项行动，重点在渭河、汉江、延河、窟野河和秦岭北麓等5个环境污染与生态破坏较严重的流域和区域，对造纸、建材、皂素加工、矿产资源开发和医疗废水、医疗废物等5个严重污染行业，进行重点治理整顿，完成限期治理440个，关停并转迁企业145个，公开曝光并查处了全省10大环境违法案件。

生态环境保护和建设得到进一步加强。编制了《陕西省生态功能区划》，完成了全省三级生态功能区划的划定工作。按照自然生态的特征、敏感性、服务功能重要性，划定4个一级生态区、10个二级生态功能区、35个三级生态小区。全面启动了秦岭北麓生态环境综合治理整顿，区域内的西安、宝鸡、咸阳、渭南等市对762家各种类型的污染企业进行了集中整治，基本上解决了"三不到位"的问题，有力遏制了因"三乱"而导致的生态环境恶化趋势。

良好生态区的环境保护再上新台阶，全省自然保护区总数达到36个，总面积81万公顷，占全省总面积的3.9%。实施退耕还林420万亩，荒山造林420万亩，治理水土流失7178平方公里。全年投入环保和生态建设资金86亿多元。

甘肃省

【经济与社会发展】2003年，甘肃省国民经济持续快速增长。全年GDP达到1301.06亿元，同比增长10.1%。其中，第一产业增加值240亿元，增长6%；第二产业增加值607.62亿元，增长12.2%；第三产业增加值453.44亿元，增长9.4%。人均GDP达到4984元，增长8.97%。三次产业结构为18.4:46.7:34.9。全年实现大口径财政收入175.6亿元，同比增长18.18%。一般预算收入86.72亿元，增长15.67%。完成全社会固定资产投资655.07亿元，增长13.76%。

种植业结构调整优化。全年粮食种植面积249.95万公顷，比上年减少12.93万公顷；棉花5.22万公顷，增加1.18万公顷；蔬菜22.83万公顷，增加2.76万公顷；油料33.5万公顷，增加2.42万公顷。全年粮食产量789.34万吨，增长0.85%。油料46.04万吨，增长9.8%；棉花8.66万吨，增长24.43%；烤烟2.76万吨，增长97.14%；药材32.51万吨，增长6.31%；水果246.51万吨，增长3.89%。畜牧业生产稳步发展。肉类产量74.19万吨，增长6.46%；牛奶22.18万吨，增长31.71%；禽蛋13.44万吨，增长8.3%；绵羊毛1.7万吨，增长11.11%。全年水产品产量1.43万吨，下降3.38%。

全面实施天然林保护、退耕还林、农业生态县环境综合治理、天然草原恢复与建设、退牧还草等重点生态工程，加快中心城市和库区周围的绿化圈（带）建设，搞好西陇海铁路和干线公路沿线绿化带建设，加强江河源头和县市区所在地面对荒山的绿化。在黄河中上游、长江上游地区以防治水土流失为主，在河西内陆河流域以防治荒漠化为主，实行乔灌草结合，全面开展生态环境建设。全年完成造林面积58.66万公顷，比上年增长57.74%，退耕还林面积26.67万公顷，增长1.24倍。新增有效灌溉面积1.17万公顷、节水灌溉面积3.13万公顷，综合治理水土流失7.24万平方公里。生态环境保护力度加大。全省有自然保护区47个，其中国家级8个；自然保护区总面积835.84万公顷。

工业生产快速增长。全年实现工业增加值449.81亿元，同比增长12.9%。其中，规模以上工业企业实现增加值389.81亿元，增长13.02%。工业企业效益显著提高。规模以上工业企业实现利润30.83亿元，增长

47.44%；规模以上亏损企业亏损额比上年减少7.77亿元。工业结构调整取得新进展。全年工业新产品产值35.63亿元，增长4.21%。建筑业实现增加值157.81亿元，同比增长10.3%。四级及四级以上建筑企业实现利润2.58亿元，增长17.81%；税金12.2亿元，增长28.42%；施工房屋面积2544.14万平方米，比上年增加87.48万平方米；竣工房屋面积1179.67万平方米，减少316.03万平方米。

交通运输和邮电通信业继续保持稳步增长。全年各种运输方式完成货物周转量633.07亿吨公里，比上年增长7%；旅客周转量230.75亿人公里，下降0.8%。邮电通讯业快速发展。全年邮电业务总量82.47亿元，增长36.6%。年末局用交换机总容量392万门，固定电话用户402.3万户，移动电话用户278.9万户，电话普及率达26.2部/百人，每百人拥有电话比上年增加5.8部。计算机互联网用户达23万户，增长9.5%。

对外贸易大幅增长。全年外贸进出口总值13.28亿美元，增长51.3%。其中，出口8.78亿美元，增长59.9%；进口4.5亿美元，增长37%。受“非典”影响，旅游业收入下降。全年国内旅游人数863.31万人次，比上年下降16.6%；国内旅游收入21.89亿元，下降18.4%。全年入境旅游者10.15万人次，下降57.1%。国际旅游外汇收入2100万美元，下降61%。

市场物价运行基本平稳，消费品市场稳步发展。居民消费价格总水平比上年上涨1.1%，全年完成社会消费品零售总额474.6亿元，同比增长9.47%。金融机构存贷款规模继续扩大。年末金融机构本外币存款余额2173.65亿元，同比增长17.23%。其中，人民币存款余额2129.61亿元，增长17.91%。本外币贷款余额1753.42亿元，增长17.22%。其中，人民币贷款余额1727.71亿元，增长17.32%。证券市场在规范中发展。全省有境内股票上市公司18家，股票市价总值307.29亿元，增长12.31%。保险业发展较快。全年保费收入40.93亿元，增长22.18%。全年赔付9.97亿元，增长15.53%。

坚持科技兴省战略，科技创新能力不断增强。全年国家科技攻关计划项目6项，“863”计划项目12项，国家重点新产品项目29项。全年共取得省部级以上科技成果547项，比上年增长22.3%。授权专利488件，增长21.09%。技术交易稳步发展，全年共签订技术合同1529项，增长53.98%；技术合同成交金额7.76亿元，增长42.12%。

教育事业稳步推进。全年普通高等教育招生6.01万人，增长13.18%，在校生17.34万人，增长21.26%。研究生招生3600人，增长20%，在校生8600人，增长43.33%。普通高中招生16.82万人，增长16.81%，在校生42.7万人，增长23.41%。职业中学招生1.92万人，下降16.52%，在校生4.95万人，下降12.39%。初中学校招生45.31万人，增长1.36%，在校生130.6万人，增长3.63%。普通小学招生57.23万人，在校生322.76万人。特殊教育招生975人，在校生7673人。幼儿园在园幼儿37.22万人。

文化艺术、广播电视和新闻出版等各项事业继续较快发展。全省共有艺术表演团体75个，文化馆83个，公共图书馆91个，博物馆67个，档案馆101个。广播电台8座，电视台15座，中短波广播发射台和转播台26座，广播和电视综合人口覆盖率分别为88.9%和89.37%。有线电视用户160.13万户，增长4.13%。出版报纸34269万份，各类杂志10985万册，图书7471万册（张）。

卫生事业稳步发展。全省共有卫生机构11021个，卫生机构病床61069张，卫生技术人员82306人。共有卫生防疫、防治机构103个，卫生技术人员3801人；妇幼保健院、所、站97个，卫生技术人员2930人。乡镇卫生院1469个，床位12583张，卫生技术人员14212人。体育事业蓬勃发展。全年在国内外各类比赛中，甘肃省运动员获各类奖牌39枚。

城乡居民生活水平不断提高。全年城镇居民人均可支配收入6657.24元，同比增长8.22%。农民人均纯收入1673元，增长5.2%。就业规模继续扩大。全省从业人员1510.85万人，比上年增加10.26万人。2.79万国有企业下岗职工实现再就业，增加1.71万人，年末城镇登记失业率为3.4%。全省总人口2603.34万人，人口自然增长率为6.12‰，下降0.59个千分点。

社会保障和城市低保工作取得进展。全省参加失业保险162.08万人、基本养老保险139.96万人、基本医疗保险145.99万人，领取失业保险金8.42万人。离退休人员实行社会化管理41.87万人，下岗职工基本生活费按时足额发放率达100%，基本养老金社会化发放率为98.79%。城市有56.97万困难居民得到最低生活保障。社会福利事业取得新的成效。各类社会福利单位有床位9000张，收养5718人。销售社会福利彩票3亿元，接受社会捐赠2700万元。

【投资环境与利用外资】2003年，甘肃省加快以交通为主的基础设施建设。开工建设了公路、铁路、机场、管道、电力、通信、水利、市政等一批重点基础设施项目，基础设施条件得到了进一步的改善。全省公路里程达40659公里，增长1.1%。其中，建成高速公路342公里，增长6.9%。

颁布了《甘肃省实施西部大开发若干政策措施》。内容包括税收和财政、信贷和融资、土地利用、矿产资源开发、扩大对内对外开放、引进和留住人才、改善投资软环境等优惠政策，共8个方面43条。

优化外资结构，努力扩大利用外资规模，进一步提高外资对全省经济发展的贡献率。全年实际利用外资额24609万美元，同比增长1.22倍。其中，借用国外贷款20722万美元，吸收外商直接投资3887万美元。全年新签对外承包工程和劳务合作合同金额4000万美元，增长43%；对外承包工程和劳务合作完成营业额4200万美元，下降13.7%。

【重点项目介绍】G212线兰州至临洮高速公路：国家确定的西部公路大通道重点建设的兰州至云南磨憨口岸的重要组成部分，是西北地区通往西南地区的重要省际公路。全长93公里，总投资32.6亿元，计划2004年建成通车。

GZ25线刘寨柯至白银、兰州忠和至海石湾高速公路：国家重点规划建设的丹东至拉萨国道主干线重要路段，刘寨柯至白银段全长109公里，总投资26.3亿元。于2002年开工。兰州忠和至海石湾段全长105公里，总投资38.6亿元。于2001年开工。

GZ45线山丹至临泽、临泽至清水高速公路：国家规划的“两纵两横”国道主干线连云港至霍尔果斯公路重要路段，也是西部通道西宁至库尔勒公路的重要路段。山丹至临泽段全长97公里，总投资21亿元。于2001年开工。临泽至清水段全长98公里，总投资18.5亿元。于2002年开工。

陇海线宝鸡至兰州二线工程：我国西北地区与内地联系的主要通道和亚欧大陆桥的组成路段。全长509公里，总投资108.86亿元，其中甘肃段长469公里，2003年底建成投入使用。新增货运能力3000万吨/年，客货运送能力可达50对/日。

兰新线兰州至武威段：兰新铁路的重要组成部分，也是亚欧大陆桥连云港至乌鲁木齐间惟一的一段单线铁路。全长230.5公里。总投资76.4亿元，2003年开工建设。

黄河小峡水电站：黄河干流龙羊峡—青铜峡的第十个梯级电站，兼有发电、灌溉、航运、旅游及养殖等综合效益。总装机容量23万千瓦，年均发电量9.56亿千瓦时，可灌溉耕地8000亩。总投资约15亿元。2001年开工，将于2005年建成投产。

黑河龙首二级（西流水）水电站：黑河干流黄藏寺至莺落峡段梯级开发的第八级电站。总装机容量157兆瓦，保证出力17.6兆瓦，多年平均发电量5.28亿千瓦时。总投资98112万元。2002年6月开工，总工期48个月。

平凉电厂：甘肃省“八五”和“九五”期间计划火电布局建设的主要电源点。规划装机容量为4×30万千瓦，并留有扩建的条件，总投资54.04亿元。建设工期68个月，已建成并投入运营。

白水江汉坪嘴水电站：日本国际协力银行开发援助贷款项目之一，是白水江流域规划中的最下游一个梯级电站。总装机容量72兆瓦，多年平均发电量3.64亿千瓦时。2001年12月开工，工期3年。

张掖电厂：总装机容量120万千瓦，其中一期工程新建2×30万千瓦国产燃煤发电机组，并配置建设烟气脱硫装置和相应的送出工程。一期工程静态投资24亿元，动态投资25亿元，已于2003年10月开工。

兰州石化300万吨/年重油催裂化装置改造工程：总投资13.1亿元，2003年6月建成投入使用。

【经济技术协作与对口支援】2003年，甘肃省共签订各类经济技术合作合同项目1648项，投资总额552亿元，当年实际到位资金97.32亿元。

甘肃省人民政府主持召开了黄河经济协作区省区负责人第十六次会议。会议强化和完善了区域协作组织的机制，完善了省区领导的交接班制度，并将每年的协作区联络员交班会议提升为经协办主任联席会，即从一般的情况交流和轮值交班，扩展为侧重研讨联合协作、落实年会议定事项、协调经济协作区内省级重大项目实施等，为区域协作组织的发展做出了贡献。会期中共签订协作区相互协作项目138项，投资总额40.35亿元。其中，来甘肃省投资项目128个，投资总额34.61亿元。

经济协作工作的领域已从简单的引进资金、物资串换和物资贸易发展到广泛开展招商引资、经济合作、技术交流、教育合作、资产重组、产权交易、人才交流、对口帮扶、劳务输出、区域协作、商品展销和参与培育市场等全方位拓展。国际间、省际间、地区间、行业间的双向交流与合作，促进了甘肃经济的发展。在人才培训方面，从1997年至2003年由深圳市经济合作基金支付费用，免费为甘肃省培训了400多名干部。

围绕本地的资源优势、技术优势、市场优势以及合作伙伴的互补优势开展经济协作，引进了许多外省名牌强势企业入甘合作，成为甘肃经济发展的强大力量。白银市引进南京雨润集团投资2.2亿元，用5个月时间建立了年屠宰60万头生猪、年产1.2万吨肉制品的白银雨润肉类食品有限公司，年销售额可达5.9亿元、实现税金8600万元。天津大红碗有限公司投资2308万元，在静宁县建成年产600万箱方便食品企业。由天津家世界集团投资5000万元在兰州创办的天水路连锁超市，自开业以来，平均日营业额80万元以上。兰州义乌商贸城、定西的岷州集团、金昌的金马动力车等一大批农业产业化、工业和高科技项目，推动了甘肃经济的快速发展。

自1996年国务院确定天津市对口帮扶甘肃省以来，天津市对甘肃的帮扶力度不断加大。天津市以财政拨款、社会捐物等形式、支持甘肃省1亿多元钱物，用这些资金已新修基本农田10多万亩，解决了3.4万人、6700头牲畜的饮水问题，兴建改造了63所希望小学，改造、修缮了150座卫生院，启动的100所百名教师对口支援项目已全面实施。在天津市14个区县对口帮扶甘肃省13个县的基础上，兰州市与红桥区、庆阳市与天津市大港区、平凉市与天津市津南区等结为友好地区关系，并取得了良好的合作成果。

近几年甘肃省与广东、浙江、上海、辽宁、黑龙江、深圳等省市签订了友好合作协议。深圳市为本省建立的1亿元助学基金全面启动，已资助贫困生6520名（资助金额100万元），同时，各地区也与有关省市的地区间签订了友好合作协议。兰州市、张掖市、酒泉市，陇南地区分别与上海市的卢湾区、宝山区、闸北区、奉贤区等建立了友好地区关系。

【扶贫开发】甘肃省是国家的重点扶贫省（区）

之一，在全省87个县（市、区）中，被列为国家扶贫工作重点县的有43个县（区），扶贫面涉及77个县（区），扶贫对象共611万人，其中630元以下的绝对贫困人口有169万人，主要分布在自然条件特别严酷的石山区、深山区、高寒阴湿地区、林缘区和极端干旱山区，这些地方基础设施相当落后，社会发育程度低，长期处于绝对贫困之中；此外630～872元的低收入贫困人口有442万人，这部分人虽然基本解决了温饱问题，但基础设施差、生产条件落后、生活水平低，致贫原因多样化，实现稳定解决温饱的任务还十分艰巨，其中每年都有一部分因灾、因病、因子女上学等因素而返贫，全省年均返贫率在10%～20%之间。

2003年，甘肃省共投入各类扶贫开发资金21亿元。其中，以工代赈资金4.5亿元，财政扶贫资金5.3亿元，扶贫信贷资金11.2亿元。全年新增有效灌溉面积28.96万亩，新发展集雨节灌面积14.32万亩，新修梯田49.7万亩，解决了32.5万人、4.96万头牲畜的饮水困难，新建、改建县乡公路849公里、乡村道路2750公里，安置贫困移民3.6万人，祁连山生态移民1.25万人。

贫困地区坚持国家扶持和群众自力更生相结合，把启发贫困群众脱贫致富的内在活力放在突出位置，通过架桥铺路、兴修水利、解决人畜饮水、草场改良等基础设施方面建设项目的实施，不仅改善了贫困地区的生产和生活条件，也把扶贫开发的内在动力和外部支持融为一体，培植了贫困地区的“造血”机制，调动了贫困地区群众脱贫致富的积极性。全年有7万绝对贫困人口实现基本解决温饱，有28.6万低收入人口稳定解决温饱。

【经济与社会发展】2003年，青海省国民经济继续保持高速增长，全年GDP达到390.16亿元，同比增长12.1%。其中，第一产业增加值47亿元，增长3.8%；第二产业增加值184.26亿元，增长16.4%；第三产业增加值158.9亿元，增长9.7%。人均GDP达到7276元，增长11%。三次产业结构的比例为12.1:47.2:40.7，第二产业对经济增长的拉动力继续增大。

在结构调整中，特色种养业、订单和设施农牧业的发展面扩大，退耕还林还草工程顺利实施，区域基础设施建设协调并进，整体上实现了生产增效和农牧民增收的目标。农作物种植向适应市场需求和展示高原特色调整优化，产值高、收入好的品种增加。全年在落实退耕还林还草任务中，粮食作物种植面积24.8万公顷，比上年减少12.9%；产量86.8万吨，减产4.9%；亩产量提高到233.3公斤，增产9.1%。油料种植15.21万公顷，下降0.5%；产量26.2万吨，增产12%；亩产量提高到114.8公斤，增产12.6%，单产创历史最高记录。蔬菜种植2.41万公顷，增长18.1%；产量77.1万吨，增产13.7%。粮食作物、经济作物、其他作物种植面积比为53:39:8。

畜牧业快速发展局面形成。全年草食牲畜成活率、出栏率和商品率分别为89.6%、29.1%和23.7%，分别提高0.3、0.81和0.68个百分点；年末草食牲畜存栏总数2217.65万头（只），比上年增长1.03%。全年肉类总产量23.67万吨，增长3.9%；羊毛产量1.73万吨，增长3.6%；牛奶产量22.14万吨，增长0.5%。渔业资源得到合理保护。水产品产量1300吨，下降27.8%。

工业生产增幅创新高。全部工业实现增加值120.77亿元，同比增长17.1%。其中，规模以上工业企业实现增加值95.53亿元，增长15.9%。主要工业产品产量大幅度增加。建筑业实现增加值63.49亿元，增长15.2%。施工工程3014个，其中投标承包工程2188个，占72.6%；施工房屋面积511.91万平方米，增长13.4%，竣工房屋面积238.83万平方米。

固定资产投资规模扩大。基础设施、重点工业、生态环保等富民强省项目不断增加。全年基本建设新上项目1454个、竣工项目1004个，分别比上年增长21.1%和9.3%，一批新增生产能力陆续发挥经济效益和社会效益。全年完成固定资产投资285.12亿元，同比增长16.4%。民间投资完成105.46亿元，增长26.6%；一些民间投资者参与盐湖、藏药、煤炭、电力等资源开发和大型房地产项目建设，扩大了领域和规模。

财政积极发挥了统筹经济和社会发展的调控职能，金融和保险事业对建设小康的支持力增加。财政收支增长较快。全年实现财政一般预算收入43.67亿元，同比增长14.5%。其中，地方一般预算收入24.02亿元，增长13.8%。一般预算支出123.13亿元，增长3.9%。金融保持稳健运行。年末金融机构人民币各项存款余额538.58亿元，比年初增加71.37亿元；各项贷款余额564.84亿元，增加83.95亿元。保险业不断进步。全年保费收入7.61亿元，增长15.61%，各类保险造福于社会的功能增强。

交通运输和邮电通信业运营条件不断改善，服务经济与社会发展的功能增强，高原特色旅游业向改善基础、提升品位推进。全年运输和邮电业创造增加值32.01亿元，同比增长14.7%。

进出口贸易大幅增加。全年实现进出口总额3.39亿美元，同比增长72.4%。其中，出口额2.74亿美元，增长81.3%；进口额6500亿万美元，增长43.1%。受“非典”影响，全年接待国内游客394.3万人次，减少5.7%；国内旅游收入14.24亿元，下降1%。接待境外游客1.77万人次，减少59.3%；旅游外汇收入472万美元，下降52%。

消费品市场运行活跃，物价小幅上涨。全年实现社会消费品零售总额102.66亿元，同比增长11.5%。物价总水平适度回升。全省居民消费价格上涨2%。城乡居民生活水平继续提高。全省总人口533.8万人，城镇居民人均可支配收入6731.88元，增长8.58%；农牧民人均纯收入1817.38元，增长6.23%。城乡居民恩格尔系数分别为36.79%和49.07%。城乡居民居住条件进一步改善，生活质量得到提升。

全省就业人员达到295.4万人，城镇登记失业率为3.8%。下岗职工再就业1.69万人，高校毕业生一次就业率为45.6%。年末参加基本养老保险56.5万人，企业离退休人员社会化管理达到70.5%。参加失业保险人数33.2万人，增长3.1%；领取失业保险金2.1万人，下降4.5%。参加基本医疗保险55.77万人，增长9.1%。国有企业离退休人员养老金和下岗职工基本生活费全部按时足额发放。扶贫开发卓有成效，全年解决了15.53万贫困人口的温饱问题。

科教兴青战略深入实施，各级各类教育事业全面进步。全省有研究生培训单位6个，招生172人，在校研究生387人，毕业生45人；有普通高校9所，招生9100人，增加2000人，在校生2.61万人，毕业生5700人；有成人高校2所，在校生、毕业生保持一定规模；有职业中学19所，招生1900人，在校生5000人，毕业生1400人；普通高中148所，招生3.28万人，增加4700人，在校生8.03万人，毕业生1.76万人；初中学校356所，招生7.75万人，增加3300人，在校生21.4万人；普通小学2998所，招生9.46万人，在校生50.69万人，毕业生8.15万人；特殊教育学校招生240人，在校生2400人；幼儿园在园幼儿7.4万人，增加4600人；成人技术学校在校生25.95万人，增加9600人。“两基”教育人口覆盖率80%，适龄儿童入学率为96.14%。贫困生资助面不断扩大，受益学生增加。科学研究充满活力，年末全省从事研究与发展人员2079人，增长2.1%；全年研究与发展经费支出2.34亿元，增长12.5%，取得科技成果100项，全年专利申请173件，授权专利91件；签订技术合同205项，成交额8291万元。

文化、卫生和体育事业稳步发展，成为加强精神文明建设和体现社会和谐进步的重要标志。全省有艺术表演团体14个、文化馆43个、公共图书馆38个、博物馆16个、档案馆

62个；有广播电台4座、中短波广播发射台和转播台8座，广播综合人口覆盖率85%；有电视台8座，电视综合人口覆盖率91.3%，有线电视用户31.72万户。全年出版报纸6400万份、杂志100万册、图书900万册（张）。“特色文化乡”、“小康文化村”等基层文化建设活动蓬勃开展，为城乡居民提供了更加丰富的精神食粮。

卫生事业健康发展。全省有各类卫生机构5570个，床位1.66万张；县及县以上医院131个，床位1.4万张；乡镇卫生院405个，床位2200张；城市社区卫生服务中心8个、疾病预防控制中心（防疫站）56个，卫生监督所42个，妇幼保健院（所、站）19个，村卫生室4162个。有卫生技术人员1.77万人。农村有医疗点（卫生室）的村占总村数的比重为91.7%。结合防治“非典”工作，初步建立了突发公共卫生事件应急机制，加快了公共医疗救治体系建设步伐，农村牧区新型合作医疗制度改革试点在8个县有序推进，城乡医疗保健事业发展水平提高。

环境保护和生态建设力度加大。全省有各类环境检测站18个；有生态示范区建设试点地区和单位2个；自然保护区8个，总面积2060.83万公顷，占全省土地总面积的28.53%。其中，国家级自然保护区5个，面积2052.25万公顷。全年完成环境污染限期治理项目20个，总投资1389.5万元。煤改气工程在西宁地区进展加快，烟尘控制区、环境噪声达标区面积扩大。进一步遏制了生态环境恶化的趋势，可持续发展的能力不断提高。

全省经济社会发展中存在的主要问题是：经济体制和经济结构的深层次矛盾尚未得到根本解决，保持经济持续快速增长的基础仍不稳固，促进经济社会和区域协调发展的任务艰巨；城乡居民收入水平与全国还有不小差距，扶贫任务繁重，年末全省农牧业区还有145万贫困和低收入人口，农牧民增收和农牧区富余劳动力转移的难度加大，农业产业化水平低，劳动力素质不高，统筹城乡发展还需要采取新举措；电力、运力供需矛盾比较突出，成为工业经济增长的制约因素；投资渠道比较单一，利用外资规模小，吸纳社会资金不足，投资环境有待进一步改善；就业形势依然严峻，社会保障体系亟待完善。

【投资环境与利用外资】2003年，青海省经济发展环境得到明显改善；以水电为主的能源工业发展迅速，全省发电总装机容量431.5万千瓦，年发电量136亿千瓦时；330千伏输电线路东西贯穿，110千伏输电线路南北展开，电网覆盖了除青南牧区部分县乡外的大部分地区。

全省有兰青、青藏铁路贯穿东西，拥有4条支线、59条铁路专用线，总营运里程1300多公里，年货物发送量1200万吨以上，旅客列车通往北京、上海等大中城市。公路通车总里程2.4万公里，其中二级以上高等级公路3449公里，形成了以西宁为中心，5条国道为主干、28条省道为框架、300多条县乡道路为脉络，辐射全省的公路运输网。有西宁、格尔木两个机场，能够起降波音757等大型飞机，开通了西宁至北京、上海、西安等国内重要城市的航班，平均每周70余次班次。

建成了集微波、光缆、卫星等多种通讯手段、通讯能力较强、连接全省内外的现代化通讯网，市话交换全部实现程控化，并可直拨世界160多个国家和地区，固定局用交换机容量达到103万门，移动交换机容量达123.8万门，网络覆盖全省各州（地）、市、县。数据通信正在向宽带、大容量、高速率发展，能够满足社会不同层次的通信要求。

颁布了《青海省实施西部大开发战略若干政策措施》，在市场准入方面，放开经营范围，除国家法律、法规明令禁止和限制的行业外，其他行业一律放开。对外商实行国民待遇，在税收方面最大限度的提供优惠，并依法保护投资者的人身财产安全及合法权益。地方政府在职权范围内尽可能放宽政策，转变职能，规范行为，提高效率，强化服务。从工商行政、财务税收、劳动工资、外事等领域依法进行监督、管理、协调、服务，为投资商创造良好宽松的发展环境。全年新批外商投资项目44个；合同利用外商投资2.86亿美元，增长18.3%；实际使用外商投资1.69亿美元，增长14.7%。

【重点项目介绍】青藏铁路格尔木至拉萨段：2003年全线完成投资63.74亿元。其中，青海省境内完成投资25万元。累计完成投资130亿元。新线正线铺轨374公里，站线铺轨19.8公里。

西宁市南北过境公路：全长3.07公里，总投资6.05亿元，由同仁路高架桥及地面道路拓宽改造和南绕城快速路互通式立交两个工程构成。

县际公路：建设三级公路39条4813公里。工期从2003至2005年，计划投资73.43亿元。民和至门源、循化至同仁、德令哈至都兰、共和县至贵南、多巴至鲁沙尔、天峻（木里）至刚察（热水）、贵德县城至循化等11条公路已开工建设。其中，循化至同仁公路已竣工，交付使用。

西宁机场航站区改扩建工程：扩建候机楼5200平方米。总投资1.34亿元，建设期2年。2003年4月底开工。

青海西台吉乃尔盐湖资源综合开发项目(一期工程)：由青海中信国安科技发展有限公司承建。年产硫酸钾30万吨，碳酸锂1万吨，硼酸1万吨。总投资10.02亿元，工期从2003至2005年。

退牧还草工程。在玉树、果洛两州围栏禁牧1.5亿亩草场，工期从2003至2007年。

县城电网改造：总投资11.7亿元，工期从2003至2005年，新建改造110伏变电站27座，线路1370公里；35千伏变电站13座，线路295公里；新建改造10千伏线路928公里，低压线路2575公里。

【经济技术协作与对口支援】2003年，青海省成功地举办了第四届中国东部企业参与西部结构调整投资贸易洽谈会，共有21个省、区、市组团参加会议，青海省有关地区、部门、企业共组成38个分团参展，国务院有13个部委办的领导和代表出席会议。参会参展企业800余家、5000多人，共达成合作项目271项，金额285.21亿元。青海省作为洽谈会的最大受益者，共达成合作项目171个，金额220.9亿元。在其他招商引资活动中，中信国安、浙江玻璃股份有限公司等知名企业投资青海。

2003年，辽宁省及其13个市、1个企业援助青海省各类款物合计2240万元。这些资金重点用于贫困地区教育、卫生、农牧业生产、电力、异地搬迁等基础设施建设和农牧民培训、乡村干部培训及救灾等，有效地改善了青海省贫困地区基础设施条件，为解决贫困人口的温饱发挥了重要作用。

中央国家机关11个企事业单位继续加大对青海省15个国定扶贫开发重点县的帮扶力度，到2003年底，投入帮扶资金790万元，捐赠汽车、电脑及办公设备、粮食、衣物、棉被、书刊等折价43万元。

青海省省直各帮扶单位全年累计投入各类资金621.34万元，共修缮校舍12所，捐赠学习用具和教学设备17500件，价值16万元；资助贫困生310名；举办各类培训班12期，共培训农牧民1314人次；捐赠药品及医疗设备价值23万元；修建人畜饮水工程2项，解决了1000人、2000头（只）牲畜饮水问题；建成乡村公路160公里，日光节能温室10栋。

【经济与社会发展】2003年，宁夏回族自治区（以下简称宁夏）GDP达到385亿元，同比增长12.2%。其中，第一产业增加值55.5亿元，增长2.5%；第二产业增加值191.7亿元，增长18.7%；第三产业增加值137.8亿元，增长8.3%。人均GDP达到6685元。经济结构逐步优化，三次产业比重为14.4:49.8:35.8。全年完成财政总收入50.7亿元，增长14.1%。其中，地方财政一般预算收入30亿元，增长16.3%。完成全社会固定资产投资318.2亿元，增长37.9%。

农业结构调整步伐加快，生产稳步发展。宁夏灌区面对50年来最严重的黄河缺水状况，采取积极有效措施，全年完成农林牧渔业总产值100.5亿元，同比增长5.9%；完成增加值55.5亿元，增长2.5%。粮食作物种植面积1208万亩，调减8.6%。粮食总产量270.2万吨，下降10.5%。种养园区建设步伐加快，农产品加工龙头企业带动作用增强，乳品、牛羊肉、淀粉、枸杞、脱水菜等地方优势特色产品生产规模扩大。乡镇企业总产值242亿元，增长15.8%。畜牧业产值增长12.5%。

全年完成退耕地造林草12.7万公顷；造林合格面积29.5万公顷，分别增长1.5倍和61.7%。在全区范围内实施全面禁牧，南部山区生态状况明显恢复。农村基础设施进一步加强，扶贫开发成效显著。通过农村饮水解困工程建设，建成水窖1.9万多眼，集中供水工程108处，解决了20个县、21.6万人、7万头大牲畜和50万只羊饮水问题。完成农村电网建设与改造二期工程，农村供电能力和可靠性显著提高。建成县乡公路1170公里，实现了88个乡镇通等级公路。积极组织农民参与以工代赈项目建设，完成基本农田建设35万亩，生态移民搬迁2万人，山区有5.6万贫困人口实现基本解决温饱的目标。

全年完成工业增加值143.3亿元，同比增长16.3%。工业经济效益稳步提高。规模以上工业企业实现销售收入420.3亿元，增长35.2%；实现利税32.8亿元，增长41.3%。盈亏相抵后实现净利润11.5亿元，增长1.2倍。工业产品销售率97.2%，比上年降低1.6个百分点。建筑业全年实现增加值24.9亿元，增长30.5%；完成总产值108.1亿元，增长28.7%。房屋建筑施工面积1119.8万平方米，房屋建筑竣工面积578.7万平方米。

市场消费需求稳中趋旺。全年实现社会消费品零售总额117亿元，同比增长11.1%。居民消费价格总水平比上年上涨1.7%，商品零售价格总水平下降0.5%。农业生产资料下降0.6%。全部工业品出厂价格同比上涨5.6%，原材料、燃料、动力购进价格上涨6.8%。

年末金融机构各项存款余额746.4亿元，比年初增长28.7%；各项贷款余额681.6亿元，增长29.9%。金融机构现金收入1871.1亿元，现金支出1893.2亿元，收支相抵净投放现金22.2亿元。年末全区有上市公司11家，全年证券交易额357.5亿元，增长10.4%。

全年交通运输和邮电通信业完成增加值27亿元，增长7.5%。全区公路通车里程达11916公里，净增671公里。新增长途光缆946公里，长途光缆长度6435公里；新增本地局用交换机容量12.4万门，达到104.6万门。互联网络注册户数22万户，增长26.4%。全年邮电业务总量28.9亿元，增长32%。本地电话用户100.3万户，移动电话用户123.5万户，全区电话普及率39.2部/百人。

全年完成进出口总额6.5亿美元，同比增长47.4%。其中，出口5.1亿美元，增长56%；进口1.4亿美元，增长23.1%。受“非典”疫情影响，旅游人数有所下降。全年接待入境游客3049人次，下降49.3%，外汇收入85万美元，下降47.4%；接待国内游客274万人次，下降10.2%，国内旅游收入10.21亿元，下降14.9%。

人民生活水平进一步提高。全年在岗职工工资总额80.8亿元，同比增长11.7%；在岗职工平均工资13056元，增长11.4%。城镇居民人均可支配收入6530元，增长7.6%；人均消费性支出5330元，增长4.4%。农民人均纯收入2043.3元，增收125.9元，增长6.6%。人均生活消费支出1637.1元，增长15.4%；恩格尔系数由上年的44.6%下降为41.5%，下降3.1个百分点。农民从非农产业获得收入888.9元，增长10.7%。

社会保障制度逐步完善。全区城乡就业人员291.4万人，比上年增加8.97万人，增长3.2%。全年实现再就业的失业人员4.5万人，年末城镇登记失业人数3.8万人，登记失业率4.4%。保险事业快速发展。全年保费收入10.7亿元，同比增长22.4%；支付赔款2.4亿元，增长4.5%。扶贫济困和救灾工作不断加强。全年发放各种救灾救济款6460万元，保障了困难群众和灾民的基本生活。

科技、教育和社会事业全面发展。科技进步对经济社会发展的贡献率不断提高。全年申请专利430件，有71项科技成果获得自治区级科技进步奖。基础教育和职业教育进一步加强。新增硕士学位授予点20个，达到61个；博士学位授予点1个，实现了“零”的突破。地方普通高校招收本专科学生11237人，在校生35134人，毕业生5461人；全区有小学2816所，在校生669503人，学龄儿童入学率97.5%；普通中学446所，在校生377078人；中等职业教育38所（不含技工学校），在校学生45017人。成人高等教育在校生38540人，成人中等教育在校生5799人。南部山区各县（区）全部实现“普初”目标。加大优质高中建设支持力度，启动了六盘山高级中学等10所自治区级示范高中和市县重点高中建设，新增教学班82个。

新建、改建了部分市县文化馆、图书馆，文化事业蓬勃发展，市场秩序进一步得到清理和规范。全区有艺术表演团体14个、公共图书馆21个、文化馆22个、博物馆5个。全区有广播电台5座，广播人口覆盖率91.2%；有电视台5座，电视人口覆盖率89%。

加快建立健全突发公共卫生事件应急机制，利用国债和地方资金共同安排的全区22个疾病控制项目正在抓紧建设，医疗设备得到更新。全区有卫生机构1499个，床位1.57万张；卫生技术人员2.31万人。卫生防疫、防治机构39个，妇幼保健机构25个，农村卫生医院279个。全区总人口580.3万人，人口出生率15.68‰，人口自然增长率10.95‰，全年净增人口6.31万人。

广泛开展全民健身运动，人口素质和人民群众健康水平不断提高。体育场馆设施大为改观。成功举办了第七届全国少数民族传统体育运动会，促进了城乡群众体育活动深入开展。在亚洲青年锦标赛上宁夏运动员获得自行车比赛银牌1枚；在全国比赛中获金牌5枚，银牌10枚，铜牌13枚。

【投资环境与利用外资】2003年，宁夏投资环境进一步改善。银川至青岛、丹东至拉萨高速公路宁夏段全线贯通，银川机场段高速公路建成使用，全区高速公路通车里程达到526公里。银川热电厂3号机组、石嘴山电厂2、3号机组并网发电，农村电网二期改造工程全面竣工。扶贫扬黄灌溉一期工程实现全线通水。民族运动会体育场馆、银川市北部污水处理厂等投入使用。沙坡头水利枢纽、陕甘宁至银川输气管道复线等工程进展顺利。

城市环境综合整治取得新的成效。环境污染限期治理项目59个，完成投资9479.5万元；竣工绿色工程规划项目1项，完成投资10791万元。全区有30个烟尘控制区，面积150.3平方公里；30个噪声达标区，面积108.1平方公里。有自然保护区12个，面积53.39万公顷。其中，国家级自然保护区5个，面积40.25万公顷；省级7个，面积13.14万公顷，自然保护区占全区国土面积的8%。有生态示范区2个。

全年实际利用外资7186万美元，同比增长1.3倍。其中，外商直接投资3170万美元，增长44.1%。重大外资项目取得实质性进展。银川橡胶厂与新加坡佳通集团合资生产1000万套轮胎和宁夏捷美丰友化工有限公司40万吨合成氨、60万吨复合肥、30万吨大颗粒尿素等项目已开始实施；青铜峡铝厂三期已与加拿大铝业集团签订合资协议。由金鹰国际集团投资建设的宁夏宾馆改造项目主体工程已封顶。由南非拉普斯公司投资建设的银川森林公园首期项目、利用亚行贷款的同心至沿川子高速公路已开工建设。

【重点项目介绍】2003年，宁夏安排重点建设项目23个，其中14个为重点预备开工项目。全年完成投资67.4亿元。

盐环定宁夏专用工程、彭阳长城塬引水（二期）和石嘴山电厂扩建2号、3号机组等关系长远发展的一批重大项目前期工作进展顺利。宁东能源重化工基地规划已编制完成，进入实质性启动阶段。宁东马莲台电厂一期工程和宁东基地供水工程已开工。

沙坡头水利枢纽工程：总装机容量12.15万千瓦，可改善灌溉面积100万亩，总投资11.97万元。2000年开工建设，2003年12月大坝建成并下闸蓄水。宁夏扶贫扬黄灌溉工程：开发土地130万亩，安置移民67.5万人，总投资29.66亿元，为国家重点建设项目。灌区续建配套及节水改造工程：对现有626万亩灌区进行节水改造，总投资35.43亿元。盐环定扬黄宁夏专用工程：引水7亿立方米，发展灌溉面积22.36万亩。总投资2.62亿元。

农村饮水解困工程：总投资2.91亿元，解决57万人的饮水困难问题。固原东山坡引水工程：建设库容320万立方米，干渠27.85公里，供水管线17.17公里，总投资4400万元。隆德桃山引水工程：总投资3020万元，发展灌溉面积2.5万亩，工期从2002至2005年。

退耕还林还草工程：退耕还林还草512万亩，荒山造林915万亩。工期从2000至2008年。宁夏国家易地扶贫搬迁试点工程：计划易地安置移民11万人，2001至2003年国家安排总投资60850万元。宁夏重点风沙生态环境综合治理工程：综合治理沙漠化土地5.76万公顷，总投资7.09亿元。工期从2002至2007年。

石嘴山电厂扩建工程：电厂部分，装机容量4×30万千瓦，总投资45.49亿元，工期从2001至2005年；送出部分，扩建220千伏线路684公里，变电容量39万千伏安，总投资10.2亿元，工期从2001至2004年。中宁电厂扩建：装机容量2×30万千瓦，总投资22.58亿元，工期从2003至2006年。宁夏农村电网建设与改造工程（第二批）：19个县（区、市）农村电网建设改造，覆盖率达到90%以上。总投资14.5亿元，2003年全面竣工。

GZ25号丹东至拉萨高速公路叶盛至中宁路段：全长96公里，总投资22.89亿元；中宁—郝家集路段：全长98公里，总投资19.5亿元。GZ35号银川至青岛高速公路银川至古窑子路段：全长73公里，总投资14.9亿元。西部干线桃山至同心段高速公路：全长27公里，紧急状态下起降飞机跑道2900米，总投资6.08亿元。

美利纸业林纸一体化项目（一期工程）：建设纸浆速生原料林20万亩，年产6.8万吨杨木化机浆，总投资3.61亿元。20万亩造林已全部完成。夏进乳品饮料公司液体奶项目：年产各类液体奶14万吨，总投资1.45亿元。启元药业红霉素、盐酸四环素系列产品技术改造：年产2000吨红霉素、1500吨盐酸四环素系列药品，总投资1.05亿元。多维泰瑞制药公司沙利霉素兽药高技术产业化示范工程：年产沙利霉素钠预混剂1万吨，总投资1.85亿元。西北稀有金属材料研究院镁合金产业化示范工程：年产镁合金2000吨、水冷半连铸板坯3000吨、水冷半连铸圆坯1000吨，总投资7016万元。

重点城市集污及处理工程：建设银川、石嘴山、固原、中卫、青铜峡、灵武等市集污工程，日处理污水25.5万吨，总投资8.39亿元。重点城市集中供热工程：续建银川市、石嘴山市供热工程，新增供热面积580万平方米，总投资5.21亿元。重点城市垃圾处理工程：新建银川市、吴忠市、固原市垃圾处置工程，日处理垃圾1660吨，总投资2.06亿元。

宁夏迎宾馆：建设规模5万平方米，总投资2亿元。民运会体育馆：建成银川、石嘴山体育馆、沙湖赛马场、龙舟赛场及射箭弩场，改建自治区体育场、银川市湖滨体育馆及体育场，总投资2.5亿元，已投入使用。宁夏大学教学综合楼：总投资8638万元，已投入使用。新建自治区地级市5所示范性普通高中：总投资4.77亿元。

【经济技术协作与对口支援】2003年，宁夏共签订经济技术协作项目348项，协议资金224.6亿元；实施162项，总投资52.1亿元，引进外省区资金36.7亿元，到位资金16.4亿元。

各级招商部门采取各种有力措施，积极扩大招商引资成果。在西安举办的第七届东西合作与贸易洽谈会上，签订协作项目28项，总投资9.89亿元，引进区外投资8.72亿元。在第七届中国（厦门）投资贸易洽谈会上，签约14个项目，总投资52170万元。

2003年，福建省无偿援助宁夏帮扶资金2870万元，捐物20多万件。根据自治区扶贫开发领导小组的部署，利用闽宁帮扶资金，在“千村扶贫开发工程”覆盖的范围内，相继启动了旨在增加农民收入、提高劳务输出人员就业技能的“闽宁万户菌草产业扶贫工程”和“闽宁万名劳务输出人员培训工程”。在银川召开的闽宁对口扶贫协作第七次联席会议上，进一步奠定双方长期合作的基础。在两省区党委、政府的高度重视下，闽宁对口帮扶工作进展顺利。一是建立了共同负责，省区为主，层层结对，整体推进的工作机制，市县和有关部门广泛参加，明确帮扶任务，落实工作责任，把扶贫协作逐步制度化、规范化；二是协作与帮扶并举，政府、企业、社会共同努力，党政干部、科技专家、教师、医生和志愿者五支队伍常年工作在南部贫困山区，一批福建企业陆续在宁夏投资兴业，为宁夏经济的发展注入了新的活力；三是努力拓展扶贫协作领域，在注重贫困地区经济发展的同时，逐步开始在科技、教育、文化、卫生等方面全面交流与合作，把东西扶贫协作提高到了一个新层次。

中央机关单位定点帮扶和社会帮扶工作有新的进展。铁道部全年筹集300万元资金，用于帮扶原州区建设园区和种草养畜；宋庆龄基金会全年投资100万元扶持三个重点村发展养殖业。西吉县与葛洲坝集团公司确定了定点帮扶关系，商定了帮扶计划。

新疆维吾尔自治区

【经济与社会发展】 2003年，新疆维吾尔自治区（以下简称新疆）GDP达到1878亿元，同比增长10.8%，增幅比上年提高2.7个百分点。其中，第一产业增长8.2%，第二产业增长12.1%，第三产业增长10.5%。完成全社会固定资产投资1002亿元，同比增长23.3%。

农业在结构调整中不断发展。棉花、畜牧、林果园艺等特色农产品产量增加，农业产业化、市场化、组织化程度进一步提高。全年农林牧渔业总产值688.32亿元，同比增长6.3%。全年粮食产量802万吨，下降8.5%；棉花产量160万吨，增长6.7%；肉类产量115万吨，增长9.1%；牛奶产量113万吨，增长19.1%。新增林果种植面积198万亩。乡镇企业实现增加值125亿元，同比增长15.6%。农村劳动力转移迈出可喜步伐，转移人数达到51万人。

工业经济及结构调整。加大了对重点企业的支持力度，石油、石化工业稳步增长，电力、钢铁、有色金属、建材、食品加工等行业增势强劲。全年实现工业增加值571亿元，同比增长11.2%。经济效益大幅度提高。工业企业经济效益综合指数173，提高35.6个点；规模以上工业企业实现利润140亿元，创历史新高。

交通运输业继续保持平稳发展，基础设施条件进一步得到改善。到年底，全区公路通车里程5.99万公里，增长0.7%；民航通航里程14.15万公里，增长6.8%。全年各种交通工具完成货物周转量837.04亿吨公里，增长10.2%，完成旅客周转量342亿人公里，增长9.1%。全年外贸进出口总额47.72亿美元，同比增长77.3%，增势强劲。其中，出口25.42亿美元，增长94.3%；边境小额贸易14.35亿美元，增长33.9%。

全年通过提高居民收入、完善消费政策、改善消费环境等综合性措施，为城乡居民扩大消费创造了条件。全年实现社会消费品零售总额421亿元，同比增长11%。住房、通信、旅游、教育、汽车等消费热点逐步形成。市场价格回升，居民消费价格总水平上涨0.4%。

加强财源建设和税收征管，全年完成地方财政一般预算收入128.22亿元，同比增长10.1%。一般预算支出368.47亿元，增长2%。金融机构存款继续增加，年末金融机构存款余额 2661.65 亿元，比上年增加 415.79 亿元。信贷结构进一步调整，加大对农村小额信贷、农业结构调整、中小企业、基本建设、个人消费等支持力度，对促进经济快速增长发挥了重要作用。

先进适用技术推广和科技成果转化加快，对经济增长促进作用增强。生物技术、信息技术、新能源、新材料、现代维药和现代农业等高新技术产业化项目正在顺利实施。教育事业稳步发展，二期国家贫困地区义务教育工程、中小学危房改造工程和高中扩招工程进展顺利，高校危房改造工程开始实施，民汉合校工程逐步推进。全区普通高等学校 26 所，本专科招生 4.31 万人，比上年增长 3.3%，在校学生 14.76 万人，增长 11.6%，其中少数民族 6.51 万人，增长 6%。卫生、文化、体育、广播等社会事业发展取得新进展。疾病控制中心、传染病院正在加快建设。县级文化馆、图书馆建设第二批项目全面启动，电影放映流动车辆逐一落实。

城乡居民收入进一步提高，全年农民人均纯收入 2106 元，同比增长 13%；城镇居民人均可支配收入 7220 元，增长 6.9%。基本养老、医疗等社会保险覆盖面进一步扩大。扶贫开发 3 年计划取得阶段性成果，解决了最后一批 19 万人温饱问题。加强计划生育工作，人口自然增长率控制在 10.8‰。

加强对重点领域、重点地区生态环境保护工作。塔里木河流域近期综合治理工程初见成效。节水灌溉、退耕还林、退牧还草、重点防护林等项目的建设，局部遏制了土地的沙漠化、荒漠化的趋势，提高了水资源的利用率。城市环境综合治理力度加大，城市供排水、污水垃圾处理、集中供热等环保基础设施建设加强。二氧化硫排放得到初步控制，城市污水集中处理率 45.5%，生活垃圾无害化处理率 17.1%。空气质量为一、二级的天数占 63.4%，上升 5.3 个百分点；三级占 17.8%，下降 3.9 个百分点；四五级占 18.8%，下降 1.4 个百分点。

全区已建成各类自然保护区 26 个，其中国家级自然保护区 7 个，自然保护区总面积 20.42 万平方公里，已批准国家级生态示范区 8 个，生态示范区建设试点地区和单位 8 个，烟尘控制区 58 个，面积 351.9 平方公里，增长 0.2%；环境噪声达标区 39 个，面积 315.2 平方公里，增长 5%。

【投资环境与利用外资】 2003 年，新疆围绕加快发展这一主题，突出加强软环境建设。从转变政府职能、改进工作作风、简化审批手续，提高办事效率入手，大力推进政务公开，积极适应加入 WTO 的新形势，对现行的 1259 项审批事项进行了全面清理，取消 145 项行政审批事项，下放 70 项审批管理事项和 24 种 52 项收费（定价）事项。积极贯彻实施人才战略，深化人才结构调整，推进人事制度改革，加快人才市场体系建设，大力营造有利于人才成长的良好环境，吸引大批人才。

招商引资工作措施进一步完善。各地通过建立班子、研究战略、培养团队、制定流程等一系列措施，转变职能，强化服务，改善了投资软环境，形成了一套全新的、完整的招商引资工作制度，建立了服务于投资者的组织管理模式，营造了亲商、惠商、富商的良好环境。普遍建立了招商引资考核奖励制度、重大项目领导负责制度；实行了“一站式”服务和“一厅式”办公，建立了无收费工业园区，设立了投资环境投诉电话，落实了招商引资的优惠政策，良好的投资环境和有效的工作措施确保了招商引资取得实效。

2003 年，面对国际上贸易非关税壁垒、反倾销调查、人民币升值压力等严峻的经济环境，以及国内“非典”、地震等自然灾害的严重影响，新疆积极应对挑战，努力改善投资环境，保持了利用外资总额的增长。全年实际利用外资 17916 万美元，同比增长 5.8%。其中，借用国外贷款 13911 万美元，增长 10.4%；外商直接投资 4005 万美元，减少 7.6%；境外投资 1457 万美元，增长 4.1 倍。

【重点项目介绍】 2003 年，新疆 29 项续建重点项目完成投资259.07亿元，新开工项目完成投资21.72亿元，完成总投资280.79亿元，同比增长17.2%。

和田机场改扩建工程：飞行区等级按4D标准建设，新建3200米跑道，总投资17645万元，已于2003年10月复航。乌鲁木齐外环路工程：修建城市快速路30.16公里，总投资22.6亿元，2003年10月全线贯通。

红雁池第二发电厂一期工程：装机容量4×20万千瓦，总投资428339万元，于2003年底进入试生产。哈密二电厂三期扩建工程：装机容量2×13.5万千瓦，总投资97772万元，6号机安装完成，系统单机试车。

北疆铁路扩能工程：总投资5亿元，已交付试生产，年运量将达到1000万吨。乌鲁木齐火车站改扩建工程：新增建筑面积2.76万平方米，总投资2.19亿元，已基本建成。

塔里木农业灌排和环保二期工程：完成改造低产田63万亩，渠道防渗261公里。新疆优质棉基地建设：新建种子田15万亩，完成26个商品种子基地建设目标。塔里木河近期综合治理工程：完成渠道防渗431公里，堤防370公里。

四大油田：全年完成投资147亿元，其中西北石油局油气勘探开发完成投资31.64亿元，吐鲁番—哈密石油勘探开发完成投资15.84亿元，新疆油田勘探开发完成投资65.56亿元。

全年重点项目新增生产能力：改造低产田63万亩、渠道防渗692公里、26个棉花商品种子基地、发电装机53.5万千瓦、4D级机场一个、原油产能400.8万吨，城市快速路30.16公里，铁路候车室2.76万平米。

【经济技术协作】2003年，新疆落实执行国内经济技术合作项目2221个，比上年增长84.78%；落实执行项目金额518.87亿元；全年引进外省到位资金265.3949亿元。招商引资工作取得新成果，主要体现在：

一是引进资金和新上项目比往年都有大幅度的提高。引进外省到位资金首次超过200亿元，对推动国民经济发展起了重要作用。二是引进了先进技术，加快了技术改造，促进了国企改革，推动了工业化进程。通过招商引资，奎屯云森纺织、德汇置业、伊犁金鹰麻纺等企业参与国企改革并取得成果，促进了企业技术、增量、产品上档次上水平；伊犁州等地技术改造的投入中，招商引资已经占到了70%以上，各地70%以上的新建工业项目大都是通过招商引资完成的，招商引资项目成为加快地方经济发展新的增长点。三是引进了一批国内外知名企业落户新疆，加快了优势资源的开发，促进了特色产业的崛起，为新疆加速发展奠定了基础。杭州娃哈哈、江苏雨润、浙江雄峰、美国普尔斯马特、台湾顶新国际、浙江弘生等一批投资规模大、产业联动强、知名度高的企业相继落户石河子，推动了绿色食品、纺织产业的发展，使石河子成为新疆吸引外部资金的典型区域之一。浙江金鹰、山东鲁能、美丽纸业、草原兴发等一批强势企业落户新疆。博州、阿克苏、克州、昌吉、伊犁、吐鲁番、塔城、喀什等地州市招商引资都有了新的突破，外引内联、招商引资工作势头很好。

2003年，新疆组团参加了西安第七届中国东西部合作与投资贸易洽谈会、厦门第七届中国投资贸易洽谈会、第十届天津全国春季商品交易会、2003年广州博览会、2003年（青海）中国东部企业参与西部结构调整投资贸易洽谈会、上海国际工业博览会等国内重大经贸洽谈活动。

在第七届中国东西部合作与投资贸易洽谈会上，新疆14个地州市、2个国家级开发区、近百家企业、400多人参会，参展名优特新商品100多个种类，组织综合展位26个。通过“在线西洽会”网站发布招商引资项目218个，总投资382亿元，这些项目分布在农牧业、轻工、食品、医药、化工及石油化工、建材、纺织、机电、旅游、基础设施建设等领域。全区共签订各类合作项目168个，总金额约58.42亿元。

2003年乌洽会共签订内联合作项目和国

内贸易合同1085个，成交金额512.51亿元，比上届增长64.4%。其中，同区外签订合同439个，金额234.73亿元，区内合同646个，金额277.78亿元。成交额较大的是优势特色产品，如棉花、食用油、粮食等。外部资金进入新疆呈现出加速发展的势头。

新疆生产建设兵团

【经济与社会发展】2003年，新疆生产建设兵团（以下简称兵团）GDP达到268.7亿元，同比增长12.9%。其中，第一产业增加值109.1亿元，增长8.4%；第二产业增加值70.7亿元，增长13.3%；第三产业增加值88.9亿元，增长13.5%。三次产业增加值占GDP比重为40.6:26.3:33.1。

全年实现农业总产值224.26亿元，同比增长6.4%，农作物播种面积91.2万公顷，比上一年下降1.4%。其中，粮食17.79万公顷，下降19.8%；棉花45.36万公顷，增长3.7%；油料6.91万公顷，增长20%；甜菜1.94万公顷，下降21.6%。全年粮食总产量1104.97万吨，下降19.8%；棉花总产量81.17万吨，增长2%，棉花总产量占全国的16.7%，占自治区的50.7%；油料产量17.21万吨，增长30.7%；甜菜产量119.16万吨，下降18.7%；蔬菜产量265.03万吨，增长18.6%；水果产量32.1万吨。全年完成人工造林面积8.37万公顷，比上一年增长71%。年末牲畜存栏622.73万头（只），肉类产量17.53万吨，牛奶产量13.34万吨，禽蛋产量3.69万吨。水产品产量1.66万吨。

全年完成工业总产值121.83亿元，同比增长15%。完成建筑业增加值27.2亿元，增长10.2%。建筑业施工产值82.86亿元，增长13%。

全年完成固定资产投资121.22亿元，同比增长15.9%。其中，国有经济投资94.67亿元，增长15%；个体经济投资6.71亿元，增长8.2%；基本建设投资80.99亿元，增长17.9%；更新改造投资24.04亿元，下降2%；房地产投资5.87亿元，增长6.9%。

商品市场货源充裕，消费稳定增长，全年完成社会消费品零售总额72.39亿元，同比增长14.5%，扣除物价因素，实际增长15.4%。

对外贸易继续高速增长。全年进出口总额16.18亿美元，同比增长34.2%。其中，出口8.65亿美元，增长62.6%；进口7.53亿美元，增长11.8%。全行业实现利润3.54亿元，增长47.4%。旅游业继续保持快速发展。年末有旅游企业75家，比上年增长15.4%，全年国内旅游总收入9.51亿元，同比增长53.9%，创汇2.8亿美元，增长1.55倍。

金融业实现了较好经营业绩。年末各项本币存款余额268.44亿元，同比增长19.1%。

保险业全年实现保费收入14.85亿元，同比增长2.06倍，总规模跃居全国第五。

全年投入科技经费总额2946.7万元，同比增长11.4%，其中兵团级课题投资强度平均每项7.25万元。兵团火炬计划项目34项，投入资金3.03亿元。全年共组织了23项重大科技项目的验收、鉴定，其中10项达到国内同类研究先进水平，1项达到国际同类研究先进水平。

教育事业蓬勃发展，普通高校教育发展迅速。普通高等学校本、专科招收学生6786人，下降3.99%，在校学生22907人，增长17.6%，兵团高校第一次拥有了博士学位授予点。“两基”工作成果显著，有148个团场通过了“两基”达标验收，“两基”人口覆盖率达到91.2%。小学适龄儿童入学率达到99.2%，初中入学率达到88.2%。

文化、卫生事业蓬勃发展，广播电视覆盖率进一步提高。共有各类广播电视播出机构201座，广播人口覆盖率90.3%，电视人口覆盖率94.1%。全年出版各类报纸4550万份、杂志75万册。医疗卫生条件得到改善，拥有各类卫生医疗机构677个，其中医院235个，床位数16235张，全年出生人口1.72万人，出生率6.8‰；人口自然增长率2.9‰。总人口254.22万人。

【投资环境与利用外资】兵团的土地总面积745.4万公顷，是全国最大的垦区之一。216、217、219、312、314、315国道贯穿兵团有关师、团，兵团公路通车2.13万公里，各师、团与外界联系十分便利；北疆铁路途径农六师、农八师、农七师、农五师部分团场；南疆铁路途径农二师、农一师、农三师；航空运输连接全国各地。

兵团下辖4座城市2个城市新区，其中石河子市拥有国家级的经济技术开发区，经过十年的发展，已成为兵团招商引资和吸引外资的投资示范区。五家渠、阿拉尔、图木舒克市三个新建市的基础设施建设不断得到改善。奎屯天北新区和哈密大营房区成为兵团招商引资的新亮点。

兵团现有新天国际、新疆天业、新农开发、伊力特、新中基、百花村、新疆天宏、天富热电、青松建化、冠农果茸、新赛股份11家上市公司，拥有雄厚的经济实力与技术人才队伍，具备与外商及各地企业合作的条件。

兵团在享受中央及自治区对西部大开发的各项优惠政策的同时，在改革审批制度，简化审批程序，建立投资服务体系方面做了大量卓有成效的工作，出台了《新疆兵团关于鼓励外商投资若干优惠政策》，制定了《兵团鼓励外商投资优势产业目录》，给外商投资明确了重点投资方向。五家渠、阿拉尔两市根据各自情况分别制定了鼓励外商投资的优惠政策，在税收、征地、人才引进等方面给予优惠。

2003年兵团新批外资项目16个，合同外资金额3821万美元，实际到位3108万美元。农三、四、七师利用芬兰政府贷款750万美元引进的125台大马力拖拉机及配套农具，实现了当年审批当年操作完毕当年发挥作用，成为全国利用外国政府贷款进展最快的典范。新天公司和阜北农工商联合总公司利用意大利政府贷款500万美元，引进的葡萄酒生产设备已安装调试完毕。奎屯医院利用西班牙政府贷款324万美元引进医疗设备，项目开始启动。农二师新鹿公司与韩国合作投资50万美元的鹿产品深加工项目已投产；港商在阿拉尔市独资建设的阿拉尔国际商贸城项目一期工程已部分投入使用；台商在阿拉尔市独资建设的3.4万锭棉纺项目，已开始建设；台商与农五师八十六团合资建设环保餐具项目，一条生产线已进入安装调试阶段。

【重点项目介绍】皮墨垦区开发工程：总投资52012万元，主要建设皮亚勒玛引水渠及配套工程，每年提供农业灌溉和畜牧业用水11046万立方米，工副业及居民生活用水512立方米，最终建成拥有土地30万亩的垦区。

病险水库加固工程：对柳沟水库等11个师的21座水库实施加固坝体、坝基防渗处理、防浪墙改造等工程建设。2003年总投资51264

万元。

大型灌区续建配套及节水灌溉增效示范工程：对10个师的16个灌区实施渠道防渗加固、建筑物改造等工程建设。2003年总投资1.1亿元。

农网二期工程：总投资10.02亿元，2003年主要完成110千伏电站2座，线路188公里；完成35千伏电站26座，线路443公里；完成10千伏线路4832公里，更换耗能变压器3461台；完成低压线路4620公里，低压线路改造到户19.98万户。

送电到乡（牧场、连队）工程：总规模1398千瓦，总投资13013万元，2003年主要建设太阳能光伏电站45座，总装机容量904.6千瓦，可解决2945户约1.2万职工群众的用电问题。

38个重点团场城镇基础设施建设：共有114个单项工程，包括城镇集中供热、供水、排水、道路4个方面，总投资8.6亿元。计划2004年各项工程全面开工建设，2005年竣工验收。

石河子市垃圾处理一期工程：垃圾卫生填埋场总库容120万立方米，日处理生活垃圾能力300吨。计划总投资7000万元。

【经济技术协作】2003年，兵团新增引资项目445个，总投资140.4亿元，其中客方投资135.42亿元；加上往年结转项目48个，全年共执行项目493个，总投资149.3亿元；全年引进兵团以外到位资金43.51亿元，实现了自2001年以来引资金额两年翻三番的目标。

引进了一批国内外的知名、强势企业，成为兵团经济长足发展的支撑和亮点，已与国内23个省（市）区和境外9个国家和地区开展了实质性的经济技术合作活动，初步实现了引资渠道多元化。康师傅、娃哈哈、雨润等企业落户石河子开发区；天津井田集团在图木舒克市投资建设水产、畜产养殖加工和房地产项目、浙江雄风集团在五家渠、石河子等两地的纺织工业项目；还有上海东苑置业、德隆投资、重庆山夫物业、甘肃宏伟建设、巴州联合置地、喀什京疆商贸、乌市金牛、五洲通远、皓翔寅亭、中油化工、昌吉吉瑞祥、台湾群鹿企业、美国威尔马克、以色列耐特菲姆等实力强大的各类企业，把兵团作为发展自己事业的基地，在阿拉尔、图木舒克、五家渠、奎屯天北新区和各垦区及一、二、三产业的诸多领域大量投资。

2003年，兵团加大了对外联络协调的工作力度，帮助各师和企业组团到内地省、市和国外考察、访问、经贸洽谈；农十师、农十三师与蒙古国的乌勒吉特中心公司进行了互访考察和项目洽谈，双方就创办合资公司开展皮革加工、矿业开发、边贸合作、合办加油站、农业开发等方面深入洽谈，并签署了合作备忘录。

【新疆生产建设兵团农二师】农二师位于巴音郭楞蒙古自治州境内，分为焉耆、库尔勒、塔里木、且若四大垦区。土地面积672万亩，可垦土地234万亩，耕地100万亩，占可垦地的42.24%；林（园）地150万亩，草场面积310万亩，水域66万亩。人口约20万，下属各类企事业单位60多个。

农二师盛产库尔勒香梨、塔里木马鹿、番茄、啤酒花、细绒棉等优质农畜产品。分布于各垦区的甘草、枸杞、麻黄、芦苇、罗布麻等野生植物资源具有很高的经济开发价值。矿产资源已查明的有29种，已开发利用的主要有煤炭、石棉、蛭石、石灰石、石膏、玉石、钾盐等，其中地处青海、新疆交界的巴州石棉矿是全国石棉制品行业中的大型企业，其产量位居全国第二。

农二师拥有17个机械化国营农牧团场，特色高效农业已初具规模，初步形成了“南稻北麦、南棉北糖、南梨北果、南鹿北羊”的现代农业大格局，建立了面向国内外市场的粮食、棉花、甜菜、香梨、马鹿、啤酒花、番茄、辣椒等八大农牧业生产基地。被誉为“果中王子”的库尔勒香梨已发展到10万余亩，年生产优质商品果5万吨以上。极具地域特色的塔里木河马鹿存栏近3万头，年产鹿茸20

吨，是全国最大的马鹿饲养基地。

【新疆生产建设兵团农四师】 农四师地处伊犁地区，土地面积66.41万公顷，其中耕地10.33万公顷，是兵团最大的农产品基地之一，有全国首家超细型毛羊基地、全国惟一的天然香料薰衣草生产基地。总人口21.89万人。312和218国道、奎赛高等级公路及新开工建设的精伊霍铁路贯穿全师，通团场公路四通八达。伊犁机场每周14个班次往返乌鲁木齐。通讯设施完备，拥有程度控制、数字微波、卫星通讯等现代化手段。

农四师自然资源丰富，主要有煤、铁、金、铜、石英石、石英沙、耐火粘土等，有那拉提大草原、唐布拉自然与人文景观等驰名区内外的旅游胜地，有称为"天马"的伊犁马，毛肉皮俱佳的新疆细毛羊，乳肉兼用的新疆褐牛，生产高级补品的天山马鹿，还有黄羊、野鸡、鲟鱼、党参、雪莲、贝母、甘草等。

农四师61团、62团、67团、74团、76团地处霍尔果斯口岸、都拉塔口岸和木扎尔特口岸三个国家一级边境口岸。在霍尔果斯口岸拟建的中哈霍尔果斯边境自由经济贸易区项目，为农四师参与中亚经济圈的大循环提供了良好的机遇。

农四师主要农产品有粮食、油料、甜菜、香料、水果等。"伊香牌"大米和"伊河双六牌"大米分获"绿色食品"标志，畅销疆内市场，并出口中亚诸国家；61团的"阿力玛里"果品享誉全疆；"远馨"、"紫玉"、"新江"等薰衣草香料品牌，已有精油、干花、香包、香囊、香枕等十几个系列，六十多个品种，并拥有国内先进的精油提取设备及加工工艺，产品远销日本、美国、欧洲等地；被誉为"新疆茅台"的"伊力特曲"、"伊力老窖"在国际和国内已获40余项大奖；"伊珠牌"红白葡萄酒被农业部、自治区评为优质产品；"团结牌"奶粉多次被评为部优、省优产品，并获"绿色食品"标志。

省会城市篇

太 原 市

【经济与社会发展】2003年，太原市经济总量快速增长。全年GDP达到515.59亿元，同比增长15.5%，增幅创20年来年度最高水平，在全国26个省会城市中居第二位。其中，第一产业增加值17.77亿元，增长3.8%；第二产业增加值265.96亿元，增长19.8%；第三产业增加值231.86亿元，增长11.9%。

种植结构调整取得新进展，产业化进程不断加快。全市以增加农民收入为中心，继续调整农业结构，大力实施农业产业化经营，农业和农村经济稳定发展。农业完成总产值14.24亿元，同比增长3.9%。全市粮食作物播种面积106.7万亩，粮食总产量24.1万吨，下降8.5%，蔬菜播种面积41.96万亩，总产量134.44万吨，增长2.2%。农产品加工产值25亿元，增长25%。种植结构由粮食为主向高效经济作物为主转变，粮经作物种植比例由上年的63.7:36.3调整为62.7:37.3。乡镇企业积极调整产品结构，加强适销对路产品的生产和营销，发展势头迅猛，全年完成增加值83.49亿元，增长34%；上缴税金9.22亿元，增长52.9%。

工业发展速度加快，经济效益明显改善。在国内外市场对能源原材料以及机械产品需求旺盛、价格走高的条件下，全市结构调整的效应进一步显现，工业增长的内在动力不断增强，工业经济保持了高速增长的势头，全部工业完成增加值204.73亿元，同比增长19%。其中，规模以上工业企业完成增加值161.76亿元，增长29.4%，增幅提高14.4个百分点，以太钢为首的省属企业增长38.8%，成为带动全市工业快速发展的主要力量。原煤、发电量、焦炭、成品钢材和金属切削机床等主要产品产量均有较大幅度的增长。工业产品销售率达97.6%，工业经济综合效益指数达到96.15%，比上年提高13.81个百分点。实现利税47.38亿元，增长54.3%。

全年完成全社会固定资产投资204.45亿元，同比增长38.5%。其中，基本建设投资74.6亿元，增长42.7%；更新改造投资66.84亿元，增长30.9%；房地产开发投资42.61亿元，增长44.7%；其他投资20.4亿元，增长37.9%。

居民收入持续增长，消费品市场稳中有升。随着国家增资政策的兑现以及社会保障体系的进一步完善，城镇居民收入进一步提高，人均可支配收入8264元，同比增长12%。在农村经济结构调整加快、农产品价格上升、农民负担减轻等因素的推动下，农民收入也保持了一定的增长，农民人均纯收入3356元，增长9.1%。消费品市场保持了稳中有升的态势，居民消费价格指数上涨1.9%。全年完成社会消费品零售总额185.37亿元，增长17.8%，增幅在26个省会城市中居第一位。全年接待国内外游客921.03万人次，旅游总收入32.83亿元。

财政收入增速加快，全年完成财政总收入91.62亿元，同比增长26.3%，增幅提高13.4个百分点。其中，一般预算收入33.35亿元，增长28.9%，财政总收入占GDP的比重由上年的16.7%提高到17.8%。金融行业运行良好。年末金融各项存款余额1534.59亿元，比年初增长28.9%。各项贷款余额1104.92亿元，增长23.7%。

科技、教育事业稳步发展。全市围绕科技园区和孵化基地建设、制造业信息化改造、清洁能源行动计划三条主线，加快技术创新和中介服务体系建设，促进了重点科技成果转化和产业化。全年安排145项科技发展项目，总投资2479万元。全市共有独立科研机构100所，工作人员1.04万人。教育以控制农村初中生辍学为重点，义务教育向纵深发展，全市5.1万名小学毕业生全部升入初中就读。全年27所高等院校招收本专科学生51103人，比上年增加7970人。中学教育质量进一步改善，普高招生增长11.6%，普通中学241所，在校生211923人；职业中学24所，在校生11371人。小学1199所，在校生303997人。

通过抗击“非典”全市构筑了覆盖全社会的群防群控网络，健全了快速反应的监测报告系统，强化了科学规范的医疗救治措施，加强了公共卫生基础设施建设。继续巩固“两个确保”，社会保险覆盖面进一步扩大，再就业工作不断加强，城镇净增就业岗位9.1万个，下岗失业再就业4.41万人，城镇登记失业率3.5%，低于年初控制目标1个百分点。

【投资环境与利用外资】2003年，太原市全面实施企业达标、升级、碧水、生态、净化五大工程，加大环境污染治理力度，市区环境质量进一步改善，二级以上天数达到181天，大气中可吸入颗粒、二氧化硫、二氧化氮分别下降2.8%、23.2%和18.9%。

继续围绕调整产业结构这条主线，实施全方位对外开放的战略，积极引导外资投向，进一步开放外商投资领域，努力扩大利用外资规模，提高利用外资的质量和效益，特别是在招商旅游年暨纪念建城2500年系列活动中，举办了太原招商旅游年暨建城2500年经贸洽谈会、全国中西部乡镇企业洽谈会，参加了第七届中国投资贸易洽谈会、第五届中国国际高新技术成果交易会，由于工作准备充分，实现了太原市对外招商方式的新突破。全年共签约项目217个，项目总投资328.2亿元，引进资金247.77亿元。

全年新批准设立外商投资企业35户，同比增长9.4%，项目总投资2.62亿美元，增长29.7%。其中，合同外资1.37亿美元，增长16%；实际利用外资1.19亿美元，增长20%。全市累计批准外商投资企业1052户，总投资46.5亿美元。其中，合同外资16.83亿美元，实际利用外资10.09亿美元。

开发区建设速度加快，高新区、经济区、民营区共有入区企业1545家，比上年增长31.5%，全年实现科工贸总收入274.5亿元，增长51.4%。

【重点项目介绍】滨河东路北延工程森林公园西门至胜利桥段：全长5.9公里，总投资14355万元。旧晋祠路改造工程：全长7.5公里。总投资12172万元。解放南路拓宽改造工程：全长2.5公里，总投资9000万元。瓦流路（南北段）工程：全长3.22公里，总投资1.5亿元。迎新南三巷工程：全长3927米，总投资8614万元。滨河东西路南北延伸工程：全长13公里，总投资22732万元。新兰路拓宽改造工程：全长13.3公里，总投资约2.6亿元。兴华街道路打通工程：全长1.822公里，总投资3400万元。

森林公园二期工程：总投资8300万元，建设森林景观、植物园、园内道路，灯光照明、广场等项目。卧虎山动物园迁建工程：总投资5500万元，项目包括29个动物馆舍。龙潭公园改建工程：主要建设龙城旅途漫步道、序列广场、龙潭广场、南门景观等，总投资7100万元。拱极门修复工程：一期工程总投资1200万元，进行城楼加固工程，外墙砌表和门前广场绿化工程。唱经楼及大关帝庙修缮工程：总投资395万元。

城西水系工程：全长12.6公里，一期工程总投资3788万元。南北沙河治理工程：全长11.8公里，总投资6520万元。晋祠环境综合整治工程：总投资1.67亿元，建设晋祠公园道路铺装、停车场、广场改造、大循环水等。玉门河治理工程：总投资1130万元。城市垃圾焚烧发电工程：规模为焚烧处理垃圾1000吨/日，年发电量9888万千瓦时，总投资38509万元。

太原市第四人民医院工程：总投资1660万元，建设规模8000平方米。

太原市利用世界银行贷款建设城市基础设施项目：由城市东环和北环道路工程、汾河太原城区段蓄水美化二期工程、城市生活垃圾处理工程和河西北中部污水回用工程四个子项目组成。总投资26962万元。利用日元贷款建设城市公共卫生基础项目：总投资3698.8万元。利用亚行贷款建设太原城市煤气工程项目进展顺利，2003年累计完成投资72382万元。

呼和浩特市

【经济与社会发展】2003年，呼和浩特市（以下简称呼市）坚持以经济建设为中心，大力推进经济结构战略性调整，经济发展步入快车道。全年GDP达到406.2亿元，同比增长24.9%。其中，第一产业增加值37.3亿元，增长17.1%；第二产业增加值174.7亿元，增长28.1%；第三产业增加值194.2亿元，增长23.3%。财政总收入达到40.48亿元，增长24.6%。GDP在内蒙古自治区排第2位，占自治区总量的19.4%。

农业生产以优化品种、提高质量、增加效益为中心，加快了种植业结构调整。粮食作物种植面积比上年下降了9.2%，经济作物和饲料种植面积分别增长3.9%和36.3%。粮经饲的比例为60.9%:19.5:19.6。奶牛养殖业不断扩大，奶牛存栏35.7万头，增长62.3%；鲜奶产量100.8万吨，增长56.3%。生态建设成效显著，全年完成造林合格面积58.2万亩。农业生产条件进一步改善，年内新增节水灌溉面积40万亩。扶贫工作取得实效，移民工程进展顺利。

工业经济在结构调整中快速增长，质量效益同步提高。工业完成增加值128亿元，同比增长22%，盈亏相抵后利润增长97.5%，亏损企业亏损额下降8.3%。规模以上工业企业产品销售率达到98.98%，经济效益综合指数达176.9，分别比上年提高1.44个百分点和39.9个百分点。增速在全国42个中心城市中位居首位。

投资、消费、出口三大需求持续上升。全社会固定资产投资完成206亿元，同比增长42.1%。在国债投资的带动下，社会投资开始活跃，企业活力有所增强。全年施工项目资金累计到位154.8亿元。全年社会消费品零售额123亿元，同比增长15.5%。住房、教育、旅游等新的消费热点增长较快，全年共接待游客189.67万人次，旅游收入24.02亿元。

继续加大基础设施建设力度。天然气输配工程累计完成500公里的管网改造建设，天然气置换用户8万户，管道燃气用户达到14万户，集中供热二期等工程顺利完成。机场路、新华东街等36条主次干道新建和扩建工程全部竣工。西河改造进展顺利，东河一期3.1公里改造全部完工。中山西路商业街改造建设初具规模，总建筑面积59.4万平方米。加大环保工作力度，城市环境得到改善，城市建设和管理水平明显提高。

科技工作积极为经济建设提供支撑与服务，全年安排科技投入3520.4万元，其中，市本级科技三项费达到2070万元，实施了各类科技项目54项。教育工作以发展为主题，实施了“优质高中扩招工程”、“农村中小学危房改造工程”、“教育信息建设工程”和“教师队伍建设工程”，办学条件进一步改善，教育教学水平有了新的提高。医疗卫生投入大幅度增加，全市投入资金1.8亿元用于“非典”防控工作；争取国债投资 4385 万元，用于 5 个旗县医院发热门诊的新建、改扩建及 SARS 急救中心一期工程、旗县疾控中心、医疗废物处理等项目建设，全市疾病防控体系得到加强。计划生育工作扎实有效，人口自然增长率降至 7‰。

社会事业全面发展，生态环境日益改善。人民生活水平都有了较大幅度的提高。全年城市居民人均可支配收入 8230 元，同比增长 17.6%；农民人均纯收入 3160 元，增长 12%。社会保障工作力度加大，就业和再就业工作进一步加强，年内 2.76 万名下岗失业人员实现再就业。

【投资环境与利用外资】呼市公路交通形成了以呼市为中心，以京包公路、呼准二级公路为主干线，通过 9 条主要公路干线辐射区内外城镇和乡村的交通网。呼市—包头高速公路、呼市—集宁—老爷庙高速公路已建成通车。公路特种运输、大件运输和长途客运畅通便利，为经济建设提供了交通保障。呼市铁路交通通过京包、京兰铁路与全国铁路连接，有直达北京、上海、西安、太原、银川、兰州、南京、宁波等地客运列车和直达乌兰巴托和莫斯科的国际联运列车。呼市至准格尔旗的铁路正在建设，为煤炭资源、电力提供了交通便利。呼和浩特白塔机场是国家航空口岸机场，有通往国内各主要城市的始发航线 23 条，国际航线 2 条，可直达蒙古首都乌兰巴托和俄罗斯赤塔，还开运了呼—港、呼市—上海—东京等不定期包机航线，机场达二级标准，年吞吐量 35 万人次。

呼市邮电通信事业发展较快。相继建成了邮政枢纽工程、机场邮件转运站、邮政通信综合网、邮政储蓄绿卡网和电子化邮局等；建起了现代通讯所需要的支撑网、业务网，这些便捷的交通、通讯条件，对沟通东西部，连接周边将起到十分重要的作用。

呼市 1992 年被国务院确定为沿边开放城市，实行国家对沿边开放城市相同的优惠政策。同年，创建了呼和浩特经济技术开发区，2000 年经国务院批准晋升为国家级经济技术开发区。2002 年国务院批准在开发区内建立内蒙古呼和浩特出口加工区，为开发区发展拓展了更大空间。呼和浩特经济技术开发区（如意区、金川区）进驻的企业有 TCL 集团、伊利集团公司、医药、贵金属冶炼、绿色食品和轻工纺织等近 600 多家。

按照呼市的城市建设规划与经济发展布局，市所辖各旗县区先后建起 8 个具有主导产业的经济园区，使快速发展中的呼市与市区周边的经济园区相互连接，形成了 4 条有发展空间的经济带。其中，由呼和浩特经济技术开发区的如意开发区（一区）、白塔开发区、新城区经济园区组成为东部经济带；由赛罕区金桥开发区、沙尔沁如意二区和和林盛乐园区组成为南部经济带；由玉泉区裕隆经济园区、托县华蒙金河开发区组成为西南部经济带；由金川开发区及新建的 2.2 平方公里的出口产品加工区、土左旗金山经济园区和武川县的高载能工业园区组成西北部经济带。这 4 条经济带形成了呼市未来经济发展的大格局。

呼市是重要工业城市，现已形成以伊利、蒙牛、奈伦为主的乳制品大产业；以 TCL 电器、手机为主的信息大产业；以金河饲料添加剂、金宇口蹄疫苗为主的兽药大产业；以大唐制药、福瑞制药、惠丰制药、复旦蒙耀、兰泰制药、双奇药业、元和药业为主的中蒙药大产业；以仕奇、中服派达、金宇、兆君、西远、蒙霸为主的服装纺织大产业；以炼油厂、化肥厂、三联化工为主的石化大产业；以托电、呼电、集中供热二期的能源工业大产业；以众环为主的机床附件大产业；以乾坤为主的贵金属冶炼大产业。其中，伊利已发展为中国最大的冰淇淋生产厂家。TCL 电器及移动通讯公司已成为我国北方重要的彩电、手机生产基地。蒙牛公司以其稳健的发展步伐，2002 年已跃居中国超速成长百强企业之冠。仕奇集团生产的“仕奇”牌西装被评为中国十大名牌西装之一。

国家实施西部大开发战略以来，围绕西部

大开发，实现国民经济跨越式发展的目标，相继出台了《呼和浩特市实施西部大开发战略优惠政策》、《关于加强技术创新、发展高科技、实现产业化的政策》、《呼和浩特市稳定培养高层次优秀人才的若干规定》、《呼和浩特市引进高层次优秀人才的若干规定》、《关于大力发展个体私营经济的若干意见》、《呼和浩特私营企业权益保护条理》、《呼和浩特经济技术开发区关于促进招商引资，加快经济发展的若干规定》、《呼和浩特市拍卖“五荒”资源使用权实施办法》以及《呼和浩特市2000年至2010年依法治市工作规划》等优惠政策和法规，此外，积极推进政府行政管理方式的转变，建立了行政服务中心，实行一厅式审批，出台了《办事指南》，设立了投诉电话，增加了工作的透明度，投资者创造出一个良好的投资环境。

外经贸事业快速发展，全年外贸实际出口额3.6亿美元，同比增长29.8%，对外开放成为促进国民经济发展的重要力量。按照“关于进一步扩大对外开放工作思路”确定的目标任务，调整了引资主攻方向，以优势求项目，以特色引资金，以市场换技术，有效地引进国内外资金和技术，使外经贸工作获得全方位的进展。

由于投资环境不断改善，融资能力加强，招商引资已成为经济建设重要的资金来源和加大固定资产投资力度重要措施。2003年，通过加大项目开发力度、积极拓展招商领域、创新招商方法等形式，全市实现横向联合364项，合同引进区内外资金230亿元，引进资金到位105亿元，同比增长28.7%。签订外资项目46个，实际利用外资1.06亿美元，增长81%。

【重点项目介绍】城市基础设施建设方面：组织实施了16项城建重点项目，投资48亿元，重点建设项目有天然气输配工程，已累计完成500公里的管网改造建设；集中供热二期等工程顺利完工；热力三期工程正在抓紧建设。机场路、新华东街等36条主次干道新建和改扩建工程全部完工。西河改造进展顺利；东河一期3.1公里改造全部完工，成为城市景观新亮点。中山路商业街改造建设初具规模，总建筑面积59.4万平方米。全年改造小街巷49条，拆违拆危82.5万平方米，新建住宅楼118万平方米。

农牧林水建设方面：在国债资金的投入和带动下，组织实施了农村电网改造工程、退耕还林（草）工程、天然林保护工程、扶贫搬迁工程、节水灌溉及灌区配套工程、水土保持工程、人畜饮水及以工代赈工程、水库除险加固工程等。哈拉沁水库和和林前夭子水库已开工建设，新增灌溉面积20万亩。退耕还林41万亩，争取国债资金5250万元。

文教卫生旅游建设方面：续建的项目有敕勒川草原风情旅游区、呼市老青城博览园建设工程、赛罕区白塔航空科技园建设工程、玉泉区大召餐饮文化娱乐城建设工程。新开工项目有清水河黄河峡谷水运旅游建设工程、托县南湖风景旅游区开发建设工程、和林县内蒙古大学分校建设工程、赛罕区内蒙古大学后勤基地建设工程、赛罕区师大农牧学院后勤基地建设工程、赛罕区内蒙日报印务中心建设工程、乌兰恰特影剧院改造工程、呼市中小学危房改造工程、贫困县职业教育中心等项目。

能源交通建设方面：续建项目有天然气输配管道工程、绕城路建设工程、机场路景观大道扫尾工程、国道209线清水河—偏关段公路建设工程、省道101线罗家营—哈乐段公路建设工程。

长 春 市

【经济与社会发展】2003年，长春市GDP达到1338亿元，同比增长14.2%。其中，第一产业增加值157.3亿元，增长6%；第二产业增加值630.3亿元，增长17.2%；第三产业增加值550.4亿元，增长13.5%。三次产业比重分别为11.8%、47.1%和41.1%。人均GDP达到18705元，增长13.2%。财政收入持续快速增长，一般预算全口径财政收入134.8亿元，同比增长22.3%。地方财政支出85.8亿元，增长22.5%。

农业种植结构进一步调整。全年粮食作物播种面积91.9万公顷，比上年增加0.5%。经济作物播种面积减少3.83%，优质专用玉米、大豆、水稻播种面积68.3万公顷。粮食总产量670万吨，减少31.8万吨。农业产值259.2亿元，增长7.9%。“订单农业”规模不断扩大。订单种植面积50.7万公顷，占总播种面积的45.8%。畜牧业稳步发展。畜牧业产值139.2亿元，增长11.8%。肉类产量148.3万吨，增长8.6%。禽蛋产量35.1万吨，增长7.1%。完成造林面积13972公顷，增长46%。当年完成新育苗面积1058公顷，增长4%。新建续建农产品加工业重点项目10个，总投资56亿元。菜田面积发展到10.3万公顷，保护地面积9000公顷。种植无公害蔬菜和绿色食品蔬菜1.3万公顷，提供无公害蔬菜和绿色食品蔬菜5.5亿公斤。

国企改革取得新进展。继续以国有资本退出和破产重组为主要方式推进改革进程，有20户市直国有企业实施了改革。长拖集团、银龙集团、大政制药公司等大企业的改革工作也有很大进展。

工业生产快速增长，经济效益大幅度提高。全年完成工业增加值542.3亿元，同比增长17.1%。其中，规模以上工业企业完成增加值438.9亿元，增长21%。工业经济效益综合指数188.8%，比上年提高17.6个百分点。规模以上工业企业盈亏相抵后实现利润101.9亿元，同比增长25.8%。工业经济结构进一步优化，重点行业和重点企业的支撑作用不断增强。汽车及零部件、食品、光电子信息、生物医药4个主导行业完成工业总产值1355.1亿元，占工业总产值的比重达89.7%。新产品开发能力不断增强。全年完成新产品产值555.3亿元，增长46.5%，新产品产值率达到36.8%。

建筑业快速发展。全年完成增加值88亿元，同比增长18%。完成总产值198.7亿元，增长22.4%，实现利税9.4亿元，上升54.1%。施工单位施工面积1219.6万平方米，增长8.6%；竣工面积728.9万平方米，增长12.1%。

全年完成固定资产投资总额389.6亿元，同比增长21.6%。其中，基本建设投资145亿元，增长20.6%；更新改造投资87.9亿元，增长44.7%；房地产开发投资77.7亿元，增长27.7%。完成商品房竣工面积243.4万平方米，商品房销售面积185.3万平方米，商品房销售额40.7亿元。全年建成投产基本建设、更新改造投资项目242个，项目建成投产率为43.1%，新增固定资产173.2亿元，固定资产交付使用率为53.2%，比上年下降18.4个百分点。房屋建筑面积竣工率为45.8%。

会展经济成为长春市新的经济增长点。全年共举办会展活动85项，实现会展业直接收入5亿元，带动相关产业收入45亿元。特别是汽博会、农博会、雕塑展等重点会展活动档次进一步提升，对促进长春市经济发展，加快改革开放，产生了良好的经济效益和社会效益。

市场建设步伐加快。全年新建各类市场14个，各类商品交易市场已发展到384个。其中，消费品市场344个，生产资料市场40个。大型市场的主导地位越来越明显，40个“亿元”市场全年实现交易额212.4亿元，占批零贸易业商品销售总额的30%。

进出口贸易快速增长。全年实现进出口总额52.2亿美元，同比增长80.7%。其中，进口36.7亿美元，增长1.27倍；出口15.5亿美元，增长21.9%。对外承包工程与劳务合作继续展开。全年新签对外承包和劳务合作合同金额2.8亿美元，完成营业额1.8亿美元，外派劳务人员1.4万人。

“非典”给旅游业带来不利影响。全年旅游人数1038万人次，其中，接待入境游客6.9万人次，下降9.2%；国内旅游者1031万人次，下降5%。旅游总收入83.1亿元，增长23.8%。旅游外汇收入3671万美元，下降12.7%。

交通运输业发展平稳。全年各种运输方式完成货物周转量364.5亿吨公里，同比上升6.8%。完成旅客周转量122亿人公里，下降3.3%。邮电通信事业持续快速发展，现代化通信能力迅速提高。全年完成邮电业务收入35.7亿元，同比增长8.5%。全市电话交换机容量达193.5万门，增长4.3%；市话用户发展到123.1万户，增长17.7%；农话用户发展到29.1万户，增长33.5%。个人住宅电话发展到122.4万户，增长6.4%。新增移动电话用户28.8万户，到年末已达279.8万户，增长11.5%。电话普及率55.8部/百人（含移动电话）。互联网用户106036户，增长8.1%。

金融运行平稳。年末金融机构各项存款余额1615.2亿元，比年初增长15.1%。各项贷款余额1629.6亿元，增长9%。金融机构现金累计收入4221.1亿元，同比增长21.4%；现金累计支出4162.5亿元，增长22.1%；现金净回笼58.6亿元。证券市场进一步规范发展。全市有股票交易机构3个，股票交易网点34个。上市企业19个，开设股民账户67.8万户。有价证券成交总额719.5亿元，同比增长8.8%。保险事业进一步发展。全年承保总额2467.9亿元，同比增长43.4%。保费收入28.7亿元，增长53.5%。赔付金额5.6亿元，增长16.1%。

全面实施“科教兴市”战略，深化科技体制改革，技术创新能力进一步增强。全年列入市级以上各类科技发展计划723项。其中，国家级计划项目133项，省级计划项目315项，市级计划项目275项。专利申请量2689件，增长44.5%。全年通过鉴定、验收和认定的科技成果376项，获得市以上科技进步奖励成果95项。科技队伍稳步发展。在全市各级各类科技人员中，有“两院”院士24人，享受国务院及长春市人民政府特贴人员441人。有独立科学研究与技术开发机构97个。技术成果交易日益活跃，技术开发、咨询、转让等服务机构发展到2527户，技术成果交易额达5.8亿元。全年科技管理部门共投入科技经费2827万元。高新技术产业快速发展。新认定高新技术企业33户，高新技术产业实现产值520亿元，同比增长30%。产值超亿元的高新技术企业已发展到57家。

全市有普通全日制高等院校28所，招收本、专科学生7.6万人，在校生23.1万人。有各类成人高等学校10所，招收本、专科学生1.3万人，在校生3万人。有中等职业技术学校52所，在校生5.2万人。有普通中学389所，在校生44.2万人，其中初中312所，在校生32.9万人。小学1814所，在校生51.5万人，小学适龄儿童入学率达99.5%。

文化、广播电视等各项事业协调发展。艺术精品不断涌现，全年共获省级以上奖励51项。全市有电影事业机构411个。文化事业机构196个。公共图书馆11个，总藏量239万册。群众文化事业机构140个。文化市场管理机构11个，其他文化事业机构14个。文物事业机构7个。有广播电台1座，中波发射台和转播台2座，广播人口覆盖率为100%；有电视台1座，1000瓦以上电视发射台和转播台27座，电视人口覆盖率为100%。

卫生事业不断发展，医疗卫生体制改革取得突破性进展。全市卫生医疗机构发展到1554个，拥有医疗、疗养床位2.3万张，增长4.5%。卫生技术人员为3.5万人，增长2.7%。农村设村卫生室1982个，下降2.9%。乡村医生和卫生员4243人，私营诊所发展到2965个。已建立社区卫生服务站150个，社区卫生服务覆盖人口95%以上，建立家庭病床917张。

体育事业蓬勃发展，群众体育取得新进展。各级中小学校继续实施《国家体育锻炼标准》，中、小学生达标人数分别为285990人、491764人；全市共有体育设施7097个。竞技体育成绩优异。在全国比赛中，获得金牌59枚、银牌54枚、铜牌52枚。成功地举办了全国男篮甲A联赛，全国足球甲B联赛，获得良好的社会效益和经济效益。

就业和再就业工作稳步推进。全市开发各类用工岗位9.1万个，安置下岗失业人员5.6万人，再就业政策扶持到位率达100%。发放《再就业优惠证》45513个，持证人员实现再就业23078人。全年培训下岗失业人员3.1万人，培训后就业2.1万人，就业率达67%。城镇登记失业率控制在3.44%。全市从业人员总数334.7万人，年末城镇在岗职工89万人，从事个体劳动的29.2万人。在岗职工平均货币工资13867元，同比增长7.76%。全市总人口718万人，出生率为6.59‰，死亡率为4.47‰，自然增长率为2.12‰。

居民消费价格水平有所上涨，居民消费价格总指数为101%。全年完成社会消费品零售总额438.3亿元，同比增长8.4%。人民生活继续改善。城市居民人均可支配收入7905元，增长13.5%，增长9.4%，人均住房建筑面积22.32平方米，恩格尔系数为39%；农村居民人均纯收入3411元，增长8.4%，人均住房面积21.85平方米，恩格尔系数为46.2%。

养老保险、失业保险工作全面推进，基本医疗制度改革进展顺利。全市参加基本养老保险96.2万人。为25.6万名离退休人员发放养老金20.4亿元，养老金发放率100%。21.3万名企业退休人员实行社会化管理，社会化管理率达96.9%。参加失业保险职工79.5万人，为3万名失业人员发放失业保险金7000万元。有64.1万名职工和退休人员参加基本医疗保险。全年共有66867户、173302人得到最低生活保障，共发放保障金9845万元。

社会福利事业继续发展。全市有社会福利机构116家，床位数1140张；农村敬老院131所。城镇社区服务网络持续快速发展，全市有各种社区服务网点8000个。全年销售社会福利彩票23115.7万元，筹集社会福利资金2090万元。全年募集善款1532.4万元。

【投资环境与利用外资】长春市是中国重要的工业基地。工业具有相当规模和现代化水平，第一汽车集团是全国规模最大、品种最全的汽车生产科研基地，汽车年产量占全国总产量的五分之一；现有200多家为一汽集团配套的企业。长春客车厂是全国最大的铁路客车和地铁科研、生产基地，客车产量占全国近二分之一。长春市在高新技术产业发展方面具有一定的比较优势，围绕光电子、微电子、软件及信息服务、现代医药、玉米深加工、绿色食品、汽车、新材料等重点行业，培育了一批具有较强竞争能力的高新技术企业。

长春市有独立科研与技术开发机构98个，国家重点科研开放实验室19个，中国科学院和工程院院士26名，各类科研技术人员41万人。在光学、精密仪器、生物制品、汽车等方面的研究居于国内领先地位。拥有著名的中国科学院长春应用化学研究所、长春光机与物理研究所、长春地理研究所、卫生部长春生物制品研究所和吉林大学、东北师范大学等27所大学。

长春市是东北重要交通和通讯枢纽。铁路贯通东西南北，公路四通八达。长春机场是国际航空港，已开通国内外航线40条。邮政通讯设施完善，信息网络出口带宽达到20G。城市供水、供电、燃气设施完备，供应充足。长春城市环境优美，城市绿化覆盖率38.7%。在世界银行组织的2003年全球投资环境评价中，长春市被评为中国大陆投资环境最好的城市之一。

招商引资成效显著，全方位对外开放格局基本形成。全年新批三资项目118个，实际利用外资7.5亿美元，同比增长19.8%。经济技术开发区、高新技术产业开发区和净月潭旅游开发区继续发挥龙头带动作用，全年共审批三资企业84个，占全市审批项目总数的71.2%；利用外资5.8亿美元，占全市的77.4%，增长26.1%。

【重点项目介绍】皓月集团现代肉牛产业综合加工、吉发实业集团有限公司中国德莱肥肝鹅、肉绒兼用鹅产业综合加工、长春大成实业集团有限公司年加工处理玉米60万吨、吉林正业集团有限责任公司良种猪深加工一体化、吉林省光大实业有限公司空心砖、长春统通源医院干细胞工程技术研究中心一期工程、省民航局长春龙家堡机场、长春热电发展有限公司长春热电二厂二期工程、长春市交通局县乡公路、城开集团长春火车站三北工程、长春市园林建设有限责任公司长春世界雕塑公园工程、长春轨道交通有限责任公司长春市轻轨净月线工程、长春市煤气公司310公里煤气管网改造工程、长春市大型商品粮基地建设、长春市林业局长春西部和西北部防风御沙林、莲花山滑雪场、长春市科技馆、伪满皇宫博物院伪满皇宫恢复保护工程、吉林北方肝胆医院综合楼建设、长春汽车物流园区基础设施工程等项目。

哈尔滨市

【经济与社会发展】2003年，哈尔滨市GDP达到1414.8亿元，同比增长13.5%。其中，第一产业增加值216.4亿元，增长6.3%；第二产业增加值524.5亿元，增长17.7%；第三产业增加值673.9亿元，增长12.7%。实现财政一般预算收入135.3亿元，增长14.8%。

农业种植结构调整取得较快进展。绿色农业作物播种面积15万公顷，优质粮食作物覆盖率为91%。全年实现农林牧渔业总产值351.1亿元，同比增长6.6%。全年粮食产量69.25亿公斤。畜牧业产值155.5亿元，增长9.5%。乡镇企业发展势头较好。全年乡镇企业实现总产值973.6亿元，增长13.8%；实现净利润39亿元，增长16.9%。

全市工业实现增加值421.3亿元，同比增长17.7%。其中，规模以上工业企业实现增加值225.7亿元，增长21.4%。医药、汽车、食品和电子信息制造四大支柱产业成为推动工业经济发展的重要支撑。四大支柱产业实现增加值118.5亿元，占全市GDP的比重为8.4%。工业经济效益明显提高。规模以上工业企业产品销售率为97.3%，比上年提高0.7个百分点；经济效益综合指数104.2；实现利润20.9亿元，实现税金43.8亿元。

全年完成全社会固定资产投资436亿元，同比增长20.7%。其中，基本建设投资205.6亿元，增长25.9%；更新改造投资72.9亿元，增长20.1%；房地产开发投资106亿元，增长18%。工业完成投资98.1亿元，增长

27.6%。

克服“非典”造成的不利影响，旅游业蓬勃发展。全市有星级宾馆82家、旅行社138家。全年接待国内外游客1359.6万人次，比上年增长5.3%；旅游总收入86.7亿元，增长17.1%。接待海外游客14.6万人次，旅游外汇收入6066.3万美元。

人民生活水平普遍提高。全年城市居民人均可支配收入7892.7元，同比增长12.7%，恩格尔系数为38.8%；农村居民人均纯收入2943.2元，增长6%。计划生育工作扎实进行，年末全市总人口954.3万人，人口自然增长率控制在3.38‰。

全年用于科研活动的经费支出24.46亿元，共取得重大科技成果166项。全年受理专利申请1650件，授权专利972件，增长12.9%。全年认定登记技术合同2505项，比上年增长18.5%；合同成交额9.78亿元，增长5.2%。全市共有普通高校32所（含职业高校）、成人高校21所，全年普通高等院校共招收本专科学生8.2万人，增长18.8%；在校学生25.7万人，增长22%；招收研究生9200人，毕业研究生3600人。普通高中在校学生12.2万人，初中在校生46.9万人。全市九年义务教育入学率达到99.9%。

全市共有专业艺术表演团体18个，各类电影放映单位34个，文化馆23个，公共图书馆19个，博物馆8个，档案馆21个。市直艺术表演团体全年共演出1367场，观众120万人次。全国有33个省、市卫星电视节目进入哈尔滨电视网播放。全市电视综合覆盖率98.2%，广播综合覆盖率99.3%，分别比上年提高0.2个和0.1个百分点。

全市共有各类卫生机构1555个。其中，医院、卫生院433个，门诊部1001所（含个体诊所），疾病预防控制中心（卫生防疫站）23所，妇幼保健机构21所。共有床位3.6万张。有卫生专业技术人员4.2万人。其中，执业医师和执业助理医师1.7万人，注册护士1.4万人。农村卫生院213个，床位4000张，卫生技术人员5000人。全市新型农村合作医疗覆盖率达5.2%。在国内外重大体育比赛中，本市运动员参加国际比赛获得金牌9枚、银牌5枚、铜牌10枚；参加全国比赛获金牌76枚、银牌32枚、铜牌23枚。全市新增40个社区全民健身活动场所，配置各类健身器材800件。开展各类全民健身及体育活动1000余次，举办县级以上群众性体育健身和竞赛活动参加人数达300万人次。

【投资环境与利用外资】哈尔滨市地处东北亚经济区的中心位置，是第一条欧亚大陆桥的重要连接点，是世界各国拓展俄罗斯、独联体及东欧市场的“桥头堡”。有5条国际、国内铁路干线在哈尔滨交汇，有7条公路呈放射状通往全国各地。有国际、国内空中航线58条，可办理100多个国家和地区、200多个机场配运业务。哈尔滨港位于松花江水系中心位置，与俄罗斯4个城市直接通航。经江海联运通向日本、朝鲜半岛及东南亚各港口的松花江黄金水道，是国家内陆一类开放口岸。

哈尔滨开发区是由国务院批准的国家级高新技术产业开发区和国家级经济技术开发区合并成的。外商到哈尔滨开发区投资上项目由开发区管理委员会自行审批，可享受中国沿海开放地区经济技术开发区、高新技术产业开发区的各项优惠政策。新辟建的东北亚经贸科技合作区和对俄出口加工园区，与哈尔滨内陆港、中俄边境互市贸易区实行联动作业，实现对俄贸易的产、供、销“一条龙”。

哈尔滨市是我国重要的工业基地，现已形成以机电工业为主体，轻工、纺织、医药、汽车、冶金、电子、建材、化工等门类齐全的工业体系。电站成套设备、飞机、客车、精密仪器仪表、工量具、继电器保护装置、铝镁合金等产品在产量和质量上都居国内同行业领先地位。

2003年，哈尔滨市实际利用外资2.71亿美元，同比增长10.1%。其中，外商直接投资2.26亿美元，增长10.2%。全年新批外商投资企业125个，总投资4.8亿美元，协议外资额3.2亿美元，增长50.2%。全年新批1000万美元以上的项目16个，总投资3.4亿美元，协议外资额2.3亿美元。到年底，在哈尔滨市投资的国家和地区达50个，全球500强跨国公司中已有10家投资，投资额超过1000万美元的大项目共有151个。投资领域包括电子、机械、纺织、化工、食品、服装、房地产、轻工、医药等。哈飞汽车制造有限公司、双城雀巢有限公司、黑龙江正大实业有限公司，哈尔滨龙兴化纤有限公司等4户外商投资企业在全国三资企业500强中榜上有名。

按照国家公布的《外商投资产业指导目录》要求，哈尔滨市重点投资的行业是：国有大中型企业的嫁接改造；自然资源的综合开发，特别是农业资源综合开发；城市基础设施建设；高新技术产业；积极开拓在通信、旅游、商业、金融服务等新领域进行试点。

【重点项目介绍】2003年，哈尔滨市确定了20项重点项目。其中，前期项目9项，新开工项目11项。有20个项目（含市重点项目10项）、48个子项目列入省“百项工程”。

磨盘山水库供水一期工程：水库枢纽工程、净水厂及配水管网工程建设全面展开，完成投资8.01亿元。太阳岛综合整治改造工程：拆迁工作已完成，完成绿地264.5公顷、疏浚河道32.37公里、建设游路10公里，完成投资1.95亿元。向阳生活垃圾处理工程：初步设计已获省计委批复，完成投资2804万元。沿江生活污水截流及处理工程：6月份开工建设，沿江截流管线施工完成5000米，完成投资7000万元。

通乡公路工程：15个子项目全部开工建设，完成路面工程240公里，完成投资3.7亿元。市游泳馆：已开工主体施工，完成投资3600万元。群力新区起步区土地开发项目：已与开发银行签订了35亿元的贷款合同，完成投资4.5亿元。

ERJ145系列涡扇支线客机项目：已实现第一架飞机交付用户，完成投资2.5亿元。年产1万吨大豆蛋白活性肽项目：已完成部分厂房、地下管网建设及设备安装，完成投资2200万元。年产8000万支中药粉针全流程自动控制项目：已完成冻干双黄连粉针和丹参粉针全流程自动化生产线建设，完成投资9000万元。年产1000吨单氯代苯酐项目：公用工程已完工，完成投资1700万元。

省“百项工程”项目进展顺利。东安DA2多气门电喷发动机、阿继交流超高压输变电设备、哈飞HF2乘用车、哈电站集团出海口基地建设项目的填海、3000吨级泊位和起重1200吨的码头工程、松花江沿岸重点城市污水处理、哈尔滨疾病控制中心等27个项目开工建设，完成投资29.3亿元。

合 肥 市

【经济与社会发展】2003年，合肥市经济社会发展总体形势较好。全年GDP达到477.78亿元，同比增长13.3%。其中，第一产业因灾减产，完成增加值40.81亿元，下降3.4%；第二产业增加值238.33亿元，增长16.1%；第三产业增加值198.64亿元，增长13.8%。三次产业比例为8.54∶49.88∶41.58。人均GDP达到10562元，增长1288元。固定资产投资高速增长。全年完成全社会固定资产投资255.11亿元，同比增长51.2%。

农业结构调整步伐加快。种植业因灾减产，全年粮食产量104.47万吨，减产

35.3%。棉花1.27万吨，减产11.8%；油料24.07万吨，减产9.6%；蔬菜108.8万吨，增长1.9%。养殖业稳步发展。肉类总产量27.57万吨，增长11.6%；牛奶1.9万吨，增长30.1%；禽蛋8.14万吨，增长2.7%；水产品11.3万吨，增长6.4%。林业生产增长较快，全市造林面积27175公顷。农村税费改革成果进一步巩固，粮食补贴方式改革进展顺利。农村水权、林权和小城镇改革试点取得积极成效。

工业生产持续稳定增长。完成工业增加值184.78亿元，同比增长13.3%。其中，规模以上工业企业完成产值516.63亿元，增长21%。工业产品产销率为98.95%。企业经济效益继续提高。规模以上工业企业经济效益指数为159.36，比上年提高12.3个百分点；实现销售收入501.29亿元，增长22.1%；利税58.4亿元，增长26.7%。建筑业保持快速发展。全年总产值160.82亿元，增长25.9%，全年施工项目8694个，比上年增加1543个；完成施工面积1798万平方米，增长30.6%；建筑业劳动生产率为81219元/人，增长16%。

国有大中型企业改革重组取得重大进展。美菱股份、合肥锻压等5家骨干企业完成重组，合钢公司与上海复星签订重组框架协议。200多户企业退出了国有序列，近6万名职工置换了国有身份。启动事业单位改革，首批22家生产经营性事业单位开展整体转企试点。国有资产管理运营体系进一步完善。国有产权挂牌交易进展较快，全市国有、集体产权进场交易额达11.15亿元。进一步调整充实工业、城建等控股公司授权经营范围，商业、交通控股公司即将挂牌。

实现财政收入73.08亿元，增长20%。其中，地方财政收入35.87亿元，增长23.2%。全市金融机构各项存款余额比年初增加214亿元，贷款余额增加196亿元。保险业实现增加值27.42亿元，增长12.1%。全年城镇居民人均可支配收入7785元，增长9%；农民人均纯收入2384元，增长7%。

服务业发展速度加快，全年实现增加值198.64亿元，同比增长13.8%。消费市场稳定增长，全年实现社会消费品零售总额207.43亿元，增长12.3%。新型流通业态发展迅速，大型超市、便民店、连锁店、代理制等新型业态打破了单一百货经营模式，向多行业多业态迈进。房地产等新兴服务业发展迅速，对服务业的带动力加大。全年房地产业完成增加值17.5亿元，占服务业增加值的22.8%；完成房地产投资89.7亿元，增长1.24倍。

社区服务、会展经济、物流业等新兴行业发展迅速。社区服务设施建设投入加大，服务范围和项目日益扩大，提供的就业岗位大量增加，社区服务产业化趋势明显。以安徽国际会展中心为主体，会展经济有了进一步发展，会展中心全年举办各类展览20多个。作为合肥市先期启动的新站开发区现代物流园区，已正式开通了合肥现代物流网站。

交通业稳定增长。全年完成交通货运量4640.02万吨，比上年增长13.6%，完成旅客运输量6034.49万人，增长2.4%。邮电通信业发展步伐继续加快。全年完成邮电业务收入27.26亿元，增长17.7%。

进出口大幅度增加。全年完成进出口总额30.18亿美元，同比增长31.3%，其中，出口18.19亿美元，增长21%，实现贸易顺差6.2亿美元。受“非典”冲击，旅游业增长减缓。全年完成旅游总收入38.89亿元，增长8.3%。全年接待国内外游客555.52万人次，增长8%。

科技教育协调发展。科技创新环境进一步优化，积极扶持民营科技企业，国家级民营科技园快速发展。成功举办了第三届中国—合肥高新技术项目—资本对接会暨WTA科技大市场活动。认真组织实施全国专利试点城市工作，落实首期169项专利申请资助。设立了青少年科技创新市长奖。全面推行教师资格认定制度，教育改革不断深入。农村“两基”成果得到巩固，改造中小学危房42.58万平方米，其中一期D类危房改造完毕。教育资源进一步整合，创建省、市示范高中8所，“校校通”工程开始向农村延伸。顺利通过国家一类城市语言文字工作达标验收。

“文化强市”工程稳步推进。作品《甜饼》获第十届国际摄影金奖，成功举办了《2003年全国中国画作品展》，市图书馆等文化设施正式对外开放。竞技体育成果丰硕，组团参加全国第五届城运会，获得4金10银3铜；承办省第四届农民运动会，金牌、奖牌、总分均获全省第一。

积极推进农村卫生体制改革，建立健全卫生服务体系。建立新型农村合作医疗制度取得重大进展，肥西县首批进入全国试点，全县参保人数比例达81.38%，长丰、肥东试点工作情况良好。加强疾病防治和监测，大灾之年传染病发病率为1.82‰，较上年有所下降。儿童计划免疫率市区和农村达到95%和85%以上。实现了争创“全国双拥模范城”“五连冠”的目标。

社会保障工作取得新成绩。全年发放《再就业优惠证》4.1万本，减免行政性收费项目39个，建立下岗失业人员小额贷款担保基金。采取开发社区就业岗位、购买公益性岗位等办法多渠道促进就业再就业，全年新增就业岗位4.85万个，下岗失业人员实现再就业2.85万人，国企下岗职工再就业率达52%。城镇登记失业率控制在4.4%以内。通过举办专场招聘会、提供就业指导等方式，促进高校毕业生就业。加强对进城农民工的服务，保护农民工合法权益。启动“市劳动和社会保障信息管理系统”建设。社会保障制度进一步完善。养老保险、失业保险覆盖面进一步扩大，分别新增2.6万人和2.4万人；养老保险、失业保险金征缴率均达到90%以上。企业离退休人员养老金实现按时足额发放。企业退休人员社会化管理服务率达83%。医疗保险覆盖面进一步扩大，参保33万人，医保基金征缴率达95%。全面落实城镇居民低保政策，实现了应保尽保目标。启动城市生活无着流浪乞讨人员救助工作，初步实现由收容遣送职能向救助管理职能的转变。

“非典”防治和抗洪救灾工作取得阶段性重大胜利。“非典”疫情发生后，切实加强组织领导和协调指挥，迅速建立健全预防控制体系和医疗救治体系，形成严密的“四级”防控监测网络，有效地控制了疫情蔓延。防治非典战役尚未结束，部分地区又遭遇特大洪涝灾害。针对严峻的汛情和灾情，合肥市迅速启动抗洪救灾预案，紧急动员全市投入防汛抗洪工作。由于防范及时、组织严密、措施得力，加上近几年兴建的重要水利工程发挥了作用，因灾损失大大降低。

【投资环境与利用外资】合肥市拥有全国卫生城市、全国园林城市、全国城市环境综合整治优秀城市、全国双拥模范城、全国社会治安综合治理先进单位、中国优秀旅游城市、全国科教兴市先进城市等国家级荣誉称号。也是国家批准的实行沿海开放城市政策和金融对外开放城市之一。

合肥是全国重要的科教基地，拥有中国科技大学、合肥工业大学等高等院校30多所，有包括中国科学院合肥分院在内的各类科研机构200多所，有闻名遐迩的合肥国家同步辐射实验室、全国最大的直流脉冲机组，有国家级留学生人员创业园示范建设试点。拥有各级各类人才34万多人。

合肥的供电、供水、供气、环境保护等公用事业发展迅速，市区煤气、液化气普及率高，超过全国平均水平，城市用水普及率达100%，供电量大幅增加，农村通电率达100%。合肥的通讯发达，已开通与世界200多个国家与地区的直通电话，新建住宅小区IP宽带网的普及率已达90%。

合肥是全国铁路、公路、航空兼具的综合性交通枢纽，淮南铁路、合九铁路、京九铁路与正在建设的宁西铁路在此交汇，206国道、312国道和合宁、合芜、合徐高速公路等数十条公路干线将合肥造就成重要的交通中心。合肥骆岗机场是国际航空备降机场，有直达北京、上海、广州、深圳等20余条国内航线，并有直通香港的定期航班。

围绕实施经济国际化战略，采取有效措施，加大招商力度，全年新批外商投资企业102户，比上年增长39.7%；协议利用外资2.54亿美元，增长13%；实际到位外资2.6亿美元，增长43%。招商引资领域进一步拓宽，家乐福、好又多等国际大型连锁超市进驻合肥，公交、污水处理、供水、燃气、农业项目引资进展顺利。重点项目招商引资取得重要进展，联合利华工业园等10个重大项目开工建设或投产营运。引资结构进一步优化，全年外商投资千万美元以上的大项目有16个，其中工业项目占50%。

开发区和工业园区建设取得可喜成绩。3大开发区全年GDP达到131.8亿元，同比增长32.6%，占全市GDP的27.6%。高新区被科技部授予“先进国家高新技术产业开发区”，经济区获得商务部“国家级经济技术开发区投资综合环境最佳”称号。县区工业园区成为全市招商引资的新亮点。

【重点项目介绍】2003年，合肥市共安排重点建设项目53项，当年完成投资58.52亿元。其中，基本建设项目42项，当年完成投资50.68亿元；技术改造项目11个，完成投资7.84亿元。

在53个重点建设项目中，合肥南区连接线项目、合肥市店忠路改建工程、宁西铁路合肥段、合肥市无线市话网、轻型厢式客货车技术改造和高新信息化产业基地、水源联络管二期工程等项目已竣工投产。大房郢水库、望塘污水处理厂、龙泉山垃圾填埋场一期和危险废弃物集中处置中心一期等项目基本建成。全年新建改建县乡公路225公里，建设砂石路163公里，竣工市政道路11条。朱砖井、龚响塘污水处理厂开工建设。天然气项目开始试运营。启动城市森林公园建设，改造了逍遥津等3个公园，完成南淝河沿线、包河大道等景观绿化。

南 昌 市

【经济与社会发展】2003年，南昌市经济快速发展，全年GDP达到641亿元，同比增长15.5%。其中，第一产业增加值52.8亿元，增长4.4%；第二产业增加值324.2亿元，增长18.9%；第三产业增加值264亿元，增长13.1%。三次产业结构的比例为8.2∶50.6∶41.2，逐步趋于优化。全年完成全社会固定资产投资235万元，增长67.9%。投资结构进一步改善，民间投资加速启动。

农业围绕“农业增效，农村稳定，农民增收”这一目标，努力推进农业人口向小城镇集中，土地耕作向规模经营集中，农副产品深加工向园区集中，进一步促进了农业结构的优化调整。全年完成农业总产值51.3亿元，同比增长3.3%，全年粮食作物和经济作物的播种比例为52∶48。在农业生产中积极推进减量使用化肥，全年化肥施用量比上年减少5000吨。农产品经营品牌意识增强，粮食作物优质品率92%，生猪良种率85%，水产品优质品率为30%。建成了特种水产、花卉苗木、无公害水果等8大特色示范基地和优质大米、瘦肉型猪、绿色无公害蔬菜等10大优质农产品生产基地。全市已有省级无公害农产品基地36个，共57.5万亩。农业产业化加快发展。组建了10个农产品行业协会，有市级龙头企业50家，省级龙头企业17家，国家级龙头企业3

家，年产值超亿元的龙头企业12家。14家龙头企业、30个品牌获国家绿色产品证书。

工业领域继续进行体制、机制、技术创新和产业结构优化升级。全年规模以上工业企业实现增加值129.8亿元，同比增长30.2%；完成总产值407亿元，增长24%；产品销售率为98.4%。经济效益总体水平大幅提高。工业企业经济效益综合指数为138.96%，比上年提高14.9个百分点。新产品开发力度继续加大。规模以上工业企业实现新产品产值71.6亿元，增长39%，占工业总产值的比重17.6%。县区工业增势强劲，在全市规模以上工业总产值中，县区工业总产值110.1亿元，增长30.1%，高于全市工业平均增幅6.1个百分点，对全市工业增长的贡献率达32.3%。全市已形成了汽车、飞机、香烟、饮料、医药、光电子、输液器、视听产品等8个全国性产品生产基地，正在形成全国重要的制冷设备生产基地。建筑业全年完成施工产值118.1亿元，增长67.3%；施工面积2297万平方米，增长1.96倍；竣工面积637万平方米，增长77%。建筑业经济效益继续提高，全员劳动生产率人达8万元，提高6%。

金融业对经济的支持力度加大。年末金融机构各项存款余额1131.4万元，新增203.2亿元；各项贷款余额772.4亿元，新增154.3亿元。全年金融机构现金收入2604.8亿元，现金支出2510.2亿元，收支相抵货币净回笼94.5亿元，增加5亿元。

对外贸易取得新成绩，全年海关进出口总额13.4亿美元，同比增长47.6%。其中，出口10亿美元，增长38.3%；进口3.4亿美元。旅游业稳步发展。成功举办了以“天香园国际都市候鸟节”为主题的旅游节等一系列旅游促销活动，推动了旅游业的发展。虽然受“非典”的影响，但全年接待国内外旅游人数仍达513.4万人次，增长0.2%，实现旅游总收入34.3亿元，增长0.5%。

交通运输业运营能力加快发展。全年完成货物运输总量3926万吨，同比增长17.3%。旅客运输量由于受“非典”影响，全年完成4523万人次，下降1.2%。邮电通信综合服务水平不断提高，全年完成邮电业务总量31.3万元，增长8.8%。服务领域不断扩大，年末电话交换机总容量160.4万门，新增20.7万门。长途自动交换机容量7万门，移动通信交换机容量250万门，固定电话用户115.6万户。年末互联网用户已达46.7万户。

努力改善消费环境，不断加快商业布局结构和经营业态的调整，促使全市商业的集聚、辐射能力不断增强，消费品市场日益活跃。全年实现社会消费品零售总额201.2亿元，同比增长13.1%。购物中心、连锁超市、折扣店等新型商业业态发展势头强劲，规模效应进一步显现。连锁商业等新型业态显示出巨大活力，全市限额以上连锁商业企业12家，商品销售额31.9亿元，增长18.2%。商品市场交易活跃，全市共有商品交易市场289个，全年成交额275.7亿元，增长29.9%，超亿元市场达到28家，其中10亿元以上市场5家，实现成交额180.6亿元，增长12.2%。

科技工作不断发展。全年取得省部级以上科技成果19项，专利申请量1217件，增长47.9%。技术市场更加活跃，全年技术交易签订合同1602项，技术交易额2.9亿元。教育继续发展与改革，积极推进高等教育体系建设。全市有普通高等学校33所，普通中等专业学校27所，技工学校32所，普通中学286所，职业中学17所，小学1170所，特殊学校9所，幼儿园512所。全年新招研究生2214人，在校研究生4760人；普通高等学校招生7.2万人，在校生18.4万人，毕业生2.6万人；中等专业学校在校生10.5万人，增加2.4万人；普通高中在校生7.7万人；普通初中在校生23.8万人。小学在校生37.2万人；在托儿童8.4万人。

文化、新闻、出版和广播、电影电视事业取得新成就。在全国和国际性重点文艺评奖中，获得5个奖项。其中，戏剧小品《进化》获“第十届曹禺戏剧文学奖、小品、小戏奖”

金奖；情景合唱《社区是我温馨的家》获得第二届全国“四进社区”文艺表演金奖。全市有市县（区）文化馆、群众艺术馆 12 个，公共图书馆 11 个，档案馆 11 个，博物馆 11 个，有艺术表演团体 5 个。有省、市广播电台节目 6 套，省、市电视台节目 9 套。新闻出版步伐加快，全年出版报纸 3.2 亿份、杂志 6000 万份、图书 2 亿册。体育运动取得新成绩，在国际比赛中获得 3 项世界冠军和 2 项亚洲冠军，在全国比赛中，获 7 枚金牌，6 枚银牌和 2 枚铜牌。

【投资环境与利用外资】南昌市交通便利，市郊向塘有 98 股道的全国第二大货运编组站，是我国铁路交通的重要枢纽。水路可通长江各口岸及赣江等省内主要河流和鄱阳湖沿岸城镇，水路运输可由九江沿着长江经上海港出海。民航已开辟直达北京、上海、深圳、西安、昆明、海口等 30 多个国内城市的航线。南昌是 105、316、320 三条国道的交汇处，市县乡村公路全部连接成网络，从南昌驱车往安徽、湖北、湖南、浙江等周边省省会的距离都在 5 小时左右，形成了南昌与周边省会城市的“5 小时”经济圈。

城市环境得到进一步保护和治理，全年完成治理项目 15 个，废水排放达标率 56.2%，二氧化硫去除率 13.3%，烟尘去除率 66%，固体废物综合利用率 86.6%。城市绿化建设长足发展。城市园林绿地面积 4708.8 公顷，公共绿地面积 1281.6 公顷，人均公共绿地面积 7.2 平方米，建成区绿化覆盖率达到 36.7%，全市免费开放公园 6 座。年末实有造林面积 10325 公顷，森林覆盖率达 17.1%。

全年新批外商投资企业 172 家，协调利用外资 7.5 亿美元，同比增长 41.2%；实际利用外资 5.8 亿美元，增长 58.9%。对世界 500 强、国内 200 家重点企业的招商工作有了新突破，引进了麦当劳、沃尔玛、法国 ABB 公司、日本三菱公司等国际知名企业以及健力宝、光明乳业、中国普天等一批国内知名企业落户南昌。

【重点项目介绍】格林柯尔空调生产项目：已完成投资 1.3 亿美元，完成 1.5 万平方米主体厂房及 8 条流水生产线建设，已着手开工生产。奥克斯公司空调生产项目：总投资 10 亿元，主体厂房及配套设施已在建设中，预计 2004 年建成投产。

南昌市国家大型优质油菜生产基地建设：总投资 5000 万元，工期 2 年。基地的建设为优质油菜的良种繁育、农田水利基础及中低产田改造、完善农业技术服务体系建设奠定扎实基础，促进了广大农民种植油菜的积极性。

江西（安义）现代农业科技园：是以出口为主导的标准化蔬菜生产基地，也是集科研、生产、加工、销售、农业旅游观光和科普培训为一体的大型综合性生态农业科技园，总投资 8604 万元。规划面积 1 万亩，其中核心区 3000 亩，示范区 7000 亩。核心区年设计产量 1.5 万吨，产值 9000 万元；园区建成后将辐射 8 万亩农田；2003 年园区出口创汇 2370 万元。第一批蔬菜在香港市场上市即深受市民青睐，并逐渐占据三分之一香港市场。这个由荷兰豆、西兰花、青刀豆等 30 余个有机蔬菜品种组合成的“江西菜心”，已经风靡欧盟、美国、加拿大、东南亚及香港等 20 多个国家和地区。

中华绒螯蟹繁育示范基地：军山湖面积 32 万亩，是全国最大的县域溪水湖。无工业污染，湖内水碧如翠，水质优良，天然生物饵料丰富。出产的“军山湖”牌清水大闸蟹以青背白肚、金爪黄毛、个体硕大、品种纯正、肉味鲜美、营养丰富而享誉国内外，十分走俏国内国际市场。

【经济技术协作】2003 年，南昌市积极参与区域经济合作，利用内资工作成果显著。先后在宁波、杭州、深圳、北京、上海、大连、广州等沿海发达城市举行了各类型的招商引资推介会和恳谈会，取得了丰硕成果，全年利用内资达 134.8 亿元，同比增长 107.5%。农业利用内资也开创大好局面。在宁波举行的江西南昌承接沿海产业梯度转移推介会上，全市签约合同20个，其中农业项目有5个，到年底，农业共引进协议内资8.5亿元，为上年的3.5倍，实际利用内资4683万元。

郑 州 市

【经济与社会发展】2003年，郑州市国民经济持续快速发展，经济总量实现历史性突破，全年GDP达到1102.1亿元，同比增长14.7%。其中，第一产业增加值48.8亿元，增长4.6%；第二产业增加值573.7亿元，增长20.2%；第三产业增加值479.6亿元，增长10%。三次产业结构为4.4:52.1:43.5。人均GDP达到15910元，增长13%。固定资产投资规模扩大，增势强劲，对经济发展的拉动作用明显增强。全年全社会固定资产投资完成502.3亿元，同比增长47.4%。

农业以“农民增收、农业增效、农村稳定”为目标，积极推行农业结构战略性调整。全年农林牧渔业完成增加值48.8亿元，同比增长4.6%。粮食获得较好收成，全年粮食产量143.7万吨，增长2.7%。棉花6400吨，增长13.1%；油料16.9万吨，增长1.9%；蔬菜236.4万吨，下降0.5%。畜牧业、渔业保持平稳发展。全年肉类总产量22.3万吨，增长7.8%；禽蛋16.3万吨，增长7.8%。奶类12.2万吨，增长45.4%；水产品6.2万吨，增长1.7%。林业、水利建设取得新成效。林业生产以生态建设为主线，以退耕还林、绿化通道、风沙治理建设为突破口。全年完成造林面积1.91万公顷，比上年增长23.2%；完成通道绿化930公里，增长45.7%。全年农田有效灌溉面积18.02万公顷；节水灌溉面积9.699万公顷，增长1.5%。

坚持走新型工业化道路，工业生产快速增长。全年全部工业完成增加值455.7亿元，同比增长17.7%，其中规模以上工业企业增加值297.4亿元，增长24%。工业产品销售率98.2%，比上年提高0.2个百分点。工业产业结构调整力度加大，优势行业进一步发展。铝、汽车、食品三大优势行业完成增加值85.2亿元，增长22.4%，增幅比上年提高2.6个百分点，占全市规模以上工业增加值的比重达28.6%。其他传统行业受市场需求拉动也保持快速增长。建筑业生产快速增长。全年建筑业完成增加值113.4亿元，增长34.9%；具有建筑业资质的建筑企业共完成建安工作量156.5亿元，增长9%；施工单位工程6150个，其中投标承包工程4606个，增长17%，投标承包工程占全部施工工程个数的75%。

非公有制经济蓬勃发展，完成增加值497亿元，增长21%；在GDP中的份额达45.1%，比上年提高4.5个百分点。积极推进城市化战略，城市化进程进一步加快，中心城市集聚功能和辐射作用增强，年末全市城镇化水平达到57%，比上年提高1个百分点。

对外贸易快速增长。全年进出口总额14.1亿美元，同比增长35.9%。其中，进口5.4亿美元，增长52.5%；出口8.7亿美元，增长27.3%。旅游业总收入有所增长。受“非典”疫情影响，全年接待海外游客5.3万人次，下降44.1%。旅游外汇收入2900万美元，下降46.3%。但国内旅游人数保持稳定增长，全年接待国内游客1005.3万人次，增长11.5%；国内旅游收入102.5亿元，增长13.9%。全年旅游总收入104.9亿元，增长

11%。

财政收入快速增长。全年完成地方财政收入72.5亿元，同比增长27.7%。其中，一般预算收入65.9亿元，增长25.1%。地方财政支出90.3亿元，增长19.2%。金融对经济的支撑增强。年末全市金融机构各项存款2434.1亿元，比年初增加463亿元，增长23.5%；各项贷款余额1981.8亿元，增加427.5亿元，增长27.5%。贷款结构继续改善，主要投向工业、基本建设、农业和个人消费等方面。城乡居民储蓄存款余额1048.5亿元，增加198.9亿元，增长23.4%。保险业务迅速发展。全年保费收入34.3亿元，同比增长27.9%；赔付额7.2亿元，增长82%。

市场价格稳中有升，全年城市居民消费价格总水平比上年上涨2%。消费品市场保持平稳增长。大型零售商业企业积极调整经营结构，采取多种措施提高市场营销能力。全年完成社会消费品零售总额479.9亿元，增长11.4%。全市有批零贸易餐饮业网点12.4万个，商品交易市场359个，专业市场149个，其他市场12个。批零贸易业商品销售总额654.5亿元，增长26.3%；商品交易市场销售总额332亿元，增长7.3%。现代流通方式市场主导地位增强，购物中心、专业专卖店等新型商业业态不断涌现；连锁超市经营优势凸显、领域拓宽。

交通运输业稳定发展。全年交通、邮电业完成增加值116.9亿元，同比增长8.9%。完成货运周转量251.9亿吨公里，增长7.7%；完成客运周转量139.8亿人公里，增长0.1%。邮电通讯业迅速增长。全年完成邮电业务总量56.7亿元，同比增长26.1%。其中，邮政业务4.4亿元，增长9.1%；电信业务52.3亿元，增长27.8%。年末有移动电话用户226.4万户，增长46.6%，新增72万户，增长98.9%。年末电话机数432.3万部，增长31.2%。电话普及率达到62部/百人。公用通讯能力进一步提高，全市有公用电话23.9万部，增长38.2%；IC卡电话1.78万部，增长12.7%。计算机互联网络用户39.3万户，增长34.6%。

继续实施“科教兴郑”战略，加快构建全市科技创新体系，优化科技创新环境，科技事业得到进一步发展。全市科技进步对国民经济增长的贡献率为48.3%。年末全市有各类专业技术人员45.7万人，比上年增长2.5%；全年共组织实施国家、省、市级各类科技项目290项，其中国家级、省级项目183项。共有65项科技成果获得市级以上科技进步奖。经河南省认定的高新技术企业已发展到516家，其中年销售收入超过亿元的高新技术企业达25个，比上年增加5个。高新技术产品累计达到975个（含软件产品），新增137个；有59个项目被河南省认定为高新技术产业化重点项目。郑州首次跨入科技进步先进城市行列。

教育事业稳步发展，年末全市有研究生培养单位9处，在校研究生5430人，比上年增长37.1%。有普通高校32所，招生8.7万人，增长17.6%；在校生26.5万人，增长23.8%。有中等职业技术教育学校127所，招生10.5万人，在校生23万人。有普通高中97所，比上年增加7所，招生4.3万人，增长4.9%，在校生11.4万人，增长15.2%。有普通初中355所，招生15.7万人，增长12.1%，在校生45.7万人，增长5.5%。有小学1489所，下降5.9%；在校生61.8万人，下降8.8%；小学适龄儿童入学率100%，小学升学率100%；幼儿园在园幼儿13.3万人，增长8.1%。

文化事业健康发展。年末全市有艺术表演团体18个、文化馆17个、公共图书馆8个、博物馆7个、综合档案馆13个、广播电台2座、电视台2座、中波广播发射台2座；广播和电视综合覆盖率达100%。广场文化活动以“学习宣传党的十六大精神”为主线，在以绿城广场为示范点的全市各大文化广场共开展各类广场文化活动300多场次，观众100万人。文化市场监管力度进一步加大。

卫生事业稳步发展。年末全市共有卫生机构（不含门诊部、所）327个，比上年增长3.8%；床位2.9万张，增长3.8%；卫生技术人员3.1万人，增长6.9%。有疾病预防控制中心、防疫站17个，卫生技术人员1251人；妇幼卫生机构13个，卫生技术人员996人。医疗卫生基础设施不断完善，公共卫生体系和疾病预防控制体系建设得到加强。

体育事业成绩显著。全年本市运动员在省以上各级各类比赛中获得世界比赛冠军10个，亚军3个；亚洲冠军4个，亚军3个；远东暨南太平洋地区冠军1个，亚军1个；全国冠军41个，亚军27个。

城乡居民生活水平继续改善。全年在岗职工平均工资13537元，同比增长13.1%；全年城镇居民人均可支配收入8346元，增长11.4%；人均消费性支出5958元，增长8.7%；恩格尔系数为33.3%，比上年的35.1%下降1.8个百分点。农村居民人均纯收入3631元，增长7.5%。人均现金收入4532元，增长12.6%。居住条件继续改善。城市居民人均住房面积22.4平方米，农村人均住房面积39.7平方米。人口控制工作取得新成效。年末全市总人口697.7万人。人口出生率8.98‰，死亡率5.18‰，自然增长率3.80‰，低于国家控制标准。

劳动就业工作力度加大。年末全市从业人员388.9万人，比上年增长3%，城镇私营个体从业人员48万人，增长29.7%。全年城镇新增就业人员8.39万人，其中下岗失业人员实现再就业4.6万人。年末有下岗职工1.97万人，下降28.8%，城镇登记失业率2.8%。

社会保障事业进一步发展。全年得到社会保障救济9.9万人次，比上年增长95.3%，国家抚恤、补助各类优抚对象1.51万人，下降1.9%。参加失业保险职工78.1万人，比上年增长7%；月平均领取失业保险金1.39万人，增长27.7%。参加基本养老保险的21.4万名离退休人员按时足额领取了基本养老金，增长3.9%。参加基本养老保险职工70.8万人，增长1.1%。职工基本医疗保险、职工最低工资、居民最低生活费保障等社会保障制度进一步完善。

【投资环境与利用外资】大力招商引资，着力打造郑州商贸城，改善投资环境，世界500强之一的法国家乐福、国际知名企业泰国正大易初、天津家世界等一批国内外商业巨头入驻郑州，为商贸城的业态升级起到积极的推动作用。成功举办了第十八届世界客属恳亲大会和郑州商品交易会。

环保事业加快发展，环境保护力度加大。年末全市各级环境监测站7个，环境保护系统人员1746人。全年完成环境污染限期治理项目157项，总投资1972.1万元。关停和取缔污染严重的企业236个，年削减有机污染负荷860吨。市区噪声达标区覆盖率为62%，比上年提高14.8个百分点。市区环境空气质量达到一、二级天数为308天。

利用外资迅猛发展。全年新批外资企业98个，比上年增加31个，增长46.3%；合同外资额4.8亿美元，增长1.25倍；实际利用外资2.9亿美元，增长1.3倍。其中，外商直接投资1.57亿美元，增长71.9%；对外借款1.18亿美元，增长1.62倍；外商其他投资1500万美元。

对外承包工程和劳务合作继续增长。全年承包工程、劳务合作和设计咨询业务新签合同额1.2亿美元，同比增长11.8%；完成营业额9000万美元，增长18.3%。对外劳务输出2309人次，增长58.9%。

【重点项目介绍】重点项目投资加大，工程建设进展顺利。全市154项重点工程共完成投资154.8亿元，同比增长252.6%。其中，全长53.01公里的郑州至少林寺高速公路已建成通车；宇通公司与德国MAN合资高档豪华客车生产线、永通特钢合金钢生产线等相继建成投产；河南豫联能源集团发电机组工程已完工部分投入试运；供水工程邙山干渠改造工程已完成全线通水；桐柏路、货栈街道路拓宽改造工程已通车，郑州环城高速公路、中国郑州国际会展中心等已开工建设；东风渠、熊耳河截污综合治理工程基本完成；青少年宫主体工程已竣工；文化、教育、体育和卫生设施建设、通讯基础设施建设、城市园林绿地建设等工程进展顺利；郑东新区33平方公里起步区规划已开始实施，新区内道路等基础设施基本完成；进入CBD区（中央商务区）的18个项目，如国际会展中心、广电中心、河南省艺术中心、高校园区和科技城等已开工建设。

武　汉　市

【经济与社会发展】2003年，武汉市国民经济保持了快速发展的良好势头，全年GDP达到1662.4亿元，同比增长12.1%，增速比上年快0.3个百分点，为6年来最高增幅。其中，第一产业增加值94.2亿元，增长4.3%；第二产业增加值741.8亿元，增长12.8%；第三产业增加值826.4亿元，增长12.5%。人均GDP为21460元，同比增长9.3%。一、二、三产业增加值占GDP的比例为5.7:44.6:49.7。财政收入快速增长。全年完成全口径财政收入230.89亿元，同比增长17.6%。其中，地方财政收入99.71亿元，增长16.2%。市场价格总水平止跌回升，全年居民消费价格总水平比上年上涨2.3%。

农村经济平稳发展，农业结构逐步优化。全年完成农业总产值151.79亿元，同比增长4.7%。其中，种植业88.19亿元，增长3%；林业1.55亿元，增长39.5%；牧业36.88亿元，增长8.5%；渔业23.37亿元，增长3%。农业产业化取得新进展，20万亩优势农产品正规化基地基本建成，一批畜禽养殖小区建设启动实施，发展了一批销售收入过亿元的龙头企业。全年农产品加工业实现销售收入72亿元，增长12.5%。农村居民人均纯收入3497元，同比增长6.1%。

工业生产快速增长，经济效益进一步提高。全年实现工业总产值598.8亿元，增长13%。其中，规模以上工业增加值427.84亿元，增长14.3%，占全市GDP的25.7%，比上年提高1.3个百分点。全市工业企业经济效益综合指数达138%，比上年提高4.5个百分点。高新技术产业规模进一步壮大，总产值达到556亿元。主导行业发展势头良好，对工业增长的支撑作用增强。钢铁、汽车、光电子、石化、烟草及食品等行业总产值占全市规模以上工业总产值的比重达到61.5%，比上年提高2个百分点。

第三产业保持高速增长，住房、汽车、通讯、教育和文化体育休闲等消费热点持续升温。全年第三产业完成增加值826.4亿元，同比增长12.5%。消费品市场保持活跃，克服“非典”影响，全年完成社会消费品零售总额853.99亿元，同比增长12%。房地产市场产销两旺，全年房地产业实现增加值54亿元，同比增长17%；房地产投资169.55亿元，增长28%；实现房屋销售额112.46亿元，增长29.5%。重点汽车商品交易市场零售额23.5亿元，增长1.3倍。限额以上通讯器材类商品销售额18亿元，增长60.1%。

旅游服务业受“非典”影响严重，全年接待海外游客22.4万人次，下降41.5%，国内游客2098.5万人次，下降14.2%，实现旅游总收入159.8亿元，下降19.4%。

对外经济保持高速增长。全年武汉市实现进出口总额31.36亿美元，同比增长42.3%。其中，出口14.81亿美元，增长35.8%，进口16.55亿美元，增长48.6%。对外工程承包和劳务合作保持良好势头。全年对外工程承包和劳务合作营业额8800万美元，增长21.1%；新派各类劳务人员2316人，增长0.8%。

固定资产投资加快增长，投资结构不断优化。全年完成全社会固定资产投资645.06亿元，同比增长13.1%，比上年提高0.9个百分点，增幅为1997年以来最好水平。一、二、三产业投资之比由上年的1.5:24.2:74.3变为2.3:26:71.7，非国有经济投资占全部投资的比重达到57.7%，比上年提高5.7个百分点。重点建设项目对全市的支撑作用增强，全市50项市级重点工程完成投资额171.16亿元，占全市投资比重达26.5%，比上年提高3.4个百分点。

社会保障体系进一步完善，各项社会事业取得全面发展。全年新增就业岗位10.5万个，安置大中专毕业生就业1.1万人。完善落实再就业政策，积极帮助困难人员就业，扶持下岗人员再就业8万人；一家多人下岗家庭中有劳动能力和就业愿望的人员，确保了每户推荐一人上岗。加强社会保障工作，市本级财政拨出2.2亿元，确保了国有企业下岗职工基本生活费和离退休人员养老金按时足额发放。城镇已全部建立了最低生活保障制度，城镇居民享受最低生活保障补贴户次数129.3万户次，共计338.1万人次，基本实现应保尽保。养老、失业、医疗保险新增参保人员分别达到9.6万人、6.73万人和51.2万人。加强公共卫生体系建设，疾病预防控制体系、公共卫生信息网络体系、卫生监督执法体系初步建成，与特大中心城市相适应的现代公共卫生体系基础框架基本形成。同时，建立健全各种预警和应急机制，城市应对突发事件和风险的能力进一步增强。

【投资环境与利用外资】积极改善投资环境，大力推进招商引资，利用外资规模加速增长。2003年，武汉市逐步完善了外资重大项目协调会、重点项目和企业跟踪服务、市长与外商对话、网上审批、网上年检等工作制度和机制，进一步优化了投资环境。强力构筑招商引资平台，精心组织了武博会、光博会、武洽会、华创会、汉港经贸洽谈会等重大招商活动。全年利用外资规模创造历史新高，新批外商投资企业185家，合同利用外资23亿美元，同比增长42.5%；实际利用外资17.6亿美元，增长11.7%。其中，外商直接投资10.6亿美元，增长23.3%。

利用外资结构进一步优化，全年新批总投资1000万美元以上的外资大项目24个，新增7家全球著名跨国公司和500强企业来汉投资。全市累计批准“三资”企业4263户，其中新批185户。制造业成为外商投资新热点。

【重点项目介绍】2003年，纳入市级目标管理的重点工程建设项目50项，全年完成投资额171.16亿元，超年度计划目标9个百分点，同比增长30.3%。重点项目投资占全市投资比重达26.5%，比上年提高3.4个百分点，为近几年武汉市重点建设投资完成最多、增幅最大、占比例最高的一年。其中，武钢二热轧、普天工业园等项目投产；东风本田汽车、神龙公司汽改、武钢二冷轧、亚东水泥、阳逻电厂三期工程、农业特色产业园等项目稳步推进；乙烯等重大产业项目的策划工作取得积极进展；城市道路、通信网络建设等工程超额完成全年目标。列入市级目标管理的82项重大前期项目实现了年度工作目标，其中48项已开工建设，完成投资15亿元。全年策划重大项目完成92项，其中28项转入2004年市级重大前期项目计划，1项转入2004年市级重点工程建设计划，实现了策划一批、准备一批、开工一批的持续滚动推进。重大项目建设成为全市固定资产投资增长的重要支撑。

【区级经济发展】2003年，武汉市区级经济继续保持快速发展态势，其主要经济指标在全市经济中的比重逐步提高。全市13个区全年全口径财政收入123.3亿元，同比增长21.2%，占全市全口径财政收入比重为53.4%；地方财政收入39.72亿元，增长26.1%，增幅高于全市9.9个百分点。13个区规模以上工业企业实现总产值261.76亿元，同比增长26%，占全市规模以上工业企业总产值的比重为19.6%；规模以上工业企业实现增加值89.5亿元，增长20.8%，比全市平均增幅高6.7个百分点，占全市规模以上工业企业增加值的比重为20.9%，与上年基本持平。

13个区投资强度加大，全年共完成投资168.79亿元，同比增长23.79%，比全市平均增幅高10.19个百分点，占全市社会固定资产投资26.17%，比上年提高2.2个百分点；全年实现社会消费品零售额542.34亿元，增长14.39%，比全市平均水平高2.39个百分点，占全市社会消费品零售总额的63.51%，比上年增长近2个百分点。

长沙市

【经济与社会发展】2003年，长沙市经济总量再次迈上新台阶。GDP达到928.22亿元，同比增长14%，增幅比全国快4.9个百分点；比全省快4.4个百分点；为1997年以来增长最快的一年。其中，第一产业增加值83亿元，增长4.8%；第二产业增加值393.92亿元，增长20.3%；第三产业增加值451.3亿元，增长10.5%。三次产业的比例为8.9:42.5:48.6。按户籍人口计算，人均GDP达15506元，同比增加1759元，增长12.6%。

农业和农村经济平稳发展。全年完成农林牧渔业总产值137.16亿元，同比增长5.4%。其中，农业总产值69.4亿元，增长3%；林业总产值7.09亿元，增长14.1%；牧业总产值52.74亿元，增长6.5%；渔业总产值6.1亿元，增长14.6%。全市有国家、省、市各级农业产业化经营龙头企业30家，连接基地、带动农户的能力不断扩大。

工业生产快速增长。全年完成全部工业总产值803.5亿元，同比增长21.35%。其中，规模以上工业企业工业总产值533.93亿元，增长27.76%；规模以下工业企业工业总产值269.57亿元，增长6.91%。

以第五届全国城市运动会为契机，固定资产投资快速增长。全年完成全社会固定资产投资494.97亿元，同比增长36.52%。其中，国有经济及其他投资418.55亿元，增长43.68%；城乡集体经济投资24.35亿元，增长53.68%；城乡居民个人投资48.64亿元，增长25.56%。按投资管理渠道划分，基本建设投资211.21亿元，增长37.31%；房地产开发投资122.56亿元，增长49.84%；更新改造投资72.37亿元，增长65.08%。

市场价格总水平保持基本稳定。全年居民消费价格总指数上升0.9%，消费品市场平稳增长。全市实现社会消费品零售总额452亿元，增长12.7%，剔除物价因素实际增长13.6%。商品交易市场大型化已经成为新的趋势，全市有亿元以上市场24家，实现商品成交额225.9亿元，同比增长19.7%。消费需求拉动GDP增长3.9个百分点，增长贡献率为27.9%。全年共接待国内旅游者2160万人次，增长5%。国内旅游收入115.4亿元，同比增长27.8%。接待入境旅游者4.85万人次，国际旅游外汇收入2400万美元。

交通运输业稳步发展。全年完成全社会运输周转量120.63亿吨公里，增长8.41%。旅客周转量81.79亿人公里，增长10.61%。货物周转量88.71亿吨公里，增长10.95%。邮电业继续平稳发展。全年完成邮电业务总量

(现价) 41.1亿元，增长13.48%。局用电话交换机总容量达187.06万门，增长1.45%；电话普及率58.86%，增加11.6个百分点。本地电话用户达159.87万户，增长17.2%；移动电话用户196.79万户，增长34.78%。计算机互联网络用户继续增长，用户达65.44万户，增长3.97%。

全年全市实现进出口总额（海关口径）20.44亿美元，同比增长22.8%。其中，进口9.46亿美元，增长47.4%；出口10.98亿美元，增长7.4%。出口拉动GDP增长0.7个百分点，增长贡献率为5.1%。

金融业保持稳定健康运行态势。年末全市金融机构现金收入3879.22亿元，同比增长19.12%；现金支出3816.46亿元，增长19.73%；货币回笼62.76亿元。存贷款余额稳定增加，年末金融机构各项存款余额（本外币合计，下同）1598.7亿元，比年初增加305.46亿元。各项贷款余额1629.42亿元，比年初增加362.67亿元。保险事业快速发展。全年保险机构保费收入28.3亿元，同比增长29.3%。赔付4.52亿元，减少16.1%。

科研机构不断加强，科研队伍进一步壮大。全市拥有科学研究开发机构97个，从事研究和开发人员27万人，比上年增长5.3%。在财政支出中，科技经费支出1.6亿元，同比增长8.1%。科研成果不断涌现。全年共取得省部级以上科技成果120项；专利申请1972件，增长19.73%；授权专利1261件，增长53.03%；签订技术合同1825项，成交金额12.8亿元，增长39.1%。

社会福利、劳动保险事业进一步发展。全市拥有社会福利院、敬老院、养老院、光荣院等138所，床位4807张，收养人数3816人。城镇各种社区服务设施1714处。筹集社会福利资金1413万元，增长10.3%；接受社会捐赠646.6万元，增长16.4%。全市社会保障体系进一步完善。参加失业保险职工达49.45万人，增长4.23%；领取失业保险金5.33万人，增长25.23%；参加基本养老保险的职工51.8万人，增长0.67%；基本养老金社会化发放率为100%；参加基本医疗保险的职工62.23万人，增长22.55%。全市最低生活保障救济14.33万人，下降5.5%。

教育事业不断取得新成就。全市共有普通高校37所，研究生培养单位10个；普通高中91所，初中学校267所，普通小学1580所。普通高校在校学生26.86万人，比上年增长33.04%；在读研究生1.67万人，增长36.9%；普通高中在校学生11.30万人，增长16.2%；初中在校学生31.99万人，下降5.7%；普通小学在校学生31.36万人，下降8.3%。小学适龄儿童入学率99.9%，小学生初中入学率99.9%。

文化、艺术事业稳步发展。全市拥有艺术表演团体12个，文化馆10个，公共图书馆7个，博物馆13个，档案馆14个。全年出版报纸8.78亿份，比上年增长23.39%，杂志出版量1.24亿册，增长14.27%，图书出版量3亿册，下降9.22%。广播电视事业保持较高发展水平，全市广播综合人口覆盖率达96.5%；电视综合人口覆盖率达97.5%。

卫生事业稳步发展，医疗卫生条件不断改善。全市拥有卫生机构1291个，其中医院、卫生院282个，卫生防疫、防治机构11个，妇幼保健机构11个；卫生技术人员2.99万人，其中职业医师、职业助理医师1.17万人，注册护士1万余人。卫生机构床位2.34万张，其中医院、卫生院2.1万张。每千人拥有职业医生、职业助理医师、注册护士3.55人，每千人拥有床位3.91张。体育事业取得可喜成绩。全年获得世界冠军1个。成功举办了第五届全国城市运动会，在城运会上，长沙市运动员共取得金牌19枚，金牌数位列参赛城市第5位。

人口数量平稳增长。年末总人口601.76万人，比上年增长1.1%。城市化率为49.16%，比上年上升2.26个百分点。劳动就业情况发展稳定。年末全市从业人员356.35万人，增长4.3%；城镇登记失业率为4.2%。

城乡居民生活水平继续稳步提高。全年城市居民人均可支配收入9933元，比上年增加912元，增长10.1%，剔除物价因素，实际增长9.1%；全年城市居民人均消费性支出8330元，增加476元，增长6.1%。城市居民恩格尔系数为31.6，下降0.7个百分点。农民人均纯收入3745元，增长8.2%，剔除价格因素，实际增长7.2%。农民人均生活费支出3172元，增长6.8%。农村居民恩格尔系数为43.5，下降1个百分点。农村居民人均住房面积48.43平方米，增加4平方米。

【投资环境与利用外资】长沙市地处长江沿江开发带和华南经济圈的交汇点，属湖南“一点一线”（一点指长沙、株洲、湘潭城市群，一线指京广线）区域经济发展战略的重中之重。特别是作为长株潭经济一体化的核心城市，具有优越的区位环境优势。

长沙交通通信便利。已基本形成了水陆空现代化交通体系，长沙黄花机场是国际航空港，已开通35条航线，可直飞北京、上海、广州、深圳、香港、曼谷等特大城市和地区。以长沙为中心的高速公路网已经形成，107、319、京珠高速等公路均交汇于市区。长沙是全国铁路交通枢纽，京广复线贯穿南北，湘黔、浙赣、石长线连接东西。长沙港口主枢纽霞凝港区正在建设之中。长沙综合通信能力居全国第3位，可与全国各地和世界180多个国家和地区进行通信联系。

长沙城市基础设施完备，全市有6个自来水厂，日供水能力132万吨，有35千伏以上变电站72座，主变容量350.58万千伏，城区交通便捷，“六桥三环”城市交通主骨架格局基本形成。城市环境综合治理成效显著，全市森林覆盖率达51%，城区绿化覆盖率为35%。

长沙市环境保护工作取得显著成效。全市建成区绿地面积达4974.3公顷，绿化覆盖率为36.6%。全市拥有生态示范区建设试点地区和单位5个，自然保护区14个，自然保护区面积19316公顷。建成烟尘控制区27个，控制区面积173平方公里。建成环境噪声达标区20个，达标区面积97.8平方公里。地表水满足Ⅲ类标准的断面比例达100%。

长沙开放步伐不断加快。已与日本、新加坡、韩国、美国等8个国家的9个城市结为友好城市，并加入了亚洲城市发展战略组织，对外交流活动频繁，外商投资不断增加，利用外资取得进展。全年利用外资项目122个，比上年增加19个；合同外资金额7.77亿美元，同比增长61.42%；实际使用外资金额5.02亿美元，增长53.19%。LG、伊莱克斯、麦德龙、沃尔玛等世界500强企业落户长沙，外资投资领域全面拓展，投资效益大幅提高。

【重点项目介绍】2003年，长沙市重点工程进展顺利，全年完成投资90亿元，新修编的城市总体规划已经国家批准，橘洲—滨江生态景观规划招标已经完成。城市环境进一步改善，新增城市公共绿地面积105万平方米，第一污水处理厂扩建工程投入运行，固体废弃物处理厂启动使用。小城镇建设稳步推进，完成基础设施投资41亿元。

南宁市

【经济与社会发展】2003年，南宁市经济和社会全面发展。全年GDP达到502.53亿元，同比增长10.9%。其中，第一产业增加值95.65亿元，增长3.7%；第二产业增加值148.46亿元，增长19.3%；第三产业增加值258.42亿元，增长9.4%。三次产业结构比例为

19.04∶29.54∶51.42。人均GDP达到7874元，增长9.86%。实现财政收入61.06亿元，增长16.23%。其中，一般预算收入36.24亿元，增长18.71%。非公有经济发展情况良好。非公有经济实现增加值250亿元，占全市经济总量的49.61%，比上年提高0.9个百分点，拉动全市经济增长6.2个百分点。

农业和农村经济稳步发展。全年完成农林牧渔业总产值151.93亿元，同比增长2.92%。其中，农业产值93.63亿元，下降0.37%；林业产值4.42亿元，增长37.09%；畜牧业产值43.16亿元，增长6.72%；渔业产值8.96亿元，增长5.43%；服务业产值1.76亿元，增长1.44%。农林牧渔业内部各产业结构比重为：61.63∶2.91∶28.41∶5.89∶1.16。

工业经济快速增长，全部工业完成总产值301.91亿元，同比增长13.45%。470家规模以上工业企业完成工业产值208.38亿元，增长19.56%；盈亏相抵后实现利润6.76亿元，增长80.91%；实现利税26.28亿元，增长38.41%。建筑业发展迅猛。实现增加值45.37亿元，增长40.5%。全年房屋施工面积1218.82万平方米，增长40.84%；房屋竣工面积401.41万平方米，增长38.86%。

固定资产投资增加较快。全年完成全社会固定资产投资190.04亿元，同比增长21.22%。其中，基本建设投资96.99亿元，增长17.6%。更新改造投资27.78亿元，增长30.09%。房地产投资39.48亿元，增长61.31%。新增固定资产116.43亿元，增长64.84%。

项目招商引资工作成果明显。重点招商引资项目计划总投资141.4亿元，项目推出后受到了各界投资商的好评。在南宁国际民歌艺术节南宁市投资贸易洽谈会上，全市共签约招商引资项目51个，合同总金额108.26亿元。其中，内资项目合同32个，合同金额92.66亿元；外资项目合同19个，合同金额1.88亿美元。

国内贸易继续发展。积极引进国际国内品牌连锁企业进入南宁，包括沃尔玛、北京王府井等一批国内外大型零售企业。对外经济贸易发展势头强劲。全年实现海关进出口总额6.58亿美元，同比增长32.46%。其中，出口5.11亿美元，增长25.52%。进口1.46亿美元，增长64.19%。

服务业虽然在春末夏初遇到了非典疫情的较大打击，遭受相当大的损失，但随着整体经济的较快发展，还是得到了比较快的恢复和发展。从全年总体情况上看，服务业不仅仍然发展较快，而且是经济发展的重要力量。交通运输业稳步发展。年客运总量7017万人，下降16.96%；货运总量5893万吨，增长9.29%。邮电通信业在竞争中发展。全年邮电业务总量19.16亿元，增长6.67%；年末市话交换机总容量128.06万门，增长10.67%；电话用户数267.86万户，增长46.6%，其中移动电话用户数147.65万户，增长67.27%；电话（含移动电话）普及率每百人40.91部。国际互联网用户达到34.69万户，增长32.65%。

科学技术事业取得新的进展。共组织实施创新计划项目358个，其中工业152个，农业54个，高新技术产业63个，信息技术产业48个，科技创新能力建设31个，科技素质提高10个。教育事业继续发展。小学适龄儿童入学率100%，小学毕业升学率100%；初中毕业升学率70.2%；高中阶段学校招生3.73万人。

人民生活水平稳步提高。在岗职工年平均工资13048元，同比增长14.73%。城市居民人均可支配收入9162元，增长4.16%；农民人均纯收入2231元，增长5.68%。居民消费价格总水平上涨0.8%，全年实现全社会消费品零售总额254.98亿元，增长12.33%。年末城乡居民储蓄存款余额451.5亿元，比年初增长15.29%。

社会保障工作继续加强，保障体系进一步健全。全市各类参保人员29.74万人，增长23.97%。失业保险参保27.74万人，增长

3%。医疗保险参保35.9万人，增长17.32%。得到政府社会保障救济的有93601人，得到抚恤、补助的各类优抚有10611人。全年向85924人发放了城市居民最低生活保障金。年末城镇登记失业人员2.4万人，失业率3.45%。

【投资环境与利用外资】2003年，南宁市的投资环境进一步得到改善。形成了航空、铁路、公路、水运支撑的四通八达的立体物流体系，形成了有线、无线共营的便利快捷的现代信息流系统；既有畅通的市内路桥交通网络，也有充足的水、电、燃气供给能力；既有丰富的市场供给，也有高新技术产业开发区、经济技术开发区、华侨投资区等国家级、省级开发区作为依托，给投资者提供了可靠的投资保障。

重视环境保护，实施可持续发展战略，以及亚热带的气候条件，使南宁市逐步具备了“中国绿城”的雏形。南宁市巩固了“国家园林城市”、“全国卫生城市”、“中国优秀旅游城市”、“全国文明城市”、“中国人居环境奖”、“全国科技进步先进城市”等一系列国家级奖项的成果。

南宁市既实行沿海开放城市的政策，也享受国家西部大开发的优惠待遇，还拥有少数民族自治区首府特有的半个立法自主权，我国同时具备上述三种政策优势的省会（首府）城市唯有南宁市。

南宁市联合行政审批大厅，为投资者提供看得见、摸得着的“一条龙”便捷服务；实行行政效能督察制度，进一步提高了政府的办事效率；政府着力营造公开、公平、公正的市场环境，为守法经营、有序竞争提供保证。

利用外资的情况进展迅速。全年新批外商投资企业60家，比上年增加9家；合同外资额3.42亿美元，增长86.78%。外商直接投资8900万美元。利用外资项目总体规模进一步增大。每个项目平均合同外资额403.77万美元，增长12.38%。

【重点项目介绍】2003年，南宁市列入自治区重点项目目录的项目（含子项）共27个。重点建设14个项目完成投资18.02亿元。重点前期13个项目完成投资1.04亿元。

南宁公路主枢纽金桥客运站：计划总投资6972万元。按公路客运站一级站要求建设，日发送旅客能力1.4万人次。占地面积92294平方米，总建筑面积15405平方米。

南宁中转港：计划总投资23986万元。一期建设两个1000吨级泊位，一期年通过能力100万吨。项目全部建成后年通过能力450万吨，将来随着运量的增长，再逐步扩建。南宁港是西江航运干线的龙头港，是西南地区出海通道的枢纽港之一，是联结北部湾港口群、西江航运干线和南昆线的枢纽。

南南铝箔公司年产20万吨高精度铝合金板带材：计划总投资146076万元。建设一条年产20万吨高精度铝合金板带材生产线，建设连铸连轧车间、压延车间以及供电、供气、给排水系统和办公楼、仓库、油库等公辅设施，计划2004年下半年开工建设。

南宁糖业年产2万吨糖蜜味精一期工程：计划总投资1.2亿元。充分利用原厂址的水、电配套设施，采用先进的发酵工艺，以公司自有甘蔗糖蜜为原料生产糖蜜味精，生产规模为年产糖蜜味精2万吨。

南宁市农贸市场改超市：计划总投资3亿元。南宁市新民族影城建设工程：计划总投资1.88亿元。拟建设1个五星级影院，总建筑面积约5.3万平方米，建设相应配套的娱乐文化场所，包括2万平方米的商场和2万平方米公寓式住宅。

【中国—东盟博览会（南博会）】2003年10月8日在印度尼西亚巴厘岛，中华人民共和国国务院总理温家宝提出，从2004年起每年在中国广西南宁举办中国—东盟博览会的提议得到了东盟各国的积极响应。

从2003年10月起，南宁市为配合举办南博会积极进行准备。南博会将为创建“中国绿城”带来新机遇：

由于南宁被确定为中国—东盟博览会的永久会址，城市在会展等大型活动、食宿、娱乐、游览、交通、景观、水电气供应、排水、通信、安全、医疗、环保、环卫等方面对基础设施的需求将会极大地释放出来。为适应需要，南宁市在城市基础设施建设、改造、完善上筛选出了一大批项目，安排了相当数量的资金，提出了分步骤实施的任务，自治区为此也拨出一部分资金给予支持，国家政策性银行、商业银行也给予贷款支持。从2004年起，未来几年南宁市为配合南博会举办而计划建设的项目超过200项，计划总投资额达到650亿元左右。

成　都　市

【经济与社会发展】 西部大开发战略实施4年来，成都的国民经济保持持续快速发展的良好势头。综合经济实力明显增强。GDP由1999年的1190亿元增加到2003年的1870.8亿元，年均增长12.5%，分别比全国、全省平均水平高出4.5和2.7个百分点。人均GDP由1999年的11897元升至2003年的17914元。

经济结构调整取得实质性成效。一、二、三产业协调发展，农业产业化经营步伐加快，工业整体素质和竞争力不断提高，金融、旅游、会展等现代服务业和民营经济快速发展，三次产业比例由1999年的10.4:44.7:44.9调整为8.2:45.9:45.9。财政收入大幅增长，由1999年的104.8亿元增加到2003年的216.1亿元，年均增长20.8%。

改革开放不断取得新进展。国企改革、农村税费改革等各项改革不断推进，政府职能转变取得实效，投融资体制改革全面推进，大幅度削减行政审批事项，累计减少658项，进一步优化了投资和发展环境。

对外贸易快速增长。全年实现进出口总额25.2亿美元，比1999年增长56.1%，其中出口13.5亿美元，比1999年增长82.5%。

城乡面貌发生了巨大变化。机场高速、绕城高速、成灌高速等相继建成，成彭、成温邛高速公路正抓紧施工，全市实现县县通高速公路。旧城改造力度加大，城东、城南副中心建设正式启动，东郊工业区结构调整和沙河综合整治全面展开，府南河延伸整治、中心城区水环境整治、畅通工程、城市环境综合整治工程顺利推进。中心城建成区面积由1999年的202.3平方公里扩展到290.4平方公里，县城和重点小城镇建设日新月异。紫坪铺水利枢纽工程、城乡电网改造工程、天然气综合利用工程顺利实施，污水和垃圾处理能力明显增强。

城乡人民生活水平有了显著提高。2003年城镇居民人均可支配收入9641元，农民人均纯收入3655元，比1999年分别增加2543元和872元。城镇居民和农村居民恩格尔系数分别由1999年的43.9%、53.6%下降到2003年的38.3%、46%。就业和再就业工作成效显著，科技、教育、文化、社会保障等各项社会事业全面发展。

【投资环境与利用外资】 实施西部开发以来，成都的投资环境进一步改善，外资利用水平进一步提高。成都市市场直接辐射重庆、云南、贵州、陕西和西藏等周边省市自治区。2003年社会消费品零售总额达771.5亿元人民币，居西部第一。德国的麦德龙、法国的家乐福、美国的普尔斯马特、日本的伊藤洋华堂等15个境外知名商家在成都落户。全市基本建成了以全国性市场为龙头、区域性批发市场为骨干、零售市场为基础、大中小结合、多种经济成分和多种经营方式并存、功能完善的商品市场体系，是西部地区重要的商品物资集散地。

成都是西南地区的交通通信枢纽，是全国公路网密度最大的地区之一。宝成、成渝、成昆、成达铁路在成都交汇。双流国际机场是全国七大航空港之一，年旅客吞吐量居全国第6位，有国内航线70余条，国际（地区）航线7条。3条国道公路主干线交汇成都；成渝、成绵、成乐、成雅、成灌、成南等6条省内高速公路建成通车，市域内区（市）县1小时交通已成现实。市区相继建成了一环路、二环路、三环路、绕城高速公路等重要通道，形成了环状加放射状的立体交通网络。水电气供给充足，公共服务日趋完善。通信业发展迅速，是全国六大电信、邮政交换中心之一。

成都是中国西部地区重要的科技研发中心和智力资源库，全市有科技人员49万多人，高等院校22所，国家级重点实验室17个，博士后流动站12个，国家级重点学科17个，两院院士28位，科技实力在全国大中城市中居于前列，在西南地区名列第一。在电子、生物、新材料、光学、光纤通讯、核技术、激光和航空航天等高科技领域，具有较强的研究开发能力。

成都是中国人民银行及4大国有商业银行大区分行、中国证监委大区证监办所在地。全市金融机构金融业务交易量、外资金融机构设立的分行或代表处居中国西部城市首位。证券业务成交量仅次于上海、深圳，列全国第3位。英国渣打银行、美国花旗银行、法国巴黎银行、香港东亚银行等10多家外资金融机构在成都设有办事处。成都市已建立中小企业担保基金、科技投资风险基金，地方商业银行初具规模，信托投资业发展良好。全市有近3000多个金融网点，能为企业和社会各界提供多元化的金融服务。成都市正在建设西部金融中心，投融资环境将进一步改善。

成都市是国家重要的综合性大型工业基地之一，2003年工业实现增加值670.4亿元，增长15.1%，形成了以电子信息、机械（含汽车）、医药、食品四大产业为主导的工业体系，壮大了冶金和建材产业，正在积极培育发展石油化工产业。拥有国家级开发区4个、省级开发区10个，在西部最先建立了出口加工贸易区，IT业和现代中医药业等高新技术产业增长迅速。2003年，成都高新技术产业开发区实现增加值213亿元，工业总产值485亿元，技工贸总收入609亿元，出口创汇2.8亿美元，主要经济指标已跃居全市第一位，在全国53家国家级高新区中，综合经济实力名列前茅。全球500强企业中有21家入驻高新区。

成都有十分丰富的旅游资源，都江堰、青城山为世界文化遗产，武侯祠和杜甫草堂举世闻名，“古蜀文明、三国文明、成都美食、熊猫保护、天府风光”五大特色十分鲜明，以成都为枢纽的周边地区聚集了九寨沟、三星堆、峨眉山和乐山大佛等一大批世界级旅游景区景点，发展潜力巨大的旅游业正在成为新的主导产业。

近年来，成都市在不断改善硬环境的同时，积极推进投资体制改革，改进政府服务，投资软环境日趋完善。出台了《成都市人民政府关于加快成都市投资体制改革的决定》及13个配套文件，减少市场准入限制，减少审批事项，改革投资项目管理方式，清理与WTO规则不相适应的地方法规、规章和政策，全面推进规范化服务型政府建设。建立了成都市招商引资局、外商投资管理服务中心和外商投诉中心，以及外商投资企业座谈会制度和外商投诉处理工作责任制。实行“一站式”办公，“一条龙”服务。

良好的投资环境，使成都正在成为国内外客商投资的重点城市。2003年实际利用外资5亿美元，比1999年增长1.2倍。已同世界上80多个国家和地区建立了经济贸易关系，全市累计批准外商投资企业3157家，全球500强企业已有77家在成都设立企业和办事处。美国联合技术、英特尔、康宁、摩托罗拉、日本丰田、德国西门子、法国拉法基等已到成都投资。

2003年8月，世界IT产业巨子英特尔公司投资3.75亿美元在成都建设芯片封装基地正式签约，说明成都投资环境已具有较强的竞争力。台湾机电电子公会最近公布的调查报告中，将成都列为全国第八、中西部惟一极力推荐投资的城市。世界银行、国际金融公司和日中经济协会的评估报告认为，以成都为核心的成都平原经济圈已成为外商投资中国内陆的首选地区，其投资环境已接近长江三角洲和珠江三角洲的水平。

【重点项目介绍】2003年，成都市重点项目建设进度加快，一批项目提前建成或投产。全年重点项目累计完成投资近230亿元，占全市固定资产投资的26.7%，同比增长1.25倍。

完工重点建设项目23项，其中投资额比较大的有：攀钢集团成都钢铁公司炼钢炼铁系统改造投资6.07亿元、老川藏路武侯段改建工程投资5.2亿元、牛龙公路改建工程投资3.38亿元、110千伏输变电一期工程投资2.5亿元。

续建重点建设项目45项，其中投资额比较大的有：四川省紫坪铺水利枢纽工程投资10.88亿元、成温邛高速公路投资3亿元、成都卷烟厂易地技改投资3亿元、成彭高速公路投资2亿元、“中国西部鞋都”工业园区一期工程投资2亿元、成都赛玛气调保鲜贮藏加工基地投资1.8亿元、成都信息港投资1.8亿元、氨纶包覆纱生产线投资1.73亿元、川化集团有限责任公司合成氨技改项目投资1.5亿元。

新开工项目28项，全年投资29.79亿元。其中投资额度比较大的有：成都发动机（集团）搬迁改造投资3.8亿元、村村通水泥（沥青）路（1500公里）投资3.75亿元、县级公路改造（150公里）投资3亿元、成都铁路北编组站投资3亿元、县城电网建设与改造（含部分110千伏项目）投资3亿元、高新区（西片区）道路工程投资2亿元、宝成复线青白江—成都段增建第二线投资2亿元。

贵阳市

【经济与社会发展】2003年，贵阳市经济持续快速健康发展，全年GDP达到380.92亿元，同比增长13%。其中，第一产业增加值28.81亿元，增长6.7%；第二产业增加值191.94亿元，增长14.8%；第三产业增加值160.17亿元，增长11.8%。三次产业在GDP中的比重为7.6:50.4:42，产业结构日趋优化。

围绕农业增效、农民增收、农村稳定这一目标，贵阳市依托市场需求，以农业产业化经营为主线，以发展绿色食品产业为突破口，大力发展畜牧业、药业和花卉业，促进了农业生产全面发展。全年实现农业增加值28.81亿元，同比增长6.7%。种植业结构继续调整，粮食种植面积13.45万公顷，油菜籽种植面积3.58万公顷，蔬菜种植面积3.9万公顷。造林面积1.02万公顷，退耕还林面积4700公顷，幼林抚育作业面积1.78万公顷。按照城郊型农业的发展思路加快发展现代农业。观光型、生态型农业初具规模，一批各具特色的蔬菜、水果、花卉及养殖等农产品生产基地已经形成，全年生产蔬菜82.4万吨、粮食56.35万吨、水果5.41万吨、烤烟1.66万吨、肉类15万吨。

经过多年的建设与发展贵阳市形成了自己的特色与优势，为经济社会发展奠定了基础。全年卷烟、铝、轮胎、磷肥、中成药、汽车零部件、光学仪器等重点产品产值大幅增长；大屏幕数字彩电、微硬盘、移动电话等高新技术产品增势强劲。水晶集团聚乙烯醇等20个重点技改项目投产或达产增效；岭南钢铁、娃哈哈、天津塑力电缆等一批招商引资项目竣工投产。主要产品产量：生产原煤612.69万吨，铝24.57万吨，铝材5928吨，铁合金7.75万吨，磷矿石492.73万吨，钢芯铝胶线16628吨，轮胎外胎301.56万条，彩色电视机42.69万部，化肥53.33万吨，中成药8267吨。

坚持“科教兴市”战略，围绕贵阳市产业结构重点，大力实施科技计划项目和各类专项，加快高新技术产业和农业科技化的发展。全年安排科技三项费4500万元，实施科技计划项目120项，完成科技成果鉴定32项，科技成果验收27项，推广了一批关键技术和先进实用技术，高新技术产业园、科技示范园、知识经济产业园区发展步伐加快。以科技体制改革为动力，构建科技创新和产业化的技术体系、服务体系、宏观调控体系和社会多元化投入体系，科技创新能力不断增强。

2003年，贵阳市新增华锋电器、威门药业、海信电子等9家省级企业技术中心。继续巩固“普九”成果，高等教育招生规模继续扩大，素质教育水平继续提高。防疫工作进一步加强，城市社区卫生服务网及县、乡、村三级医疗预防保健网进一步健全，已逐步建立卫生监督和疫病预防控制体系，公共卫生突发事件的应急能力有了提高。年末贵阳市辖区有乡卫生院以上卫生机构279个，平均每千人拥有卫生技术人员和医疗床位4.54人和4.21张。群众体育、竞技体育和体育产业继续协调发展。全年组织承办了2项全国青少年比赛，举办了“元旦—春节全民健身活动”。在全国性体育比赛中，共获得金牌9枚，银牌11枚，铜牌9枚；超2项残疾人游泳世界记录，破1项残疾人游泳全国纪录。

全市有艺术表演团体11个、群众艺术馆2个、文化馆10个、公共图书馆9个。图书馆藏书量314万册，比上年增长1.7%；有广播电台2座，电视台2座，广播人口覆盖率99.1%，电视人口覆盖率96.5%。

居民收入继续增加，生活水平稳步提高。全年城市居民人均可支配收入7985元，同比增长9.3%。农民人均纯收入2510元，增长6.7%。居民食品消费支出占消费性支出的比重（恩格尔系数）为38.7%。城乡居民储蓄存款余额344.95亿元，增长19.8%。

【投资环境与利用外资】贵阳市交通经过多年建设，基本上形成了以贵阳为中心，连接贵州省各地（州、市）的公路主骨架网络。全市公路总里程已达2142.37公里。其中，高速公路106公里，一级公路49.1公里，二级公路225.68公里，三级公路552.3公里；高级和次高级路面公路达1154.76公里。改造农村公路1000公里，村公路总里程已达7894.58公里。尤其是近三年来，投资建设了贵开路、航天大道和开阳高金公路等重点工程，从2001年到2003年投资改造建设了1650公里县乡公路，改善了贵阳市的交通环境，完善了交通网络，为推动全市经济社会发展，起到了积极的推动作用。

抓住西部大开发的历史机遇，贵阳市城市基础设施建设步伐加快，公用事业综合服务水平不断提高。2003年年末市区道路总长度787公里，道路面积621.3万平方米，桥梁121座。建成区园林绿地面积4738公顷，建成区绿化覆盖面积4801公顷，公共绿地面积1691公顷。建成区绿地率38.8%，绿化覆盖率39.4%，人均公共绿地面积达12.4平方米。

为创建与自然相协调、舒适优美的人居环境和文明进步的人文环境，实现国民经济和社会的可持续发展，贵阳市初步确定了循环经济生态城市建设的工作重点。2003年，建设循环经济型生态城市工作顺利实施，大气环境质量有所改善，全市空气质量污染指数降至65，空气质量好于国家二级标准（优良）的天数达到351天，占全年总天数的96%；市区大气可吸入颗粒物年平均值为0.103毫克/立方米；二氧化硫年平均值为0.089毫克/立方米，酸雨污染得到有效控制。地面水环境质量进一步提高，水质达标率为94.44%，饮用水源水质达标率100%。

南明河是贵阳市的母亲河，南明河综合整治工程是改善人民生活质量和城市环境的民心工程，是老城区建设的重点，为使南明河“水变清、岸变绿、景变美”，必须加快南明河流域退耕还林还草及水土保持工作和污水处理项目的实施。对从花溪水库—四方河段16公里范围实施水土保持及植被恢复，花溪水库以上流域实施封山育林3000亩及生态环境建设80平方公里，在小黄河流域实施植被恢复2万平方米。花溪水库、小关水库扩建加高及改建工程，新增库容1000万立方米，改建水库220万立方米，年供水量4000万立方米。兴建截污沟10条、污水处理厂5个，使全市日处理污水能力达49万立方米。

加强对废水、废气、废渣和噪声等污染源的治理，新增工业废水处理能力8980吨/日和工业废气处理能力16.76万标立方米/时，主要污染物排放量进一步降低，治理污水、生活垃圾、工业固体废物取得明显成效。

2003年，贵阳市招商引资工作紧紧围绕“强市升位”的总体目标，按照“建设大贵阳”的总体要求，坚持“环境立市”，不断扩大对外开放水平。多形式、多渠道、重实效、上档次的开展招商引资工作，外资来源已扩大到30多个国家和地区。且投资领域不断拓宽，从以制造业为主逐渐转向二、三产业兼顾发展。在投资方式上，以合资企业为主，但外资企业发展也非常迅速，投资结构得到进一步优化。外商投资贵阳市优势产业和基础设施的项目有所增加，单项合同利用外资规模较大。国际知名企业进入贵阳的步伐逐渐加快。世界500强的零售业巨头沃尔玛已在贵阳开设分店，杭州娃哈哈有限公司与新加坡乐维有限公司共同投资成立的贵阳娃哈哈饮料有限公司项目也已经投产。现在贵阳市将铝加工、磷化工、新材料、现代中药、机电和绿色食品、旅游等七大产业确立为重点产业进行招商。

2003年，贵阳市完成机电产品进出口总额3.32亿美元，高技术产品进出口总额1.97亿美元。实际利用外资7492万美元。其中，直接利用外资4450万美元，引进内资实际到位资金90.26亿元。三资企业进出口总额2.42亿美元，占贵阳市外贸进出口总额的28.4%。

2003年8月，贵阳市党政代表团赴北京、天津、杭州、绍兴、义乌、温州等7个城市，开展招商引资和学习考察活动，签约33个项目，总投资70亿元。其中，内资项目24个，协议总投资49亿元人民币，外资项目9个，协议总投资2.52亿美元，合同引进资金24.8亿元。

【重点项目介绍】2003年，贵阳市重点项目建设进展顺利，全社会固定资产投资完成239.9亿元。一、二、三产业分别完成投资1.57亿元、57.86亿元和159.74亿元。

从2001年10月金阳新区基础设施建设全面启动以来，投入百亿余元基本完成17平方公里“三纵五横”道路主骨架建设及相应的管网系统，迎宾东西路、金西路、金阳大道南北段、观山路、兴筑路、诚信路、体育路全线通车，金北排水大沟全线贯通。2003年，金阳新区完成投资33.18亿元。新区范围内的给水、排污、污水处理、电力、通信、煤气等基础设施正在实施，工程进展顺利；到年底完成金阳新区南广场，体育路绿化广场以及道路人车分离带、道路绿化、道路边坡绿化等30.38万平方米。建设规模15550平方米，市委、市政府、市人大、市政协办公楼已完工。行政中心会议中心大楼、接待中心大楼、行政中心后勤服务中心、行政中心信息控制中心进入项目后期收尾阶段。

市急救中心、市肺科医院、市四医骨科医院、市老年公寓、贵阳美术群众艺术馆等建设工程相继建成。贵阳市西出口线、文化路、安云路、青云路等中心区道路已建成通车。连接主城区与金阳新区的主要干道上的最关键工程——小关特大桥于2003年12月建成通车。

昆明市

【经济与社会发展】2003年，昆明市经济增长速度加快，经济效益同步提高。虽然遇到干旱少雨、电力不足和突发“非典”疫情等不利影响，全市国民经济仍然保持了快速增长的势头，全年GDP达到812亿元，同比增长10.3%。其中，第一产业增长4.3%，第二产业增长11%，第三产业增长10.6%。完成地方财政收入62.9亿元，增长11.8%。

结构调整取得成效，优势产业继续壮大。农业种植养殖业结构和区域布局调整取得新进展。粮食和烤烟生产继续向适宜区集中，在稳定种植面积同时，依靠科技，提高质量和效益。蔬菜、鲜切花产量增加，外销比重分别达到65%和90%。畜牧业生产稳步发展，农业龙头企业新增20户，达到100户。农村税费改革全面启动。实施以工代赈和扶贫项目，重点用于小型农田水利、交通和片区开发，解决和改善山区、半山区人畜饮水困难。

落实工业强市战略，推动国有企业产权重组，完成312户国有企业改制，改革面达到67.4%。进一步巩固云内、云变、电缆等企业集团，引进战略合作伙伴，培育具有竞争力的新型企业，四川新希望集团对雪兰牛奶公司进行了产权重组，企业活力增强。全年规模以上工业经济效益综合指数146.4%，比上年提高17.8个百分点，工业产品产销率达99.05%，工业利税增幅达30%，基本实现速度效益同步增长。

利用高新技术和信息化改造传统产业，提高机电等制造业的科技含量，全市技改投资20.4亿元，完成了云内动力柴油机、云南三环公司磷铵生产线、安宁祥丰化肥股份有限公司、富民钛白粉加工等一批技改项目。加快安宁、阳宗海火电等一批基础工业建设，完成东川老工业基地改造方案上报。优势产业和骨干企业在经济增长中发挥了重要作用，烟草、医药、机电、冶金四大优势产业增加值占全市规模以上工业企业增加值的53.6%，昆明卷烟厂产值超过百亿元。

全年完成固定资产投资360亿元，同比增长23.3%，有效拉动了经济增长，投资结构发生了很大变化。基础设施建设落实银行贷款25.4亿元，建立财政有偿借贷和风险机制，充分发挥市、县（市）区与企业的作用，共争取国家和省的补助贴息3.1亿元，各级财政投资占全年完成投资额比重的10%，发挥了引导作用；民间投资比重超过40%，拓宽了投资渠道，促进了一批项目实施。

创新开发区招商引资机制，派美科技、金凤软件、云药集团等一批知名企业进入园区，带动了生物医药、烟草加工、机光电、电子信息等高新技术产业增长。落实鼓励非公有制经济发展政策措施，促进县域经济和非公有制经济发展，有11个县（市）区经济增长超过8%；全市非公经济的比重由38.2%提高到42%。

发展新型服务业和商贸流通业，连锁超市、电子商务等新型业态规模扩大，汽车、非义务教育、旅游消费进一步趋旺。居民消费价格指数上涨1.6个百分点，全年实现社会消费品零售总额328.4亿元，同比增长12.1%，实现旅游业总收入118.5亿元。整顿和规范市场价格秩序，组织教育、医疗服务、药品价格等专项检查，推行涉农价格和行政事业收费公示制度；在抗击非典期间，对受其影响大的行业和企业落实减免税费措施，建立价格监测日报制，依法打击价格违法行为，改善消费环境，维护群众切身利益。

社会事业全面进步，人民生活不断改善。

科技创新能力增强。全年安排科技三项经费4170万元，完成重点科技项目56项，进一步优化教育资源配置，加强基础教育，实施农村中小学危房改造6.1万平方米，优质高中扩招1500人，昆明大学等三校合并搬迁工作启动。

卫生、文化、体育等社会事业协调发展。加强农村和流动人口计划生育管理服务，人口自然增长率控制在6.9‰。加强公共卫生设施建设，积极防治“非典”疫情，完成第三人民医院长坡分院改造，申报全市10个县（市）区疾控中心、12个县级传染病院国债项目；市第一人民医院外科住院楼、延安医院门诊楼、市文化艺术生产基地、少体校搬迁、老年活动中心、消防指挥中心等社会发展项目取得进展。加强对困难职工的帮扶、救助，帮助1.1万余名下岗失业人员实现再就业，城镇登记失业率控制在3.3%以内。“两个确保”和城市低保工作进一步巩固，参加失业保险、基本养老保险和医疗保险职工分别达到72.1万人、80.4万人和59.9万人。城乡居民收入继续提高，城镇居民人均可支配收入7979元，增长8.1%；农民人均纯收入2581元，增长5.7%。

【投资环境与利用外资】2003年，昆明市发展环境进一步改善，对外开放继续扩大。进一步深化行政审批制度改革，改善投资环境和法制环境，全市取消精简行政审批事项382项，取消精简率达49.4%，建立投资项目审批“绿色通道”，提高办事效率和服务质量。

探索市政公用事业招商引资路子，实施公共汽车公司部分经营权转让，合资建设同仁医院、眼科医院，开展垃圾处理、供排水、煤气市场化运作前期研究；促进中国华电、大连万达、山东鲁能、新希望、世纪金源等国内著名企业进入昆明市投资。全市新批外商投资企业57户，实际利用外资5148万美元，增长39%；国内合作项目184项，实际引进市外资金44.8亿元。对外贸易较快增长，实现进出口贸易17.8亿美元，增长20.1%。

【重点项目介绍】启动现代新昆明建设，固定资产投资快速增长。加快了一批城乡基础设施规划建设。围绕改善城市交通、滇池治理、环境整治、水利和社会发展的突出问题，拓宽筹资渠道，实施重点续建工程11项，已竣工东风坝退塘还湖一期、采莲河综合整治、金碧公园、龙泉路下段改扩建、嵩明大石头及寻甸凤龙湾水库除险加固等6项。新开工20项。农村电网“一表一户”改造完成66.9万户，通过了省级验收。在建工程抓紧推进，掌鸠河输水工程、云龙水库、东川坝塘水库、主城排水管网改造等工程进展顺利。启动呈贡新区干道建设，环湖路东段、东绕城线、安晋公路和昆明高校迁建积极推进市场化运作，正抓紧规划和用地报批。滇池流域水污染防治“十五”计划26个子项目的前期工作全面展开。

拉 萨 市

【经济与社会发展】2003年，拉萨市国民经济与各项社会事业继续呈现良好的发展态势。全年GDP达到64.2亿元，同比增长16.8%。其中，第一产业增加值6.4亿元，增长3.2%；第二产业增加值15.3亿元，增长16.3%；第三产业增加值42.5亿元，增长

19.4%。三次产业比重为10:23.8:66.2。完成全社会固定资产投资34.8亿元，增长4%。

农牧业结构调整取得成效，农牧区经济保持稳定发展。围绕“三农”问题，在稳定和保持粮食综合生产能力的前提下，因地制宜进行农牧业产业结构调整，加大了扶贫开发、农田水利、乡村道路等基础设施建设力度，农区和城郊畜牧业、蔬菜、花卉等多种经营发展加快，农牧业结构调整取得成效，质量和效益有所提高，农牧区经济保持稳定发展。全年实现农业总产值8.65亿元，同比增长3.34%。全年粮食总产量18.35万吨，下降5.25%；油菜籽产量1.41万吨，增长12.8%。虽然全市牧区受到牲畜疫情影响，但总体形势良好。年末种类牲畜存栏165万头（只），与上年基本持平；牲畜出栏率31.93%；新生仔畜39.5万头（只），成活35.8万头（只），成活率达90.63%。全年肉类总产量2.34万吨，增长9.35%；奶类产量2.25万吨，增长6.9%。乡镇企业和多种经营保持较快增长。全年乡镇企业实现产值5.28亿元，增长70.7%；实现多种经营总收入3.47万元，增长18.4%。

工业生产继续保持稳定增长，招商引资取得较大成效。2003年全市工业总产值达到12.86亿元，同比增长15.8%。国有及国有改制企业完成工业总产值4.98亿元，增长23.1%，实现净利润2681万元。完成发电量640万千瓦时，增长15.3%；水泥产量54万吨，增长50%。其中，市属企业17万吨，增长66.34%。

财税、金融运行平稳，第三产业保持良好发展态势。全年实现财政收入2.45亿元，同比增长13.5%。其中，税收收入2.33亿元，占财政收入的95.1%，增长9.91%；地方财政支出10.04亿元，增长6.04%。金融机构存贷款稳步增长。年末全市金融机构各项存款余额216.31亿元，增长10.54%；各项贷款余额97.33亿元，增长16.46%。

旅游业稳步发展，服务功能进一步提高，各项管理措施落实到位。全年共接待国内外游客39万人次，比上年增长4%。其中，市旅游局归口管理企业接待国内外旅客29.1万人次，下降2.35%；实现旅游营业收入1.17亿元，增长3.54%。

非公有制经济进一步发展。全市私营企业达到512家，注册资本3.09亿元，同比增长60.9%，吸纳就业6113人。个体工商户达到18395家，增长5.49%，注册资本2.86亿元，从业人员达到29786人。非公有制经济纳税额已占全市税收总额的76.67%。

城乡居民收入稳定提高。为千方百计增加农牧民收入，各级政府采取一系列有效措施，加大了农村公路、通广播电视、人畜饮水、扶贫开发等项目的建设。同时，通过增加工程建设中用当地民工的数量，组织劳务输出等多种途径，农牧民收入进一步增加，生活水平稳步提高。全年城镇居民人均可支配收入8765元，同比增长8.5%；农牧民人均纯收入2265元，增长14.7%。随着城乡居民收入的提高，促进了消费需求的增长。城镇居民人均消费支出达到8013元，增长15.7%。全市消费品市场持续稳定增长。全年实现社会消费品零售总额27.5亿元，增长7.16%。

科技、教育事业快速发展。全年共投入科技三项经费1071万元，项目涉及农牧区优良品种选育、高产栽培试验示范、特色资源开发、除尘设备研制、地方病研究、可再生能源利用等行业和领域。通过科普宣传活动，农牧民科技兴农、兴牧意识有所增强，科技创新和成果转化步伐加快。全年安排教育基本建设项目10个，投资8460万元。新建和改扩建校舍面积50312平方米，进一步改善了办学条件。到年底，拉萨拥有各类各级学校148所、教学点304个，在校生近9.53万人。适龄儿童入学率达到98.7%，比上年提高0.42百分点。全市已有6个县（区）实现了“普九”目标，“普九”人口覆盖率达到84%。

文化、卫生、体育等社会事业有新的发展。建设县、乡、村基层文化馆、站（室）48个，广播电视台（站）203座，广播、电视人口覆盖率分别达到90.77%和92.75%，极大地丰富了农牧民群众的文化生活，促进了精神文明建设。实施完成了161个农牧民集居点4.7万人和24万头（只、匹）牲畜的饮水问题，实施了部分县（区）的卫生服务中心建设，改善了部分群众的医疗卫生和饮水条件，基本实现了人人享有初级卫生保健的目标。计划生育工作有所加强，各级医疗机构建立健全了计划生育技术指导服务网络。就业和再就业工作力度加大，全年共举办就业培训41期、3560人次，采取各种措施实现就业3514人。城镇职工基本医疗保险制度已全面启动，下岗职工基本生活费、离退休人员养老金按时足额发放。提高了城市居民最低生活保障标准，基本做到了应保尽保。赈灾济困、扶持残疾人事业、公益福利等社会事业也取得了全面发展。

【投资环境与招商引资】2003年，拉萨市的招商引资工作，在吸取过去经验教训的基础上，紧紧抓住西部大开发和青藏铁路的建设以及对口支援的历史机遇，以市场为导向，以企业为主体，以互利为目的，以效益为中心，以政府为依托，全面推进招商引资的各项工作。通过各种媒体宣传投资环境的不断改善及优惠政策，扩大对内外开放，打破地域界限，组织企业针对性参加内地有关省市组织的经贸洽谈会、物资交流会、商品博览会，为拉萨市具有民族特色产品进入内地市场创造条件。

全市招商引资工作取得较大成效，社会民间投资规模继续扩大。通过制定招商引资优惠政策、举办雪顿节经贸洽谈和其他方式的招商引资活动，寻求了更多的投资伙伴。全年招商引资签订的协议资金达15.6亿元，实际到位资金5.9万元，完成3.8万元。

通过进一步完善投资优惠政策，包括土地政策、财税政策、金融信贷政策、服务政策、户籍政策等，大大改善了投资环境，个体、私营等非公有制经济发展迅速，对促进经济增长、扩大就业和活跃市场等方面起到了重要作用。到年底，拉萨市个体工商户已达16000多户，从业人员近3万人，注册资金近2亿元；私营企业2419户，注册资金15396万元，投资人数558人，从业人员5900人。

【重点项目介绍】2003年，拉萨市实施建成了一批农牧业、林业、水利、生态环保、交通能源、市政道路、给排水以及教育、文化、卫生、公检法、乡镇基层政权建设等方面的重点项目。大部分项目的工程进度、工程质量、项目管理等情况良好。已竣工的重点项目主要有：拉萨河城区中段防洪堤柳梧段、堆龙河二期防洪工程、拉萨至林周县柏油公路、林周县胜利干渠、城关区、当雄两县（区）第二期生态环境建设，墨竹工卡、尼木两县卫生服务中心，尼木县文化活动中心，林周、当雄等五县中学生活用房，尼木县塔荣镇等7个乡（镇）基层政权建设等项目。

【东西对口支援】在受援工作中，拉萨市紧紧围绕稳定和发展这两大主题，进一步拓展对口支援工作思路，通过双方高层互访，进一步加深了相互了解，对口支援工作向纵深和宽领域方向发展。2003年确定了6个受援建设项目，受援资金10120万元。其中，北京市3个项目，援助资金4720万元；江苏省3个项目，援助资金5400万元。

西 安 市

【经济与社会发展】2003年，西安市经济运行保持了“增长快速、效益提高、物价平稳”的发展态势，全年GDP达到940.4亿元，同比增长13.5%。完成全社会固定资产投资479亿元，增长41.7%。全年财政总收入117.3亿元，增长23.8%。其中，地方财政收入72.9亿元，增长23.7%。

全年农业实现总产值83.8亿元，同比增长1.5%。粮食生产受播种面积调整及局部地区干旱气候及洪涝灾害的影响，总产量有所下降，经济作物产量有增有减。全市造林面积2.05万公顷，比上年减少8.5%，零星植树1024万株，增长42.7%。猪、羊、大牲畜、家禽年末存栏数有所上升，肉、奶禽蛋产量有较大增长。全年水产品养殖面积1654公顷，比上年减少25%。

随着《西安工业振兴计划》的实施，工业经济已经成为全市经济发展的主导力量和社会稳定的基础。全年工业实现增加值347.1亿元，同比增长13.9%，完成工业总产值1209.4亿元，增长14.4%。其中，规模以上工业企业总产值779.6亿元，增长17%。工业结构继续调整，产销衔接良好。在规模以上工业企业中，国有工业企业继续保持了较快的增长速度，全年完成工业总产值179.4亿元，增长22.6%；股份合作企业工业总产值6.6亿元，增长19.7%；股份制企业工业总产值453.5亿元，增长18.2%；集体企业工业总产值26亿元，增长7.2%；三资企业工业总产值105.9亿元，增长9.3%。工业运行质量改善，经济效益继续提高。全市规模以上工业企业产品销售率97.6%，比上年提高0.97个百分点；实现销售收入634亿元，增长15.6%。工业产成品资金占用70.3亿元，增长13%，低于产品销售收入增幅2.58个百分点；利税总额57.2亿元。其中，利润总额29.3亿元，增长16.5%。工业经济效益综合指数114.8。比上年提高6.02个百分点。

高新区和经济技术开发区二次创业步伐明显加快，二次创业的总体规划开始实施。高新技术产业开发区GDP达到157亿元，实现技工贸收入610亿元；经济技术开发区的技工贸收入216亿元。全年两个开发区GDP达到213.5亿元，占全市的22.8%。作为旅游新增长点的曲江旅游度假区正掀起新的发展高潮，“曲江新城”已初具雏形。

旅游业和商贸借助西部大开发的有利契机，发展速度加快。由于“非典”的影响，全市旅游产业的各项指标均有较大下滑。但随着曲江新城建设高潮的兴起和一批重点旅游项目的建设，全市旅游业迅速复苏。

商贸服务业得到了长足发展，全年实现社会消费品零售总额440.05亿元，同比增长13%。其中，城镇消费品零售额416.7亿元，增长13.3%；农村消费品零售额23.3亿元，增长8.1%。批发零售贸易业零售额325.8亿元，增长14.9%；餐饮业零售额102.5亿元，增长7.8%；其他行业零售额11.7亿元，增长9.1%。全市拥有各类贸易市场514个，商业网点14.16万个。市场物价运行呈现由降转升态势，全年居民消费价格指数为100.5，商品零售价格总水平与上年持平，居民消费从数量型开始向质量型转变。现代物流业发展迅速，现代服务业多元化发展。

金融支持力度加大，个人消费贷款大幅增长。年末金融机构各项存款余额2665.9亿元，比年初增长21.4%；各项贷款余额1954.2亿元，增长21.9%。全年金融机构现金收入4909.3亿元，增长22.3%；现金支出4690.5亿元，增长22.3%；现金净回笼218.8亿元。

全市拥有各类专业技术人员36.2万人。全年组织实施科技计划项目411项，投入市级科研经费4000万元。积极争取国家支持，列入科技部各类科技计划和重大专项110项，获资金支持4200万元。实施重点科技成果转化项目30项，技术市场交易额5.3亿元。全年专利申请2341件，专利授权1099件；累计专利申请16762件，专利授权9030件。高新技术产业化进程加快，新认定高新技术企业184家，累计全市高新技术企业971家。

继续实施高标准义务教育，加快普及高中阶段教育，大力发展职业教育和民办高等教育，全面推进素质教育，全市教育整体水平进一步提高。全市小学、初中入学率分别为99.9%和98.5%。全市小学、初中、普通高中、职业高中在校生分别为66.8万人、38.9万人、17.5万人、4.4万人；普通中等专业学校在校生5.4万人，毕业生1.7万人；普通高教在校生40.1万人，毕业生6.5万人。社会力量办学蓬勃发展，全市拥有民办及其他高等教育机构25所，民办普通中小学87所，民办职业学校31所。

群众文化繁荣活跃，文化产业健康发展。加大了在广播影视方面的投入力度，广播电视覆盖网不断完善和扩大。文化出版市场管理和文物管理工作进一步加强，文化、广电等企事业改革进一步深化，为文化市场增添了活力。全市共有文艺表演团体22个、群众艺术馆2个、文化馆13个、文化站181个、公共图书馆14个、出版社15家，公开出版报纸33种。

全面实施区域卫生规划，推进城乡联动的社区卫生服务，健全了卫生监督和疾病控制体系。加强卫生防病工作，医疗卫生条件继续改善，服务水平进一步提高。农村社区合作医疗覆盖面达65.6%。年末全市拥有医疗卫生机构2785个。其中，医院、卫生院474个。专业卫生技术人员4.1万人。其中，职业医师1.5万人。卫生机构床位3.3万张。

【重点项目介绍】2003年，西安市固定资产投资拉动经济增长8.6个百分点，重点建设项目总体进展良好，年初确定的168项重点在建项目完成投资241亿元。其中，基础设施项目完成投资133亿元，第一产业完成投资13亿元，第二产业完成投资32亿元，第三产业项目投资63亿元。年初确定的80项重点前期项目完成投资28亿元，有17项已提前开工。

城市基础设施建设力度继续加大，全年城建总投资61.05亿元，同比增长1.6倍，一批工业产业项目加快实施。全年市属工业完成技改投资32.9亿元，增长18%。为确保建设项目资金需求，融通筹措资金取得显著成效，全市共有10类110个项目争取到国债资金11.2亿元，其中69个市属项目争取到国债资金4.33亿元。促成银行和企业签订贷款合同或协议160项，全市金融机构累计新增贷款351亿元，同比增加76.5亿元。市政府还与国家开发银行签订了150亿元长期信用贷款协议。

【生态环境建设】2003年，西安市制定了《西安市"大绿"工程建设规划》，年内共完成造林6万余亩，其中，杜陵、灞河生态园、狄寨塬等城市周围营造片林5万余亩。绕城高速林带建成，天然林保护、三北防护林建设、退耕还林等重点工程共完成造林合格面积30万亩。完成了《西安市水利建设规划》，有序启动重点水利工程建设。全面完成了皂河二期、石砭峪、红旗和零河水库的除险加固工程。渭河生态建设工程、产灞河综合治理工程按规划进展顺利，已建成4座橡胶坝，形成水面3600亩。

以水污染和大气污染整治为重点，全面加强了城市污染综合治理。总投资7545万元的兴庆湖治理工程已经竣工。江村沟垃圾填埋场二期工程已完工，垃圾场渗漏液处理工程即将验收投入使用。天然气城市气化二期工程已发展用户37万户。天然气加气站已建成并投入营运11座，动工建设7座，发展燃气汽车8423辆，其中新发展油气双燃料汽车4446辆。

兰州市

【经济与社会发展】2003年，兰州市国民经济呈现出速度与质量、效益同步发展的良好局面。全市GDP达到440.1亿元，同比增长11%。其中，第一产业增加值18.6亿元，增长4.9%；第二产业增加值232.6亿元，增长11.7%；第三产业增加值188.9亿元，增长11%。三次产业比重为4.6∶52.1∶43.3。人均GDP达到14545元，增长9.6%。完成一般预算收入20.57亿元，增长16.81%。

农业内部结构进一步调整，产业化水平不断提高。全年完成粮食播种面积191.23万亩，经济作物种植面积96.26万亩，粮食总产量3.52亿公斤。在市场需求旺盛和庄园、好为尔等一批龙头企业的带动下，畜牧业发展较快，占第一产业比重达22%。农业基础设施进一步改善，全市新增有效灌溉面积1.3万亩，梯田面积5.7万亩，完成小流域治理面积35.6平方公里。以退耕还林（草）、天然林保护和“三北”四期防护林工程为主的农业生态环境建设进展顺利，造林及封山育林完成100万亩。

工业保持快速增长，工业增加值完成179.1亿元，增长11.9%。骨干工业企业完成了新一轮技术改造和规模扩张，形成新的资本积累和生产能力，投入产出效果逐步显现，优势产业不断壮大，经济增长的内在动力增强。工业、重工业分别增长11.9%和12.19%，有力地带动了经济的快速发展。两个国家级开发区建设步伐加快，高新技术开发区完成技工贸总收入102亿元，增长28.5%；完成增加值25亿元，增长22.68%。经济技术开发区完成技工贸总收入25亿元，增长12%。非公有制经济保持良好发展势头，完成增加值109.7亿元，增长21%，占兰州市GDP的比重达到24.9%。

国有企业产权转让、优化重组、资产管理整合的步伐加快，企业资本运作力度加大，全市35户国有大型企业和企业集团初步建立现代企业制度，市属12户国有企业实施破产和重组，大通河水泥股份公司、民百集团等8户企业进行资本运作，27户在兰省属国有企业实现属地管理。农村税费改革、金融、流通、住房改革继续深化。

上半年的“非典”疫情，对全市服务业造成冲击。市委、市政府坚持科学防治，沉着应对，有效控制，经济和社会生活秩序正常，市场、物价稳定，交通、餐饮、宾馆和旅游等行业在第三季度呈现出恢复性增长。各类市场改造步伐加快，经营规模不断提升，连锁经营、物流配送、电子商务等新兴业态不断壮大。家世界、国美电器、新东部市场、北京西单、深圳铜锣湾等一批商业网点相继开业，为兰州市商业发展注入了新的活力。住房、汽车、教育、通讯信息等新的消费领域不断扩大，带动相关消费持续旺盛。全年社会消费品零售总额达到206.54亿元，增长8.96%。居民消费价格指数100.9%，增长0.9%。城镇居民人均可支配收入7094元，增长8.23%；农民人均纯收入2398元，增长5.7%。年末总人口304.36万人，其中市区人口194.91万人。

兰州市科技发展围绕技术创新启动实施了以工业强市、现代农业、新能源与环境保护、科技资源整合为主要内容的四大科技行动计划，兰州生产力促进中心被国家科技部认定为国家级示范生产力促进中心。教育改革和发展步伐加快，标准化初中和示范性学校建设工程、中小学危房改造工程、国家扶持优质高中建设工程、城区市属学校基础设施改造和高中扩招等工程全面实施，中小学办学条件进一步改善，民办教育不断壮大。高中阶段教育入学率达到72.42%，近郊4区高中阶段教育入学率达90.8%。建成市级标准化初中和示范性中学16所，总数达到81所。

区域卫生规划编制工作顺利完成。疫病预防、医疗救治与公共卫生建设力度加大，县区疾控中心建设进展顺利。"文化兰州"建设开始启动，金城剧院、东方红影城改扩建工程基本完成，新体育中心建设前期工作进度加快。劳动就业和社会保障事业持续发展。全年共安置下岗失业人员3.6万人，城镇登记失业率控制在2.9%以内。"两个确保"不断巩固，养老保险、失业保险、医疗保险的覆盖面逐步扩大。城市低保政策进一步落实，全年发放低保金9300多万元，11.6万人享受低保。扶贫工作扎实推进，基本解决了9000绝对贫困人口的温饱问题，稳定解决了2.5万低收入人口的脱贫问题。

2003年，兰州市经济社会发展取得了好于预期的成绩，同时，必须清醒地看到兰州市经济发展中仍存在一些突出困难和深层次问题。一是固定资产投资增速分别低于全国、全省16.7和3个百分点，投融资渠道单一，发展环境仍需进一步改善。二是城乡差距继续扩大，城镇基础设施落后，农村二、三产业发展缓慢，农民增收的基础还不稳固，农民收入增长滞缓。三是就业和再就业压力仍然没有缓解，就业结构性矛盾突出，就业岗位开发难度大。对这些困难和问题，需要在新的一年里认真加以解决。

【投资环境与利用外资】2003年，兰州市环境保护事业取得显著成绩。以大气污染综合整治和黄河兰州段水污染防治为重点，坚持标本兼治，综合治理，污染防治取得了新的进展，主要污染物排放总量比上年有所减少，环境质量保持稳定，并趋向好转。工业污染治理步伐加快。结合推进清洁生产促进生产治理。祁连山水泥股份有限公司、兰州大通河水泥有限公司、兰州炭素厂完成了清洁技术改造，取得了明显的环境和经济效益。围绕工业企业污染物排放全面达标，兰州铝业股份有限公司、黄河啤酒股份有限公司等13家企业完成了限期治理任务。到2003年底，全市工业企业主要污染物排放达标率达到96.1%。综合整治大气污染成效显著。推广使用清洁能源步伐加快。全市共完成1994台（眼）炉窑灶的清洁能源改造，累计达到8151台（眼），减少耗煤32万吨，减少烟尘排放2073吨、二氧化硫排放3629吨，环境效益十分明显。全市天然气年用气量近4亿立方米，能源结构调整取得了一定成效。全年空气质量三级和好于三级的天数达到339天，比上年提高了10个百分点。其中一级和二级的天数已经占到全年总天数的56.7%。水污染防治工作稳步推进。2003年黄河兰州段水量锐减，水污染防治形势十分严峻。兰州市加大了监督检查力度，多次组织沿黄执法检查，督促企业落实各项防治措施。重点对一级水源保护区坚持每周巡查，加强长效管理。加快了城市污水处理厂的建设，七里河安宁污水处理厂完成了沉淀池、瀑气池建设，雁儿湾污水处理厂完成了二期扩建并投入试运行，提高了城市污水处理水平和处理能力。全年地面水水质达标率和饮用水源水质达标率均为100%。

对外开放进一步扩大，外贸出口大幅度增长，兰州市进出口贸易总额完成7.5亿美元，同比增长47%。其中，出口6亿美元，增长71.35%。合同利用外资完成1.89亿美元，增长68.95%。引进国内到位资金30.6亿元，增长45.7%。加大了兰洽会的招商引资工作力度，加强对签约项目的跟踪和落实，合同利用外资达1.4亿美元，同比增长25%。签约合同项目129项，合同总投资82.57亿元，合同引进外资1845.2万美元、引进内资70.1亿元。其中，亿元以上项目29项，占签约合同数的22.5%。

全年招商引资工作紧紧围绕兰州市经济社

会发展总体目标，不断强化责任意识、项目意识、服务意识和创新意识，各项工作取得了突破性进展，促进了兰州市经济发展。强化服务，联合服务。在招商引资实践中，以营造良好的政策环境、优质的服务环境、诚实的信用环境和公正的法制环境为目标，恪守“亲商、诚信、发展、双赢”的原则，坚持以诚招商，诚信待商，进一步完善和改进“一站式”办公和“一条龙”服务，落实服务公示制、首问负责制、服务承诺制和限时办结制，为投资者提供了快捷高效的服务；强化项目跟踪落实，为招商引资项目建设提供全程服务，营造出了“爱商、扶商、安商、富商”的良好氛围；强化对项目的督察，及时解决纠纷和投资企业反映的各种问题；严格各项优惠政策的落实，积极兑现对投资者的各项承诺。

2003年，兰州市招商引资工作，呈现出以下几个特点：一是突出小分队招商。借助兰洽会招商引资的平台，主动出击，组成专请专访和招商小分队，对重点项目、重要宾客进行上门洽谈和邀请；赴华北、华东等大企业、大集团聚集、民营企业发达的地区，举办项目推介，开展对口洽谈，寻求合作机会。二是“请进来”招商。利用“兰洽会”这个招商引资的桥梁和平台，通过会前拜访、会后回访等形式对有意在兰投资的大企业、大公司主动联系，邀请来兰考察、洽谈，探索联合双赢的新路子。三是实施网上招商。开通了兰州招商网站，网上推介120个项目和兰州市情、投资环境、投资政策等相关内容。四是抓好以商招商。注重发挥现有落户兰州的大企业、大集团、大公司和外地驻兰办事机构的桥梁、纽带作用，通过提供承诺制服务，依法保护投资者的权益，增强外地企业在兰的投资信心。

【重点项目介绍】2003年，全市完成全社会固定资产投资210.64亿元，同比增长9.97%。兰州至海石湾、兰州至临洮高速公路建设加快，兰州至武威铁路二线重点控制性工程开工建设。三角城至夏官营公路基本建成，东岗至金崖公路建设进展顺利，南滨河路、北滨河路东段及小西湖黄河大桥、雁滩黄河大桥、新城黄河大桥建成通车。黄河风情线、供水扩建以及七里河、安宁污水厂和雁儿湾污水厂二期工程加紧实施。兰石化公司24万吨乙烯技术改造、6000吨超细分子筛、300万吨重油催化裂化装置、500万吨常减压装置四大工程，连城铝厂、兰州铝厂电解铝环保节能改造等重大工业技改项目相继建成投产。兰州奇正藏药厂GMP一期工程、榆中钢厂、蓝星硅材料公司工业硅、兰州众邦电缆异地改造、兰州卷烟厂50万标箱异地改造等重点工程建设进展顺利。

【开发区建设】2003年，兰州高新技术产业开发区努力打造特色产业，积极营造良好的软硬环境，全区的经济建设和社会各项事业快速健康发展。全年完成技工贸总收入102亿元，比上年实际增长29.11%；完成增加值24.5亿元，增长22.68%。其中，工业增加值18.5亿元，增长20.29%。完成利税8.2亿元，增长23.49%。其中税收3.5亿元，增长22.81%。出口1850万美元，增长31.39%；完成固定资产投资10.1亿元，增长8.6%。

在软环境建设方面，高新区工商分局、国税局、地税局迁入管委会大楼办公，真正实现“一站式服务”和“一栋楼办公”。同时，投资服务局、经济贸易发展局、规划国土建设局等业务部门也实行敞开式办公，推行“代办制”和“限时服务承诺制”，提高了服务效率和服务质量。在硬环境建设方面，完成了852.49亩耕地的征用工作，出让土地566.33亩，完成了1784亩土地的农用地转建设用地的上报工作。总投资3772万元的601—3号路、608—2号路已完成雨水、污水、给水、天然气、电力、电信、供热等地下管网的建设，使硬环境和发展空间有了极大提升。坚持高标准规划、高水平建设的原则，对1.48平方公里产业区进行了总平面规划及景观设计，实现产业发展、生态环境、人居条件高度协调统一，保持持续发展。

创业中心按市场经济运行机制，积极转变运行模式，实现技工贸总收入13.01亿元，利税1.12亿元。软件园已有企业45家，产值8.2亿元，利税0.84亿元。大学科技园在孵企业43家，实现技工贸总收入5400万元，利税670万元。总投资约1.5亿元人民币，规划占地3.4万平方米（50亩）兰州高新技术创新园于12月开工建设，完成投资3000万元。

积极为留学人员创业争取各类资金扶持，2003年申报留学人员项目经费400多万元。为高层次人才流动搭建创业平台，先后组织企业申报博士后工作站4家。组织区内优秀人才参加各种专家评选活动，体现人才价值，调动科技人才工作的积极性。实行人事代理服务项目不断延伸，已开展了档案托管、职称评定、出境政审、户籍落迁、计生管理和党组织关系挂靠等12项服务，为企业和人才之间架起了一条“绿色通道”。

西宁市

【经济与社会发展】2003年，西宁市经济社会发展取得了显著的成就。全市GDP达到144.83亿元，同比增长13.7%。其中，第一产业增长3.5%，第二产业增长19.6%，第三产业增长9.7%。地方一般预算收入8.4亿元，增长16.7%。完成固定资产投资85.4亿元，增长9.4%。社会消费品零售总额63.58亿元，增长10.2%。全年居民消费价格指数同比上升1.8%，城镇居民人均可支配收入7025元，增长9.2%，农民人均纯收入2054元，增长11.68%。

农业产业结构调整力度加大、产业化进程开始加快，农业基础设施不断加强。以蔬菜、花卉、食用菌等为主的高附加值经济作物种植面积达到68%。2003年完成农业增加值9.46亿元，增长3.5%。粮油总产量33.39万吨，产量有所下降，蔬菜产量30.74万吨，增加3.16万吨、增长11.45%。畜牧业取得较快发展，完成畜牧业产值3.86亿元，增长12.93%，占农业总产值的比重达46.7%。着力实施“西繁东育”、“自繁自育”工程，牲畜出栏率及肉、奶等畜产品产量有所提高。培育发展具有竞争力的特色区域，农业落实“订单”农业4.85万公顷，优质农产品生产基地4.3万公顷，加强了产业化基地建设，确定了西宁祥源农副开发有限公司等31个市级农业产业化重点龙头企业。完成乡镇工业增加值12.1亿元，增长14%。

“工业强市”战略全面实施。发电量、有色金属冶炼、建材制品、中藏药、数控机床、明胶等具有地方特色和优势的工业产品产量均有不同程度增长。园区工业生产开始起步。经济技术开发区完成工业总产值2.4亿元，甘河工业区西部锌业3万吨电解锌等7个项目投入生产，实现产值5.8亿元，全年完成工业增加值46.2亿元，增长25.6%。工业经济效益继续保持增长，全地区规模以上工业企业实现利润总额4.61亿元，市属实现利润总额1.37亿元，增长52.73%。工业技改投入力度加大。地区技改投资22.73亿元，增长28.5%，其中市属技改投资6.39亿元，增长103.3%。

第三产业发展势头强劲。2003年实现增加值67.62亿元，同比增长9.7%，在GDP中的比重为53%。高原特色旅游业得到了进一步发展，2003年共接待国内游客374万人（次），海外游客1.45万人（次），实现旅游收入8.2亿元。第三产业持续发展，将成为西宁市国民经济的重要支柱。

“科教兴市”战略稳步推进，荣获国家“科技进步先进市”称号。2003年完成科技项目29项，引进推广先进适用技术13项。教育事业投入力度进一步加大，虎台中学等8所高中扩招项目全部建成并交付使用，海湖中学、城南新区学校建设进展顺利，40所院校校园网建设顺利完成。

【投资环境与利用外资】作为青藏高原中心城市的西宁，自古就是通往青藏高原的交通要道。随着经济的发展，交通运输业也取得快速发展，基本上形成了以西宁为中心，辐射省内、连接省际、沟通海外的交通运输网络，承担着全省90%的调入商品和80%的调出商品及入藏大部分商品和物资的周转任务。市内交通四通八达，南绕城快速路全线贯通，湟水河大桥、滨河南路、海湖路延长段、湟中路等项目的建成，使西宁道路交通功能更加完善，交通更加快捷。青藏、青新、宁张、宁果等十多条干线公路延伸八方。铁路、航空运输业发展较快。兰青、青藏铁路经由西宁日发固定客运列车9.5对，始发终到列车有至北京、上海、青岛、郑州、银川、兰州、格尔木9对，经过的客列格尔木至兰州1对，格尔木至成都1对。拥有4D级机场1座，已开通至北京、广州、上海、成都、西安、乌鲁木齐、拉萨、沈阳、重庆、深圳、青岛、郑州、武汉、格尔木14条航线。全年完成客运量2728万人次，货运量2037万吨。机场旅客吞吐量15.76万人次。

邮电通信业发展迅速，通信网络四通八达方便、快捷。2003年完成邮电业务总量11.76亿元，同比增长9.91%。其中，邮政8300万元，下降1.2%；电信10.93亿元，增长10.85%。固定电话用户38.63万户，增长3.9%；移动通信用户56.12万户，增长22.51%。互联网业务快速发展，年末互联网用户达到3.45万户，增长16.55%；数字数据用户达到1400户，增长16.61%。

以建设环境优美、功能齐全的现代化西部高原城市为目标，城市建设步伐加快。“两区”基础设施建设进展较快，旧城改造力度加大。西宁经济技术开发区2003年开工建设项目42项，基础设施道路建设项目一期工程已正式验收并交付使用，二期续建工程完成规划工作，全年完成固定资产投资5.15亿元，实现工业总产值2.4亿元。城南新区完成固定资产投资5.1亿元，建成区面积已达5.1平方公里。

基础设施和生态环境建设取得重大进展，发展条件明显改善。部分建设项目陆续建成和交付使用，海湖路北段二期、共和路立交桥、第六水源配套管网工程、市公安局指挥中心、四区小城建等重点项目已建成并交付使用。南北过境公路、七一路西延长段等项目正在抓紧建设中，高速公路实现“零”的突破，公路通车里程不断增加，主要干线公路等级明显提高。城市格局在园区建设、新区发展等工程的拉动下发生可喜变化，完成城市供水管网改造20公里，基本实现城市出口道路、过境公路的快速化，有效减轻了城市交通压力，“四区一带”正在形成，城市骨架进一步拉开；三县城镇基础设施得到改善。

房地产开发及旧城改造取得新进展。全年房地产开发及住宅建设完成投资21.7亿元，增长18.5%，施工面积350.45万平方米，竣工面积135.28万平方米。旧城改造和新区建设使城市面貌正在发生深刻变化，完成危旧房拆迁58万平方米，建成新区5.1平方公里，新区住宅完工24.7万平方米。以周家泉、南小街二期片区改造为重点的危旧房改造工程全面启动。

政府职能转变，服务意识增强，行政审批制度改革进一步改善。市政府行政审批服务中心和行政效能监察投诉中心功能不断增强，工作效率明显提高。行政审批项目不断减少。“一站式”办公和“限时办结”制度的建立，极大地方便了广大投资者。城市管理体制不断创新，以创建中国优秀旅游城市、国家园林城市、国家卫生城市和国家环境保护模范城市为目标的“四创”活动全面启动。

招商引资工作取得成效，对外贸易稳定增长。全年新批准外商投资企业28户，合同利用外资9587.7万美元，比上年增长65%，实际利用外资775.9万美元。增长51.08%。其中，合资企业17户，合同利用外资1249.81万美元，合作企业1户，合同利用外资400万美元，独资企业10户，合同利用外资7937.86万美元。完成外贸进出口总值2.35亿美元，增长46%。其中，出口18692.62万美元，增长23.7%；进口4807.38万美元，增长382%。实施招商引资项目235项，总投资额78.3亿元，实际到位资金18.5亿元，增长15.6%。新增100万元以上招商引资项目35项，采取“走出去”、“面对面”招商，先后组团参加了“中国东西部贸易投资洽谈会”、“天津洽谈会”、“兰洽会”推介项目，使第四届“青洽会”取得丰硕成果，各地区、各有关部门积极推介洽谈项目，共签订经贸合作项目207个。

积极推进与落实外援项目。落实2003年联合国贫困地区妇女儿童发展与规划（LPAC）组织，向西宁市大通县乡镇一级发放小额贷款20万元人民币的项目，用于妇女生产技能、劳动能力培训，已有200名妇女接受教育。由英国向我国援助的中英社区与贫困医疗救助项目，通过西宁市卫生部门于2003年3月正式启动，并已进入实质性基础调查工作阶段。

【重点项目介绍】七一路西延长段：总投资5300万元，道路全长1.027公里，宽30米，建设内容包括道路、排水、挡土墙、照明、绿化、交通设施等，到2003年底完成投资4098万元。

西宁宁湖：总投资7000万元，建设100万平方米人工湖，到2003年底累计完成投资4550万元。

塔尔寺广场：总投资2830万元，总占地面积36亩，建设广场及配套设施，到2003年底完成投资510万元。

南川河综合治理工程（解放渠渡槽—昆仑桥）：总投资3000万元，到2003年底完成投资2280万元。

西宁市6所高中扩招项目：总投资2145万元，建筑面积2.28万平方米，主要建设6所学校综合教学楼一幢，2003年完成海湖中学教学楼建设，完成投资400万元。

西宁市交通蔬菜综合批发市场扩建工程：总投资3555万元，建设面积37524平方米，主要建设道路、地坪、供排水及交易用房、冷库、信息、检验检测系统等，累计完成投资2900万元。

城市锅炉“煤改气”工程：由市环保局主持的环保改造项目，2003年5月公布第三批锅炉“煤改气”实施计划。到年底完成供暖及壁挂锅炉1242（台）套，3364蒸吨燃煤锅炉改造，累计完成投资81550万元。

西宁市天然气CNG项目：根据《西宁市天然气CNG项目发展规划》西宁地区天然气汽车加气站的建设规划，到2005年在市区范围内建9座CNG车辆加气站，定点设立CNG车辆改装厂2~3家，项目自2000年下半年开始实施。到2003年底批复建设9座，已建成并投入运行的CNG加气站6座，其余3座正在建设之中。

银川市

【经济与社会发展】2003年，银川市经济开始进入加快发展的新时期。全年GDP达到156.6亿元，同比增长14.2%，为1985年以来的最高水平。其中，第一产业增加值14.37亿元，增长1.2%；第二产业增加值75.03亿元，增长20.8%；第三产业增加值67.2亿元，增长10.8%。三次产业结构为9.2:47.9:42.9。全市地方财政收入16.06亿元，同比增长20.5%；地方财政支出23.44亿元，增长15.6%。金融机构存贷款规模继续扩大，年末金融机构各项存款余额464.13亿元，比年初增长28.8%；贷款余额372.47亿元，增长30.5%。年末全市总人口133.01万人，人口自然增长率为7.23‰。城市建成区面积78.43平方公里，比上年增加18.29平方公里。

农业保持稳步发展，结构进一步调整。全年实现农业总产值25.73亿元，同比增长2.6%。其中，农业产值13.96亿元，林业产值7100万元，畜牧业产值9.36亿元，渔业产值1.7亿元。粮食产量68.45万吨，下降20.4%；蔬菜产量56.27万吨，增长7.9%。肉类产量5.88万吨，增长4.8%；禽蛋产量2.07万吨，下降5.8%；牛奶产量14.01万吨，增长19.9%；水产品产量3.28万吨，增长4.8%。全年完成造林面积3.61万公顷，比上年增长1.2倍。乡镇企业实现总产值88.41亿元，同比增长21%；实现利润5.99亿元，增长15%；上交税金3.61亿元，增长14.9%。

工业生产保持快速增长，企业效益明显提高。全市工业实现总产值168亿元，同比增长17.6%；实现工业增加值48.7亿元，增长14%。规模以上工业企业总产值146.49亿元，增长19.8%。其中，轻工业总产值39.09亿元，增长32%；重工业总产值107.4亿元，增长14.8%。工业经济效益进一步改善，规模以上工业企业产品销售收入144.98亿元，增长28.4%；实现利税12.19亿元，增长42.2%，其中利润3.43亿元，增长2倍；工业经济效益综合指数为94.9%，比上年提高11.1个百分点。全市有资质等级的建筑企业241家，实现建筑业总产值72.19亿元，同比增长38.3%；实现利润总额6100万元，增长1.8倍。

消费品市场日趋活跃。全市完成社会消费品零售总额61.3亿元，比上年增长14%。其中，城市零售额55.04亿元，增长15%；农村零售额6.26亿元，增长5.8%。全市共有各类市场106个，比上年增加16个。成功举办了全国第七届少数民族传统体育运动会、第四届中国银川国际摩托旅游节等大型经贸文体节会。全年共接待国内外游客246.4万人次，旅游收入8.4亿元。

继续加大城市基础设施建设和工业更新改造力度，积极培育多元投资体系，投资呈高速增长态势。全年完成全社会固定资产投资143.39亿元，同比增长71.7%。其中，基本建设投资62亿元，增长59.4%；更新改造投资18.7亿元，增长1倍；房地产开发投资39.36亿元，增长63.6%。全市房地产施工面积569.65万平方米，比上年增长75.3%；各类房屋竣工面积611.52平方米，增长6.1%；商品房销售170.3万平方米，增长98%；商品房销售额36.43亿元，增长93.4%。

社会事业稳步发展，人民生活质量进一步改善。全年投入科技三项费480万元，实施各类科技项目114项。各级各类教育全面发展。全市有高等学校10所，在校生6.22万人；中等专业学校15所，在校生2.67万人；技工学校10所，在校生5300人；普通中学102所，在校生9.92万人；职业中学7所，在校生3700人；小学311所，在校生13.46万人。全市有卫生机构149个，卫生机构床位6845张，卫生技术人员8256人。全市有艺术表演团体9个，文化馆、群众艺术馆7个，图书馆6个，藏书量172.27万册，广播电台5座，电视台5座，有线电视用户34.39万户，电视综合覆盖率89.03%。

人民生活水平不断提高。城镇居民人均可支配收入7245元，同比增长5.8%；农民人均纯收入3087元，增长5.3%。城市居民人均住房使用面积17.6平方米，农村居民人均住房面积27.68平方米。全市拥有各类福利院、敬老院21个，有床位815张，城镇享受最低生活保障人数为7.04万人。

【投资环境与利用外资】银川市交通运输基础设施不断改善，综合运输能力进一步提高。拥有各类民用汽车5.41万辆，公路客运量1974万人，货运量1879万吨；民用航空快速增长，形成了连接北京、上海、成都、广州等25个大中城市的空中运输网络，航空客运量22.2万人次。邮电通讯快速发展，固定电话用户45.76万户，其中农村7.42万户；移动电话用户58.04万户，新增25.33万户；电话普及率78%，其中移动电话普及率43.64%；计算机互联网用户15.02万户，增长29.1%。

全市拥有道路面积749万平方米，当年新增166万平方米，人均拥有道路面积10.43平方米；全年供水总量1亿立方米，集中供热面积2174万平方米，城市人口用气普及率90.3%；建成区绿化覆盖率23.68%，人均公共绿地面积7.25平方米，比上年增加3.61平方米。空气质量达到二级和好于二级的天数为293天，城市垃圾无害化处理率达到100%，城市污水处理率71.21%。

全年新批准利用外资项目13个，合同外资额2100万美元，实际直接利用外资2878万美元，同比增长35%。实现外贸进出口总额2.88亿美元，增长23.1%。其中，出口总额2.28亿美元，增长21.9%。

鼓励投资领域：农业产业化中土地开发、乳品加工、药材种植、牛羊产业科技园、苜蓿生产基地等；轻工食品中高档生活用纸和包装纸盒、精纺羊绒、牛羊肉深加工、枸杞产品开发和深加工、蔬菜和果汁饮料、精制免淘米、清真食品、谷氨酸、葡萄酒、脱水蔬菜、乳酸等；旅游环保中长城小龙头、水洞沟遗址、横山堡、西夏城等的保护和开发；基础设施中工业园区、科技园区、物流中心、集中供热、供水工程、污水处理等；以及化工建材、机械电子、生物医药等领域。

【重点项目介绍】城市道路。50里长街道路及给排水工程：全长24204米，红线宽度60米，总投资25179万元，2003年7月全线通车。新夏路道路及排水工程：全长4500米，红线宽度66米，总投资5609万元，2003年7月全线通车。贺兰山路排水及道路工程：全长4067米，红线宽度50米，总投资9591万元，2003年建成文萃路—丽子园路段。丽新公路工程：全长12427米，红线宽度60米，是银川市的又一景观大道，总投资41400万元，2003年完成道路土方、涵洞和部分桥梁工程，预计2004年建成。

集污及污水处理工程。新市区南部集污及处理工程：长城西路排水及道路工程，全长4771米，红线宽度50米，排水管道4771米、给水管道5562米，总投资12226万元，已建成；文昌南路排水及道路工程：全长2800米，红线宽度50米，排水管道2800米、给水管道2824米，总投资6490万元，已建成；黄河路排水及道路工程，全长4072米，红线宽度60米，排水管道4528米、给水管道4054米，2003年7月开工，预计2004年完工；新市区南部污水处理厂，设计日处理能力5万吨，2003年完成生活区、生产区建设和设备安装，2004年6月一期可投入运行。银川市第一污水处理厂污水资源化利用工程：日处理回用污水7.5万立方米，总投资4190万元，已建成投入运行。

城市垃圾处理工程。垃圾填埋场：占地面积70公顷，总库容676.7万立方米，日处理生活垃圾1000吨，使用年限为20年；八里桥卫生垃圾中转站：占地50亩、日中转生活垃圾600吨；新建14座小型垃圾转运站：日处理医疗垃圾6吨的焚烧系统。总投资10792万元，已全部建成。

生态建设及园林绿化工程。丽景街林带：全长1.13万米，宽57.5米，2003年8月完成；唐徕公园整治扩建工程：占地面积68公顷，绿化面积12.5公顷，总投资7089万元（不含征地拆迁费），到2003年底完成保伏桥—海泽路桥段道路整修、广场铺装、渠体砌护等工程，已正式向市民开放。

学校建设。银川二中迁建工程：占地10.93公顷，总建筑面积6.2公顷，60个教学班，总投资11259万元，2003年底开工建设；银川二十二中学，占地5.7公顷，总建筑面积26830平方米，48个初中教学班，投资4280万元（不含征地拆迁费用），2003年底开工建设。

银川体育馆：新建综合比赛馆1座（容纳观众5148人）、训练馆1座（容纳观众508人），占地面积45750平方米，总建筑面积14547平方米，总投资7322万元，已全部建成并投入使用。

大团结广场：占地24.3公顷，主要建设内容为雕塑、喷泉、给排水、广场环路、绿化、亮化等，总投资5000万元，已建成并投入使用。

银川市中级人民法院迁建工程：建筑面积14163平方米，总投资3066万元，其中国债补助700万元，已建成。

银川市工业园区基础设施建设：主要进行工业园区道路、给排水等基础设施建设，2003年投入10亿元，有6个园区基本实现“七通一平”。

乌鲁木齐市

【经济与社会发展】2003年，乌鲁木齐市（以下简称乌市）国民经济持续保持快速增长，社会各项事业全面进步。GDP达到408亿元（按现价计算，下同），同比增长12.7%，是自1996年以来经济增长速度最快的一年。其中，第一产业增加值6亿元，增长28.2%；第二产业增加值144亿元，增长11.1%；第三产业增加值258亿元，增长13.2%。非公有制经济占到全市经济总量的51%，对经济增长的贡献率达到57%，拉动经济增长7.1个百分点。

农业产业化步伐加快。积极推进以畜产业为主导的农业产业结构调整，大力加强农业高科技、高效示范园（区）、设施高效农业建设，农业产业化龙头企业示范带动作用逐渐显现，现代农业经济初具规模。全年完成各类农作物播种面积42千公顷，其中粮食播种面积10.54千公顷，下降11.8%，经济作物播种面积31.46千公顷，增长4.87%。粮经比例由上年的3:7调至2:8。全年粮食产量5.72万吨，增长7.12%；蔬菜产量87.33万吨，增长18.8%。年末牲畜存栏73.7万头（只），增长13%；肉类产量2.14万吨，增长8.6%；牛奶产量6.07万吨，增长1倍；禽蛋产量4100吨，下降3.5%；水产品产量3600吨，增长17.6%。

工业经济稳步发展。以石油、冶金、建材为代表的重工业增长迅速，带动全市工业生产稳步增长，工业经济运行质量与经济效益明显提高。全市实现工业增加值99亿元，同比增长9%；工业产品销售率达99.21%，其中轻工业产销率为102.82%，重工业产销率为98.75%。规模以上工业企业实现利润18.4亿元，增长18.9%。亏损企业亏损额10.71亿元，增长35.57%。建筑企业完成施工产值127.09亿元，同比增长2%。施工房屋建筑面积1063.87万平方米，增长1%；房屋竣工面积552.76万平方米，增长1%。

固定资产投资快速增长。全年完成固定资产投资207亿元，增长16.3%。其中，基本建设109.88亿元，增长24.08%；技术改造39.9亿元，增长18.11%；房地产开发46亿元，下降8.9%。58项重点建设（支持）项目中政府性投资项目19项，民营企业投资项目39项，完成投资73亿元。

交通邮电业持续发展。全年完成货运周转量219.57亿吨公里，比上年增长15.62%，完成客运周转量97.33亿人公里，增长5.93%。完成邮电业务总量35.73亿元，增长15.77%；年末固定电话用户达95.74万户（其中小灵通25.61万户），增长31.03%；移动电话用户达141.5万户，增长44.39%。

市场繁荣稳定，物价保持平稳。大力加强市场体系建设，积极改善消费环境，不断拓展消费领域，消费呈现快速增长。全市实现社会消费品零售总额172亿元，同比增长13.1%，居民消费价格总水平为100.6%，上涨0.6%。

对外经济贸易高速增长，旅游业持续发展。大力实施开放带动战略，对外经济贸易大幅度增长。全年实现全口径进出口贸易总额21.7亿美元，同比增长22.7%。其中，海关进出口贸易总额9.6亿美元，增长54.4%，出口4.2亿美元，增长2%，进口5.4亿美元，增长1.6倍。旅游业受“非典”影响，比上年略有下降。全年接待国内外游客509.9万人次，与上年基本持平；实现旅游及购物收入47.1亿元，下降1.9%。其中，接待国际旅游者7.86万人，下降23.46%；实现国际旅游及购物收入1.87亿元，下降23.64%。

财政收入持续增长，金融形势稳定。全年实现全口径财政收入114亿元，同比增长22.6%。其中，地方财政收入46.1亿元，增长15%。金融运行平稳，存贷款规模进一步扩大。年末金融机构存款余额1085.8亿元，比年初增长18.27%；贷款余额973.78亿元，比年初增长13.51%；城乡居民储蓄存款420.3亿元。

环境治理成效显著，空气质量得到提高。新增集中供热面积350万平方米，全市集中供热面积达3851万平方米，集中供热率达到60%以上。天然气入户工作进展顺利，新增天然气用户9万户，累计用户32万户。大气污染治理成效明显，全年空气指数二级和好于二级的天数280天，比上年增加64天。新增绿地面积1.8万亩，人均公共绿地面积5.36平方米，建成区绿化覆盖率24.2%。

劳动就业和社会保障工作得到加强。全年共安置城镇人员就业4.2万人；下岗职工再就业率达74%，城镇登记失业率3.4%。养老、失业、医疗三大社会保险覆盖面进一步扩大，养老保险新增4.24万人，失业保险新增3.79万人，医疗保险新增5.59万人。养老金社会化发放人数达到11.9万人，发放率为100%。全年累计享受城市居民最低生活保障33.1万人次，发放最低生活保障金3073.3万元。

社会各项事业全面发展，人民生活水平稳步提高。继续实施“科教兴市”战略，大力加强教育结构调整，全面推进素质教育。进一步加大了以红山体育场、自治区疾病控制中心、图书馆、博物馆、艺术馆等为重点的社会设施建设，全市社会各项事业取得新进步，城乡居民生活水平得到提高。城镇居民家庭人均可支配收入达9087元，同比增长5%。农牧民人均纯收入4154元，增加322元，增长7.8%，位于全疆前列。

【投资环境与利用外资】乌市是沟通新疆南北

疆，连接中国内地与中亚、欧洲的交通枢纽，是第二座亚欧大陆桥经济带中国西部的中心城市，我国向西对外开放的重要门户，是中国实施西部大开发战略的重要支点。

2003年，乌市积极贯彻落实国家、自治区关于实施西部大开发、加大招商引资工作力度的有关政策规定，充分发挥区位和政策优势，围绕着“建经济强市，创旅游名城，建设现代化国际商贸城”的总体战略目标，大力加强基础设施建设，大力改造和提升传统产业，加快发展高技术产业和新兴产业，积极培育大型骨干企业集团，发展壮大中小企业集群，深化审批制度改革，简化项目审批程序，实施政务审批条件、办事程序、办事结果公开，着力营造符合国际惯例的法制环境和公开、统一、公平的竞争环境，城市功能不断增强，投资环境日益改善，成为全疆上市公司的云集地，以及家乐福、肯德基等一批国际知名企业竞相投资建设的城市，西部地区最具有吸引力和发展潜力的中心城市之一。

2003年，乌市成功举办了“乌洽会”和“华凌国际建材博览会”。乌洽会上，乌市共签约项目132项，总金额177.52亿元。其中，国内经济技术合作项目和协议106项，总金额169.4亿元；对外经济技术合作项目18个，投资总额9218.9万美元，合同利用外资3732.7万美元；华凌国际建材博览会贸易成交额达到42.5亿元。

2003年，乌市多渠道吸引国外及疆内外的资金、技术和其他生产要素的投入，利用外资的数量和规模稳步扩大。全年共批准外商投资企业31家，投资总额1.44亿美元，注册资本9309.17万美元，合同利用外资5779.17万美元，增长81%。完成招商引资项目投资总额82.19亿元，比上年增长5%，其中引进外省到位资金27.6亿元，增长25%。

【重点项目介绍】2003年，乌市确定对经济和社会发展有较大影响的重点建设项目58项，总投资298亿元。2003年度计划完成投资96.87亿元，实际完成投资73.69亿元，完成计划的76.07%。

已建成投入使用6项：外环路、解放南路胜利路改造工程、牛胚胎生物工程产业化、二道桥国际大巴扎、红山体育场、石墩子山水厂扩建输配水管道工程。

基本完工4项：退耕还林荒山绿化工程、广汇美居物流园、新疆赛博特汽车城、新疆华源实业（集团）有限公司华美文轩家园。

在建33项：广汇LNG、乌鲁木齐外环路、亚洲大陆地理中心“亚心村旅游开发”、新疆世贸广场、现代便利联锁经营及畜产品生鲜物流配送中心、新怡发中润物流博览中心、城市路网及巷道综合改造工程、排水管网工程、周边公路、经济技术开发区出口加工区建设、新疆中油化工有限公司精细化工深加工、新疆夏梦帷幕铝塑复合板、解放南路胜利路改造工程、北郊客运站、七一超级市场、天成汽车超市、新疆百商五交化物流配送中心、华凌国贸广场、华凌现代化屠宰生产线、家乐福超市、新疆鞋城大厦、徕远广场、新疆沙海绿珠海洋世界海洋馆、和平渠改造、无公害蔬菜加工基地、一中北校、蜘蛛山隧道工程、河东污水处理厂扩建、南湖绿色广场、城市生活垃圾无害化生物处理场、照壁山水库、金源世贸广场、图书馆博物馆、天然气二期。

进行前期工作的15项：子午线轮胎、电容爆技术产业化项目、南区热网、夏梦商业广场、基钰公司外环路汽车服务区、基钰公司油品配送中心及周边公路服务区、阳光100商厦、佳安大厦、北园春农产品中心批发市场、盐湖城盐浴中心、南山生态园林休闲度假中心、乌鲁木齐河分洪工程、东山区绿宝石花园、雅玛里克山荒山绿化及旧城改造工程、黑甲山开发项目。

2003年，乌市重点建设项目突出特点是数量多、规模大、社会性民营资本比重高，项目管理工作较规范。重点建设项目个数比上年增加了2.86倍，完成投资73.69亿元，占全市固定资产投资总额的36%，比上年提高了19个百分点。社会性投资项目占到70%，社会性投资额占重点项目总投资的55%。项目管理工作进一步规范化制度化。项目法人责任制、招标投标制、工程监理制进一步落实，项目运行机制已基本形成政府监管、项目法人实施、中介机构服务的格局。

民族自治州篇

吉林省延边朝鲜族自治州

【经济与社会发展】2003年，延边朝鲜族自治州（以下简称延边州）国民经济保持快速健康发展。GDP达到171.5亿元，同比增长10.1%，经济增长率继2000年之后再次实现两位数增长。人均GDP达到7841元，同比增长10.1%。实现全口径一般预算财政收入20.9亿元，同比增长11%。其中，地方财政收入11.6亿元，增长12.3%。在财政收入中，增值税7.6亿元，增长10%；营业税2.3亿元，增长11.2%；个人所得税1.5亿元，增长8.8%。全年财政支出35.9亿元，同比增长19.3%。完成全社会固定资产投资71.7亿元，同比增长11.5%。其中，基本建设投资32.9亿元，增长33.8%；更新改造投资10亿元，下降41.4%；房地产开发投资13.8亿元，增长11.8%。

农业和农村经济结构得到调整，效益农业稳步发展。全年完成农业总产值41.1亿元，与上年基本持平。其中，种植业产值18.5亿元，比上年下降1.4%，畜牧业产值10.8亿元，增长15.3%。全州拥有农机总动力85.7万千瓦，农村用电量2.5亿千瓦小时。高效经济作物播种面积11.1万公顷，增长3.7%。造林面积1.6万公顷，增长45.5%；肉类总产量7.4万吨，增长5.7%；禽蛋类产量为2.3万吨，增长15.9%；奶类产量1.1万吨，增长48.4%；水产品产量为5110吨，水产品养殖面积12370公顷，增长3%。

工业、建筑业持续增长。全年实现工业增加值65.8亿元。其中，规模以上工业企业实现增加值49.4亿元，增长13.8%。工业经济效益回升，全年实现销售收入106.9亿元，同比增长16.1%；利税总额14.8亿元，增长23.2%；全员劳动生产率达到44899元/人，产品销售率95.4%。完成建筑业增加值14亿元，同比增长16.5%。建筑企业施工面积406万平方米，全员劳动生产率（按增加值计算）17653万元/人，增长2.7%。

金融业加强服务创新，市场规模进一步扩大。全年实现金融业增加值3.7亿元，同比增长12.3%。年末全州金融机构各项存款余额324.5亿元；各项贷款余额250.9亿元；个人消费贷款23.8亿元，金融机构现金收入1159.1亿元；现金支出1194.5亿元。2003年保费收入4.3亿元，全年支付各类保险赔款及给付1.1亿元。

受“非典”等因素影响，运输量有所下降。铁路货物发送量603万吨，比上年增长7.7%；公路运输2747万吨，下降6.3%；民航运输2000吨，下降9.7%。全年铁路旅客发送量462万人，下降8%；公路客运3083万人，下降4.5%；民航客运18.3万人，下降11.6%。

邮电通讯业务发展较快。全年完成邮政业务总量1.9亿元，同比增加19.3%。邮政服务门类增多，投递速度加快。到2003年末，全州电话交换机总容量达到100万门，固定电话用户75.7万户，其中住宅电话69万户，移动电话用户达到58.8万户，国际互联网用户达到19万户，宽带接入用户3.4万户，有线电视用户达到39.6万户。

对外贸易发展较快。全年外贸进出口总额4.1亿美元，同比增长20.5%。其中，进口总额1.3亿美元，增长5.3%；出口总额2.8亿美元，增长 28.8%。在外贸进出口总额中，一般贸易 1.6 亿美元，边境贸易 1.3 亿美元，加工贸易 1.2 亿美元。外商投资企业出口创汇总额 1.3 亿美元，同比增长 28.2%。

到 2003 年末，全州拥有星级宾馆 33 家，旅行社 48 家。全年接待国内外游客 207.2 万人次，实现旅游收入 13.6 亿元，同比增长 21%，受“非典”疫情影响，全年接待国际旅游者人数大幅下降，接待入境人数 12.1 万人次，比上年下降 23.9%，国际旅游收入 2330 万美元，下降 28%。

实施科技兴州，推动科技进步。全州有 2 项科研成果获省科技进步奖，有 204 项发明创造申报国家专利，全州有各类科学技术人员 9.1 万人。

2003 年，全州高等院校招收研究生 518 人。毕业研究生 241 人、在校研究生 1495 人，当年有 226 人被授予硕士学位。普通高等学校招收本、专科生 4222 人，在校学生 13914 人，毕业生 2347 人。中等专业学校在校生 5907 人；普通高中在校生 40494 人；职业中学在校生 6976 人；普通初中在校生 98420 人；小学在校学生 137556 人。学龄儿童入学率达 99.8%，在园幼儿数达到 26947 人。盲聋哑学校在校生 434 人。

文化事业取得新成就，文艺创作取得丰硕成果，推出了《父亲山、母亲江》、《祖国赞歌》等优秀文艺作品。全州共有 4 个文艺作品在全国文艺汇演中获奖。延边电视台全年共译制电视剧 3 部 58 集，延边人民广播电台全年共制作广播剧 13 部 42 集。全州有艺术表演团体 7 个，公共图书馆 9 个，博物馆 4 个，广播电台 8 座，电视台 8 座，广播人口覆盖率达 99.7%，电视人口覆盖率达 97.2%。全州全年出版报纸 3614 万份，出版各类杂志 74 万册，出版图书 3458 万册。

全州共有各种卫生机构 220 个，拥有专业卫生技术人员 10720 人，其中执业医师 3893 人，助理执业医师 572 人，注册护士 3590 人。卫生机构拥有病床 7869 张，平均每万人拥有病床 36 张。

积极推进全民健身，广泛开展群众性体育活动。全州共举办县（市）、乡（镇）级以上综合运动会 491 次，参加的运动员达 7 万人次。到年末有 24 万人达到《国家体育锻炼标准》，达标率为 85.9%。参加全国体育竞技比赛获得金牌 8 枚、银牌 1 枚、铜牌 2 枚。

人民生活继续改善。在岗职工工资总额为 28.9 亿元，在岗职工平均工资为 9799 元，增长 11.9%。农村居民家庭人均纯收入 2035 元，增长 10%。社会保障和福利事业继续发展。到 2003 年末，全州参加基本养老保险的人数达 35.9 万人；参加失业保险的人数达 42.4 万人，参加基本医疗保险人数达 23.5 万人。全州共有敬老院 68 个，收养 1681 人；国家办光荣院 3 个，在院人数 270 人，城镇社会福利医院 1 个，在院人数 500 人。城乡各种社会救济对象得到国家救济 33.6 万人次。

【投资环境】在延边州地下埋藏着 85 种矿产，其中已探明的有 55 种，可开发利用的 39 种。全州铁矿石保有储量为 1.3 亿吨，煤炭保有储量为 6.4 亿吨。延边河网密集，水系发达。全州有大小河流 487 条，总长 10926 公里。许多河流中上游都流经高山峡谷，水流急、落差大，为水利发电提供了天然条件。全州水利资源蕴藏量为 141 万千瓦。

延边州有其独特的自然景观和人文景观。享有盛名的长白山，是闻名中外的旅游胜地。巍峨耸立的白云峰，波光粼粼的天池，咆哮奔泻的瀑布，星罗棋布的温泉群，亭亭玉立的美人松，“鸡鸣叫三国，犬吠闻三疆”的边境风貌；特别是多姿多彩的朝鲜族民俗风情，颇具域外情调。已开辟的旅游开发区有：长白山自然风光游览区、延吉民俗风情游览区、珲春边境风貌游览区、龙井历史遗迹游览区、图们江边城游览区、和龙龙王山游览区。

2003 年，延边州投资环境进一步得到改善，基础设施建设加快了步伐。江密峰至珲春高速公路敦化至延吉段、和龙至龙井高等级公路相继开工建设，国省干线江源至沿江公路，马滴达至省界、黄泥岭至东清、和龙至三道等7条公路项目全面启动，建设工程进展顺利。龙井至图们、汪清至图们通县公路已竣工投入使用。

开发开放环境进一步改善。延吉机场被国家批准为国际空港，拓宽了对外开放的空中通道，架起了延边州与朝鲜半岛、山东半岛及华东五省一市的空中桥梁。积极开拓俄罗斯市场，中国银行在莫斯科、海参崴分别设立了海外分支机构，并在5家俄罗斯银行建立了美元账户，实现了美元汇款的直通，有效地解决了对俄贸易过程中以美元现钞结算的传统方式，缩短了结算时间，为延边州外贸企业开展对俄边境贸易创造了便利条件。

延边州同时享受优惠民族政策和西部大开发的政策。根据《民族区域自治法》，出台了《延边朝鲜族招商引资优惠政策》，在工商登记、土地利用、税收、人事管理、投资、收费、奖励等方面提供优惠政策，在软环境建设上，采取简化审批程序、清理整顿收费项目等一系列行之有效的措施，投资环境得到进一步改善。外来投资者购买、兼并、租赁企业都可享受国家和省对民族地区国有企业税收、贷款、土地利用等优惠政策。

【重点项目介绍】延吉市集中供热项目：总投资4.5亿元，已完成投资1.4亿元。项目建成后，将改变延吉市冬季空气污染严重状况，提高城市环境质量。延吉市污水处理一期工程：总投资2.4亿元，已完成投资1.4亿元，城市管网铺设及厂区征地已全部结束。龙井市区排涝及环路项目：已基本完成。延边白麓纸业有限公司13万吨彩色胶印新闻纸项目：总投资11.6亿元，主体工程已于2002年10月进入试生产阶段，2003年继续建设个别单项工程，全部建成投产后，可新增产值6.2亿元，利润1.4亿元。敦化至延吉高等级公路、龙井至和龙一级公路等项目全面开工，珲春电厂二期、老龙口水利枢纽等项目已做好开工前的各项准备，2004年可开工建设。

湖北省恩施土家族苗族自治州

【经济与社会发展】2003年，恩施土家族苗族自治州（以下简称恩施州）GDP达到140.84亿元，同比增长7%。其中，第一产业增加值54.53亿元，增长4.2%；第二产业增加值42.21亿元，增长9.3%；第三产业增加值44.1亿元，增长8.2%。三次产业结构由2002年的38.9∶29.9∶31.2变化为38.7∶30∶31.3。全州人均GDP达到3693元，比上年增加275元，增长8%。完成全地域财政收入10.95亿元，同比增长5.1%，完成地方一般预算收入6.02亿元，同比增长5.9%。年末金融机构各项存、贷款余额分别为102.09亿元和83.99亿元，分别比上年增长15.1%和3%。

农村经济稳步发展。全州农牧渔业实现总产值81.96亿元，同比增长5.8%；粮食总产量151.65万吨，增长5.7%；区域特色农业和农业产业化经营龙头企业呈现良好发展势头。全州新增特色农产品基地1.5万公顷，已有15个产品获得无公害食品、绿色食品或有机食品标志使用权，新发展15家农业产业化经营龙头企业和一批特色农产品种养、销售大户。全年造林面积37925公顷，幼林抚育作业面积40650公顷。

工业生产逐步从恢复性增长转向较快速度发展。全部工业实现增加值32.61亿元，同比增长9%；卷烟、精制茶、水泥，富硒绿色食品、氨基酸、发电量等主要工业产品都有较大幅度增长。工业经济效益明显提高，规模以上工业企业实现销售收入41.11亿元，实现利税9.72亿元，同比增长62.9%。

全社会固定资产投资完成58.29亿元，同比增长12.1%。建设了一批交通、通信、能源、农田水利和教育、医疗等基础设施项目。全年实现消费品零售总额38.79亿元，同比增长9%。居民消费价格总水平比上年上涨1%，商品零售价格总水平上涨0.6%。年末全社会从业人员237.68万人，其中城镇从业人员31.07万人；政府购买岗位安置“4050”（女40岁，男50岁）人员和双下岗职工3800人。城镇登记失业率为4.5%。

全年完成外贸进出口总额1685万美元，同比增长78.9%。其中，外贸出口1497万美元，增长99.1%；氨基酸、茶叶、特色山野菜、中药材和烟叶出口到50余个国家和地区。直接利用外资98.3万美元，比上年增加81.3万美元。招商引资新签项目合同149个，到位资金8.38亿元。

各项社会事业继续发展。全州有普通小学1428所，在校学生38.34万人，小学适龄儿童入学率为98.6%；有普通初中173所，在校学生18.17万人，小学毕业生升初中的比例为99.2%；有普通高中24所，在校学生3.72万人；有中等职业技术学校13所，在校学生1.2万人；有普通高校1所，在校学生1.23万人；有高职院校和广播电视大学各1所，在校学生5400人；学前教育和特殊教育进一步发展。全州已立项实施的科技项目46项，投入科技经费600多万元；申报省科技进步奖3项，获省科技进步三等奖2项，省、州科技成果登记18项。专业文艺表演团体开展送戏下乡活动，演出1158场，观众达136万人次。广播综合覆盖率92.7%，电视综合覆盖率94%，均比上年有所提高。

到2003年末，全州有各类卫生机构695个，床位6000张，卫生技术人员9000人。在第七届全国少数民族运动会上，恩施州体育健儿夺得金牌6块、银牌和铜牌各3块；在湖北省第十一届运动会上，夺得金牌23块，银牌27块，铜牌28块；全民健身活动蓬勃开展，被评为全国“全民健身先进集体”。

年末全州总人口381.79万人，人口自然增长率3.74‰；城镇人口占总人口的18.64%。城镇单位从业人员年劳动报酬10187元，比上年增加836元，农民人均纯收入1498元，比上年增加33元。参加基本养老保险的人数11.52万人，参加失业保险的8.81万人，参加基本医疗保险的11.55万人；国有企业下岗职工基本生活费发放率达100%，参加基本养老保险的离退休人员基本养老金支付率达100%。各种社会福利收养性单位的床位数6371张，比上年增加3678张，收养人数5599人，比上年增加4048人。全州筹资2600万元，建房1.66万间，43.52万平方米，5593户住茅草棚或岩洞的农村特困户搬进了新居。

【投资环境】随着“318”、“209”国道和多条省道改造工程的竣工、西部通县公路的建成，许家坪机场、农村电网、县城电网改造工程的实施及一批通信、城镇道路、供水、供气、污水和垃圾处理项目的建成，恩施州城镇功能有较大增强，投资硬环境得到很大改善。同时，州委、州人民政府采取一系列措施优化发展软环境，并出台了《关于进一步加快发展民营经济的若干意见》，为州内外企业的创业发展营造了良好的环境。

恩施州位于多种构造体系联合、复合部位，地层齐全，构造复杂，成矿条件较好，矿产资源丰富，已发现矿产60种，已探明具D级储量以上矿产16种，产地100处。铁、煤、石煤、硒、天然气、磷、黄铁矿、耐火粘土等8种矿产，居湖北省第一位。特别是硒资源为世界罕见，恩施州是中国迄今发现的第一个高硒区，高硒区面积达2000多平方公里；已探明含硒黑色页岩3.6亿吨；同时还发现了世界独一无二的独立硒矿床。其他主要矿产保有量为：铁矿石12.91亿吨，磷矿石13.03亿吨，硫铁矿3200万吨，煤13289万吨，钒矿（V_2O_5）20.4万吨，耐火粘土5800万吨，石煤72612万吨（预测），石膏56亿吨（预测），天然气40亿立方米。此外，石灰石、白云岩（溶济用）、重晶石、生物大理石、卤水（NaCl）、陶瓷土储量也很丰富。

【重点项目介绍】宜万铁路：东起宜昌，经长阳、巴东、建始、恩施、利川到重庆万州，全长377公里（在恩施州境内约221公里），为国家Ⅰ级电气化铁路，设计时速160公里，建设工期5年，工程总投资167亿元。2003年12月，铁道部在恩施隆重举行奠基仪式，计划2008年建成。宜万铁路是全国“八纵八横”路网主通道之一沿江铁路的组成部分，也是国家规划的“四纵四横”快速客运网中沪、汉、蓉快速客运通道的关键路段。

宜恩高速公路：东起宜昌，经长阳、巴东、建始至恩施吉星，长197公里（恩施州境内110公里），双向4车道，设计时速80公里，总投资约121.6亿元，计划2007年建成通车。宜恩高速公路是沪蓉国道主干线的重要路段。

许家坪机场扩建工程：机场距恩施城中心5公里，原建于1993年，扩建工程于2003年11月奠基，计划2005年7月竣工，总投资7500万元，主要是加长跑道，改善导航系统。扩建后可大大改善起降条件，提高正常飞行率。

农村沼气池建设：恩施州根据国家和省的统一部署，规划在农村适宜地区建设沼气池70万口，建池农户配套改厨、改厕、改圈。2003年投资6000多万元，建成沼气池65296口。沼气池的建设，有效保护了山林，巩固了天然林保护工程建设成果，节省了劳力，改善了农民的生活环境，促进了生态农业的发展和农民增收。

【经济技术协作与对口支援】恩施州的对口支援，主要是位于三峡库区的巴东县。2003年，巴东县共接待省内外对口支援考察团组38批，计266人次，洽谈落实项目31个，到位资金及物资2157.9万元，为巴东培训人员121人，接纳巴东县务工人员424人。北京市有9个区县、48个市直部门及企业对口支援巴东县，出资帮助巴东县建成了一批特色农产品基地，公路、市政设施，支持对口单位开展移民搬迁。江苏雨润食品产业集团与巴东县达成协议，投资1.4亿元，建设年加工120万头牲猪的生产线；北京时珍堂医药集团与巴东签订协议，投资3000万元，建设年加工中药饮片3000吨的加工厂。

湖南省湘西土家族苗族自治州

【经济与社会发展】2003年，湘西土家族苗族自治州（以下简称湘西州）GDP达到82.6亿元，同比增长8.1%。其中，第一产业增加值22.4亿元，增长2.9%；第二产业增加值30.5亿元，增长11%；第三产业增加值29.7亿元，增长9.6%。财税总收入7.92亿元，增长12.98%。

农业产业化步伐加快。大力调整种养结构，积极发展优势特色农业。粮食总产量达到78.1万吨、油料产量8.69万吨、烟叶产量

1.78万吨、水果产量26.9万吨、肉类产量10万吨。输出农村劳动力35万人，增加4万人，劳务总收入14亿元，增长27.3%。

工业经济呈现恢复性增长。全年工业实现增加值21.7亿元，同比增长4.6%。其中，规模以上工业企业增加值14.7亿元，增长5.6%。完成技改投资8亿元，增长33.1%。企业改革继续深化，完成88户国有企业改革改制。

固定资产投资高速增长。完成全社会固定资产投资46.9亿元，同比增长39.2%。重点项目建设进展顺利。张家界至罗依溪公路竣工、县际公路改造完成309公里、常德至吉首高速公路州内段完成征地拆迁、凤凰至大兴公路开工建设，标志着高效便捷的公路交通体系进入建设黄金期。保靖22万伏输变电站和农网改造二期工程竣工、碗米坡水电站第一台机组发电、全州县城电网改造和泸溪22万伏输变电站开工建设，标志着能源保障体系进一步改善。古丈茶城大道等项目的顺利实施、吉首泸溪龙山保靖垃圾处理、吉首凤凰污水处理等环保项目的建设，标志着城镇扩容提质进程加快。高家坝水库主体工程开工、花垣兄弟河水库等病险库治理工程全面展开，标志着水利建设进一步加强。泸溪金天铝业扩建、老爹公司猕猴桃加工、吉首打叶复烤厂二期工程等项目的实施，标志着产业建设有了新的进展。

第三产业较快增长。成功举办了中韩围棋邀请赛、谭盾音乐会等旅游节会活动。全年接待旅游者275.7万人次，增长9%；旅游总收入3.6亿元，增长35%。房地产呈强劲发展势头，完成投资4.5亿元，增长118%。信息产业继续快速增长，全年新增固定电话用户2.9万户、移动电话用户8.9万户、国际互联网用户2.3万户。城镇化进程加快。城镇化率达到24.6%，较2002年提高1.6个百分点，新增城镇道路12.5公里和城镇日供水能力3.5万吨。

大力加强招商引资，投资环境不断改善。引进外资1513万美元，同比增长50%；内资7.5亿元，增长48.5%。对外贸易快速增长，外贸进出口8886万美元，增长28%。投资环境进一步改善，行政审批制度改革加快，州及部分县市政务服务中心正式运作。

人民生活水平提高，社会事业加快发展。全州农民人均纯收入1401元，增长5.7%。吉首地区城镇居民可支配收入5976元，增长8.8%。扶贫开发成效显著，减少低收入人口8.7万人。人口自然增长率控制在6.2‰。

市场消费活跃，实现社会消费品零售总额41.6亿元，增长6.3%。年末金融机构各项贷款余额100.9亿元，较年初增长9.7%。各项存款余额103.42亿元，较年初增长19.8%。

就业和社会保障工作取得新成效，新增城镇就业人员2.2万人，城镇登记失业率控制在4%以内。社会保险覆盖面进一步扩大，新增参保人员1.2万人。公共卫生事业得到加强，全力开展了非典防治工作，州县市疾病预防控制中心建设全面启动。教育、科技、生态等方面投入力度加大，文化、广播等各项社会事业均呈良好的发展势头。

【投资环境】湘西州注重完善招商引资的政策措施，通过推行重点项目审批代理制和一个窗口对外、一票制收费、一站式审批、一条龙服务等，营造了稳定安全的治安环境、公平竞争的市场环境和规范文明的法制环境。一是制定招商引资优惠政策文件。出台了《湘西自治州关于进一步加强招商引资工作的若干意见》和《湘西自治州招商引资奖励政策》。二是注重提高服务质量。2003年9月，湘西州政府政务中心正式挂牌运作，从而实现了一个窗口对外、一票制收费、一站式审批、一条龙服务。三是对重点项目实行挂牌保护制度。四是严格责任追究。实行违反优化经济环境政策的举报制度和查处制度，推行“对行政执法部门和政法部门营造宽松经济发展环境民主测评”、“定期走访招商引资企业”等多种形式的监督制度。狠抓投资环境的专项治理，对破坏投资环境的行为，做到优先立案，快速办理，切实保护了投资者的合法权益。

【重点项目介绍】2003年，全州安排重点在建项目65个，其中续建项目34个，新开工项目31个。

重庆黔江经湘西州龙山至张家界市铁路：是连接重庆至长沙的快速铁路大通道。全长约240公里，概算总投资60亿元，设计方案为每小时80公里。黔张铁路的修建适应了我国西部大开发战略的需要，将极大的促进湘、鄂、渝贫困地区的经济社会发展。

吉首至茶洞高速公路：是国家西部大开发重点规划建设的长沙至重庆公路通道的一部分，全长75.3公里，拟采用四车道高速公路标准，估算投资47.94亿元。

吉凤工业园：设立于湘西州州府吉首市与凤凰县交界处，总面积7.12平方公里。园区定位以发展工业、引进州外投资、加工制造、扶持建设大项目大企业为主，工业园规划分现代食品区、生物医药区、新型材料区、高新产业区、日化轻工区等五大分区，重点发展食品饮料、生物医药、日化轻工、新型材料、针织服装和旅游工艺品工业。

里耶至王村公路：全长125公里，估算总投资7.5亿元。公路途经三个国家级贫困县的14个乡镇，将对加速沿线群众脱贫致富步伐起着极其重要的作用。

古丈茶叶产业化：建良种茶园5万亩，扩建1500吨绿茶、100吨毛尖生产线及茶叶专业市场，总投资2亿元。

【经济技术协作与对口支援】2003年，湘西州经济技术协作和对口支援工作取得了明显成效。全年共引进内资项目133个，引进资金7.52亿元，同比增长48.6%；争取对口支援资金6350万元（其中省直机关单位支援资金4500万元，湖南省辖六市支援资金1850万元）。

一是突出抓好园区建设，打造招商引资平台。2003年，共引进5家州外投资商入园兴业，意向协议引资1.5亿元。龙山县引进上海鸿仪集团投资1.2亿元，建设开发乌龙山大峡谷旅游资源项目；永顺引进湖南省第三建筑公司投资1800万元开发湘潭大道。

二是突出抓好招商活动，积极扩大招商引资成果。除积极参加“深洽会”、“杭州投资洽谈会”、“西洽会”等大型招商引资活动外，各县市还组织了形式多样的招商引资活动，龙山县在深圳举办了“龙山里耶古城保护开发区招商投资说明会”；吉首组织了“光彩金秋”第四届经贸洽谈会，邀请浙江温州等各地客商参会。

【凤凰国家历史文化名城】凤凰古城古称镇竿，位于湖南湘西州的西南边。总面积1700多平方公里，人口37万，是一个苗族、土家族为主的少数民族聚集县。凤凰春秋战国时期属楚地，秦属黔中郡，唐设渭阳县，元、明设五寨长官司，清设厅、镇、道、府，成为湘西军事政治中心。

凤凰古城——国家历史文化名城，与吉首的德夯苗寨、永顺的猛洞河、贵州的梵净山相毗邻，是怀化、吉首、贵州铜仁三地之间的必经之路。209国道和湘黔省道从县境穿插而过，铜仁大兴机场距县城仅27公里，交通极为便利。

凤凰风景秀丽，历史悠久，名胜古迹甚多。城内，古代城楼、明清古院风采依然，古老朴实的沱江静静地流淌，从文故居默默矗立；城外，南华山国家森林公园郁郁苍苍，奇梁洞艺术宫殿深深埋藏，建于唐代的黄丝桥古城风采依旧，举世瞩目的南方长城巍巍屹立。

四川省阿坝藏族羌族自治州

【经济与社会发展】2003年，阿坝藏族羌族自治州（以下简称阿坝州）国民经济得到快速健康发展，社会事业全面进步。全年GDP达到51.72亿元，同比增长12.3%，增幅比上年提高1个百分点。其中，第一产业增加值11.34亿元，增长1.8%，对经济增长的贡献率为3.5%；第二产业增加值20.63亿元，增长20%，对经济增长的贡献率为61.8%；第三产业增加值19.75亿元，增长11.3%，对经济增长的贡献率为34.7%。产业结构进一步调整。三次产业增加值占GDP的比重由上年的23.2:37.4:39.4变为21.9:39.9:38.2。

农业结构调整步伐加快，农村经济平稳发展。坚持以生态经济为中心，大力实施农牧业战略性结构调整，推进农牧业产业化进程，努力增加农牧民收入，农村经济平稳发展。全年完成农林牧渔业总产值16.3亿元，增长4.2%。全年粮食总产量15.28万吨，比上年减少4.6%。年末大牲畜存栏212.3万头，比上年增加2.9%，肉类总产量6.65万吨，增长7.5%，奶类总产量8.11万吨，增长5.1%。天然林保护和退耕还林工程进展顺利。全年完成人工造林14276.2公顷，合格13641.2公顷。森林覆盖率22.6%。完成退耕还林4万公顷，配套荒山造林17333.3公顷。

农村生产生活条件进一步改善。加强了以通村公路、微水灌溉、中低产田改造为主的农牧业基础设施建设，全州新建通村公路1230.4公里，通公路村892个；完成中低产田改造4.21万亩；兴修水利工程696处，新增有效灌溉面积3500亩，解决了1.75万人、10万头牲畜的饮水困难。年末农业机械总动力达39.6万千瓦。乡镇企业稳步增长。全年乡镇企业实现总产值55564万元，同比增长7.7%，实现营业收入54060万元，利税8273万元。

工业快速增长，经济效益指标全面提高。运行质量进一步改善。工业生产坚持以追赶型、跨越式发展为主题，以增大总量为目标，结构调整为动力，以培育水电、高耗能、医药和绿色食品为重点，加快支柱产业的发展。全年规模以上工业企业实现工业总产值18.9亿元，同比增长17.7%；实现利税28.78亿元，增长6.2%。

民营经济发展势头良好。全年民营经济实现增加值15.53亿元，同比增长17.4%，比上年加快9.5个百分点。其中三次产业增加值分别增长1.2%、34.5%、23%。对GDP增长的贡献率为40.4%，比上年提高19.8个百分点。

固定资产投资快速增长，拉动作用明显发挥。加强了以国债资金为主的交通、能源、农牧业产业化、草原生态恢复与建设、水利基础设施、教育卫生及其他社会事业等行业的投资力度。全年完成全社会固定资产投资543826万元，同比增长47.1%，创历史新高。

对外开放取得新的成效。积极与州外企业联合开发旅游、水电、药业、畜产品等资源，修订了《招商引资奖励办法》，出台了《鼓励出口办法》，推出了一批重点招商项目。全年共签订国内合作协议项目123个，协议引进资金82.3亿元，履约项目91个，实际到位资金32.9亿元。外贸出口有所下降，全年实现对外贸易进出口总值594万美元，同比下降

8.5%。

加强旅游资源的开发利用，旅游收入增幅明显。进一步确立旅游业在全州经济发展中的主导地位，加大旅游业融资力度，推进旅游资源向资本的转变。特别是九寨黄龙机场通航和九寨天堂国际会议中心建成营运，有力地推进了游客结构、接待水平和档次的提升，入境游人次明显增长。全年共接待海内外游客323万人次，比上年增长13.9%；实现旅游总收入21亿元，同比增长32.2%；旅游业增加值占全州GDP的比重达20.1%，比上年提高1.5个百分点；旅游业对GDP增长的贡献率为30%。

消费品零售市场稳中趋旺。全年实现社会消费品零售总额11.78亿元，比上年增长5.6%。城乡人民生活水平继续提高，农民人均纯收入达1422元，同比增加111元。年末城乡居民储蓄存款余额292031万元，增长18.8%。社会保障制度改革不断深入，扶贫工作取得新成效，新村扶贫、移民扶贫、教育扶贫、卫生扶贫、牧区扶贫等工程进展较大。

【投资环境】2003年，通过国家政策扶持及投资拉动，阿坝州在交通、通讯、电力、教育、卫生和生态环境保护方面有了长足进步，投资建设的大环境空前改善。全州公路通车里程达6018公里，公路等级和通过能力大幅提高，实现了乡乡通公路；光纤通信、卫星电视覆盖全州的所有县城和大部分乡镇；兴建了一批水电站，建设了州级供电网络，电力富足、电价低廉。

制定了鼓励外商来阿坝州投资的优惠政策和办法。凡到阿坝州投资的，可享受国家对少数民族地区和贫困地区经济开发方面的优惠政策，享受自治州依据国家民族区域自治法而制定的有关土地、税收金融、财政价格和人才引进、企业用工等方面优惠政策。

组建了专门的招商引资机构，建立了“一站式”和“外来投资服务中心”，强化服务功能。成立了州工业经济开发园区和阿坝青藏高原牦牛经济园区，为海内外客商创造了一个比内地更优惠的宽松、高效、优质的投资环境。

【重点项目介绍】交通方面：鹧鸪山隧道主体工程已完工，建设进展顺利；九寨黄龙机场、金川县城至马尔康可尔因公路、阿坝至壤塘公路建设已完工并投入使用。

水电建设方面：福堂电站进入全面建设阶段，完成投资63436万元；红叶二级电站完成主体工程，铜钟电站三台机组已全部建成发电，沙牌电站已建成投产，天龙湖电站正加快建设，年末完成投资20848万元；狮子坪电站、金龙潭电站等前期工作进展顺利。

电网建设方面：映秀至小金四姑娘山110千伏送变电工程已全面完成，茂九110千伏送变电工程已达到预期进度，牧区电网建设进展顺利，红叶二级至绵阳220千伏输电线路工程已开工建设。

旅游景区建设方面：小金县四姑娘山景区双桥沟公路国债项目已大部份竣工，毕棚沟、神仙池景区公路建设顺利实施。

生态环境建设工程方面：生态建设项目区已覆盖全州13个县，全年完成人工造林14276.2公顷，完成退耕还林4万公顷，配套荒山造林17333.3公顷。全州省级以上各类自然保护区已达14个，面积达132.7万公顷。

基础设施方面：13个县一期农网建设与改造已完成并通过省预验收，改造后的农村用电价格大幅下降。建设总里程875公里的11条通县公路和总里程106公里的国家贫困县公路建设已全面开工，已完成投资2.23亿元。完成了九寨沟漳扎、松潘川主寺、黄龙、马尔康、小金四姑娘山和九寨甘海子等日处理5万吨污水处理厂。启动了马尔康、理县、汶川、阿坝、黄龙垃圾处理厂和若尔盖、小金、九寨沟漳扎与松潘川主寺自来水厂建设。阿坝州中心血站、阿坝州职教培训中心、卫生“三项建设”及全州中小学危房改造工程和全州文化中心等工程正在建设。

【经济技术协作与对口支援】阿坝州在积极开展与深圳、浙江、山东、成都等省、市对口支援的基础上，不断密切和扩大协作关系，先后与省内外各大专院校、科研单位和企业建立了长期的协作关系。旅游方面：与四川汉龙集团签订了联合开发四姑娘山景区的协议，与成都星宇集团和四川浦发旅游有限公司合作建设旅游服务项目，与成都中国旅行社和成都会展中心有限公司联合开发毕棚沟、神仙池景区。能源开发方面：与四川汉龙集团合资修建天龙湖电站，与四川全兴、郎酒集团和国电公司合作修建福堂电站及杂谷脑河流域开发。农业开发项目：与州外企业合作，开发生态农业、农畜产品、药业等。工业项目方面：与州外企业合作，促进阿坝州工业项目建设与改造。

依托区域资源优势，阿坝州还积极参加"川西片区 11 市州成都经济协作区"活动。发展和加强国内横向经济技术联合与协作。

四川省甘孜藏族自治州

【经济与社会发展】2003 年，甘孜藏族自治州（以下简称甘孜州）经济快速发展，全年 GDP 达到 35.23 亿元，同比增长 11.3%。其中，第一产业增加值 9.2 亿元，增长 4.5%，对经济增长的贡献率为 10.5%；第二产业增加值 11.75 亿元，增长 18%，对经济增长的贡献率为 50.9%；第三产业增加值 14.28 亿元，增长 10.5%，对经济增长的贡献率为 38.6%。三次产业结构调整为 26.1:33.4:40.5。

在退耕还林、退牧还草形成的粮食播面减少情况下，甘孜州围绕农牧民增收目标，以市场为导向，加快结构调整步伐，全年实现农林牧副渔业总产值 15.06 亿元，同比增长 6.83%。粮食产量 16.72 万吨，减少 3.54%。经济作物及蔬菜产量保持增长。油料产量增长 12.14%，蔬菜产量增长 14.76%。畜牧业立足优势资源，开发特色产品，市场化步伐进一步加快。年末各类牲畜存栏 506.6 万头（匹、只），减少 0.03%；各类牲畜出栏 120.41 万头，出栏率提升 2 个百分点；肉类总产量 7.7 万吨，增长 12.03%；牛奶产量 11.26 万吨，增长 2%。

农业生产条件进一步改善。有效灌溉面积达到 35.75 万亩；围栏改良草地 780.9 万亩，人工种植优良牧草 25.99 万亩，草原灭鼠治虫 480 万亩次；农业机械总动力 35.48 万千瓦。全州乡镇企业完成增加值 2.34 亿元，同比增长 14.23%。通过调整扶贫思路，创新扶贫方式，扶贫工作取得新进展。全年实施新村扶贫的村为 70 个，通过实施教育和卫生扶贫建成学校 29 所、卫生院（站）19 所，全年越过温饱线人口 2.4 万人，全州农牧民人均纯收入达到 1031 元，增长 13.55%。

以"天保"、退耕还林（草）、退牧还草、生态环境综合治理、小流域水土流失综合治理等五大生态工程为载体，全州生态环境建设继续得到加强。全州 548 公顷原始森林得到有效保护，森林火灾及病虫害发生率大为降低。全年植树造林 66.75 万亩，封山育林 17.5 万亩，年内完成退耕还林面积 12.91 万亩和退牧还草面积 81 万亩。全州有各类自然保护区 46 个，其中国家级 3 个，省级 16 个，州级 4 个；保护区面积 398.12 万公顷，占全州土地面积的 26.02%。

水能资源与优势矿产资源的开发取得突破，高原特色优势农产品加工工业和中藏药业发展步伐加快，新型的工业经济格局雏形初步确立，工业经济发展呈现出新的活力。全州完成限额以上工业总产值6.63亿元，同比增长17.8%。其中，轻工业增长1.61倍，重工业增长12.5%。股份制工业企业总产值4.57亿元，增长15.2%。主要工业产品中发电量增长8.54%，水泥下降11.43%，铜精矿含铜量增长22.8%。

固定资产保持强劲增势，成为拉动经济增长的主要力量。以基础设施和基础产业为主要投向，全年完成全社会固定资产投资32.19亿元，同比增长17.09%。其中，基本建设投资27.08亿元，增长5.33%；更新改造投资3200万元，增长2.22倍。在投资总额中，国有经济投资21.44亿元，下降17.59%；非国有经济投资10.75亿元，增长6.26倍。招商引资成效显著，全年实施招商引资项目176项，协议引资59.62亿元，实际到位资金14.87亿元。多元化投资格局初步形成。

消费需求持续稳定增长，第三产业加快发展。全年社会消费品零售总额11.66亿元，同比增长16.41%。市场物价保持稳定。旅游产业在“非典”因素及出州通道改造情况下，仍然保持快速增长，表现出巨大生机和发展潜力，成为拉动消费的热点，全年共接待中外游客72.5万人次，实现旅游总收入4.92亿元。

地方财政收入增加。全年地方财政一般预算收入1.33亿元，增长19.58%。金融运行形势平稳。年末金融机构各项存款余额52.42亿元，同比增长17.14%。各项贷款余额19.13亿元，增长17.36%。保险事业稳定发展。全年财产险承保总额69.81亿元，同比增长2.99倍。

各项社会事业全面发展。《四川省民族地区教育十年行动计划》继续在全州推进实施，学龄儿童入学率94.06%，比上年提高2.72个百分点；普初、普九工作步伐加快，12个县基本扫除了青壮年文盲；高中阶段教育规模进一步扩大，成人教育事业进一步发展。全年完成科技成果鉴定9项，科技成果登记14项，专利申请27件。卫生工作以城镇医疗卫生体制改革为重点，整顿和规范医疗卫生市场秩序。加强“非典”、地方病及各种传染病的预防控制，为保护人民健康做出了积极贡献。全州人口自然增长率为7.81%。全州广播电视人口综合覆盖率分别为80.52%、81.63%。文化、体育事业进一步发展。全年全州通过各种渠道实现就业和再就业的人员3244人，城镇登记失业率控制在5.7%以内。社会福利事业稳步发展。城市居民最低生活保障制度进一步完善，劳动和社会保障工作进一步得到加强。

【投资环境】交通基础设施进一步得到改善，全州公路通车里程已达9758公里，其中，等级公路5098公里。国家级重点项目二郎山至康定公路改造升级项目基本建成，总长2534公里的通县油路工程全面完成，全州各县城均实现了对州府的朝发夕至。一、二期农网改造任务全面完成，城网改造正在抓紧施工。光缆覆盖面继续扩大，全州电话普及率达到6.4%。其中，城市固定电话普及率29.2%，移动电话用户75635户。数据通信发展迅猛，多媒体宽带接入业务逐步推开，全州综合通讯能力进一步增强。旅游景区规划、景点建设、配套设施、人员培训及打造精品旅游线路、开发特色旅游产品等工作不断加强，全州旅游品牌形象及对外影响力不断提高。城镇道路、供水、污水、垃圾等市政环保建设力度加大，城市功能不断完善。

制定了鼓励招商引资的优惠政策和加快民营经济发展的意见。凡到甘孜州投资创业，均可受国家对少数民族地区和贫困地区经济开发方面的优惠政策，享受自治州依据国家民族区域自治法制定的有关土地、税收、金融、财税、人才引进、企业用工等方面的优惠政策。对州境内投资创业的企业和个人，实行“一站式服务”，建立了投资环境监督管理机制，维护投资者的合法权益，以最大力度提高服务水平和效率，营造优良的投资环境。

【重点项目介绍】交通方面：投资16.85亿元的G318线海子山至竹巴龙改造工程全面开工，预计2005年竣工；康定机场、雀儿山隧道预计在2004年前后相继开工建设；县际公路、旅游公路及通乡公路加快建设；泸定至石棉高等级出州通道建设项目前期工作取得实质性进展。

能源方面：按照“流域开发整体化、投资主体多元化”原则，全州水电开发有序快速进行，康东瓦斯河、九龙河、金汤河等流域水电开发进入实施建设阶段，全州开工在建电站20余座，建设装机120万千瓦以上。电力出州通道规划编制完成，相关协调工作顺利推进。

矿产方面：白玉呷村银多金属矿进入实质性开发，矿区公路、电站、平洞建设全面启动；巴塘夏塞银矿全面开展风险勘探；康定甲基卡锂辉石矿、道孚农戈山铅锌矿等优势矿业项目加紧开展招商工作；康东高载能工业硅基地建设初具规模。

旅游景区建设方面：稻城亚丁、康定跑马山—榆林宫景区旅游国债项目大部竣工，榆磨路、稻亚路及燕子沟景区公路建设顺利实施。

中藏药业方面：与恩威集团、太极集团等企业合作，建成一定规模的贝母、薯蓣、沙棘、天麻等药材种植或培育基地。

生态移民暨易地创业致富（扶贫）工程规划已经审批，正在编制可行性研究报告。

【经济技术协作】全州对外协作关系不断密切和扩大，先后与省内外大专院校、科研单位和企业建立了长期协作关系。国电、华能、川投、中华电力、西部矿业、达吉集团等一批国有大企业进驻甘孜州，参与水电、矿业及旅游资源开发。与州外企业合作，推动了农产品加工和中藏药业开发。结合区域发展思路，甘孜州积极参加“川滇藏大香格里拉生态经济区”活动，主动迎接“成都平原经济区”幅射，发展和加强区域横向经济技术联合与协作。

四川省凉山彝族自治州

【经济与社会发展】2003年，凉山彝族自治州（以下简称凉山州）GDP首次突破200亿元，达202.4亿元，同比增长12.6%，增幅上升了1.5个百分点，比全省11.8%的增幅高0.8个百分点。在四川省21个市州中，总量指标由2002年的11位升至10位，增幅由7位升至6位。其中，第一产业增加值66.63亿元，增长5.6%；第二产业增加值68.32亿元，增长20.8%；第三产业增加值67.45亿元，增长12.1%。一、二、三次产业占GDP的比重由2002年的35.2∶31.7∶33.1调整为32.9∶33.8∶33.3。全年实现财政收入19.22亿元，其中地方一般财政预算收入9.69亿元；人均GDP达到4901元、财政收入462.6元。

全年实现农业增加值66.63亿元，增长5.6%；乡镇企业总产值134.22亿元，比2002年增长11.7%；农民人均纯收入1780元，粮食总产量176.67万吨；甘蔗61.2万吨，烤烟生产5.81万吨，蚕茧1.17万吨，水果产量30.09万吨；肉类总产量40.01万吨。初步形成优质稻和荞麦、烤烟、蚕茧、甘蔗、水果、蔬菜、畜产品、林产品、水产品、花卉等十大农业生产基地，有各类农业产业化经营组织144个，其中龙头企业87家，带动农户70万户（次）。

全年实现工业总产值128.08亿元，同比增长6.8%。已建成四川省重要的有色金属、黑色金属和稀土生产原料基地，拥有铅、锌、铜等有色金属年生产能力13.5万吨，其中锌冶炼8万吨、铜冶炼1.5万能吨、铅冶炼4万吨；铁矿石采选能力350万吨/日。已形成卷烟、制糖、皮革、食品、电力、建材等优势产业。

2003年全州有各级各类学校2590所，在校学生65.23万人，小学学龄儿童入学94.35%，比2002年提高2个百分点；有州级直属科研单位6个，全年承担省部级和州级科研项目39个；有艺术表演团体3个；公共图书馆7个，文化馆18个，乡（镇）文化站87个，博物馆2个，文物保护机构8个；卫星地面接收站5215座，电视人口覆盖率达90.5%，比2002年提高1.5百分点；县市广播电视台17个，乡镇广播站504个，广播人口覆盖率达83.7%。在第七届全国少数民族运动会上，凉山州代表队获金牌2枚、银牌3枚、铜牌3枚。

【投资环境】凉山州地处四川省西南部横断山脉东部的高山峡谷区，幅员面积6.01万平方公里。境内西北高、东南低，主要以高山、山原、山地、干热河谷四类地貌为主，其中高山、中山约占70%；凉山州气候属川西南亚热带季风气候，冬暖夏凉，干湿分明，雨季集中，立体气候显著，全年年均气温13℃～18℃，年降雨量1100毫米左右。

凉山州辖1市16县，州府驻西昌市。州内居住着汉、彝、藏、回、蒙古、傈僳等十多个少数民族。2003年末全州总人口415.48万人，其中彝族181.55万人，占43.7%，是全国最大的彝族聚居区。

凉山州矿产资源得天独厚，已探明D级以上储量的矿产60种，其中大型和特大型矿床30处。稀土、铁、铜、锌、铅、滑石等22种矿产资源储量居全省第一位；钒钛磁铁矿保有储量达10多亿吨；稀土储量达200多万吨，是全国第二大稀土矿床。水能资源富甲天下，金沙江、雅砻江、大渡河及其支流水能蕴藏量达3125万千瓦，占四川省20.7%，占攀西地区80%。国家在金沙江、雅砻江、大渡河三大干流上规划了14座大型电站，凉山州境内就有9座。

农业资源丰富多样。境内沿安宁河两岸地区，是四川省仅次于成都平原的第二大平原，是川西南的“粮仓”，现已列为国家和四川省农业开发的重点地区。区内生产水稻、玉米、小麦、荞麦、大豆等，主要经济作物有：甘蔗、烤烟、桑树、早市蔬菜以及苹果、石榴、脐橙、龙眼、香焦等水果。

旅游资源丰富多彩，凉山州属四川省八大风景片区之一，是连接川滇两大旅游区的七色走廊，全州有10个风景名胜区，其中自然景观有西昌邛海和泸山、螺髻山、盐源泸沽湖、雷波马湖、普格温泉瀑布、西昌黄联土林等；人文景观有昭觉的博什瓦黑岩刻画，红军抢渡金沙江的会理绞平渡旧址，红军过彝区时刘伯承与彝族首领小叶丹彝海结盟的遗址，全国唯一的奴隶社会博物馆，举世瞩目的西昌卫星发射中心，等等。彝藏民族风情也别具一格，充满了少数民族的特有情调。

凉山州基础设施建设已初具规模，投资环境进一步改善。西昌机场是我国西南跑道最长的大型全天候机场，可起降包括波音747在内的大型客机。成昆铁路纵贯全州5县1市，途径州内45个火车站，境内全长367公里，2000年电气化改造完成后，提高综合运输能力1倍以上。境内公路通车里程1.83万公里，108国道途经成都、西昌、昆明，把南北结合成整体，2000年108国道高速公路西昌黄联至冕宁泸沽段74.4公里竣工通车。省道宜西公路（宜宾市—西昌市）和美峨公路（美姑县—峨边县）、美马公路（美姑县—马边县）从东部连接宜宾、乐山；九江公路（甘孜州—冕宁县）是西昌与甘孜藏族自治州的通道。州内通航水路里程369公里，雷波至新市镇的客货轮顺金沙江而下直抵宜宾、重庆，进而可通达长江沿线各地城市。

全州光缆总长度8719皮长公里，实现州到县全部光纤通信。17县（市）均开通程控电话，本地电话网程控交换机容量111.84万门；国际互联网拨号上网用户 2.44 万户；公网电话用户达 32.35 万户；移动电话用户 33.29 万户；长途业务电路 12999 路，可直拨国际、国内，通讯方便快捷。邮政业务经营种类齐全。西昌市开办了国际、国内特快传递。

境内国家电网与地方电网并存，能满足大型工业基地建设的需要。全州已建成地方中小水电站总装机容量 65.5 万千瓦，年发电量 26.7 亿千瓦时，已形成以西昌为中心的供电网络。国家电网在州内穿过甘洛、冕宁、喜德、西昌、德昌、会理、会东等县市，南与攀枝花电网相连，北与四川主网相连，其供电可靠性及电能质量能满足各种特殊用电需要。

全州城市自来水厂共有 19 座，日供水能力达 19.36 万吨，州府西昌市目前有自来水厂 3 座，日供水能力达 7.2 万吨。

【重点项目介绍】凉山州是四川省攀西资源开发区的重要组成部分，在国家实施西部开发中正在进行大量的基础产业、基础设施建设。

交通建设工程方面：108 国道雅（安）攀（枝花）高速公路西昌黄联关至攀枝花段完成路基工程 11 公里，水泥混凝土路面 4.4 公里。二、三级路网改造工程完成路基工程 909.5 公里，路面工程 425.7 公里。

水电水利工程方面：溪洛渡电站完成投资 3.9 亿元，对外交通和场内施工交通及通水通电等“四通一平”基础设施工程已开工。锦屏一级水电站完成投资 2.3 亿元，对外交通和场内施工交通及通水通电等“四通一平”基础设施工程已开工。锦屏二级水电站已完成可行性研究。瀑布沟电站已完成前期工作，预计 2004 年 3 月开工建设。大桥水库漫水湾供水工程完成闸坝枢纽工程并下闸蓄水。

生态环境建设方面：天然林资源保护已累计完成营造生态公益林 801 万亩，完成森林抚育和有林地、灌木林地和未成林造林地的常年管护任务。退耕还林工程完成退耕还林还草面积 125 万亩。生态（易地）扶贫试点工程累计建成移民扶贫点 195 个。安宁河防洪治理工程、会东县新华水库等工程进展顺利。

【经济技术协作与对口支援】凉山州先后与上海、广东、浙江、福建、云南等 21 个省市、33 个地区建立了经济技术合作协作关系。此外，浙江省杭州市对口帮助凉山州西昌市一职中、喜德县城关小学、光明小学等三所中、小学。通过无偿捐赠电脑等教学设备和开展双方互派教师学习、指导、培训等活动。

贵州省黔西南布依族苗族自治州

【经济与社会发展】2003 年，黔西南布依族苗族自治州（以下简称黔西南州）国民经济继续较快增长，GDP 达到 85.65 亿元，同比增长 11%。其中，第一产业增加值 26.94 亿元，增长 8.2%；第二产业增加值 30.51 亿元，增长 11.3%；第三产业增加值 28.21 亿元，增长 13.4%。人均 GDP 达到 2813 元，增加 294 元。实现财政总收入 103562 万元，比上年增长 17.17%。其中地方财政收入 51720 万元，增长 16%。财政支出 161550 万元，增长 11.1%。

围绕农民增收、农业增效和农村稳定等目标，加快了农业和农村经济结构的调整。全年实现农林牧渔业总产值 462171 万元，同比增长 8.8%。其中，农业产值 241554 万元，下降 5.9%；林业产值 29518 万元，增长

26.7%；牧业产值163294万元，增长6.3%；渔业产值5301万元，增长66.9%。

工业生产保持快速增长势头。全年实现工业总产值70亿元，同比增长13.8%。其中，规模以上工业总产值53.23亿元，增长10.4%；实现增加值25.58亿元，增长11.3%。建筑业完成总产值42121万元。在全州规模以上工业总产值中，重工业快速增长，全年重工业实现产值45.03亿元，增长11.58%，轻工业实现产值8.2亿元，增长7.33%。

在国家实施西部大开发战略的推动下，固定资产投资不断增加。全年完成全社会固定资产投资324896万元，同比增长10.2%。其中，基本建设投资133880万元，增长38%；更新改造投资75126万元，增长13.5%；房地产开发投资10332万元，下降19.7%。

交通运输业继续发展。全年全社会货运量1368万吨，货物周转量162918万吨公里，完成客运量1720万人，旅客周转量11106万人公里。新增公路798公里，年末公路通车里程达6334公里。

邮电通信业迅猛发展。全年完成邮电业务收入30579万元，同比增长23.8%。长途自动交换机容量6750路端。本地局用交换机容量30.44万门，增长21%。城乡电话用户23.23万户，增长37.3%。农村电话用户70019户，净增18799户。移动电话用户151216户，净增57032户，全州电话普及率7.7部/百人。互联网用户15837万户，增加4260户，增长36.8%。

对外经济保持稳步发展，引资力度不断加大。全年实现经济协作项目157项。其中，外资项目1个，省外经济协作项目93个，省内协作项目57个。引进资金11.68亿元。其中，引进外资316万美元，引进省外资金9.26亿元。

金融秩序正常。年末金融机构各项存款余额为79亿元，比年初增加15.17亿元。其中，企业存款余额21.35亿元，增加4.5亿元；城乡储蓄存款余额44.42亿元，增加8.24亿元。各项贷款余额达55.25亿元，增加2.14亿元。全年累计货币回笼2047万元，下降106.77%。保险业快速发展。全年全部保险公司保费收入15208亿元，同比增长19.9%。

旅游业快速发展。全年共接待旅游人数61.25万人次，同比增长16.9%。其中，国内旅游者60.78万人，增长18%，接待国际旅游人数5500人次，比上年下降38.2%，实现旅游收入1.57亿元，同比增长1.95%。

消费品市场稳定增长。全年完成社会消费品零售总额23.77亿元，同比增长13.1%。分城乡看，城市消费品零售额9.09亿元，县及县以下消费品零售额14.68亿元，分别增长15.4%和12.1%。居民消费价格指数2.7，服务项目价格指数6.3。

教育体制改革力度加大，基础和素质教育取得新进展，教育事业稳步发展。年末全州有普通高校1所，在校学生2794人，专任教师173人，毕业生883人。有中等专业学校8所，在校学生3940人，专任教师427人，毕业生2147人。有普通中小学在校学生61.02万人，下降0.5%，专任教师23866人，增长6.3%，毕业生12.91万人，增长6.2%。有幼儿园42所，在园幼儿3.59万人，增长6.8%。学龄儿童入学率为98.07%。

广播电视事业快速发展。全州有电视转播台280座，卫星电视地面接收站3739座，比上年增加286座。有线电视系统用户14.76万户，增加3100户；电视覆盖人口268.85万人，增加4.89万人；电视覆盖率达88.71%。

医疗卫生事业继续发展。全州共有卫生事业机构182个，专业卫生技术人员4539人。其中，职业医师1661人、助理医师628人，注册护士1107人、药剂人员219人。共有病床4581张，其中医院病床2905张。

体育事业继续发展，群众性体育活动进一步活跃。全州体育运动员在省内外比赛中，获国家级比赛银牌1枚、铜牌3枚。省级比赛金牌4枚。全国第五届城市运动会获银牌1枚。

全民健身活动丰富多彩，全州全年共组织开展有益身心健康的各种群众性体育健身活动19次。配合协助、指导参与各行业组织各类健身活动6次，全州参与人数达18万人次。

城乡居民收入增加，生活质量提高。全州在岗职工工资总额109716万元，同比增长17.3%。年人均工资10437元，增加1576元。城镇居民年人均可支配收入6445元，比上年增加126元。城镇居民年人均消费性支出5294元，增加279元。农民人均纯收入1541元，比上年增加61元。年末全州总人口305.94万人，增加2.88万人。

劳动就业形势基本稳定。年末全州在岗职工人数106404人。城镇登记失业人员9591人，失业率3.9%。社会保障事业进一步发展。年末参加社会养老保险职工人数为3.24万人，参加失业保险人数为5.04万人，比上年增长2.2%；参加基本医疗保险的职工为7.36万人，增长41.5%。社会福利事业继续发展。社会救济总人数6.13万人。年末全州社会福利院共有床位240张，收养143人。建立城镇各种服务社区服务设施113个，城镇便民和利民网点201个。享受国家抚恤补助8093人，优待、优抚对象4595户。全年接受社会捐赠8.6万元，捐赠物资衣被价值1.3万元。

【投资环境】黔西南州矿产资源储量大，矿种多，主要有煤、石油、天然气、黄金、锑、铅、锌、铁、铂、萤石、大理石等，由于州内盛产黄金，被地质学家誉为中国的第二个“金三角”。州内有国家级风景区马岭河峡谷风光，省级风景名胜区和省级重点文物保护单位安龙招堤、明十八先生墓、兴义猫猫洞、“欲飞”石刻、泥涵石林、贞丰三岔河、鲁布格峡谷等。

黔西南州交通便利，南昆铁路与贵昆、内昆、成昆铁路连接可达全国各地，320、324国道和贵阳至兴义高等级公路共同构成以兴义市为中心，沟通全州各县市的公路网，南北盘江——红水河航运通航能力已达六级，兴义机场2004年建成通航。

黔西南州电能资源十分丰富，是中国南方能源基地、西电东送的枢纽和大通道，电力供给充足，220千伏和110千伏电网覆盖全州各县市，工业用电电价全国最低。水资源充足，水质较好。州内大小河流100多条，地表水丰富，多年平均地表水径流量达94.2亿立方米，地下水总量22.9亿立方米，能满足工业用水和生活用水需要。

【重点项目介绍】北盘江水电综合开发。光照电站：是贵州省“十五”计划开发建设的“西电东送”项目，是北盘江干流上的龙头电站，装机容量104万千瓦（4×26万千瓦），年发电量77.54亿千瓦时，总投资57.33亿元。2003年10月前期工程开工，计划2004年11月大江截流，2007年10月下闸蓄水，2008年首台机组发电，2009年完工。马马崖水电站：位于北盘江中下游，装机60万千瓦（4×15万千瓦）。2003年1月开始前期勘测设计，计划2007年开工建设，2008年首台机组发电。董箐水电站：位于北盘江中游，装机60万千瓦（3×20万千瓦）。2003年5月开始前期勘测设计，计划2007年开工，2009年首台机组发电。

交通基础设施建设：2003年共完成投资2.7亿元。全州已形成县际油路网，通车里程6334.4公里，等级以上公路2900公里，关兴高等级公路建成通车。公路、水运、航空立体交通体系已经形成。

国家大型商品粮优质玉米基地：建设规模70万亩，总投资9000万元。到2003年末累计完成投资5650.6万元，累计到位资金7507万元。完成中低产旱耕地改造47.88万亩，其中绿肥种植27.29万亩，购秸秆碎机205千瓦/67台（套）；硬化地埂11.01万亩；建雨水集蓄水窖（池）18.01万立方米/3487个；建引排水沟125.81公里，引水渠道113.22公里，管道安装21.95公里，新建提灌站17座，安装管道77.54公里；修机耕道59.3公里；新增灌溉面积7.5万亩，恢复、改善灌溉面积

11.3万亩。

【东西对口支援】2003年，民主党派、全国工商联实施的“星火计划、科技扶贫、智力支边”工作取得新的进展。宁波市对口帮扶项目进展顺利，为黔西南贫困地区脱贫致富、经济社会发展做了大量卓有成效的工作，取得了巨大的社会效益和经济效益。一年来，宁波市对口帮扶项目资金872.5万元，帮扶项目37个。其中，教育卫生项目12个，基础设施项目8个，扶贫示范村建设7个，种养殖项目10个，农业技术培训项目3个，救助贫困学生入学项目3个，其他项目4个。

贵州省黔东南苗族侗族自治州

【经济与社会发展】2003年，黔东南苗族侗族自治州（以下简称黔东南州）经济社会持续快速协调健康发展。国民经济持续稳定增长，综合经济实力进一步增强。全州GDP达到104.42亿元，同比增长10.8%，是1985年以来增速最快的一年。其中，第一产业增加值38.58亿元，增长6.1%；第二产业增加值33.43亿元，增长14.6%；第三产业增加值32.41亿元，增长13%。

财政收入稳步增长，全年全州财政总收入9.42亿元，同比增长15.3%，增长速度和收入质量都是近年来最好的。财政支出完成25.67亿元，增长9.7%。金融形势良好，年末金融机构各项存款余额114.49亿元，比年初增长20.3%。其中，城乡居民储蓄存款余额71.42亿元，增长19.2%。各项贷款余额95.43亿元，增长7.9%。社会消费品市场继续向好，全年社会消费品零售总额29.12亿元，增长16.9%。

以交通为重点的基础设施建设进展顺利。三穗至凯里、玉屏至三穗高速公路全面开工建设，进展顺利。从江——下江、黎平——锦屏、锦屏——天柱、龙场——马场、榕江——三都等县际油路建成使用。雷山至榕江油路改造、黎平至剑河公路（黎平至八寿段）全面开工。建设完成通村公路542公里。黎平机场土石方工程全面完成。旅游基础设施进一步加强。凯里中博商业广场建设进展顺利。全社会固定资产投资规模达57.44亿元，同比增长16.6%。

招商引资工作取得新的成效，工业经济持续快速增长，坚持走工业强州之路。通过开展投资软环境整治，营造良好的服务环境、信用环境和法制环境，加大招商引资力度，改进招商引资方式，提供热情服务，2003年黔东南投资软环境考核评价获全省第一，凯里市获全省县级市第一。全州引进了一批以股份制、民营经济为主的投资主体兴业办厂，全州工业项目投资达17.49亿元，初步形成了电力、电冶两大新的财政支柱产业，为工业经济发展注入新的活力，全年规模以上工业实现产值44.03亿元，同比增长20%。同时，三板溪水电站顺利实现大江截留，卦治水电站、天柱水电站前期工作进展顺利，革东、平寨、旁海、重安、宣威水电站和恒盛工业硅及自备电厂、黔东电厂、凯里电厂改扩建、凯里大力氧化铝厂、凯晟氧化铝厂、天柱辛集钡盐厂、岑巩瑞安水泥厂等一批后续支柱项目前期测设工作稳步推进。

农村经济在调整中得到较快发展，农业的基础地位进一步巩固。克服了1991年以来最严重的旱情，全年粮食总产量127.93万吨，比上年增长10.9%。烤烟产量和质量大幅度提高，烤烟收购22.6万担，增长35%，烟农增收1623.96万元。大力发展畜牧养殖业，全州年末生猪存栏255万头，增长23%；牛存栏128万头，增长4.1%；肉类总产量18.03万吨，增长7.8%。稻田生态渔业不断发展，水产品产量1.8万吨，增长3.7%。蔬菜、果品种植面积不断扩大，分别增长2.9%和3.7%。中药现代化科技产业建设进展顺利，全州中药材种植面积已达24万亩。以天然林保护工程和退耕还林工程为重点的林业生态建设取得新的成效，全年造林46.24万亩，新增封山育林17.76万亩，人工林商品采伐试点工作稳步推进。全年农林牧渔总产值60.61亿元，同比增长6.7%。农业产业结构调整成效初步显现。全州共完成坡改梯工程面积7.23万亩，建成了一批引水、排洪沟渠、水利提灌站，治理水土流失面积12.17万亩，通过各项工程建设，农业基础设施得到加强。

巩固农村税费改革成果，减轻农民负担得到保证。粮食市场、价格和收购全面放开，国有粮食购销企业改革稳步推进，对农民交售粮食实行直接补贴政策。凯里市农村合作医疗改革试点工作和凯里、台江、雷山及州级城镇职工基本医疗保险改革工作正式启动。事业单位人事制度改革试点工作顺利推进，行政审批制度改革继续深化。凯里经济开发区各项改革和建设成效明显，一批项目落户开发区，为适应发展建设需要，开发区按规划接管了麻江县摆仰、铜鼓、同兴、和平4个村。

继续实施科教兴州战略，改造18所中小学，建设43所初级中学，麻江、丹寨、施秉、黄平四县顺利通过省政府“两基”验收，全州实现“两基”目标的县市已占全州总县市数的62.5%，“普九”人口覆盖率由2002年的40.8%上升到61.2%。高中教育规模不断扩大，教育质量不断提高。2003年全州在校高中学生49168人，考上普通高等院校的本科生人数达5238人。高等教育发展势头良好，黔东南师专“专升本”申报工作全面启动，完成新校区规划。全州206个乡镇、3547个村农村党员现代远程教育工程全面启动，16个县市C级站已全部建成开通。

文化、卫生、体育等基础设施得到进一步改善，动工建设州疾病预防控制中心和黎平、岑巩两县疾病控制中心，改造建设三穗、榕江、从江、台江4个贫困县医院，建设凯里开发区医院；改造了50个乡镇计生站，建设200个村计生、卫生服务室；由香港同胞资助的“健康列车”诊治了千余名白内障患者，使他们重见光明。残疾人事业得到发展。建成14个贫困县老干部活动室和28个星光老年之家；262个新通电村通了广播电视；州（凯里）体育场主体工程建设完成。狠抓计划生育工作，人口自然增长率控制在9.96‰以内。

城乡居民收入稳步增长，社会保障工作得到加强。城镇居民人均可支配收入达到6564元，比上年增长5.2%；农民人均纯收入1450元，增长4.2%。各类扶贫项目顺利实施，对口帮扶工作取得新进展，贫困地区群众生产生活条件进一步改善，州教育扶贫资金资助200名贫困生进入高等院校学习。初步建立了对12个一类扶贫重点乡镇农村特困人员定期救助的制度，免除了一类扶贫重点乡镇贫困人口负担的农业税及附加，又有3.2万贫困人口越过温饱线，实现12281人易地扶贫搬迁。完成人畜饮水项目工程207处，解决10万农村人口饮水困难。完成农村沼气工程20495口。

【投资环境】黔东南州气候温和，雨量充沛，冬无严寒，夏无酷暑，山清水秀，万物滋生，森林覆盖率达50%，矿藏丰富，重晶石储量占全国60%。

黔东南州是华东和华南进入大西南的主要交通要道。湘黔电气化铁路复线、黔桂铁路及320、321国道穿境而过，连接西南出海大通道贵（阳）—新（寨）高等级公路的凯（里）—麻（江）高速公路已通车，玉（屏）—凯（里）高速公路已开工建设。州府所在地凯里距贵阳机场150公里。黎平机场将于2004年建成通航。已实现县县通油路，油路通乡率达到41.5%，公路通村率达到64%。

黔东南州通讯发展迅速，光纤电缆、短波和微波构成了四通八达的电信网，开通了国际互联网、大容量长途数字传输网、程控电话网、移动电话网、会议电视电话网、数字数据网等现代信息网，所有县市都已开通国际国内直拨电话业务。并可提供特别专递、礼仪信函、邮政储蓄等多种服务。

黔东南州水资源充足，水质较好。州府所在地凯里市日供水能力5万吨，新增加日供水3万吨的二期技改工程基本建成。全州有220千伏变电站3座、110千伏变电站23座、35千伏变电站63座，供电总容量169.6万伏安。农村电网改造工作完成，县城电网正在改造。

为简化办事程序，提高办事效率，进一步改善投资环境，黔东南州设立招商引资“一站式”服务中心，对外来投资者实行“一个窗口、一条龙”的“一站式”服务。各有关单位派员集中办公，管理和办理外来投资及企业成立前后的各有关事宜。

【重点项目介绍】天柱辛集钡盐项目：由中国昊华集团天柱辛集钡盐有限责任公司投资1.3亿元，年产15万吨钡盐。2003年7月在黔东南州天柱县举行了奠基仪式。一期工程投资5000万元，年生产钡盐系列产品5万吨；二期工程累计投资8000万元，生产能力达到8万吨；三期工程累计投资将达到1.3亿元，年生产能力将达到15万吨。基地建成后，将成为亚洲最大的钡盐生产和出口基地。

【招商引资与对口支援】2003年，黔东南州进一步将招商引资工作纳入重要议事日程，切实加大工作力度。全州续建和新引进项目313个，新引进项目（协议）引资989069.35万元，实施项目262个（其中续建项目26个），实际到位资金302075.78万元，比上年增长3.34倍。

2003年，对口帮扶黔东南州的宁波市实施帮扶项目47个，帮扶资金805.4万元。帮扶项目的主要内容是文化教育、农村基础设施建设、农业实用技术推广等方面。

贵州省黔南布依族苗族自治州

【经济与社会发展】2003年，黔南布依族苗族自治州（以下简称黔南州）国民经济持续稳定健康发展。GDP达到126.38亿元（当年价，下同），增长11.5%。其中，第一产业39.25亿元，增长10.6%；第二产业48.74亿元，增长14.6%；第三产业38.39亿元，增长8%。产业结构有所调整，一、二、三次产业占GDP比重由2002年的30.1:39.4:30.5调整为31.1:38.5:30.4。人均GDP达到3243元，增长10.4%。

农林牧渔业实现恢复性增长，总产值61.87亿元，增长12.86%。其中，农业产值32.07亿元，增长22.18%；林业产值4.43亿元，增长0.92%；牧业总产值20.55亿元，增长13.82%；渔业总产值4900万元，增长7.2%。粮食产量119.95万吨，增长42.1%；油菜籽产量6.99万吨，增长5.1%；烤烟50.6万担。畜牧业产值占农林牧渔业总产值的比重达到33.21%；大牲畜年末存栏128.78万头，增长6%；生猪存栏200.56万头，增长6.3%；肉类产量16.75万吨，增长12.6%；乡镇企业总产值118.54亿元，增长13.6%，营业收入119.44亿元，增长13.5%，上交国家税收29933万元。

工业生产保持较快增长，规模以上工业企业总产值78.66亿元，增长21.7%，增加值38.91亿元，增长15.7%。其中，国有及国有控股企业总产值完成41.97亿元，增长16.1%。从规模以上工业看，重工业总产值完成56.4亿元，增长23.1%；轻工业总产值完成22.26亿元，增长18.1%。工业产品销售率为97.22%，比上年提高4.63个百分点。

对外贸易、招商引资成效明显。外贸经营总值13.25亿元，增长28.5%；进出口总额1.8亿美元，增长57.2%；自营出口创汇1.56亿美元，增长55.4%。引进州外投资项目316项，实际到位资金16.21亿元，增长73.6%；实际利用外资额1.99亿元，增长1.49倍。

旅游产业迅速发展，城乡居民消费水平有所提高。全年共接待国内外游客180.11万人次，旅游总收入3.39亿元，分别增长13%和21%。社会消费品零售总额达35.63亿元，增长11.7%；居民消费价格总指数101.9%，增长1.9%；城镇居民人均消费性支出4904元，增长3%，农民人均生活费支出1265元，增长24.4%。

投资需求持续增长，财政收入增长较快，金融运行状况良好。全社会固定资产投资完成35.78亿元，增长24.2%。其中，基本建设投资10.16亿元，下降17.1%；更新改造投资11.94亿元，增长45.6%；房地产投资8.37亿元，增长82.5%。财政总收入14.69亿元，增长16.3%。其中，地方财政收入6.93亿元，增长11%；地方财政支出24.35亿元，增长13%。金融机构各项存款余额106.53亿元，增长21.1%；各项贷款余额86.7亿元，增长7.1%；现金净投放6.14亿元，比上年少投3.36亿元。

年末全州固定电话用户达到32.84万户，增长25.2%；互联网用户增至4.15万户，增长82.8%；移动电话普及率达到5.4%。

城乡居民生活水平进一步提高，社会保障体系逐步完善。城镇居民人均可支配收入达到6151元，比上年增加267元，增长4.5%；农村居民人均纯收入达1602元，比上年增加152元，增长10.5%；全年又有5.74万人越过温饱线。就业和再就业与社会保障工作力度加大，全年促进城镇其他失业人员就业1.22万人，下岗失业人员再就业7050人，新增外出务工人员9.55万人；年末城镇登记失业率为3.9%。全年支付养老保险金1.46亿元，增长13.2%；全州参加养老保险职工15.72万人，参加失业保险职工10.27万人，参加基本医疗保险职工7.66万人。全州总人口393.4万人，人口出生率18.27‰，人口自然增长率11.23‰。

全州共获省科技进步奖1项，州科技进步奖28项。全州拥有各级各类学校3623所，在校学生105.97万人，教职工3.83万人。适龄儿童入学率98.06%；普通高等院校招生录取率达到68%。到2003年底，全州12个县（市）已有8个县（市）通过省级“普九”评估验收。

全州有艺术表演团体2个，文化馆12个，博物馆1个，公共图书馆13个。有线电视用户28.294万户，广播、电视覆盖率分别达到83.11%和87.54%。有卫生机构311个，其中医院、卫生院265个，病床位5795张；有卫生技术人员7088人，其中医生3122人，护师、护士1642人；有卫生防疫、防治机构13个，卫生技术人员495人；有妇幼保健院、所、站12个，卫生技术人员326人；有农村乡镇卫生院234个，病床位1614张，卫生技术人员2566人。

体育事业蓬勃发展，参加各类比赛共获金牌19枚、银牌22枚、铜牌21枚。环保事业积极推进。全州设有各级环境监测站3个；生态和自然环境保护工作继续得到加强，已建立自然保护区7个，总面积达到9.57万公顷；全年共完成环境污染治理项目20个，总投资535万元。

【投资环境】2003年初，黔南州拟定了《中共黔南州委、黔南州人民政府关于扩大开放、加大招商引资工作力度的意见》、《黔南州人民政府关于招商引资的若干规定》、《黔南州投资环境考评办法》、《黔南州外来投资者投诉处理规定》等相关文件。全州12县（市）结合县情，相继修订完善出台了有关政策，州直相关部门也相继出台了提高办事效率、提供优质服务、营造宽松环境等方面的政策措施，促进了全州投资环境的进一步改善。全州有8个县（市）相继建立了“一站式”审批服务的“阳光大厅”；12个县（市）全部成立了“外来投资者投诉中心”，认真受理外来客商投诉，全年共受理外来投资者投诉106起，处结83起，处结率73.8%。

全面启动了投资环境考核评价认定工作。为加大投资环境整治力度，黔南州委、州政府调整充实了投资环境综合整治工作领导小组，并对全州12县（市）的舆论环境、政策法制环境、行政服务环境、诚信环境、市场经营环境等进行了综合考核评价认定，促进了投资环境的进一步改善。

【重点项目介绍】瓮安县生态环境建设综合治理工程：1999年11月动工，2003年8月竣工，总投资2098万元。建设内容：植树造林43909亩、退耕还林4935亩、封山育林49751.5亩；建小水池（窖）993口、谷坊7座、拦山沟8公里、引水沟8.35公里、沉沙凼250口、排洪沟2.75公里、河堤1001米、渠道防渗4.3公里；整修小山塘3座、拦沙坝1座、拦河坝3座；建沼气池4496口、种草4300亩、实施沃土工程28351亩、坡改梯5021.5亩、机耕道59.5公里、改造中低产田土240亩，购买农用拖拉机2台。

平塘县生态环境建设综合治理工程：2002年2月动工，2003年8月竣工，总投资449.34元。建设内容：经果林311.09公顷，防护林398.56公顷，封山育林1680公顷，草地工程105公顷，蓄水池115个，沼气池765口，秸秆还田102.86公顷。

荔波机场：1999年3月开始进行前期工作，2003年3月场道土石方工程开工，建设规模为3C级。主要满足50~70座的支线飞机起降，同时兼顾B737—300型飞机限制航行减载飞行。跑道长2300米、宽45米，航站楼面积3000平方米。总投资36336万元。

【东西对口支援】2003年，深圳市继续对口帮扶黔南州，帮扶重点为卫生、教育和扶贫开发，旨在进一步提高黔南州的医疗卫生水平，改善办学条件和农村生产、生活条件。全年共帮扶援助黔南州6个国家重点扶贫开发县资金1100多万元。深圳市人民医院对口赠送黔南州人民医院总价值1.9万元的药品、器材及价值50多万元的设备。

【西部大开发重点课题调研工作】根据国家、省西部开发办的安排，围绕实施西部大开发战略有关重大问题，结合黔南州州情，黔南州西部开发办公室开展并完成了《黔南州普及九年义务教育情况调研》、《黔南州西部开发法制建设调研》、《逐步建立长期稳定的投资渠道，推动西部地区经济发展》、《关于黔南州改善投资环境调研主要情况报告》、《关于黔南州实现全面小康社会目标的调研报告》、《关于黔南州特色经济和优势产业发展现状与发展规划调研的报告》、《关于黔南州退耕还林后续产业发展有关调研情况的报告》等七项调研课题。

云南省文山壮族苗族自治州

【经济与社会发展】2003年，文山壮族苗族自治州（以下简称文山州）经济实现持续、快速、协调、健康发展。全年GDP达到100.2亿元，同比增长11.4%。其中，第一产业增长5.2%；第二产业增长20.7%；第三产业增长10.2%。全年完成财政一般预算收入4.79亿元，同比增长15.7%；财政一般预算支出21.74亿元，增长14.1%。完成全社会固定资产投资35.09亿元，同比增长27.3%。

招商引资工作取得新突破。全年新批准成立外商投资企业11家，合同利用外资6454.15万美元，实际利用外资（已到位验资）269.79万美元。在招商引资工作方面，全年共引进投资项目150个。其中，总投资在1000万元以上的有43个，500万元以上的有7个项目。总投资389778万元，协议引资362467万元；实际到位资金88080万元。涉及的行业主要有电力、冶金、矿业、建筑建材、三七、交通、生物资源开发、房地产开发等。

居民消费价格指数101.2%，比上年上升1.2个百分点。社会消费品零售总额完成38.1亿元，同比增长12.7%。完成外贸进出口总额1779万美元，同比下降37.9%。完成边贸进出口总额8.28亿元，增长20.7%。

人民生活水平不断提高，社会各项事业稳步发展。城镇居民人均可支配收入6970元，同比增长6.3%；农民人均纯收入1142元，增长6%。计划生育工作继续深入，人口自然增长率10.3‰，下降1.35个千分点。城镇登记失业率2.8%，上升0.21个百分点。

【投资环境】具有较好的区位优势。文山州与越南的河江、老街两省山水相连，境内有国家级天保口岸1个，省级口岸3个，边民互市点24个，国境线长438公里。平远至天保公路是我国通往越南的主要通道之一，边境贸易令人瞩目。

基础设施逐步完善。文山州现有水电装机26万千瓦，并与云南省电网相联。323国道穿境而过，为云南省通往沿海的主要通道。全州公路通车里程达到10756公里，衡昆高速公路砚山至平远段已竣工通车，平远街至锁龙寺、文山民用机场公路已动工建设，邮电通信实现了交换数字化和传输光缆化，开通900兆赫全球通移动电话；城市化水平达19%，国家已批准全州八县对外国人开放。

文山地处边疆地区，通过以法治州与以德治州，社会秩序稳定，民族团结，边疆安宁，人民安居乐业。州委、州人民政府为提高对外商的服务水平，成立了文山州招商局以及外商投资服务中心，实行一个窗口对外，一站式审批，为外商提供高效快捷的办事效率，投资环境较为完善。

【重点项目介绍】2003年，文山州纳入重点管理的项目35个，总投资105亿元。已竣工项目9个：砚平高速公路、壮山公司二期年产30万吨水泥技改工程、西畴县落水洞电站、普阳煤矿年产60万吨扩建工程、茅草房改造工程、小水窖建设、沼气池建设、退耕还林工程、州一中优质高中扩建。

在建项目16个。砚文二级公路：总投资2.4亿元，全长35公里。马鹿塘电站一期工程：总投资4.15亿元，装机容量2×5万千瓦。文山暮底河水库：总投资21998万元，库容5785万立方米。广南八宝水库：总投资10601万元，库容2300万立方米。砚山平远大型灌区：总投资34788万元。邱北大型灌区：总投资29992万元。百色水利枢纽云南省库区移民工程：总投资6.8亿元。易地搬迁工程：总投资6750万元。三七产业园区：一期工程征地682亩，预计投资1.01亿元。特安呐公司七生力和七生静生产线技改工程：总投资6941万元。特安呐公司三七力康片和糖脂康生产线技改工程：总投资4374万元。金不换公司年产20亿粒血塞通滴丸生产线技改工程：总投资6500万元。文山污水处理厂及截污干管工程：总投资5800万元。天保口岸联检楼：总投资760万元，建筑面积3000平方米。师专实验楼及继续教育楼：总投资1630万元。疾病控制中心（以下简称疾控中心）建设：文山州疾控中心完成投资257万元；文山县疾控中心完成投资10万元；砚山县疾控中心完成投资67万元；邱北县疾控中心完成投资10万元；广南县疾控中心完成投资150万元；西畴县疾控中心完成投资12万元。

新开工项目8个。平远街至锁龙寺高速路：总投资24亿元，全长61公里，2003年11月开工建设。邱广三级油路：总投资3.5亿元，全长125公里，2003年10月开工建设。文山民用机场：总投资26087万元，建设4C级民用机场。麻栗坡县猫猫跳电站：总投资9520万元，装机容量2万千瓦。广南县下石龙电站：总投资1.1亿元，装机容量2.5万元千瓦。马关县南汀河电站：总投资15420万元，装机容量2×1.7万千瓦。富宁县谷拉电站：总投资1.5亿元，装机容量2×1.5万千瓦。马关一中优质高中扩建：总投资550万元，建筑面积5500平方米。

【东西对口支援】2003年是《上海—云南对口帮扶与社会经济协作“十五”计划纲要》实施的第三年。根据《云南—上海对口帮扶协作领导小组第六次联席会议纪要》的有关精神，上海市委、政府多次组织帮扶与协作考察团队，深入文山州进行对口帮扶、经贸洽谈和考察指导工作，开展文化交流和人才培训，参加文山州举办的相关活动。共签订帮扶协作项目70个，实施64个，协议（合同）投入资金2767.13万元，实际到位资金7095.95万元（含上年结转项目资金），上海方到位资金5503.35万元。实施的项目包括：对口帮扶项目58个，投入资金1709.63万元，上海方到位资金1003.35万元；经济合作项目6个，投入资金5616万元，上海方到位资金4500万元。各帮扶协作项目进展顺利，大部分项目已竣工产生效益。

第五批35个温饱试点村项目启动实施，进展顺利。由上海提供的小额信贷资金，继续在全州8县发挥积极的帮扶作用，扶贫安居工程的受益人已逐步走上脱贫富裕之路；扶贫奔小康试点工程实施顺利，已产生明显的社会和经济效益。

结合文山资源优势开展的产业扶持工作继续保持良好势头，经济和社会效果明显。在邱北成功举办了上海——文山经贸对口合作交流座谈会，一批项目达成合作意向。组织上报了上海对口帮扶文山州教育、卫生事业发展（2003—2010年）的规划方案。上海市年内派出的援滇教师、志愿者仍参加文山经济、文化、教育、卫生建设，培训教师、医务人员和科技管理干部。对口区党委和政府结合文山实际，组织市民捐赠衣被、教学设备和帮困资金，一定程度上解决了文山州部分贫困学生生活和学习困难。双方企业继续遵循优势互补、互惠互利的原则，在两地政府的积极推动下，开展深层次的联合协作，合作取得了较好成果。

云南省红河哈尼族彝族自治州

【经济与社会发展】2003年，红河哈尼族彝族自治州（以下简称红河州）国民经济持续大幅度增长，综合经济实力明显增强。全年GDP突破了200亿元大关，达到207.03亿元，同比增长13.7%，增幅创历史最高。财政总收入达60.75亿元，增长28.9%。工业增加值增长20.3%；城镇居民人均可支配收入增长5%。

坚持以结构调整为主线，推进经济结构的战略性调整。积极发挥特色和比较优势，进一步调整农业结构，推进产业化经营。重点扶持了一批龙头企业，水果、酿酒葡萄、灯盏花、印楝、除虫菊、花卉、竹子、杜仲、橡胶等初步形成规模效应。畜牧业生产持续增长，成为农民收入的重要来源。实施了退耕还林和天保等工程，完成人工造林合格面积104.51万亩，比上年增长85.3%。乡镇企业持续发展，全年乡镇企业上缴税金3.74亿元，同比增长10%。农村经济结构呈现多元化，农民收入渠道增多，农民人均纯收入1634元，增长7.5%。

国有企业体制改革步伐加快，列入考核的117户企业中有95户完成了改制。走新型工业化道路，大力培植支柱产业。红河卷烟厂进一步调整品种结构，实现了规模和效益的增长；冶金工业迈出了新步伐，滇能铝业一、二期实现投产，开工建设红河钢铁、建水铝厂、个旧铜冶炼、雷打滩磷电一体化年产3万吨黄磷等项目；开远水泥厂日产2000吨熟料一期工程、全州医药工业GMP改造基本完成。非公经济发展加快，占GDP的比重比上年提高了3个百分点。

高度重视项目前期工作。州本级安排前期工作经费2550万元，充分发挥政府引导性资金的作用，带动各部门和各类项目业主投入前期研究资金2亿多元，开展各类研究3000多项。其中，总投资3000万元至5000万元的54项，5000万元以上的123项。实施大项目、大建设步伐加快，交通、能源、更新改造、房地产、水利、通讯六大行业投资快速增长，全年完成全社会固定资产投资74.06亿元，同比增长33.1%，新上项目和完成投资额为历史最多的一年。

投融资体制改革迈出了重大步伐。积极吸引金融信贷资金加大对投资领域的货币投放，州政府与国家开发银行签订了信用合作协议，与工商银行签订了公路建设信贷协议；在全省率先采用政府特许经营权对鸡街至蒙自公路、个旧至大屯隧道、弥勒至泸西公路、鸡街至石屏公路、蒙自城市供水项目进行引资，吸引企业投资20多亿元。创新引资方式，以商招商、以项目引项目、以企业引企业，已明确协议的州内外企业进行开发性投资的项目涉及总投资近400亿元。明确了投资领域原则上向民间资本和全社会放开，非政府投资已成为红河州投资的主体。招商引资工作取得突破性进展，外来直接投资项目总资金比上年增长4.3倍。

实施“走出去”战略，进一步扩大对外开放。积极培育和引导出口上规模、产品上档次的企业扩大出口，利用口岸优势，加快化肥、锡、铅、锌等产品出口，河口口岸进出口货物总量保持全省各边境口岸的第一位，金水河口岸进出货物创历史最好水平。全年进出口贸易总额达2.64亿美元。同比增长25.2%。其中出口贸易额首次超过昆明，居全省第一位。

扩大生产消费，增强消费对经济增长的拉动力。充实完善粮食、蔬菜等农副产品专业批发市场建设；完善汽车、住房、教育消费政策，鼓励和引导居民参与文化、社会服务等新型消费，培育房地产市场体系；积极推行连锁经营、配送、网上交易、电子商务等现代服务业；推动批发和城乡零售业较快增长，全年实现社会消费品零售总额 50 亿元，同比增长 10.4%，扭转了“非典”带来的滞后影响。旅游业继续保持对经济增长的拉动作用，全年接待国内外旅游人数达 331 万人次，比上年增长 15.1%，旅游总收入 11.9 亿元，增长 17.3%。

城镇化战略较好实施，滇南中心城市建设进展顺利。国务院正式批准红河州行政中心由个旧向蒙自迁移；省政府召开了滇南中心城市建设现场办公会，会议批准了《滇南中心城市建设项目研究报告》，同意建设红河工业园区。滇南中心城市地位的确立，突破了行政区划的束缚，标志着红河州城镇化战略实施进入了历史发展的新阶段。

实施科教兴州和可持续性发展战略。开展重大项目的实施和研究，灯盏花、钴酸锂电池正极材料、印楝复合群落、除虫菊等高科技项目不断推进，云麻造纸、云锡有机锡、CBA 锡球等技术项目前期工作有了新的进展。红河农业高新技术示范园得到进一步发展，农业标准化建设体系不断充实完善。加强厂院、厂校合作，白牛场银多金属矿与中南大学的合作有了实质性的进展。推进信息化进程，在电子政务、企业信息化示范、远程医疗、远程教育等方面启动了一批信息化应用项目。坚持以人为本，抓培训和普及，抓投入和产出，抓人才和队伍，抓示范和技术攻关，科技对经济的贡献率比上年提高了 1.5 个百分点。

全面发展教育事业。完成了红河学院的组建，突破了红河州没有本科大学的历史；基础教育、中等教育、高等教育三位一体的教育体系构建已基本形成；切实加强了学校的管理和后勤社会化工作，办学能力、办学质量、师资队伍的素质得到进一步提高。

【投资环境】红河州自然资源丰富。州内多元的气候特点，适宜于多种作物的生长，是云南省粮食、甘蔗、烤烟、蔬菜、水果的主产区。州内水能资源丰富，水资源量 223 亿立方米，水能理论蕴藏量 500 多万千瓦，可开发量 350 万千瓦。矿产资源丰富，是云南金属矿资源集中的地区之一，各种矿产资源保有储量潜在价值达 4000 多亿元。

红河州旅游资源绚丽多彩。有建水燕子洞、泸西阿庐古洞为代表的天然溶洞；建水国家历史文化名城、国家风景名胜区人文景观；绿春黄连山、元阳观音山、屏边大围山等自然保护区；哈尼族的梯田文化，河口亚热带风光等旅游资源。

红河州现有国家一类口岸 2 个，通往越南的交通十分便利。滇越铁路从河口出境，经越南首都河内直达海防港，仅 400 多公里；昆（明）河（口）高等级公路与越南 7 号公路相接，从河口出发，当日即可抵达河内。

全州公路通车里程 1.8 万多公里，实现了全州 13 个市县均通柏油路。鸡街至石屏、建水至通海高速公路即将建成通车，结束了红河州没有高速公路的历史；建成了程控电话、长途通讯数字化，初步形成了光缆、微波、程控、无线寻呼、移动电话、图文传真等内容的现代通讯系统。

民族工业不断壮大。已形成有色金属、化工、建材、能源、食品为主导，具有 33 个门类的工业体系。蔗糖生产、葡萄酒、“两烟”已成为云南省的重要生产地，锡的产量居全国首位，冶炼处于世界领先水平。

【重点项目介绍】年产 20 万吨工业用大麻漂白商品浆工程：规模为年产 20 万吨大麻漂白商品浆、大麻建设纤维 3000 吨。总投资 11.26 亿元。已完成项目可行性研究报告。项目建成后可降低纸浆进口额 8 亿元，促进农业产业结构调整。同时，大麻纤维产品将填补国内空白。

红河州50万亩工业大麻原料种植基地：大麻具有多种用途，麻籽可食用、入药、保健，皮可纺织、造纸，杆可制浆，叶根可入药，浑身都是宝。项目建设期为2004—2007年，规划种植50万亩；根据国家原料的远景需求情况，发展到90万亩。总投资3.8亿元。

【东西对口支援】2003年，为进一步推进沪滇两地新世纪新一轮对口帮扶和全面合作，上海市及四区按照《上海—云南对口帮扶与全面合作“十五”计划纲要》的要求，继续对口帮扶红河州6个国家扶贫开发重点县和1个省级扶贫开发重点县。到2003年底，上海市及四区共投入帮扶资金和物资折价857万元，捐赠衣物、电脑等，分别在教育、卫生、农业、科技、温饱生态村、广播电视通讯等方面援建了48个项目。

云南省西双版纳傣族自治州

【经济与社会发展】2003年，西双版纳傣族自治州（以下简称西双版纳州）呈现出政治稳定、经济繁荣、民族团结、边防巩固、社会进步的大好局面。国民经济持续增长，综合经济实力明显增强。全年GDP达到58.16亿元，同比增长8.6%。其中，第一产业增加值20.53亿元，增长5.6%；第二产业增加值10.14亿元，增长19.9%；第三产业增加值10.14亿元，增长7.2%。三次产业的结构为35.3:17.4:47.3。固定资产投资平稳发展。全年完成全社会固定资产投资2.2亿元。同比增长50%。

农村经济全面发展。坚持“围绕增收调结构，突出特色闯市场，依靠科技增效”的工作思路，加大农业结构调整力度，提高农业产业化水平。全年实现现价农业总产值2.21亿元，增长2.4%。全年粮食产量33.15万吨，增长2.4%。畜牧业产值2.93亿元，同比增长3.2%；橡胶产量17.52万吨，增长9.7%；甘蔗产量134.7万吨，下降5.1%，蔗糖16.83万吨，增长21.5%；茶叶1.48万吨，增长1.9%，干毛茶产量1.45万吨，增长3.2%。乡镇企业营业收入14.99亿元，增长22.9%。

国企改革稳步推进，工业经济效益逐步回升。国有企业改革重点向建立现代企业制度，提高经济效益，调整国有经济布局和改组国有企业的方向转移。列入第二轮改革计划的101户企业中，已全面完成改革的有56户；已审批改革方案并正在组织实施的有40户。工业生产持续增长。工业企业的改革和结构高速步伐加快，生产、销售持续增长经济效益总体水平略有好转。全年完成工业总产值8.92亿元，同比增长16.7%，产品销售率达100.2%，提高2.8个百分点。

切实加大扶贫开发工作力度。继续加大扶贫投入，抓紧做好实施国家重点扶持县及省列特困村、户安居温饱工程。加快68个重点扶持建设步伐，搞好“两山”扶贫后续项目的上报工作，抓好易地扶贫搬迁、以工代赈、边境民族贫困乡人畜饮水工程。

旅游业由于受“非典”影响，曾一度下滑。全年接待海外游客2.38万人次；比上年下降45.7%。接待国内旅游人数247.38万人次；增长0.3%。旅游综合收入20.5亿元。

对外开放不断扩大。抓住中、老、缅、泰签署四国澜沧江通航协议的有利时机，加强与周边国家的经济贸易合作往来。成功举办了中、老、缅、泰、越五国边境文化艺术节，促进了对外经济贸易的快速增长。全年实现边境经济贸易额181104万元，同比增长10.9%。其中，进出口贸易额134915万元，增长45.4%；进口和出口分别增长55.7%和43.2%。

财政收支大幅度增长。全年地方财政收入4.45亿元，增长30.3%；支出9.97亿元，增长20%。金融机构运行平稳，各项存款余额74.5亿元，增长24.5%。贷款余额36.2亿元，增长17.3%。

市场消费平稳增长。全年实现社会消费品零售总额163787万元，同比增长8%。人民生活水平不断提高。城镇居民年人均可支配收入6844元，实际增长3.1%；农民人均纯收入1910元，实际增长5%。个体私营经济发展较快。全年个体工商户、私营企业户分别增长7.1%和18.7%。从业人员96624人，下降5.8%。

生态环保工作稳步推进。全面实施天然林保护和退耕还林政策，切实加强生态环境保护。广泛开展人工造林、封山育林、退耕还林等工程项目，积极实施甘蔗、粮食下山等管理措施，森林面积不断回升。全年完成公益林建设13万亩，退耕还林6.5万亩，新增造林面积16.47万亩，封山育林7.9万亩，义务植树102.9万株。治理水土流失面积26.5平方公里。有效保护了天然林资源和生物多样性，改善了局部地区群众的生产生活条件，为传统产业的提升及新兴产业的培植打下了坚实的基础。

进一步加大科技推广和应用的力度，全年通过州级科技成果鉴定28项，评出2003年度科技进步奖32项，获省科学技术奖5项。组织实施科技三项扶持项目25项，促进了科技对国民经济增长的贡献。普及九年义务教育和扫除青壮年文盲工作得到不断加强。小学学龄儿童入学率达98.71%，初中学龄人口入学率67.27%，分别比上年提高0.67和2.1个百分点。青壮年文盲率下降到0.84%，实现了省级扫盲验收工作目标。

文化、广播电视、卫生等社会事业全面发展。进一步加快实施“文化精品工程”，文化基础设施得到改善。继续加强实施“村村通”广播电视工程，广播电视人口覆盖率进一步提高。卫生综合服务能力进一步提高，条件得到改善，各类传染病得到有效控制。加强对流动人口的管理，严格控制人口过快增长，年末全州总人口86.7万人，人口自然增长率控制在9.87‰以内。社会保障事业进一步得到完善，城镇登记失业率控制在4%以内。

【投资环境】西双版纳州公路通车里程6077.17公里，已实现了乡乡通、村（行政村）村通。州内以国道213、214线构成与云南省、大西南公路网相联系的公路交通脊架，6条出境公路直通老挝、缅甸、泰国。形成了以景洪为中心，国道为干线，连接城乡、辐射全州，沟通省内外、邻国的公路交通网。

景洪港属国家级水路口岸，已初具规模。澜沧江—湄公河航运营运繁忙，百吨级机船可直抵老挝、泰国。国内航道标准已达六级。有机动船147艘，总功率1.53万千瓦。西双版纳口岸机场属国家级航空口岸，具有全天候起降条件，是国家4c型机场，可同时停放6架波音飞机，已开辟至北京、上海、天津、广州、重庆、成都、昆明、大理、丽江9条国内航线和泰国曼谷国际航线。陆路口岸磨憨为国家一类口岸，打洛、勐龙为二类口岸，均有公路与邻国相通，设有查验机构。已形成与老挝、缅甸、泰国及东南亚贸易往来的陆路口岸通道。

全州水电装机容量9.89万千瓦，并有省级漫湾电站220千伏变电网。澜沧江段有可供开发的景洪、橄榄坝、勐松三座大型水电站，总装机225万千瓦。

西双版纳传统的优势产业为粮、胶、糖、茶四大支柱，鼓励发展围绕四大支柱的加工业；新建市垃圾处理、污水处理、河流整治；退耕还林、生态保护等生态环保项目。

【重点项目介绍】勐腊县大沙坝水库：是省重

点建设项目，设计总库容6800万立方米，最大坝高39.9米，为国家中型水库。批准概算投资10124万元。1999年12月动工，工期4年。水库建成后，可灌溉农田5.61万亩，年灌溉效益2621万元；防洪可保护勐腊县城、勐捧坝子两岸土地12平方公里、8万人民的生命与财产，年效益853万元；枯季放水对下游团结桥电站和南腊河口电站起到增加发电量，改善电能质量的作用。是一个以灌溉、防洪为主、兼顾发电、旅游、养殖、城镇供水等综合利用的水利水电工程。

勐海县大型灌区水利设施建设：工期从2002年到2005年，设计灌溉面积31.3万亩，新增面积1万亩，改善面积7000亩；渠道防渗加固6.5公里，总投资4395万元。西双版纳州人畜饮水工程：工期从2002年到2008年，可解决12.73万人用水，总投资5960万元。

西双版纳州天然林保护工程：工期从1998年到2010年，规模1975万亩，其中公益林275万亩、森林管护1700万亩，总投资36306万元。1998年正式启动。退耕还林工程：新增还林面积85万亩，总投资86694万元。西双版纳州热带花卉示范园区：占地2500亩，总投资4500万元。2001年4月开工建设，工期5年。

旅游西环线：是西双版纳州连接西部旅游景区，通往240边境贸易区和省级口岸打洛的一条重要陆路通道。全长90公里，拟按山岭重丘四级公路修建，总投资29830万元，2000年12月开工建设。勐远至关累公路：工期一年，建设四级公路42公里，总投资2520万元。勐养至磨憨公路：工期2004—2007年，建设高速公路4公里、一级公路16公里、二级公路150公里，总投资457999万元。勐泐故宫公路：工期从2002年到2004年，建设一级公路4.06公里。

西双版纳口岸机场扩建：工期从2002年到2004年，跑道往北延长200米，新建滑行道820米，站坪扩建1.35万平方米及完善部分供电、导航等配套设施，总投资9686万元。景洪港关累码头：工期从1999年到2004年，总投资3674万元。澜沧江五级航道整治工程：工期一年，总投资9353万元。澜沧江景洪段防洪大堤一期工程：工期从1998年到2005年，堤防总长6334米，按20年一遇洪水水位设计，总投资11606万元。

西双版纳州傣族园二期工程：建设景区公路、游路、供电、给排水、卫生、垃圾污水处理、旅游厕所等基础设施，总投资2600万元。

珍稀药材血竭原料植物优质种源繁育基地：工期从2002年到2005年，规模为剑叶龙血树优质种源基地200亩，标准化种植示范基地5000亩，带动发展5万亩剑叶龙血树种植，总投资5050万元。

西双版纳职业技术学院：规划占地面积158亩，规划总投资8076万元（含教学设备投资1900万元），分三期组织实施。

云南省楚雄彝族自治州

【经济与社会发展】2003年，楚雄彝族自治州（以下简称楚雄州）经济和社会发展取得了较好成绩，呈现出经济发展、社会进步、民族团结的大好局面。全年GDP达到140.2亿元，同比增长10.6%。经济结构趋向良好。三次产业结构之比为27.9:43.9:28.2，继续巩固

“二、三、一”的产业结构。

农村经济在结构调整中不断发展。全年实现农业总产值62.9亿元，同比增长4.2%。粮食产量因播种面积减少，加之受自然灾害的影响，粮食总产量93.6万吨，下降3.8%。农业基础设施不断改善，农业结构调整取得实效。粮食作物和其他作物的种植比为70.3:29.7，分别比上年下降和上升了1.9个百分点。油料、瓜果、蔬菜、肉类、水产品等产品产量均有增长，设施农业、订单农业发展较快，农业产业化经营迈出新的步伐。

工业经济效益明显好转。全年完成工业总产值118.3亿元，同比增长7.6%，达到历史最高水平。其中，规模以上工业企业总产值71.7亿元，增长7.7%，占全州工业总产值的60.6%，上升了1.4个百分点；利税24.8万元，增长8.9%。规模以下工业企业实现产值46.6亿元，增长7.5%。

非公有制经济快速发展，所有制结构调整进展明显。工业结构进一步改善。公有制与非公有制工业增加值的比重为59.8:40.2，分别比上年上升和下降了7.2个百分点。通过深化企业改革，国有经济有序退出一般性竞争领域的各项工作向更深层次开展，并已取得一定成效。全年非公有制经济实现增加值35.5亿元，同比增加6.1亿元，增长20.7%，拉动GDP增长1.7个百分点。非公有制经济增加值占GDP的比重由上年的35.9%提高到37.9%，提高2个百分点。

加强重点建设项目的实施，有力地拉动全州固定资产投资的大幅度增长。全社会固定资产投资完成44.1亿元，同比增长31.1%。重点产业培育成效明显。楚雄州确定的五大重点产业建设取得了初步成效，烟草业的支柱地位继续巩固提高，天然药业、绿色食品业、冶金矿产业、特色旅游业发展势头较好。全年五大重点产业实现增加值66.1亿，占全州GDP的比重达47.1%。

财政金融运行平稳，全年实现财政总收入29.03亿元。其中，地方财政收入9.69亿元，同比增长13.4%；财政支出28.96亿元。年末金融机构各项存款余额为146.6亿元，各项贷款余额为96.9亿元。扩大消费需求，增强消费对经济增长的拉动力。全年完成社会商品零售总额36.7亿元，同比增长9.4%。全年旅游业接待国际游客7985人次，接待国内游客225万人次，实现旅游外汇收入1163万元。

充分发挥楚雄州的区位和资源优势，加强与友好城市和周边地区的合作与交流。对外经济贸易继续扩大，全年完成进出口总额2351万美元，同比增长84.8%。

全年列入科技计划项目实施的有50项，获省级奖励4项，州级奖励38项。科技进步对国民经济增长的贡献率为40.5%。广播和电视覆盖率分别达到95.5%和95.55%，分别比上年提高1.05个百分点和0.5个百分点。《楚雄州民族文化发展战略实施纲要》全面推进实施。大力推进文化精品工程和民族文化工程，深化文化管理体制改革，对外文化交流与合作取得新成绩。

社会保障体系不断完善。加强了城镇居民最低生活保障制度建设，使符合条件的城市贫困居民得到最低生活保障。继续深化医疗卫生体制改革，促进医疗卫生事业的健康发展，提高了医疗服务水平。

人民生活水平不断提高。全年农民人均纯收入达到1826元，同比增长6.6%；城镇居民人均可支配收入达到7549元，增长6.7%。计划生育工作健康发展。年末全州总人口255.03万人，人口自然增长率为4.89‰。

【投资环境】2003年，楚雄州以水利、交通为重点的基础设施建设成绩显著。全州公路通车里程达14081公里。全州拥有固定电话23.59万部；移动电话28.61万部，电话普及率达20.5部/百人。建成了宽带网，为实现电子商务、电子政务和信息化构筑了平台。

为进一步实施对内对外开放战略，楚雄州完善了招商引资的各项优惠政策。楚雄经济技术开发区经济快速发展，产品结构、产业结构和经济结构明显改善，综合经济实力持续增强，对内对外开放的“窗口”和示范作用进一步得到发挥。

全州生态环境进一步改善，污染治理取得成效。城市人均公共绿地面积 13.24 平方米，比上年增长 37.9%；工业污染源重点考核企业如期实现达标排放。

政府系统勤政廉政建设得到加强，政府职能进一步转变，驾驭市场经济的能力进一步提高。

【重点项目介绍】总投资 6.28 亿元的青山嘴大型水库项目前期工作进展顺利，元谋丙巷河水库，大海波、东河、麻栗树水库等除险加固，元谋大型灌区、蜻蛉河大型灌区、全州农村人畜饮水、国债水土保持小流域治理、长江上游水土保持，天保工程、退耕还林还草，农业综合开发，农业高科技示范，元谋、永仁、南华等县易地开发扶贫、以工代赈，楚雄市城市供水、全州中小学危房改造，卫生项目，楚雄通讯建设，农村电网改造，国家储备粮库等重点建设项目工程顺利实施。

云南省大理白族自治州

【经济与社会发展】2003 年，大理白族自治州（以下简称大理州）以结构调整为主线，深化改革为动力，扩大开放为活力，加快农业产业化、工业化和城镇化进程。全年 GDP 达到 175.5 亿元，同比增长 10.5%。其中，第一产业增长 5.5%，第二产业增长 16%，第三产业增长 9%。

进一步优化农业产业布局，调整和完善扶持政策。加强农业产业化经营，大力发展订单农业，农业产业化基地建设加快。全年实现农村经济总收入 191 亿元，同比增长 5.1%。年内新植桑园 4.7 万亩，累计 10.9 万亩；新植梅园 2.8 万亩，累计 15 万亩，新增生态茶园 8000 亩，累计 11.9 万亩，新种核桃 21.9 万亩，累计 95.5 万亩，种植竹子 3.1 万亩、甘蔗 4.5 万亩、亚麻 17.9 万亩、大蒜 15.9 万亩、大麦 49.6 万亩。良田种草 6 万亩；全年奶牛存栏 6 万头，肉牛存栏 56 万头；奶类总产量 11 万吨，比上年增长 40%；肉类总产量 27.9 万吨，增长 50%。粮经比例调整到 72:28，优质粮食比重不断提高。其中水稻优质品率达 45.9%。全年粮食总产量 12.13 亿公斤，比上年减 1.9%，单产提高 10 公斤。乡镇企业总收入完成 135 亿元，增长 16.1%。

加大了农村开发式扶贫工作力度，投入各类扶贫资金 2.46 亿元，完成 67 个扶贫工作重点村、70 个安居温饱村项目建设，完成了 1513 户、6589 人易地开发扶贫转移安置。

工业发展速度和效益明显提高。全年完成工业增加值 43 亿元，同比增长 14%；规模以上工业实现利税 15.6 亿元，增长 11.4%。全州工业园和工业小区入园企业达 102 户，实现税利 1.7 亿元，增长 38%。建材业工业产值达 13 亿元，增长 10%；建筑业增加值实现 12.3 亿元，增长 22%；矿冶业工业产值 8.1 亿元，增长 50%。生物资源开发创新产业积极开发生物制药、绿色食品、花卉、生物化工等重点产业，全年实现产值 18.65 亿元，增长 10.3%。

大力实施投资拉动经济战略，千方百计筹措建设资金，扩大投资规模，用大项目、大建设带动大发展。全年完成全社会固定资产投资 47.5 亿元，同比增长 33%。以大理市为重点的城镇化进程步伐加快。继续完善城镇体系规划、大理风景名胜区总体规划修编，完成了6个县的县城规划修编和93个村镇规划；实施了旧城改造、洱海保护、下关至凤仪城市主干道等一批城市建设重点项目。全州城镇建成区面积达95.6平方公里，比上年增长15.4%；城镇化率达22.1%，提高了2个百分点。

旅游业努力减轻“非典”疫情的影响。完成了大理古城东城门恢复和水景工程改造等一批精品项目，巍宝山景区基础设施建设、洱源温泉城、苍洱高尔夫球场等项目进展顺利。全年接待海外游客12万人次，国内游客552万人次，分别比上年下降17.2%和5%。旅游总收入28.5亿元，与上年持平。

对外开放有了新的突破。对外开放向宽领域、多层次发展，全年实现外贸进出口总值2866万美元，同比增长20.6%。招商引资有了新发展。全年共签订经济技术合作项目151项，已实施141项，履约率达93.4%，到位资金9.1亿元。引进了丹麦喜仕伯、上海凤凰实业、杭州娃哈哈等一批国内外知名大企业、大集团到大理州投资创业。非公有制经济不断发展，占全州GDP的比重达34%，提高了4个百分点。非公有经济非公有经济从业人员达13.76万人，比上年增长7.9%，个体私营企业上缴税金2.1亿元，增长20%。

商贸企业积极发展连锁超市、仓储式商场、品牌代理等新型营销方式，促进了市场销售的持续增长，全年完成社会消费品零售总额47.5亿元，同比增长9.5%。加强涉农价格和收费的监管，开展了对集贸市场、加油站、药品等的专项治理整顿、规范价格和收费行为，市场经济秩序得到改善。制作了1400张涉农价格和收费公示牌，发放到全州126个乡镇1100个村委会；开始执行城乡电网同价的巍山等6个县市，全年共减轻农民负担1000多万元，共取消行政事业性收费项目31个，取消金额474.91万元。

财税部门加强财源建设，提高财政增长能力。全年完成财政总收入27.15亿元，同比增长11%。其中，地方财政收入12.96亿元，增长12.8%；财政支出30.1亿元，增长9.9%。年末金融机构各项存款余额175亿元，增长12.3%；贷款余额134亿元，增长24.3%。

积极推进科技进步及科技创新。全年投入科技经费589万元，完成科技研究开发和推广项目75个；科技进步对国民经济的贡献率达42.8%，比上年提高0.6个百分点。继续实施中小学危房改造、高中“扩招”计划、中小学教师继续教育等建设，教育质量稳步提高。排除中小学D级危房8.7万平方米，新增半寄宿制小学60所。完成普通高中招生1.02万人，初中招生5.7万人，小学招生4.5万人，中专招生2271人，技工学校招生668人，职业高中招生3999人。高考共录取新生6238人，录取率达60%。

生态建设得到加强。全年完成退耕还林45万亩，完成天保工程公益林建设25.8万亩，管护森林2101.7万亩，新建户用沼气池32099口。进一步强化洱海治理保护工作，完成洱海湖滨带生态恢复建设一期工程。为环湖农村修建221个垃圾池，购买45辆农村垃圾专用车；加强了污染源和水体水质的动态监测；加强了土地资源动态管理和基本农田保护工作。

文化事业健康发展。组织开展了昆明国际旅游节大理开幕式、大理神韵—南诏古乐上海汇演等重大活动，开展了文化体制改革、文化产业发展的前期工作。在积极抗击“非典”的同时，实施了州县两极疾病预防控制体系，医疗卫生基础设施配套建设。实现了人口与计划生育工作目标，人口自然增长率为6.7‰，年末总人口335.83万人。

加强了再就业和社会保障工作。年内新增就业岗位1.5万个，实现再就业1.2万人，劳务输出20393人，城镇登记失业率控制在2.9%以内。抓好以养老、医疗、失业保险为主体，工伤、生育保险相配套的社会保障体系建设和完善，全州参加社会保险的人员达48万人，比上年增加29732人；发放企业离退休人员养老金和下岗职工基本生活保障费1.95亿元；支付城镇居民最低生活保障金3504万元，增长40.6%，做到了应保尽保。

人民群众生活水平稳步提高。全年农民人均纯收入达1962元，城镇居民人均可支配收入达8184元，城乡居民人均储蓄存款3226元，比上年增加422元，消费结构逐步升级，生活质量不断提高。

【投资环境】在硬环境方面：大理州建成了大理机场，广大铁路，楚大、大保高速公路，大丽汽车二级专用线，建立了航空、铁路、高速公路三位一体的主体交通网络，建成了联系五洲四海的程控电话及移动通讯网络。

在软环境方面：一是建立外来投资企业的投诉中心，公布投诉的程序、方法、电话；二是实行重点企业挂牌保护制度。凡是挂牌保护的企业，所有行政执法部门进行执法检查活动时必须先书面向企业合法权益保护中心报告，除了重大的刑事案件外，未经书面同意的，企业一律不接待；三是实行州县级领导对重点企业挂钩联系制度，及时协调解决企业在发展中存在的问题；四是对所有行政执法部门每年进行全面的严格审计；五是对行政经济管理部门的服务质量进行定性评价，每年由200个以上企业业主和经营者代表在同一时间评议行政经济管理部门及其一把手、法人代表。

【重点项目介绍】2003年大理州不断创新投融资体制，实施了水利、生态、交通、能源、信息、教育等基础产业和基础设施骨干建设项目68项，当年竣工26项。重点项目的顺利实施，为以后的发展打下了基础，增强了后劲。

洱海湖滨带（西区）生态恢复建设（二期）工程：总投资15857万元，于2003年10月开工。建设内容包括湖滨带基底修复工程、湖滨带生态恢复工程、沿湖村落污水处理工程和入湖河口污染控制工程。项目的建设有效改善了洱海西区湖滨带的生态环境，沿岸水质恶化趋势也得以遏制，产生了良好的生态和社会效益。

大理市洱河南路综合管网工程：排污干渠总长5078.5米，由排水工程、道路工程、电力电讯工程三部分组成。概算总投资1.26亿元。

工业方面实施了26个重点项目的技术改造，新开工和建成了一批骨干项目，培育壮大了一批大而强的企业。矿冶业实施了剑川友和公司年产5万吨电锌、北衙金矿日处理500吨金原矿等重点技改项目，新开工祥云飞龙公司年产8万吨电铅项目。

云南省德宏傣族景颇族自治州

【经济与社会发展】2003年，德宏傣族景颇族自治州（以下简称德宏州）GDP达到41亿元，同比增长8.5%，增幅比上年提高3.3个百分点。其中，第一产业增加值13.25亿元，增长3.5%；第二产业增加值9.4亿元，增长27.4%；第三产业增加值18.35亿元，增长3.5%。完成固定资产12.79亿元，增长7.2%。完成地方财政一般预算收入3.08亿元，增长18%，实现社会消费品零售总额17.99亿元，增长2.2%。

通过实施商品粮、糖料、冬大豆良种繁育等基地建设，农业基础设施条件得到改善，农业生产水平不断提高。全州耕地面积达到182.9万亩，其中高稳产农田达125万亩，建成优质稻生产基地4个，农业商品率达65%。全年粮食总产量28.65万吨，甘蔗432万吨，产糖47.5万吨，油料1.32万吨，水果8.72万吨，肉类产量3.05万吨，牛奶产量947吨。乡镇企业保持稳定发展。年末全州有乡镇企业13903个，从业人员41389人，乡镇企业总产值111181万元，同比增长10.2%；营业收入13.2亿元，增长12%；利税总额13214万元，增长3%；实现增加值27821万元，增长8.1%。

生物资源产业开发得到进一步提高，柠檬、麻竹、咖啡、澳洲坚果、滇皂荚、山苍子、魔芋、番麻8个开发项目在18.21万亩原料基地的基础上，2003年原料基地新增4.59万亩，达到22.8万亩。水利方面，以江河治理、节水工程为重点。切实加大山区“五小”水利建设力度，现已建成水库69座，总库容达到20176万立方米。

工业积极调整产品结构，培育新的经济体系，工业生产高速增长，经济效益逐步好转。全年完成工业总产值23.83亿元，同比增长40%。其中，规模以上工业企业产值19.24亿元，增长46.8%；规模以下工业企业产值4.59亿元，增长11.8%。

坚持一般贸易、边境贸易、对外经济技术合作、边民互市、来料加工等多种贸易形式共同发展，扩大进出口，扶持出口商品生产加工基地建设，提高利用外资水平，改善投资环境，推动国民经济的健康发展。全年实现进出口总额33384万美元，同比增长14.73%。其中，出口19955万美元，增长16.56%；进口13429万美元，增长12.11%。年末全省有边贸企业367家，外商投资企业67家，初步形成了以边贸为基础，一般贸易为龙头，外资、外经、外贸相结合协调发展的大经贸体系。旅游业方面，全年累计接待国内外游客215.27万人次，实现旅游收入14.07亿元。

教育、科技、文化、卫生事业不断发展。年末全州有各类专业技术人员17645人，有2所普通高等院校和5所中等专业学校，有幼儿园59所、小学759所、普通初级中学64所（职中3所）、普通中学15所（职中6所）、中专4所、电大、教育学院各1所，特殊教育学校6所。“两基”和成果得到加强，适龄儿童入学率达到99.05%，初中入学率98.08%，高中入学率9.6%。有艺术表演团体6个、艺术研究所1个、群艺馆1个，文化馆7个，公共图书馆7个，乡镇文化站61个。广播电台1座，广播人口覆盖率90.95%；电视台6座，电视综合人口覆盖率98.78%。全年出版各类报纸219.1万份，出版各类书籍9种，57.8万册。

卫生医疗及社会保障事业状况得到改善，全民健身运动蓬勃开展，各族人民健康水平明显提高。全州64个乡镇有61个建立了文化站。卫生事业迅速发展。全州有卫生机构98个，医院床位3244张，卫生技术人员3041人，健全了卫生、防疫、保健和医疗服务综合体系，健康水平有了明显提高。2003年末总人口104.8万人。

【投资环境】德宏州是滇缅公路、中印公路的交汇点，也是我国大西南面对东南亚、南亚的重要陆地口岸，是云南对外贸易的重要口岸。在503.8公里的国境线上，分布着瑞丽、畹町两个国家一类口岸，章风、盈江两个国家二类口岸和28处渡口，64条通道。有9条公路与缅甸境内的史迪威公路相联接，可通往缅甸的九谷、木姐、南坎、八莫、密支那、腊戌、曼德勒等重要城镇，也可经腊戌、曼德勒、密支那等地乘火车、飞机到达缅甸首都仰光或经八莫港沿伊洛瓦底江水路直抵仰光港进入印度洋。德宏州水能理论蕴藏量为362万千瓦，开发潜力较大。

德宏州投资环境良好。有3C级机场一个，开通了厦门——德宏、成都——德宏、贵阳——昆明——德宏的直达航线，近期还开通了丽江、版纳省内环线。德宏公路四通八达，公路通车里程达4924.55公里，先后建成了高等级的320国道德宏段，实现环州经济干线网络高等级化；新建和改造了县乡公路，在云南省率先实现了村村通公路。邮电通讯发展迅速。建成了交换程控化，传输数字化，天上有微波，地下有光缆的立体现代化电信网络，实现了乡乡通光缆，村村通电话。建成了两个环型传输网，数字数据网，综合业务数字网，数据宽带网等多种先进的业务网。全州发电总装机容量19.6万千瓦，发电量8.98亿千瓦小时，不仅满足了德宏州国民经济和社会发展需要，还逐步向境外售电，率先实现农村初级电气化目标。在城市建设方面，加快自来水厂和垃圾处理厂、污水处理厂的改造、扩建和新建小城镇建设，使德宏州市容市貌有了较大改观。

【重点项目介绍】大盈江防洪治理工程：工期从1998年到2005年，总投资14234万元，完成后可保护农田21.35万亩。瑞丽江界河治理：总投资14867万元，项目的实施对防治国土流失、保护农田、发展旅游起到了较好的社会和经济效益。陇川县麻粟坝水库：计划投资54672万元，工期从2003年到2007年，是以灌溉防洪为主，结合养殖、发电、旅游等综合利用的大二型水利工程，设计灌溉面积22.68万亩。盈江灌区建设配套与节水改造项目：设计灌溉面积33.33万亩，计划投资4.127亿元。盈江县回龙河水库：计划投资1.04亿元，工期从2004年到2007年，库容1478万立方米。

盈江平原至那邦二级公路：总里程92.18公里，总投资23444万元。德宏州体育运动中心：占地面积312.18亩，建设内容为田径运动场、体育馆、游泳馆、综合训练馆，总投资1.5亿元。

重点支持并欢迎项目业主来投资的重点项目——大盈江梯级电站：计划投资484915万元，总装机98.9万千瓦，工期从2004年到2007年。勐乃河梯级电站：计划投资110683万元，总装机24.53万千瓦，工期从2003年到2010年。勐戛河梯级电站：计划投资22116万元，总装机7.44万千瓦，工期从2004年到2010年。造纸用竹材林基地：计划投资8000万元，工期从2004年到2010年。云南红瑞柠檬深加工：计划投资12882万元，工期从2003年到2005年。德宏水牛产业开发：计划投资8000万元，工期从2004年到2007年，开发水牛奶肉制品，规模30万头。德宏州盈江县星云铝厂扩建：计划投资3.55亿元，工期从2005年到2008年，电解铝生产能力由1.4万吨扩至5万吨。麻竹产业化开发：计划投资5360万元，工期从2003年到2007年。在潞西、瑞丽、陇川发展种植面积10万亩及产品加工生产线。德宏州勐巴娜西珍奇园建设：计划投资1.2亿元，工期从2001年到2007年，分二期建设，占地800亩，建4A级景区。德宏州潞西高纯多晶硅厂建设：计划投资85481万元，工期从2004年到2007年，主要生产电池用多晶硅片。

【经济技术协作与对口支援】德宏州开展了全方位、深层次、多领域的经济技术协作。2003年签订协作项目23项，启动实施28项，合作项目投资总额120787万元，实际到位资金30142万元。建立友好州市5个，友好县市15个。通过开展横向经济技术协作，为盈江县山区群众脱贫致富发展了柑桔、荔枝、香蕉等水果生产基地5250亩。接受支援建设希望小学5所，建设资金28万元。

内引外联成效显著。引进马来西亚资金2.14亿元，建成全州最大的户宋河电站；瑞丽市引进内地资金10亿元，使姐告成为全省最大的内陆口岸；引进云南华丰集团股份有限公司资金1.2亿元，建成全省最大的综合批发市场。

在经济技术协作中注重边疆急需的各类技术人才的培训与干部交流，共培训350人次，交流干部21人次。成功地举办了第五届"滇西民族艺术节"、"姐告边交会"、"中缅瑞丽胞波节"，加强了德宏州同周边国家和内地的经贸、文化交流与协作。

【口岸建设】2003年，德宏州新建、扩建了边贸货场和口岸公路，现有功能较完善的边贸货场5个。瑞丽和畹町一类口岸设施齐全，设有海关、出入境检验检疫局等联检机构，作为国家主权象征的瑞丽口岸姐告国门已建成，总投资1480万元的瑞丽口岸姐告联检中心大楼已建成并投入使用。集双车道验证、综合管理、图片阵列为一体的畹町国门建设已列入“十五”期间口岸基本建设投资计划。

姐告边境贸易区总面积1.92平方公里，规划建设“商贸、加工、仓储、旅游”四大功能区。姐告边境贸易区的正式运行，标志着边境贸易进入了新的发展阶段。姐告边境贸易区2000年经国务院批准设立为全国唯一实施“境内关外”特殊管理模式的边境特区，在投资贸易、工商管理、税收、土地、金融、外汇、出入境等方面执行特殊优惠政策。

二类口岸陇川章凤口岸是中缅边境重要通商口岸，有10条通道。其中章凤拉影通道与缅甸雷基（洋人街）咫尺相连，通过章凤口岸，借助缅甸北部交通枢纽及商品集散地八莫港口，利用伊洛瓦底江廉价的水上运输线，可开辟一条不绕马六甲海峡直下印度洋，通往南亚、印次大陆及欧洲大陆的最便捷的国际大通道。随着陇川县城搬迁章凤，章凤城市建设初具规模，基础设施逐步完善，为口岸发展奠定了坚实的基础。

盈江二类口岸有33条通道通往缅甸，新兴口岸——那邦是盈江口岸的重要通道，位于盈江县西部，具有特殊的边境口岸优势。潞西市的芒涨口岸，是潞西通往缅甸的主要通道，与缅甸掸邦第一特区勐古集市隔河相望。

【特色旅游】德宏州拥有瑞丽江、大盈江国家级风景名胜区和国家级优秀旅游城市瑞丽市。潞西市的主要景点有芒市民族文化宫、树包塔奇观、芒市镇教派齐全的南传上座部佛寺和三仙洞；瑞丽市的主要景点有畹町原始森林漂江游、滇缅公路的终点——畹町桥、畹町生态园、扎朵佛脚印风景区、姐勒金熊塔、麓川古城、淘宝场、姐告口岸、中缅一条街；陇川县的主要景点有景罕玉兔塔、诱人的景颇绿叶宴、邦角景颇山官衙门；盈江县的主要景点有允燕佛塔、榕树王、马嘉里事件纪念碑、明代所建的“八关九隘”、姐冒仙人洞、虎跳石与落水洞奇观；梁河县的南甸土司衙门建筑群等风景名胜，美不胜收。参加瑞丽江原始森林漂江游，既可欣赏热带雨林景观，又可领略共饮一江水的中缅两国风光和“一个坝子、两个国家、三座县城”的奇观。

德宏与缅甸的国境线长达500多公里，同一民族跨境而居。中缅两国人民有着边境贸易、通婚、互市的习惯。观光民族风情，品尝民族餐饮，参加民族节日，对游客有着巨大的诱惑力。亦可跨出国门，饱览缅甸风光，领略异国风情。

云南省怒江傈僳族自治州

【经济与社会发展】2003年，怒江傈僳族自治州（以下简称怒江州）GDP达到14亿元，同比增长7.1%。其中，第一产业增加值3.4亿元，增长2.7%；第二产业增加值5.35亿元，增长9.8%；第三产业增加值5.25亿元，增长7.4%。三次产业结构比例为24:39:37。财政预算收支执行情况良好，完成地方财政收入1.26亿元，同比增长19.9%，支出7.1亿元，增长7.53%。完成边贸进出口总额3.13亿元，增长27.76%。

农业科技含量进一步提高，产业结构调整取得新的进展。“订单农业”范围进一步扩大，质量有所提高，农业重点项目进展顺利，农民减负取得新成效。全年完成农业总产值5.5亿元，同比增长1.2%。全年粮食总产量16.26万吨，下降0.4%。完成农田建设1.12万亩，进一步改善了农业生产条件。全年大小牲畜存出栏率增长3.37%和4.36%；肉类产量增长2.84%；畜牧业经济收入1.5亿元，增长3.6%。全年完成造林面积26万亩，完成退耕还林（草）6.5万亩；退耕还林粮食兑现2583万斤，种苗补助费到户605万元，退耕还林共投入资金4365万元。全年落实天然林管护面积1286万亩，天保资金拨付到县1921万元，完成投资2150万元。

全年实现工业总产值10亿元，同比增长20%。其中，轻工业7600万元，下降62%；重工业9.5亿元，增长38%。规模以上工业企业实现总产值7.4亿元，增长24%。列入改制计划的89户国有企业已完成76户，改制面85.4%。

全年完成全社会固定资产投资6.6亿元，同比下降9.7%；在建项目87个，增长4.8%。其中，新开工项目46个，下降17.9%。金六二级公路、六库电站、兰坪铅锌矿开发和六库新区开发四大龙头项目全部开工。国家西部易地扶贫安置试点工程2003年度项目均完成前期工作；边境民族贫困乡开发完成9个乡镇、总投资1800万元。

消费品市场稳定发展。全年实现全社会消费品零售总额5.4亿元，同比增长14%。居民消费价格总水平上涨1个百分点。人民生活水平不断提高。城镇居民人均可支配收入3900元，增长5.4%；农民人均纯收入948元，增长1.4%。社会保障制度不断完善。城镇登记失业率控制在5%以下。扶贫工作进一步深入，全年解决贫困人口温饱人数2.4万人。解决了1.6万人的饮水困难；完成易地安置3439人；完成茅草房、杈杈房改造6000户。个体私营经济进一步发展。全州个私企业及工商户数11382户，下降0.8%；从业人员3.37万人，增长5.9%；上缴税金6900万元，增长18%。

教育系统继续坚持“两基”工作“重中之重”的地位不动摇。加大力度，确保“两基”攻坚工作按计划顺利实施。全年全州小学招生8507人，初中招生6712人，高中招生1604人，中专录取1158人，本科考取442人，专科考取773人。全年多渠道筹集资金1600万元，完成了怒江州民族中学教学楼、图书楼等校舍的修善改造任务，新增校舍面积22468平方米，同时完成了青少年校外活动场建设项目和田径运动场规划的前期工作。

2003年，怒江州18个文化类馆、站列入省补建项目，投资总额510万元，项目建设进展顺利。全年组织各种演出57场，部分节目在昆明和宁夏获奖。全年电影放映3933场，进一步丰富了农村文化活动。收缴非法音像制品5758盘、非法书刊1283册，有力地打击了违法违规经营活动。

2003年，怒江州“非典”防治工作在各级党委政府的高度重视和大力支持下，社会各界齐抓共管，医疗卫生部门重在防范，狠抓落实，从而取得了阶段性成果。新型农村合作医疗试点进展顺利，城镇医疗卫生体制改革进一步推进，妇幼保健，疾病预防工作取得了新的成果，全州医疗卫生系统各种人才得到了进一步加强。

【投资环境】地处青藏高原南延部份横断山脉纵谷地带的怒江州，由于受地质构造运动和第四纪冰川等多重影响，形成和造就了闻名于世的高山大峡谷地貌景观和得天独厚的立体气候环境，并蕴藏着丰富的矿藏资源、生物资源、水能资源和旅游资源。具有发展边境贸易的区位优势，片马口岸、亚坪通道和丹珠通道是怒江州边境贸易的重要载体。怒江州已初步成为基础扎实、服务配套、商家云集、具备开放开发条件、具有巨大发展潜力和广阔开发前景的重要地区。

2003年，怒江水电开发规划通过了国家审查，六库电站和兰坪铅锌矿开发两大工程正式启动，标志着全州经济结构战略性调整自

1998年以来的过渡时期基本结束，开始进入实质性调整阶段。同时，经有关部门的努力，怒江几大主要支流的小水电开发前期工作明显加快。“三江并流”世界自然遗产申报成功，全州旅游业开始进入围绕主题全面规划阶段。同时，通过全国范围内的怒江水电开发与生态环境保护问题大讨论，使怒江知名度大大提升，成为许多游客向往的旅游目的地。

【重点项目介绍】金六二级公路：建设规模97公里，按二级公路标准修建，总投资9.2亿元。保山金厂岭至怒江州上江乡七棵树段路基宽8.5米，行车道宽7米；上江七棵树至六库段路基宽12米，行车道宽9米。2003年10月开工建设。贡丙公路油路改造工程：建设规模为扩建油路44公里，总投资2640万元，于2003年11月开发建设。

六库新区开发：建设开发规模为5.6平方公里，主要是泸水县城搬迁至六库江西赖茂后的市政基础设施建设，拟投资64720万元。其中，怒江大道按50年不过时、100年不落后的规划设计，设计路宽40米、长6公里，总投资1.5亿元。2003年12月开工。

怒江六库电站：设计装机5×3.6万千瓦，总投资9.92亿元，环境评价报告已上报国家环保总局审批，力争2004年动工。贡山县迪麻洛河电站：装机容量5.6万千瓦，总投资3.4亿元，将于2004年3月开工建设。利沙底电站：装机容量2×0.63万千瓦，总投资7540万元。贡山县嘎拉博河电站：装机容量1.8万千瓦，总投资1.01亿元。

兰坪铅锌矿开发：建设规模为年生产20万吨，总投资12亿元。

怒江州城市电网改造：总投资1.53亿元，于2003年10月开工建设。黄木110千伏变电站技改扩建、福贡上帕至兰坪黄木110千伏送电线路、上帕变电站、福贡亚目河至上帕110千伏送电线路、利沙底至亚目河110千伏线路、六库110千伏变电站扩容等建设项目正有序进行。

怒江州人民医院：建设8900平方米的住院大楼，总投资1900万元。

云南省迪庆藏族自治州

【经济与社会发展】2003年，迪庆藏族自治州（以下简称迪庆州）GDP达到13.67亿元，同比增长18%。其中，第一产业增加值4.19亿元，增长7%；第二产业增加值3.66亿元，增长21%；第三产业增加值5.81亿元，增长25.24%。完成地方财政一般预算收入9403万元，同比增长28.19%。实现社会消费品零售总额4.25亿元，同比增长14.4%。

通过贯彻中央实施积极的财政政策和扩大内需方针，抓住国家发行西部专项国债、实施天然林保护工程等重大历史机遇，采取一系列扩大投资规模的措施，全年完成固定资产投资13.68亿元，同比增长16.96%。保持了投资需求对经济增长的拉动。

人民生活不断改善。农民人均纯收入达到1116元，增长11.71%；居民消费价格总水平上涨1.2%。就业再就业工作健康发展，城镇登记失业率4.1%。计划生育工作效果显著。人口自然增长率7.17‰。旅游业受“非典”影响，全年接待国内外旅游人数129.68万人次，比上年下降13.56%。

【投资环境】迪庆州地处滇西北高原，平均海拔3380米，是云南海拔最高的地区。西部大开发实施以来，迪庆州基础设施不断完善。到2003年末，全州水电装机容量15.76万千瓦，公路通车里程达3556公里，全州三县均已通油路，所有乡镇通公路；迪庆机场开通了昆明—香格里拉、成都—昆明—香格里拉—拉萨、成都—香格里拉、广州—香格里拉—拉萨、广州—香格里拉、西双版纳—香格里拉5条往返航线；全州有固定电话用户3.23万户，移动电话用户6.487万户，移动通信和广播电视覆盖全部乡镇，电话普及率达到18.4部/人；县城供水、道路、垃圾和污水处理等一批城市基础设施项目相继建成投入使用，市容市貌有了明显改观，城镇化建设取得明显成效。

根据国家产业政策及迪庆州经济社会发展思路及产业重点，为进一步加快扩大对内对外开放的步伐，尽快形成全方位、多层次、宽领域的对内对外开放新格局，促进经济发展和社会进步。迪庆州于2000年颁布施行了《迪庆藏族自治州人民政府关于扩大开放的若干规定》，全面优化投资软环境，加大招商引资和对外开放力度。探索利用外资新方式，拓展利用外资新领域。

2003年，迪庆州通过转变政府职能，依法行政，搞好服务，改革审批制度，提高工作效益，切实改善投资软环境。放开和扩大民营投资与州外资金准入领域，拓宽投融资空间，真正把招商引资各项政策落到实处。在城市基础设施建设，旅游景区景点建设公路建设，电站建设等既是基础设施但又有利益回报的领域，鼓励外商投资，吸引更多州外资金参与开发建设。

为了提高审批质量，规范建设项目管理，迪庆州于2000年颁布了《迪庆藏族自治州建设项目管理暂行办法》，明确凡在迪庆州行政区域内的集体、个体、国内引资项目实行登记备案制。根据国家和云南省的有关政策法规，修改完善了《迪庆州基本建设投资项目登记备案制实施细则》及《迪庆州基本建设项目贴息贯彻落实意见》等上报州政府审批，设立了迪庆州人民政府外来投资服务中心，除积极帮助州外来迪庆投资企业协调和解决生产经营中的困难外，还帮助外商推荐选择投资项目，并对重点项目主动配合有诚意的投资者进行实地考察和洽谈。为简化审批手续、提高工作效率、改善投资环境、吸引外来资金，促进个体私营经济的发展，创造了良好的条件。

根据《当前迪庆州鼓励发展的产业产品目录》，迪庆州鼓励投资方向为：农牧业、林业、水利、电力、交通、有色金属、医药、轻工、建筑建材、城市基础设施及房地产、资源综合利用和环境保护、旅游、商业、其他服务业共82个类别。

2003年，迪庆州组织开展了梅里雪山文化年系列活动、国际公园定向赛、走进香格里拉摄影大赛、激情攀越哈巴雪山、朝圣梅里雪山感悟香格里拉汽车自驾旅游活动、德钦弦子节，维西兰花节等一系列活动，积极开展以迪庆为中心覆盖滇川藏三省区的“中国大香格里拉生态旅游圈”建设，进一步扩大香格里拉品牌的影响，促进对外开放。

【重点项目介绍】2003年，迪庆州建设项目安排的重点是农业、扶贫、交通、市政建设、旅游等基础设施建设，同时兼顾社会发展项目。在重点项目中，维西县草原恢复和建设、香格里拉桑那水库、农村人畜饮水工程、香格里拉至德钦油路、香格里拉旅游东环线、德钦梅里雪山生态旅游区等6个项目已完工；国道214线香格里拉区哇迪至松园桥二期工程、退耕还林（草）工程、天保工程、农网改造工程等10个续建项目进展顺利；香格里拉至维西油路、迪庆机场扩建、维西县城市政建设一期工程、香格里拉县垃圾处理场等8个新项目开工建设。

加强了项目前期工作。重点开展了小中甸水库及坝后电站、德钦县羊拉公路改造、国道214线德钦至盐井段改造、德钦至贡山公路、维西至福贡公路、维西塔城景区基础设施建设、德钦维西两县城地质灾害和防治、维西县市政二期、香格里拉县城集中供暖、德钦维西两县垃圾处理场、香格里拉县一水厂扩建、迪庆州尼打木自然保护区建设和管理、碧塔海生态环境综合治理、纳帕海湿地环境保护与整治等 21 个项目前期工作。

【经济技术协作与对口支援】2003 年，迪庆州通过积极争取被正式列入滇沪合作帮扶对象。全年签订国内外经济合作项目 86 项，协议引进州外资金 82.4 亿元，实际到位 4.56 亿元，同比增长 2.48 倍。其中，实际到位省外资金 2.2 亿元，增长 6.36 倍，到位国外资金 216 万美元，增长 1.57 倍。实施国外社会合作项目 10 项，接受国外捐资折合人民币 165.85 万元；实施国内社会合作项目 22 项，接受捐资 609.89 万元。

甘肃省甘南藏族自治州

【经济与社会发展】2003 年，甘南藏族自治州（以下简称甘南州）国民经济继续保持快速增长势头。GDP 达到 18.65 亿元，同比增长 10.1%。其中，一、二、三次产业增加值分别增长 7.4%、17.7%和 8.7%。三次产业比例为 37.7∶23.6∶38.7。完成全口径财政收入 1.78 亿元，增长 11.28%。外贸出口创汇 1036 万美元，增长 1.41 倍。全年共签订各类招商引资项目 43 个，签约资金达 100.1 亿元，招商引资工作取得了突破性进展。

结构调整取得明显成效，经济效益进一步提高。种植业加大种植结构调整和科技推广服务力度，在粮食作物播种面积减少和临、卓、舟局部地区遭受洪涝、地震灾害的情况下，粮食产量仍达 9.61 万吨，与上年基本持平。经济作物、饲草播种面积达 33.9 万亩，增加 1.72 万亩。各类牲畜总增率达 26.64%，出栏率 31.15%，商品率 25.69%；肉类产量 3.38 万吨，增长 4.31%；奶类产量 6.06 万吨，增长 3%；各类牲畜年末存栏 289.02 万头（只）。大力推进农牧业产业化进程，农畜产品加工龙头企业带动作用增强，乳品、牛羊肉、山野珍品等地方优势特色产品市场竞争力有了一定提高。乡镇企业实现增加值 1.76 亿元，增长 21.5%，实现利税 5640 万元，增长 26.7%。

工业经济逐步步入良性发展轨道，企业经济效益逐步好转，全州完成工业增加值 3.17 亿元，增长 12.7%。其中，规模以上工业企业实现增加值 2.66 亿元，增长 25%；实现利润 1.16 亿元，增长 1.83 倍，实现利税 1.35 亿元，增长 1.44 倍。

投资规模不断扩大，全年完成全社会固定资产投资 9.54 亿元，增长 22.1%。固定资产投资仍保持了对经济增长的主导拉动作用。消费品市场供销两旺，物价总水平稳中有升，全年完成社会消费品零售总额 6.93 亿元，同比增长 9%，居民消费价格指数为 101%。

人民生活继续改善，全年城镇居民人均可支配收入达 3480 元，同比增加 260 元，增长 8.1%，农牧民人均纯收入 1341 元，增加 75 元，增长 5.9%；城镇职工参加养老保险 1.14 万人，参加失业保险、医疗保险职工分别达 3.33 万人和 3.05 万人，城镇登记失业率控制在 4.19%以内，人口增长率继续下降，年末总人口 66.96 万人，人口自然增长率 7.98‰。

甘南州经济运行中存在的一些突出困难和问题主要表现在：农牧村基础设施建设仍旧滞后，农牧民增收困难，城乡居民收入差距拉大，脱贫任务难度大，农牧民群众“行路难、上学难、看病难、看电视难”等问题比较突出。经济结构还不尽合理，经济总量小、工业化水平低，经济发展主要靠投资拉动，自主发展能力仍较弱。基础设施建设任务量大面宽，建设投资渠道单一，社会融资难度大，投入不足是制约经济社会发展的“瓶颈”。

【投资环境】甘南州对外交通便利，以州府所在地合作市为中心，形成树状交通网络，213国道纵贯全州，各县县城对外都有三级油路连接，通信设施已建成了通达州内7县的二级光缆干线。完成了以合作市为中心的甘南本地电话网络，数字移动网络覆盖县以上城市和重点乡镇及干线公路；全州计算机实现了拨号上互联网。电力供应条件方便，经过城乡电网改造后，110千伏线路通达各县（市），35千伏线路覆盖大部分乡镇。州内水电供应充足，电价较低。

畜牧业、林业、水力、矿产和旅游是甘南州的主要资源，具有一定的优势。全州草原面积4084万亩，占总面积的61.9%，林地1382万亩，占总面积的23.8%，森林覆盖率19.65%，活立木占全省总蓄积量的45%；有黄河、白龙江、洮河、大夏河4条河流及120多条支流，水能资源理论蕴藏量361.27万千瓦，可开发水能资源215.86万千瓦，已开发6.54万千瓦。

甘南州已发现矿产地270多处，有金、银、铜、铅、锌、大理石等42个矿种，已探明贮量的有23种，14个矿种贮量已得到不同程度的开发，其中金矿分布广、储量较大，全年黄金产量达2572公斤。

甘南州人民政府《关于加快甘南开放开发若干政策规定》、《关于进一步加快实施科教兴州战略的意见》、《关于引进人才、培养人才、使用人才、留住人才的办法》和《关于进一步放开放活科技机构和科技人员开展技术开发与承包的办法》，主要包括对投资者的税收优惠，使用土地优惠和费用优惠政策。外来投资购买、兼并、租赁企业的优惠政策，对科技人员和引进中外资金项目中介人的奖励政策及投资者权益保障政策等方面。

【重点项目介绍】合作市草原恢复与建设项目：主要建设人工饲草（料）基地1万亩，围栏改良10万亩，投资1120万元，已完成。碌曲县草原恢复与建设项目：建设人工饲草（料）基地1万亩，围栏改良9万亩，鼠虫害草场治理11万亩，投资1445万元，已完成。夏河县草原恢复与建设项目：建设人工饲草（料）基地1.5万亩，围栏改良8.3万亩，鼠害草场治理4万亩及设备购置，投资1250万元，已完成。甘南州退耕还林（草）项目：退耕还林总面积9万亩，种苗补助投资450万元，在舟曲、迭部、临潭、卓尼、夏河、合作六县（市）实施，已完成。天然林资源保护工程：建设规模为封山育林2.99万亩及森林防火，投资334.6万元，在合作、卓尼、夏河、迭部、舟曲、碌曲六县（市）实施，已完成。藏区青稞基地建设项目：建设甘南州青稞技术中心楼一座1800平方米，晒场1500平方米，仓库1000平方米，建良种繁育基地3.36万亩，高产示范田1万亩及设备购置、人员培训等，在州农科所及合作、夏河、临潭、卓尼、迭部、碌曲六县（市）实施。退牧还草工程：对全州5县实施禁牧190万亩、休牧590万亩，投资1.56亿元，在玛曲、夏河、碌曲、卓尼、迭部五县实施。人畜饮水二期工程：解决4.5万人的饮水困难问题，共建人畜饮水工程102处，投资1660万元，已完成。

迭部县达拉河口电站：装机5.25万千瓦，总投资3.7亿元，于2003年开工。农村电网改造二期工程：建设规模为110千伏送变电工程3项，35千伏送变电工程14项，10千伏线路17项，总投资3.01亿元，已完成。城网改造工程：新建35千伏变电站所13座，线路225公里；改建35千伏变电所3座；新建10千伏开关站1座；新建10千伏线路382公里；改造10千伏线路65公里；新建、改造0.4千伏线路773公里；新建、改造变台349座，完成户表工程58693户、调度及信息工程10项；架设绝缘导线266公里，埋设电缆82公里。

投资1600万元，在七县一市实施，基本完成。

兰郎公路合作至郎木寺段：改建二级公路162公里，总投资8.4亿元。江果河至迭部公路：改建三级油路139.8公里，总投资1.16亿元。舟曲至迭部公路：改建三级公路153公里，总投资1.53亿元，已竣工验收。王格尔塘至达久滩公路：改建二级公路47.23公里，三级公路56.32公里，总投资1.55亿元，已竣工验收。定新公路新城至冶力关段：改建三级公路85.7公里，投资4150万元，于2003年底开工建设。

甘南佛阁藏药有限公司新型藏药高技术示范工程：建设规模为年产水丸1.2亿粒、胶囊8000万粒，投资5842万元。夏河安多水泥有限责任公司日产千吨熟料新型干法水泥生产线：建设规模为年产水泥熟料30万吨，投资9800万元。

合作市城区集中供热工程：总供热面积80万平方米，投资5751.43万元，到2003年底热源厂基础已完成，一级管网铺设完成95%。舟曲县城区供水扩建工程：新增供水4000立方米/日，总供水能力达6000立方米/日，投资798.05万元。临潭县城区供水扩建工程：新增供水4000立方米/日，总供水能力达6000立方米/日，投资989.37万元。卓尼县城区供水二期工程：新增供水2248立方米/日，总供水能力达4748立方米/日，投资761.57万元。夏河拉卜楞城区供水扩建工程：新增供水8000立方米/日，总供水能力达1万立方米/日，投资996万元。迭部县城区供水扩建工程：新增供水5000立方米/日，投资909.54万元，于2003年底开工建设。

【东西对口支援】2003年，甘南在州、县设立专门社会帮扶机构9个，国家、省、州、县部门单位对各县、乡、村结对帮扶的单位526个。其中，国家有关单位2个，省直党政机关和中央驻甘及省属企业单位21个，州直党政机关及甘肃省驻甘南州企事业单位95个，各县（市）直机关企事业单位408个。省和甘南州指定或抽调的帮扶人员3324人。帮扶的主要对象是临潭、卓尼、舟曲、夏河、迭部5县和合作市等6个扶贫开发工作重点县（市）及碌曲、玛曲2个县的11个重点乡共99个乡（镇），524个行政村44.64万低收入人口。

结对帮扶的526个单位，从帮助促进精神文明建设和物质文明建设两方面入手，结合各自的优势和被帮扶村社的实际进行帮扶。各帮扶单位通过论证项目，争取资金帮助帮扶定点村社修建学校1所、维修校舍2处、资助贫困学生405人、培训人员3449人（次）、安装太阳能发电系统2处、电视接受器2处，免费订购、赠送报刊、图书6921份（册），赠送棉被760床、帐篷36顶、新桌椅347套、办公桌222张、放像机15台、面粉87.2吨及捐款等，折合现金约704.97万元。同时协调争取项目8个，投资85万元。切实为农牧民群众解决了生产和生活方面的实际困难。

通过具体帮扶，切实实践了“三个代表”的重要思想；密切了党群干群关系，确立了党和政府在群众中的威望；弥补了国家扶贫资金投入有限、有很多贫困群众的生产和生活水平得不到及时改善的缺憾；树立了全社会帮贫济困的意识，促进了贫困乡村经济社会全面发展及全社会向贫困群众奉献爱心的良好社会风尚；提高了农牧业生产的科技含量，对引进、示范、推广农牧业生产技术增加了渠道，增强了农牧民科技兴农兴牧意识；帮扶干部在农村田地里得到锻炼和教育，群众得到了实惠和启发。

【扶贫开发】2003年，甘南州争取以工代赈建设资金6095万元、财政扶贫资金5804万元，采取加强计划管理，严格执行国家、省有关扶贫政策，确保扶贫资金的安全运行等主要扶贫措施。一批改善农牧村基础设施条件的建设项目相继建成并发挥效益，新建梯田2.37万亩、有效灌溉面积1.06万亩、集雨节灌7500亩，修建防洪堤及河堤21.6公里，电力提灌站一处，整村推进320个，移民安置3461人；种植业3.94万亩，养殖业3.44万只，科技培训5.73万人次，科技推广5.45万亩；新建县乡公路300.3公里，乡村公路259.27公里。修建乡镇卫生院8个，村级卫生所一个；修建水渠及管引17.8公里，解决了1.69万人、5.14万头（只）牲畜饮水问题。有4.2万农牧村绝对贫困人口基本解决温饱，3.1万低收入人口稳定解决温饱。

甘肃省临夏回族自治州

【经济与社会发展】 2003年，临夏回族自治州（以下简称临夏州）国民经济持续较快增长。GDP达到37.14亿元，同比增长9.2%。其中，第一产业增加值12.28亿元，增长7.2%；第二产业增加值11.99亿元，增长5.6%；第三产业增加值12.87亿元，增长15.2%。人均GDP达到1940元，增长10.4%。完成财政收入2.75亿元，同比增长13.48%。地方财政支出14.54亿元，增长8.89%。年末全州金融机构各项存款余额46.02亿元，比年初净增5.79亿元；贷款余额36.85亿元，比年初净增2.57亿元。

积极调整产业结构，农业和农村经济全面发展。大力发展畜牧、花椒、洋芋三大支柱产业，重点扶持产业化龙头企业，加快农业产业化经营步伐。全年完成农业总产值18.66亿元，增长11.4%；农业增加值12.3亿元，增长9.1%。全年粮食种植面积177.07万亩，比上年下降4.16%，粮食产量46.41万吨，增长2.78%；油料种植面积24.27万亩，增长13.7%，油料产量2.8万吨，增长23.09%；蔬菜种植面积10.06万亩，增长6.23%，蔬菜产量17.8万吨，增长1.25%。

工业强州和民营经济富民战略全面实施，工业经济运行平稳。全部工业实现增加值8.95亿元，同比增长1.4%。规模以上工业企业实现增加值5.23亿元，下降4.96%。全年落实技改项目资金1.18亿元，扶持八坊集团、连海碳素、古河州酒业、莲花湖食品等龙头骨干企业实施技改项目；华安生物制品公司3000吨系列乳制品等8个工业项目完成可行性研究报告，总投资2.23亿元。工业发展在产业结构上，呈现出以民营经济为主体，多层次、多元式发展的特征。民营经济在全州经济总量中的比重不断增加，对经济发展的贡献率连年上升，已成为经济主导力量。民营经济增加值已占到全州GDP的65.3%，上交税收占财政收入的42%以上，从民营经济中获得的收入占农民人均纯收入的58%，民营经济就业11.53万人。

年末全州总人口192.06万人，人口自然增长率为7.52‰，比上年下降0.42个千分点。城乡居民收入增加，人民生活继续改善。全年城镇居民人均可支配收入4111.07元，比上年增加359.07元，增长9.58%，农民人均纯收入1181.47元，增加50.47元，增长5.1%。

社会保障和社会福利事业进一步发展。年末全州参加失业保险的职工4.41万人，领取失业保险金的职工139人；参加基本养老保险的职工2.4万人，参加基本养老保险的离退休人员6700人；参加基本医疗保险的职工6.51万人。全州各类福利院拥有床位357张，收养241人。全年得到最低生活保障救济2.41万人，接受社会捐赠86.84万元，捐衣被25.16万件。

2003年，安排科技项目56项，其中省级8项、州级48项，农业项目45项，占总项目的80.4%。共取得科技成果22项，其中19项成果达到国内先进水平。全年出版《临夏科技》二期，《科技信息》六期。

商贸、旅游业发展迅速，第三产业比重明显提高。发挥临夏州群众善于经商的传统优势，发展大商贸、大市场、大流通。全面加强商贸流通基础设施建设，大力发展专业市场、生产要素市场和生产资料市场；积极发展连锁经营、便民超市、代理制等新型业态，拓宽网上交易、电子商务等先进流通方式；充分发挥驻外办事机构的“窗口”作用，扩大经济技术协作合作，发展国内国际贸易。

年末全州有小学1203所，在校生23.81万人，比上年增加1.16万人。中学96所，在校生6.13万人，增加5500人。高中在校生1.84万人，增加4500人。中专5所，职业技术学校10所，教师进修学校3所，农民技术培训学校145所，幼儿园48所。学龄儿童入学率达到96.74%，巩固率达到99.9%，青壮年文盲率下降到10.45%。加强教育项目建设，建成二期义务教育和中/英甘肃基础教育项目学校26所，欧盟援助基础教育项目进展顺利，基本建成120个乡镇中心小学计算机教室。全州实现“普初”，28个乡（镇）实现“普九”，省政府批准筹建的民族高等学校前期工作进展顺利。

面对“非典”疫情的严峻考验，精心组织，大打防止“非典”的人民战争，集中20天改造建成了州“非典”定点收治医院，加强卫生项目建设，医疗卫生条件不断改善，新建、改建乡镇卫生院7所，医疗保险覆盖率达到78%。

年末全州有艺术表演团体、群众艺术馆各1个，文化馆8个，图书馆9个，博物馆3个，县文化管理所2所，乡文化站40个，书画院1个。创作了五场花儿剧本《天使》，书法作品70余幅，摄影作品50余幅，先后举办7次书画展。在全省小戏小品调演上临夏州花儿表演唱《细看新临夏》荣获集体综合二等奖、五个单项奖。

临夏州有广播电视发射台和转播台45座，千瓦以上电视发射台和转播台1座，广播人口覆盖率78.33%，电视人口覆盖率87.15%。体育事业蓬勃发展，全年共举办各类运动会270次，其中县级26次，乡级241次，参加运动员8.19万人次。在国内各种比赛中获得金、银牌各3枚，铜牌6枚。

【投资环境】临夏州河流均属黄河水系，较大的支流有洮河、湟水河、大夏河等，水源丰富。境内有大小河流30多条，总水量336.15亿立方米。水能资源丰富，理论蕴藏量32.81万千瓦，有28.8万千瓦可供开发利用。

临夏州旅游资源富集。旅游资源独具特色。南部有国家级森林公园松鸣岩、省级自然保护区莲花山，北部有黄河三峡、刘家峡水库、炳灵寺石窟。永靖县境内的恐龙足印群世界罕见；和政、广河、东乡、积石山县境内分布的古生物化石，其规模、数量、物种都超出世界其他地区。回族砖雕、汉族木刻、藏族彩绘构成了独特的民间工艺，创造了在国内建筑界具有影响的红园、东公馆、蝴蝶楼等具有代表性的地方建筑。浓郁的伊斯兰文化氛围，营造出了具有异域风格的清真寺建筑群和别具一格的民俗风情。

为了吸引国内外客商和企业参与临夏州开发建设，加快全省民营经济示范区建设步伐，重新修订完善了《临夏回族自治州实施西部大开发战略建设全省民营经济示范区若干优惠政策》。为了调动全社会参与招商引资的积极性，吸引更多的国内外投资者投资，制定了《临夏回族自治州招商引资奖励办法》。为了加快工业强州战略实施步伐，出台了《临夏州关于实施工业强州战略的意见》、《临夏州实施工业强州“双十百户”工程的意见》、《临夏州关于进一步深化国有企业改革的意见》。为了加快经济园区建设与管理步伐，出台了《临夏州经济园区管理办法》。为了大力实施人才强州战略，出台了《2003—2010年全州人才队伍建设规划》，为人才建设提出了明确的指导思想、原则和总体目标。

临夏州基础设施建设步伐不断加快，投资环境不断得到改善。招商引资成效明显。全年共签约项目102个，签约资金40.47亿元，引进资金37.68亿元。其中，合同58项，签约资金14.04亿元，引进资金12.35亿元；协议44项，签约资金26.43亿元，引进资金25.33亿元。项目涉及工业产品加工、农业综合开发、生态旅游、房地产、水电能源开发等16个行业。

【重点项目介绍】2003年，全州有各类重点项目288项，总投资89.6亿元。其中，新上项目88项，总投资5.8亿元；续建项目44项，总投资16.5亿元；建成待验收项目59项，总投资4.1亿元；前期项目97项，增长61%。已有75个项目开工建设，24个项目基本建成，20个项目竣工验收，52个项目前期工作进展顺利。

东乡南阳渠工程水库大坝：总投资5.6亿元，总干渠和部分支渠基本建成。康临高速公路：总投资20亿元，部分工程开工建设。黄河寺沟峡水电站：总投资16亿元，已正式签约，场外公路开工建设，2004年全线开工建设。兰刘二级公路：总投资3.3亿元，已经建成。农网改造工程：总投资7.18亿元，基本完成。临夏市城区污水处理工程：总投资8699.7万元，于2002年开工建设，到2003年底完成工程量的68%。和政县松鸣岩省级风景名胜区基础设施改扩建项目：总投资1272.67万元，于2002年开工建设，到2003年底完成工程量的90%。康乐县城给水改扩建工程：总投资1002万元，设计供水能力5000立方米/日，于2003年9月动工建设。广河县城给水改扩建工程：总投资988万元，建设规模为近期（2010年）5000立方米/日，远期（2020年）1万立方米/日，于2003年8月开工建设。总投资分别在亿元左右的土门关一、二、三级水电站，八坊集团肉制品生产线，宏良皮革改扩建等工业项目正在紧张建设中。

【扶贫开发】临夏州自然条件严酷，矿产资源匮乏，西南片高寒阴湿，灾害频繁，东北片干旱少雨，土壤瘠薄，发展后劲不足，贫困户收入低而不稳，加之基础设施建设滞后，科技文化教育落后。到2003年底，全州尚有绝对贫困人口2.3万户、12.8万人，低收入人口10.8万户、59.6万人，分别占全州农村人口的7%和34%，另外还有社救对象7.84万户、32.32万人。已解决温饱的贫困人口绝大多数居住在山大沟深的贫困边远山区，抵御自然灾害的能力低，返贫率很高，扶贫任务仍很艰巨。

2003年，甘肃省给临夏州安排各类扶贫专项资金12854万元。有5.4万绝对贫困人口基本解决了温饱，7.7万低收入人口解决了温饱，贫困人口的生产生活条件有所改善，共完成梯田建设3.67万亩，完成了8600亩的集雨节灌和4.07万亩的小型水利建设任务。农民生产生活水平有了一定的提高。按照临夏州制定的《关于加快整村推进扶贫开发进程的意见》，各帮扶单位调整帮扶思路，通力合作，积极参与整村推进。到年底，中央、省州帮扶单位参与第一轮整村推进的40个村，规划编制工作全面完成，其中36个村已启动建设。全年各级帮扶单位共为贫困户捐助和争取资金850万元，捐送面粉1.11万袋、衣物5.4万件，帮助调供良种40万公斤、化肥2万袋、农膜30吨，资助贫困学生5500名。

青海省海北藏族自治州

【经济与社会发展】 2003年，海北藏族自治州(以下简称海北州)经济社会呈现出持续、快速、健康、协调发展的好势头。全州GDP达到16.1亿元，同比增长12.5%。其中，第一产业增加值4.47亿元，增长4.3%；第二产业增加值5.96亿元，增长22%；第三产业增加值5.67亿元，增长9.2%。一、二、三产业占GDP的比重为27.8:37:35.2。人均GDP达6038元，增长14.3%。在全州经济总量中，非公有制经济完成3.27亿元，占经济总量的20.3%，比上年提高0.7个百分点。

科技工作结合农牧业生产、农牧民生活实际需求，以牛羊育肥、优良品种引进、畜种改良等实用技术为重点，加大科研项目的实施力度，扩大科普宣教面，成功利用现代生物工程技术—胚胎移植繁育良种绵羊，受胎率47.6%，达到国内领先水平。科技项目申报、开发、推广环环相扣，落实科研经费99万元，科技特派员试点工作有序进行。国有资源取得方式改革深入推进，在对经营性土地全部实行有偿出让的基础上，全面推行矿业权、土地使用权挂牌出让制度。

教育工作紧紧围绕“科教兴州”战略，全面落实州委、州政府《关于进一步深化教育改革，加快民族教育事业的决定》，加强“两基”攻坚，突出民族教育，义务教育得到加强，职业技术教育、成人教育持续发展。适龄儿童入学率达到97.9%，提高1个百分点。“两基”教育人口覆盖率达到82.2%，提高10.04个百分点。门源县城关一完小等9所中小学危房改造项目相继竣工，完成投资151万元。

卫生工作坚持一手抓“非典”防治，一手抓卫生制度改革与发展，“非典”监测报告网络初步建立，公共医疗救治体系建设步伐加快，投资290万元的州及门源县疾控中心年内建成。在全省率先组织实施的171个标准化村卫生室建设项目已在州内4县铺开，为农牧区新型合作医疗制度的全面实施奠定了物质基础，对从根本上解决农牧民群众“看病难”问题，提高全州医疗卫生工作水平，促进社会进步具有深远的意义。

严格落实计划生育各项政策措施，加强对流动人口计划生育管理，人口自然增长率控制在10.79‰以内。加强文化、广播电视基础设施建设，祁连县文化馆、图书馆项目动工兴建，完成投资70万元。全州电视覆盖率达到94.5%，调频广播覆盖率达到88.1%。成功举办了建州50周年庆典和第二届王洛宾音乐艺术旅游节，积极协助省有关部门圆满完成张健横渡青海湖和第二届环青海湖自行车赛等大型文体活动。

农牧区税费改革成果得到巩固，农牧民人均负担由税费改革前的195元下降到85元。人民生活水平不断提高，全州城镇居民人均可支配收入为6505元，增长10%；农牧民人均纯收入1705.6元，增长7.9%。

加强就业服务和再就业援助，多渠道增加就业岗位，城镇登记失业率控制在3.9%。筹集资金1000万元，妥善安置了热水煤矿250名主辅分离下岗职工和州毛纺公司、热电厂等企业的564名下岗失业人员。社会保障体系不断完善，国有企业下岗职工基本生活费和离退休人员养老金按时足额发放，养老保险和失业保险覆盖面不断扩大，城镇低保工作实现了动态管理下的应保尽保。落实五保供养金66.79万元，发放各类优抚资金80.4万元。救济工作深入扎实，累计投放资金34万元、面粉226.5万公斤，使2.12万户9.54万受灾和贫困群众的生产生活困难基本得到解决。

【投资环境】 海北州努力改善投资环境，重点招商项目取得新进展，资金到位率较高。祁连东方红二级电站已经建成，门源多龙、仙米、玉龙、祁连地盘子等水电站建设按计划顺利进行。门源食用菌种植、祁连矿产资源开发、海晏铁合金技术改造、刚察煤炭资源开发等一批项目启动。年内续建和新开工的招商引资项目达33个，招商引资到位资金3.16亿元，创历史最好水平。

【重点项目介绍】 西海热电厂：装机2×12.5万千瓦，为热电联产发电厂，向州府西海镇供热。投资估算11.8亿元，投资内部收益率为8.4%，投资加回收期11.7年（含建设期3年）。招商引资工作正在进行中。

大通河、黑河流域梯级水电项目：在门源大通河流域已建成雪隆滩、东旭、寺沟水电站，正在加快建设的有仙米电站、玉龙电站、多隆电站和祁连黑河流域的地盘子电站。两河流域中的东旭二级电站、老虎沟电站、克图电站、老虎咀等电站的前期与招商引资工作正在进行。

纳子峡水电项目：总库容10.48亿立方米，装机容量6万千瓦。投资估算5.8亿元，投资回收期6.45年。

海北江仓60万吨煤矿项目：位于刚察县吉尔乡默勒河南岸，距热水柴达尔火车站107公里，是优质焦煤井田。煤炭地质储量1.2亿吨，属20世纪70年代下马项目。现对原江仓煤矿进行技术改造，拟建年产60万吨矿井、40万吨选煤厂及20万吨焦化厂，投资估算3.38亿元。

默勒87万吨煤矿项目：在祁连县默勒乡境内建设年产原煤87万吨，分别建设年产30万吨矿井1个、21万吨矿井2个、15万吨矿井1个。默勒矿区是优良的动力用煤和民用煤田区，投资估算2亿元，投资回收期8年。

【经济技术协作】 2003年，海北州以促进投资主体多元化为主线，以招商引资为手段，内引外联，引进省内外优势企业参与全州资源开发，使资源开发迈上了一个新台阶。

根据省政府的总体部署和要求，祁连山矿业有限责任公司以热水柴达尔矿和海塔尔矿的实物资产出资3722.73万元，省投资公司以货币资金出资8000万元，组建了青海省西海煤炭开发有限责任公司。海塔尔60万吨矿井、柴达尔矿90万吨技术改造工程已开工建设，力争2006年前建成投入生产，投产后生产能力将达150万吨。

根据州委州政府的决定，为确保西海热电厂扩建项目顺利融资建设，满足2×12.5兆瓦热电联产机组每年30万吨用煤和西海镇供热市场发展的要求，保证默勒矿区和西海热电厂的平稳发展，逐步形成煤、电、热联营的产业链条，增强全州煤炭、火电、供热及高耗企业的整体竞争能力，成立了海北煤电有限责任公司。公司规划建设的5口矿井中，默勒一矿21万吨矿井、默勒二矿21万吨矿井和默勒三矿15万吨矿井已开工建设，默勒四矿30万吨矿井和默勒五矿9万吨矿井的技术改造项目已完成前期工作。这些矿井建成后，默勒矿区煤炭生产能力将达96万吨。

根据省、州关于江仓煤矿建设的总体规划，由宁夏中房公司独资组建青海奥凯煤业有限责任公司，开发江仓矿区煤炭资源，并建设40万吨洗煤厂及20万吨焦化厂。投资1300万元的铁路装煤线已建成投运；江仓60万吨矿井已完成可行性研究报告的审查，开工前期工作进展顺利；配套洗煤厂和焦化厂项目的前期工作正在进行。

海晏银湖铁合金厂破产后由西宁杰森房地产开发公司收购，现由华电铁合金股份有限公司承包，完成技术改造投资500万元，已经正常生产；海晏铬铁厂承包后投入48万元进行改造生产碳素铬铁，正在进行锰铁生产线改造；门源选煤厂由私营企业承包后投入540万元完成了保温生产线和配套煤矿技改，基本达到了年产20万吨的生产能力；祁连铁合金公司由陕西客商承包后，生产经营恢复正常。

青海省黄南藏族自治州

【经济与社会发展】2003年，黄南藏族自治州（以下简称黄南州）GDP达到16.44亿元，同比增长2.3%。其中，第一产业增加值5.12亿元，增长8%。人均GDP达到7634元。

农牧业结构调整初见成效，农牧区新型合作经济组织发展势头良好。全州农牧业喜获丰收，粮食产量2287.4万公斤，油料产量292.8万公斤。存栏各类牲畜203.53万头（只），牲畜总增率、商品率分别达到41.8%和43.4%；肉类总产量3.55万吨。

工业生产稳步增长，实现工业增加值4.3亿元，同比下降17.49%。主要工业产品产量：发电量34亿度，铝锭2.28万吨。全州55户国有企业顺利完成了民营化和股份制改造，改制面达到96.5%，2575名国有企业职工置换了国有身份，占职工总数的85.2%。

固定资产投资持续增长，全年完成全社会固定资产投资7.5亿元，同比增长60.37%。一批交通、水利水电、环保和城镇基础设施项目顺利建成和开工。

消费品市场活跃，社会消费品零售总额1.59亿元，同比增长14.52%。社会保障工作得到加强。城乡人民收入持续增长，城镇居民人均可支配收入6616.68元，增长9.01%；农牧民人均纯收入1537.86元，增长7.24%。扶贫开发工作成效显著，实施了20个村的扶贫开发规划，新解决了2350户、1.27万人的温饱问题。

改革开放取得重大进展，农牧区税费改革试点工作顺利通过了省级验收。招商引资成效显著，外商独资企业直岗拉卡水电站进展顺利，招商引资项目康扬水电站开工建设。

各项社会事业全面发展，实施科技项目18个，科技对经济增长的贡献率逐年提高。教育事业进一步发展，适龄儿童入学率95.4%。广播、电视人口覆盖率达到96%和86%。医疗卫生事业全面发展，三级医疗卫生预防保健网络得到完善和巩固。人口自然增长率为12.26‰，计划生育率达到91.84%。

【投资环境】对来黄南州投资兴办企业的国内外客商在市场准入、税收优惠、土地使用等方面给予优惠。

在市场准入方面：除国家法律、法规明令禁止和限制的行业外，其他行业一律放开；放宽对注册资本限额的要求，简化投资项目审批程序。

在税收优惠方面：凡设在黄南州境内，从事符合国家产业政策以及鼓励类产业的企业，在2010年以前，其主营业务收入占企业总收入70%以上的企业，减按15%税率征收企业所得税；新办生产性企业、商贸流通企业，自生产经营之日起，5年内免征企业所得税，期满后减按15%的税率征收企业所得税5年；新建基础设施、生态环境建设和高新技术项目，自项目生产经营之日起，8年内免征企业所得税，期满后减半征收企业所得税2年；经批准投资兴办基础教育、高等教育、特殊教育的，暂免征收企业所得税；新办旅游资源开发企业，自经营之日起免征企业所得税6年，期满后减按15%的税率征收企业所得税；对设在黄南州境内、符合国家鼓励类产业的外商投资企业、项目，暂免征收地方所得税；投资兴办农牧业产业化经营的企业，从受益年度起，5年内免征农业税和牧业税；新办生产性企业，自生产经营之日起，5年内免征车船使用税、房产税或城市房地产税、车船使用牌照税，免征建设期内土地作用税；新建基础设施、生态环境建设和高新技术项目，自项目生产经营之日起，10年内免征车船使用税、房产税或城市房地产税、车船使用牌照税，免征建设期内土地使用税。

在土地使用方面：生产性企业以协议出让方式取得国有土地使用权的，可免缴60%的国有土地使用权出让金，企业可以先缴纳应缴部分的30%，其余在5年内分期缴纳；从事基础设施建设或公益性建设项目等，依照国家规定可以使用国有划拨土地的，经土地行政主管部门核准，以划拨方式供地；使用国有荒山、荒地等未利用地从事造林、种草等生态建设或农牧业综合开发项目以及兴办社会公益事业的，免缴国有土地有偿使用费；土地使用权50年不变，可以依法继承，使用期满后，原使用权人优先受让。达到合同约定的投资金额或符合生态建设条件的，土地使用权可以依法转让、出租、抵押。矿产资源开发方面，依照青海省实施西部大开发战略若干政策措施之矿产资源开发优惠政策执行。

在软环境方面：实行政务公开，简化审批手续，缩短审批时限。

【重点项目介绍】黄河直岗拉卡水电站：装机19.2万千瓦，总投资14.2亿元，建设期4年，由外商独资建设，2003年完成投资1.78亿元。黄河康扬水电站：装机28.4万千瓦，总投资16.4亿元，建设期4年，2003年完成投资5400万元。李家峡富源水电站：总投资3371万元，建设期2年，总装机1.25万千瓦，2003年完成投资2054万元。

泽库县草原“四配套”工程：主要建设牧民定居点800栋、120平方米畜棚400座、两用暖棚65栋，总投资2080万元。尖扎县那让寺水库工程：建设526.9万立方米水库1座，改善灌溉面积8816亩，扩大灌溉面积5488亩，总投资5601万元。

【东西对口支援】国家建设部捐款16.71万元，捐棉被182床、衣物7888件，同时，帮助尖扎县完成了坎布拉镇、马克唐镇城镇建设总体规划。辽宁省级捐棉被2000床、衣物2500套、大米2万公斤、面粉2万公斤。

【招商引资项目】同仁扎毛水库：设计库容5200万立方米，坝高78米，坝后电站装机4000千瓦，总投资1.99亿元。泽曲河梯级电站：三个梯级电站装机容量分别为2.25万千瓦、1.05万千瓦、0.72万千瓦，总投资3.9亿元。泽库老藏沟铅锌矿：总投资830万元，矿床地质工作程度属详查，探明金属储量12.5万吨，铅平均品位1.27%，锌平均品位0.77%，同时伴生有锡、硫、银等金属。牛羊肉加工项目：总投资540万元，公司拟建在州府隆务镇，水、电、通信等基础设施齐全，已拥有2000吨冷藏库和牛羊屠宰、剔骨、加工车间。

青海省海南藏族自治州

【经济与社会发展】2003年，海南藏族自治州（以下简称海南州）国民经济和社会事业持续快速发展。全年 GDP 达到 20.43 亿元，同比增长 11.4%。其中，第一产业增加值 6.63 亿元，增长 8.3%；第二产业增加值 7.72 亿元，增长 12.4%；第三产业增加值 6.08 亿元，增长 14%。三次产业比重为 32:38:30，一、二、三次产业贡献率分别为 25%、40%和 35%。全年完成地方一般预算收入 10070 万元，增长 20.2%。

农牧业结构进一步优化，特色经济稳步发展。种植结构调整不断优化，特色经济作物面积扩大，其中，油料、蔬菜、中藏药材、青饲料等经济作物面积稳步增长，占农作物总播种面积 70.4%，比上年提高了 4.4 个百分点，粮、油、菜、药、饲料种植业面积调整为 29:52:1:3:15。订单农业面积达到 6698 亩，比上年增加 3123 亩，增长 87.4%。畜群畜种结构优化，改良步伐加快。共引进各类优良畜种 4902 头（只），串换种畜 3941 头（只）。农牧业产业化进程加快，建成了共和县雪峰乳业有限责任公司、海南州百信绿色农业开发公司、同德县羊胎素厂等产业化龙头企业。年内育肥牛羊出栏 60 万头（只）。农牧区基础设施建设继续改善，全年扩大和改善灌溉面积 7.51 万亩，新建高标准牲畜暖棚 1108 座、16.2 万平方米，完成草场围栏 184.3 亩，草地“三化”治理面积 204.75 万亩，设施蔬菜温棚 935 座、468 亩。生态建设工程进展顺利，全年完成人工造林面积 59.9 万亩。其中，“三北”防护林工程 2.9 万亩，天然林保护工程 2800 亩，退耕还林 27.7 万亩，周边荒山造林种草 29 万亩，封山育林 18.8 万亩，完成人工造林面积 41.27 万亩。

工业生产快速增长，经济效益不断提高。企业改制成效逐步显现，矿产、水电等优势资源开发进展良好，尼那电厂两台机组相继发电、赛什塘铜矿投产以及建材工业的快速发展，使海南州处于低谷的工业经济呈现出快速增长的态势。2003 年，实现工业增加值 3.13 亿元，因龙羊峡电厂库区枯水，发电量大幅度下降，同比下降 18.67%。州属工业企业实现增加值 1.31 亿元，增长 69.97%，工业产销率达 94.88%，经济效益明显好转。规模以上工业企业产品销售收入 2.15 亿元，增长 79.63%。主要工业品产品产量增加。发电量 250686 万千瓦时，下降 27.42%；供电量 20991 万千瓦时，增长 60.46%；饲料 4854 吨，增长 2.74 倍；硅铁 3505 吨；水泥 22061 吨，增长 1.6 倍。

固定资产投资继续保持快速增长。2003 年在建工程项目 229 项，完成全社会固定资产投资 15.54 亿元，同比增长 30.1%。其中，州属固定资产投资 11.62 亿元，增长 20.3%。投资对经济增长的贡献率高达 65.82%，拉动经济增长近 7.5 个百分点，建成和开工了一批农牧、水利、生态、交通、城镇、社会事业等基础设施项目，有效地改善了城乡居民的生产生活条件。投资结构继续改善。第一产业投资 1.98 亿元，增长 36.55%；第二产业投资 10.12 亿元，增长 76.05%；第三产业投资 3.43 亿元，下降 22.3%。重点水利工程、金属矿产业等在建重点基础设施工程的建设继续加快。

财政收入稳步增长，金融运行平衡。2003 年全州完成地方一般预算收入 1.01 亿元，增长 20.2%；全州财政支出为 5.51 亿元，增长 19.2%。金融机构各项存款余额 13.55 亿元，增长 19.2%；各项贷款余额 8.18 亿元，增长 4.87%。

消费品市场日渐活跃，价格总水平保持平稳。由于国家扩大内需，鼓励消费的各项政策措施效应显现，加之建州 50 年大庆、第二届环湖国际自行车拉力赛、以及各县举办的物资交流会、节庆等重大活动对消费的拉动作用，全州消费市场日渐活跃，2003 年实现社会消费品零售总额 4.35 亿元，同比增长 11.65%。旅游事业稳步发展，全年实现旅游收入 1682.6 万元，同比增长 2.5%。

所有制结构得到进一步改善，非公有制经济在 GDP 中占 19.8%，比上年上升 2.43 个百分点。全州私营企业已发展到 193 户，增长

13%；实现增加值6007万元，增长37.9%；从业人员5066人，增长32.4%。

社会保障力度不断加强，城乡居民生活不断提高。2003年全州城镇新增就业岗位1919个，安置下岗失业人员2421人，城镇登记失业率控制在3.8%以内。年内转移农牧区剩余劳动力2.9万人。全年城镇居民人均可支配收入达到5805元，同比增长8.55%。农牧民人均纯收入达到2084元，增长8.77%。扶贫攻坚取得新成效，年内解决温饱人口6397人。

【投资环境】海南州公路交通以州府恰卜恰镇为中心，以国道109线、214线、省道西久线为骨架，州县地方道路为脉络，干支相连，脉络相通，外连毗邻，内通黄河两岸5县、40个乡镇的“四横三纵”公路网络基本形成。全州通车里程4758.8公里。其中，国道423公里、省道381公里、县道359公里、专用道257公里、村道2101.8公里，平均密度达到5.8公里/百平方公里；有等级公路1815.94公里，等外公路2911.28公里，拥有永久性桥梁147座3728米。全州40个乡镇中通等级公路的34个，通等外公路的6个，411个行政村中通等级公路的行政村97个，通等外公路的有241个。

通信业在传统的电信业务基础上，引进新技术，相继开发了数字数据通信、分组交换业务160人工信息服务业务等。实现了程控通信、光缆数字传输通信方式，电话交换实现了程控化。建成了覆盖全州五县、37个乡镇308个行政村的电信网。移动通信有中国移动、中国联通两大移动通信公司，GSM数字移动电话交换机6万门，GSM数字移动电话基站22座，移动通信网络覆盖全州5县和过马营镇、河卡镇、同德巴滩牧场、贵德尼那水电站、拉西瓦水电站、青海湖湖东种羊场，旅游胜地日月山、倒淌河、青海湖及州境内的109国道。

海南州除兴海县外，其余4县均有110千伏变电所，35千伏已覆盖了海南5县。电网现有110千伏变电所5座，变电总容量12.66万千伏安；35千伏变电所20座，变电总容量4.03万千伏安；110千伏线路8条，总长度574.88公里；35千伏线路25条，总长度701.51公里。充裕的能源和完善的电网设施为海南州经济开发和建设提供了十分优越的条件。

为鼓励和吸引外商和区外客商，充分利用其资金、技术、管理方式的优势，共同参与海南州经济建设和开发，海南州继2000年5月出台了《海南藏族自治州关于推进民族地区经济发展的优惠办法（试行）》以来，又于2003年7月下发了《中共海南州委、海南州人民政府关于鼓励和促进非公有制经济发展的决定》，对建筑、运输、农、林、牧等行业企业都有税费方面的优惠政策，并就投资项目的审批、投资者权益保障等出台了一系列的优惠政策。对非公有制经济发展的资金、政策以及环境、组织领导等方面给予了大力支持，保证为前来投资的客商提供高效、优质服务。

【重点项目介绍】海南州退耕还林还草工程：2003年投资计划2835万元，实施退耕还林草任务56.7万亩，其中退耕地造林种草27.7万亩、荒山造林种草29万亩，到年底已完成全部任务。海南州牧业四县草原围栏建设项目：总投资4142万元，实施草场围栏75.2万亩，年内完成全部投资。

共和县大水水库工程：总投资2426万元，水库库容615万立方米，于2003年5月开工建设，到年底完成投资800万元，计划2004年9月底全面完工。贵南县赛什塘水库应急清淤工程：总投资360万元，水库清淤30万立方米，全部完工。

共和县恰卜恰镇西台、加拉等村人饮工程：总投资478万元，建设引水枢纽1座、蓄水池6座、干支管19公里，到2003年底完成投资400万元。共和县垃圾处理工程：总库容59.6万立方米，投资956万元，于2002年8月开工建设，2003年完成全部工程内容。共和县恰卜恰镇集中供热工程：总投资1300万元，2003年底完工。

共和县城至贵南过马营公路工程：总投资

1.5亿元，建设三级油路102公里，2003年8月底开工建设，到年底完成投资1500万元，计划2004年9月底竣工。共和县恰卜恰至切吉公路续建项目：总投资1771万元，建设四级油路98.2公里，到2003年底完成投资850万元，计划2004年9月底竣工。

151景区环境治理项目：总投资160万元，2003年5月开工建设，到年底完成投资800万元。

兴海县赛什塘铜矿项目：总投资2.36亿元，年处理矿石50万吨，于2000年开工建设，于2003年8月底建成运行。

青海省果洛藏族自治州

【经济与社会发展】2003年，果洛藏族自治州（以下简称果洛州）按照“生态立州、项目建州、畜牧稳州、开放富州、科教兴州、依法治州”的发展战略，紧紧围绕年初确定的各项经济社会发展目标，以强化生态建设和争取项目投资为重点，求真务实，取得了经济建设和社会事业发展的双丰收。GDP达到6.68亿元，其中第一产业2.37亿元，第二产业1.03亿元，第三产业3.28亿元，产业比重为35.5:15.42:49.08。地方财政收入2767万元。农牧业总产值3.36亿元；工业增加值1842.9万元。社会消费品零售总额1.11亿元。农牧民人均收入1696.5元；城镇居民可支配收入7007.4元。城镇登记失业率超额完成0.2个百分点。年末金融机构各项存款余额4.71亿元。

到2003年末，全州总人口13.86万人，人口自然增长率为17.2‰。各类教育事业全面进步，全州共有72所各类学校，在校生1.47万名，学龄儿童入学率达89.8%，其中牧民子女入学率达87.3%。

2003年，果洛州上下继续围绕“项目建州”战略的总体要求，切实加大项目争取力度，投资规模显著扩大。全州共完成全社会固定资产投资6.05亿元，同比增长111%。其中，州属固定资产投资3.65亿元，增长62.39%。

【投资环境】随着西部大开发的实施，果洛州的基础设施建设投资加大，设施条件逐步得到改善。全州通车里程已达3343公里。其中，国道1条255公里、省道3条803公里、县道20条1456公里、乡道18条734公里。按技术等级分：二级公路255公里、三级公路800公里、四级公路795公里、等外公路1492公里。全州有邮政局19所，邮政业务总量243.3万元。县以上地区已实现电话程控化，移动电话覆盖全州6县7镇，全州拥有移动电话用户7000户，县乡（镇）通电率达100%，村通电率17.6%。

【重点项目介绍】大武镇垃圾处理及环卫工程：建设内容及规模为新建垃圾填埋场1座，总库容85.7万立方米，总投资719万元，于2003年11月竣工验收。

大武集中供热工程：建设内容及规模为供热面积23万平方米，总投资1500万元。其中，国债资金1300万元、自筹200万元。于2003年11月竣工验收。

大武雪山道路与排水工程：建设内容及规模为：水泥砼路面1000米、排水管网3720米，总投资720万元。其中，国债资金700万元、自筹20万元。于2003年11月竣工。

达日县城管网改建工程：建设内容及规模

为改建配水管网2940米。总投资80万元，全部为国债资金。于2003年9月竣工验收。

大武镇团结路南北道路建设：总投资1700万元。其中，中央预算内投资250万元、地方250万元、其他1200万元。主要建设内容为改建道路3公里、排水管网3.44公里。

退牧还草工程：根据国家保护“三江源”地区生态环境，着重实施了玛多县扎陵湖乡588万亩草场长期禁牧育草，达日县桑日麻乡、甘德县上贡麻乡、玛沁县昌麻河乡319.89万亩阶段禁牧育草工程，总投资9075.12万元。其中，国家投资6368.12万元、地方配套2707万元。对禁牧草地的牧民采取整体搬迁、零星搬迁、已搬迁户安置和以草定畜四种方式进行妥善安置。同时组织实施投资2500万元的班玛、久治两县草原恢复与建设项目，投资249万元的玛沁、班玛、久治三县天然林保护工程。

【东西对口支援】2003年，中国蒲田信息产业公司资助果洛州甘得、达日两县扶贫资金72万元。其中，修建退牧还草移民定居房屋120户49.5万元、培训费5万元、扶贫教育基金15万元、微机配置2.5万元。

青海省玉树藏族自治州

【经济与社会发展】2003年，玉树藏族自治州（以下简称玉树州）国民经济和社会各项事业保持了持续、较快、健康发展的良好态势，GDP达到4.72亿元，同比增长8.28%。其中，第一产业完成增加值2.09亿元，增长4%；第二产业完成增加值1.21亿元，增长10.95%；第三产业完成增加值1.42亿元，增长13.12%；完成地方一般预算收入3930万元，减少12.5%；完成固定资产投资4.77亿元，增长9.98%。

积极推进农牧业结构调整步伐，农牧业喜获丰收。农牧业总产值达到3.09亿元，同比增长31.28%。其中，农业产值5454.47万元，减少3.33%；牧业产值2.52亿元，增长39.45%，林业产值120.35万元，减少44.83%。粮油总产量1.52万吨，到年底各类牲畜存栏达280.33万头（只、匹），牲畜总增率、出栏率和商品率分别达到33.88%、35.43%和28.43%。

玉树州高度重视非公有制经济的发展，提出把非公有制经济作为今后主体经济加快发展的主导思想，出台了一系列新的政策和措施，有力促进了全州非公有制经济的发展，非公有制经济在全州经济发展中的地位和作用日益突出。到2003年底，全州个体工商户达2300户，注册资金3238.5万元，从业人员4448人，分别增长7.62%、15.76%、9.61%。全年个体私营业主缴纳税金达1675万元，占地方财政收入的43.61%，非公有制经济产值占全州GDP的14%。

按时足额发放了企业离退休人员养老金和下岗职工基本生活保障金，实现了“两个确保”。全州共有7008名城镇居民已享受“低保”政策，低保扩面工作成效喜人；2534名职工参加了基本养老保险；养老、失业、医疗保险费的收缴和使用有序进行，社保资金社会化发放率达到100%。去年全州城镇居民人均可支配收入达7104元，增长10.6%；农牧民人均纯收入达1495.92元，增长6.95%，解决了8114名农牧民贫困人口的温饱问题。

科技工作围绕农牧业结构调整，组织实施了一批先进实用的农牧业科技推广项目，促进了科技成果向现实生产力的转化。教育工作坚持以人为本的方针，继续把“两基”教育工作作为重点。全州学龄儿童入学率77.1%，比上年提高5.1个百分点；青壮年文盲率下降到29%。

文化、卫生、体育、广播电视等事业取得新成绩。广播电视“村村通”工程继续延伸。卫生和计生工作按照依法管理，综合改革，优质服务的要求，积极开展工作。公共卫生体系建设得到加强。第一、二批疾控项目和部分乡级卫生建设项目得到落实，新型乡村医疗合作项目正在启动。全州计划生育率达到95.3%，年末全州人口27.48万人，人口自然增长率14.48%。

【投资环境】玉树州已基本形成以结古为中心，以国道干线为主骨架，以县乡公路为辐射的公路交通网络，州府结古镇至各县县城已基本形成黑色化。境内有省级干线公路616公里、县乡公路1633公里、专用公路105公里。南及西面可直达川藏公路213线，北与国道109线接通。巴塘支线机场已列入全省机场建设计划，前期工作已基本就绪，有望近期开工建设。

全州现有电站20座，总装机容量达1.72万千瓦。其中，州级电站3座，装机容量9550千瓦；乡级电站40座，装机容量900千瓦，电力充足。

邮电通讯事业快速发展。西宁至玉树长途通讯光缆实现光纤化，州府结古镇及6县与国际国内通讯实现程控化。无线寻呼、移动通讯和联通已开通使用。交换机总容量1.3万门，移动用户6300户。

为实施西部大开发战略，促进全州经济和社会超常规、跨越式发展，根据国务院和省人民政府的有关文件精神，结合我州实际，特制定《玉树藏族自治州招商引资优惠办法》，其中主要包括：投资政策、工商注册政策、税收政策、金融政策、土地政策、投资者权益保障、奖励政策等内容。

【重点项目介绍】多拉玛科至玉杂多公路：是省级干线公路，担负着杂多县各类物资的运输，按三级油路标准进行建设，总长158公里，总投资2.4亿元，于2001年开工建设，2003年建成。

玉囊公路：是214线玉树至囊谦段，按三级公路标准进行改建，总长171.21公里，总投资2.54亿元，于2001年开工建设，2003年建成。

清水河至曲麻莱至治多至玉树公路：是省级干线公路，总长432.6公里，总投资5.09亿元。玉树至治多公路段于2001年开工，2003年建成通车；清水河至曲麻莱公路于2002年开工。

一期乡级光伏电站建设：为尽快解决玉树州乡级无电的困难，结合玉树光能资源丰富的条件，2002年开工新建乡级电站28座，总容量600千伏，总投资6500万元，2003年建成。

玉树县垃圾填埋场：投资790万元，库容53万立方米，使用年限30年，工程的建成对州府结古镇的环境卫生起到积极的作用。

【东西对口支援】2003年，中央国家机关单位和辽宁省辽阳市、盘锦市、营口市、葫芦岛市等对口支援单位，按照党中央、国务院的扶贫开发工作指示精神，高度重视对口支援帮扶工作，为玉树州扶贫工作做了大量的好事，办了玉树州多年想干而未干成的事，推动了本地区的脱贫工作，促进了贫困地区的经济发展、民族团结和社会稳定，得到了贫困地区广大干部和农牧民群众的充分肯定和高度赞誉。其中，辽宁省盘锦市2003年援助资金32万元；辽宁省葫芦岛市2003年援助资金150万元。同时，玉树州贫困地区广大干部和农牧民群众的思想观念进一步得到了更新，贫困面貌发生了很大的变化，部分群众率先摆脱了贫困，解决了温饱。

【项目建设】2003年，玉树州强化项目意识，重视和加强投资工作，投资规模进一步扩大，投资结构发生较大变化。2003年全州共争取固定资产投资5.67亿元，同比增长39%。实际完成固定资产投资4.76亿元，增长9.98%。其中，完成50万元以上在建项目153个，比上年增加59个；实施1000万元以上项目13个。

在建项目交付使用的有：2900户“四配套”建设、“农业综合开发”、12.5万亩退耕还林（草）工程、天保工程、长防林工程、灭鼠治虫和“三江源”自然保护区碑址绿化工程、三个核心区保护站建设、2002至2003年32个人畜饮水工程、曲麻莱第三期生态环境综合治理工程、清水河至曲麻莱通县油路路基工程、囊谦扎曲电站技术改造工程、二期农网改造、20座乡级光伏电站、八个公检法基础设施、结古东大门道路扩建工程、结古垃圾处理场、先锋巷道路、州中学教学楼和综合学校教学楼等。

顺利实施的新建项目有：退牧还草试点工程、歇武至安巴拉山垭口公路、扎青和昂赛公路、歇武小城镇建设、玉树民族博物馆、结古集中供热等。

项目得到审批的有：龙青峡电站，拉贡、聂恰河电站，囊谦香达、白扎电站改扩建工程；结古南北环城路和结古结曲滨河路改造工程；8个交通路桥建设项目；541万元的二期人饮工程；“二期义教”和藏区教育基础设施工程；6县疾控中心和6县6所派出所建设；结古三岔路口招商引资项目等。

储备项目完成前期工作的有：编制完成退牧还草规划、“三江源”综合保护建设规划、30多座村级光伏电站、教育“普九”建设方案、教育危房改造、医疗救治体系建设等项目。

青海省海西蒙古族藏族自治州

【经济与社会发展】 2003年，海西蒙古族藏族自治州（以下简称海西州）GDP达到83.03亿元，同比增长15.1%。其中，第一产业3.59亿元，增长5.5%；第二产业54.6亿元，增长14.8%；第三产业24.9亿元，增长17.5%。全年财政一般预算收入完成12亿元，增长14.9%。其中，地方财政一般预算收入完成3.4亿元，增长20.4%。年末金融机构各项存款余额65.8亿元，增长5.9%。各项贷款余额45.6亿元，增长17.3%。

农牧业结构调整取得积极进展，综合效益进一步提高。全年实现农业增加值3.59亿元，增长5%。粮食播种面积下降17.8%，经济作物播种面积增长32.5%。“牧繁农育”取得成效，正向规模化、专业化、产业化方向发展。畜牧业发展势头良好。草食牲畜总增率38.2%，比上年提高2.6个百分点。农牧业产业化进程继续推进，全州建设高效农牧业示范园区3个，农畜产品深加工龙头企业4个，发展农牧业中介组织16个，特色农牧业、订单农牧业进一步发展，农牧业产业化经营效益开始显现。退耕还林还草力度加大，全州完成退耕还林还草11.3万亩，周边荒山造林种草16万亩，封山育林育草23万亩，生态建设稳步推进。农村牧区税费改革得到巩固。农垦企业改革迈出重大步伐，进入农民安置阶段。

对社会保障的投入力度进一步加大，社会保障覆盖面进一步扩大。全年各类社会保障支出16154万元，“两个确保”和三条生活保障线得到全面落实。参加社会养老保险职工

26628人，享受基本养老保险的离退休人员13510人，享受失业保险金的人员1990人。城镇低保基本做到了应保尽保，纳入最低社会生活保障人员29354人。医疗保险保障范围不断扩大，参加社会医疗保险7.5万人。社会救灾救济力度进一步加大，发放救济资金126万元，救灾粮134万公斤，投入抗震救灾资金1584万元。

就业和再就业工作进一步加强，全年国有企业下岗职工实现再就业2396人，城镇失业人员通过各种渠道实现就业或再就业5298人，一次性安置下岗失业人员442人。扶贫工作取得新成果，解决了2320名贫困人口的温饱问题。城乡居民收入增加。全年城镇居民人均可支配收入7193元，增长9%；农牧民人均纯收入2338元，增长6.8%。

改革开放步伐加快，财政体制和行政审批制度等方面的改革加快推进。国企改革全面完成，改制面达到100%。工业结构调整加快，技术改造力度不断加大，盐湖、石油天然气、有色金属、煤炭、建材等支柱和优势产业地位进一步巩固，优势工业产品增势强劲，一批资源开发项目先后建成和开工建设，工业经济持续快速增长的后劲进一步加大。规模以上工业企业完成工业增加值44.1亿元，增长19.3%。州属56户重点监控企业实现利润7370万元，增长21.13%。

2003年，海西州共实施各类项目240个，完成固定资产投资65.37亿元，其中州属完成16.86亿元，增长31.21%。市场需求快速增长，经济和城乡居民收入的快速增加，各类市场和服务设施的建设，以及教育、旅游、房地产、电信、个人消费信贷等新的消费领域的兴起，有力地拉动了消费品市场，全州社会消费品零售总额达13.3亿元，增长24.5%。

社会事业全面发展，教育、卫生工作取得新进展。社会事业投入力度进一步加大。国债中小学危房改造和高中扩招项目基本建成，教学条件继续改善。普及九年义务教育和基本扫除青壮年文盲工作得到进一步加强，“普九”人口覆盖率达到91%，学龄儿童入学率达到98.9%，职业教育、成人教育和民族教育继续发展。加强了公共卫生体系建设，全州第一批国债疾病预防控制项目建成，第二批项目启动。州蒙藏医院、县人民医院和乡卫生院等卫生项目顺利实施，海西州、格尔木两个中心血站建成投入使用，农村牧区医疗条件逐步改善。计划生育工作进一步加强，全面完成人口与计划生育工作目标。文化体育广播电视事业进一步发展。海西州体育中心主体育场建成，县级文化馆、图书馆建设项目逐步实施，都兰吐蕃文化保护项目开工建设。

【投资环境】近年来，海西州集中力量建成了一批基础设施、资源开发、科教文卫等项目，解决了长期以来想解决而没有解决的一些问题，有力地拉动了经济的快速增长，投资环境得到了优化。

投资硬环境有了明显改善。一是随着龙羊峡——乌兰330伏、乌兰——格尔木330千伏、乌兰——德令哈110千伏、乌兰——都兰110千伏、格尔木——锡铁山110千伏输变电工程、格尔木大干沟水电站工程的建成，使电力紧缺问题得到缓解。109、315、215国道在州内基本实现黑色化，县乡道路得到了不同程度的改造，格尔木机场改扩建工程已建成通航，交通状况将得到进一步改善。二是城镇化建设速度加快。格尔木、德令哈两个中心城市以及各县、行委所在重点城镇的污水、垃圾、道路、绿化、供水、供气、供暖、供电、房地产开发等建设步伐进一步加快，人民生产生活条件得到了较大改善，为更好的吸引外商投资提供了良好的条件。三是国民经济信息化、网络化快速发展。随着兰—西—拉光缆工程的建成以及微波、光缆、卫星等多种传输手段的运用，使全州通信水平有了明显的提高，为及时准确地获取从事经济活动所需的各类技术信息、政策信息、投资信息、市场信息和及时捕捉商机创造了条件。

在软环境建设方面。一是认真贯彻落实《青海省人民政府关于鼓励外商投资的若干规定》、《青海省人民政府关于改善投资环境保护投资者合法权益的暂行规定》等各项优惠政策，努力为投资商创造透明、稳定、可预见的政策环境。二是深化行政审批制度改革，建立和完善行为规范、运转协调、公正透明、廉洁高效的行政管理体制。为投资者提供了一个比较宽松的投资环境。三是采取多种形式的招商方式，拓宽投融资渠道，扩大引资规模，实现投资主体多元化。四是强化服务意识，提高服务质量。对所有投资商始终以诚相待，使投资商真正感受到真心为他们的发展创业全力提供了优质的服务。五是积极筹措资金，加大前期费用投入。聘请和邀请了中国国际工程咨询公司、中国石油化学工业规划院、连云港化工设计研究院、北京化工研究院和兰州大学等单位的专家学者到海西州进行调查研究，对海西州在项目建设领域、项目布局和开发步骤等方面提出了合理的、切实可行的意见，高质量的制作一批经济效益突出、市场前景广阔的优势资源开发项目的可行性研究。

【重点项目介绍】农林水利方面：2003 年 28.9 万亩退耕还林还（草）计划任务全面完成，全州人畜饮水、水利节水增效示范、乡村道路工程进展顺利，总投资 4.3 亿元的香日德巴隆异地扶贫开发项目已通过州级验收。

基础设施方面：青藏铁路格尔木至拉萨段工程正线铺轨 306 公里，站线铺轨 19.8 公里，架梁 1250 孔，唐古拉山以北线下主体基本建成。西部通道当金山至冷湖至芒崖二级公路改造、315 国道察汗诺至德令哈二级公路改造、德都公路三级公路改造、柴旦行委马海 2.1 万千瓦电站工程已开工建设。青藏铁路供电线路工程海西境内投资 1 亿元，2003 年完成投资 6000 万元。花土沟 3 万千瓦天然气电厂已建成并进入调试阶段。格尔木市污水处理厂工程已基本建成。

资源开发方面：青海盐湖集团 100 吨钾肥项目完成。茫崖大风山 30 万吨天青石采选项目，完成选矿厂建设及设备购置，并投料试车。青海锂业有限公司青海盐湖提锂及资源综合利用产业化示范项目、柴达木天然气—盐湖资源综合利用项目一期示范工程、中信国安西台吉乃尔盐湖资源综合开发项目、青海煤业集团鱼卡 60 万吨矿井煤炭开发项目开工建设。德令哈 180 万吨纯碱项目一期 90 万吨纯碱工程，当年完成办公楼、宿舍、货场等基础工程和部分设备订购。青海义海能源有限公司大煤沟 90 万吨煤炭开发项目，完成绿草山至大煤沟 35 千伏线路架设和露天矿剥离工作，已形成 30 万吨原煤露天采矿规模。青海庆华矿业有限责任公司木里煤炭开发一期 150 万吨露天矿工程，建成工业广场、办公楼、矿区公路等工程。青海紫金矿业煤化有限责任公司天峻木里煤田井田露天矿风险勘探开发一期 150 万吨原煤项目，完成木里地质勘测以及天峻 5 万吨焦化试验项目厂房建设和木里煤矿部分矿区采剥工作。青海义海能源有限公司天峻木里煤田露天煤矿一期 120 万吨露天矿项目，完成部分煤层剥岩工程。德令哈 6 万吨锶项目总投资 2.4 亿元，一期 3 万吨锶工程。都兰 30 万吨生铁冶炼项目完成厂房基础工程和冶炼炉等设备订购。

新疆维吾尔自治区
克孜勒苏柯尔克孜自治州

【经济与社会发展】2003 年，克孜勒苏柯尔克孜自治州（以下简称克州）紧紧围绕“富民强州”目标，克服非典型性肺炎、地震、洪水等自然灾害的影响，扎实工作，锐意进取，开拓创新，经济和社会发展保持了良好的发展势头。GDP达到12.45亿元，同比增长11.1%。其中第一产业增长7.25%，第二产业增长8.33%，第三产业增长10.28%，三次产业的比重为31.3:18.1:50.6。人均GDP达到2720元。

以增加农民收入为重点推进农业产业结构调整，全年实现农业增加值3.9亿元，增长7.25%，退耕还林还草面积8.59万亩，增加5.5万亩；粮食总产量17.67万吨，增长0.2%；棉花总产量6184吨，增长32.3%。牲畜年末存栏53.7万头，增长3.3%；肉产量2.08万吨，商品率达到50.5%；水果总产量3.96万吨。

第二产业稳步增长，工业经济效益提高。全年实现工业增加值7200万元，增长8.33%。规模以上工业增加2700万元，增长28%。其中，轻工业完成增加值1220万元，增长2倍。规模以上工业实现销售收入1.1亿元，增长28%。其中，轻工业完成增加1220万元，增长2倍。规模以上工业实现销售收入1.1亿元，增长30%。工业品产销率110%，上升9个百分点。

全年实现社会消费品零售总额2.98亿元，同比增长10.9%。一批旅游景点得到开发，全年接待国内外游客10.24万人，增长25%；旅游总收入1920万元，增长26.3%。

固定资产投资高速增长，全年争取国家、自治区建设资金17346万元，增加7500万元。固定资产投资4.26亿元，同比增长37.65%。其中，基本建设投资完成3.7亿元，增长38.12%。

财政收入持续增长，金融运行平稳。全年实现地方财政收入6438万元，同比增长17.6%；财政支出7.66亿元，增长3.5%。年末金融机构各项存款余额19.5亿，增长19.2%。各项贷款余额8.5亿元，增长7.7%。

城乡居民收入提高，社会保障功能增强。城镇居民人均可支配收入4350元，增长6.1%；在岗职工平均工资14700元，增长7%。农民人均纯收入1320元，增长13.1%。建成再就业基地7个，实现就业再就业6256人；养老保险参保缴费职工4989人，新增461人。

文化、卫生、体育、新闻、广播电视等各项社会事业全面发展。州体育馆工程2004年可投入使用。医疗卫生设施建设得到加强，三县一市疾病控制中心正在建设中，传染病医院已建成，新建乡镇卫生所3个。农村改水受益人数新增2.06万人，牲畜12.1万头（只）。

【投资环境】2003年，克州围绕打造全疆“最好的投资环境、最优惠的政策、最优质的服务”三最品牌，加大招商引资力度，重点在优化投资软环境上下功夫，重新修订了招商引资优惠办法。新修订的优惠政策，针对克州的资源优势、地缘优势、人文优势，在投资工业、农业、服务、城镇基础设施、房地产开发、外经贸等领域，凡在克州境内以独资、合资、合作等形式新办非国家明令禁止的经济实体、公益事业或参与现有企业改制、改组、改造的州内外、国内外客商，均可在土地使用、现有厂房和设备使用、税收、配套服务等方面享受优惠政策。

克州交通便利。境内主要有314线、315线和中巴公路3条国道，306线、309线和214线3条省道，通车里程2311公里。州首府阿图什市距喀什国际机场仅40公里，2004年阿图什市至机场高速公路将建成通车。农网改造和“光明工程”已进入最后阶段，全州有110千伏变电所2座、线路2条，35千伏变电所12座、线路14条，供电质量、电力短缺的状况得到改观，基本改变过去电力短缺的状况。在国家西部大开发的推动下，全州三县一市城市供水改扩建工程已基本完成，城市排水改扩建工程正在建设中，城市天然气入户工程已准备实施。自治州通讯畅达，辐射全州各乡、镇、场的通讯不仅实现程控化，可通达国内、国际的 130、133 移动电话网也已开通。

克州境内有吐尔尕特和伊尔克什坦两个国家一类通外口岸和位于阿图什市区内的西域商贸二类口岸，通往吉尔吉斯斯坦及中亚各国。南去巴基斯坦离阿图什市 443 公里的红旗拉甫口岸也是对第三国开放的国家一类口岸，经巴基斯坦到西亚各国。这 4 大口岸是我国连接中亚、西亚、欧洲的桥梁和咽喉要道，是我国对外开放的桥头堡。

【重点项目介绍】25 万亩生态综合治理及草料基地项目：总投资 2.5 亿元，共分为 7 个子项目。到 2003 年底完成投资 6493 万元，完成配套建设 7.4 万亩。

布伦口—公格尔水利枢纽工程：是克州及喀什地区可以共同受益的综合利用水利枢纽工程，是喀什噶尔河流域内的盖孜河中游河段的龙头水库，也是该河惟一具有多年调节性能的控制性水库，是一项具有灌溉、发电、防洪和改善生态环境等综合利用的大型水利枢纽工程。电站装机容量 4×5 万千瓦，保证出力 6.89 万千瓦，多年平均发电量 6.582 亿千瓦时，总投资 17 亿元。

卡拉贝里水电站：位于克州乌恰县境内，为克孜勒苏河中游河段初步规划的六梯级开发方案中最下游的一个梯级，是一项具有发电、提高下游梯级电站的发电效益，并兼有灌溉、防洪等综合利用的大型水利枢纽工程。电站装机容量 3×1.65 万千瓦，保证出力 1.39 万千瓦，多年平均发电量 2.28 亿千瓦时，总投资 6 亿元。

十万亩巴仁杏基地：克州阿克陶县由于特殊的地理位置，种植的“巴仁杏”具有果形整齐一致，色泽黄艳，果肉厚，果味酸甜适中，杏仁味甜可食，食用、药用价值俱佳，可以加工成优质干果或杏脯等特点。2001 年被国家林业局授予“中国巴仁杏之乡”，并已注册“巴仁”商标。项目计划投资 8000 万元，投资利润率 38.76%，建设期 3 年。

十万亩木纳格葡萄基地：阿图什市由于特殊的自然条件和独特的地理条件，种植的木纳格葡萄含糖量高，风味甘美，品质上好，是新疆的葡萄骄子，享誉全国，驰名中外，曾荣获全国农业博览会金奖，远销广州、深圳、北京、上海、香港、澳门并出口到巴基斯坦、吉尔吉斯斯坦等国，产品供不应求，销售利润可观，市场潜力巨大。项目总投资 1.8 亿元，投资利润率 19.89%，建设期 3 年。

【经济协作与招商引资】2003 年，克州招商引资工作取得突破性进展，共签订招商引资项目 75 项，计划投资总额 17.6 亿元。其中，州外投资及经营项目 38 个，投资总额 14 亿元，实际到位资金 3 亿元。浙江卡森、四川恒远、中深国际、北京中坤、甘肃建新等一批大企业、大集团纷纷落户克州。利用境外投资取得零的突破，设立了首家中外合资企业新吉娱乐有限公司。

新疆维吾尔自治区
巴音郭楞蒙古自治州

【经济与社会发展】2003 年，巴音郭楞蒙古自治州（以下简称巴州）GDP 达到 189 亿元（现价，下同），同比增长 11.4%。其中，第一产业增加值 36.6 亿元，增长 11.6%；第二产业增加值 112.9 亿元，增长 12.2%；第三产业增加值 39.2 亿元，增长 8.9%。三次产业的比重由上年为 19.4:59.8:20.8。

农业结构调整力度普遍加大，农村经济稳

步发展。巴州农林牧渔服务业总产值（包括农二师，下同）达到67.62亿元，同比增长12.9%，其中，种植业总产值48.46亿元，增长10.2%，占农林牧渔服务业的比重为71.7%；畜牧业总产值14亿元，增长21.7%，占20.7%。粮经草比例由2002年的1:2.49:0.32调整为1:3.56:0.5。增加了特色经济作物的种植，突出表现为四增四减（棉花、番茄、苜蓿、打瓜增加，粮食、油料、甜菜、辣椒减少）。粮食总产量26.78万吨，下降22.2%；棉花总产17.3万吨，增长19.9%。饲草饲料面积达到32.69万亩，增加5.66万亩，增长20.9%。畜牧业呈现加快发展的势头，奶牛、肉牛、肉羊、细毛羊、牦牛、肉驴、马鹿基地建设初具规模，牲畜存栏大幅增加，肉、蛋、奶总产量全面增长，特色养殖业规模扩大，畜牧业生产能力持续提高。年末牲畜存栏头数为372.27万头（只），比上年增长11.9%；牲畜出栏281.97万头（只），增长18.5%；肉类总产量9.3万吨，增长18.3%。新植各类果树10.8万亩；水果产量19.46万吨。农业产业化步伐加快，德隆畜牧、香梨股份、天康饲料、大华实业等企业介入畜牧养殖和畜产品加工，国际实业、芳香科技、华隆杏酱等企业扩大农产品种植规模和深加工能力，对带动农业、畜牧业的发展发挥了重要作用。农牧民人均纯收入3518元，比上年增加510元。

全年完成工业增加值82.3亿元，同比增长11.3%。原油产量546.3万吨，增长4.4%；天然气11.35亿立方米，减少0.3%；发电量18.93亿千瓦小时，增长10.8%；水泥116万吨，增长50.7%；机制纸及纸板4.6万吨，增长18.8%；乳制品8140吨，增长62.8%；钾盐净增6000吨。在石油、电力、水泥、造纸等行业的带动下，工业生产继续保持稳定增长。在巴州加快推进工业化进程中，各县市工业发展势头强劲，新的工业项目不断上马，加工能力不断扩大，经济增长点不断涌现。益隆红柱石、天康饲料、新硕人造板厂、瑞卡罗天然色素厂、红帆科技、罗布泊钾盐2万吨试验厂、芳香油精制厂、金川矿业相继建成投产；华隆杏酱、乡都酒业、瑞琦鸿博爱等企业扩大生产规模，为巴州工业发展注入了新的活力。通过加大地方工业企业扩能改造，地方工业发展后劲不断增强。

由于受统计口径和“非典”疫情的双重影响，2003年巴州对外贸易从4月份起持续下滑，随着“非典”疫情的减退，进出口贸易呈现恢复性增长。全年进出口总额4832.3万美元（剔除不可比因素），比上年增长14.5%。其中，出口总额4389.3万美元，增长28.4%，进口总额443万美元，下降55.3%。对外贸易涉及23个国家和地区，亚州进出口额3386.1万美元，占进出口总值的70.1%，欧洲进出口额为626.5万美元，占进出口总值的13%。全年利用外资3496万美元。其中，直接利用外资1174万美元，同比增长3.2倍；借用国外贷款2322万美元，增长2.4倍。

全年完成财政收入9.58亿元，同比增长11.3%；财政支出18.55亿元，增长14.5%；固定资产投资115.2亿元，增长21.8%。其中，基本建设投资85.6亿元，增长18%；更新改造投资9.26亿元，增长34.7%。年末金融机构各项存款余额207.34亿元，增长21.54%，各项贷款余额131.78亿元，增长14.1%。

实现社会消费品零售总额38.3亿元，增长9.2%；居民消费价格指数101.5%；城镇平均货币工资12983元，增长18.3%。劳动就业领域不断拓宽，全州国有企业下岗失业人员实现再就业9750人。城镇登记失业率3%，比上年下降0.5个百分点。城镇建设取得新成绩，城乡面貌发生显著变化。

【投资环境】2003年，巴州加强政府机关勤政建设，广泛开展行政效能监察和创新发展环境评议活动，对30个执法执纪单位向全社会进行公开评议，促进了行风和机关作风的进一步好转，发展环境和投资环境不断优化。认真落实《巴音郭楞蒙古自治州促进和保护个体私营经济发展条例》，非公有制经济加快发展，年末全州私营企业达3016户，个体工商户4万余户，从业人员6.1万人，实现总值30.6亿元。库尔勒市经济技术开发区快速发展，完成总产值1.7亿元，比上年增长1.55倍，其他工业园发展势头良好。

【重点项目介绍】2003年，巴州进一步加大固定资产投资力度，实施重大项目领导分工责任制，38个重点建设项目进展顺利。希尼尔水库、农村电网改造二期、库尔勒供水扩建工程、垃圾处理4个全投项目和博斯腾湖金沙滩景区、孔雀河旅游风景带等12个单投项目建成投产。博斯腾湖大小湖隔堤等塔河综合治理巴州子项目、“西气东输”巴州段等12个续建项目进展顺利。库尔勒机场迁建工程、博湖东泵站、库尔勒市外环路工程、315线且末至若羌段、巴州老年活动中心等项目已开工建设。公路交通建设步伐明显加快：218线库尔勒至尉犁段、314线库尔勒至库尔楚段已完工，和硕至库尔勒高速公路、315线且末至若羌段公路建设加快进行；完成农村公路建设218公里，总投资7889万元，比上年增长77%。开都河梯级水能开发工作取得突破性进展，成立了国电开都河流域水电开发有限公司筹建处。40万吨甲醇、30万吨合成氨等石油天然气下游产品加工项目前期工作进展顺利。其他项目正抓紧前期工作。

【经济技术协作与对口支援】2003年，巴州提出了以资源为依托，以项目为突破口，围绕自治州确定的十二大产业，分五个层次“走出去，请进来”的招商引资新思路，招商引资工作成效显著。进一步加强巴州与河北省的对口支援协作，组织了河北经贸回访系列活动。积极组团参加“乌洽会”、“西洽会”、“厦洽会”以及对油田、友好城市招商。通过招商引资活动，宣传巴州，提高巴州知名度，全年共签订各类项目159个，资金总额达67.8亿元，创历年最好水平。继续加强同清华大学的技术交流与合作，芳香科技公司与清华大学合作建立联合工程中心以及轮台县政府与清华大学合作建设“五一水库”等项目进展顺利。

新疆维吾尔自治区
昌吉回族自治州

【经济与社会发展】2003年，昌吉回族自治州（以下简称昌吉州）GDP达到178.17亿元，同比增长15.1%。其中，第一产业增加值56.1亿元，增长9.3%，第二产业增加值71.82亿元，增长19.7%，第三产业增加值50.25亿元，增长15.3%。地方财政收入9.14亿元，增长22.1%。

农业结构调整稳步推进，产业化发展步伐加快。现代畜牧业和特色农业发展成效显著，畜牧业和林果业产值占大农业总产值比重呈上升趋势，达到42%。全州资产上千万元的产业化龙头企业已达57家，共有25家列为自治区级农业产业化龙头企业。农村劳动力转移步伐加快，全年转移农村富余劳动力3万余人。

城市经济快速发展，带动作用进一步显现。全年完成工业增加值35.97亿元，同比增长16%；旅游、教育、会展、社区服务等产业健康发展。以二、三产业为主的城市经济在国民经济中的比重达到68.4%，对经济增长发挥了重要带动作用。

固定资产投资持续增长，对国民经济发展的支撑作用大幅度提升。不断加强项目工作，努力拓宽融资渠道，投资环境明显改善。全年完成全社会固定资产投资52.8亿元，增长34.4%。支持优势产业发展的投资额占到全部固定资产投资的74%以上，有力地发挥了对国民经济的拉动作用。

自治州加快技术创新步伐，在农业、工业各个领域推进技术创新，并且加大了科学技术、教育、卫生投入。在科技方面，成功承办了第二届昌吉科洽会，签订了41项科技合作项目合同，昌吉高新技术园区正式纳入国家级乌鲁木齐高新技术园区，国家级农业示范园区正式启动，科技成果转化基地正在形成。2003年自治州的科技计划共安排各类科技项目64项，安排科技三项经费145万元。其中，大农业项目37项，安排经费82.5万元；工业项目17项，经费52万元；另外社会发展、医疗卫生及软科学项目10项，经费10.5万元。科教文卫基础设施建设力度加大，中小学危房改造、高中扩招等一大批资金的注入，为教育产业的高速发展奠定了基础。卫生事业方面，利用国债资金建设健全了自治州卫生防疫体系和卫生基础设施，利用国外资金和设备提升了自治州医疗水平。

社会事业全面进步，人民生活水平显著提高。昌吉州积极申报、建设各县市图书馆、文化中心建设。在发掘、整理、保护继承民族文化遗产和发展新时期文化方面取得了显著的成绩，创造了许多具有民族特色和地域特色的文化艺术。各县市积极组织了业余文艺演出队，使人民群众业余生活更加丰富多彩。人民生活水平不断提高，全年实现社会消费品零售总额36.36亿元，增长13%。实现城镇新增就业人数2万人，在岗职工工资水平显著提高。农牧民人均纯收入达4256元，同比增长13%。

对内对外开放取得新进展，招商引资成效显著。乌昌、兵地融合经济取得突破性成果。外贸进出口形势喜人。实现外贸进出口总额16630万美元。其中，出口10719万美元，增长55.4%。外商直接投资出现增长势头。全年招商引资落实到位资金52.6亿元，同比增长1.58倍。其中，本期项目314个，投资35.89亿元，结转项目60个，投资16.75亿元。来自区外的投资31.51亿元。

改革取得新突破，机制创新获得新发展。企业股改上市、事业单位改制和社会保障制度改革取得积极成果。积极创新银政企合作机制，与多家金融单位签订合作项目协议104个，授信165亿元。

【投资环境】昌吉州区位优势突出，基础设施完善。从东西北三面环保自治区首府乌鲁木齐市，拥有乌拉斯台和亚中商城两个对外通商口岸。州首府昌吉市距乌鲁木齐国际机场18公里，距乌鲁木齐市区36公里，乌昌一级公路将两个市区连为一体。境内亚欧大陆桥、312、216、217三条国道及吐—乌—大高等级公路、乌奎高速公路横贯全州。亚欧光缆从境内通过，全疆最大的电力网覆盖全地区，通讯邮电畅通无阻，城市道路及供排水等配套设施日益完善，功能齐全，具备承接大规模投资能力。

昌吉州旅游资源得天独厚，景点多、品位高、特色鲜明，相对集中，有高山、森林、湖泊、草原、冰川、大漠、化石群等众多景区，有118个旅游景点，35种基本类型。主要有南部山区森林、草原、冰川景观；中部平原观光农业及历史文化遗迹等人文景观；北部荒漠景区。昌吉州旅游资源集新疆旅游之奇、险、特、美于一身，是新疆旅游之奇葩。近几年，昌吉州旅游业得到了长足发展，一大批项目得以开工建设，初步形成了大旅游发展态势，旅游业已成为昌吉州最具活力的新经济增长点。

昌吉州建设健全了生产要素市场，加快了资本市场和劳务市场建设，拓宽了投融资渠道。结合农业产业化及城镇化发展进程，促进了劳动力优化组合和合理流动。规范房地产市场，进一步发展技术、信息、产权等市场，大力发展中介组织。从而使各要素市场规范化、高效运作。

为实施西部大开发战略，加快经济发展，鼓励中外企业、个人到昌吉州境内投资，开展经济技术合作。昌吉州出台了一系列优惠政策，主要有：税收优惠政策、土地使用优惠政策、产权交易优惠政策以及简化行政审批手续等。中外投资者可以投资国家投资产业指导目录中所允许的所有产业项目，鼓励重点投资农业包括农林牧业综合开发及其产品深加工；基础产业包括水利、能源、交通、通信、环保、供电、供气、给排水等基础设施建设；化学工业包括石油化工、天然气、精细化工、农用化工；采掘业包括有色金属、黑色金属和非金属矿藏的勘探和加工；建筑工业包括新型或节能建筑、装饰材料；新型产业包括新材料、生物工程技术、节约能源开发技术、资源再生及综合利用技术；环保旅游产业及科教文体卫生娱乐咨询等行业。

【重点项目介绍】2003 年，昌吉州重点建设项目进展顺利，有力地拉动了自治州固定资产投资的增速。全年自治州确定的重点建设项目共 38 个，总投资 579109.24 万元。昌吉州退耕还林、昌吉州人民医院外科急诊大楼、昌吉州二中综合教学楼、屯河微滴灌节水农用产品生产线、德隆畜牧乳品深加工在昌吉州境内 200 吨液态奶生产线一期 100 吨液态奶生产线、新天国际葡萄酒业有限公司阜康市年产 3 万吨葡萄酒项目和屯河股份番茄终端产品开发项目在昌吉州境内总投资 9194 万元等 7 个项目已顺利完工交付使用。

【经济技术协作与招商引资】昌吉州积极开展同沿海先进省份的交流合作，派遣干部学习、锻炼。开展全方位、多层次的经济联合与协作，通过一系列优惠政策招商引资，新天国际、啤酒花股份、广汇集团等一批具有实力的企业集团在昌吉州投资办厂。已有 10 余家区内外上市公司落户昌吉州，州外投资在全州固定资产投资中所占比重日益增大，招商引资项目已成为自治州国民经济发展的重要增长点。随着经济全球化趋势的加快，昌吉州经济与国内外联系更加紧密，已同 40 多个国家和地区建立了合作关系，经济技术协作与交流不断扩大。以“屯河”、“特变”为代表的企业集团本着贸易主体多元化、贸易方式多样化和贸易手段现代化的方针，巩固传统市场，进军新兴市场，积极与疆内外企业协作开拓国际市场。

新疆维吾尔自治区
博尔塔拉蒙古自治州

【经济与社会发展】2003 年，博尔塔拉蒙古自治州（以下简称博州）GDP 达到 32.5 亿元，同比增长 10.6%。其中，第一产业增加值 8.85 亿元，增长 6.6%；第二产业增加值 4.45 亿元，增长 5.3%；第三产业增加值 8.8 亿元，增长 17%。在 GDP 中，第一、二、三产业增加值占生产总值的比重分别为 40%、20.1%、39.9%。全口径财政收入 3.37 亿元，同比增长 8.6%。其中，地方财政收入 2.02 亿元，增长 16.4%；地方财政支出 6.1 亿元，增长 14.1%。

农业生产稳步增长，产业结构调整取得新进展。农林牧渔业总产值达到 16.99 亿元，同比增长 6.9%。其中，农业产值 11.41 亿元，增长 3.1%；畜牧业产值 5.26 亿元，增长 14.8%；林业产值 2800 万元，增长 54.1%；渔业产值 500 万元，增长 5.9%。全年粮食播种面积 28.36 万亩，下降 15%；棉花播种面积 43.2 万亩，增长 11.6%；油料播种面积 11.27 万亩，下降 6.2%；甜菜播种面积 4.48 万亩，下降 20.4%；蔬菜播种面积 1.93 万亩，下降 30.8%；枸杞种植面积 6.23 万亩，上升4.7%。全年粮食产量17.8万吨，下降7.6%；棉花产量5.12万吨，上升8%；油料产量2.04万吨，下降2.4%；甜菜产量16.39万吨，下降17.7%，瓜果产量1.49万吨，下降16.8%；枸杞产量9200吨，上升16.2%。

全部工业企业完成增加值1.65亿元，增长8.2%。社会消费品零售总额7.09亿元，比上年增长11%。博州总人口43.96万人，比上年增长3.6%。年末在岗职工4.79万人，比上年下降4%。城镇私营和个体从业人员2.53万人，增长21.6%。拥有各类职业介绍机构3家，全年实现就业和再就业人员6131人。年末实有登记失业人数1608人，城镇登记失业率3.8%。

全年实现地方进出口贸易总额2.81亿美元。其中，进口总额2.4亿美元，出口总额4100万美元。博州属地管理外贸企业总计160家，比上年增加49家。其中，本地企业24家，外地企业136家。国有或国有控股企业13家，民营企业147家。自治区批准博州两家企业拥有旅游购物出口经营权。全年博州地方招商引资总成交额20.53亿元，签订各类经贸合同62个。签订经济技术合作合同43个，引进到位资金8.64亿元，交流各类专业技术人才260余人次。

农村居民人均纯收入3522元，同比增长11.2%；在岗职工工资总额4.96亿元，增长6.2%；全年在岗职工平均货币工资10251元，增长10.7%。扣除物价因素，实际增长8.4%。年末城镇居民人均居住建筑面积21.15平方米，增长3.2%；农村居民人均居住建筑面积20.8平方米，增长35.9%。

社会保障和福利事业取得新进展。有2.52万职工参加了失业保险，增长0.8%；有1.63万职工参加了基本养老保险，增长3.8%；有3.72万职工参加了基本医疗保险，增长3.3%，全州得到最低生活保障救济16974人，增长73.7%；国家抚恤、补助各类优抚对象1021人。全州有各类社会福利院14个，床位215张，收养人数124人。全年社会销售福利彩票1050万元，增长68.3%；筹集社会福利资金102万元，增长3.6倍；接受社会捐赠76万元，减少50.3%。

科技事业不断进步。全年地方用于科技项目的社会总投资达3亿元，比上年增长1.7倍，科研成果不断涌现，全年已登记的重大科技进步成果11项。中等专业学校有在校学生415人，下降42.8%；职业中学在校学生1700人，增长1.7倍。普通高中在校生7534人，增长18.7%；普通初中在校学生18538人，下降0.15%；小学在校学生32973人，下降5.7%。学龄儿童入学率达98.6%；幼儿园在园幼儿5788人，下降2.6%。

全州有艺术表演团体2个，乡镇文化站18个，村级文化室306个，文化馆3个，公共图书馆4个，博物馆1个，档案馆5个，已开放各类档案2777卷。有1000瓦以上电视发射台和转播台2座，广播人口覆盖率达92%，电视人口覆盖率达90%。有线电视用户2.38万户。全年出版各种报纸222万份，增长35.9%。

全州有卫生机构76个，其中医院20个、卫生院19个、卫生防疫、防治机构5个、妇幼保健机构5个、其他卫生机构27个。拥有病床1691张，专业卫生技术人员2384人，其中医生1075人、护师、护士729人；乡镇卫生院19个，乡村医生和卫生员275人。

【投资环境】2003年，博州积极推进行政审批制度改革，优化投资环境，加大对外开放力度，实施全方位、多层次的开放战略，加强对外宣传和交流，积极扩大多种形式的横向联合与经济协作，积极开拓市场，投资环境得到进一步改善。

到2003年底，博州发电总装机容量38.12兆瓦，其中水电站18座，装机容量20.12兆瓦，火电厂2座，装机容量16.5兆瓦，年发电量32854万千瓦时。完成全社会客运量559万人，旅客周转量3.89亿人公里，货运量595万吨公里，货物周转量5.1亿吨公里。涉外运输中，年货物运输量35950吨，货物周转量2453万吨公里。完成邮电业务总量1.73亿元，新增电话用户1.88万户，年末电话用户达11.5万户，邮电（所）和分支机构36所。计算机互联网络已初具规模，形成了快速便捷的传递媒体信息网。

【重点项目介绍】2003年，博州重点建设项目共23项。其中，开工建设项目14项，未开工项目9项，完成投资22020万元。博乐市污水厂改扩建工程完成投资1100万元；阿拉山口环保绿化工程完成投资280万元；博州退耕还林还草工程完成投资2637万元；赛里木湖环湖—温泉县公路建设工程完成投资1940万元；精河下天吉水库工程完成投资1324万元；博河流域大型灌区续建配套及节水改造工程完成投资550万元；精河流域大型灌区续建配套及节水改造工程完成投资850万元；博州老年及少儿活动中心综合楼完成投资1100万元；博州农网改造工程完成投资922万元；博乐市顾里木图农副产品综合市场完成投资1950万元；博乐市小营盘小城镇综合开发项目完成投资1560万元；博州城乡道路建设工程完成投资1460万元；阿拉山口—博乐火车站公路改造工程完成投资4837万元。

【对口支援】湖北省一次投资500万元援建的自治州党校综合楼，于2003年6月开工；湖北宜昌市投资100万元援建的温泉县城新街“三峡路”于2003年5月开工；湖北工学院、湖北经济学院、三峡大学与博州教育局签订了2003年在博州定向招收65名本科生协议，有关费用由湖北省教育厅承担；湖北省卫生厅制定了2003年为博州培训医生的计划。一年来，湖北派出各类代表团、考察团20多批100余人，来博州进行慰问、考察或商贸洽谈。

【口岸与边境经济合作区建设】2003年，阿拉山口口岸总投资4.9亿元，绿化面积4.12平方公里，全部建筑物建筑面积48万平方米，常住人口2.09万人，过货量756万吨。到2003年底，口岸累计完成过货量3630万吨，占全疆16个口岸过货量的90%，居全国同类口岸中排名第一位。完成关税及代征税22.2亿元，累计向国家上缴关税及代征税83.62亿元。口岸财政预算内收入为4693万元，占全州地方财政收入的24.6%。2003年引进各类投资项目35个，计划投资总额9.57亿元，年底完成投资49044万元。口岸共注册企业363户，其中工商企业152户、私营企业211户、个体工商户494家。到2003年底，口岸GDP为3.2亿元，同比增长25%。其中，第二产业2580万元，增长27.4%；第三产业29064万元，增长25.35%。口岸GDP中非公有制经济为19237万元，占60.79%。工业企业有6家监控加工企业，实现工业总产值4352万元，增长2.44倍；实现工业增加值813万元，完成口岸全年工业增加值指标任务550万元的1.48倍。全社会固定资产投资完成18423万元，同比增长55.5%。口岸银行存款余额8.64亿元，累计投放贷款25亿元，同比增长33.7%。

2003年，博乐市边境经济合作区招商引资扩建、新建项目18个，已完成投资3500万元。辖区内累计实现国内生产总值20亿元，实现工业总产值（现价）15亿元。贸易进出口总额442万美元，其中出口215万美元。合作区现有国有企业10家，非公有制企业51家，个体工商户209户。1996年～2003年共完成税收2.12亿元。

【助民增收】2003年，博州共下派驻村干部1205人。其中，州直驻村单位290人，各县（市）915人。总投入351.85万元，其中单位捐助336.51万元，干部职工个人捐助15.34万元。协助解决农业贷款6444.9万元，修路49.18公里，修渠164.94公里，修桥58座，打井26眼，协助购买牛5965头，举办各类培训班681期，培训人员4.5万人，捐赠各类图书17485册，赠送电教设施45件，赠送桌椅864张，救助贫困户928人，资助81名儿童就学。

新疆维吾尔自治区伊犁哈萨克自治州

【经济与社会发展】2003年，伊犁哈萨克自治州（以下简称伊犁州）GDP达到276.61亿元，同比增长11.6%。其中，第一产业增加值93.51亿元，增长5.5%；第二产业增加值84.3亿元，增长15.7%；第三产业增加值98.8亿元，增长14.1%。

全州农业总产值达到108.74亿元，同比增长5.45%。粮食总产176.75万吨，油料22.2万吨，棉花9.52万吨，甜菜154.4万吨；年末牧畜存栏1450.62万头（只），肉类总产32.35万吨，牛奶49.6万吨，绵羊毛2.77万吨，水产品1.56万吨，禽蛋7.74万吨。乡镇企业总产值138.05亿元，实现利润8.7亿元。

全州工业总产值达到105.77亿元，同比增长16.55%；完成工业增加值38.19亿元，增长17.8%。发电量181020万千瓦小时、生产原煤626.2万吨、水泥137.91万吨、黄金2112千克、纱20075吨、机制糖19.8万吨。完成固定资产投资91.68亿元，同比增长16%。其中，更新改造10.54亿元，基本建设53.75亿元。

全年完成对外贸易进出口总额131228万美元，同比增长301.6%。其中，进口52781万美元，增长132.7%；出口78447万美元，增长685.5%。边民互市出口额179615万元，旅游购物出境商品货值39319万元，接待国内外旅游购物者350.88万人次，旅游收入6亿元。

全年共安排自治区科技计划项目53项，地州级科技计划项目64项。登记科技成果59项，科技成果获地州级科技进步奖24项，申请专利187项，国家批准72项。

全州有卫星地面接收站908座，有线电视网覆盖24个县（市）；广播人口覆盖率90%，电视人口覆盖率92%；有艺术表演团体26个，文化馆27个，公共图书馆24个。有卫生机构782个，病床1.24万张，专业卫生技术人员1.64万人。

全年完成社会消费品零售总额76.88亿元，同比增长12.97%。地方财政收入13.06亿元，财政支出48.48亿元，分别比上年增长18.3%和15.3%。城市居民人均消费性支出5192元，农牧民人均纯收入3020元，在岗职工平均货币工资11343元。

伊犁州有各级环境监测站9个，各级自然保护区17个，其中国家级自然保护区2个，保护区总面积3514.84公顷。累计建成烟尘控制区15个，面积57.97平方公里。建成环境噪声达标区13个，面积54.02平方公里；年内完成环境污染限期治理项目13个，总投资4021万元。年内完成生态治理面积5.86万公顷，造林3.96万公顷。

【投资环境】到2003年底，伊犁州公路通车里程已达3.1万多公里，全州221个乡镇，全部开通了班车。形成了以奎屯为枢纽的大十字骨架和以伊宁、布尔津、北屯、额敏为中心的干支衔接、四通八达的公路网络。全年完成旅客周转量38.61亿人公里，货物周转量31.08亿吨公里；旅客运量4625万人次，完成货物运量2784万吨。

横贯伊犁州的北疆铁路在境内长约200公里，全州有民用机场4个，即伊宁机场、塔城机场、阿勒泰机场和富蕴机场，4个机场与乌鲁木齐机场航线相通。年末全州电话用户73.99万户，移动电话普及率21.2部/百人，电话普及率19.5部/百人，有长途传输光缆700公里，邮电和分支机构187处。计算机互联网络已初具规模，形成了电话、电报、无线寻呼、传真等多样化，快速便捷的信息传递媒体网。

【重点项目介绍】伊犁州在水利、交通、生态环境建设、农村电网改造、机场等工程逐步启动，重点建设项目前期工作进展顺利，为今后西部大开发战略在伊犁州的全面实施奠定了基础。

吉林台一级水电站工程：位于伊犁州尼勒克县内，伊犁河第二大支流喀什河的中游，是一座以发电为主，兼有防洪和灌溉效益的综合利用工程。总装机容量46万千瓦，总库容25.3亿立方米，静态总投资20.8亿元。

卡普其海综合水利枢纽工程：位于伊犁州巩留县内，伊犁河第一大支流特克斯河的下游，是一座以灌溉为主，兼有发电和防洪等效益的水利综合利用工程。总库容13.7亿立方米，总装机容量32万千瓦。其中一期2×8万千瓦，静态总投资18.2亿元。工程（一、二期）全部建成配套后，可净增灌溉面积27.8万公顷，改善灌溉面积7.07万公顷。

伊犁河南岸大渠工程：总长度163公里，总投资32亿元。铁厂沟电厂二期扩建工程：由新疆电力公司、陕西电力尚德工贸公司、新疆康发电力多经投资公司（现新能公司）和塔城地区国有资产投资经营公司4家股东共同出资建设，规模为1×5万千瓦，总投资19994万元。

生态环境综合治理工程：包括伊犁河中上游生态环境综合治理工程、哈巴河县和布尔津县生态环境综合治理工程，哈巴河县生态环境综合治理工程总投资2231.84万元，布尔津县生态环境综合治理工程总投资1.3亿元。伊宁县、霍城县、巩留县、察布查尔县防风林工程。2003年天然草原退牧还草、退耕还林工程。奎屯市、伊宁市垃圾处理厂。伊宁市污水处理厂（东区、西区）。

【东西对口支援】伊犁州通过内联外引招商引资取得了丰硕成果。2003年共签订经济技术协作合同402个，金额43.07亿元；执行合同386个，金额26.6亿元。其中，引进资金9.51亿元。对外经济技术合作继续发展。新增对外经济技术合作项目8个。其中，利用外资项目2个，合同金额1719万美元，合同利用外资金额854万美元，实际利用外资388万美元。境外投资项目1个，合同金额5万美元。

【民族文化】伊犁州拥有各类专业技术人员10.01万人，其中少数民族专业技术人员6.1万人。24个县（市）已全面完成普及初等教育，在此基础上，有16个县（市）基本普及了九年制义务教育。2003年，小学毕业升学率93.1%，小学在校生40.18万人，中学在校生27万人，普通中等专业学校在校生5916人，普通高校在校生7722人，职业中学在校生1342人。各类学校已用哈、汉、维、蒙古、锡伯、柯尔克孜、俄罗斯等7种语言文字进行教学。伊犁州从本地实际出发，坚持民族教育为重点，牧区教育为难点，优先发展民族教育，独立设置了739所民族中、小学校。在牧区采取灵活多样的办学方式，举办全寄宿制和半寄宿制学校及固定教学点、流动教学点。伊犁州各乡镇大多数有乡文化站、村文化室，共有专业文艺工作者898人，其中少数民族704人。广大农牧区普遍有乡卫生院、村卫生所。伊犁州民族传统体育项目在历次新疆和全国民运会上名列前茅，2003年州直体育代表团获99枚金牌、53枚银牌、78枚铜牌的佳绩。赛马、马术、摔跤、射箭、叼羊等民族体育活动也在一些大型比赛中多次取得好成绩。

专题研究篇

以科学发展观为指导 大力振兴长江航运业

我国有1.8万公里的海岸线和12万多公里的内河航运里程，这是我国宝贵的国土资源，也是全国交通网络体系中的重要组成部分。然而，水运是我国交通网络体系中的一个薄弱环节，特别是长江航运发展的严重滞后，不仅是造成我国东西向和南北向交通不平衡的主要原因，也是我国东中西部地区经济发展不平衡的重要因素。水运是节能、节地和环保型的运输方式，长江航运有利于我国中部崛起和区域经济、城乡经济协调发展。因此，振兴长江航运意义重大。

一、长江航运的现状

长江是我国第一大河，多年平衡入海水量近1万亿立方米，占中国河川径流总量36%左右；长江水系有通航河道3600多条，通航里程5万7千多公里，占全国内河通航总里程的52.6%，其中1000吨级以上航道3042公里：重庆以下可通行1500吨级船舶，宜昌以下可通行3000吨级船舶，汉口以下可通行5000吨级船舶，南京以下可通行万吨级海轮。长江干线通航里程有2800多公里，是长江水系五万多公里通航里程的核心部分，与上百万平方公里的国土和数亿人口的经济社会发展息息相关。长江运能相当于14条铁路，但利用率却很低，大约只有莱茵河的四十分之一。按长江干流七省二市来统计，2002年全社会水运货运量达到9.1亿吨，占全国水运总量的64%，其中前三位的是浙江、上海和江苏省，分别为2.46、2.32和2.24亿吨（均以完整的行政区划计算，包括流域外部分），三省市都在长江三角洲，而且又都是长江经济带最发达的省市；全社会水运客运量达到10585万人，占全国的57%，其中前三位的是四川、浙江和重庆，分别为2992、2122和2046万人。无论是水运的货运量还是客运量，在七省二市全社会的货运量、客运量中所占的比重很小，分别在10%和1%上下。从货类来说，居长江流域水运前三位的是矿建材料、煤炭和石油天然气，大约占全社会货运量的65%。由此可见，目前长江航运的货运主要集中在下游三角洲地区，客运主要在中上游地区，而货类则主要是能源和建材。总的来说，长江航运正在逐步衰落，特别是客运更为严重。

二、长江航运的问题

长江航运未能充分发展，其原因是多方面的：一是区域经济布局和区域经济关系发生了很大变化。近20多年来，我国经济重心进一步东移，这在长江经济带更为突出，运输需求主要集中在下游三角洲地区，长江中上游地区的运输需求相对不足。加之，长江三角洲地区的发展，在很大程度上是以外向型经济推动的，“两头在外”占据很大比重，以至于与中上游的产业关联度不断弱化、物流增长缓慢甚至下降。二是交通运输方式多元化趋势明显，由于铁路、公路、航空运输发展迅速，加之水运运价缺乏竞争力，水运环节复杂和耗时过长，因此弃水走陆成为大趋势。近年来高速公路的发展，占据了中短距离的客货运输的很大比重，而铁路的提速，也加剧了长江航运特别是客运的衰落。三是长江航运现代化进程缓慢、投入少，也是长江航运活力不足的重要原因。据统计，1949年~2000年的50年间，国家用于内河航运的投资仅153亿元，只有铁路、公路的7.7%和7.3%。近年来虽有所增加，但也只能维持长江航运现状的水平。由于长期以来投入长江航道及航运的开发建设资金过少，致使长江的港口码头特别是上游码头多数处于自然坡岸加肩挑背扛的原始状态，正规泊位少、装卸工艺落后、航运等级低、通过能力弱，与其他运输方式功能不匹配，矛盾十分突出，水运发展受到极大的制约，交通运输体系的综合优势难以发挥。四是有关方面对长江航运缺乏应有的重视，不仅在建设安排上没有把航运放在重要的位置，而且对制约长江航运发展的因素未能及时有效地加以限制。如，在注重发电、防洪、架桥的同时，没有考虑有关负面影响，致使对航运形成阻碍。又如，在加快发展铁路、公路几纵几横的同时，没有把水运统筹规划其中，因而使长江航运的优势不能充分地体现出来。五是长江航运的现代化建设进展迟缓，航道、码头、船舶以及通信设施等都未能适应市场快速、便捷和安全的要求，航运体制也有待进一步改革。

三、长江航运的机遇

要抓住有利时机，振兴长江航运。

1.按照科学发展观的要求，振兴长江航运。党中央、国务院要求我们牢固树立和认真落实以人为本，全面、协调、可持续的发展观，推进各项事业的发展。这对交通运输事业特别是水运事业提出了新的要求和任务。水运是一种环保型、资源节约型和可持续发展的运输方式，按照科学发展观来审视，大力振兴水运事业是国民经济的一项战略任务。利用天然河道发展航运，对于节省用地、节约能源具有重要意义。而且，水运又是对环境影响最小的一种运输方式。因此，发展水运是实现交通运输可持续发展的重要方面。因为水运航道使江河上中下游和干支流地区融为一体，所以发展水运航运有利于促进城乡、区域协调发展。以长江航运为例，由于长江支流发育，在几大支流（包括运河）与干流的交汇处，已形成了重庆、武汉、南京和上海等大城市，通过长江航运又将这些城市与其他干支流的大中小城市，乃至广大农村连成一片，而且将相关地区的农村、小城镇和大中小城市的产业链结起来，形成了具有长江流域特色和发展的长江经济带。在长江经济带上城乡经济互补、互利关系明显，一、二、三次产业协作关系紧密。一个时期以来，由于长江上中下游发展不协调，地区差距逐渐拉大，地区之间原有的经济关系逐渐被打破，进而发展到产业结构趋同、重复建设不断和诸侯经济抬头的不协调问题。当然，造成这些问题的原因很多，有些问题也是与我国所处的发展阶段有关，但是长江航运的衰落也是其中一个重要原因。因此，我们要充分认识到振兴长江航运对于促进长江中上游和支流地区的经济发展具有深远意义，对于增强重庆、武汉、南京、上海以及其他地区性中心城市与广大腹地之间的发展也具有重要意义。

2.按照区域协调发展的要求，振兴长江航运。促进区域协调发展，是我国现代化建设中的一大战略问题。中央提出，要坚持推进西部大开发，振兴东北地区等老工业基地，促进中部地区崛起，鼓励东部地区加快发展，形成东中西互动、优势互补、相互促进、共同发展的新格局。就长江经济带来说，中央统筹区域协调发展的任务，应该得到全面体现。振兴长江航运，重要的是要为促进我国区域协调发展服务，为西部地区发展特色经济和优势产业服务。我国中部地区包括九个省份，除吉林、黑龙江、内蒙古三省区以外，其他六省的发展都与长江航运密切相关，山西、河南是国家重要的资源省，有大量的物资需要下海下江，湖北、湖南、安徽和江西是长江经济带的重要组成部分，其区位优势和经济优势明显，是今后我国农业、制造业和高新技术产业发展的战略区域之一，工业化和城镇化水平也将得到较快的提高。长江下游的上海、江苏、浙江三省市，是我国东部地区的重要区块，这个地区产业结构升级、外向型经济发展将进一步加快，而这又对长江中上游经济腹地的联合协作提出了更紧迫的要求。因此，长江航运要为区域协调发展发挥纽带作用。

3.按照提高对外开放水平的要求，振兴长江航运。长江经济带水资源相对丰富，农业比较发达，但是能源和矿产资源不足，而且长江中上游地区对外开放水平较低，因此在统筹长江经济带发展的同时，必须加快整个长江经济带对外开放的水平，充分利用国内国外两个市场、两种资源，拓展发展空间。由于长江具有通江达海的优势，因此长江干流沿岸地区实际上是我国沿海地区向内陆的自然延伸，这一点必须取得更广泛的共识，而大力振兴长江航运则是取得广泛共识的重要标志。

从长江航运的发展趋势来看，上海和沿江省市集装箱生成量和吞吐量正在逐步增长。2003年，上海港集装箱吞吐量已突破1000万标箱，上海洋山深水港区建成后将更有能力为长江沿岸国家集装箱的集散提供服务。

4. 按照以人为本的要求，振兴长江航运。长江经济带全社会旅客周转量一直保持与全国同步增长的势头，2000年达到4350.7亿人公里，占全国35.48%的比重。但是，长江客运却处于逐步萎缩的状态，甚至有逐步退出客运市场的趋势。然而，客运也是可以有出路的，除了要进一步改善客运优越的舒适条件外，还应在客运“提速”上下功夫。此外，长江客运的出路还在于发展水上旅游，即要使长江普通客轮的功能由“运”转换为“游”。旅游已经成为广大人民群众精神需求的一部分。随着带薪休假制度的实施，人们有较多的时间外出旅游，为发展长江旅游提供了机遇；长江流域名山、名湖、名城众多，吴越文化、荆楚文化、巴蜀文化灿烂，长江旅游与长城旅游、丝路旅游，是我国三条最有特色的生态旅游线路。加之，长江水上旅游具有浓郁的诗画意境，既可以回味昔日“千里江陵一日还”的梦幻，又可以领略两岸的几十座姿态迥异、风格不同的大桥，使人可以博览世界桥梁大全的实物风貌，观赏群桥飞架南北和天堑变通途的壮观景象。三峡库区游已成为世界级的旅游新产品。长江旅游可在船上吃、住、行、娱，寓休闲、风光、山水和都市旅游为一体，具有良好的开发前景。

四、长江航运的效应

振兴长江航运的作用，不仅仅是提供了我国长江沿岸地区东西向运输方式的更优的选择，而且将会大大促进我国经济的优化布局。目前我国经济布局主要集中在沿海地区，特别是长三角、珠三角和环渤海三个地区。从全国整体来分析，中部崛起势在必行，而中部经济布局最有利的地区就是沿江的鄂湘皖赣四个省。这四个省不仅农业发达，而且具备发展现代工业的基础条件。即具有丰富的水资源、广阔的沿江工业用地、交通发达和充足的劳动力，这个地区各类技术人才也相对雄厚。中部崛起将改变我国“中部塌陷”的不合理状况。长江航运与中部崛起是相辅相成的。振兴长江航运可为中部崛起提供航运支持，而中部崛起又可为振兴长江航运提供更多的客货运需求。与此同时，振兴长江航运可以为我国其他地区的内河航运现代化提供借鉴。

振兴长江航运，应该大力改造长江干支线船舶，推广应用集装箱江海直达平底船，从而进一步推进我国“门到门”的水陆联运运输方式的发展，也可减轻长江大桥净空高度对长江航运发展的限制，以及充分利用长江中上游港口的已有设施。

五、长江航运的定位

长江航运的定位一定要建立在长江经济带、长江建设的定位基础上。我国长江经济带应该是全国经济发展的一条主轴线，与我国沿海经济发展主轴线共同组成全国T字型发展轴线的大格局。长江流域的面积有180万平方公里，包括19个省区市和9亿多人口（2002年）。即使按照长江经济带七省二市来计算，也有48610万人口（占全国38%），经济总量也占全国40%左右。因此，长江经济带的发展，关系到我国全面建设小康社会和实现现代化的大局。

长江是位居世界第三大河，在世界各大江河中也是经济最发达、人口最多、文化底蕴最深厚和发展前景最好的一条大河。因此，对长江的建设，我国应该有更大、更高的目标，即长江应该成为世界各大江河中综合开发程度较高、开放水平较高、灾害较轻、人口承载能力最多和两岸风光较美的一条现代化国际性大河。

长江航运不仅要与长江经济带、长江综合开发现代化相适应，而且要先行。长江航运要借鉴美国密西西比河、德国莱茵河等著名大江大河的成功经验，要最大程度地开发建设成为我国一条重要的交通干线，使长江水系构成与江河湖海相连、航道四通八达的现代化水运网。与此同时，长江航运要成为营造上海国际航运中心的重要支撑。

（徐国弟）

加快新疆县域经济发展的战略思考

县域经济是指县及县级市的经济，它是区域经济的一种特定形式，是以县级独立财政为标志，在县行政区域内以县城为中心、集镇为纽带、农村为腹地统筹安排经济社会事业，促进人口、资源、环境协调发展的经济系统。改革开放20多年来，按照新疆党委、政府提出的“因地制宜、分类指导、城乡统筹、协调发展、重点突出、整体推进”的指导思想，全区县域88个县（市）依托自身的各种优势条件，大力推进县域经济发展，取得了长足进步。党的十六大明确提出要“壮大县域经济”，十六届三中全会又再次强调提出“大力发展县域经济”，为县域经济的快速发展注入了强劲的动力，县域经济发展已进入到一个崭新的发展阶段。进入新世纪，在全面建设小康社会的进程中，各级政府都把发展壮大县域经济作为工作的重中之重，不断加大工作力度，积极研究探索加快县域经济发展的新思路。能否顺利实现全面建设小康社会的宏伟目标，关键看县域，难点在县域，热点更在县域。

一、新疆县域经济发展现状

（一）经济和社会发展概况

到2003年底，新疆共有县及县级市88个，县域面积164.4万平方公里，占全疆面积的98.8%；县域人口1726.31万人，占全疆总人口的89.26%，其中有95%以上的少数民族人口生活在县域内。加快县域经济发展，不仅对促进经济发展和社会全面进步具有十分重要的现实意义，而且对新疆的长期稳定繁荣具有深远的政治和战略意义。

1.结构调整步伐加快，综合经济实力不断增强。改革开放以来，新疆坚持以经济建设为中心，大力实施优势资源转换战略，特别是近年来，通过积极调整优化经济结构，使县域经济实力不断增强，成为新疆国民经济的重要组成部分。2003年，全区县域GDP达到1248.6亿元，占全疆的66.5%，其中，第一产业增加值404.2亿元，占97.8%；第二产业增加值467.2亿元，占58.6%；第三产业增加值377.56亿元，占56.5%。全社会固定资产投资649亿元，占64.76%。地方财政一般预算收入74.22亿元，占58%。社会消费品零售总额241.97亿元，占57.5%。县域经济三次产业结构明显改善，实力大为增强，涌现出了一批发展势头强劲的县（市）。库尔勒市依托石油石化产业实现快速发展，2000～2002年连续三届名列全国县域经济竞争力百强县排行榜，也是西北五省区惟一进入全国县域经济竞争力百强县的县（市），2002年GDP突破100亿元大关，在全国县域经济竞争力百强县排名第60位，在西部地区县域经济竞争力百强县排名第一。全区共有10个县（市）进入了西部县域经济竞争力百强县行列。

2.特色经济初显规模，产业化发展积极

推进。新疆是一个农业大省，时至今日，县域的社会主体仍是农村，人口主体是农民，经济主体仍是农业经济。全区各县（市）紧紧围绕农业产业结构调整大做文章，在确保粮食一定生产能力的前提下，根据市场需求和自身特色优势资源，重点发展棉花、番茄、葡萄、甜菜、瓜果等特色经济作物，突出发展了畜牧业和林果业，形成了一批有规模的名优特色农产品基地。棉花产量占全国的 1/3，已成为全国最大的商品棉基地，棉花收入已占农业收入的一半。番茄酱、啤酒花、红花产量居全国各省区之首，哈密瓜、枸杞及特色果品也都在全国占有举足轻重的地位。近年来，北疆地区以畜牧业为中心推进农业结构战略性调整，带动了种植业和相关产业发展，提高了农村经济整体效益和农民增收；南疆地区在围绕特色农业和林果业发展的同时，加快了农区畜牧区发展。新疆已成为我国重要的畜牧业生产基地，绵羊毛产量约占全国产量的 35%，山羊绒产量居全国第三。

同时，各地以大力扶持龙头企业为核心，围绕龙头企业，积极调整产业结构，扩大基地规模，促进了农业区域化布局、专业化生产，拉长了产业链。“龙头企业 + 基地 + 农户”的产业化格局已具雏形，订单农业作为农业产业化的重要措施，在龙头企业与农户之间形成契约经营和合同化管理方式收效明显。全区现有各类农业产业化经营企业 300 多家，带动农户 150 多万，占全区农户总数的 50%。新天国际、新疆天业、新中基、新农开发、维维集团、冠农果业、香梨集团、麦趣尔等一批有实力的企业和上市公司大力度、高起点介入农业、畜牧业，有力地推进了农业产业化。农业产业化的发展推动了县域经济的快速发展，如昌吉市以奶业发展为突破口，以规模化养殖和产业化经营为方向，大力发展农区畜牧业和城郊畜牧业，已成为新疆主要的奶源基地和乳品加工基地，推动了产业结构的调整和农牧民收入的提高，在西部县域经济百强县排名也由 2000 年的第 61 名上升到 2002 年的第 30 名。

各县（市）通过大力实施优势资源转换战略，形成了各具特色的产业链。鄯善、库尔勒、库车等县市依托石油资源开发，形成了以石油和石油化工为主导的石化加工产业链；阿勒泰、哈密等县（市）依托矿产资源不断发展壮大矿业经济，形成矿产资源加工产业链；伊犁州各县（市）依托丰富的牧草资源，促使畜牧业发展上了一个新台阶，形成畜产品加工产业链；吐鲁番、布尔津等县（市）依托其丰富的旅游资源，大力发展旅游业，形成旅游开发产业链；乌鲁木齐县围绕菜篮子工程，发展城郊型经济，形成副食品加工产业链。特别是天山北坡经济带依托区位和基础设施较为完善的优势，已逐步发展成为全区经济、社会最具活力的区域，是全区经济、社会发展的强势力区、辐射区和示范区。

3. 基础设施明显改善，生态建设取得初步成效。近年来，在国家西部大开发战略的积极推进下，新疆以改善投资软硬环境和生产生活环境为重点，加快了各项基础设施建设步伐。在大力推进县城供排水、供热、供气等市政建设的同时，通过对国道进行扩能改造，实施农村电网改造和公路村村通工程，以及乌鲁瓦提水利枢纽、南疆铁路库—喀段、吐—乌—大高等级公路、乌—奎高速公路等一大批重大水利、交通设施的建成投产，使县域基础设施得到了明显改善。特别是重视加强农田水利基础设施的建设，使农业生产条件大为改善，已基本建成了“引蓄互补、灌排结合、渠系配套”的农田水利设施体系，农业机械化、农田林网化水平已居全国前列。特别是近几年通过大力实施农业节水灌溉工程，大大提高了农业的增长质量和效益，促进了农民增收。农业综合生产能力持续提高，为发展高效、优质现代农业奠定了良好基础。

在国家西部大开发战略的积极推进中，通过实施退耕还林还草、天然林保护、塔里木河流域综合治理、塔里木盆地和准噶尔盆地周边沙漠化治理、艾比湖区域生态环境整治、生态示范县建设等工程，局部区域的生态环境开始初步得到保护和改善。

4.围绕实施小城镇示范项目，积极推进城镇化。加快城镇化建设步伐，使人流、物流、资金流、信息流等要素资源有效地聚集与整合，是促进县域经济二、三产业发展，扩大吸引外资规模，实现农村劳动力转移，统筹城乡经济社会发展的重要前提。近年来，新疆县域经济的城市化和小城镇建设力度不断加大。大部分县市以完善城市功能，改善人居条件，提高引资能力为出发点，加快了城镇基础设施建设步伐，并适时启动小城镇示范工程。1998～2004年，全区共安排建设20个经济综合开发示范项目，其中，工业主导型小城镇3个，特色产业型小城镇5个，综合型小城镇7个，市场型小城镇5个。通过项目的实施，拉动了社会各界对小城镇建设的资金投入，培育了当地部分龙头企业，加强了小城镇的基础设施建设，推进了当地农村经济和社会发展，并基本实现了以经济发展拉动小城镇建设的良性循环，提高了城镇化水平。为进一步理清思路，加快全区小城镇经济健康发展，编制完成了《新疆小城镇经济建设规划》，小城镇经济建设将步入健康快速的发展轨道。

（二）县域经济发展存在的主要问题

发展县域经济是新疆经济社会发展的现实选择，通过改革开放20多年的开发建设，新疆县域经济取得了长足发展，但在经济发展格局中，县域经济的发展基础还很薄弱，与快速发展的城市经济相比，还比较困难和滞后，绝大多数县（市）产业特色不突出，缺少支柱产业支撑，县域经济实力不强，发展后劲不足。随着我国经济转轨时期市场环境变化和经济结构调整加快，阻碍新疆县域经济持续健康发展的一些制约因素也日益凸现出来，突出表现在：

1.县域经济整体发展水平低，且发展极不平衡。2003年，全区88个县（市）人均GDP只有7233元，低于全疆人均9710元的水平；人均财政收入430元，低于全疆人均663元的水平。县域经济发展滞后于城市经济，县域经济的总体水平也明显低于全国平均水平。2002年第三届全国县域经济百强县中，新疆只有库尔勒市列入。全国百强县排名第一的江苏省江阴市，其GDP达410亿元，为新疆88个县（市）GDP的38%，相当于南疆42个县（市）的GDP。到2003年，新疆只有库尔勒市的GDP超过100亿元，平均每县的财政收入只有几千万元，财政收入过亿元的只有13个县市，且基本上是地州首府城市，最多的库尔勒市也只有4.3亿元，最低的阿合奇县仅318万元，全疆72个县是赤字财政。从县域人均GDP看，比全国9045元的平均水平低。从产业结构看，第一产业仍是大多数县的主导产业，二、三产业比重较低，特别是农业产业化水平相对较低，经济结构单一，农畜产品加工转化增值水平不高。

新疆由于地理环境、自然资源、经济基础、人文历史等因素的特殊性，区域差异显著。各县（市）之间发展呈现出极大的不平衡性。2002年，县域经济发展水平前20名的县市中，北疆地区占16个县市，占全疆的80%。而南疆的贫困人口却占到了全疆贫困人口的80%。天山北坡经济带9县（市）同南疆贫困三地州县（市）相比，南疆三地州县（市）GDP仅为5.7亿元，天山北坡9县（市）GDP达25.4亿元，是南疆三地州县（市）的44.46倍。

2.产业结构趋同，产业层次低，产业支撑力弱。近年来，全区各县（市）围绕多元化发展加快了产业结构调整步伐，但由于资源禀赋、原有产业结构的相似性和体制因素在县域产业结构调整中的惯性作用，特别是主导县域产业结构调整的决策部门在调整思路、发展理念上的同一性，致使地方、兵团及各市、县在同类项目方面你上我上他也上，在同类产品方面你有我有他也有，各行政区之间争项目、争资金、争资源、争市场的问题十分突出，其结果是产业结构调整趋同，产业结构层次低，产业创新能力弱。

在促进发展、缩小差距的具体实践中，受

行政区划和地方利益等因素的影响，地方、兵团及各市、县在产业整合、分工协作等方面难以形成有效的联结机制和紧密的产业链与配套关系，不顾生态条件和具体实际，片面强调在本辖区实现 GDP 翻番，实现赶超，加剧了经济发展与资源短缺的矛盾，助长了招商引资中的过度竞争、产业趋同等问题。新疆县域经济产业结构趋同和产业布局不合理，已严重影响产业结构升级和经济社会的持续快速协调健康发展。

同时，产业层次低也影响着经济的发展。新疆县域经济的主体仍是农业经济。县域 88 个县（市）第一产业比重偏高，平均达 32.3%，超过 40%的有 46 个县，占新疆 88 个县（市）的 52.3%，其中超过 60%的有 11 个县，最高的喀什地区麦盖提县达 69%，而低于 10%的只有 5 个县（市），且多为地州首府城市。第二产业比重偏低，平均为 37.4%，特别是县域工业发展严重滞后，县域工业多为农产品初级加工，现代工业项目数量非常有限，部分县（市）甚至没有什么工业，而且现有工业企业普遍规模小、效益差。有些落后县工业增加值只有 260 万元，不抵沿海地区一个乡镇企业。第三产业发展滞后，特别是农业综合服务业发展水平低，已严重影响了农业生产的现代化水平和农业产业化进程。由于工业薄弱，服务业发展滞后，新兴产业和高科技产业比重很小，新疆县域经济命系单一的农业结构，产业支撑力弱，缺乏长期稳定的发展基础。

3. 基础设施条件水平仍较低，影响持续稳定发展。农业基础设施不完善，抵御自然灾害的能力还不强。近年来，新疆加大了水利等农业基础设施建设力度，在全区范围内积极推广和实施农业节水灌溉工程，极大地改善了农业生产条件，但由于新疆属绿洲经济，灌溉农业，水利是新疆的命脉。由于水资源在时空分布上极不均衡，境内几条主要河流上又缺少骨干水利工程，对水资源的调蓄能力很弱，部分县（市）无调节性水利设施，农牧业生产缺乏稳固的基础。

交通基础设施数量少、标准低。2003 年，全疆公路、铁路总里程 6.29 万公里，并且公路网病害多、等级低，特别是县乡道路通达性差，造成发展环境相对封闭。全疆各地区间平均运距约 800 公里，且主要依靠公路，严重阻碍了区域性市场的发育，制约了地域间经济协作关系的发展和规模经济的形成。

4. 城镇化水平低，农村剩余劳动力转移受限，农民增收渠道单一。到 2003 年底，新疆有建制镇 229 个，其中独立建制镇 162 个，分别只占全疆 860 个乡镇的 26.6%和 18.8%，城镇化水平仅为 33.84%。而浙江省建制镇数量已达 822 个，占全省乡镇总数的 59.8%，城镇化水平为 51.9%。新疆小城镇行政区经济占农村经济的比重只有 50%左右，浙江已达到 80%。由于城镇化水平较低，城镇中非农产业发展滞后，客观上缺乏农业劳动力转移的基础，农村剩余劳动力转移受限。由于县域产业层次低，农民收入主要依靠种植业和养殖业，渠道单一，致使农民增收缓慢。

5. 环境保护和生态建设任重道远。新疆属干旱少雨地区，生态环境非常脆弱。全疆有 61%的县市处于沙漠戈壁的包围之中，自然生态系统的整体协调性、结构功能和物质输入输出稳定性低，系统平衡易遭破坏，且难以恢复。人口对环境的压力大，人口密度达到每平方公里 11 人，比联合国规定的干旱区适宜人口标准高出 4 人，而全疆 95%的人口又聚集在 7%的绿洲内。河域断流、湖泊萎缩干涸、土地沙漠化、土壤次生盐渍化、草地退化及水土流失等生态问题都相当突出。近 40 年，全疆沙漠面积以每年 8 千公顷的速度扩展，全疆约有 1/2 土地受到风沙危害；约有 1/3 的耕地和 1/2 的宜农荒地受到盐碱侵害。新疆环境保护和生态建设任重道远。

二、加快新疆县域经济发展环境分析

新疆县域经济既取得了长足发展，也存在着许多问题和困难，但同时也面临着新的有利的发展机遇和优势条件，是未来新疆县域经济发展的坚实基础。

（一）政策环境

党的十六大明确提出要“壮大县域经济”，十六届三中全会又再次强调提出“大力发展县域经济”。为县域经济的快速发展提供了强大的政策支持，注入了强劲的动力。

国家实施西部大开发战略。中央给新疆的开发建设赋予了许多政策支持，使新疆成为了西部大开发的重点地区，新疆县域经济的发展提供了有利的发展机遇和更为广阔的空间。

全疆各级党委、政府都高度重视发展县域经济，把发展壮大县域经济作为新时期解决“三农”问题，缩小城市差别，促进经济社会协调发展的重中之重，狠抓不懈。全疆各族干部群众思发展、争富强的热情高、干劲足，为新疆县域经济的发展提供了可靠的政治、组织保证，奠定了广泛的群众基础。

（二）资源环境

新疆蕴藏着丰富的自然资源。良好的光热水土条件宜于多种农作物的生长，丰富的矿产资源为加工业的发展奠定了良好基础。新疆已是全国的优质棉生产基地，并可建成为全国重要的商品粮基地和中国最大的石油天然气生产基地。丰富的自然资源，为县域经济发展提供了优越的物质条件，同时由于区域资源的多样性和差异性，有利于各地特色经济的发展壮大。

新疆具有向西开放的地缘优势。同蒙古、俄罗斯联邦、哈萨克斯坦、吉尔吉斯斯坦、塔吉克斯坦、巴基斯坦、阿富汗、印度等 8 个国家接壤，新亚欧大陆桥横贯全境，有正式开放的一类口岸 16 个和二类口岸 11 个，是我国连通中亚、西亚、西南亚的重要陆路通道和向西开放的桥头堡，为实施“东联西出，西进东出”战略，发展外向型经济提供了有利条件。

新疆紧邻中亚地区，有 10 个民族跨境而居，与邻国之间有着相同的宗教信仰、相近的风俗习惯，有利于开展同周边国家的经贸往来。“上海合作组织”的成立和发展，为推动中亚经济圈形成发挥积极作用。

（三）社会经济环境

经过改革开放 20 多年的发展和建设，新疆的社会经济事业都取得了长足进步，各项改革积极推进，投资软硬环境不断改善，人力、物力和财力条件大为提高和丰富，为今后的发展打下了一定的物质基础，创造了良好的发展环境，特别是随着西部大开发战略的积极推进，以及“走出去，引进来”全方位对外开放政策的深入实施，新疆重要的战略地位已越来越引起社会各界的瞩目，新疆已成为全国开发建设的一块热土，引来了世界更多关注的目光。新疆的开发建设已进入到了一个新的阶段，已具备了加快发展的条件和环境。

三、加快新疆县域经济发展的总体思路和基本原则

新疆地域辽阔，各县（市）的经济基础和区位、资源、人文、气候、人口和环境等经济发展条件差异大，县域经济发展必须从实际出发，实施差别化战略，走有新疆特色的发展之路。

（一）加快新疆县域经济发展的总体思路

全面贯彻落实“三个代表”重要思想和党的十六届三中全会精神，坚持以人为本，树立科学的发展观，按照“多予、少取、扩权、放活”的方针，以不断增强竞争力和提高人民生活水平为出发点和落脚点；坚持深化改革与加快发展相结合，整体推进与重点突破相结合，政府推动与市场运作相结合，借助外力与启动内力相结合，经济手段与组织措施相结合，鼓励发达县（市）率先发展，支持中等县加速发展，扶持帮助欠发达县跨越发展；坚持统筹城乡发展、统筹区域发展、统筹经济社会发展、统筹人与自然和谐发展、统筹国内发展与对外开放，以改革开放和科技创新为动力，加强农业的基础地位，加快城镇化进程，加大基础设施和生态环境建设力度，稳步推进农业产业化、工业化、城镇化和现代化，促进城乡经济结构调整优化和劳动力有序转移，推进城乡经济融合发展，实现城乡居民增收；坚持以优势特色资源为依托，紧抓重点，突出特色，培育

壮大特色主导产业；坚持体制创新，大力发展民营经济，促进多元化发展，全面增强县域经济的活力、竞争力和可持续发展能力，促进县域经济社会的全面发展。

（二）加快新疆县域经济发展应坚持的基本原则

1. 坚持改革创新、开放搞活的原则。以改革创新为动力，着力解决县域经济发展的体制性障碍，创新制度、创新机制、创新工作方式，激发民众的创业积极性，大力发展民营经济，增强县域经济内在活力和潜力。扩大对内对外开放，放手引进大中城市和发达地区的人才、资金和技术，多方面支持县域经济发展。

2. 坚持以市场为导向、发挥优势的原则。充分发挥市场机制在资源配置中的基础性作用，各地依据各自的区位条件、资源禀赋和生态环境承载能力，按照发挥比较优势和区域合理分工原则，确定主导产业，按照市场需求调整结构，实施重点开发，以项目带动生产要素集聚，在发挥资源优势中培育地方特色，打造特色产业和名牌产品，提升竞争力。

3. 坚持统筹兼顾、城乡协调发展的原则。正确处理改革、发展和稳定的关系，为经济和社会协调发展营造良好的环境条件。切实处理好中心城市与县域经济发展的关系，制订科学合理的县域经济发展规划，发挥区域性中心城市、县城、中心镇的辐射带动作用。统筹安排城乡经济社会发展，促进城乡共同繁荣。

4. 坚持以人为本、可持续发展的原则。坚持计划生育、保护环境、保护资源的基本国策。从源头抓起，推进生态环境保护与综合治理，推行清洁生产，发展节水型农业，强化城乡污染治理。稳定低生育水平，促进优生优育，加强教育，提高人口素质。促进经济增长方式向资源节约型和集约经营型转变，保证县域经济的持续发展。

5. 坚持分类指导、整体推进的原则。支持经济较发达县（市）率先发展，引导中等发展水平县加快发展，加大对经济欠发达县的扶持力度，增强自我发展能力。全面推进社会主义物质文明、政治文明和精神文明建设。

四、加快新疆县域经济发展的战略重点及措施建设

（一）强化农业基础地位，培植和扶持龙头企业，加快农业产业化进程

农业是国民经济的基础，农业在新疆县域经济中占有举足轻重的地位，是农民收入的主要来源。要加大对农业的投入，加强农业基础设施建设，改善农业生产条件，提高农业增长效率，提升农业产业层次和市场竞争力，为县域经济的发展奠定坚实的基础。

新疆独特的自然生态环境和丰富的水土光热资源，为特色农业的发展提供了良好的条件。一要扩大特色作物种植面积，继续抓好优质棉花基地建设，突出抓好优质、专用、特用粮食生产，发展市场畅销的优质花云豆、红花、枸杞、啤酒大麦、胡萝卜等地方特色农作物。二要依靠科技进步和龙头企业，加快香梨、甜瓜、葡萄、石榴、巴旦木等优质特色果品基地建设，努力提高林果产品的质量、规模和效益。全面实施种植业、养殖业等优势产品区域布局，推进优势农产品产业带的建设，夯实农业基础地位。

新疆农业落后的深层次原因在于农业生产经营方式、社会化、组织化、标准化程度落后，因此，加快农业产业化进程，推进农村经济结构调整，增加农民收入，是县域经济的基础和着力点。为此，农业和农村结构调整要突破传统的区域界线，要从国际市场一体化的角度，全方位考虑各种因素，要在积极参与国际国内农业分工中，优化农业产业、产品和区域结构，做大做强优质特色农业。同时要积极抓好龙头企业，重点是建立和壮大以棉花、细羊花、乳品加工为主的一批白色产业集团，以番茄酱、红花、枸杞为主的一批红色产业集团和以香梨、葡萄、哈密瓜为主的一批瓜果产业集团，推进农产品基地建设，提高农业现代化程度。面向市场，培植优势特色产业。并利用我区丰富的农业资源优势，围绕农民增收，着力培育农业产业化民营企业，增强县域经济发展

的内在活力和动力。

（二）积极推进工业化进程，培育壮大特色主导产业

工业化是现代化的重要标志。以工业化为突破口，带动农牧业发展，是县域经济发展不可逾越的阶段，也是强县富民的根本所在。新疆县域经济整体发展落后，工业基础薄弱是其重要因素。要推进农业产业化、城镇化、现代化，首先要推进工业化，没有工业化作支撑，农业产业化、城镇化、现代化就缺少坚实的根基。

但是也不能为工业化而工业化，县域工业要体现新型工业化的取向和要求，不能破坏环境和生态。发展县域工业，必须坚持因地制宜，一要立足当地优势，发展与第一产业有联动和辐射力的企业；二要发展高新技术产业，发展高附加值、有竞争力的产业；三要加强发展劳动密集型企业，以吸纳更多的劳动力就业。

要坚持走新型工业化路子，把工作重点转到调整经济结构、转变增长方式、提高增长质量和效益上来。立足各地优势，坚持项目带动，把农产品加工业、资源加工型和劳动密集型加工业作为县域工业发展的主攻方向，促进食品工业、纺织工业、机械工业等传统产业优化升级，积极发展科技应用型和产业配套型的工业企业。按照规划，集中布局工业项目，提高县域产业聚集度。重点扶持支柱产业和骨干企业，引导生产要素向骨干企业集中，推动资产重组，增强企业核心竞争力，发展具有特色的支柱产业，努力提高县域工业增长对县域经济的贡献份额。

（三）大力发展服务业，不断提高农业综合服务水平

县域经济是宏观经济与微观经济、城市经济与农村经济联系的纽带。县域服务业既要满足城镇发展之需，又要承担为农民提供产、中、后的综合服务，在推进县域农业产业化、工业化进程中，服务业不可或缺。大力发展服务业，特别是农业综合服务业，对于县域经济的持续快速发展起着至关重要的作用。

继续发展壮大商贸流通业、邮电通信业等传统服务业，积极发展社区服务、信息服务、中介服务、物业管理服务等新兴服务业，特别是要大力发展农业综合服务业，重点推进农业技术推广服务、农业科技和信息服务、农产品流通服务等，建立完善的农业综合服务体系，不断提高农业综合服务水平，为实现农业现代化打下坚实基础。

在具体发展实践中，要积极鼓励多种所有制服务企业的发展。鼓励和引导城市三产下乡，开拓农村市场。大力发展各类经济组织和经纪人队伍，支持各类经济组织在县城和中心镇兴办大中型批发市场和集贸市场，搞活农产品流通。完善农村科技信息服务网络，建立健全专业队伍与农民科技组织相结合的区域性、专业性的农业科技推广体系。加强组织引导，做好劳务输出管理与服务，加快农村富余劳动力转移。积极发展民间培训机构，拓宽培训专业领域。加快建立和完善县域社会保障体系。

（四）加快推进城镇化，促进城乡协调发展

城镇化是县域经济发展水平的重要标志，是县域经济发展的主要目标之一，是统筹协调城乡经济社会发展的有效载体。加快城镇化建设步伐，使人流、物流、资金流、信息流等要素资源有效地聚集与整合，是促进县域经济二、三产业发展，扩大吸引外资规模，实现农村劳动力转移，统筹城乡经济社会发展的重要前提。

城镇化建设，一要坚持以产业聚集带动城镇发展的原则，以产业支撑城镇建设，坚持城镇建设、市场建设、工业园区建设相结合，引导、鼓励各企业向县城和重点中心镇集中。二是围绕小城镇示范项目实施，并按照《新疆小城镇经济建设规划》要求，有重点、有步骤、科学合理地积极推进，加快我区小城镇经济健康快速发展，不断增强小城镇综合功能。

新疆城镇化建设要以县城和有条件的建制镇为基础，逐步形成以县城为龙头、中心镇为

重点、一般集镇和中心村为基础的城镇体系。要把集中发展县城和1～2处中心镇作为推进城镇化的重点，突出县城的中心地位。要把县城的建设与所在区域中心城市的发展作为一个整体来考虑，加快完善城市综合服务功能，增强县城的集聚和辐射功能，发挥县城的地域性经济、文化、商贸中心作用。要科学规划、合理布局小城镇，体现特色，提高建设水平。继续开展小城镇经济综合开发示范项目建设，引导小城镇发展特色经济，完善小城镇功能。要对发展潜力不足，规模较小的乡镇实施撤并。要积极引导区域内的非农业户和非公有经济向城镇合理集聚。应鼓励农民进城务工就业，取消和调整一些限制农民进城就业的不合时宜政策。

（五）加大基础设施、环境保护和生态建设力度

加大对县域交通、水利、通讯等基础设施建设的投入。要加快国道主干线和经济干线、贫困县与国道的连接线、通县油路工程、口岸公路的改造，加强县乡道路建设，提高公路路网密度、通达深度和公路等级，尽快实现乡乡通油路，村村通公路的目标，解决交通对农村经济发展的“瓶颈”制约；要继续搞好农村电网改造，实现城乡电网同价，降低经济发展成本；要加快建设一批大型控制性水利枢纽工程，保障农牧业丰产丰收；要进一步加强县城供排水等城市基础设施建设。改善投资环境，增强对县域经济发展的支撑能力。

正确处理县域经济发展与人口、资源、环境的关系。继续实施生态恢复与保护、天然林资源保护、草原“三化”综合治理、退耕还林还草，搞好生态县建设。科学规划，合理开发利用自然资源，加强水土保持与减灾防灾工作，使资源保护开发利用与经济建设同步，促进经济、社会、生态效益相统一。经济强县首先要成为生态县，打好特点牌，全面完成天然林保护、退耕还林（草）和荒山造林任务，抓好政策兑现。加强基本农田建设和小流域治理，坚持山、水、林、草、田、园、路、村综合治理。

把节约资源、降低消耗放在突出位置，大力推进节能、节水和资源综合利用，切实转变经济增长方式，全面推行清洁生产，加快发展循环经济。大力推动资源节约科技成果的推广应用，加大企业节水技术改造力度，发展节水农业、节水工业、节水城市。加快土地管理体制改革，实施最严格的耕地保护制度并采取有效的节地措施。

（新疆维吾尔自治区发展和改革委员会主任　刘晏良）

云南省退耕还林后续产业开发调研报告

云南地处祖国西南边陲，面积39.4万平方公里，其中山区面积占94%。退耕还林工程的全面实施，进一步促进了生态环境的改善，农村经济结构的调整，推动了以畜牧、野生天然药物、花卉、香料、咖啡、魔芋、水果等为重点的特色农业的发展。

一、云南省退耕还林基本情况

（一）基本情况

1. 试点工作取得明显成效。2000～2001年国家下达云南省退耕还林试点工程任务129万亩。其中，退耕还林30万亩，荒山荒地造林99万亩。通过试点地区广大干部群众共同努力，共完成退耕还林131.1万亩。其中，退耕地还林30.2万亩，荒山荒地造林100.9万亩。

2. 2002年退耕还林任务全面完成。2002年国家下达云南省退耕还林任务300万亩。其中，退耕地还林150万亩，荒山荒地造林150万亩。全年落实任务3004844亩。其中，生态林2877679亩，占95.77%；经济林118706亩，占3.95%；草8459亩，占0.3%。涉及1136个乡镇，4125个行政村，445414户农户。

3. 2003年退耕还林工作稳步推进。2月份下达了520万亩退耕还林正式计划。至3月底，完成退耕还林任务34.6万亩，占计划的6.7%。其中，完成退耕地还林29.6万亩，占计划的11.8%；荒山荒地造林种草5万亩，占计划的1.9%。

2000～2002年全省退耕还林总面积429万亩。其中，生态林占95.7%，经济林占4.3%。按计划任务，2000～2003年，云南将完成退耕还林950万亩。其中，退耕还林430万亩，荒山造林520万亩，按退耕还林20%的经济林比例，将种植各种经济作物86万亩，再加上荒山荒地造林中经济林的种植面积，为发展后续产业创造了条件。

（二）退耕还林的主要做法

1. 国务院下发《退耕还林条例》及《国务院关于进一步完善退耕还林政策措施的若干意见》后，结合云南省实际，下发了《云南省人民政府转发国务院关于进一步完善退耕还林政策措施的若干意见的通知》。

2. 层层落实目标责任制。全省各级领导高度重视退耕还林工作，把退耕还林工作纳入了各级党委、政府的中心工作。各级政府分别成立了由行政主要领导或分管领导任组长，有关部门负责人组成的地、县、乡三级退耕还林工作领导小组，每年多次召开会议，安排部署工作。

3. 及时兑现补助政策。2000～2002年，国家累计下达云南省退耕还林任务429万亩。应兑现粮食6.9亿斤，现金补助4600万元，种苗造林费21450万元，已全部兑现。2003年1～3月，实际兑现到户粮食46410万斤，兑现率85.94%；现金补助兑现到户2863万元，兑现率79.53%；造林及种苗补助费到户13194万元，兑现率87.96%。

4. 注重整体效益，坚持七个结合。一是政策引导与农民自愿相结合。二是退耕还林与本省六大水系和九大高原湖泊的治理相结合，加快江河湖泊治理步伐。三是退耕还林和农田基本建设相结合，在保证农民基本口粮田的基础上，改善农业生产条件，提高单产，解决农民后顾之忧，巩固退耕还林成果。四是退耕还林与调整产业结构相结合，通过退耕还林，建设一批特色商品林基地和工业原料林基地。五是退耕还林与农民增收相结合，通过造林模式创新，实行长短结合，使退耕农户在较短时间内获得经济效益。六是退耕还林与易地扶贫搬迁相结合，易地搬迁退耕的农户可到异地享受退耕还林的补助政策，促进生态治理与农民脱贫的协调发展。七是退耕还林与农村新能源开发相结合，在退耕还林区建设农村沼气10万多口，积极推广以电代柴、节柴改灶、秸秆气化，积极营造薪炭林，确保退耕还林生态目标的实现。

二、云南特色生物资源开发情况

（一）资源概况

云南立体的地形地貌和立体的气候，造就了适合多种类型生物生长的生态环境。全省南北温差达19度，囊括了从热带到寒带之间的各种气候类型，有“动植物王国”的美誉。全省有高等植物1.7万种，占全国的63%；药用植物6559种，占全国的51%；食用菌350种，占全国的65%；拥有4000余种野生观赏植物，被誉为“世界花园之母”和“人类观赏植物基因库”；香料植物500多种；还拥有脊椎动物1737多种，占全国的59%。另外珍贵木材、木本油料、竹类资源等也十分丰富，为云南发展特色生物资源开发产业，提供了天然资源。

（二）市场需求趋势

1. 绿色食品。由于全球人口的增长，国际市场对农产品的需求也随之逐年增长，其中增长最快的是“绿色食品”与“有机食品”。人们出于健康和环保的考虑，纯天然、无污染、高品质的绿色产品越来越受到青睐。据美国农业部调查，美国市场上的“有机食品”销售额以年均22%的速度增长，大大高于普通食品。欧洲、日本“有机食品”市场交易量年增长率也将达到20%～30%。我国由于受整体经济发展水平和消费结构的制约，有机食品的市场需求仍处于较低水平。但随着人民生活水平的提高，国内市场对“绿色食品”与“有机食品”的需求也会随之大量增加。国际、国内农产品市场上需求结构的这种变化，为云南退耕还林地区发展无污染、纯天然、高品质的绿色产品，提供了广阔的市场空间。

2. 畜产品。我国的肉类产品除禽肉外，在国际市场上有较强的价格竞争优势。猪肉价格比国际市场低57%，牛肉价格低84%，羊肉价格低54%。肉类价格优势主要来源于劳动力和饲料等生产要素成本低廉。云南退耕还林地区农户家庭养畜大多以生活废弃物和农作物秸秆及野菜、野草为主，饲养成本低。而云南的牦牛、犏牛、大额牛、黑头山羊等草食畜产品的发展，在国内外市场具有较强的竞争优势。云南畜产品和乳加工产品，不仅远销香港，还销往缅甸、老挝、越南等东南亚国家。

3. 花卉。云南花卉经过近10年发展，已形成以鲜切花为主的花卉产业，2002年花卉产业产值34.1亿元，其中鲜切花产量达20亿枝，已连续9年保持全国第一。滇西北高原凭借日温差达30℃左右的独特气候条件，在花卉的发展中另辟蹊径，发展以郁金香、藏昌蒲等为主的名贵花卉、种质资源，替代进口打入国内市场。据专家预测，到2005年，全国鲜切花消费将达到90亿枝，中国作为世界上花卉消费潜力最大的市场，在今后几年内其消费增长速度将保持在30%左右。云南花卉国内主要销往华北、华东、华南地区，总产量的80%销往全国70多个大中城市；10%出口到日本、泰国、新加坡、韩国、台湾、香港等国家和地区，出口额近3000万美元。

4. 天然药物。当今世界药品市场发生了三大变化。一是生物技术药物产品异军突起，每年以45%左右的速度递增；二是天然药物热销，随着人们保健意识的提高和“回归自然”的要求，天然药物受到市场青睐，如虫草、贝母、三七、天麻、当归等名贵中药材；三是非处方药、通用名药（指专利保护期已过的药品）的销售比例迅速增长。云南省已获得国家1～5类新药证书及生产批文42个，国家中药保护品种27个，这些药物大多为天然药物，在国内外市场上销售情况良好。

（三）开发情况

发展生物资源开发创新产业是建设绿色经济强省的重要支撑，是云南发展特色经济的必由之路。云南生物资源开发利用先后经历了“茶、胶”和“烟、糖”两个阶段。“九五”以来，云南生物资源开发以创新为核心，巩固提高传统的烟叶、蔗糖、茶叶、天然橡胶产业；提升传统的食品饮料、中药、林化工、桑蚕、香精香料产业；积极开创加工蔬菜、花卉、天然药物产业，发展壮大乳制品产业。

1. 烟草产业。经过60多年的努力，云南省确立了作为中国优质烤烟主要生产者的地位，所产烟叶在世界上具有较好的声誉。烟叶除满足本省需要外，还调供全国180多家烟厂和出口20多个国家和地区。云南卷烟工业进行了三次大规模的技术改造，生产技术达到了国际先进水平，拥有全国最强的优质卷烟生产能力。2001年烤烟种植面积491.3万亩，产量59.15万吨；卷烟599.49万箱，实现税利328亿元，占云南财政收入的55.33%。烟草既是云南地方经济的支柱，也是国家烟草产业的重要组成部分。为迎接“入世”挑战，国家将实施烟草地区结构调整和产品结构调整，在云南建设香料烟示范基地，加快混合型卷烟的开发。

2. 蔗糖产业。云南是中国蔗糖主要产区，2001年甘蔗种植面积398万亩，产量1471.81万吨；糖产量148.1万吨，居全国第二位。未来云南蔗糖年产量可以维持在150万吨以上，或根据市场需求有较大外调能力。

3. 蔬菜产业。蔬菜及其加工业是“十五”期间国家重点鼓励和支持的产业，云南是蔬菜大省，今后重点发展无污染、绿色蔬菜，加工蔬菜产品等，以便于长途运输和克服我省运输新鲜菜能力不足的缺陷。争取将云南建成中国的加工蔬菜出口基地，形成每年20万吨以上的出口量。

4. 茶叶。云南茶叶具有良好的种植条件，茶叶品质优良，但茶叶加工产值相对较低。通过调结构、精加工，中茶中制、中茶西制，使滇茶扩大国内外市场份额，跨入世界名牌行列。

5. 畜牧业。云南的生猪头数和大牲畜头数均居全国前列，黑山羊、独龙牛、牦牛、犏牛、大种鸡等云南特有品种，深受国内外市场欢迎，但出栏率一直都比较低。因此，发展畜牧业要以基地建设和饲料开发为基础，依靠科学技术，调整结构、改良品种，满足省内外消费市场和出口优质牛羊肉需要。

6. 食品和饮料。除了上述蔗糖、茶叶、加工蔬菜、畜产品四大宗食品饮料外，云南还可以利用丰富的水果资源和野生植物资源，积极发展多样化的保健食品及饮料，野生菌（蘑菇）的保鲜加工等。

7. 花卉。突出花卉产业以昆明为主的滇中温带鲜切花生产区，以西双版纳为主的滇西南热带花卉生产区，以迪庆、丽江为主的滇西北高山花卉、球根类花卉生产区的布局。重点实施一批基础性项目，如昆明国际花卉拍卖市场体系建设，出口花卉产业化示范工程等。扶持一批龙头企业，发展一批优势产品，如以玫瑰、百合、红掌、康乃馨为主的鲜切花；郁金香、藏昌蒲为主的球根花卉；山茶、杜鹃等优质盆花及各类优质观赏苗木、竹、藤植物。继续巩固和开拓亚洲市场，建全产业支撑体系。

8. 天然药物为主的医药产业。云南具有生物技术产业开发的物质基础，根据国家医药产业发展的重点和云南资源特点，重点发展国家一、二、三类新药；高附加值产品的出口和优势产品；药用生物工程；新菌种培育；天然类药物生产；中药有效成份的提炼、纯化及分析；野生药材和药源性动物引种驯化；中药饮片全浸润炮制工艺。在产品方面重点开发三七系列、天麻系列、当归系列等，以及各种地方民族医药。

9. 天然橡胶。天然橡胶是重要的工业原料，云南作为国家天然橡胶基地，应加快橡胶加工业发展，开发各种橡胶产品和合成化工产品。

10. 林产。云南林业发展的方向是在实施天然林保护、退耕还林还草，保护生态环境的前提下，积极开发特色经济林业，发展原料速生丰产林与珍贵用材林的培植和加工、林化工深加工产品。此外，根据林业本身的特点，开展森林动植物引种驯化或繁殖，如象、熊、蛇、鸟、虫、菌、药、花、绿化用植物和水土保持植物等，以及发展森林旅游等特色林业。

（四）开发中的经验教训

1. 要始终坚持把生态效益和经济效益有机结合起来。退耕还林区一方面生态破坏严重，另一方面人民生活比较贫困，退耕还林肩负着建设、改善生态环境和增加经济收入两大重任，只有把生态、经济这两大效益有机的结合起来，才能真正做到“退得下、稳得住、不反弹、能致富”。否则，一旦国家以粮代赈的扶持力度减弱或完全停止后，不可避免地将出现退林复耕的现象，形成新的生态破坏。

2. 树种选择及优化造林模式是关键。退耕还林工程不单纯是造林种草，减少水土流失，改善生态环境的工程，它同时也是一项调整农村产业结构，促进地方经济发展和增加农民收入的民心工程。这就需要在树种选择及造林模式的配置上下功夫，探索出既能有效改善生态环境，又能使退耕农户获得较好经济效益的造林模式。文山州通过探索和总结，成功地走出了“一乡一业”、“一村一品”的路子，并结合退耕还林工程的实施，合理配置混交树种和林种比例，根据各树种特性，采取小区域山上部种植生态树、种旱冬瓜，中下部种植经济树种八角，并混交部分金银花，促进农村产业结构的调整，增加了农民收入，推动了县域经济的发展。红河州积极推行多林种、多树种、多层次、多模式配置，形成针阔混交，乔灌草立体种植，林药、林草配置的良好造林模式。既考虑了长期效益，又兼顾了短期利益，既考虑了国家和社会对生态的需要，又兼顾了人民群众的切身利益，实现了长短结合，生态效益与经济效益的有机统一。

3. 以“公司＋基地＋农户”的经营模式，带动产业开发。云南省在生物资源开发和退耕还林后续产业开发中，采取扶持龙头企业，以“公司＋基地＋农户”的经营方式，带动产业开发。如丽江地区根据本地产业开发现状，确定了“天保暨退耕还林十大龙头企业”，这些龙头企业，带动了薯蓣、野生中药材、核桃、青刺果、青梅等基地建设，增加了农户收入。大理州引进椰风集团，希望集团，娃哈哈集团，加工核桃乳等饮品和乳品，带动了原料基地建设和产品加工水平的提高，产品市场份额的扩大。

云南省在生物资源开发和退耕还林后续产业开发中也存在一些不容忽视的问题。一是人才缺乏，劳动力素质有待提高。缺乏在市场经济条件下进行农业产业化经营的人才，特别是缺乏龙头企业带头人才和市场营销、中介及管理人才，产业开发缺乏市场预见和市场开拓能力。退耕农户习惯于传统种植，对发展后续产业和新的生物资源开发，缺乏劳动技能准备。二是信息匮乏。产业化发展，信息建设是关键，没有信息引导，如同“盲人摸象”。信息建设不是有几台微机，有几个网络，有几个人就能解决的，它是社会性的、系统性的工程，需要有市场化的条件，产业化的基础，良好的社会环境，以及投资与信用机制等。缺乏这些市场信息基础，产业开发就缺乏重要的前提条件，产业潜力也难以发挥。三是资金不足。资金缺乏是阻碍云南后续产业和企业发展的根本原因之一，导致生物资源开发建设只有走原始资本积累这条路，企业成长缓慢，龙头企业作用有限，对产业发展带来不利影响。四是经济林比例偏低，宜林荒山荒地与退耕地分离。退耕还林现规定的经济林种植不得超过退耕还林地的20%，这与真正做到“退得下、稳得住、不反弹、能致富”，有一定矛盾，因为只有在退耕还林中，培育农民自我发展的能力，开发市场需要的产业和产品，才能使退耕还林在国家停止补贴后，“稳得住、不反弹”。而硬性规定过低的经济林比例，不利于退耕还林的总体目标实现。以县为单位的退耕还林面积与荒山荒地造林挂钩的做法，因行政地理单元过小，不利于在一定范围内推进后续产业的发展。

三、培育退耕还林后续产业的思路

抓住国家西部大开发机遇，以退耕还林为依托，立足云南特点和资源优势，以改善生态环境，寻求新的经济增长点，增加农民经济收入，提高人民生活水平为出发点，本着“规模调大，品种调优，体现特色，效益调高”的原则，以市场为导向，科技为支撑，大力发展草畜、林竹、中药材、花卉等退耕还林还草后续产业，促进云南经济、社会和生态的协调发展。

四、后续产业发展重点

认真贯彻落实中央关于实施西部大开发战略和云南省政府关于建设绿色经济强省的发展战略，以畜牧业、花卉、林竹、食用菌、中药材、果蔬菜等为主要的开发重点和发展方向，加大潜在优势产业的发展力度，提高科技进步对资源开发的支撑，避免掠夺式开发，加强生态环境综合治理，改善农村农民生存条件。

1. 畜牧业。云南94%的土地面积属于山区，决定了发展农业和农村经济的困难在山，潜力在山，希望也在山。畜牧业已成为广大山区农民脱贫致富，增加收入的主要途径，是农业和农村经济发展中的重要支柱产业。畜牧业作为农业结构调整中的一个重要组成部分，也必须适应新形势的要求，主动适应市场调整结构，提高竞争能力。从云南畜牧业发展实际出发，大力发展草食畜和名特优品种，在结构调整过程中要围绕推进畜牧业产业化，抓好以肉牛改良为重点的科学养畜技术、建设优质高效的畜禽商品基地和草场，继续实施畜牧扶贫工程，进一步加强疾病防疫及畜牧推广体系建设，加快云南畜牧业现代化建设，为农民增收提供有效保障。

2. 林竹产业。工业原料林以营造竹子、桉树、紫胶寄主树、棕树、皇竹草等为主，香料林以营造八角、肉桂、花椒、桤木（成林后在林下间种草果）等为主，药用林以营造杜仲、喜树、红豆杉等为主，速生丰产林以营造秃杉、西南桦等为主。

3. 茶叶。茶叶种植面积稳定在现有的250万亩左右，加大更新改造茶园力度，提高无性系优质茶园面积比例，依靠科技，提高单产，改善品质。积极实施名牌战略，发展集团化经营，研究开发花茶、绿茶、保健茶和其他茶叶食品，力争5年内培育在国内外知名的1—3个优质名牌。

4. 以天然药物为主的现代医药产业。运用现代生物技术，加大科技投入和科技创新力度。重点发展天然药物，走规模化、集约化、产业化道路，使三七、灯盏花、天麻、当归、茯苓、云木香、云黄连、鞘蕊苏、蛇毒等云南特有中药材系列和以动物为原料的天然药物的现代医药产业，逐步成为特色优势产业。加强对民族民间药物的研究开发、整理、挖掘一批民族民间单方、复方制剂，尽快形成商品。加快中药现代化步伐，以现代技术改造中药传统生产技术，建设一批符合市场需求的绿色中药材基地。

5. 绿色食品及功能食品产业。充分发挥云南优良的生态环境和光、热、水、土、气的有利条件，瞄准国内外市场，不断扩大绿色食品生产开发规模。重点发展绿色蔬菜、茶叶、马铃薯、咖啡、魔芋、葡萄油、热带果品、食用菌、野菜等，下功夫建设一批优质绿色蔬菜、水果商品生产基地，以满足消费需求和绿色产品市场竞争的需要。利用云南有保健功能的植物资源较为丰富的优势，大力开发功能食品。

6. 花卉及观赏园艺产业。建立花卉种子、种苗、种球繁育体系，高起点、规模化建设花卉示范园区和一批优势花卉出口生产基地，形成一批有经济实力的花卉、观赏园艺生产企业。大力发展以切花、盆花和种球繁育为重点的花卉产业，积极发展有云南特色的观叶植物、城市绿化树木和草坪。坚持民有民营，走外向型、高科技、多渠道、股份制的创新发展路子。以优越的自然条件，低廉的土地、劳动力价格，吸引国内外著名的花卉企业，将其生产基地转移到云南，把云南建成亚洲花卉出口基地和交易中心。

7. 生物化工产业。重点发展以印楝、除虫菊为主的生物农药，以山苍子、松节油、香荚兰、桉叶油、香茅油为主的香料产业，以蓖麻为主的植化产品，以芦荟为主的化妆品。积极发展动植物、螺旋藻等微生物化工产业和植物生长调节剂，扶持一批萃取工业项目。

五、后续产业发展的主要措施

1. 大力发展非木材利用的树种。竹子、酸角、印楝、杜仲、八角、肉桂、紫胶寄主树、桑树、柠檬等非木材树种都不是直接利用木材，而是利用其根径、花果、枝叶、树皮及副产品等，发展非木材树种，可以青山常在，永续利用。

2. 提升后续产业的科技含量。加大对良种的引进、培育力度，为种植业、养殖业的结构优化，提质增效提供保证；扩大良种良法的科技示范和推广力度，农林科研部门率先建示范，办样板，以点带面，加快科技成果的推广和转化。采取多专业、多层次、大范围的技术业务培训，有针对性地讲授树种的栽培及育苗技术。积极引进和推广竹子高空诱根育苗技术，大力推广竹子埋节育苗技术。科学选择造林树种，适地适树，在植被难以恢复的干热河谷—红河河谷，选择既有生态效益又有经济效益的印楝树种，建设印楝河谷，培植印楝产业。

3. 加大政府投入及政策引导。红河州政府加大对后续产业的投入，由政府购买印楝种子，培育苗木，无偿提供给农户，扶持印楝产业发展，仅 2002 年州财政投入印楝产业的种苗扶持资金就达 200 万元。丽江地区政府对天保与退耕还林后续产业开发中的龙头企业实行授牌、命名，并给予资金、技术和有关政策的扶持，充分发挥龙头企业在后续产业发展中的带动作用。

4. 抓龙头公司和大户建设。每个产业发展 2～3 个龙头企业。按照现代企业制度和《公司法》组建龙头公司，实行股份制运作，采取引进、合资、合作、独资等形式，与农户建成利益共同体，发挥“龙头”作用，做到稳定农户的生产积极性。发展订单农业、合同农业，达不到龙头公司的，按大户进行建设。切实办好具有一定科技含量的示范户、典型户和示范区，通过产业样板，带动千家万户进入农业产业化。

5. 搞好产品加工和销售。鼓励和吸引社会各方面力量参与产品开发、加工，抓加工求效益，通过优胜劣汰和质量监督体系，提高产品的加工质量，充分利用原料资源，发展加工业。按照立足国内市场，开拓周边市场，放眼国际市场的思路，加大绿色、生态、特色产品的市场营销力度。

六、推进后续产业发展的政策建议

（一）增加云南退耕还林指标

云南有金沙江、珠江、澜沧江、红河、怒江、伊洛瓦底江等六大水系，是我国长江、珠江及流入东南亚诸国重要河流的上游或源头，生态位置十分重要。加之全省 94% 的土地面积是山区，有 25 度以上的陡坡耕地 1121.3 万亩，16～25 度的坡耕地 2884.1 万亩，省政府已做出规划，从 2000～2010 年，全省共规划退耕地还林 2500 万亩，任务艰巨而繁重，需要得到国家的大力支持。但到 2003 年，国家只安排云南退耕还林任务 430 万亩，下阶段退耕还林任务非常繁重，请求国家增加云南退耕还林面积指标。

（二）安排退耕还林及后续产业前期工作经费

退耕还林工程任务重，涉及面广，宣传发动，签订退耕还林合同，逐户逐块丈量落实地块，逐个勾绘图纸等前期工作极为繁重；后续产业发展也需要进行项目前期工作。由于云南地处边疆，经济基础薄弱，绝大多数地州市县财政十分困难，有的县连工资都难以保证。因此，工程和项目前期工作经费难以落实，严重影响了工作开展。请求国家每亩补助 5 元的退耕还林工程前期工作经费，后续产业按特色重点产业给予项目前期费补助，以保证工程的顺利开展和后续产业的发展。

（三）提高退耕还林中经济林比重和种苗补助费

退耕还林不是一个单纯的生态环境建设工程，而是一个兼顾农民增收的系统工程。在工程实施中，必须选择既有生态效益又有经济效益的树种，同时，考虑林种的搭配和混交，以实现改善生态和农民增收的双重目标，通过退耕还林推动农村产业结构调整，发展后续产业。建议国家将退耕还林中经济林比重提高到35%，每亩造林及种苗补助费从50元提高到100元。

（四）进一步完善林业政策法规

《国务院关于进一步完善粮食生产和流通有关政策措施的通知》（以下简称通知）规定"谁退耕，谁造林，谁经营，谁受益"的原则，但按照林业部门的其他现行政策，又规定生态林完全属于禁伐范围，如果造林后就完全不能砍伐，势必影响其造林积极性，也就谈不上受益问题，而且与"谁退耕，谁造林，谁经营，谁受益"的政策自相矛盾。因此，建议在政策上进一步明确，对地理条件较好的地区，经批准并收取更新保证金后允许适当采伐，采伐后更新造林并经林业主管部门检查验收合格退还更新保证金。这样既有利于调动农民造林的积极性，又有利于农民增收，实现青山长在、永续利用的可持续发展。特别是竹子应在采伐政策上彻底放开，退出限额采伐，因为竹子年年抽笋，只要科学的采伐，是可以做到越砍越发，越砍越好的良性循环。

（五）调整林产品的税种和税率

要用市场经济的观点，以利益机制为纽带，从根本上解决林业发展的动力问题，以物质利益为动力来刺激企业和个人投资退耕还林的后续产业开发。在林业基地的建设，竹木的采伐、加工及销售，林产品的采集、加工及销售等环节采取税收减免政策。对退耕还林还草后的农业税问题，《通知》规定：国家对应税的退耕地，自退耕之年起，补助粮达到原收益水平的，国家扣除农业税部分后再将补助粮发给农民，停止粮食补助时，同时停止扣除农业税，但在实际工作中，退耕地的单产和是否应税很难界定，各地执行标准不一，建议全部减免退耕地的农业税和定购粮，地方财政减收部分由中央财政采取财政转移支付的方式予以解决。

（六）扶持龙头企业，带动退耕还林后续产业的开发

提高林业效益主要靠产业带动，林产品经济效益要通过后续加工来实现。通过技术改造、深度加工，扩大规模等措施，做好林产品和后续产业产品加工增值，扩大特色、绿色、生态产品出口。将龙头企业与带动农户数量、产品质量挂钩，兑现扶持发展资金，促进产业化经营。

（云南省西部地区开发办公室）

将中卫建设成为宁夏西部中心城市的战略研究

一、把中卫建设成为宁夏西部中心城市的重要意义

在宁夏城镇体系的形成与发展过程中，中卫具有重要的地位和作用，这是因为：宁夏中西部地域广阔，现状尚无城市，亟需建设一个中心城市，以带动当地一定区域范围的经济社会发展。在兰州市、白银市与银川市之间非常需要一个城市，以形成兰州—银川城市带—黄河上游地区的经济核心地带，中卫大致处于兰州、银川的引力平衡点附近，有条件形成一个重要城市。在全自治区中，吴忠市的地域面积大、人口多，但其中心城市利通区经济实力、辐射能力有限，带动其所属各市县发展显得力不从心。把中卫发展成为一个中心城市，有利于分担利通区的中心城市功能，加速卫宁地区和同心等县的经济发展。

因此，中卫在完善自治区城镇体系的布局结构中，承担着重要的功能，把中卫迅速建设成为一定区域的中心城市，不仅是当地及其周围一定区域范围经济社会发展的内在要求，也是实施西部大开发战略和加快宁夏发展的全局需要。

中卫能否建成一定区域的中心城市，这需要对中卫在宁夏开放开发中的地位作用，以及中卫已有基础和发展条件等进行充分的研究，才能做出回答。这方面，以前的一些研究已经打下一定基础。《宁夏回族自治区国土开发整治总体规划》明确提出，2000 年前后实现中卫（以及固原、灵武）设市，使其成为自治区六个综合开发据点之一，逐步建成宁夏中西部的重要城市。国家民政部组织的全国设市预测与规划工作，于 1995 年完成研究报告，其中涉及宁夏设市条件评价的有灵武（工矿城市）、中卫（交通枢纽城市）、固原（地区中心）三个。灵武、固原已先后设立县级市和地级市，未设市的只剩下中卫了。

《宁夏回族自治区国民经济和社会发展第十个五年计划纲要》指出，要“积极发展吴忠、石嘴山、固原、中卫等中小城市”。《宁夏城镇化发展重点专项规划》还具体指出：“十五”期间，要尽快在南部、中部城镇规模小、密度低的地区增设城市，逐步形成在局部地域具有一定服务功能和辐射力的经济中心，其中中卫县是卫宁平原中心城镇，新亚欧大陆桥中段的重要交通枢纽，随着沙坡头水利枢纽的建成，经济发展将上一个新台阶，是宁夏很有发展前景的工商、旅游城市。今后 5～10 年，依托构成新亚欧大陆桥发展轴的包兰铁路、宝中铁路、太中铁路和 25 号、35 号国道主干线、银川至武汉、中宁至营盘水等高速公路，充分发挥银川、吴忠、石嘴山、固原、中卫等中心城市作用，以线串点，以点带面，有重点地推动开放、开发，促进全区城乡经济和山川经济协调发展。自治区建设厅委托陕西省城乡规划设计研究院编制的《宁夏回族自治区城镇体系规划》（2001）也提出，应将宁夏城镇体系划分为包括中卫片区在内的五个城镇片区，指出中卫作为地区中心城市是一种必然发展趋势。

建设中卫成为宁夏西部中心城市，主要基于两个方面的现实需要：一是宁夏中部干旱带上的同心、海原两县，长期以来发展经济缺乏良策善举。通过加速中卫中心城市发展，可更好更快地带动同心、海原等县的经济社会发展，特别是今后兴建沙坡头、大柳树水利枢

纽，建设兴仁扬黄灌区，进行规模性生态移民，将促成两县生态环境和经济发展整体形势的根本性转变。它们隶属中卫市管辖后，可在一定程度上减轻吴忠、固原两市多方面的压力；二是宁夏的经济重心偏在北部，这固然与银川平原优越的地理环境及大中型工业布局有关，但也与其他地区缺少能带动区域发展的中心城市有关。为使宁夏的社会经济发展更趋合理，除在南部地区强化原州区作为中心城市的功能之外，有必要在宁夏西部地区培植一个强劲的增长极，以其为龙头，带动整个片区发展。

二、将中卫建设成为宁夏西部中心城市的可行性

（一）中卫自古以来即是宁夏地区的经济文化军事重镇

中卫濒依黄河，水源充足，有“天下黄河富宁夏，首富中卫”之说。汉代起开渠引水灌溉，成为西北最早的灌区之一。西夏在此置鸣沙郡，御仓积谷竟达百万石，成为西夏王朝重要的粮食生产和储备基地。中卫得黄河之利，自古就是黄河上游远近闻名的水旱码头，是回、汉、蒙各民族相互贸易的商品集散地。明万历二年，中卫开设边口互市，在卫城东关、西关形成粟帛、日用杂货及农副产品固定交易集市。清末，在中卫莫楼设盐务商运局，形成宁夏最大的盐运批发市场。历史表明，中卫不仅物产丰富，也是传统的水旱码头和商贸中心；不仅是军事战略要地，也是颇具辐射力的经济、文化重镇，自古以来即已形成了辐射甘肃省景泰、靖远，宁夏的中宁、同心、海原，内蒙古阿左旗的经济中心，以及连接甘、宁、蒙、青的重要交通枢纽。

（二）中卫具有双向开放的潜在区位优势

中卫是未来西陇海兰新经济带上很有希望的新星。它正处在新亚欧大陆桥国内段的中枢位置，从而其战略地位与兰州市相近。规划“十五”后期开工建设的太中铁路，通车后将使中卫的大陆桥枢纽地位进一步上升。在经济全球化深入发展的新世纪里，横贯中国东中西部的新亚欧大陆桥——“钢铁国际走廊”，在未来20年西部大开发关键阶段的加速开发和开放，将使它成为中国经济新的增长带，国际性、开放型交通、经济走廊。交通流通功能的迅速增强，使中卫有可能发展成为我国内陆地区对外经济合作贸易的新的中心城市，从在发展东西合作和向西向东双向开放的过程中发挥更为重要的作用。

（三）中卫正在成为大西北越来越重要的交通枢纽

在古代黄河水运和陆路交通的基础上，经过多年发展，中卫现已形成铁路、公路纵横交错、四通八达的交通网络。包兰、宝中和干武三条铁路在中卫交汇。包兰线北连京包线，南接陇海、兰新、兰青线。宝中铁路和干武铁路西接兰新线，东接陇海线，干武线和宝中线，正与古丝绸之路北道相重合，是西北通往东部的重要通道，新亚欧大陆桥的重要组成部分。中卫迎水桥站是西北较大的铁路货运编组站，西北地区相当一部分铁路货运物资经此集结、编组、中转。中卫站及迎水桥编组站客流量、物流量逐年上升，中卫已成为西北地区继兰州、宝鸡之后的第三大铁路交通枢纽。“十五”期间太中铁路、中宁至营盘水高速公路的兴建，将使其成为西北通往华北最便捷的必须通路，未来其交通枢纽的地位还将不断加强。

（四）黄河黑山峡河段开发将使中卫成为西北最有吸引力的水利电力城市

当今，大中型工业企业往往靠海、滨河、沿水库集聚分布，以利于取水、排水。2000年底开工建设的沙坡头水利枢纽，可提高卫宁灌区引水保证率，为灌区节水改造、减轻灌区土壤盐渍化、改善生态环境、发展新灌区创造条件，预计2004年建成。黑山峡出口处的大柳树坝址，是黄河上游可建高坝大库的最下一个优良坝址，也是黄河干流规划建设的三大控制骨干梯级的唯一待建工程。枢纽建成后，两水电站年发电量可达84亿度，中卫将成为西北重要水电基地，黄河上游各大水电基地中距离京津等负荷中心最近的电源点，我国西电东

送工程北通道的重要电源点和输电节点。到那时，集富水、富能于一体的中卫作为西北干旱地区最有吸引力的水电城市的地位必将脱颖而出。

（五）骨干企业的强势集聚使中卫有望成为黄河上游产业走廊城镇密集带的经济增长极

多年来，中卫始终坚持把发展工业作为强县富民的关键来抓，现已形成了造纸、农副产品加工、建材、冶金化工四大支柱产业。2001年，中卫国内生产总值达156648万元。有工业企业1830个，其中规模以上35个，上市公司1个，各类产品1200多种。建成了美利纸业集团公司、石林建材集团公司、香山酒业集团公司、宁夏明盛染化有限公司、银河冶炼厂、华泰鑫水泥厂、常乐金属镁厂、弘骞冶化公司、川银冷冻食品厂、新型建材厂等一批龙头骨干企业。其中造纸、酿酒业最为突出。美利纸业是国家高科技、外向型、现代化大型企业和国内上市公司，自治区21家重点骨干企业之一，也是国家确定在西部地区重点建设、重点扶持的规模最大的造纸龙头企业。香山酒业集团公司与四川五粮液酒厂合作生产的“香山”系列白酒、“宁夏红”系列红酒，畅销周边地区，被自治区列为重点扶持发展的非公有制企业。

（六）拥有大漠探险、黄河漂流等一批精品旅游资源

中卫地处腾格里沙漠东南边缘，国家4A级旅游区沙坡头号称世界级的珍稀旅游资源，是我国各大沙漠中可进入性最好的沙漠旅游地，已成为名扬全球的沙漠旅游胜地，有关方面正规划把中卫建成中国的沙漠旅游基地。黄河流经中卫全境118公里，其间风光无限，尤其是上游黑山峡险滩暗礁颇多，每一景点都有一段优美的故事传说，有人预言，中卫区段的黄河漂流是全黄河旅游线中最有价值、发展前景最好的旅游目的地。中卫历史悠久，文化积淀丰厚，高庙、老君台和香岩寺等宗教古迹，北山大麦地一带的史前岩画都有较大的旅游开发价值。目前中卫旅游接待人数已占到全区接待总量的20.5%，沙坡头旅游区的国内旅游人数、旅游业收入分别居宁夏第三和第二位，海外游客数及国际旅游外汇收入则居宁夏各旅游区第一位。随着交通地位提高和旅游风景区的进一步开发建设，中卫有可能建设成为中国大西北的旅游名城。

（七）中卫县城有良好的发展条件和一定的市政公用设施基础

中卫县城距黄河约5公里，黄河河岸比较稳定，对城市发展无不利影响。城市具有丰富的地表水和地下水，地下水总量1.69亿立方米，可开采水量年可达3600万立方米以上，未来沙坡头水库、大柳树水库建成后，将成为西北可利用水资源最便利的城市。在县城范围内，地势平坦，地质良好，适应各类建设。县城离迎水桥铁路枢纽10公里，离沙坡头水利枢纽15公里，其间数十平方公里土地以及铁路以北有较大的发展余地，地价远较银川市便宜，完全适应今后工业园区及城市发展的需要。黄河以南的常乐工业区则为城市远景发展提供了大量的后备用地。由于有较为合适的辐射距离，无论大柳树还是沙坡头电站，其生活福利区都有可能布置在城区或迎水区。中卫城区建设已初具规模，具有较完善的道路、给排水、电力、通讯等系统，为实现可持续发展奠定了基础。中卫城镇附近的农村商品经济发达，城郊乡农村人口密度达每平方公里千人，在全自治区名列前茅。

（八）丰富的自然资源和日趋合理的农业产业结构是中卫扩大城市规模的重要基础

中卫矿产资源丰富，有煤、石膏、大理石、油页岩、石灰岩等20多种，现有矿山开采企业160余家。已探明储量5亿吨、远景储量74亿吨的香山含煤区位于中卫南部，年产煤25万吨，可满足城镇及工业用煤需求。中卫引黄灌区土地肥沃，沟渠纵横，林茂粮丰，盛产小麦、水稻、玉米、大豆以及辣椒、大蒜、西瓜、枸杞、红枣、苹果等作物，是重要的商品粮基地；南山台子和北干渠系两个新灌区，是重要的林果生产基地。南部香山区是发

展畜牧业的基础，盛产中卫山羊和滩羊。水产业也较发达。农牧业不仅能满足不断增加的城镇人口对粮食和副食品的持续需求，更为城市轻工业发展提供支持。中卫是全国农业先进县和平原绿化先进县。近年来，围绕粮食、肉蛋、蔬菜、果品四大支柱产业，农业和农村经济保持了持续快速发展势头，尤以畜牧业发展最为迅速，其中宣和镇的养鸡业位居宁夏第一，禽蛋产品远销全区各地。

通过对宁夏20个市县的经济发展潜力进行定量分析比较评估，结果表明：在宁夏各市县城镇中，中卫现状发展水平处于三级，大致为宁夏的中等水平，而发展条件则与银川市市辖区并列为一级，是宁夏发展条件最好城镇之一，特别是其区位和交通、水资源、能源、旅游资源等条件均为数一数二，其生态环境和用地条件比较优越。由于其现状基础较差，故综合发展潜力与石嘴山市辖区同列二级。从增长潜力和发展空间来看，中卫无疑是宁夏各城镇中的佼佼者，建设为宁夏西部的中心城市有充分的条件。

三、将中卫建设成为宁夏西部中心城市的时机、发展方向和对策措施

（一）中卫设市的行政区划方案

鉴于宁夏行政区划的已有格局，未来中卫中心城市的行政区划可从三种方案中进行选择。第一方案：包括中卫、中宁、同心、海原四县，总面积18585.5平方公里，占全区总面积的35.87%，2001年底有人口130.53万人，占全区总人口的23.18%。第二方案：包括中卫、中宁、海原三县，总面积12329平方公里，占全区总面积的23.80%，2001年底有人口105.27万人，占全区总人口的18.69%。第三方案：包括中卫、中宁、海原三县，并将同心县的喊叫水、下流水的两个乡划归中宁县管辖。总面积11316平方公里，占全区总面积的21.84%，2001年底有人口102.86万人，占全区总人口的18.27%。

（二）中卫设为宁夏西部中心城市的时序建议

在国家规定的县级市设市指标中，宁夏15个县中中卫是达标最多的一个，两年前就基本达标。但按设立地级市的指标，中卫所差的3个指标是：市政府驻地在籍非农业人口数、工业产值和工业产值占工农业总产值中的比重。如果中卫县制定的“十五”国民经济发展目标各项指标能够按期实现，2005年即可达到国家制定的设立地级市各项指标要求。

（三）中卫作为宁夏西部中心城市的功能定位和发展方向

中卫设立为宁夏西部中心城市的城市性质即功能可定为：

1. 宁夏西部中卫经济区的政治、经济、文化中心。

2. 中国西北地区重要的铁路、公路交通枢纽和水电基地。

3. 黄河上游兰州—西宁—银川城市带上以能源载能工业和生态旅游业为主的现代化地区性中心城市。

4. 西陇海兰新经济带上现代物流业发达的重要开放商埠，中国西部内陆体制创新活力强、对外开放程度高的经济文化特区。

中卫设立为宁夏西部中心城市的发展方向可确定为：抓住西部大开发和新亚欧大陆桥开发建设的难得机遇，依托本地优越的发展条件和丰富的水利、能源、旅游资源，加大生态环境建设力度，积极发展高新技术产业，搞好产业结构调整，优化农业布局，加速传统工业的改造升级，发展旅游业使其成为带动现代服务业主导产业。加快发展现代化交通通信业和现代物流业，大力促进金融、外贸、教育、科技等新兴服务业的发展。提高城市的综合实力和市政设施服务水平，使其成为大西北的交通枢纽、水电基地和开放商埠，宁、甘、蒙接壤区的中心城市和经济增长极。

（四）将中卫建设成为宁夏西部中心城市的对策措施

把中卫建设成为宁夏西部地区中心城市，这对宁夏经济发展整体格局的调整和对中卫人民既是机遇更是挑战，必须要有新思路、大战

略、大动作，必须立足现有优势，针对限制因素，致力增创六大新优势，即：增创区位新优势、增创产业新优势、增创政策新优势、增创人才新优势、增创体制新优势、增创环境新优势。

1. 抓住有利时机，增创区位新优势

交通枢纽、水电枢纽地位的确定，使中卫具备了一定的区位优势。但从总体上讲，中卫目前在综合实力、城市规模及基础设施建设上相对于宁夏中、北部几个建制市还有较大差距。因此，应充分利用自身的有利条件，抓住新亚欧大陆桥开通和西部大开发机遇，增创区位新优势。

（1）多渠道、多形式吸引外资。通过国内联营伙伴介绍吸引外资；组建企业集团特别是大规模、高层次集团公司对外招商；引导企业由产品内销转外贸加工，通过外贸途径接触外商，洽谈合资。采取出让产权、试行股份制、租赁制、BOT 等多种方式，谋求多方合作，共同发展。

（2）办好经济技术开发区、高新技术园区和中小企业园区，办好保税仓库，建立相对集中的出口产品加工区，吸引跨区域公司、跨国公司来中卫兴办高技术含量、高附加值、低污染的项目。

（3）加强中心城市的投入和建设力度，尽快强化中心城市的综合服务功能，大力改善、创新投资环境。同时要重视中宁、同心、海原等县城建设，抓好一批中心镇建设，使之成为农村城镇化的主体和承上启下的枢纽。

（4）积极争取国家支持，加快区域基础设施建设。特别是黄河大柳树水利枢纽工程、引黄灌区节水改造工程、退耕还林还草工程、太原—中卫铁路、中宁—中卫—营盘水和中宁—固原高速公路等重大建设项目，对于中卫市的大发展具有重大意义。中卫市应大力配合，促成这些项目早日上马，早日建成投产。

2. 调整优化结构，增创产业新优势

（1）加快第三产业发展步伐。中卫作为西北著名的交通城市和旅游城市，第三产业具有独特优势，必须依托现有基础，把优势做大做强。第一，在交通枢纽基础上，发展全方位的对外开放，其开放领域由生产扩展到流通、文化旅游、以及通讯等领域，促进中卫综合市政设施的现代化。第二，把发展旅游业作为新的经济增长点，培育成第三产业的支柱行业。旅游开发经营要对国内投资者开放，也对国外投资者开放。第三，促进人流、物流、资金流、信息流的持续扩张，和外贸、保险、金融、通讯等多功能经济板块加速发展。

（2）加快农副产品流通业和加工业发展，拉长产业链，以农业产业化促进传统农业向现代农业转变，提高农业对经济的支撑力。

（3）借助本地资源优势和西气东输等国家大型工程建设契机，争取东部资金和外商直接投资，新上一批起点高、上规模、技术含量高的新型工业项目，提高工业经济总量，增强发展后劲。

3. 不断解放思想，增创体制新优势

对于经济欠发达的中卫地区来说，硬件投入不足的情况下，应该特别重视创造体制新优势

（1）进一步完善各类经济成份的组合结构、组织形式和运行环境。创造各种经济成份公平竞争的环境，对各种经济成份的支持、服务一视同仁，并体现在政策执行、制度建立和具体服务上。

（2）推进各类企业的现代公司制度建设。规范企业制度建设的核心是建立规范的公司产权组织结构、出资人制度、法人治理结构和市场选择经营者的机制。实行股权多元化、明晰出资人代表（责任主体）并使其按规范程序进入公司治理结构，引入非资产董事并赋予特别权力，依据竞争机制选择经营管理人员，建立强有力激励与约束机制等。

（3）理顺公共资源和生产要素的配置制度。强化“经营城市”意识，健全国有土地储备和使用权拍卖制度，加快土地有形市场建设，规范土地交易秩序，做好城市土地等资源的经营。在特殊产品、重要物资与经营项目的

配置过程中最大限度地引入市场机制。

4. 打造城市品牌，增创环境新优势

增创环境新优势，主要是创造一流的生态环境、舆论环境、服务环境、法制环境和城市环境。

（1）加大生态环境建设力度。对城区布局不合理的企业进行改造和调整，建设绿化隔离带，使大气污染程度降低到国家标准。巩固"三北"防护林工程的现有成果，建设北部固沙防护林带及黄河防护林带工程，重点治理灌区土地盐渍化，落实退耕还林还草政策。

（2）建设良好的舆论环境。解放思想、转变观念为牵动，以展示城市良好形象、扩大知名度和吸引力为重点，营造加快发展的舆论氛围，做好对外宣传工作。

（3）建设优质服务环境。政府部门实行公开政策法规、公开办事内容、公开服务程序、公开办事人员职责的服务公示制度，逐步推行承诺制。规范各种税费征收行为，切实制止"三乱"。全面落实对外商投资企业的国民待遇，努力为外商投资企业创造公平的市场竞争环境。实行外商投诉纠纷处理责任制，争取做到"零投诉"。规范经济秩序，努力创造开放、有序的市场环境。

（4）建设公平、公正的法制环境。增强政法部门为经济建设的服务意识。采取多种措施提高群众的法律意识，重点查处党政领导干部和执纪执法人员弄权勒卡案件，切实保护企业和经营者的权益，加强公开执法和公正执法工作。

（5）建设优美城市环境。加强城镇基础设施配套建设，拓宽筹融资渠道，运用市场经济手段经营城市建设。强化城市规划管理，理顺规划监察管理机制。搞好"绿、亮、净、美"工程，营造整洁、优美、快捷、舒适的生产生活环境。进一步加快城市道路、交通运输、供排水、电力系统、邮电通讯、集中供热供气、园林绿化、环境保护等城市市政设施的现代化步伐。加强"三废"治理，使城市大气和水质都达到二级标准。

5. 强化配置功能，增创人才新优势

人才是发展的根本，吸引人才、留住人才是中卫经济腾飞的关键性因素。

（1）建立适应市场经济的人力资源市场。围绕经济发展搞好人才开发、人才引进、人才培训。

（2）按照市场经济规律，创造吸引人才、激励人才成长的环境，以公开竞争原则吸引人才，依靠制度和政策支持留住人才。

（3）制定中卫经济区人力资源管理的有关政策法规，依法实施对人力资源的有效管理。

（宁夏回族自治区发展和改革委员会课题组）

实施可持续发展战略 统筹人与自然和谐发展

一

可持续发展是20世纪80年代以来人类社会全面认真反思自己的发展历程、重新审视自己的经济社会行为而提出的一种全新的发展思想和发展模式。

改革开放以来，我国经济建设和社会发展取得了巨大成就。但是随着经济的不断发展，所面临的人口、资源、环境等方面的压力却日益加重。为此，党中央、国务院就将制定和实施我国的可持续发展战略提出上了重要的议事日程。在党中央、国务院的领导下，我国政府有关部门于1993年制定了《中国21世纪议程》。为进一步推动可持续发展战略的实施，国家制定了《中国21世纪初可持续发展行动纲要》等重要文件，明确提出了我国实施可持续发展战略的目标、基本原则、重点领域，以确保我国国民经济和社会发展第三步战略目标的顺利实现。党的十六大进一步提出全面建设小康社会的目标之一是："可持续发展能力不断增强，生态环境得到改善，资源利用效率显著提高，促进人与自然的和谐，推动整个社会走上生产发展、生活富裕、生态良好的文明发展道路。"党的十六届三中全会进一步阐述和发展了这一思想，对完善社会主义市场经济体制的各个方面做出了全面规划和工作部署。

21世纪头20年，是我国全面建设小康社会必须紧紧抓住并可以大有作为的重要战略机遇期。四川是中国西部大省，应紧紧抓住这一战略机遇期，按照省委省政府提出的"建设长江上游生态屏障，实现经济社会协调发展"的战略目标，在西部大开发的浪潮中奋力拼搏，努力实现经济社会发展与人口、资源、环境和谐一致的可持续发展。

二

改革开放以来，四川省的经济建设和社会发展取得了显著成就，正加速向新型工业化、城市化、市场化和国际化的新阶段发展。但是四川省实施可持续发展战略也面临十分严峻的挑战，人口基数大，人口素质偏低，人均自然资源拥有量绝大多数都低于全国平均水平，生态破坏和环境污染都极为严重。对此，省委、省政府十分重视，实施可持续发展战略已成为贯彻实施西部大开发战略，实现全省国民经济和社会发展"十五"计划的一项重要内容。四川在可持续发展各个方面已经取得了阶段性成就，这将为贯彻十六届三中全会精神，实施可持续发展战略提供丰富的经验和借鉴。

（一）人口与可持续发展

人口在可持续发展战略中处于关键位置。只有人口自身的可持续发展才能从根本上实现人口与经济、社会、资源、环境的协调发展和可持续发展。党的十一届三中全会以来，四川省计划生育工作走上了持续健康发展的轨道，取得了显著的成效。

一是有效地控制了人口过快增长。据统计，1978年~2000年四川实行计划生育比未实现计划生育的人口累计少生1805万人。全省人口发展已完成了从高出生、低死亡、高增长到低出生、低死亡、低增长的转变过程，实现了人口再生产类型的历史性转变。

二是人口素质明显改善。新中国成立前，全省人口平均寿命只有35岁左右，现在全省人口平均预期寿命已达70岁左右，是解放前的两倍。婴儿死亡率42.1‰，比解放前下降79%；同时，人口受教育水平和知识水平也逐年提高。

三是人口结构日益优化。从年龄结构来看，四川省年龄结构正在向老年型人口转变；从城乡分布结构来看，20世纪以来农村人口向城市转移的步伐加快，2000年城市人口占全省总人口的比重已超过1/4。

但是，四川省人口与计划生育的任务仍十分艰巨。由于人口基数大，未来人口增长的势头仍然非常强。因此，稳定低生育水平，提高出生人口素质，仍然是今后人口与计划生育工作的主要任务。四川省要坚持把稳定低生育水平作为人口与计划生育工作的中心，到2010年人口与计划生育工作的主要目标是：全省总人口控制在9100万人以内，年均人口出生率不超过13‰，出生人口素质明显提高，育龄群众享有基本的生殖保健服务，基本形成适应社会主义市场经济体制的计划生育工作机制。

（二）资源节约利用与可持续发展

自然资源的永续利用是可持续发展最重要的标志之一。四川的自然资源（主要包括矿产、土地、能源、水、森林、生物、草地、气候、生态旅游等资源）十分丰富，具有显著的特点，但也存在明显的缺陷。

1. 自然资源现状与存在的问题。从地理气候上看，四川以山地和高原为主体，气候多样，土地质量较差，全省八成山地和高原，丘陵面积一成三，平原只有半成多。地势上的较大高差，使四川气候多样，垂直分布的山地气候明显。

从土地分布利用看，四川人均耕地少，人地矛盾日益尖锐。四川是土地资源总量较大的资源大省，全省面积48.89万平方公里，居全国第5位，但耕地仅占13.08%，林地、牧草地占70%，可利用率低。特别是近20年来，四川省总人口每年一直以8‰的速度在递增，耕地却以4.6‰的速度递减，全省人均土地0.6公顷，人均耕地0.08公顷，分别为全国平均水平的76%和73%；不合理的开发利用也造成耕地生态环境的恶化。

从水资源状况看，四川水资源总量相对较为丰富，但经济可开发量不高，水资源时空分布不均、年际变化大，导致区域性洪旱灾害严重，与人口和工农业生产布局不适应。同时，四川也存在水资源污染严重，水环境逐渐恶化的状况。目前四川水资源利用率仅为12.1%。其中工业用水重复利用率仅为30%～40%，低于东部沿海一些省市，与发达国家的70%～80%相差40%左右；农业生产单位粮食用水是发达国家的两倍多；城市用水重复率为30%～40%左右，只有北京、天津、大连等城市的一半左右。四川水利基本建设方面也严重滞后。

从森林和草地资源状况看，四川有着比较丰富的森林和野生动植物资源，是全国重点林区和牧区之一。但是，由于自然和历史的原因，四川森林总量不足，整体防护效能差，全省森林覆盖率仅24.23%。由于过量采伐和放牧，使其林木蓄积量和产草量很低，生产能力差，草原退化、沙化、鼠虫害严重，生态问题突出。此外，四川省森林资源和草地资源大都分布于川西北老、少、边、穷地区，地方经济发展与森林资源保护的矛盾突出。

从矿产资源看，四川矿产资源种类齐全，组合配套好，全省已查明资源储量的矿产有90种，潜在价值列全国第7位，有32种矿产资源储量居全国前5位，其中钛、钒、硫铁矿、芒硝矿分别居全国第一。但是四川矿产资源人均拥有量较低，可供开发利用的储量不足；矿产资源丰欠并存，优势虽较明显，短缺亦很突出；矿床的共、伴生矿产多，选冶难度大；矿山规模化、集约化程度低，生产技术落后，采选回收率低，综合利用差。后备矿产资源严重不足，矿产资源对社会经济可持续发展的保障能力下降。此外，矿山生态环境问题也比较突出。

2. 实现自然资源可持续利用。根据四川的具体省情，在自然资源的可持续利用方面，走出一条节约资源、保护环境的经济增长之路。总体思路主要应体现以下几方面：

(1) 可持续发展的核心是发展。必须把发展经济放在首位，主要依靠科技进步提高发展的经济、社会、生态效益。保证自然资源的可持续利用。

(2) 可持续发展的重要标志是自然资源的永续利用和良好的生态环境。要保护好人类赖以生存与发展的大气、淡水、矿产、土地和森林等自然资源与环境，做到合理开发利用自然资源。

(3) 可持续发展是兼顾当前与未来需要的发展。要开创一种新的发展模式，以便节约资源，保护环境，既适应现时发展的需要，又为子孙后代留下更大的发展空间和发展机会。

(4) 更大程度地发挥市场在资源配置中的基础性作用，变资源为资本，进行经济体制改革和经济增长方式的变革，发展资源替代，节约利用自然资源。

(5) 加强和完善综合决策机制和管理机制，主要是建立完善的法规、政策体系、综合决策和协调管理机制，使自然资源可持续利用得到贯彻落实。

(6) 建立全球战略的国际自然资源观，充分利用国际国内两个市场，两种资源。

(三) 生态环境保护与可持续发展

良好的生态环境是可持续发展的重要标志之一。在保持经济持续健康发展的同时，要力争环境污染的状况有所减轻，生态环境恶化的趋势得到遏制，重点城市和地区的环境质量得到改善。

1. 生态环境现状和存在的问题。改革开放以来，四川省生态建设和环境保护已取得了显著成绩。造林绿化成效显著，基本农田建设和生态农业取得重大进展，草地生态治理加快，水土保持工作和自然保护区建设得到加强，环境保护工作取得阶段性成果，重点区域污染治理步伐加快，工业污染防治成效显著，城市环境保护初见成效。但是，四川生态环境中仍存在不容忽视的问题。

一是森林生态功能降低。四川省森林资源由于过量采伐，森林植被和生态系统遭到严重破坏。近年来，虽然森林植被恢复较快，但森林拦水、保土、涵养水源、净化空气、调节气候、保护生物多样性等生态功能大大降低。

二是草地生态环境日趋恶化。由于草地过载放牧、乱采滥挖，全省退化草地面积占可利用草地的 60% 左右；沙化草地面积以每年 4000 公顷的速度不断扩大。草地鼠虫害面积已达 271 万公顷。

三是水土流失状况仍然严重。全省水土流失面积达 2227 万公顷，占幅员面积的 46%；年土壤侵蚀总量达 9.5 亿吨，水土流失治理任务仍十分艰巨。

四是环境污染仍面临严峻形势。目前全省酸雨污染依然较重，三废排放、城镇垃圾、污水排放与日俱增，耕地、水域污染日益严重。全省耕地污染面积高达 210 万公顷。

五是灾害频繁，范围呈扩大趋势。由于环境的污染与恶化，诱发和加重了水土流失、干旱、洪涝、地质等灾害的频繁发生。全省农田年均受灾面积上世纪 90 年代是 50 年代的 9 倍；泥石流发生县数比 50 年代扩大一倍。

2. 生态环境建设与可持续发展。国家把生态建设和环境保护作为西部大开发的根本和切入点。广大公众意识的提高，人民群众的拥护和积极参与，为生态建设和环境保护工作打下了良好的基础。

四川省生态建设和环境保护的主要任务是恢复，扩大林草植被，增强森林和草地生态功能，防治水土流失，治理环境污染。切实抓好天然林资源保护、退耕还林（草）试点、生态环境建设综合治理、草地生态保护与治理、坡耕地治理、生态农业、小型水利水保、自然保护区建设、环境保护和建设和生态环境综合监测体系建设十大重点工程。

到“十五”末，四川将建立适应社会主义市场经济体制的综合决策、协调管理机制，完善生态建设和环境保护的政策、法规体系，加强生态建设和环境保护，基本控制住人为因素产生新的水土流失和森林草地破坏。主要污染物排放总量有所减少，环境污染状况得到减轻，重点城市和地区的环境质量有明显改善，生态建设和环境保护初见成效。

到2010年，四川力争基本遏制水土流失重点地区和“三化”草地生态环境继续恶化的趋势，生态功能和生物多样性开始恢复，重点治理地区和城乡环境质量有明显的改善，初步建成长江上游生态屏障，全省生态建设和环境保护大见成效。

三

四川省十分重视可持续发展工作，提出了全省可持续发展战略的指导思想和基本原则，以及经济、人口、环境、资源、可持续发展能力建设等方面的目标和重点任务，将可持续发展战略贯彻到国民经济和社会发展的各个方面。

（一）发展思路

指导思想是：坚持以人为本，以发展经济为核心，以提高人民生活质量为根本出发点，以科技、教育和体制创新为突破口，全面推进经济、社会与人口、资源、环境的持续协调发展，为实施西部大开发和推进四川跨越式发展奠定坚实的基础。

发展目标是：可持续发展能力明显提高，国土资源开发趋于合理，生态环境质量明显改善，稳定低生育率水平，初步建成以资源节约、环境友好为基础的国民经济体系和公平、民主、文明与和谐的社会。

（二）政策措施

1. 建立法律法规制度保障体系。完善并制定实施一些具有地方特色的有关环境保护、资源管理的法律、法规、标准。加大执法力度，规范执法程序，大力提高全社会的公共监督和法制化建设。

2. 建立税收金融政策诱导体系。一是开征新税，完善税收政策体系。结合深化改革税收制度，按照“谁开发谁保护、谁破坏谁恢复、谁治理谁受益、谁使用谁付费、谁污染谁交税（费）”的原则，建立合理的税收子系统。另一方面对生态、环保产业则实施减税、让利政策。二是改革现有的投融资体系。研究建立包括政府投入、非国有资本、外国资金广泛参与的，多种方式并存的新的投融资体系。

3. 建立生态环境补偿机制。发挥政府和市场两方面的作用，采用税收、财政转移支付、政策性优惠贷款、法律体系和行政职能等手段，建立“生态补偿机制”。补偿方式分为直接补偿和间接补偿。直接补偿通常包括对实施生态恢复与重建的主体以现金、原粮等方式进行补助；间接补偿通常包括对生态贡献区因实施生态保护工程而造成的减收部分，由国家采取的财政、税收、金融以及国际生态环保项目，国内各种民间环保资金等办法补助部分差额。

4. 建立高效运转的决策管理体系。要逐步形成有关人口、资源、生态环境各部门的统一协调机制，形成合力。要继续坚持和认真落实人口资源环境工作党政一把手亲自抓、负总责的制度，同时要把实施可持续发展战略的结果作为对领导干部定量考核的主要依据。要加强对可持续发展的统筹规划，严格按照规划实行分级负责制，并试行重大项目和重大决策的可持续发展影响评价制度，大力提高政府推进可持续发展的公共服务水平。

5. 建立科技支撑体系。深化科技体制改革，建立国际创新体系。按照突出重点，整体推进的原则，四川省可持续发展确定优先支持的重点领域包括人口数量控制、健康与重大疾病防治、食品安全、水资源合理开发与利用、矿产及生物资源保护、清洁能源与再生能源、环境污染控制与生态综合治理、防灾减灾、城市与小城镇建设等。大力发展医药、环保、旅游、绿色农业等朝阳产业，支持可持续发展的重大战略前瞻性研究、评价指标体系研究，加强可持续发展能力建设，提高公众参与和支持可持续发展道路的科学文化素质。

（四川省发展和改革委员会）

吉林省西部治碱工程建设与草业经济发展

一、基本情况和建设成效

吉林省西部生态经济区包括白城市、松原市及所辖县（市、区）和四平市所属的双辽市共11个县（市、区），幅员面积50922平方公里，占全省总幅员面积的28%；总人口占全省总人口的19%；耕地面积138万公顷，占全省耕地面积的35%；草原面积144万公顷，占全省草原面积的32%；盐碱地面积97万公顷，主要分布在公路两侧、村屯、周围的草原上。

吉林省西部草原属于科尔沁大草原，是西部生态的主体，草原生态对西部水土保持、农业生产条件改善、局部小气候的调节有着十分重要的影响，直接关系到人们的生产生活质量。多年来，由于自然和人为因素的影响，90%的天然草原区特有的“碱尘暴”已成为阻碍当地经济和社会可持续发展的瓶颈，严重影响了生态环境，并且西尘东进，已殃及到四平和长春地区。由于植被稀疏，地表裸露，土壤板结，天然草原蓄水力降低，造成当地有雨则涝，无雨则旱，产草量大幅度下降，部分草原已失去利用价值而成为碱斑地、沙地和裸地。

为了恢复和改善草原生态环境，维护生物多样性，提高草原生产力，发展草业经济，吉林省生态办根据生态省建设的要求，从2002年起实施了西部治碱工程。项目实施两年来，由于各级政府加强领导，统筹规划，精心组织，科学运作，遵循集中连片、先轻后重、循序渐进和三效统一的原则，因地制宜地采取“围、改、种、管”等综合治理措施，项目建设取得了明显成效。到2003年底，全省共完成投资3.1亿元，初步治理盐碱地44万公顷，占盐碱地总面积的40%。从治理效果看，项目区中、轻度盐碱化草原植被平均覆盖率由治理前的20%～30%提高到70%～85%，平均株高由7～12公分提高到18～50公分；重度盐碱化草原的裸露碱斑明显减少，土壤条件得到明显改善，多年生牧草显著增加，多年不见的草垛也重新出现在西部草原上。据省牧业局所属的草原管理总站统计，2003年吉林省西部牧草产量达93万吨，比上年增长16.3%。

二、主要做法和经验

西部治碱工程实施以来，项目区市、县党委、政府领导非常重视，许多县委书记和县长都承担了治碱工程责任地块；各县、市按照《吉林省西部治碱工程建设管理办法》和《西部盐碱化草原治理质量标准和技术规程》的要求，普遍加强了对项目建设的组织领导，严格按照规程操作，取得了一些经验，并为深入开展治碱工作奠定了基础。

（一）搞好思想动员，进一步提高对盐碱地治理的认识

西部治碱工程规模大，难度也大，操作复杂。吉林省生态办组织有关专家和西部市、县领导，于2002年和2003年在松原市和白城市召开专题座谈会。通过座谈，解决了认识问题。大家进一步提高了对生态省建设和西部生态经济区盐碱地综合治理问题的认识，一是明确了只要有好的治理技术与方法，政策措施得力，加上精心组织，盐碱地是可以治理的；二是明确了西部生态经济区盐碱地必须实行综合治理，实施系统化工程，才能达到投资少、见效快的目的；三是盐碱地综合治理、生态环境的恢复，要充分调动本地区各级政府和人民群众的积极性，把治理与管护、延长产业链与增加农牧民

收入结合起来；四是治理盐碱地，要吸取历史的教训，因地制宜，依靠科技，切忌蛮干。

（二）科学规划，确保治碱工程有序实施

西部盐碱地面积大、分布广、情况复杂，治碱工作是一项长期性的艰巨任务，只有制定科学可行的综合治理规划才能循序渐进地实现工作目标。2002年初，吉林省生态办在过去卫星遥感监测数据的基础上，组织省内有关部门和部分专家进一步深入调研，基本摸清了全省盐碱地的分布特点、程度、成因和演变趋势，找准了治理的主攻方向。在此基础上，编制并印发了《吉林省西部盐碱地治理生态建设工程规划》。分两个阶段对西部盐碱地逐步进行综合治理。第一期，到2005年要实现的目标是：盐碱化土地总体退化趋势得到遏制；轻度植被恢复，50%变成优质资源；中度植被基本恢复，50%变成可利用资源；重度植被有所恢复。第二期，到2010年要实现的目标是：盐碱化土地基本消除，植被恢复；轻度盐碱化草地在植被恢复的基础上，变成优质资源；中度盐碱化草地恢复植被，80%变成可利用资源；重度盐碱地植被基本恢复，30%变成可利用资源。

西部各市、县围绕全省治碱规划，组织力量进一步深入调研，编制出本地的盐碱地治理规划和年度实施方案，为搞好盐碱地综合治理打下了坚实的基础。

（三）以项目为载体，实行工程化建设

综合治理盐碱地，必须以项目为载体，实行工程化建设。按照专家制定的“整体规划、先易后难，区分类型、因型施治，划区分块、围栏封育，技术整合、连片治理，以治为主、建管结合，三利统一、三效并举，实行综合治理，延长产业链”的盐碱地治理总原则，经征求有关方面的意见，最后经省政府同意，确定了首先治理西部主要交通干道两侧的盐碱地，然后治理县乡级公路及村屯、泡沼周围的盐碱地的工作思路。

在工程实施中各地按照省生态办审定批复的年度实施方案，将治碱工程切实当作工程项目来实施，基本上做到了地块落实，建设资金落实，治理措施落实和建设责任落实，保证了项目质量和工期。

（四）规范运作，建管并重

为了保证治碱工程的高质量，保证治理后的盐碱地永续利用，组织专家制订下发了《吉林省西部盐碱化草地治理技术规程》和《吉林省西部盐碱地治理生态建设工程管理办法》。使盐碱地治理能够规范运作，有力地保证了未来发展草业经济战略的顺利实施。在治碱工程建设中，主要采取了以下几项措施：一是采取工程措施。主要是建设工程围栏、浅翻、深松和挖沟。2002年的治碱工程主要以工程措施为主，治理的地块全部实行了围栏封育。二是采取生物措施。主要是根据盐碱地的类型，采取对轻、中度退化的盐碱地在建设围栏的同时，适当补播耐碱的各种草种，对重度退化的盐碱地采取人工种碱茅、植柽柳等办法。三是采取化学措施。主要是对不同地块，不同土壤类型和不同退化程度，采用石膏、石灰石，工业废弃的酸渣、酸液及生化制剂等，进行探索式的试验治理。四是采取管理措施。项目区各级政府和项目受益单位，坚持“统一管理，集约经营，权属不变，群众受益”的原则，建立和健全了必要的规章制度和责任制，在搞好工程建设的同时，建管并重，强化了管理。

（五）健全机构，加强领导

西部各市、县都建立了生态组织机构，为治碱工程的顺利实施提供了有力的组织保证。实施西部治碱工程以来，各县、市都建立了生态组织机构，为治碱工程的顺利实施提供了有力的组织保证。实施西部治碱工程以来，各县、市加强了对盐碱化草原综合治理的组织领导，把生态建设作为政府工作的重要内容，各地都成立了由主要领导为组长的草原盐碱化治理工程领导小组，并根据实际情况制定年度实施方案，保证了项目建设的顺利实施。

吉林省西部治碱工程和草业经济发展总体上还处于起步阶段，恢复生态与发展草业经济还面临一些困难和问题，更艰巨的工作还在后面。

（吉林省调研室等）

中部崛起的关键在于调整发展思路

我国原属中部地区的九个省区中，内蒙古已划入西部，黑龙江和吉林属东北地区，山西则具有明显的独特性。而从实际情况看，河北和陕西应视作中部省份，但目前分别属于东、西部。因此，本文的“中部”，是指安徽、河南、湖北、江西和湖南五省。

中部五省人口众多，资源丰富，自然条件优越，历来是我国的农产品及其加工品、能源和原材料产品的生产基地。在家电、汽车和部分高新产品的制造领域也具有重要地位。在全国 GDP 中，五省合计所占比重多年稳定在 20%上下：1978 年为 19.4%，1985 年升至 20.5%，1990 年为 19.5%，1997 年仍为 19.4%。然而 1998 年至 2003 年，五省所占的比重连年下降，分别为 19.2%、18.9%、18.7%、18.5%、18.2%和 17.7%。原有的一些优势逐步削弱，新的增长点不是很多，部分行业、企业及产品的市场竞争力不强，某些总量或人均指标低于全国平均水平。

一是五省人口占全国总人口四分之一强，但就业率低于全国平均水平。GDP 占全国总量的比重远低于人口比重，人均 GDP 只相当于全国平均水平的 72%。二是中部的第一产业拥有明显优势，第二、第三产业均相对薄弱。三次产业增加值之比为 19.3∶44.8∶35.9（全国平均为 15.4∶51.1∶33.5），其中工业增加值只占 GDP 的 37.8%（全国为 44.4%）。三是从工、农业主要产品看，粮、棉、油、肉等农产品，以及以农产品为原料的纱、卷烟等，还有家用电器中的冰箱（占全国的 26.7%）、汽车等产品的优势相当明显；钢、水泥、平板玻璃和化工原材料等产品也有一定优势；煤炭、电力已不具有优势；技术含量较高的如机床、电子计算机等产品则明显薄弱。四是中部的固定资产投资、地方财政收支占全国总量的比重明显低于其 GDP 所占比重，消费品零售总额的比重明显低于其人口比重，进出口额、外商直接投资、旅游外汇收入的比重则更低。五是城乡居民的收入偏低。五省城镇居民人均可支配收入和农民人均纯收入分别只相当于全国平均水平的 84.3%和 92.2%，比东部沿海省区低得多。

面对东部地区加快发展、西部大开发和东北振兴的态势，中部如何崛起？这就成了摆在人们面前的重大课题，也是各级政府和广大民众共同的期盼。笔者认为，中部崛起，关键在于进一步调整发展思路，特别是要重视解决好以下几个问题：

一、全面落实科学发展观

党中央提出的科学发展观，简要地说，就是按照五个统筹，坚持以人为本，全面、协调、可持续地促进经济社会和人的全面发展。这一发展观具有很强的针对性。在城乡发展方面，中部地区城乡二元结构相当典型，居民收入差距也大。五省农民人均纯收入只相当于本区城镇居民可支配收入的 35.1%，而发达省区如苏、浙、鲁分别为 48.7%、42.2%和 38.7%。在区域发展方面，虽然各省之间的经济社会结构和发展水平的差异不是太大，但在各省的不同地区之间都存在着颇大的差距。例如在安徽的 61 个县（市）之间，2003 年人均 GDP 最高的宁国市达 12247 元，最低的颍上县仅 1701 元，后者只有前者的 13.9%；农民人均纯收入最低的石台县（1211 元）只有最高的当涂县（2964元）的40.9%。在经济与社会发展方面，与经济增长相比，科技开发、基础教育、医疗卫生、文化体育，尤其是在社会保障等方面均不如人意。在人与自然和谐发展方面，部分资源乱采滥用，淮河、巢湖等水域污染严重，长江沿线酸雨频仍，株洲、洛阳被列入2003年全国空气污染最严重的十大城市，山区因植被破坏导致大面积水土流失等等。五是在本地发展与对外开放方面，五省各项涉外经济指标均明显偏低，说明开放度不高。

上述统筹发展方面的种种问题，反证了在发展观上出现的重大偏差，从而导致了事与愿违的结果：本想加快发展以缩小城乡、工农和地区之间的差距，结果是差距越拉越大，反过来阻碍了各方面的发展。本想以经济增长带动社会发展，结果是社会事业日见滞后，经济增长也被拖了后腿。自然资源和生态环境本来完全可以支撑经济社会的发展，但由于竭泽而渔，忽视保护，以至资源和环境反而成了发展的“瓶颈”。本地发展与对外开放本可以相得益彰，但由于只看到自己鼻子底下的条条块块，或者片面地将开放归结为：你的商品市场向我开放（我去卖货），我的资本市场向你开放（你来投资），结果开放与本地发展尚未真正形成良性互动。更重要的是，这种非科学的发展观，一是妨碍充分就业，排除了部分劳动者参与经济社会发展的机会。二是影响居民收入的增加，使得部分城乡居民消费不足，更无余钱用以提高自身素质。部分地区居民生存条件趋于恶化，环境污染，疫病流行，重大安全事故不断。三是不利于社会稳定和民风升华，助长了坑蒙拐骗、恶意破坏一类违法犯罪活动。一句话，非科学的发展观违背了以人为本的要求，从根本上制约着经济社会和人的全面发展。所以，不折不扣、坚持不懈地落实科学发展观，是中部崛起的基本前提和根本保证。

二、着力培育有竞争力的主导产业

由于拥有丰富的自然资源，中部五省在相当长的时期里是以农产品和矿产品的开发、加工（主要是初加工）作为主导产业的。然而，在资源开发为主导的地区，特别是资源禀赋好、开发成本低的地区，除了会发生计划经济下的“双向流失”（初级产品按指令性计划低价调出，加工产品高价调进）一类问题之外，还容易产生所谓“荷兰病”（荷兰早年曾以天然气开发为主导产业）。其主要症状：一是制造业特别是科技含量较高的深加工、精加工产业不易发展起来。二是居民收入差距拉大，地区差距也会因资源条件的优劣而拉大。城镇某些奢华享乐型服务行业畸形繁荣，而其他产业明显滞后。三是人才大量外流（资源开发甚至不需高素质的员工队伍），社会安全问题较多，生态环境亦趋恶化。中部各省程度不同地存在上述问题，只有通过落实科学发展观加以校正。

改革开放以来，中部在产业结构调整方面取得了重大进展。中部依然保持农业和原材料工业优势的同时，一批新产业尤其是制造业已颇具规模，正加快发展，中部原以资源开发为主导的产业形象已经大为改观。问题是，中部与全国多数省区相类似，重复建设、粗放增长、门类求全、结构趋同等问题尚未从根本上得到解决。最近几年有些地区动辄要建八大基地、十大基地。而有些地方的“基地”又囊括了众多行业，几乎是全覆盖。其结果，削弱了产业的整体效益和市场竞争力，也难以真正形成新的主导产业。鉴于此，中部各省仍然要解决好主导产业的合理选择问题。无论是传统产业还是新兴产业，无论是资源开发产业还是加工制造产业，都必须遵循市场经济规律，按照专业化、差异化、低成本、高竞争力的原则决定取舍。

首先，要立足于发挥优势。优势就是产业的生命力，而现代市场经济下的优势，要着眼于近期和长远市场趋势，要从全国乃至全球范围来比较，要对自然资源、资金、技术、人才、区位等各项条件进行综合分析才能确认。一个地区的比较优势总是有限的，因此不能片面追求主导产业的门类。

其次，要形成产品特色。同一种优势，此地有，彼地可能也有，那就要按照差异化的要求，各自做出特色来。中部五省，大的如种植业、养殖业、钢铁业，小一点的如安徽、河南的家电，湖北、江西、安徽的汽车，安徽、江西的铜业，安徽亳州、河南禹州、江西樟树等地的中药材，还有各省的高新技术产业、旅游业等等，都要做到各有特色，才能增强互补性，避免过度竞争。

第三，要做大产业规模。规模效益明显的产业，即使有优势又有特色，小规模也难免高成本、低效率。中部各省经济总量都不算大。以工业为例，即使是规模最大的河南省，每年工业销售收入也只有约1000亿美元，只相当于一个较大跨国公司水平。因此，中部要下决心舍弃一批做大无望、竞争乏力的产业及产品，再通过重组联合，形成若干规模较大的产业及产品。

第四，要注重提高技术档次。以往中部的某些行业特别是资源开发型行业，满足于大路货、粗加工，往往是技术要求越高的产品或环节规模越小。例如棉花生产能力大于纺纱能力，纺纱又大于织布，织布大于印染后整理，而中高档服装加工能力则很小。又如中部的金属材料工业也是普通产品居多，科技含量和附加值高的优质专用材料比重不大。这种状况亟待改变。

最后，要加快发展高新技术产业。目前中部各省的高新产业方兴未艾，但规模仍然不大。即使按较宽的口径统计，也只占全部工业的15%左右。各地高新产业发展规划中罗列的门类和项目过多，实践中布点分散，企业及产品规模一般较小。发展高新产业不仅要求立足优势、形成特色、技术领先，而且要遵循集约增长方式，在产业门类、空间布局、资源配置以至开发时序上都要相对集中，避免成为新一轮重复建设。各省宜选准若干个哪怕一两个种类的高新产品，重点突破，迅速做大，培育成为新的主导产业。

三、大力加快城市化进程

随着市场经济发展和工业化的推进，城市日益成为区域经济的中心，成为产业发展的主要载体。中部五省人口的城市化率平均为31.7%，比全国平均39.1%低7.4个百分点(东部2000年即达46.1%)。人口越多的城市化水平越低。在县域之内，如安徽太和县，县城加上其他镇区人口只占全县的5.9%。城市化和城市发展水平的滞后，已成为中部崛起的重大障碍。

需要指出的是：原先人们指望东部地区率先发展之后，部分产业会向中部，继而向西部作“梯度转移”。而多年的事实表明，这样的转移基本没有发生。而且在今后很长时期内也不可能发生。主要原因，一是行政分割、“分灶吃饭”等体制因素的限制。二是东部各省内部也都有大片需要扶持的落后地区。三是东部占改革开放和政策倾斜之先机，投资环境、集聚效应均明显优于中西部，且矿产品和原材料的进口也更为便利。四是我国市场经济的重心向东部沿海转移的客观趋势，足以抵消产业的逆向西移。五是由于城乡二元结构矛盾突出、农村剩余大量劳动力、农用土地的超长期承包、农民极难举家转为市民等因素的存在，所以即使是本地职工工资水平和市民消费水平已经很高的沿海大城市，也不用担心缺乏大批廉价的劳动力。结果是，除了在正常的市场竞争中被淘汰的某些产业（如上海的家电、饮料等）之外，东部还没有哪个产业的全部或大部分转移到了中西部。相反，那些最为典型的劳动密集型产业，那些以大量农、矿产品为原材料的产业，仍然在沿海各地以前所未有速度不断扩大生产规模。当然，中西部也不乏来自东部的投资者，但主要是前来开发房地产，收购中西部企业的产权或基础设施的经营权，也有前来开发东部紧缺的自然资源，或者为东部企业开设分厂、分店等。可是这些动作基本属于东部投资的转移和东部产业的扩张，并非真正意义上的产业转移。对于中西部来说，与其等人送把柴，不如自己栽片树。中西部要立足于加快本地城市的发展，营造一个个增长极，同时在城市之间建设经济密集带，这样连点成轴，连轴成网，构筑开放式的城市网络，以承载各地区主导产业的发展。

加速中部省区的城市化，在方略上应坚持以下几点：

首先，全面发展大、中、小城市，严格控制镇的数量。各类城市凡是有条件加快发展的，都不要加以限制。县域之内，主要是做大县城，使之成长为中小城市。城、镇的扩张，要注意人口的增加与产业的集聚相匹配。

其次，实施跨江（河）发展战略。城市大都临水而建，中部五省尤其如此。跨江（河）发展，一可以从江河两岸同时推进城市化，并充分利用江河之利。二是既有利于缓解老城区的拥挤、污染等问题，又能充分利用原有的城市设施，节约建设投资。三是在江河对岸建设新城区，不仅大大拓宽了发展空间，还有利于改善城市功能分区，提高城市整体效益。在中部城市中，武汉早就跨长江和汉水，从三个方向延伸，显得气势磅礴。南昌跨赣江发展的规划已经启动。还有一些城市正在谋划中。如马鞍山、芜湖、铜陵、安庆、黄石等市可以跨长江发展，长沙、湘潭、衡阳等市可以跨湘江，新余、宜春跨赣江支流，洛阳跨洛河，蚌埠跨淮河，仙桃跨汉水，常德跨沅江等，都有可能在论证、规划的基础上，实施跨江（河）发展。

第三，构筑城市经济圈。即令若干相近的城市，通过深化改革开放，提高各市产业的关联度，形成既竞争又协作的城市圈（或城市带）。城市集群成圈，不仅是市场化、工业化的趋势之一，而且是企业集团化的基础，也是区域经济一体化和经济全球化的实现形式。事实表明，城市圈有利于提高相关城市的整体实力，加快所在地区经济社会的现代化进程。中部各省，湖北已在谋划以武汉为中心，周边100公里为半径，包括黄石、鄂州、孝感、黄冈、咸宁、仙桃、潜江、天门共9个城市的武汉城市圈，人口和GDP分别约占全省的50%和60%。河南正在构筑以郑州为中心的中原城市圈，包括洛阳、开封、新乡、焦作、济源、许昌、平顶山、漯河，也是9个城市，人口和GDP分别约占全省的41%和54%。湖南初步形成长沙、株洲、湘潭城市圈，三市人口和GDP约占全省的19%和33%。长株潭似可再加上邻近的娄底和益阳市，人口和GDP的比重也就相应升至32%和43%。江西可构筑沿昌九铁路和浙赣铁路，包括南昌、九江、抚州、鹰潭、新余和上饶、宜春、萍乡共8个城市的城市圈，8市的GDP占全省的近70%。安徽宜构筑以合肥、巢湖、芜湖为主轴，加上沿江马鞍山、铜陵、池州、安庆和沿淮的淮南、蚌埠共9个城市的城市圈，9市的GDP约占全省的53%。此外，豫北的安阳、濮阳、鹤壁三市，鄂西南的宜昌、荆门、荆州三市，均有可能形成省内的二级城市圈。安徽的阜阳、亳州与河南的商丘还可构筑跨省城市圈。不同规模、不同等级的城市圈之间，同样是既竞争又协作，共同形成开放态的中部城市经济网络。

四、积极推进与沿海经济的一体化

市场经济的空间结构调整存在两大趋势：一是经济和人口的重心由广大乡村向城市转移，是谓城市化趋势；二是经济和人口的重心由内陆地区向沿海转移，笔者称之为沿海化趋势（限于篇幅，本文不细述原因）。世界上凡是有较长海岸线，且国土面积较大的发达国家和新兴国家，如美国、加拿大、英国、意大利、日本、澳大利亚、巴西、南非等，都有大约三分之二的经济和人口分布在面积并不很大的沿海地区。我国台湾省也是如此。

我国以建立市场经济体制为取向的改革开放开始之日，也就是经济和人口重心沿海化趋势的启动之时。尤其是上世纪90年代初以来，这一趋势越发明显，短短25年，在全国各省、市、区均快速发展的过程中，东部11省、市的经济比重连年上升共达7.2个百分点，这在世界经济史上也属罕见。而且，经济比重的这种消长格局是不以任何人意志为转移的客观趋势，还将长期继续下去。

既然如此，中部地区合乎逻辑的选择就是：发挥近海区位优势，加快与东部沿海发达地区经济的一体化进程。中部省区要尽早抛弃诸如“全方位开放”、“承东启西”一类陈年套话。“全方位”必须有主方向，面对沿海才是主方向。中部诸省应“多东张，少西望”，融入沿海，跨越沿海，面向世界市场。这里并非否定或贬低中部与西部的经济协作。而是指出，即使是西部广大地区，哪怕是再开发许多年，在经济全球化的背景下，今后经济的主流向仍然是东部沿海。再如地处中部西侧的湖北武汉，其商品的输出，主要通道还是两条：或者顺长江东去，或者沿京广线南下。其余离沿海更近的省区及城市更不待言。

当然，中部与东部经济的一体化，并不是如以往那样，中部提供材料，东部加工制造；也不是“你让我去卖货，我请你来投资”；更不是东部多搞主机，中部多搞配套。中、东部经济一体化，一是要以相互分工，优势互补，竞争协作，平等互利为原则。二要以市场为导向，企业为主体，也要靠政府来协调，靠体制创新来促进。三是要通过多种途径，采取多种方式推进一体化。主要有：中、东部基础设施的一体化，科技、人才、信息等方面的协作交流，资金、技术、设备、材料、劳务等要素资源的互补，各类产业的相互渗透，产品生产的相互配套，企业的重组联合，对外经济关系的协同等等。实现这样的经济一体化，中部省区应当十分重视以下几点：

其一，将欲外联，必先内联，要注重推进省内各地和中部省际经济的一体化。就中部五省之间来说，交通、通信等基础设施的建设，钢铁、有色、建材、化工、汽车等类产品的生产，科技开发、现代物流、信息化和旅游业的发展，流域的治理，生态的保护等等，完全可以采取各种方式，率先实现不同程度的一体化。

其二，注重分工，“错位发展”，使中部的主导产业与东部形成较明显的差异性。有差异才需互补，才能协作，也才有可能形成产业链和集团化企业。中部一方面应欢迎东部的优势产业及企业前来整合、并购本地相关的产业及企业。另一方面，中部也要凭借自己的优势产业及企业，来一点“逆梯度推进”，整合并购东部的相关产业及企业，造成一种“我中有你，你中有我”的局面。

其三，“既求所在，亦求所有”，维护地区经济必要的自主性。中部相对落后，资本尤其不足。为了加快本地发展，吸引外来投资，提出“不求所有，但求所在”，这是完全必要、十分明智的。问题是，近年来部分地区出现一种苗头：见企业就出售，有资源就转让。变卖国有和集体资产，似乎成了某些地方政府的“主营业务”，且时有暗箱操作的。于是，这些地区的企业和资源，特别是优势企业和优质资源，很快就差不多“只是所在，不再所有”了。其中有一部分企业，虽然本地仍然拥有控股权，但已实际上丧失了经营管理的决策权。如果听任这种倾向蔓延泛滥，中部省区或其大、中城市就有可能丧失地区经济的自主性。正确的对策应当是：“能所有的谋所有，可所在的求所在。”尤其是对于一个省，以丧失经济自主性为代价来谋求一体化，同样违背科学发展观，也很难指望中部崛起。

（安徽省发展和改革委员会经济研究所所长、研究员　王儆兰）

统计资料篇

2003 年全国各地区国内生产总值综合分析表（按东部、中部及西部大开发地区统计）

地区	国内生产总值（亿元）		占全国比重（%）		占全国比重位次		同比增长速度（%）		增长速度位次		增减幅度	
	2003 年	**2002 年**	**2003 年**	**2002 年**	**2003 年**	**2002 年**	**2003 年**	**2002 年**	**2003 年**	**2002 年**	**± 百分点**	**位次**
东部地区	**78738.57**	**68289.06**	**58.47**	**57.86**			**12.82**	**11.25**			**1.57**	
北京	3611.94	3212.71	2.68	2.72	15	15	10.50	10.40	19	15	0.10	27
天津	2386.94	2051.16	1.77	1.74	22	20	14.50	12.50	2	2	2.00	4
河北	7095.39	6122.53	5.27	5.19	5	6	11.60	9.60	13	21	2.00	4
辽宁	6002.54	5458.22	4.46	4.62	8	7	11.50	10.20	14	18	1.30	12
上海	6250.81	5408.76	4.64	4.58	7	8	11.80	10.90	11	10	0.90	20
江苏	12451.75	10631.75	9.25	9.01	2	2	13.50	11.60	5	8	1.90	7
浙江	9200.00	7796.00	6.83	6.61	4	4	14.00	12.50	3	2	1.50	10
福建	5241.73	4682.01	3.89	3.97	11	11	11.50	10.50	14	12	1.00	17
山东	12370.00	10552.06	9.19	8.94	3	3	13.30	11.60	6	8	1.70	9
广东	13449.93	11769.73	9.99	9.97	1	1	13.60	11.70	4	6	1.90	7
海南	677.54	604.13	0.50	0.51	28	28	10.50	9.30	19	25	1.20	13
中部地区	**33259.25**	**29650.70**	**24.70**	**25.13**			**10.37**	**9.62**			**0.75**	
山西	2445.58	2017.54	1.82	1.71	20	22	13.20	11.70	7	6	1.50	10
吉林	2521.78	2246.12	1.87	1.90	18	18	10.20	9.50	23	22	0.70	21
黑龙江	4433.12	3882.16	3.29	3.29	13	13	10.30	10.30	22	16	0.00	28
安徽	3973.20	3569.10	2.95	3.02	14	14	9.10	8.90	29	29	0.20	26
江西	2830.00	2450.48	2.10	2.08	16	17	13.00	10.50	8	12	2.50	3
河南	7025.93	6168.73	5.22	5.23	6	5	10.50	9.50	19	22	1.00	17
湖北	5395.91	4975.63	4.01	4.22	10	9	9.30	9.10	28	26	0.20	25
湖南	4633.73	4340.94	3.44	3.68	12	12	9.60	9.00	27	28	0.60	23

续表

地区	国内生产总值（亿元）		占全国比重（%）		占全国比重位次		同比增长速度（%）		增长速度位次		增减幅度	
	2003年	**2002年**	**2003年**	**2002年**	**2003年**	**2002年**	**2003年**	**2002年**	**2003年**	**2002年**	**±百分点**	**位次**
西部大开发地区	**22660.15**	**20080.93**	**16.83**	**17.01**			**11.27**	**10.02**			**1.26**	
重庆	2250.11	1971.30	1.67	1.67	23	23	11.40	10.30	16	16	1.10	16
四川	5456.32	4875.12	4.05	4.13	9	10	11.80	10.60	11	11	1.20	13
贵州	1344.31	1185.04	1.00	1.00	26	26	10.10	9.10	25	26	1.00	17
云南	2458.80	2232.32	1.83	1.89	19	19	8.6	8.20	30	30	0.40	24
西藏		161.42		0.14	31	31		12.90	31	1		
陕西	2398.58	2035.96	1.78	1.73	21	21	10.90	9.70	17	20	1.20	13
甘肃	1301.06	1161.43	0.97	0.98	27	27	10.10	9.40	25	24	0.70	21
青海	390.16	341.11	0.29	0.29	29	29	12.10	12.40	10	4	-0.30	29
宁夏	384.92	329.28	0.29	0.28	30	30	12.20	10.20	9	18	2.00	4
新疆	1849.82	1598.28	1.37	1.35	25	25	10.80	8.10	18	31	2.00	4
广西	2733.21	2455.36	2.03	2.08	17	16	10.20	10.50	23	12	-0.30	29
内蒙古	2092.86	1734.31	1.55	1.47	24	24	16.30	12.10	1	5	4.20	1
全国合计	**134657.97**	**118020.69**	**100.00**	**100.00**			**11.96**	**10.63**			**1.33**	

注：1. 资料来源：国家统计局核算司（表中数字不含中国港、澳、台地区）。2. 本表绝对数按当年价格计算，增长速度按可比价格计算。

3. 三大地带增长速度计算采用加权平均法。4. 全国合计为各地区之和。

2003 年全国各地区第一产业增加值综合分析表（按东部、中部及西部大开发地区统计）

地区	第一产业增加值（亿元）		占全国比重（%）		占全国比重位次		同比增长速度（%）		增长速度位次		增减幅度	
	2003 年	2002 年	2003 年	2002 年	2003 年	2002 年	2003 年	2002 年	2003 年	2002 年	±百分点	位次
东部地区	**7312.77**	**6947.15**	**42.72**	**42.83**			**3.82**	**4.37**			**-0.54**	
北　京	95.30	98.05	0.56	0.60	26	26	3.30	5.00	19	11	-1.70	20
天　津	89.70	84.00	0.52	0.52	28	28	6.10	6.10	4	7	0.00	14
河　北	1064.33	957.01	6.22	5.90	5	6	5.90	5.40	7	10	0.50	10
辽　宁	622.47	590.20	3.64	3.64	13	13	7.10	8.40	3	3	-1.30	19
上　海	92.98	88.24	0.54	0.54	27	27	2.30	3.00	26	26	-0.70	17
江　苏	1106.78	1119.12	6.47	6.90	4	3	-0.10	3.50	28	25	-3.60	25
浙　江	722.00	694.00	4.22	4.28	10	10	2.70	4.50	21	15	-1.80	22
福　建	705.49	664.78	4.12	4.10	11	11	3.30	2.70	19	27	0.60	9
山　东	1505.00	1390.00	8.79	8.57	1	1	5.60	2.50	8	29	3.10	2
广　东	1051.60	1032.80	6.14	6.37	6	4	1.20	4.40	27	18	-3.20	23
海　南	257.12	228.95	1.50	1.41	23	23	9.00	9.10	1	2	-0.10	15
中部地区	**5439.72**	**5242.11**	**34.24**	**34.64**			**1.50**	**4.56**			**-3.06**	
山　西	213.28	197.80	1.25	1.22	25	25	2.70	13.60	21	1	-10.90	30
吉　林	488.80	446.17	2.86	2.75	17	17	6.10	6.30	4	6	-0.20	16
黑龙江	513.12	447.00	3.00	2.76	15	16	2.50	8.10	24	4	-5.60	27
安　徽	749.10	772.55	4.38	4.76	9	8	-3.00	3.90	30	23	-6.90	28
江　西	560.00	535.98	3.27	3.31	14	14	2.70	4.40	21	18	-1.70	20
河　南	1237.00	1288.36	7.23	7.95	2	2	-2.50	4.50	29	15	-7.00	29
湖　北	792.55	707.00	4.63	4.36	8	9	5.00	2.00	11	31	3.00	3
湖　南	885.87	847.25	5.18	5.23	7	7	3.60	2.60	18	28	1.00	6

续表

地　区	第一产业增加值（亿元）		占全国比重（%）		占全国比重位次		同比增长速度（%）		增长速度位次		增减幅度	
	2003 年	**2002 年**	**2003 年**	**2002 年**	**2003 年**	**2002 年**	**2003 年**	**2002 年**	**2003 年**	**2002 年**	**± 百分点**	**位次**
西部大开发地区	4365.72	4025.76	19.37	18.84			5.18	4.86			0.32	
重　庆	343.07	315.78	2.00	1.95	20	19	4.20	4.10	15	22	0.10	13
四　川	1128.60	1027.62	6.59	6.34	3	5	5.50	4.80	9	13	0.70	8
贵　州	294.53	280.83	1.72	1.73	22	22	4.60	2.20	14	30	2.40	4
云　南	498.95	470.50	2.91	2.90	16	15	5.00	3.90	11	23	1.10	5
西　藏		39.68		0.24	31	31		4.40	31	18		31
陕　西	320.03	303.79	1.87	1.87	21	21	5.10	4.20	10	21	0.90	7
甘　肃	240.00	214.45	1.40	1.32	24	24	6.00	5.80	6	9	0.20	11
青　海	47.00	44.90	0.27	0.28	30	30	3.80	4.50	17	15	-0.70	17
宁　夏	55.50	52.84	0.32	0.33	29	29	2.50	6.10	24	7	-3.60	25
新　疆	388.00	305.00	2.27	1.88	19	20	8.20	5.00	2	11	3.20	1
广　西	628.18	595.68	3.67	3.67	12	12	3.90	7.30	16	5	-3.40	24
内蒙古	421.86	374.69	2.46	2.31	18	18	5.00	4.80	11	13	0.20	11
全国合计	**17118.21**	**16215.02**	**100.00**	**100.00**			**3.43**	**4.55**			**-1.12**	

注：1. 资料来源：国家统计局核算司（表中数字不含中国港、澳、台地区）。2. 本表绝对数按当年价格计算，增长速度按可比价格计算。

3. 三大地带增长速度计算采用加权平均法。4. 全国合计为各地区之和。

2003年全国各地区第二产业增加值综合分析表（按东部、中部及西部大开发地区统计）

地区	第二产业增加值（亿元）		占全国比重（%）		占全国比重位次		同比增长速度（%）		增长速度位次		增减幅度	
	2003年	2002年	2003年	2002年	2003年	2002年	2003年	2002年	2003年	2002年	±百分点	位次
东部地区	**40066.37**	**33402.39**	**60.86**	**60.13**			**16.15**	**12.95**			**3.21**	
北京	1298.47	1116.53	1.97	2.01	16	15	11.90	8.50	27	30	3.40	13
天津	1212.34	1001.90	1.84	1.80	18	17	17.80	14.30	7	7	3.50	11
河北	3675.38	3046.00	5.58	5.48	5	5	14.20	10.60	19	25	3.60	10
辽宁	2852.60	2609.85	4.33	4.70	8	7	12.20	9.80	25	28	2.40	18
上海	3130.72	2564.69	4.76	4.62	7	8	16.10	12.10	13	18	4.00	7
江苏	6782.25	5550.98	10.30	9.99	2	2	17.20	13.70	8	11	3.50	11
浙江	4830.00	3982.00	7.34	7.17	4	4	16.60	13.40	10	13	3.20	16
福建	2495.63	2159.94	3.79	3.89	11	11	16.10	14.20	13	9	1.90	22
山东	6590.00	309.54	10.01	9.56	3	3	16.10	14.80	13	5	1.30	25
广东	7048.05	5935.63	10.71	10.68	1	1	18.00	13.40	6	13	4.60	6
海南	150.93	125.33	0.23	0.23	30	30	18.90	12.50	3	15	6.40	2
中部地区	16005.71	13869.60	24.32	24.95			14.67	11.63			3.03	
山西	1400.12	1083.79	2.13	1.95	15	16	18.40	14.40	5	6	4.00	7
吉林	1140.78	978.37	1.73	1.76	19	18	12.90	10.50	22	26	2.40	18
黑龙江	2532.45	2169.15	3.85	3.90	10	10	11.90	10.70	27	23	1.20	26
安徽	1780.60	1552.21	2.71	2.79	14	14	14.00	10.70	20	23	3.30	14
江西	1227.00	951.77	1.86	1.71	17	19	24.40	18.50	2	1	5.90	4
河南	3550.47	2951.06	5.39	5.31	6	6	17.00	11.50	9	19	5.50	5
湖北	2580.58	2446.05	3.92	4.40	9	9	10.20	10.30	30	27	-0.10	28
湖南	1793.71	1737.20	2.73	3.13	13	13	12.60	10.90	23	21	1.70	23

续表

地　区	第二产业增加值（亿元）		占全国比重（%）		占全国比重位次		同比增长速度（%）		增长速度位次		增减幅度	
	2003 年	2002 年	2003 年	2002 年	2003 年	2002 年	2003 年	2002 年	2003 年	2002 年	±百分点	位次
西部大开发地区	**9748.16**	**8294.79**	**14.80**	**14.92**			**15.63**	**12.62**			**3.01**	
重　庆	975.95	827.55	1.48	1.49	23	23	15.90	13.80	16	10	2.10	21
四　川	2266.06	1982.44	3.44	3.57	12	12	16.50	14.30	11	7	2.20	20
贵　州	571.91	474.68	0.87	0.85	27	27	13.20	13.60	21	12	-0.40	30
云　南	1067.76	951.48	1.62	1.71	21	20	10.40	9.40	29	29	1.00	27
西　藏		32.93		0.06	31	31		18.10	31	2		
陕　西	1133.56	925.78	1.72	1.67	20	21	14.80	12.20	17	17	2.60	17
甘　肃	607.62	530.36	0.92	0.95	26	26	12.20	10.80	25	22	1.40	24
青　海	184.26	154.01	0.28	0.28	29	28	16.40	16.60	12	3	-0.20	29
宁　夏	191.72	151.16	0.29	0.27	28	29	18.70	12.50	4	15	6.20	3
新　疆	795.51	672.10	1.21	1.21	25	25	12.30	8.40	24	31	3.90	9
广　西	1005.92	863.96	1.53	1.55	22	22	14.60	11.30	18	20	3.30	14
内蒙古	947.89	728.34	1.44	1.31	24	24	26.90	16.50	1	4	10.40	1
全国合计	**65820.24**	**55566.78**	**100.00**	**100.00**			**15.72**	**12.57**			**3.15**	

注：1. 资料来源：国家统计局核算司（表中数字不含中国港、澳、台地区）。2. 本表绝对数按当年价格计算，增长速度按可比价格计算。
3. 三大地带增长速度计算采用加权平均法。4. 全国合计为各地区之和。

2003年全国各地区第三产业增加值综合分析表（按东部、中部及西部大开发地区统计）

地　区	第三产业增加值（亿元）		占全国比重（%）		占全国比重位次		同比增长速度（%）		增长速度位次		增减幅度	
	2003年	2002年	2003年	2002年	2003年	2002年	2003年	2002年	2003年	2002年	±百分点	位次
东部地区	**31359.43**	**27939.52**	**60.63**	**60.42**			**10.94**	**11.12**			**-0.18**	
北　京	2218.17	1998.13	4.29	4.32	9	8	10.00	12.00	13	3	-2.00	29
天　津	1084.90	965.26	2.10	2.09	17	17	11.50	11.20	5	8	0.30	8
河　北	2355.68	2119.52	4.55	4.58	7	7	10.00	10.20	13	14	-0.20	13
辽　宁	2527.47	2258.17	4.89	4.88	6	6	11.70	11.30	3	6	0.40	7
上　海	3027.11	2755.83	5.85	5.96	5	5	8.00	10.00	28	18	-2.00	29
江　苏	4562.72	3961.65	8.82	8.57	2	2	11.70	11.20	3	8	0.50	5
浙　江	3648.00	3120.00	7.05	6.75	4	4	13.20	13.50	1	2	-0.30	15
福　建	2040.61	1857.29	3.95	4.02	11	11	9.20	9.50	21	22	-0.30	15
山　东	4275.00	3852.52	8.27	8.33	3	3	11.90	10.60	2	10	1.30	1
广　东	5350.28	4801.30	10.34	10.38	1	1	10.80	11.30	7	6	-0.50	18
海　南	269.49	249.85	0.52	0.54	28	28	7.70	8.10	29	29	-0.40	17
中部地区	**11813.82**	**10538.99**	**22.85**	**22.79**			**9.35**	**9.71**			**-0.36**	
山　西	832.18	735.95	1.61	1.59	23	23	8.60	7.70	24	30	0.90	4
吉　林	892.20	821.58	1.73	1.78	21	20	9.10	10.10	22	16	-1.00	26
黑龙江	1387.55	1266.01	2.68	2.74	15	14	10.10	10.20	10	14	-0.10	12
安　徽	1443.50	1244.34	2.79	2.69	14	15	10.20	9.90	9	20	0.30	9
江　西	1043.00	962.73	2.02	2.08	18	18	7.40	6.90	30	31	0.50	5
河　南	2238.46	1929.31	4.33	4.17	8	9	9.10	10.00	22	18	-0.90	24
湖　北	2022.78	1822.58	3.91	3.94	12	12	9.70	10.30	16	13	-0.60	19
湖　南	1954.15	1756.49	3.78	3.80	13	13	9.60	10.50	18	11	-0.90	24

续表

地　区	第三产业增加值（亿元）		占全国比重（%）		占全国比重位次		同比增长速度（%）		增长速度位次		增减幅度	
	2003年	2002年	2003年	2002年	2003年	2002年	2003年	2002年	2003年	2002年	±百分点	位次
西部大开发地区	**8546.27**	**7760.38**	**16.54**	**16.77**			**9.70**	**10.11**			**-0.42**	
重　庆	931.09	827.97	1.80	1.79	20	19	9.40	9.20	19	26	0.20	10
四　川	2061.66	1865.06	3.99	4.03	10	10	10.10	10.10	10	16	0.00	11
贵　州	477.87	429.53	0.92	0.93	26	26	10.10	9.10	10	28	1.00	2
云　南	892.09	810.34	1.72	1.75	22	21	8.60	9.40	24	23	-0.80	22
西　藏		88.81		0.19	31	31		15.00		1		
陕　西	944.99	806.39	1.83	1.74	19	22	8.50	9.20	26	26	-0.70	20
甘　肃	453.44	416.62	0.88	0.90	27	27	9.40	9.60	19	21	-0.20	13
青　海	158.90	142.20	0.31	0.31	29	29	9.70	10.40	16	12	-0.70	21
宁　夏	137.70	125.28	0.27	0.27	30	30	8.30	9.40	27	23	-1.10	27
新　疆	666.31	621.18	1.29	1.34	25	25	10.30	9.30	8	25	1.00	2
广　西	1099.11	995.72	2.13	2.15	16	16	10.00	11.90	13	4	-1.90	28
内蒙古	723.11	631.28	1.40	1.37	24	24	11.00	11.80	6	5	-0.80	22
全国合计	**51719.52**	**46238.89**	**100.00**	**100.00**			**10.37**	**10.63**			**-0.26**	

注：1. 资料来源：国家统计局核算司（表中数字不含中国港、澳、台地区）。2. 本表绝对数按当年价格计算，增长速度按可比价格计算。
3. 三大地区增长速度计算采用加权平均法。4. 全国合计为各地区之和。

2003年全国各地区工业增加值综合分析表（按东部、中部及西部大开发地区统计）

地区	工业增加值（亿元）		占全国比重（%）		占全国比重位次		同比增长速度（%）		增长速度位次		增减幅度	
	2003年	2002年	2003年	2002年	2003年	2002年	2003年	2002年	2003年	2002年	±百分点	位次
东部地区	**28004.2**	**21360.7**	**67.1**	**65.5**			**21.77**	**15.73**			**6.03**	
北京	970.8	823.3	2.33	2.52	14	13	12.30	8.00	28	30	4.30	18
天津	1027.8	822.8	2.46	2.52	13	14	20.10	17.80	14	6	2.30	24
河北	1810.3	1406.7	4.34	4.31	6	7	20.10	14.00	14	19	6.10	6
辽宁	1764.3	1376.2	4.23	4.22	7	8	18.50	13.10	18	22	5.40	10
上海	2767.1	2196.2	6.63	-6.73	5	5	22.00	13.90	8	20	8.10	2
江苏	4620.6	3536.3	11.08	10.84	3	2	22.70	15.70	6	12	7.00	4
浙江	3194.0	2356.5	7.66	7.22	4	4	23.70	19.00	5	4	4.70	14
福建	1461.4	1047.1	3.50	3.21	9	11	23.90	20.10	4	1	3.80	20
山东	4695.2	3502.5	11.26	10.74	2	3	22.70	17.30	6	7	5.40	10
广东	5606.3	4224.6	13.44	12.95	1	1	21.90	15.00	9	15	6.90	5
海南	86.4	68.5	0.21	0.21	30	30	24.90	19.10	2	2	5.80	8
中部地区	**8340.9**	**6889.1**	**20.0**	**21.1**			**18.05**	**14.50**			**3.55**	
山西	882.2	608.7	2.12	1.87	16	19	24.20	16.80	3	9	7.40	3
吉林	806.7	644.4	1.93	1.98	18	17	17.90	18.60	19	5	-0.70	31
黑龙江	1380.2	1280.6	3.31	3.93	10	9	13.60	12.00	24	26	1.60	26
安徽	834.7	656.1	2.00	2.01	17	16	19.80	15.30	17	13	4.50	16
江西	440.3	360.3	1.06	1.10	24	25	21.00	16.10	11	10	4.90	13
河南	1754.1	1430.8	4.21	4.39	8	6	19.90	14.20	16	18	5.70	9
湖北	1356.2	1199.0	3.25	3.68	11	10	12.50	12.30	27	23	0.20	30
湖南	886.5	709.2	2.13	2.17	15	15	20.70	16.10	13	10	4.60	15

续表

地区	工业增加值（亿元）		占全国比重（%）		占全国比重位次		同比增长速度（%）		增长速度位次		增减幅度	
	2003年	2002年	2003年	2002年	2003年	2002年	2003年	2002年	2003年	2002年	±百分点	位次
西部大开发地区	**5361.4**	**4374.0**	**12.9**	**13.4**			**17.50**	**13.40**			**4.10**	
重庆	477.9	397.4	1.15	1.22	22	21	21.10	15.20	10	14	5.90	7
四川	1156.0	915.3	2.77	2.81	12	12	21.00	17.20	11	8	3.80	20
贵州	331.9	270.4	0.80	0.83	27	27	13.50	12.10	25	25	1.40	27
云南	719.7	632.1	1.73	1.94	19	18	9.10	8.10	31	29	1.00	29
西藏	11.0	10.3	0.03	0.03	31	31	9.50	5.00	30	31	4.50	16
陕西	664.7	530.6	1.59	1.63	20	20	16.80	14.50	22	17	2.30	24
甘肃	389.8	340.6	0.93	1.04	26	26	13.00	10.60	26	27	2.40	22
青海	95.5	80.1	0.23	0.25	29	29	15.90	14.60	23	16	1.30	28
宁夏	105.1	92.2	0.25	0.28	28	28	17.50	13.60	21	21	3.90	19
新疆	463.2	369.9	1.11	1.13	23	22	10.80	8.40	29	28	2.40	22
广西	436.9	367.0	1.05	1.12	25	24	17.60	12.30	20	23	5.30	12
内蒙古	509.7	368.1	1.22	1.13	21	23	31.50	19.10	1	2	12.40	1
全国合计	**41706.5**	**32623.8**	**100.00**	**100.00**			**20.47**	**15.16**			**5.31**	

注：1. 资料来源：国家统计局统计快报（表中数字不含中国港、澳、台地区）。2. 工业增加值按当年价格计算，增长速度按可比价格计算。
3. 三大地带增长速度计算采用加权平均法。4. 全国合计为各地区之和。

2003年全国各地区固定资产投资综合分析表（按东部、中部及西部大开发地区统计）

地区	固定资产投资（亿元）		占全国比重（%）		占全国比重位次		同比增长速度（%）		增长速度位次		增减幅度	
	2003年	2002年	2003年	2002年	2003年	2002年	2003年	2002年	2003年	2002年	±百分点	位次
东部地区	**23948.94**	**17913.89**	**57.12**	**56.48**	**1**	**1**	**33.69**	**16.14**			**17.5**	
北京	1986.19	1681.58	4.74	5.30	6	6	18.1	19.2	27	14	-1.1	28
天津	923.64	703.71	2.20	2.22	21	18	31.3	14.9	13	21	16.4	10
河北	1619.28	1161.57	3.86	3.66	9	10	39.4	7.0	6	31	32.4	1
辽宁	1664.89	1315.86	3.97	4.15	8	8	26.5	12.8	19	25	13.7	13
上海	2213.23	1970.15	5.28	6.21	5	5	12.3	9.8	29	26	2.5	24
江苏	3664.76	2320.04	8.74	7.32	2	2	58.0	26.3	3	7	31.7	2
浙江	3057.10	2296.55	7.29	7.24	4	3	33.1	22.2	11	9	10.9	17
福建	1182.02	964.46	2.82	3.04	12	12	22.6	9.4	23	28	13.2	14
山东	3564.79	2288.68	8.50	7.22	3	4	55.8	27.1	4	6	28.7	3
广东	3835.22	3022.88	9.15	9.53	1	1	26.9	8.5	17	29	18.4	7
海南	237.82	188.41	0.57	0.59	29	29	26.2	9.6	20	27	16.6	9
中部地区	**9040.03**	**6961.86**	**21.57**	**21.96**	**2**	**2**	**29.85**	**18.04**			**11.8**	
山西	931.73	675.97	2.22	2.13	20	21	37.8	22.9	9	8	14.9	12
吉林	849.42	693.42	2.03	2.19	22	20	22.5	19.5	24	12	3.0	23
黑龙江	1014.60	906.55	2.42	2.86	16	14	11.9	7.2	30	30	4.7	21
安徽	1093.92	791.99	2.61	2.50	14	15	38.1	20.1	8	11	18.0	8
江西	975.40	611.55	2.33	1.93	18	24	59.5	47.2	2	2	12.3	15
河南	1553.95	1116.08	3.71	3.52	10	11	39.2	14.2	7	22	25.0	5
湖北	1460.77	1259.47	3.48	3.97	11	9	16.0	13.6	28	24	2.4	26
湖南	1160.24	906.83	2.77	2.86	13	13	27.9	19.0	15	15	8.9	18

续表

地区	固定资产投资（亿元）		占全国比重（%）		占全国比重位次		同比增长速度（%）		增长速度位次		增减幅度	
	2003 年	**2002 年**	**2003 年**	**2002 年**	**2003 年**	**2002 年**	**2003 年**	**2002 年**	**2003 年**	**2002 年**	**±百分点**	**位次**
西部大开发地区	**8940.55**	**6832.28**	**21.33**	**21.56**	**3**	**3**	**30.86**	**22.42**			**8.4**	
重　庆	970.19	735.91	2.31	2.32	19	17	31.8	29.4	12	3	2.4	26
四　川	1788.57	1408.09	4.27	4.44	7	7	27.0	20.4	16	10	6.6	20
贵　州	653.59	527.62	1.56	1.66	26	26	23.9	27.6	21	5	－3.7	29
云　南	775.64	612.79	1.85	1.93	24	23	26.6	19.3	18	13	7.3	19
西　藏	134.75	109.42	0.32	0.35	31	31	23.2	28.7	22	4	－5.5	30
陕　西	1007.65	750.60	2.40	2.37	17	16	34.2	18.7	10	16	15.5	11
甘　肃	536.18	448.87	1.28	1.42	27	27	19.5	17.0	25	18	2.5	24
青　海	225.02	205.21	0.54	0.65	30	28	9.7	15.3	31	19	－5.6	31
宁　夏	245.89	173.14	0.59	0.55	28	30	42.0	14.0	5	23	28.0	4
新　疆	833.21	700.26	1.99	2.21	23	19	19.0	15.1	26	20	3.9	22
广　西	717.50	542.16	1.71	1.71	25	25	29.9	18.3	14	17	11.6	16
内蒙古	1052.36	618.21	2.51	1.95	15	22	70.2	47.8		1	22.4	6
全国合计	**41929.52**	**31708.03**	**100.00**	**100.00**			**32.24**	**17.86**			**14.38**	

注：1. 资料来源：国家统计局统计快报（表中数字不含中国港、澳、台地区）。2. 固定资产投资额不包括城乡集体和个人投资。3. 全国合计为各地区之和。

2003年全国各地区基本建设投资综合分析表（按东部、中部及西部大开发地区统计）

地区	基本建设投资（亿元）		占全国比重（%）		占全国比重位次		同比增长速度（%）		增长速度位次		增减幅度	
	2003年	2002年	2003年	2002年	2003年	2002年	2003年	2002年	2003年	2002年	±百分点	位次
东部地区	**11201.42**	**7899.80**	**51.78**	**49.24**			**41.79**	**15.56**			**26.2**	
北京	555.73	414.59	2.57	2.58	17	15	34.0	7.1	12	28	26.9	6
天津	501.37	361.85	2.32	2.26	20	23	38.6	17.0	9	14	21.6	8
河北	843.00	597.11	3.90	3.72	8	9	41.2	0.9	5	31	40.3	2
辽宁	677.71	529.00	3.13	3.30	11	10	28.1	7.8	15	27	20.3	9
上海	874.14	779.28	4.04	4.86	7	6	12.2	9.7	29	25	2.5	23
江苏	1864.51	1141.31	8.62	7.11	1	3	63.4	36.2	3	4	27.2	5
浙江	1642.50	1180.56	7.59	7.36	4	2	39.1	20.5	8	11	18.6	10
福建	471.84	397.90	2.18	2.48	23	18	18.6	16.4	25	17	2.2	24
山东	1789.01	1070.72	8.27	6.67	3	4	67.1	26.1	2	7	41.0	1
广东	1798.73	1275.46	8.31	7.95	2	1	41.0	6.2	6	29	34.8	3
海南	182.88	152.02	0.85	0.95	28	29	20.3	11.0	22	24	9.3	17
中部地区	**4939.29**	**3933.49**	**22.82**	**24.54**			**25.57**	**14.38**			**11.2**	
山西	498.02	375.39	2.30	2.34	21	20	32.7	15.2	13	18	17.5	11
吉林	435.66	371.60	2.01	2.32	25	22	17.2	16.9	26	16	0.3	26
黑龙江	573.05	496.79	2.65	3.10	15	12	15.4	3.1	28	30	12.3	14
安徽	513.57	406.77	2.37	2.54	19	17	26.3	17.0	16	14	9.3	17
江西	566.14	347.53	2.62	2.17	16	25	62.9	47.9	4	2	15.0	12
河南	948.15	694.43	4.38	4.33	6	8	36.5	9.6	10	26	26.9	6
湖北	804.95	735.73	3.72	4.59	9	7	9.4	11.9	30	23	-2.5	27
湖南	599.75	505.25	2.77	3.15	14	11	18.7	14.7	24	19	4.0	20

续表

地　区	基本建设投资（亿元）		占全国比重（%）		占全国比重位次		同比增长速度（%）		增长速度位次		增减幅度	
	2003年	2002年	2003年	2002年	2003年	2002年	2003年	2002年	2003年	2002年	±百分点	位次
西部大开发地区	**5498.56**	**4209.15**	**25.41**	**26.24**			**30.63**	**24.25**			**6.4**	
重　庆	526.91	375.11	2.43	2.34	18	21	40.5	45.1	7	3	-4.6	28
四　川	949.54	793.45	4.39	4.95	5	5	19.7	14.0	23	21	5.7	19
贵　州	381.33	308.69	1.76	1.92	26	26	23.5	33.7	20	5	-10.2	30
云　南	485.18	390.38	2.24	2.43	22	19	24.3	21.6	19	10	2.7	22
西　藏	121.30	98.63	0.56	0.61	31	31	23.0	31.0	21	6	-8.0	29
陕　西	616.03	456.75	2.85	2.85	12	14	34.9	22.6	11	9	12.3	14
甘　肃	307.31	263.06	1.42	1.64	27	27	16.8	13.3	27	22	3.5	21
青　海	159.09	157.63	0.74	0.98	29	28	0.9	17.8	31	12	-16.9	31
宁　夏	156.06	119.80	0.72	0.75	30	30	30.3	17.4	14	13	12.9	13
新　疆	604.09	483.89	2.79	3.02	13	13	24.8	24.4	18	8	0.4	25
广　西	441.35	352.65	2.04	2.20	24	24	25.2	14.7	17	19	10.5	16
内蒙古	750.37	409.11	3.47	2.55	10	16	83.4	52.2	1	1	31.2	4
全国合计	**21639.27**	**16042.44**	**100.00**	**100.00**			**34.89**	**17.42**			**17.47**	

注：1. 资料来源：国家统计局统计快报（表中数字不含中国港、澳、台地区）。2. 基本建设投资额不包括城乡集体和个人投资。3. 全国合计为各地区之和。

2003年全国各地区更新改造投资综合分析表（按东部、中部及西部大开发地区统计）

地区	更新改造投资（亿元）		占全国比重（%）		占全国比重位次		同比增长速度（%）		增长速度位次		增减幅度	
	2003年	2002年	2003年	2002年	2003年	2002年	2003年	2002年	2003年	2002年	±百分点	位次
东部地区	**4577.80**	**3611.11**	**54.36**	**55.07**			**26.77**	**7.67**			**19.1**	
北京	216.09	169.63	2.57	2.59	16	16	27.4	-9.0	17	29	36.4	4
天津	210.89	166.02	2.50	2.53	17	17	27.0	17.0	18	13	10.0	19
河北	509.45	374.21	6.05	5.71	4	5	36.1	10.2	10	20	25.9	7
辽宁	459.60	365.41	5.46	5.57	5	6	25.8	10.8	19	19	15.0	14
上海	381.60	415.70	4.53	6.34	6	4	-8.2	-3.8	31	28	-4.4	28
江苏	668.86	448.44	7.94	6.84	2	3	49.2	11.5	4	18	37.7	3
浙江	356.90	360.18	4.24	5.49	10	7	-0.9	12.9	30	17	-13.8	30
福建	226.80	194.49	2.69	2.97	14	14	16.6	-3.6	24	27	20.2	11
山东	916.35	637.59	10.88	9.72	1	1	43.7	23.2	9	7	20.5	10
广东	618.91	467.91	7.35	7.13	3	2	32.3	-2.7	13	26	35.0	5
海南	12.35	11.53	0.15	0.18	30	30	7.1	-17.9	26	31	25.0	8
中部地区	**2233.93**	**1692.78**	**26.53**	**25.80**			**31.97**	**19.06**			**12.9**	
山西	253.04	193.12	3.01	2.94	13	15	31.0	33.0	14	3	-2.0	27
吉林	206.59	160.59	2.45	2.45	18	18	28.6	26.1	16	6	2.5	23
黑龙江	225.60	213.19	2.68	3.25	15	13	5.8	5.6	27	23	0.2	25
安徽	319.63	222.27	3.80	3.39	11	12	43.8	19.9	8	11	23.9	9
江西	194.03	133.41	2.30	2.03	19	21	45.4	29.4	6	5	16.0	13
河南	364.86	233.79	4.33	3.56	9	10	56.1	17.8	3	12	38.3	2
湖北	368.42	308.45	4.38	4.70	8	8	19.4	9.1	22	21	10.3	18
湖南	301.76	227.96	3.58	3.48	12	11	32.4	15.0	12	16	17.4	12

续表

地　区	更新改造投资（亿元）		占全国比重（%）		占全国比重位次		同比增长速度（%）		增长速度位次		增减幅度	
	2003年	2002年	2003年	2002年	2003年	2002年	2003年	2002年	2003年	2002年	±百分点	位次
西部大开发地区	**1607.99**	**1255.29**	**19.08**	**19.15**			**28.10**	**18.08**			**10.0**	
重　庆	109.44	108.02	1.30	1.65	27	25	1.3	2.3	29	24	-1.0	26
四　川	370.74	257.49	4.40	3.93	7	9	44.0	31.1	7	4	12.9	17
贵　州	141.72	118.22	1.68	1.80	25	22	19.9	15.1	21	15	4.8	22
云　南	146.15	112.77	1.74	1.72	23	23	29.6	16.2	15	14	13.4	15
西　藏	9.31	7.62	0.11	0.12	31	31	22.1	38.0	20	2	-15.9	31
陕　西	164.13	143.44	1.95	2.19	21	19	14.4	7.8	25	22	6.6	21
甘　肃	161.80	137.92	1.92	2.10	22	20	17.3	23.0	23	8	-5.7	29
青　海	37.46	25.13	0.44	0.38	28	28	49.1	21.7	5	10	27.4	6
宁　夏	37.21	21.42	0.44	0.33	29	29	73.7	-15.3	1	30	89.0	1
新　疆	113.80	110.20	1.35	1.68	26	24	3.3	1.5	28	25	1.8	24
广　西	142.64	105.51	1.69	1.61	24	27	35.2	21.8	11	9	13.4	15
内蒙古	173.59	107.55	2.06	1.64	20	26	61.4	54.6	2	1	6.8	20
全国合计	**8419.72**	**6559.18**	**100.00**	**100.00**			**28.37**	**11.73**			**16.64**	

注：1.资料来源：国家统计局统计快报（表中数字不含中国港、澳、台地区）。2.更新改造投资额不包括城乡集体和个人投资。3.全国合计为各地区之和。

2003年全国各地区全社会商品零售总额综合分析表（按东部、中部及西部大开发地区统计）

地区	全社会商品零售总额（亿元）		占全国比重（%）		占全国比重位次		同比增长速度（%）		增长速度位次		增减幅度	
	2003年	2002年	2003年	2002年	2003年	2002年	2003年	2002年	2003年	2002年	±百分点	位次
东部地区	**27766.40**	**24516.90**	**58.29**	**57.95**			**13.38**	**8.82**			**5.25**	
北京	1916.70	1673.30	4.02	3.95	11	11	14.50	5.00	5	22	9.50	10
天津	922.30	831.80	1.94	1.97	18	17	10.90	-0.10	16	27	11.00	5
河北	2177.90	1968.30	4.57	4.65	9	9	10.70	10.68	22	6	0.02	27
辽宁	2330.80	2074.90	4.89	4.90	7	7	12.30	2.00	10	25	10.30	7
上海	2220.60	2035.20	4.66	4.81	8	8	9.10	9.30	31	13	-0.20	29
江苏	3566.50	3138.10	7.49	7.42	3	3	13.70	9.40	6	12	4.30	15
浙江	3157.10	2847.70	6.63	6.73	4	4	10.90	11.40	16	3	-0.50	30
福建	1740.40	1538.70	3.65	3.64	13	13	13.10	2.60	8	24	10.50	6
山东	3936.50	3222.50	8.27	7.62	2	2	22.16	13.70	1	1	8.46	12
广东	5606.00	5013.60	11.77	11.85	1	1	11.80	11.00	12	4	0.80	22
海南	191.60	172.80	0.40	0.41	28	28	10.90	-7.80	16	30	18.70	3
中部地区	**12071.90**	**10896.40**	**25.35**	**25.76**			**10.79**	**7.39**			**3.38**	
山西	729.30	641.40	1.53	1.52	23	23	13.70	-5.70	6	28	19.40	2
吉林	1110.30	1008.10	2.33	2.38	16	16	10.10	10.90	24	5	-0.80	31
黑龙江	1376.50	1250.40	2.89	2.96	14	14	10.10	4.30	24	23	5.80	14
安徽	1331.20	1212.40	2.80	2.87	15	15	9.80	6.10	27	20	3.70	16
江西	923.20	826.30	1.94	1.95	17	18	11.70	8.30	13	18	3.40	17
河南	2426.40	2189.80	5.10	5.18	5	5	10.80	10.60	19	7	0.20	24
湖北	2358.70	2129.40	4.95	5.03	6	6	10.80	7.80	19	19	3.00	18
湖南	1816.30	1638.60	3.81	3.87	12	12	10.80	8.40	19	17	2.40	20

续表

地区	全社会商品零售总额（亿元）		占全国比重（%）		占全国比重位次		同比增长速度（%）		增长速度位次		增减幅度	
	2003年	**2002年**	**2003年**	**2002年**	**2003年**	**2002年**	**2003年**	**2002年**	**2003年**	**2002年**	**±百分点**	**位次**
西部大开发地区	**6198.70**	**5531.70**	**16.33**	**16.30**			**16.30**	**6.98**			**2.67**	
重庆	835.50	763.10	1.75	1.80	21	20	9.50	9.10	28	14	0.40	23
四川	2091.10	1850.10	4.39	4.37	10	10	13.00	10.10	9	9	2.90	19
贵州	458.80	416.20	0.96	0.98	26	26	10.20	10.10	23	8	0.10	26
云南	782.50	711.30	1.64	1.68	22	22	10.00	8.50	26	16	1.50	21
西藏	58.30	53.40	0.12	0.13	31	31	9.20	9.00	30	15	0.20	25
陕西	853.20	728.20	1.79	1.72	20	21	17.20	9.50	3	11	7.70	13
甘肃	474.60	433.50	1.00	1.02	25	25	9.50	9.60	28	10	-0.10	28
青海	102.70	92.10	0.22	0.22	30	30	11.50	1.90	14	26	9.60	9
宁夏	120.80	104.90	0.25	0.25	29	29	15.20	6.10	4	20	9.10	11
新疆	421.20	378.90	0.88	0.90	27	27	11.20	-6.70	15	29	17.90	4
广西	857.70	764.50	1.80	1.81	19	19	12.20	-18.31	11	31	30.51	1
内蒙古	726.80	599.00	1.53	1.42	24	24	21.30	11.50	2	2	9.80	8
全国合计	**47621.5**	**42308.5**					**12.66**	**7.93**			**4.41**	

注：1. 资料来源：国家统计局统计快报（表中数字不含中国港、澳、台地区）。2. 三大地区增长速度计算采用加权平均法。3. 全国合计为各地区之和。

2003年全国各地区进出口总额综合分析表（按东部、中部及西部大开发地区统计）

地　区	进出口总额（亿美元）		占全国比重（%）		占全国比重位次		同比增长速度（%）		增长速度位次		增减幅度	
	2003年	2002年	2003年	2002年	2003年	2002年	2003年	2002年	2003年	2002年	±百分点	位次
东部地区	**7866.62**	**5738.86**	**92.41**	**92.44**	**1**	**1**	**38.37**	**22.81**			**15.6**	
北　京	684.63	525.05	8.04	8.46	4	4	30.4	2.0	18	28	28.4	10
天　津	293.59	228.11	3.45	3.67	8	8	28.7	25.6	21	8	3.1	24
河　北	89.79	66.65	1.05	1.07	10	10	34.7	16.3	14	15	18.4	17
辽　宁	265.61	217.40	3.12	3.50	9	9	22.2	9.8	28	23	12.4	22
上　海	1123.55	726.27	13.20	11.70	3	2	54.7	19.3	5	12	35.4	7
江　苏	1136.23	702.88	13.35	11.32	2	3	61.7	36.9	4	4	24.8	14
浙　江	614.22	419.56	7.22	6.76	5	5	46.4	27.9	10	7	18.5	16
福　建	353.35	283.97	4.15	4.57	7	7	24.4	25.5	25	9	-1.1	26
山　东	446.41	339.34	5.24	5.47	6	6	31.6	17.2	16	14	14.4	20
广　东	2836.46	2210.96	33.32	35.62	1	1	28.3	25.3	22	10	3.0	25
海　南	22.78	18.67	0.27	0.30	26	24	22.0	6.9	29	26	15.1	19
中部地区	**366.10**	**262.70**	**4.31**	**4.23**	**2**	**2**	**40.75**	**15.66**			**25.1**	
山　西	30.84	23.12	0.36	0.37	20	21	33.4	19.2	15	13	14.2	21
吉　林	61.72	37.02	0.73	0.60	11	15	66.7	15.4	3	17	51.3	3
黑龙江	53.29	43.49	0.63	0.70	14	12	22.5	28.5	27	6	-6.0	29
安　徽	59.43	41.81	0.70	0.67	12	13	42.1	15.7	13	16	26.4	11
江　西	25.27	16.94	0.30	0.27	25	26	49.1	10.6	7	21	38.5	6
河　南	47.12	32.03	0.55	0.52	17	16	47.1	15.2	9	18	31.9	9
湖　北	51.10	39.53	0.60	0.64	15	14	29.3	10.5	20	22	18.8	15
湖　南	37.33	28.76	0.44	0.46	18	17	29.8	4.3	19	27	25.5	12

续表

地　区	进出口总额（亿美元）		占全国比重（%）		占全国比重位次		同比增长速度（%）		增长速度位次		增减幅度	
	2003 年	2002 年	2003 年	2002 年	2003 年	2002 年	2003 年	2002 年	2003 年	2002 年	± 百分点	位次
西部大开发地区	**279.37**	**206.07**	**3.28**	**3.31**	**3**	**3**	**38.29**	**25.45**			**12.8**	
重　庆	25.95	17.93	0.30	0.29	24	25	44.7	-2.2	11	29	46.9	4
四　川	56.39	44.69	0.66	0.72	13	11	26.2	44.2	23	2	-18.0	31
贵　州	9.84	6.91	0.12	0.11	28	28	42.4	7.0	12	25	35.4	7
云　南	26.68	22.27	0.31	0.36	23	22	19.8	12.0	30	20	7.8	23
西　藏	1.60	1.30	0.02	0.02	31	31	22.8	39.8	26	3	-17.0	30
陕　西	27.84	22.24	0.33	0.36	22	23	25.2	7.9	24	24	17.3	18
甘　肃	13.28	8.77	0.16	0.14	27	27	51.3	12.7	6	19	38.6	5
青　海	3.39	1.97	0.04	0.03	30	30	72.5	-3.9	2	30	76.4	1
宁　夏	6.53	4.43	0.08	0.07	29	29	47.5	-16.9	8	31	64.4	2
新　疆	47.72	26.92	0.56	0.43	16	18	77.3	52.2	1	1	25.1	13
广　西	31.86	24.30	0.37	0.39	19	20	31.1	35.2	17	5	-4.1	28
内蒙古	28.29	24.34	0.33	0.39	21	19	16.2	19.6	31	11	-3.4	27
全国合计	**8512.09**	**6207.63**	**100.00**	**100.00**			**38.47**	**22.59**			**15.88**	

注：1. 资料来源：中国海关总署《海关统计 2003 年 12 月》（表中数字不含中国港、澳、台地区）。2. 进出口总额为商品经营单位所在地。
3. 三大地区增长速度计算采用加权平均法。4. 全国合计为各地区之和。

2003 年全国各地区出口总额综合分析表（按东部、中部及西部大开发地区统计）

地　区	出口总额（亿美元）		占全国比重（%）		占全国比重位次		同比增长速度（%）		增长速度位次		增减幅度	
	2003 年	2002 年	2003 年	2002 年	2003 年	2002 年	2003 年	2002 年	2003 年	2002 年	±百分点	位次
东部地区	**4024.68**	**2988.81**	**91.81**	**91.79**	**1**	**1**	**35.61**	**22.88**			**12.73**	
北　京	168.52	126.14	3.84	3.87	7	7	33.60	7.2	15	23	26.40	9
天　津	143.65	116.32	3.28	3.55	9	9	23.50	22.6	24	11	0.89	27
河　北	59.28	45.94	1.35	1.41	10	10	29.00	16.2	19	16	12.84	18
辽　宁	146.31	123.67	3.34	3.80	8	8	18.30	12.4	29	21	5.87	22
上　海	484.58	320.37	11.05	9.84	3	3	51.30	16.0	6	17	35.31	7
江　苏	591.19	384.65	13.49	11.82	2	2	53.70	33.2	5	3	20.46	12
浙　江	416.03	294.11	9.49	9.04	4	4	41.50	28.0	12	5	13.48	17
福　建	211.40	173.71	4.82	5.34	6	6	21.70	24.8	26	6	-3.08	30
山　东	265.59	211.08	6.06	6.48	5	5	25.80	16.5	22	15	9.29	20
广　东	1529.44	1184.63	34.89	36.39	1	1	29.10	24.1	18	9	4.95	23
海　南	8.69	8.19	0.20	0.25	27	25	6.10	2.6	31	25	3.47	24
中部地区	**196.53**	**149.33**	**4.49**	**4.57**	**2**	**2**	**32.25**	**14.47**			**17.78**	
山　西	22.66	16.61	0.52	0.51	17	18	36.40	13.3	14	20	23.10	10
吉　林	21.62	17.68	0.49	0.54	18	17	22.30	20.9	25	13	1.37	28
黑龙江	28.74	19.87	0.66	0.61	14	15	44.70	23.3	9	10	21.44	11
安　徽	30.64	24.53	0.70	0.75	12	12	24.90	7.5	23	22	17.41	13
江　西	15.05	10.52	0.34	0.32	24	24	43.10	1.3	11	27	41.85	6
河　南	29.80	21.19	0.68	0.65	13	13	40.60	24.4	13	7	16.25	15
湖　北	26.56	20.98	0.61	0.64	15	14	26.60	16.8	20	14	9.85	19
湖　南	21.46	17.95	0.49	0.55	19	16	19.50	2.4	27	26	17.10	14

续表

地　区	出口总额（亿美元）		占全国比重（%）		占全国比重位次		同比增长速度（%）		增长速度位次		增减幅度	
	2003年	2002年	2003年	2002年	2003年	2002年	2003年	2002年	2003年	2002年	±百分点	位次
西部大开发地区	**162.52**	**117.83**	**3.70**	**3.62**	**3**	**3**	**42.14**	**37.13**			**5.01**	
重　庆	15.85	10.91	0.36	0.34	23	23	45.30	-1.1	8	29	46.39	4
四　川	32.13	27.12	0.73	0.83	11	11	18.50	71.4	28	2	-52.93	31
贵　州	5.88	4.42	0.13	0.14	28	28	33.10	4.7	16	24	28.36	8
云　南	16.77	14.30	0.38	0.44	22	20	17.30	15.0	30	19	2.35	25
西　藏	1.22	0.81	0.03	0.02	31	31	49.80	-1.2	7	30	51.02	3
陕　西	17.35	13.76	0.40	0.42	21	21	26.10	24.2	21	8	1.91	26
甘　肃	8.78	5.49	0.20	0.17	26	27	59.90	15.3	3	18	44.56	5
青　海	2.74	1.51	0.06	0.05	30	30	81.40	1.3	2	27	80.06	1
宁　夏	5.12	3.28	0.12	0.10	29	29	56.00	-6.8	4	31	62.82	2
新　疆	25.42	13.09	0.58	0.40	16	22	94.30	96.0	1	1	-1.66	29
广　西	19.70	15.07	0.45	0.46	20	19	30.70	22.0	17	11	8.68	21
内蒙古	11.56	8.07	0.26	0.25	25	26	43.30	28.7	10	4	14.59	16
全国合计	**4383.73**	**6488.8**	**100.00**	**100.00**			**35.70**	**23.01**			**12.69**	

注：1. 资料来源：中国海关总署《海关统计 2003 年 12 月》（表中数字不含中国港、澳、台地区）。2. 出口总额为商品经营单位所在地。

3. 三大地区增长速度计算采用加权平均法。4. 全国合计为各地区之和。

2003年全国各地区进口总额综合分析表（按东部、中部及西部大开发地区统计）

地区	出口总额（亿美元）		占全国比重（%）		占全国比重位次		同比增长速度（%）		增长速度位次		增减幅度	
	2003年	2002年	2003年	2002年	2003年	2002年	2003年	2002年	2003年	2002年	±百分点	位次
东部地区	**3841.95**	**2750.08**	**93.06**	**93.17**	**1**	**1**	**41.56**	**22.80**			**18.8**	
北京	516.11	398.91	12.50	13.51	4	3	29.4	0.4	21	27	29.0	15
天津	149.94	111.80	3.63	3.79	7	7	34.1	28.8	18	8	5.3	24
河北	30.50	20.71	0.74	0.70	11	11	47.3	16.5	10	15	30.8	12
辽宁	119.30	93.73	2.89	3.18	9	9	27.3	6.6	23	24	20.7	22
上海	638.97	405.90	15.48	13.75	2	2	57.4	22.0	9	13	35.4	10
江苏	545.05	318.23	13.20	10.78	3	4	71.3	41.6	2	3	29.7	14
浙江	198.20	125.45	4.80	4.25	5	6	58.0	27.7	8	9	30.3	13
福建	141.95	110.27	3.44	3.74	8	8	28.7	26.7	22	10	2.0	25
山东	180.82	128.27	4.38	4.35	6	5	41.0	18.4	14	14	22.6	20
广东	1307.02	1026.34	31.66	34.77	1	1	27.3	26.6	23	11	0.7	26
海南	14.09	10.47	0.34	0.35	20	20	34.5	10.3	17	20	24.2	19
中部地区	**169.58**	**113.38**	**4.10**	**3.86**	**2**	**2**	**57.24**	**18.66**			**38.6**	
山西	8.18	6.50	0.20	0.22	26	25	25.9	37.4	25	4	-11.5	27
吉林	40.10	19.34	0.97	0.66	10	12	107.4	10.8	1	19	96.6	1
黑龙江	24.55	23.63	0.59	0.80	13	10	3.9	33.4	29	5	-29.5	29
安徽	28.79	17.28	0.70	0.59	12	15	66.6	29.6	3	7	37.0	8
江西	10.22	6.42	0.25	0.22	23	26	59.0	30.5	6	6	28.5	17
河南	17.33	10.85	0.42	0.37	17	18	59.8	0.7	5	26	59.1	4
湖北	24.54	18.55	0.59	0.63	14	13	32.3	4.2	19	25	28.1	18
湖南	15.87	10.81	0.38	0.37	19	19	46.8	7.6	11	22	39.2	7

续表

地　区	出口总额（亿美元）		占全国比重（%）		占全国比重位次		同比增长速度（%）		增长速度位次		增减幅度	
	2003 年	**2002 年**	**2003 年**	**2002 年**	**2003 年**	**2002 年**	**2003 年**	**2002 年**	**2003 年**	**2002 年**	**± 百分点**	**位次**
西部大开发地区	**116.85**	**88.25**	**2.83**	**3.00**	**3**	**3**	**35.12**	**18.02**			**17.1**	
重　庆	10.10	7.02	0.24	0.24	24	24	43.8	-4.0	12	28	47.8	5
四　川	24.26	17.57	0.59	0.60	15	14	38.1	15.9	15	16	22.2	21
贵　州	3.96	2.50	0.10	0.08	28	28	58.8	11.1	7	18	47.7	6
云　南	9.91	7.97	0.24	0.27	25	23	24.3	7.1	26	23	17.2	23
西　藏	0.39	0.49	0.01	0.02	31	30	-21.6	345.5	31	1	-367.1	31
陕　西	10.48	8.48	0.25	0.29	22	22	23.6	-11.0	27	29	34.6	11
甘　肃	4.50	3.28	0.11	0.11	27	27	37.0	8.3	16	21	28.7	16
青　海	0.65	0.46	0.02	0.02	30	31	43.0	-17.9	13	30	60.9	2
宁　夏	1.41	1.15	0.03	0.04	29	29	23.1	-36.5	28	31	59.6	3
新　疆	22.30	13.83	0.54	0.47	16	17	61.2	25.7	4	12	35.5	9
广　西	12.16	9.23	0.29	0.31	21	21	31.7	64.2	20	2	-32.5	30
内蒙古	16.73	16.27	0.41	0.55	18	16	2.8	15.6	30	17	-12.8	28
全国合计	**4128.38**	**2951.71**	**100.00**	**100.00**			**42.02**	**22.5**			**19.52**	

注：1. 资料来源：中国海关总署《海关统计 2003 年 12 月》（表中数字不含中国港、澳、台地区）。2. 进口总额为商品经营单位所在地。

3. 三大地区增长速度计算采用加权平均法。4. 全国合计为各地区之和。

（统计资料篇内容均选自国家发展和改革委员会地区经济司经济分析与评价课题组编著、中国财政经济出版社出版的《中国地区经济发展年度报告》2004 版）